龔鵬程文存

商務印書館（上海）有限公司 出品
The Commercial Press (Shanghai) Co. Ltd.

文化符號學

（修订版）

龚鹏程 —— 著

创于1897
商務印書館
The Commercial Press

图书在版编目（CIP）数据

文化符号学 / 龚鹏程著. —修订版. — 北京：商务印书馆，2024
（龚鹏程文存）
ISBN 978 - 7 - 100 - 22436 - 9

Ⅰ. ①文… Ⅱ. ①龚… Ⅲ. ①符号学 — 研究 Ⅳ. ①H0

中国国家版本馆CIP数据核字（2023）第088124号

文化符号学（修订版）
龚鹏程 著

商务印书馆出版
（北京王府井大街36号 邮政编码 100710）
商务印书馆发行
山东临沂新华印刷物流集团有限责任公司印刷
ISBN 978 - 7 - 100 - 22436 - 9

2024年2月第1版　　开本 640×960 1/16
2024年2月第1次印刷　　印张 39½

定价：168.00元

大陆版序

谈中国传统文化与社会，谁都明白儒道释三教乃其骨干，脱离三教而论之，便成蹈虚。但仅说三教，其实仍是不够的。虽然当今之世，求能通晓三教者，殆已难觅其人。然三教之外，中国却还有两大传统是不能不予掌握的，那是什么呢？一是文，二是侠。文是由文字崇拜、文人阶层、文学艺术等所形成之相关文化状况；侠是由侠客崇拜而造就的社会肌理。不知此，既不能体会中国人的行动、思维与感情，亦不能切察中国社会之底蕴。犹如不知武士之历史、阶层及精神就不可能了解日本，仅知基督教而不知骑士制度与传统，即不能深入欧洲的文化那样。欲明中国，须知五教：儒、道、释、文、侠。

五教关系不是分立的，彼此参互交摄，文在其中。文极重要，却最难理解。外国人无独立的文字体系，固然难以理会；中国人百姓日用而不自知，也如每天虽呼吸着空气而不太会注意到。故说的费劲，听的狐疑，需要我从各个侧面来反复介绍之。

详细的解说，略具于本书中，读者开卷自知，无待赘述。这里要简单说说的，只是这本书的身世。

此书身世亦不离奇。只因我对儒、道、佛、侠诸传统都曾有所论析，对影响吾国极为重要的文字教，自然也就不敢轻忽。尝由文化美学角度作

《文化、文学与美学》，由文学社会学角度作《中国文人阶层史论》，由文学艺术角度作《中国文学史》等，通释其要。本书亦为其中之一端，初版于1992年（台湾学生书局），是想通过对中国文字符号的解析，指向对文化传统之诠释的。

原编三卷，一论文字、文学与文人；二论以文字为中心的文化表现，如史学、哲学、宗教等；三论中国这个文字化的社会。所涉面向，颇为庞杂，所论事类，甚为丛脞，但整体方法与观点是一致的，即以一种文化符号学的方法去讨论中国的文化及其符号。

文化符号学，中土夙少名家；或有治此学者，亦以转述稗贩为主。唯我蹊径独辟，并将符号学与诠释学打通起来。不但视宇闳开，且足以与西方当代学术发展相对观，故我自己对此书是比较珍重的，自以为有开辟之功。曾有评者认为我的做法类似高友工先生的“抒情美学理论”，是企图建构一种中国文学艺术的（主导了民族精神形式显现、意义格式化的）文化逻辑或主导精神。这点我不反对。但若说我所谈的“实质内涵，不论就审美理想还是价值理想，同于高友工所说的抒情传统”，则甚不然。我并不赞成其说，我所说亦要高迥复杂得多。事实上，就连符号学或诠释学这样的名称，恐怕亦不能涵括本书之意蕴，这是要恳请读者诸君留意的。

2000年，此书再版，仍由台湾学生书局印行。我又补了一卷，论文化的符号与意义，希望能从更多的角度来补充这个论题、丰富这个方法。2004年应北大蔡元培、汤用彤学术讲座之邀，则另讲了文字之外的“象的文化符号学”，以及文字与言、象、数诸符号体系的关系，头绪粗明，尚待引申，故不复纳入本书。

这次刊行大陆版，多亏了何晓涛兄的细心检校及核实文献。本来想再辑补第五卷，计划收的文章是：一、《汉字：由面对欧洲中心论到面对全球化》（原收入《北溟行记》，印刻出版社，2005年）；二、《简难：繁简错杂的大陆社会》（第二届台北汉字文化节论文，2007年）；三、《简化字大论辩》(原收入《时代边缘之声》，三民书局，1991年)；四、《鲁迅对中国小说史的诠释个案研究："小说文学"学科建立的精神史》(原收入《近代思潮与人物》，中华书局，2007年)；五、《论文人书法》(《励耘学刊》2007年第二期)。不过由于原书篇幅已多，后来终究放弃了再予扩充的想法，仍维持四卷本的规模，只在末尾增列了一篇附录：《德里达哀辞》。2004年德里达逝世，友人王宇于北京清华大学置酒追悼之。我昔年写这本书，曾受启发于此君，故临席致哀，略述渊源并小论其得失。附录于此，或可使读者约略仿佛前文所谓足以与西方当代学术发展相对观的意义。

2008年小雪记于燕京小西天如来藏

再版序

国内治符号学者，盖甚寥寥。近年论者渐夥，然鹦鹉学舌，妙谛无多。本书在其中，性质便显得比较特殊。衍吾国“名学”之绪，探传统文化之赜。昔年曾以此自喜，以为生面别开。如今八年以还，学界于此，苦乏赏音，亦未闻有嗣响者，令我振衣高岗，颇有不胜孤寒之感。不料如此默默地便将书售完了。三十余万字的书，有这么多人买了去看，赏音岂可谓少？这又颇令我惊异台湾学术的生机毕竟是不可小觑的。

这本书，如我在原版自序中说的，旨在说明中国语文与中国历史文化发展的内在联系，故由对文字符号的解析，指向文化传统，进行文学与文化批评。一方面建构一个新的符号学规模，一方面则以此符号学来展开我对中国“文字—文学—文化”一体性结构的总体解释。所以原分为三卷：一论文字、文学与文人；二论以文字为中心的文化表现，如史学、哲学、宗教等；三论中国这个文字化的社会及其变迁。

在这个脉络中谈符号，符号当然不会是孤立的。对语言文字符号本身形义音声及组织结构的讨论较少，而重在说明这套符号系统如何在社会文化中起作用，这个社会何以有此符号，此符号又如何建构这个社会。当代谈历史、社会、文化者，多不娴文字、名言、训诂之学，论哲学者又不谙具体社会情状，因此我这类说明其实是不可少的。

写这本书时，我还在台湾“陆委会”供职。如今，世事流转，我业已由“陆委会”而南华大学，而佛光大学。书，也已再版了。岁月既增，书当然也该有些增订。原书三卷，现在补了一卷。以后若读者还有兴趣再看，我再继续增补之。囊底之智未竭，这个论题也谈不完，所以尽可再补。

现在这一卷，是谈文化的符号与意义。第一章，论文字与语言两种文化符号，牵连及于文学与历史、虚构与真实、传记与小说间关系的再思。第二章，论汉语文化学发展的经过，诌了一首七律作为回目，叙述语文学从历史面到社会面再到文化面的发展情形，并附评议。此种文字，成如容易却艰辛，未可为不知者道。第三章，是第二章的一个补充，谈台湾语言美学的探索，并以我自己的研究为例做一分析。旧编有《美学研究在台湾》，较偏于生命美学一路的说明，本篇也可视为该书之补论。第四章，延续第三章，从语言层面进而探讨意义的问题，顺便清理一下近代方法学史，故由戴震谈起，论如何才能因言以明道。欲从学者勿执泥于筌蹄而达径亡羊也。书不尽言，聊为以此示意，知者鉴之。

2000年9月15日记于佛光大学

自　序

这部书稿，旨在观察中国的文学与社会文化，且每篇文章都使用着由语言文字符号去了解文化的方法。全书也旨在指出：构成中国文化的整个社会生活领域，事实上都处在中国文字符号系统的组织和制约中。因此，友人蔡英俊建议我将此书命名为“文化符号学”。

我知道他拟想此名称时，是从近代西方学术发展史上得到灵感的。因为这种文化符号学的方法，一般以为肇端于维柯的《新科学》。

维柯认为，人类认识中所谓的真实，其实是他通过自己的观念和语言所构造的一种真实。故古人之神话，乃以隐喻之方式去描述其所知见之世界。这些神话不应看成古人荒唐无稽或原始落后的征象，而应视为古人运用隐喻思维（或称诗性思维）所建立之符号系统。此说不仅指出了研究神话的方法，更动摇了我们对语文的一般见解。一般人总把语言文字视如斧头、钳子般的工具。但维柯以后的语言哲学，却觉得语文不只是工具。人必须透过语文方能论述这个世界；不同的语文传统，所理解和叙述的世界即不相同。因此，语文提供了人类认知与解释世界的基本范畴，也影响到人类所有的思维与文化表现。我们所身处的世界，乃是我们自己运用语文构成的世界。故只有深入解释语文，方能解释社会。这种新的见解，影响深远，在近代西方学术发展史上，早已非一家一派之私见，而是一种广泛的学术倾向了。所以语言研究，不仅为当代诸多哲学课题之一，且已成为哲学的基础、方法，并具有近乎传统哲学中形而上学的地位了。

我的研究，在方法和趋向上，与上述西方近代学术之发展有并驾对观的意味，故将本书名为“文化符号学”，甚为恰当。但我之为此，有特殊的感怀，手眼心力，颇不同于西洋符号学的传统，似应再予说明。

按：符号学，旨在讨论人类运用符号之方法与过程，符号的性质及其指涉等问题。举凡语言、文字、聋哑者之手势、电报、旗语、音乐、宗教仪式、祭典、服饰、亲属系联等符号系统，皆在其讨论项目之列。或称为记号学，或名曰形名学。由于人类所使用的符号系统，以“语言”最复杂、最完整，故符号学的研究，实以语言学为根本基石。透过对语言的研究，形成一些基本观念，再推拓及于其他符号系统，逐步建立一个讨论一般符号的理论体系，用以分析人类各种符号之构成与运作。

这种学问，若放在中国的学术脉络中说，则当称为“名学”。

正名，虽然是先秦诸子共同的主张；建构成为一门学问，专门探讨名的性质、指涉及使用状况，则有名家一派学者专门致力于此。名家对名的辨析，后来因太过烦琐而遭到攻击，谓其“碎义逃难，致远恐泥”，故渐趋式微。到了清朝末年，学人身当时世之变，遂扇扬古风，会通西法，名学之义，乃复炳炳烺烺焉。然而揆测其论述之途，盖有三类：

第一种路向，是依西洋的文法语法之学来重建名学。亦即把名学视为建立语言规则系统的学问。代表著作是马建忠的《马氏文通》。循着这个路向，近代的中国语言学、语法研究，于焉展开，与西方自索绪尔以下之语言学传统也能直接联结起来。专门名家，如黎锦熙、陈望道、王力、许世瑛、张世禄、周法高等，著作宏富，已建立了不可动摇的学科新传统。

第二种路向，是依西洋哲学与逻辑研究之规模，来重建名学。亦即把名学视为主智的逻辑的心灵表现，认为墨家之墨辩，名家之惠施、公孙龙、邓析，皆具有“纯理论的兴趣”（冯友兰语），乃“一系相承之逻辑心灵之发展”（牟宗三语），试图用西方逻辑语式，来重新诠解名墨旧文。代表人物是胡适、牟宗三等。循着这个路向，近代讲中国哲学史者，亦能与西洋哲学在近代重视语言研究的发展相关联起来。

第三种路向，是对中国传统文字训诂之学的发扬与重构。如刘师培、章太炎诸氏之论正名，皆绍承清儒诂经之学，兼采西洋语言学知识，予以系统化、条理化。但这条路向，后来又分化为两路，一路重回清代训诂小学的格局，另一路则汇入依西方语言学语法研究而构建的语言学阵营中去了。

这些路向，甚为不同，各路向内部亦有严重之分歧，不同路数间彼此更是互相攻讦。我入大学时，所读淡江大学中文系，是许世瑛先生创办的。许先生无疑为第一种路向在台湾之代表人，系中师友濡染宗风，从事语法研究者甚多。后负笈师大“国研所”，林尹、高明诸先生，师承章太炎、黄侃一派，以训诂小学为主，耳目心力所及，端在《说文》与《广韵》。此近代名学发展之第三种途径，而退返于清儒故墟者也。故彼时林先生等，皆颇以能绍清儒箕裘自矜，自谓为俞樾、孙诒让、章太炎、黄侃之嫡传。当时台大及“中央研究院”史语所诸先生亦好言语言研究，然自董同龢以降，取径皆与师大一派不同。偶相谈论，辄为双方之刺悖不相入所惊。而世之治哲学者，又对中文系之硁硁然于文字语言，颇有微词。新儒家如牟宗三等，尤其鄙视师大的小学传统。我与新儒家一派过从论学，本极熟稔；对于两派的冲突，感触当然也很深。而当时却又有不满于新儒家者，颇采摭逻辑实证论之话头，自谓延续殷海光之教，以台大哲学系为主。双方腹诽面诤，亦颇严重。其时我尚未能辨章学术之源流，遂以为此乃人事恩怨、派系纠纷使然，至今则逐渐明白这可能恰好显示了近代名学的几种不同发展。

而且这几种发展之所以互相讥诋，彼此不协，固由路线不同所致，实亦肇因于它们自身皆存在着甚多疑难。

例如依西洋文法语法研究而建立的语言学，事实上已使汉语语法的词、词类、句子、主语、宾语等基本范畴，历经几十年论争仍无法获得合理的解释。正如张世禄《关于汉语的语法体系问题》一文所说“汉语语法学的建立，从开始到现在，已经快要一个世纪了。在这八九十年中间，研究和学习汉语语法的，几乎全部抄袭西洋语法学的理论，或者以西洋语言的语法体系做基础来建立汉语的语法体系”，以致在词类、结构形式、句子类型这三方面的洋框框，“好像是三条绳索，捆着本世纪的汉语语法学，使它向着复杂畸形的方面发展”（《复旦学报》1980年语言文字增刊）。

所谓走入畸形复杂的死胡同，乃是指此种研究根本无法处理汉语的特殊语言现象，也无法通过这样的研究，建立一个语言学理论的规模。而且，在西方，语法研究向来可以直接关联于其形式逻辑之传统，因此，语言学可以跟哲学研究、文学批评密切联结起来，成为哲学解析和文学评论的基本方法。我们的语法分析却仅仅是语言学中之一支，完全无法延伸到逻辑思维的讨论上去，与文学研究亦无甚关系。

另一路语言学的发展，如章太炎所代表者，主要是传统声韵、文字、训诂之学的发扬，故其病不如前述之甚，但他们对西学也非无所因仍参考。像章太炎的“小学”，特点正在于对声音的强调。他批判古代的小学“引笔画篆，缴绕文字”，“刻削文字，不求声音”。所以他要“作《文始》以明语原，述《新方言》以一萌俗”。换言之，他扭转了传统以文字为中心的小学（所谓“保氏教国子以六书”），从语言上去掌握文字。例如由语言之缘起，说明“同一声类，其义往往相似”；谓转注之“建类一首，同意相受”，类指声类，首指语基；并由声之转变，来解释何谓转注、何谓假借、何谓递衍等，皆与汉宋明清人言小学者大异其趣。他讲声类、讲语基、讲声首，试翻其《国故论衡》上卷小学十篇（《小学略说》《成均图》《一字重音说》《古今音损益说》《古音娘日二纽归泥说》《古双声说》《语言缘起说》《转注假借说》《理惑论》《正言论》），便知其所谓小学，乃是以语音为枢纽的。是通过对语言变迁的了解，来掌握文字孳乳发展的脉络。此非通达西方语言学，绝不能有此观念，亦不能有此术语。黄侃作《国故论衡赞》云："侃以顽质，获侍君子，尝闻文字之本，肇于语言，形体保神，声均是则。晓徵、扮约，独能寻理。若夫探赜索隐，妙达神旨，声有对转，故重文孳多；音无定型，而转注斯起，其犹二君所未逮乎！"正指此而言。

但反传统者往往因为必须自附于传统，故可能以新观点去错释传统，而又因他们自称是传统之发展，遂使后学者忘记了他们本来是反传统的，反而以保卫传统的方式来绍述他们。

如章太炎《文始·略例庚》谓宋朝王圣美之"右文说"，是"字从某声，便得某意"。刘师培《字义起于字音说》更推溯于晋朝，云："字义起于字音，杨泉《物理论》述取字，已著其端。"其实，据《艺文类聚》人部引杨泉之说，乃"在金曰坚，在草木曰紧，在人曰贤"，是就会意之关系说，而非由声音论字义起于音。王圣美的右文说，更与字音无涉。沈括《笔谈》卷十四谓"王圣美治字学，演其义以为右文。古之字书，皆从左文，凡字，其类在左，其义在右，如木类，其左皆从木。所谓右文者，如戋，小也。水之小者曰浅、金之小者曰钱，歹而小者曰残，贝之小者曰贱，如此之类，皆以戋为义也"，故所谓右文，是说字义往往可以从字的右偏旁得知，根本不曾谈到什么"字从某声，便得某义"。章太炎、刘师培自己主张因声求义，主张因声言之变以考文字之孳乳，遂不免错述宗祊，推源于古人。否则岂能将古代以会意为主的文字学，扭转成以形声为主的文字学？所以这是总体文字学观念的转变以及方法的更新。固然尽章刘之术，未必便真能如章氏所期许的那样，"衡论国故，平章王教"，然而学者循其路向，自可生面别开，另树新帜。无奈继承者墨守师说，竟真以为章刘所说即是清儒诂经之法，即是古人小学之故辙，嫡传正宗，莫可移易。于是一种生猛有力的语言文字学之革新运动，渐渐地竟退返于《说文》的条例分析，以及声纽新变之争论之中，看不出具有什么革命性意义。而章太炎当时以发扬古代名学为职志的豪语“小学者，国故之本，王教之端”，亦浸假而堕落成一工具性的入门学科，或独立分析文字音义而与其他学问渺不相干之术。

讲中国哲学史的先生们，对此学风，夙致不满。然以宋明理学来反对那些标榜汉学清学者，实亦为其表象所误，且夹缠于汉宋之争的历史阴霾中，未能得其缌理。将名家之学，类比于逻辑问题，更是大错。故其论述墨辩名学之结果，并未如近代西洋哲学那样，将语言分析提升到一个方法学的层次；也未能理解到名学在中国学术文化中的地位。他们只是发潜德之幽光，表述了一些众所遗忘的名家墨家旧论题，并用一个理论（如牟宗三的“两层存有论”）来安置它们和宋明理学的关系而已。

这三种路向都未必能为中国名学打开一条生路，我自己的研究也不从此处问津。我是从文学批评的角度来处理这一问题的。

文学批评本来就要讨论到语文表现诸问题，早期王力《汉语诗律学》即对中国文学中的声律问题颇有析释。影响所及，在台如王忠林《中国文学之声律研究》、邱燮友《唐诗中使用和送声的现象》之类论著，亦沉沉夥颐。除了这些文学声律的研究之外，有些人透过修辞学，来讨论文学作品中的字句安排，如黄永武《中国诗学》，剖析诗中的倒装、实字、虚字、矛盾语法等。有些则参酌西洋语法分析之技，撰为专文，如高友工、梅祖麟《唐诗的语法、用字与意象》，梅祖麟《文法与诗中的模棱》，李文彬《变换律语法理论与文学研究》等。颜元叔运用形式主义结构分析，讲张力、反讽、字质，亦近于这一路。还有一些，则不从这些细碎局部的地方去谈作品的文字技巧，而是从语言运用的整体性质上去讨论文学，如王梦鸥《文学概论》《文艺美学》，即以语言美学的角度，认定文学就是语言的艺术；直述、譬喻和继起意象，就是赋比兴。

凡此皆可视为名学在文学批评上的表现，但亦不妨纵贯化，视为我个人的学思历程。也就是说，在近二十年间，我亦尝问途于上述诸端。先熟稔传统之诗词曲律学，进而能以修辞学观点去讨论作品的文字构成，以窥作者练字铸句之匠心所在。再进而参酌西方的新批评、形式主义、结构主义、叙事理论和当代汉语语言学，尝试对中国文学有所解说，并企图建立一个新的语言美学架构。步步运思，甘苦备尝。

这样的学思过程，使我在处理中国文学批评史时，特别注意到抒情主体之外的文学语文表现诸问题。文体的规范与流变、文法的讲究与发展以及主体性情和文辞之间的辩证关系，皆曾耗我不少笔墨。凡所申议，具详《文学批评的视野》《文化、文学与美学》等书。而在说明文学原理的拙著《文学散步》中，也想从语言构成方面来阐述文学的特质，并区分“意义形式”和“结构形式”，以解决长久以来的文学内容和形式之争，建立一套新的文学美学。体系初具，纲维略张，差可以成一家之言矣。然而语文的研究似不应止于此。由语文意义的理解面看，涉及了诠释与理解的问题；由语文作为一基本文化传承中介者看，语文之使用与发展，本身便是一个重要的文化问题。因此，通贯语文与文化之研究，乃是我不能规避的方向。

针对这些问题，我一方面创办《国文天地》月刊，讨论语文与社会文化之关联，一方面深入历代文化史的研究。我的目的，是想说明中国语文与中国历史文化发展的内在联系。只有把这层关联弄清楚了，我们才能明白中国文化之特质，以及中国文学艺术发展的原理。

到这个时候，我便发现原先依西方近代语言学符号学而说“语言构成”等，是大成问题的。因为在我国，文字可能比语言更值得注意。中国之所谓名学，固然兼指文与言，然主要是指文字。故《论语·子路》说“必也正名乎”，郑注就说是“谓正书字。古者曰名，今者曰字”，《仪礼·聘礼》的疏也说：“名者，即今之文字也。”所以现在若要谈符号学，首先就必须注意近代西方符号学的语言学属性，并予以扭转。

在此，我拟岔开去，先介绍德里达（Jacques Derrida）的一篇访谈记录。那是他与克里斯特娃的对话：《符号学与文字学》。最初发表在1968年6月的《社会科学通讯》，中译则刊于1992年第一期《哲学译丛》（中国社科院哲学所编，佘碧平译）。在该文中，德里达认为，自索绪尔以降，皆将语言学当成符号学的一般模式。这种做法，显露了西方传统的语词中心主义和语音中心主义态度，所以才会把文字视为语言的拙劣表现者。对这种态度，德里达甚不以为然。故主张以文字作为符号学最一般的概念，谓“这一概念的优点，就是在原则上中和符号的语言学倾向”，并可注意到“超出西方界限之外的文字之历史和系统”。显然，他是想用文字学来替代符号学，或替符号学重新界定意义与方法。因为唯有如此，他觉得才有可能打破“在场/不在场”“主体/对象”等所有西方传统形而上学的概念区分，超越一切以语词为中心所构成的封闭状态，扭转从柏拉图到黑格尔的传统。

德里达的想法与作为，我以为跟我有某种类似。我当然不必如他那样，力图解构西方传统，可是我注目于中国文化社会这个“超出西方界限之外的文字之历史和系统”，自然就会以文字作为符号学最一般的概念。而且，我亦将如其解构理论，由文字符号指向文化传统层面，进行文学与文化批评。亦即由文字，进而通贯文学与文化，一方面重构一个新的符号学规模，一方面则以此符号学来展开我对中国“文字—文学—文化”一体性结构的总体解释。

因此，在本书中，我从文字的考察开始，分为三卷。第一卷论文字、文学与文人：

中国文人传统之形成：论作者；

中国文学艺术发展的结构：说“文”解“字”；

文字艺术中的辩证：由张怀瓘书论观察。

本卷先论我国文人传统的形成、文学创作者的出现，以及文学批评的基本路向。再论文学与诸艺术间分合起伏之发展历程，说明我国各种艺术如何文字化与文学化。而文字艺术（书法）本身，却也存在着究竟要不要脱离文字而独立发展其线条艺术的疑难，最后则以一种辩证的方式处理之。前两部分，以理论综述为主，后一部分系以唐朝张怀瓘的书法理论为例，即事言理。

第二卷则以文字为中心，观察我国哲学、宗教等各方面的文化表现：

哲学文字学——中国哲学之主要方法与基本形态；

有字天书——中国宗教（道教）的性质与方法；

文史通义——中国史学对历史写作活动的思考。

在哲学方面，我认为中国的思考，系以字为单位；解释字，乃我国哲学的主要方法与基本形态。而这一点，与西方大异其趣。西洋哲学，是以分析句子为主的。例如从前马克思曾经批评黑格尔："黑格尔讲'可是主观性只是作为主体才真正存在，人格只是作为人才存在'。这也是神秘化。主观性是主体的规定，人格是人的规定。而黑格尔不把主观性和人格看成主体的谓语，反而把这些谓语弄成某种独立的东西，然后神秘地把这些谓语变成谓语的主体。"（《马克思恩格斯全集》第一卷）在这儿，显然他就是想从主谓语构的句子分析来谈问题。

这个例子，说明了西方思想家在要澄清观念时，常会采用"重新分析句子"的办法。把句子弄清楚，事实上也就把哲学问题解决了。近代语言分析哲学所强调的"没有哲学问题，只有语言问题"，即彻底揭露了这个意义与奥秘。当然不是所有人都赞成分析哲学或逻辑经验论，然而，分析语句仍可视为彼此共通的方法运作。

这些分析，正如施特劳斯在《哲学中的变革》第七章《构造与分析》一文中所指出的，甚为分歧："是要分析出它们是直陈式还是断言式的句子吗？还是要分析出这些句子所表达的思想或其陈述？"但不管如何，似乎分析的对象主要是命题，"一个句子，作为一类属于相同论题之句子的代表，据说可以通过另一个句子的构成而得到说明”。这在中国便否。例如王阳明论格物致知，他绝不会把格物致知视为一命题，且以分析句子的办法来说明其含义。他只会解释：“何谓格物？格者，正也。”这就是说文解字、深察名号的方法了。

对文字进行深入的省察，以明白万事万物的道理，既为中国哲学之基本形态与方法，中国人当然就相信文字与真理是相关的。文字可以见道，道即在文字或道与文字相关联，这是所有文学家都深信不疑的，但最深刻极致的表现，则在宗教。中国人特有的道教，事实上正是一种文字教。相传古代医术，有所谓“祝由科”者，云系黄帝所传，故称为轩辕黄帝祝由科。乃黄帝仰观俯察，利用文字，造为秘字符章，“以尚字为将，食字为兵，各字为先锋”（《轩辕碑记医学祝由十三科·叙》），以作治病驱邪之用。盖即祷祝病由，以符治病者也。其法出于天师道，相传迄今。这是道教符字妙用之一端，也最能显示我们对文字神奇力量的信仰。与道教灵宝派所谓“无文不光，无文不明，无文不立，无文不成，无文不度，无文不生”相似，文字被视为一切生成变化的枢纽与力量。故书写文章，可以同时是一种文学活动，也是宗教行为。

文学书写活动不但关联于道，关联于宇宙秩序与终极真理，也关联着历史的开展。《王闿运年谱》卷二中有段记载很有意思，他认为，“古今学术，约有三途：一曰儒林，二曰文苑，三曰道学”，但“文苑之中复分三等：长记述者谓之良史，精论说者谓之诸子，工词赋者谓之才人”。史著与论说并不被认为不属于文苑，这正是中国传统的观念。这里最重要的关键即在于：中国史学主要是对历史写作活动的表现与思考，因此它与文学本质上是一致的。章实斋撰《文史通义》，欲依此特性，建构一套文史学的规模，最能揭明这个奥秘。因此我在这儿即以该书为例，试由重新了解实斋文史学之体系与特色，来说明中国史学的精义。

第三卷继续探索中国这个文字化的社会。第一章以唐代为例，描述我国社会中文学崇拜的现象。这个社会生活文学化、社会阶层文士化、文学权威神秘化的社会，就是一个“文学社会”。在这一社会中，整个人文世界被理解为一以文字及文学所点染与规定的世界。文字与文学这一名言系统，既上通于道，又平铺展示为一社会名教系统，结构了社会的组织与人群关系、行为和价值体系。这种社会之出现，当然突显了中国文化的特点与精彩，但这其中也蕴存了不少问题，第二章论儒学转为吏学并出现文书政治，即略述此中之问题。第三章则由五四新文化运动对中国文化的冲击，来看这种文学社会如何瓦解或变迁。

对五四运动，我的观感甚为复杂，且有浓重的伤悼之情。因为五四运动既已飚举发厉，历史不会再走回头路，中国社会文化的基本架构与文字传统，可谓一去不可复返了。如何缝合历史断裂的伤痕，重新表述中国文化，乃我辈无可脱卸之职分。我自1981年起，伫思建构中国文化史学，后因力有不逮，仅成《危机时代的中国文化史学》《观乎人文：文化的形式与意义》《察于时变：中国文化史之分期》三章而已。现在，我拟再由文化符号学这个角度来说明中国文化与中国社会，或亦可视为另一种文化史学的表述罢！

总之，我在这本书里，既想进行文化符号学这种方法论的创构，又欲运用此文化符号学之方法，来论析中国文化。既为一文学研究，也是文字研究和文化研究。书中各篇独立成文，而又交光互摄，相与补充发明，务求委曲尽致地说明中国“文字—文学—文化”一体结构之特性。论旨庞杂、枝蔓至多，殆与近日学界流行之风气及论文规格未尽相符。然我之治史，自有一种文化的悲情在，欲求安身立命、继往开来，不徒与时贤争短长，故我用我法、自负生面别开。各篇举例示意，辄欲为各研究领域辟榛芜、启新途者，尚其余事耳。这是我的心血所系，当然有此自信。但目不见睫，恒人之蔽，尚祈海内贤达，赐匡不逮，无任感祷。时在1992年4月15日。

目　录

导论

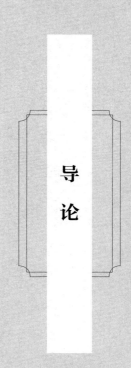

符号的思维（一）：言

一　对语言的思维

人类什么时候有了语言，谁也不知道；如何创造出语言，更没人晓得。所以《文心雕龙·原道》就说是“心生而言立，言立而文明，自然之道也”，把语言表达看成人自然而然的行为。在有关语言起源的各种假想学说中，其说接近语言本能说。意谓语言能力是人的本能，其他动物再怎么学也学不来，更不能发明语言（所谓“鹦鹉能言，不离飞鸟”）。而正因为是本能，故只要人心中有思有感，自然便会借语言来表达了。

相信语言是自然而有的，似乎也可以说明中国为何只有“仓颉造字”一类传说，而无发明语言的传说。盖古人认为语言乃人自然而有之能力，非神所赐、亦非某人之创造。

但语言之运用，主要是声音的传达。人在心有所思所感时，除了发声之外，原即可用手势、表情、动作等来表达，不一定非立言不可。故中国人特别指出一种语言情境，那就是在昏暗中，在手势、表情、动作均无能为役之际，语言之用独具优势。《说文》“名，自命也。从口从夕。夕者，冥也。冥不相见，以口自名”，所指即此。《释诂》说“暝，听也”，或《玉篇》说“瞑，注意听也”，所指亦然。昏冥之中，声音正是最主要的传达方式。在手势、表情、动作均无能为力之际，人才非使用语言不可。

一些跟说与听有关的词，如命，《说文》云“命，使也，从口，从令”；聆，“听也，从耳，令声”；令，“发号也，从亼卩”；问，“讯也，从口，门声”；闻，“知声也，从耳，门声”。䎽，“古文从昏”，大抵也都强调它在音声传达上的特点。隔门不见人，故以声传讯，适与昏夜不见人故扬声以示意相似。

人类学界有一种主张，认为人类发出声音，最初都只是用以辅助手势的，音节语也都多少会依仿着手势语。但从中国人对语言这种声音特性的认识及强调来看，古人并不以为语言主要是继手势而用或代手势而起。因此，才会说音是“声也，生于心有节于外”。汉语中凡从音之词，也多有昏暗之义，如暗、闇、湇都是。换言之，每个民族都有语言，其起源也可能都属于自然本能，但中国人对语言特性的掌握却颇有独到之处，与其他民族不同。

基于对声音的特殊感会，中国的语言发展当然也颇与其他民族不同。

一般都把中国地区语言划归为汉藏语系。在这个语系底下再分侗台、苗瑶、安南、藏缅诸小系。有人认为汉语、缅甸语、藏语中有非常多相似的语根，因此它们可能来自一个已不存在的古老语言：汉藏语原型（Proto Sino-Tibetan）。但邃古难征，汉语与藏语之关系，学界也仍多争论，我又不太懂藏语，故以下仅论汉语。

汉语发展的时间很长，当然颇有演变。例如中国人说养狗养猪，日本人就说是犬养猪饲，把宾语放在动词前面。中国人听了总要发笑，因为“狗养的”乃是骂人的话。可是古汉语中宾语前置的现象并不罕见，如《论语·子罕》"吾谁欺？欺天乎？"就同时用了两种语序，有宾语在前的，也有宾语在后的。

又如汉语中量词极为发达，一个人、一张床、一匹马、一头牛、一只羊、一扇门、一根葱、一尾鱼、一叶舟、一方塘、一口刀、一把枪、一锭金、一泡尿、一坨屎，都有不同的量词，印欧语系语言便不如此丰富。但古汉语的量词使用原先却较简单，与印欧语系差不多。

再者，印欧语系中复声的现象甚为普遍，汉语古亦有之。依古音学家之推考，古汉语中辅音接合的可能性，甚至更多于现代的印欧语，如dg-、tp-、dm-、ml-、nd-、mbl-、nh-等均为现代印欧语所不常见者。但后来复声母终被淘汰了，汉语只以单音来表示。故由语序、量词、复声母等等这类事来看，汉语之演变不可谓不大。

然纵观汉语史，又可发现汉语的基本特质古今并无大异。其变化者，一是古有而渐丰，如量词在先秦，虽已有之但尚不发达，魏晋才大量出现。这种变，其实只是发展，只是踵事增华。在古人说"孚马四匹，孚车卅两"（小盂鼎）、"卯五牛于二珏"（殷墟文字乙编，7645）、"其示登新鬯二升，一卣"（殷契粹编，525）、"予光赏贝二朋"（《三代吉金文存》卷十三）时，早已注意到每一物事之特殊性，故其后才会广泛地以不同计量词去指称每一不同的物事。

另一种变化，则是选择的结果，例如上文所谈到的词序和复声母。词序渐渐稳定，以宾语放在动词后面为主，复声母则遭放弃，都是有意识的作为，故是变本而加厉。

这也就是说：语言虽然是每个民族都有的，中国人也认为用语出于自然，但对语言的意识，各民族并不一样。各民族语言之所以不同，即肇因于此。本于这种"对语言的思维"，各民族分别创造了他们的语言。汉语相较于其他语系，所具有的特色，便可显示古人在造语时特具的思维状态或倾向。顺着这些状态或倾向发展，后来汉语遂越来越与其他语系不同了。某些与其他语系类似的语言现象，则也已逐渐淡化或改变。

语言，为人禽之分的界限，人文起始于此。故对语言的思维，也是思想史的起点。中国思想史，即应由中国人如何看待语言、如何创造语言、如何发展语言特色讲起。

二　词的特点

从语音形式看，汉语的词，有单音节的，如天、地、山、水；也有多音节的，如观世音、王八蛋、社稷、君子。但多音节的词，其实仍是单音节词的缀组，其词单独仍可成立，故多音节的复合词，仅是单词在使用上的辅助或变化。正因为如此，语言学界普遍认为：整个汉语，乃是一个与其他语系极为不同的单音节语言体系。

单音词的特点，是简无可简，结构上已不可再分。一个词指一件事、一个概念、一个动作、一种基本性状。而词音与其所指之间，则亦非毫无关联的任意编派。

古代的语音现象，如今当然已无法复原了，但部分语音现象仍可于文字中寻其遗迹，因为文字本来就有部分记录语音的功能。历来均说中国文字为象形，殊不知汉字十之七八是形声，形声的音符部分就是表音的。转注、假借，在汉语及汉字中亦屡见不鲜。而两者也都与音有关。假借是同音字相替代，转注是有声音关系的同义字。同音字可以替代，有声音关系的字可以同义互训，正表示古人认为声音与意义是有关联的。某事某物之所以唤为某某，非任意为之，声与义相关，故同音者义近，可以替代或互相解释。

同理，形声字的声符除了表音之外，亦有表义的功能。这个道理，清代王念孙、段玉裁等人均曾予以阐发，认为形声必兼或多兼会意，如支声词有分支义，肢、枝、歧都是；少声词有微小义，杪、秒、眇、妙都是；囱声词有中空义，窗、葱、聪都是；仑声词有条理义，纶、论、伦、轮都是；交声词有纠缠义，绞、狡、饺、校、跤、咬都是；奇声词有偏斜义，倚、寄、畸、骑都是；皮声词有分析或偏颇义，披、破、簸、颇、跛、坡都是。古代词书，如刘熙《释名》；或近人著作，如章太炎《文始》、高本汉《汉语词族》，也都循此原则去因声求义。

因声求义之方法也可以找出汉语的同源词。例如枯、涸、竭、渴、槁，声音和意义都相近，即是同源词。此类词不见得字形相近，而纯是声音的关系。如背、北、负、倍，均有相反义；逼、迫、薄，均有靠近义；冒、蒙、冥、盲、雾、瞀、梦、眠，均有迷蒙不清义；陟、登、腾、乘、升、蹬，均有升高义；无、莫、靡、亡、昧、罔、蔑、勿、毋、不、否、弗，均有否定义等等。这些词，更明确体现了音与义之间的关系。

单音词，一词一义，且词之音义如此密切相关，这些都是汉语的特点。然而，汉语另一些特点，恰好是与它们相反的。比如，一词多义。

单音词是最简化的词形，一词一义。但词义因人类文明发展越来越繁、指涉越来越多，势必越来越扩大，这时单词便不敷使用了。除非不断增造新词，像印欧语系那样，词典越编越厚、收词越来越多。可是，汉语语音的音节单位是有限的，单词并不能像英语那样增造新词。此时就会出现派生词（如有虞、有夏、勃然、莞尔）、复合词（如壁虎、土虱），不再只用单词。甲骨文的复词已有35个，金文便达237个，后来越来越多。因一词一义的单词，会随机与另一个单词组合而再变出另一个词及另一个意思来。所以也不需另造新的单词。

另一个让单词不增加而又能适应指义需要的办法，就是让单词可以指不同的义，一词多义。这看起来与单词原来确指一事一义相反，但词义的来源若在音声，则声变有限，义指无方，一声之中本来也就蕴含多种意谓。如后来常见的释义法，“易，一名而含三义，所谓易也，变易也，不易也”（《易纬乾凿度》），“诗有三训，承也，志也，持也”（《毛诗正义·诗谱序》），“深察王号之大义，其中有五科：皇科、方科、匡科、黄科、往科。合此五科以一言，谓之王”（《春秋繁露·深察名号》），都是以一音之周流说意蕴之多方。可见单词多义，有其必然性在。中国人也善于掌握这个原理，好好地发挥了一番。

如何发挥呢？一词多义虽然是各民族语言的普遍现象，可是汉语单音词的多义状况最特别。本义、引申、假借，可以多义流转到匪夷所思的地步。如绳，是绳索，是绳墨、纠弹、正直，也是惩办（绳之以法）。引，是开弓、拉长、引导，也是拿取。首，是人头、首领、发端、首要、朝向，也是自首。归，是回家、出嫁、汇聚、归属、依附、自首、称许、趋向、委任、归还、终于，也是死亡。凡此等等，词义非常广延灵活。

其中更为特别的是“正反合义”和“词性不定”。

一词多义中，往往包括了完全相反的两种意思，谓之正反合义。如花落，是指花的生命结束了；大楼落成，却是说楼刚刚建好。故《楚辞》所谓“餐秋菊之落英”，可能指的就是始英而非残卉。落，兼开始与结束两义，相反相成。

同类者，如乱，治也。乱与治恰好含义相反。一个乱字即兼治乱两义。面，既是面对面又是相背，如面缚就是指反背而缚。薄，既是少，又是多，如薄海腾欢之薄。逆，既是违背又是迎接。息，既是气息又是停止休息，既是增长（如利息）又是减少。隐，大也。废，大也。归，往也。戾，善也。危，正也。诞，信也。虔，杀也。啬，贪也。让，诘也。寥，深也。困，逃也。亢，遮也。眇，远也……这些都是正反合义。乖，既是乖张也是乖巧。易，既是变易又是不易。其他语文中非无此类语例，然远远不如汉语普遍。传统训诂学上所谓“反训”，所指即为此一现象。盖为常态，并非特例。

词性不定，则是因一词多义，绳指绳索时是名词，指绳人以法时就成了动词，很难定称某词的词性如何。本来，跨词性的词，各种语言中也都有，如英语的fire是名词火，也可以是动词点火。Home是名词家、动词回家、形容词家乡的，也可以是副词在家。但汉语情况特殊。印欧语言，可以依词性不同分为八类：名词、动词、形容词、副词、介词、连接词、叹词、冠词。汉语则自《马氏文通》模仿印欧语也分词为九类（加了一类印欧语所无的“助词”）以来，争议不断，大部分语言学家都主张汉语之词性难定或可以活用。“春风风人”，上“风”为名词，下“风”为动词，风又为风化之风、风教之风、风诗之风、风动之风、风土之风、风谏之风，义不定，词性也就不定，很难把词分类。

一词多义、正反合义、词性不定，都是其他语言也有，但汉语特别普遍的现象，可称为汉语之特色。助词则更是特色了，因为印欧语就没有助词。

清末马建忠编《马氏文通》时，发现汉语没有冠词，而助词（如的、呢、吗、也、乎、焉、哉）却很多，所以特立了助词一类。谓此乃“华文所独”。汉语中为何会独有这类词呢？

在甲骨文时代，助词并不发达，周秦两汉才逐渐形成的“虚词”系统，计有三十几个虚词。虚词是与实词相对而说的。词分虚实，这就是汉语的特点，其他语言并不这样分。而正是在虚实相对的情况下，虚词系统越来越完备，虚词越来越多，许多实词虚化成为虚词，如也、聿、其、岂、因、而、然、亦、且、勿、弗、不等本来都是实词，后来才用为虚词。虚词体系越庞大，助词当然也就越来越多了。其重要性也越来越获重视，《文心雕龙》就说："至于夫、惟、盖、故者，发端之首唱。之、而、于、以者，乃札句之旧体。乎、哉、矣、也，亦送末之常科。"认为这些虚词："巧者回运、弥缝文体，将令数句之外，得一字之助矣。"对于传达语气、神情，虚词助语确实功效甚大，汉语特别发展这方面，正可看出运用这套语言的中国人，其思维特性何在。

三 句的形态

以上说的都是汉语基本单位（词）的特点。合数词以构句，则形成另一些语法上的特点。

世上语言，可略分为四种语法结构：孤立语、黏着语、屈折语、复综语。其不同可以看下面的例子：

汉 语	俄 语
我读书。	Я читаю книгу.
你读书。	Ты читаешъ книгу.
他读书。	Он читает книгу.
我们读书。	Мы читаем книгу.
你们读书。	Вы читаете книгу.
他们读书。	Они читают книгу.

这六句话里，汉语的"读"和"书"没有任何变化。俄语的动词читатъ随着主语的人称和数的不同而有不同的形式，而книга也必须是宾格的形式книгу。类似主语与谓语，形容词修饰语与中心语的组合要

求有严格的一致关系，动词对它所支配的宾语也有特定的要求。词在组合中这般多样的词形变化，在汉语中是没有的。因为汉语和俄语正好代表两种不同的结构类型。语言学中把类似俄语那样有丰富的词形变化的语言叫作屈折语，而把缺少词形变化的语言叫作孤立语。汉语即是孤立语的代表。

孤立语的主要特点是不重视词形变化，但是词的次序很严格，不能随便更动。上述的六个汉语句子，每一个词在句中的位置都是固定的。虚词的作用很重要，词与词之间的语法关系，除了词序，很多都是由虚词来表达的。比方“父亲的书”，“父亲”和“书”之间的领属关系是通过虚词“的”表示的。这种关系在俄语里就须用变格来表示：“книга отца”中的отца是отец（父亲）的属格。汉语、彝语、壮语、苗语等都属于孤立语这一类型。

屈折语的“屈折”是指词内部的语音形式的变化，所以又叫作内部屈折。屈折语的主要特点是有丰富的词形变化，词与词之间的关系主要靠这种词形变化来表示，因而词序没有孤立语那么重要。像俄语的“Я читаю книгу”这个句子中的三个词，由于不同的词形变化都已具体地表明了每个词的身份，因而改变一下词的次序，比方说成“Я книгу читаю”，或者去掉Я，说成“Читаю книгу”或者“Книгу читаю”，都不会影响句子的意思。俄语、德语、法语、英语，都是这种屈折语类型。

黏着语的主要特点则是没有内部屈折，每一个变词语素只表示一种语法意义，而每种语法意义也总是由一个变词语素表示。因此，一个词如果要表示三种语法意义就需要有三个变词语素。土耳其语、芬兰语、日语、韩语就是黏着语类型。

复综语可以说是一种特殊类型的黏着语。在复综语里，一个词往往由好些个语素编插黏合而成，有的语素不到一个音节。由于在词里面插入了表示多种意思的各种语素，一个词往往构成一个句子。这种结构类型多见于美洲印第安人的语言。

从孤立语和屈折语的比较来看，最大的差别在屈折语的形态变化多。其变化有以下各项：

（一）**性**。俄语和德语的名词与形容词都有性的语法范畴，分阳性、中性和阴性三种，不同性的词有不同的变格方式。法语名词也有性的范畴，但只分阴性和阳性。“性”是一个语法的概念，它和生物学的性的概念未必一致。例如德语的“das Weib”（妇女），“das Mädchen”（少女）在语法上是中性。其他各表事物的名词也分成各种性，例如太阳在法语里是阳性，在德语里是阴性，在俄语里是中性等等。这种分性的观念，墙壁、门、窗、桌、椅都有性别，中国人常感莫名其妙。

（二）**数**。指单数和复数。如英语的名词、俄语的名词和形容词都有单数和复数的变化。在中国，若讲到狗时，说“狗们”，则会笑死人。我国只有景颇语、佤语的人称代词有单数、双数和复数的区别。

（三）**格**。格表示名词、代词在句中和其他词的关系。俄语的名词、代词的格有六种形式（名词单复数各有六个格的变化，故有十二种变化），修饰它们的形容词、数词也有相应的格的变化。名词、代词作主语时用主格的形式，作及物动词的直接宾语时用宾格的形式，作间接宾语时用与格的形式，表领属关系时用属格的形式。英语的名词只有通格和所有格两个格，芬兰语则有二十几个格。中国人学外语，对这些格的变化，常感“一个头两个大”。

（四）**式**。表示行为动作进行的方式。英语动词有普通式、进行式和完成式。“be+动词的现在分词”表示进行式，“have+动词的过去分词”表示完成式。

（五）**时**。表示行为动作发生的时间。以说话的时刻为准，分为现在时、过去时、将来时。如英语“I write”（我写，现在时），“I wrote”（过去时），“I shall write”（将来时）。英语语法中通常说的“现在进行时”，实际上包括时和式两个方面：现在时，进行体；“过去完成时”则是过去时，完成体。法语语法中通常说的“复合时”，也是包括两个方面的，如“越过去时”（plus-que-parfait）实际包括过去时和完成体两个方面。

（六）**人称**。不少语言的动词随着主语的人称不同而有不同的形式。俄语、法语都有三种人称。英语动词只在现在时单数的时候有第三人称。汉语不只无此变化，连我你他有时都很模糊，上海话说“侬”，有时指你、有时指我，即为一例。

（七）**态**。态表示动作和主体的关系。一般分为主动态和被动态两种。主动态表示主体是动作的发出者，被动态表示主体是动作的承受者。

以上这些语法的形态变化（性、数、格、式、时、态、人称），汉语几乎全都没有；某些语法功能，则是用助词来代替。例如“我吃了”表完成式，“我吃着”表进行式。其他形式上的表现只有语序。词与词缀合成句，由语序关系确定其含义。一些游戏语的故事，如主人逐客，下了条子说“下雨，天留客，天留我不留”，却被死皮赖脸的客人读为“下雨天，留客天，留我不？留”；或某君气愤邻居常来门口便溺，写了告示“不可随处小便”，结果被邻人改为“小处不可随便”，把字拆开裱好了挂在厅堂上。这就都显示了汉语中句子的意义，是靠不同的读法，或对语序不同的处理而定的。

不只此也。汉语对一些结合字句的词语，如前置词、接续词、关系代名词也都不予重视；在组成一句话时，主语、述语、宾语、形容词、副词也都可以颠倒或省略；主语亦不具备印欧语式的主语功能；句子更可以没有主语；主语与动词谓语之间的关系又非常松散，不存在必然的“施事加行为状态”及“被表述者（主语）和表述成分（表语）”等关系。这些，也都是它迥异于其他语言的地方。

由于印欧系语言单词本身有丰富的形态表现，体现丰富的语法意义，因此早在亚里士多德讨论静词和动词时，就有了“格”形式的概念和“数”形式的概念。他把动词和静词的所有“间接形式”（形态变化）都纳入“格”的语法范畴中，还指出静词的“性”的区别。其后语法学之研究亦历久不衰。印度则在公元前4世纪就有系统的《梵语语法》。可是，汉语的语法形态变化甚简，只要明白了词，又明白了词序，句子自然就能通晓，不需做句法的形态结构分析。因此，从古至清末，中国只用训诂之学去释词、用句读之学去讲明语序就够了，根本没有印欧语系中那样的语法学。

由此差异，亦可发现印欧系语言显示了较强的形式逻辑性，句子的谓语必然是由限定动词来充当的。这个限定动词又在人称和数上与主语保持一致关系。句子中如果出现其他动词，那一定采用非限定形式以示它与谓语动词的区别。因此，抓住句中的限定动词，就是抓住句子的骨干。句中其他成分，均须借位格或关系词来显示它们与谓语动词的关系。而主谓语之分，又是从形式逻辑来的，以形成一种从属关系句法。反观汉语的形式限定很弱，词序所构成的，乃是意义上的、事理上的逻辑关系，而非形式的（也有人称为“意向性意涵的逻辑”或“隐含逻辑”）。故非“以形定言”之形态，乃是“意以成言”的。语意之明晰与否，不由形式逻辑上看，而要从词意的关系上认定。

语言学上称此为“形态优势”和“意念优势”之对比。形态优势的语言，讲究形式逻辑的关系，时态、语态、人称等均有明确的规定。语句的意思，可由结构形态上分析而得，故句意较为固定。意念优势的语言，是意念（词）的直接连接，不必仗赖形式上的连接，所以形约而义丰。对词意本身的掌握越准确越深刻，句意也就发生了变化。

有些人因此认为汉语不如印欧语明确且具有形式逻辑性，含混，语意游移，以致用此语言所表达之思想也无明白的推理程序，显得囫囵、简单。有些人则推崇汉语抛弃了一切无用的语法形式，直接表达纯粹的思想，把所有语法功能全部赋予了意念运作，也就是思维，仅以虚词和语序来联结意义。若把思维或概念外化为语言的过程称为“投射”，则汉语是直接投射式的，英语等则须经词的形态变化、结构成形等程序整合手续，所以是间接投射的。相较之下，汉语自有简约直截的优点。

“形式逻辑/意义关系”“形态优势/意念优势”“间接投射/直接投射”“以形定言/意以成言”等区分之外，印欧语与汉语还可以“动词为主/名词为主”来区分。汉语是以名词为主的语言，动词远不如在形态语中那么重要，注重名词的基本义类，然后利用句读短语组构语句。印欧语法则注重动词的形态变化。上古汉语动词还比较多，占71%，名词占20%。现代汉语动词则已降到26%，名词高达49%。可见整个汉语史有朝形态简化、动词作用弱化、名词作用强化的趋向。

四　汉语思与言

意念优势的语言，本来就以词为主，而不以语法为重。它在一些缺乏语法形态变化的地方，要完成其语法功能，也仍然要靠词。如前文说过的“我吃”“我吃了”“我吃着”那样，词本身无形态变化，但助词可以完成时态表示的功能。数也一样，数在汉语中也是以词及词汇表示的，如人们，加助词以示复数；五匹马，加数词量词以示复数；异议，以词义融合表示复数；若干时日，利用表示复数的词汇；重重关卡，以叠字示复；年久月深，以成语示复。这些都是运用词汇手段（lexical means）的办法。这种办法极为灵活，因为词与词是可以随机缀组的，因此它是个开放系统。语境不同，便可缀组不同的词。其手段包括利用副词、助词（如竟、竟然、就、就像、真、想、多想、多么、也许等）；连词（如若、假使、倘如、即使、本来、原本等）；助动词（如应、应该、理应、似乎、本可、会等）。

以词汇手段济语法功能之用，当然更强化了汉语“以意为纲”的特点。屈折语中语法形态上的转折，变成了汉语式的意念转折。善于听受汉语的人，也就不必去分析什么句法的结构，只需注意其遣词命语即可。

注意遣词命语，除了要留心其语法功能的词汇手段外，当然还要斟酌玩味其所遣之词。汉语的词汇，本身也是颇有特点的。

众所周知，英语中上下两代非直系亲属称谓词只有4个：uncle、aunt、nephew、niece。汉语中却至少有14个：舅舅、姑父、姨父、叔叔、伯伯（uncle）；舅妈、姑姑、姨妈、婶婶、伯母（aunt）；侄子、外甥（nephew）；侄女、外甥女（niece）。若再考虑整个家族的情况，汉语亲属称谓词的数量更是惊人。须知汉语与英语在亲属称谓上同属“描述制”而非“类分制”，本来数量不应相差这么多，但英语是称谓的组合，汉语却是词素的组合，34个词素（祖、孙、父、子、母、女、兄、弟、姊、妹、伯、叔、姑、舅、姨、侄、甥、岳、婿、夫、妻、嫂、妇、曾、高、玄、堂、再从、族、姑表、舅表、姨表、内、外）合组起来可以达到369个以上。可见亲属称谓语多，本身就是词汇组合所构成的。而其所以要组构出这么庞大的称谓语系统，则显示中国人对亲族关系人际网络的重视。

另一个庞大的词汇群是饮食字。汉语中形容烹调方法者，在52个以上：炒、烩、熏、炸、烂、烟、炖、煲、爆、煸、烘、煨、烤、炆、煎、焗、灼、烧、焙、煮、滚、卤、蒸、熬、涮、淋、溜、浡、油、泡、汆、炰、冲、川、拉、削、抢、冻、硝、榜、切、捞、剁、饪、拌、腌、酱、醋、醉、酵、风。英语大约只有十来个。而仅是与“吃”有关的汉语词汇就在120个以上，有表能力的，如吃闲饭、吃不开、吃不消；表人的生活方式与手段行为的，如吃香喝辣、靠山吃山；表处事方法的，如吃老本、吃软不吃硬、好汉不吃眼前亏；表经历的，如吃苦头、吃闭门羹、吃不了兜着走、吃力不讨好；表心理，如吃醋、吃了定心丸、哑巴吃汤团；表属性，如秀色可餐、味同嚼蜡；表状态，如吃惊、吃力、吃重……吃的语词这么多，岂不表示了中国人对饮馔的态度?

语汇，表现的是民族对事物的关注现象。每个民族都有其亲属关系，也都要吃，但对亲属关系或饮食的认知、心理感受、意识内容都不一样。就像天，英语里也有天（sky），但sky源于古挪威语，指云彩，故英语sky表示的乃是自然意谓的有云彩的天空。汉语天则复杂得多，人穷则呼天，天有情感意蕴与神圣性。因此，此种词汇也如亲属称谓语或饮食词般，可表现意识取向及人对世界有意向的认知状况。

此即古人所谓：“言为心声”或“心生言立”。特殊的语汇，乃是内心世界之观念丛，本此而展开对外在世界的命名或描述。那些实体词（名词），主要是用来命名的，山川花鸟草木竹石。那些描述语，如“有白马，白马非马”“山外青山楼外楼”则是以话题形式建立的句子。

这些句子，可能仍由实体词构成，如“桃李春风一杯酒，江湖夜雨十年灯”“枯藤老树昏鸦，小桥流水平沙”。句子都是话题形式而非命题形式。主谓结构不明显。当然，句子也可能利用虚词组成，如“时方随日化，身已要人扶”，虚词的作用不在表达语法范畴，而在显示思路转折，但词无固定词性，功能上的意义也不定。同样地，实体名词在句中一样可以具有语法功能，一个句子没有虚词，没有动词助词，照样可以理解（但若习惯了印欧语及其思维形态，对汉语语意，可就拿捏不准了。民国以来，治思想史者，不乏此种毛病）。

这特殊的词语状况，结合其语法特性，就构成了汉语独特的形态。此一形态，与思维之关系，最明显的，是句子短。即使是长句，也往往可析成若干短句，句中以意联结，意断则句绝。因此“离章辨句”非常重要，古代大学，要求学子入学一年后须有离章辨句之能力，即缘于此。不同的断句法代表对语意之掌握有所不同，因此这是以语意为主的句子。语意之单位是词，一词一意，故一词为一句的情况极多，至为简约。短句在思维上代表简捷、直接。中国人常常也有把一些复杂的事相或概念，浓缩为三四个字的习惯，《三字经》及大量成语即为明证，思想是极缩约的。《诗品》称陶渊明“文体省净，殆无长语”，大约即是中国人对言词运用的极则。此亦代表了思想上的要求，所谓“言简意赅”或“文约意丰”，都是指这个特长。

短句精简的特色，因摒弃了机械式的关系结构，可能会使中国人不善于推理思维。汉语的概念直接投射形态，也使它较擅长直觉。但这部分，语言学界尚无定论，我尤其反对此说，因为推理思维是否一定只能是透过形式逻辑式的方式？以意定形，在不同语序中体会不同词意的变化、比较其差异，同样是一种推理思维，只不过它与印欧语系语言所显示的或所优长的状况不同罢了。相比之下，我还比较喜欢汉语哩！

何况，汉语的语法形式匮乏，使得一个语句到底是什么意思，一个词语在语序组合中到底恰当否，都只能就实际的语词中去认清楚它的意义而定。这样的语言，语义的掌握就更为重要，“语言学”势必成为“释义学”。

古代形容圣人，都强调其聪智；圣与听本来也就是同一个词。聪是耳朵听的能力，故圣人之圣，从耳，从口。听得懂话，才能掌握意义。孔子自谓“六十而耳顺”，境界尚在五十而知天命之上。注云：“耳顺者，声人心通。”发言者心生言立，听闻者声入心通，两心相印，才能形成一次透彻深刻的意义传达。此种理解与传达之关系，比诸形式推理，更需要体会、诠释的工夫，亦非形式推理所能奏功。此则非只懂印欧语、只晓得形式推理者所能知矣。

若语句之重点不在形而在意，句子的重点也就不在句而在词。这种情形有点儿像古代的音乐。琴瑟钟鼓，都与汉语一样，不重曲式变化，只由一个音一个音缀合；听音乐时，虽寻声而赴节，但重点在于品味那一个个的音。好的音乐，“曲滄音稀声不多”，并无繁复的曲式变化，却可由其简素朴直的声音中透显无穷韵味，令人玩绎不尽，故又称为“大音希声”。能听得懂的，称为知音。知音殆如“知言”，亦圣人也。

由语言到音乐，声音的表达及其作用在上古的重要性，是毋庸再强调的，每个人都知道：语言先于文字，语言也是人禽之分的关键。但语言不是工具，它是人类心灵状态在声音上的表现。不同的民族、不同的心灵状态，即有不同的语言、不同的表现方式。即便语言只是工具，每个民族创造工具的思维也不相同。正如有些民族创造了筷子，有些就只用刀叉。刀叉制作繁难，形状也较复杂，但未必优于筷子或可以替代筷子。这是创造工具的不同思维创造了不同的工具。可是运用这些不同的工具，却必然又会使饮食活动产生差异。因为吃涮羊肉就绝对无法用刀叉，只能用筷子。会创造出涮羊肉这种吃法，也是因为有了筷子。创造语言的思维，创造了语言，语言又转过来创造了思维，亦如为了吃东西而创造了筷子，筷子又影响了吃东西的方式和内容。中国人在上古，创造了汉语这样一种颇异于其他语系的语言，其创造思维，乃是上古思想史上的第一声，是人啼而非禽语，且是汉人之音声语句，非其他类型的言说。

本此思维，继续发展，汉语本身既形塑了后来的思维，后来的思维也逐步完善着汉语。因此某些特性，古仅萌芽，后乃茁壮；某些现象，古本有之，后则删汰。整个中国哲学史，也就与汉语语言史合而难分了。更不要说嗣后所有思想均采用汉语来表述啦。

正是，“心生而言立，言立而文明”，华夏文明，即起于此。

符号的思维（二）：象

一　视知觉的开发

许多学者认为古希腊文明的特色之一，就是语言中有不少跟认知有关的词汇，都来自视觉经验。也有些人说视觉至上是西方独有的特点。因为欧洲的认识论之论述，历来都结合“看”与“知”，也就是把视觉与认知、观察、经验结合起来，亦即把观看视为一种思考方式。故英语说I see即等于I understand。

是以也有人推断道：欧洲文化乃一视觉传统；东方文化，如中国，则为非视觉的传统。例如医学，欧洲的医学比较重视解剖知识，中国人则不太重视这些。中国的医学讲脉、讲阴阳、讲寒热、讲补泄，都非视觉经验，而是本于一些观念。

如此区判中西，看起来固然不无道理，但细细究之，终觉未妥，因为中国人同样重视视觉。

先说医学。中医固然不像西医那样强调解剖，但那并非中医不重视觉，而是对人生命的看法迥异于西方，重整体而不重分解。在中医的诊断方法中，所谓“望、闻、问、切”，望仍居第一位。《伤寒论》甚至说“上工望而知之，中工问而知之，下工脉而知之”，对望的本领，重视在问与脉之上。

医学如此，其他领域大概也差不多。在汉语词汇中，视觉经验的相关词，数量甚多。如“见”，字像一人站着睁开大眼睛在看。这是看的基本状态。由此而近，近看则是“鉴”“临”，字像人对着水盆俯瞰，如《尚书》说“上帝临汝”，改写成白话，就是：老天爷正看着你哪！此为近看、俯瞰。看得远，则就是“看”，像一人拿手遮在眼睛上远望。望，当然也是远看，字从亡声，指人往远处看。看得比“看”远些，古人诗云“渺然云物望苍茫”，即指此。若看得再远，那便是“观”了，字像鹳鸟飞在天上看，足以见天地之大、品汇之众。周濂溪谓莲花可远观不可亵玩，贾宝玉住的园子叫大观园，古人遣词用字，俱有分寸，观字正是用以指远观而非近视、大观而非小有所见的。

一个视觉经验，有这么多层次、远近之分，适足以证明中国人对它至为重视，所以对此经验之体会，甚为细致。然而，这还没完。以上所说，尚都只是一般的视觉经验。仰观俯瞰、远眺微睷、偷觑暗窥、斜睨直瞠，均仅为自然视觉的行为，这个“视”本身却指一种灵性的视觉经验。那是与神灵沟通或带有灵视性质的视觉，字从示，即与神有关之意。因此我们形容灵视，只能用视，而不能说灵见、灵看、灵望。道教“内视法”，令人内观五脏肺腑，亦是这个视。

此外则是“省”。中国人好说反省、省察。省是非自然视觉活动的视觉，指人对自己心意、道德、内在生命的观察，纯是内指的。金文中，“德”字十五见，皆从徝从心，徝为省的本字。省视自己的心，就是德。这就是中国人的道德观。视觉经验，显然与道德修养和道德认知有关。

视觉经验，至此乃超越了眼珠子运动的这个层次，而有了精神意涵。

由是观之，中国的视觉传统也是极为丰富的。反倒是在西方，著有《视觉思维：审美直觉心理学》的阿恩海姆（Rudolf Arnheim，1904—2007）等人却抱怨西方的传统老是把思维跟知觉分开，认为视觉听觉等知觉无法形成知识，知觉也不同于思维，故贬抑知觉而推崇思维理性。两相对比，中国对视知觉的重视，甚至高于西方，亦未可知。

可不是吗?《易》云古圣人仰观俯察以造卦爻。仰观与俯察，就都是视觉活动。此类视觉活动，甲骨文所见，已有目、众、相、臣、椬、瞍、民、臧、省、视、睎、面、眢、见、曼、监、望、蔑、看、睁等等。据《说文解字》所说，则视觉活动多达105种，分别以105个词来表明。105个视觉词中，《说文》又以目、视、见、望四个词做中心词去训释其他各词。如省，视也；睎，小视也；睹，见也；候，伺望也；等等。这四个词，目是眼睛，目珠转盼即有视觉；见是近视；望为远视；视为灵视。刚好是四种基本视觉活动，故以四字为中心，训释诸视觉活动词，甚为合理。

但是，看见，本来是极自然的行为，人若有目，自然就能视。故此亦如语言一般，人而能语言，自然之道也。唯有对此自然之行为有了自觉，才能发现视觉活动会有那么多类别与差异，可以区分出百余种行为来，眷顾、瞟眄、诊相、莅觏各不相同。或是以目触物，或是凝视，或是验证，或是审查，或目不正，或高看下，种种视行为关联着视知觉，均被中国人所逐渐体察到了。

这可称为“视知觉的开发”。人类视能力之运用当然比语言早，但“视知觉的开发”与“对语言的思维”，时间上尚难断定孰先孰后。我们曾经说过，中国人对语言的思维特别重视它与视觉的不同，但由许多民族都有手势语与语言混用的情况看，早期听觉与视觉应该也颇有“联类”或“互通”的现象。甲骨文中，庭字均从宀从口耳会意，与听字同意，亦为厅字。与居、耶、圣、声同源。庭、廷、厅，从意义上说，都是空间的概念，本来应是用视觉才能观察到的，但其词竟从声音而来，以听事之处为廷。这就可见中国古人亦有视觉听觉联类互通的态度。这种态度，会使得语言思维与视知觉相浃而发展，在语言系统逐渐完善之际，视知觉之体系也粲然大备。

但《易・系辞下》又说："古者包牺氏之王天下也，仰则观象于天，俯则观法于地，观鸟兽之文与地之宜，近取诸身，远取诸物，于是始作八卦，以通神明之德，以类万物之情。"这个传说则显示中国人对视知觉的开发毕竟异于对语言的思维。语言并无创造之传说，视知觉的开发却被明确定在伏羲时期，谓此一时期人们才懂得透过"观象""取法"的活动，以视觉能力创造了文明。

二　观象、取象、造象

观象，是指视觉对物象和天象之观察。取法，是指观察后对"象"之所以如此的理解以及效仿。法，既指象之原理，亦指人的行动。取象的对象，则天地间一切物事，无所不包（请注意"对象"一词）。尤其是把人自己视为视知觉观察之起点，所谓"近取诸身"，这一点最奇特。因为一般的观看活动，都以视见外物为主，中国人却以自身为主。

我们在前面提过自省、反省、省察的省字为例。"省，视也"（《说文》），省视要由人自己出发，在甲骨文中就极为明显。甲骨文字所表事物的类别中，动物约占17%，植物农食等约占15%，天象约占9%，地理者约占9%，战争者约占8%，住约占6%，行约占3.6%，衣约占1.7%，育约占1.4%，乐约占1.7%，祀约占3.6%，关于人类的序列和人体本身，却区分甚细，词字最多。如人伦中的祖孙父子、人类中的男女嫔妾、人体中的耳目足口、生理中的孕毓疾疥、活动中的作息盥栉，占了20%以上。

这还只就本义说，不包括引申、谐音以及由人创造的字。例如后来用为虚词的及、亟、亦、夫、乎、若等等。此即可见所谓“近取诸身”确非虚语。后世哲学强调“以人为本之思想倾向”，一可见诸此。

中国文字本身更是观象取法的实例。世上许多语系的文字是由拼音构成的。拼音文字乃是语音的延伸，文字系统与语言系统结合了。中国的文字系统则与语言系统不合不离。

不离，是说它有结合语言的部分，如形声、转注、假借；不合，是说它另有与语言无甚关系的构字原理，如象形、会意、指事，而且其符号本身另成一体系。那与语言不离的部分，此不赘论，且单说那与汉语不合的部分。这个部分，主要就是由观象取法而来。所谓象形，是以一种抽象化的图形，去拟象具体之物，如人、牛、羊、马。所谓指事，亦称象事，是拟象意念等不具体之物，如上、下，加一点在一之上为上，一点在一之下为下。会意则是组合两形以上以见意，如以手抓木为采、以手开户为启、以手捉贝为得、以手搭弓矢为射。均是观见某象，法之而造符号，用来表意指物。

文字之创造，时代较晚。伏羲时代，此种观象以造物之活动，谅未展开，此时所造之物应该也是较为具体的。《易·系辞传》称此为“制器为象”。它说伏羲“作结绳而为网罟，以佃以渔，盖取诸离”，已开始了这种创造。其后：“包牺氏没，神农氏作，斫木为耜，揉木为耒，耒耨之利，以教天下，盖取诸益。日中为市，致天下之民，聚天下之货，交易而退，各得其所，盖取诸噬嗑。神农氏没，黄帝尧舜氏作，……垂衣裳而天下治，盖取诸乾坤。刳木为舟，剡木为楫，舟楫之利，以济不通，致远以利天下，盖取诸涣。服牛乘马，引重致远，以利天下，盖取诸随……”耒耜、衣裳、网罟、舟楫、车乘、门柝、杵臼、弓矢、宫室、棺椁等都是具体的器，创制这些器物时，则均是观象取则而来的，故说某某物事盖取自某某卦象。

但器用亦不仅指此而已。因为“日中为市，致天下之民，聚天下之货，交易而退，各得其所”“古之葬者厚衣以薪，葬之中野，不封不树，丧期无数。后世圣人易以棺椁”，均非具体之器物，而是事，是制度。制器者尚象之器，显然就包括了虚器。虚器与实器合起来，则兼涉了文明的物质器用层次、典章制度层次和“上古结绳而治，后世圣人易之以书契，百官以治，万民以察，盖取诸夬”的文字符号等等。《易传》认为这些全都是以观象取法这个原理创造出来的。而其起源，则始于伏羲时代。

此中包含几种不同的思维活动：一是观象，这是视知觉对外物的观视。二是取象，有见物象，而对此象有所认知、有所理解，心有所抉取，例如以人立为“大”、人顶为“天”，以缺月为“月”而不以圆月，以羊头为“羊”而不以尾，均是对象有所择取。经取象之后，象已非物象，而是心象。这是认知活动对事物进行抽象化的结果。至于依象制器，情况又不相同。是在依我人对物象进行抽象化之后，本此心象，进行创造性活动，而制造出典章制度、物质器用和文字观念来。

在观象时，我们已经说过，由甲骨文可显示中国人对人最感兴趣，也看得最仔细。伏羲时是否即已如此，虽不可知，此一“知觉方向”大概由来已久，故循此方向而看到的东西里，以人为多。且不只人体人事之象，人的内在心理之象，也多被观察到了，例如心、必、怵、急、恒、惠、慢、庆等字均见于甲骨。易卦之中，同样有取象于人事者，如观、师、旅、睽、讼、履、家人、同人、颐、归妹等卦；以及取象于心理者，如恒卦等。故泛称为“观物”的活动中，实则包括了观心。这在后世的用语中仍然保留着这个特点。

所观之物，既包括了这样的内在心理感情等象，其所谓象便非仅为实象，亦有虚象。如龙、凤、鬼、帝之类，世上未必真有其物或未必可以观见，但人相信有，它就有了，凡信者即可以有所见。

这就可以知道：观象并不是纯客观的“物来而视之”。视知觉不只是像镜子般反照出物象而已，它与取象的活动是相关联的。虚象也者，乃是一种“意象”，是意念形成的象。平常人们说疑心生暗鬼，鬼之象即由意念所生。取象的活动，也是以意摄象。以心抉择之，故所得亦为意象。如考古所获陶器上，除鱼纹、蛙纹外，多有几何图纹、螺旋纹、太极纹或人面鱼身纹等等，这些几何图纹等均不是物象，而是意象，显示的是图腾观念或某种秩序感。其象与具体真实物象间，可能有些关联，但基本已是经由抽象活动转化过的。

抽象，是指由具象之物中抽取共同成分、共同性质出来，或把某种形态的特殊样式分离出来，或把握一个造型较为复杂物体的结构特征，以一种较简化的方式再现出来。这种抽取（withdrawal）及分离（detachment）的能力，本来是观物时自然而有的。例如我们看人，某个人在我们脑中浮现的，往往不是整个人的形象，而是他的特征，大头、麻脸、瘸子、矮冬瓜之类。观物所见，并非原物之复现，即缘于此。但这是不自觉的。自觉地透过或利用这种抽象能力，并寻找、提取物象的特点或性质，让物象对人形成意义，才是取象。这样的活动本身，则是一种创造性的思维。

每个人都能仰观俯见天地间的物象，但能有此观象取则的创造性思维者却甚少。此所以《易》推崇能观象取则的是圣人。圣人是创造者，因为象与意之间的联系并不稳定，也不直接，观察物象，而寻找到该物所代表的意义，选择且建构一个与此意相符的象（源于物象但不同于物象），正是伟大的创造性活动。

这类创造性活动并不只有伏羲氏一人能之，同一时代应有许多类似的活动。以《易》考之，坤卦象曰“地势坤，君子以厚德载物”，乾卦象曰：“天行健，君子以自强不息。”天行有日月星辰之象，地势有东西南北高低燥湿之象。对此等象，正可以有不同的理解，如星象学家或地理堪舆术者，便不会朝厚德与健动方面去构意，故其对天地时，其所掌握之意象便与《易》殊为不同。《系辞上》称此为“仁者见之谓之仁，知者见之谓之知，百姓日用而不知”。而此中唯有《易》之意最佳，可以弥纶天地之道，故特为后人所推尊。

观象取象，是由象见意。如何见意、见什么意，则是创造性的思维。推此创意，乃又能“由意显象”，将某一意表现或构创出一物象来，尚象制器，创立各种世上原先没有的东西。这就恰好形成了一个意象的循环。

三　立卦象以示意

值得深入探讨的，不只在这个循环，还在哪儿呢？

一、伏羲观物取象之后，固然是去制器了，然而其所造之器却不同于后世神农之造耒耜或其他舟楫弓矢之用，而是去造八卦。八卦是个符号系统，其性质与结绳、书契相类，属于物质器用、典章制度之外的符号体系。

一般讲文化史，都认为物质器用的发展在前，其后才建立典章制度，再次才能在观念符号层次有所发展。依《系辞传》的看法，则恰好相反。伏羲之后的神农氏创制农具才教民耒耜之利，才建立市集制度，教民以货殖之法。观念符号之创制，它认为是在先的。

一般人或许会认为这未必符合史实，但我赞成它的说法。因为无观念不可能造出任何东西来。创造出某一物象时，心中必先有一心象。心象形成后才能观物取象，这不是较为合理吗？纵使古时并非如此，也至少体现了古代人对文明起始的理解或想象。也可以看出中国古人以何者为重。

二、伏羲画卦，是取象之后的创造，造为易象。此象与物象之间，有象拟的关系，故《系辞》一再说“是故易者象也。象也者，像也”，“是故夫象，圣人有以见天下之赜，而拟诸其形容，象其物宜，是故谓之象”。认为易象为物象之仿拟。但这种仿，非形仿，而是意拟。—象阳、--象阴，阴阳相推，遂成密云不雨、泽中有雷、山下有风、雷在地中、天在山中……之象。故所谓象，其实一点都不像。八卦都是指事，重卦则为会意，均非象形。每卦所指之事、所象之象，又都游移不定。如“乾为天，为圜，为君，为父，为玉，为金，为寒，为冰，为大赤，为良马，为老马，为瘠马，为驳马，为木果”（《说卦传》），良马、瘠马乃是相反之象；老马、驳马，其象亦异，何以同以一卦象之？设象如此，所指之事、所欲人会之之意，岂不增益迷惑？画卦者为何会用这种方式来拟象？而古人又何以相信如此拟象是能切象物宜的？

三、世上物象甚繁，伏羲却只以八个卦尽摄之，以为如此即可“以类万物之情”，此又为何故？八卦阴阳相推、六爻相杂，天地定位，山泽通气，雷风相薄，水火相射，它建构的这一套体系，其卦象内部的原理又是什么？文字符号，汉人说它构造的原理是象形、指事、形声、会意、转注、假借等等。此卦爻符号，构建之原理，汉人也曾以卦变、爻变说之。如京房之云八宫、互体，荀爽之云升降，虞翻之云纳甲、旁通等等，所想解决的，就是这个问题。此理不明，便不能知伏羲如何创构此一符号系统，亦不能知此一符号系统是如何来与物象物宜相呼应。

四、伏羲画卦，是取象物宜。但神农造舟楫耒耜，所取象者便非物象，而是益卦之象；黄帝尧舜有取于乾坤，其他乘牛服马者取诸随，制杵臼者取诸小过，为弓矢者取诸大壮……亦均是如此。为何后来取象者不直接取诸物象呢？

语言文字本来就是造来指物的，但语言文字建立后，人就活在语言文字世界中，对世界的理解均透过语文来。因此不再是“运用”语文“工具”或直接面对世界，而根本是活在语言之中，语言才是存在的居所。取象，在伏羲以前，可说是取象物宜的；伏羲之后，取则于卦象，而不取则于物象，盖亦类此。

五、伏羲之时，已有语言，指事类情，谅可达意。可是伏羲却舍之不用，另造一个卦爻系统，又是何故？依《系辞传》的见解，这是因考虑到语言的局限性使然：“子曰：‘书不尽言，言不尽意。’然则圣人之意，其不可见乎？又曰：‘圣人立象以尽意，设卦以尽情伪，系辞焉以尽其言，变而通之以尽利，鼓之舞之以尽神。’”似是语言无所施其技处，易象始生。然则此语之理据何在？为何言不能尽意，象反而可以？立象又如何尽意？

四　喜象示的传统

伏羲创造八卦，立象以尽意。其后一说伏羲自己重卦，把八卦衍成六十四卦；二说是神农重卦；三说是夏禹重卦；四说是文王重卦，并撰卦爻辞；五说文王重卦作卦辞、周公作爻辞。传说虽异，但重卦的道理跟八卦一样，仍是立象以尽意。可是六十四卦所示之象，远大于八卦，故可视为立象尽意这种方法的扩大。自伏羲迄周公重卦之传说，则显示这个扩大的过程是自伏羲到夏周，一直绵延不变的。易有《连山》《归藏》《周易》之传说，意义亦同于此。

汉代论易者，除了解析易理象数之外，也仍在扩大之。如京房论纳甲，是以十天干配八卦。魏伯阳《周易参同契》采其说，更比附月魄盈亏。虞翻则以日月配八卦，谓“晦夕朔旦，坎象流戊；日中则离，离象就己。戊己土位，象见于中，日月相取而明生焉”。又如所谓“荀氏九家逸象”，凡三十一卦象，为今本《说卦传》所无。而焦延寿《易林》里的逸象，又多达百七十余例；虞翻逸象，则据张惠言所考，复有四百五十六例；方申《虞氏易象汇编》更扩及一千二百八十七事。这些所谓的“逸象”，也许有古代易学原有而后世亡失的，但大部分应是秦汉扩大发展来的。

这个立象的活动，尚不止于此。扬雄之造《太玄》、司马光之造《潜虚》、陈抟的《易龙图》、邵雍的《先天图》，都应视为同一种活动。这个活动在文字占据主流优势之后（约在汉魏以后），颇受批评，逐渐被挤压成了旁支，成为较次要的表意方式，甚至还被贬抑。论易者或如王弼，昌言“扫象”；或如胡渭，以说象数者为易学之末流。不知易者象也，本因象而造，扫象如何见意；况且古时本以言不尽意，故立象以尽之，论象岂得谓为末流旁支？再者，在文字及语言无法讲得清楚的时候，后人终究也还是要用图像来示意的，此种立象以尽意之法，后世并未放弃。

日人中村元在《东方民族的思维方法》一书论中国，第一章就是说中国思维的特点即是“对具体知觉的重视”。谓中国思维的方法着重于“依赖知觉表象进行阐释”，且以视觉直观符号为主。如中国佛教的特色就是用图标来说明教理。华严宗的圭峰宗密以●表妄心，以○表真心，构成十相。禅宗的曹洞宗洞山良价以“五位君臣”论修禅工夫，均属此类。

翻开《道藏》及佛藏，就可以看到许多这样的图像，因此中村元所举虽仅为佛教之例，此种立象示意之法，实在是儒道佛三教均大量使用的（儒家用图标说天道性命的例子很多，有兴趣者可以去翻翻颜元的《四存编》，就明白了），称其为中国思维的特色及方法，并不为过。

但这种方法的运用也不是泛滥的。一般物事、寻常道理，言语足以尽意，象示之法便不需要。故凡立象以示意者，大抵均是孔子所难以言诠的天道性命之事。这类事理，中国人以《太极图》《真性偈》《牧牛图颂》《宝镜三昧歌》来示意，古希腊古印度则须出之以烦琐的议论，以大谈形而上学。

而象示之法，结合以诗歌，尤为特色。这是因为象示之法跟诗歌的表达相似。诗非直述语言，重在比兴，比兴之用，即与象同。故陈骙《文则》卷上丙云："易之有象，以尽其志；诗之有比，以达其情。文之作也，可无喻乎？"宋大樽《茗香诗论》亦云"易取象，诗谲谏，犹之寓言也"，章实斋《文史通义·内篇·易教下》更说："《易》象虽包六艺，与《诗》之比兴，尤为表里。"后世中国人说事理，喜欢用诗。不惟小说中动辄"有诗为证"。评述古今之变、暗示人生哲理、指点迷津、蕴显天机，都离不开诗。谶语、预言、签条、歌诀，广泛流通于中国社会中，而这些，大多是以诗为之的。当然，往往也结合以图像。自古易图以《迄推背图》《烧饼歌》等，无不如此。自居正统的知识分子，可能会瞧不起这些歌诀、诗签、谣签，但别忘了：大儒若要总摄于学问宗旨时，也只能用诗。如朱熹、陆象山的鹅湖之会，要辩论为学宗旨时，头绪必然甚繁，千言万语，未必就能讲得清楚；但双方各出一诗，其境界、气象、宗风之异，便足以令人领会了。

这种"领会"跟从语言说明所获得的了解，颇不相同。

据阿恩海姆的研究，意象思维与语言思维相比，是更为高级的方式，因语言是一度的线性媒介，视觉意象则是二度平面或三度立体的，所以它可以将物体、事件关系的全部特征用一种图像呈现出来。这种图像，可以是图画式的、符号式的，也可以说是记号式的。

图画式的最接近物象，但它又太质实了，近于说明，且只能指物，较难示意；又只能指那一件事、那一个物。记号式的图像，则是绘画的抽象化，表示一种事况或意念。例如三角形表示高山，其形状即为山形之简化。可是这个三角形也可以放在抛锚车的后座，用以告诉别人：现在这里碰到障碍了。遇到障碍，跟道逢高山有意念的类似性，人一看到这个符号就知道它代表的意思，此即为记号。但记号是有固定意指的，如交通号志，它本身并不能用为思维活动之媒介。符号式的就不同。符号也是由具体物象抽象化而成，但符号可以表示某一类事物或某一特性，数字或物理学家使用的符号即属于这一类。

不管是哪一类，视觉意象都比语言更能让人认识发生在一个知觉领域中各种力的交互作用。就像一个画面、一处风景，用话来描述，不容易讲得清楚；可是看一眼，就可以把它的整体形象和各成分间的相互作用关系弄明白了一般。这样的视觉直观思维，是整体把握的，不像语言推理思维，要将物事切割开来，一一描述其间各个部分，说明其性质色彩，然后再试图组合起来，描述、辨明其关系。

视觉意象的直觉思维，可以把握整体性，胜于语言之分解与推理，或许可以解释为何中国儒佛道三教哲匠在总摄宗旨、标举宗风时喜欢出之以图像、宣之以歌诗。歌诗，本来也就是意象式的语言。

但“立象以尽意”所能给予人的领会并不只此。用图画来说。同样是画，为什么西方从早期写实性、说明性的画，要逐渐发展到印象派，然后再走上抽象化的道路呢？写实性的画是对物象的仿真，印象派已是取象。一棵树，不再画其全部细节，只抓住它某些特征以及人对它的印象和感受予以表现。这即比详细去画一棵树更能让人领会其特质。可是它对形象的轮廓、质地、色彩等的处理，却总比较模糊。抽象画就更简化了。形象变成一些几何图形、线条或色彩，而画所欲显示的意念则更丰富了。图形、线条与色彩，跟其所示现的意象之间，关系是蕴含的、暗示的，若有意似无情，可意会难言传。故其理解，恃乎观者之心领神会。

此种心领神会，当然不如明确的说明那样直接而明晰，但其博通之趣，岂写实性的说明性“知道了”所能及哉？钱牧斋注解杜甫诗时，有信给钱曾说：“于声句之外，颇寓比物托兴之旨，廋辞隐语，往往有之。今一一为足下拈出，便不值半文钱矣。”（《有学集》卷三九）图像亦然。形象化的图像，近于说明。经取象活动予以高度抽象化后，才有可能示意广泛，令人玩索无穷。

只不过，西方图像是由写实而抽象，中国则自伏羲画卦以来，便脱离了画像方式，走向取象以示意。在文明的源头上，开创一个立象以尽意的传统，沾溉无已。

五　象开启的文明

伏羲的年代，难以稽考。据韩非子说，古代尚有燧人氏与有巢氏。有巢氏代表人类构木为巢的时代，燧人氏代表人开始钻燧取火的时代是不用说的。伏羲则又作包牺、伏戏。其名号历来即颇有异说。或谓“乃下伏万物而化之”之意，或谓“乃始别八卦以变化天下”之义。我想大概指畜牧时代开始之际，故《汉书·律历志》云：“作网罟以田渔，取牺牲，故天下号曰炮牺氏。”

这个时代是极早的，历来把他叙在神农氏前，似乎也指明了中国是先采集、渔猎，再逐渐步入农耕时代的。故其时当在公元前四千年以上。

这么早的事，谁也说不清楚。因此有关伏羲之生地与谱系，春秋战国以降，众说纷纭，甚且有不少图像把伏羲画成人首蛇身像。这些其实都毋庸深究。因为在思想史上，伏羲的不世之功，在于他造了八卦。或者说古人认为八卦起于伏羲那个远古的时代。

八卦与原始艺术中的线条和图案截然异趣。这八个符号，可以总摄万物。或云这八卦代表天、地、山、泽、水、火、风、雷。其实乾又为马，坤又为牛，震又为龙；乾又为首，坤又为腹，震又为足；乾又为父，坤又为母，震又为长男。各类物象均可以八卦指象之，以说明其间的关系，所以才说八卦可以“类万物之情”。有什么原始艺术能够如此呢？

而这八卦，又只以“⚊”“⚋”两个符号构成。这两个符号，也是众说纷纭。或云本之于男女生殖器，或云⚊为气上达于天，⚋则为川。但原先取象之義，殆难明了，它以“⚊”“⚋”总摄宇内万物，则是可惊的创造。

它原本应如许多民族原始艺术一般，由视知觉的开发而有了许多观象活动。各民族在这方面大抵类似，以动物形态的写实和象征表现为主，一些次要的象征符号则较无规范，同一物象可有不同的表现形式或不同的符号解释。此外就是零星的符号使用，包括一些图案与几何图形。这些图案、图形，也可以有风格，也可以表达某些特定之意念。但仅此而已矣。此殆仍属于观象层次。“⚊”“⚋”及由之三变而形成的八卦，却是由观象而取象而复造象了。

其初或有取于牝牡之形，或依其他物象而造“⚊”“⚋”。但造象之后，这个象就绝不止于指牝牡或什么。从前韩非子《解老》曾说：“人希见生象也，而得见死象之骨，案其图以想其生也。故诸人之所以意想者，皆谓之象也。”根本把象字解释成想象、意象、非像物象之象。这正是观象取象之的确解。视觉思维，因视成想，遂成意象，而非物象矣。然此意象又可以示意，表达物象间的关系及各物之特性，这才叫作立象以尽意。

此乃视知觉升向视思维，再由思万事万物之性质与关系，而再思及表达问题，才有此伟大的创造。

此后，不惟神农、文王、周公等不断重衍扩大此象示之系统，亦不惟前文所述各佛道图喻、象示、诗歌等等，形成了中国人特殊的思维方法和表达方式，连礼乐也是取象。《礼记·乡饮酒祀义》“宾主象天地也。介僎，象阴阳也；三宾，象三光也。让之三也，象月之三日而成魄也。四面之坐，象四时也”，《荀子·乐论》亦云：“动以干戚，饰以羽旄，从以磬管。故其清明象天，其广大象地，其俯仰周旋，有似于四时。”可见礼乐之设，亦是立象以尽意也。

且其观物取象，乃是近取诸身远取诸物，仰观俯察而得的。故凡立一象，其意均能上通于天地阴阳，万类众情。一宾一主，一舞一让，仿佛天地、日月、四时、星辰皆相与俯仰揖让。此其广大清明，自不待言。这正是我国思想史伟大的开端。

符号的思维（三）：数

一　数的思维

伏羲造八卦之后，另一位善于创造的圣人是黄帝。古人把造井、乐、火食、旃冕的功劳全归给了他。又说他有一批臣工，仓颉作字、伯余作衣、胡曹作冕、夷作鼓、尹寿作镜、于则作扉履、共鼓货狄作舟、倕作钟、挥作弓、牟夷作矢、雍父作杵臼、胲作服牛、相土作乘马等等，几乎成了个庞大的创造文明集团。而其中造历一事尤为重要。《史记·历书·索隐》引《世本》载“黄帝使羲和占日，常仪占月，臾区占星气，伶伦造律吕，大挠作甲子，隶首作算数，容成综六律而着调历”，即指此事。

这些传说，当然不可当真。但不妨说这是战国秦汉间人对黄帝的一种“集体记忆”，认为那代表一个文明飞跃进步、发明创造极多的时代。而这个时代文明的标志之一，就是历数的发达。

《明史》曾经统计“黄帝迄明”，历法共六十二部。实际上并不止。近人所考，当在一百零四部以上，且据传说黄帝前如三皇五帝时便已有了历法。但今所传古六历，仍以《黄帝历》居首，可见《明史》计算历法时，由黄帝算起，是有道理的。历来也都把黄帝时代视为我国历算真正的起点。

然而，黄帝、颛顼、夏、殷、周、鲁六历，并非黄帝、颛顼等时之原貌（基本上都是春秋战国时期流通的四分历。不同之处，主要在历元，分别是辛卯、乙卯、乙丑、甲寅、丁巳、庚子）。故黄帝时代之历数已不可知，只有尧舜时代的历数状况可由《尚书·尧典》中窥见一二，夏朝之历法则可由《大戴礼记·夏小正》中推考罢了。

黄帝的时代难以确定，尧舜禹的时代也极早，中国在那么早就有了历法，可说是独步世界的，较巴比伦、古埃及都要早。纵使文献不足凭，河南濮阳出土仰韶遗址中一成年男子骨架左右已放置贝壳摆塑的龙虎图像，那却是八千年前的东西了。若此乃左青龙右白虎，与上天廿八宿配合的遗迹，则廿八宿起源之早似可推想。即或不然，至迟甲骨文中已可见日、月食之记录，亦有干支记日法，并有年终置闰的阴阳合历制，还有世界上最早的新星记录。天文学要发达到这种地步，非有数千年之积渐不可，不会是凭空来的。古六历定一年为365又1/4日，一月为29又499/940日，一岁为12又7/19月，这样的数值，也必须经过长期的测算，否则岂能与现代测算如此吻合？论历法之兴造，上推于黄帝时代，并不是没有道理的。

黄帝时，人们为了农事及渔猎之需，兴作须观天时，故对天象有所观察，这是很容易理解的。何况，仰观苍穹，是人站立时的基本动作；而悬象莫大于日月，日月出没、昼夜明晦，人的感受又最直接，由此而开始观察天象，亦是非常自然的。由斯言之，历数之起，似乎也极为自然。

不！假如这么简单，何以传说要把黄帝造历、占日月、作甲子说得如此神圣郑重？古埃及、古希腊何以又较迟才有这套学问？天象变化，人尽可以从神秘的一面去想，神话中讲日神月神如何出入伏藏、星神如何爱憎纠缠者均属此类。但这种神话思维，把天象拟人化或精灵化的想法，是发展不出天文学的。

其次，观天象之变化，固然可以发展出天文学，但此时只能见象，如伏羲之观象那样。观象之后还须有别的思维，才能循象求理，找出天文的规律。否则亦可能如伏羲般，观象之后即取象造象去了，不再就象论象。这个循象求理的思维才是真正关键之所在。

何况，天文的观测，不只是观察，还包括测定和量算。只有观察，能知道一年是365又1/4日吗？凭观察，可以发现恒星月长、朔望月短，但绝不可能知道它们的周期一个是27.3日，一个是29.53日。可见天文学，观察只是发端，无探询天行之理的思维、无计量测数之方法，天文学就不可能形成。后世往往以“推步”“历算”“天文算法”称呼天文学，不是没道理的。

这就叫作“因数明理”。天文学都是因此而生的。但中西相较，情况又颇有不同，怎么说呢？中国天文学都称为历算，其核心是数学。《算经十书》以《周髀算经》居首，其书即为天文著作，后世许多数学的进展也都体现在历算中。民间形容某人神机妙算，上知天文，所凭的亦只是“屈指一算”。导源于希腊的西方文学乃至数学则不然，主要是几何方法。通过观测，建立几何模型，然后用该模型计算已知天象的未来位置，并以新的观测检验之；如不合，则修改模型，如此反复不已。后来西方哲学社会科学大抵亦采此方式。中国则是代数法。用《易经》的话来说，就是“以数表象”。所以后来中国算数发达，西方几何发达。直到欧几里得几何传入中国后，清朝梅文鼎仍用勾股来证明其中若干定理，且谓“几何出于勾股”。这不能不说是对算数情有独钟了。

谈哲学的人，老爱讲中国人缺乏逻辑头脑，不擅数学。但我们若不理会这些蛋头学者的见解，自己去市场看看：买三个瓜、五斤米、一条烟、八两肉。一瓜十元、米一斤廿五、一两肉四元、一条烟六十二，总共多少？给你一千，找我若干？市场里的老太婆眼也不用眨一眨，立刻就可算出数字。可你若碰上外国商贩，他想来想去，一件件算，收多少，减多少，加多少，磨磨蹭蹭，会忙得满头大汗。任何人出国旅行一趟，都可以碰到这样的经验。这样你才会晓得中西方数理思维的差距有多么大，中国人精于计算，不愧是黄帝之子孙哩。

讲数学史的人，又往往仅从《九章算术》谈起，不知在此书及更早的湖北江陵张家山出土《算数书》竹简以前，那些整数、分数、开方术、方程术、求积数、勾股术……未必便不存在。古天文测算，所仰赖者，亦即为此等数术。

也就是说，因数明理，是中国人固有之态度及方法，算数的传统也极为悠久。

二　数的传统

周朝时教国子以六艺：礼、乐、射、御、书、数。数即已为国子的基本知识能力，与书并列。上古之书，原初也常被认为即是由数术衍成，如结绳记事。结绳如何记事呢？据说是“事大大其绳，事小小其绳。结之多少，随物众寡”（虞翻《易九家义》）。大小是质的概念，多少就是数的概念，以数核质，计量而知其事也。其后改用书契。《释名》“契，刻也，刻识其数也”，也仍是计数而知事。故结绳与书契，其始皆是用数来让人知事意的。后来书独立发展另成符号系统；刻识数字之法也独立发展，乃成为算数。《世本》称黄帝时隶首作算数而仓颉、沮诵作书，即指这两个系统分化且各自独立的事。

计数一件事刻一画，两件事刻两画，五件事以上就不好刻了，所以要发展计数符号。甲骨文，从一到万都有，写作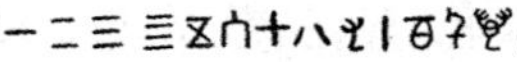。其倍数，如五十写作，八十写作；三百是，五百是，合文见意。这就是计数符号。

数积累，则须有一套计数的方法，我国是采十进制、位值制，如二千六百五十六，可记为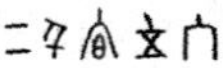。依这样就可推加到《尚书》中说的“亿兆”，《诗经》说的“千亿”。

但计数不只是数数而已，一一相加之外，尚可有减、有乘、有除。现今“九九表”已确定在周朝以前就有了，最早起于何时尚不可知，然《管子·轻重戊》云庖牺“作九九之数”，刘徽《九章算术注》云：“庖牺氏始画八卦，……作九九之术。”推源太早，未必足据。但十进制及九九乘除法，中国均为世界最早的发明与使用者，则无可疑。

一到万、亿、兆都是整数、正数。可是数会不会也有负的呢？譬如一个人“抱布贸丝”（《诗经·国风·氓》）去做买卖，一定有赚有赔。赔了，用数来表示就是负数。而一张饼，三个人分、五个人分，用数来表示，就是1/3或1/5的分数。负数、分数之发现与运用，中国亦最早。甲骨文中即已有了分数。

数越来越大，再加上分数、负数，往往即非心手思虑所能尽，这时就要仰赖辅助工具，一如现代人用计算机去算。古人则是用算筹，后来又发明了算盘。算筹是由占卜的蓍草发展而成，来源当然极古；珠算的前身，则可能是陕西周原出土的那种四十多枚陶珠，起源似也不晚。汉徐岳《数术记遗》述隶首所传之术，其中即有珠算，《注》谓刻板三分，上下二分，以停游珠，中间一分以定算位。则亦古法也。这类计算工具，在计算机未发明前，举世无与伦比。

运算方面，汉代已知解任意多元一次联立方程式，欧洲要迟到16世纪才能解三元一次方程式。开平方根、开立方根，亦早见于《九章算术》。开任意高次根，解于宋代，五百年后，西方才会。求一元高次方程式的数值解，也早于西方八百年。不定方程式，同样也是我国最早、最发达。在求圆面积方面，中国算出圆周率（3.1415926）早于西方一千一百年。等差级数求和的办法，又早于西方五百年……

凡此皆可说明古中国人是善于计数的。怀海德（Whitehead）曾说“代数是演示世界定量性的利器”，精于计数而且代数学格外发达的中国人，正是以此为方法去对世界进行定量分析。故数术之用，其实无所不在，并不限于纯数学的领域。

《汉书·艺文志·术数略》所载，即含六类：天文（含占星、占云）；历谱（包括宿度、日晷、世谱、年谱、算术）；五行（包括阴阳、五行、时令，堪舆、灾异、刑德、丛辰，天一、太一、遁甲、孤虚、六壬、羡门、五音等）；蓍龟（包括龟卜、筮占）；杂占（即占星气、龟筮之外的占法）；形法（包括相地、相人、相六畜、相刀剑）。这些现在看起来似多与数学无关，但放在中国思维传统中，却一直是纳入数范围里去理解的。

都是数之术，故曰数术或术数。如“筮，数也”（《左传·僖公十五年》）；相法，则是相“人及六畜骨法之度数”（《艺文志》）；历法，向称历算；五行太一等也是算。故《数术记遗》载：“隶首注术，乃有多种。及余遗忘，记忆数事而已：其一积算，其一太乙，其一两仪，其一五行，其一八卦，其一九宫，其一运算，其一了知，其一成数，其一把头，其一龟算，其一珠算，其一计算。”可见传统上对数的应用范围极广，直至《四库全书》仍把术数分为“数学”“占候”“相宅相墓”“占卜”“命书相书”“阴阳五行”六类，大抵呼应了《汉书》及其以前的看法。亦可见此一传统是如何源远流长了。

综合这些，适可呼应怀海德之说，显示古人是如何用数来对物理世界进行定量分析。

这种方法，《数术记遗》推源于上古，恐怕反而合乎事实。上古时代人对世界之描述与分析，或以言说为万物命名；或立象，以尽意示情；再者便是用数了。因数以明理，用数以诠世，乃是古人习用之法。待文字系统成为主要表意及思维工具后，此法才逐渐变成旁支，一部分转为专门算学，不再是一般人所习用惯为的方法；一部分则被视为末流，流入小传统中去存续发展，如各史籍丛录所载数术方伎，其实皆为此古数术之流裔与发展也。

顾炎武《日知录》尝云："三代以上，人人皆知天文。'七月流火'，农夫之辞也，'三星在户'，妇人之语也。'月离于毕'，戍卒之作也。'龙尾伏辰'，儿童之谣也。"龙尾伏辰见《国语·晋语》，七月流火、三星在户、月离于毕则都见于《诗经》。可见天文历算，是古人的基本生活知识。周人教国子以六艺，其一为数，亦为此意。后世则渐成为专业。成为专业之后，当然在专业性的数学推算方面可迭创新猷，颇有进展。但以数作为基本思维方法，对世界进行定量分析的形态，却不免起了变化。知识分子逐渐不以数为其基本能力，数术遂既神秘化（一般人不了解），又边缘化（在正统知识体系之外）了。此等流变，黄帝若及见之，定当浩叹！

三　数的理论

对于古代如此庞大的用数现象，该如何理解呢？

列维-布留尔（Lucien Lévy-Bruhl）《原始思维》一书认为原始人并无抽象的数的概念，因此大抵无五六七以上的概念，只懂得个体增益，由一连续相加。其后才渐有逻辑思维，懂得计数。但也并不是说数在这个时候就已抽象地被想象了，或已经会用数逻辑地运算了。他们的思维有几个特点：一是数与属于这个数的东西，性质互渗。例如，他举例说，北美印第安部族往往赋予“4”神秘意义；而中国古代的四季、四方、四象相配，五色、五方、五行相配，数与物相对应互渗的复杂程度也是可惊的。此即一种原始思维。数尚不能构成一个数的序列，故亦无数学或逻辑运算（详见第二、三、四、五章）。

若据此说，原始思维似可包括我国数术类中的五行、形法等类。然而，天文历数等，能说是不懂得用数理运算的原始思维吗？把一些人类学家对原始部落的调查，拿来解释我国的数术系统，其实是甚不恰当的。

故此不能索之于原始思维，而应考虑上古一些运用数去对世界进行分析的例子，如古印度之数论、古希腊之毕达哥拉斯学派等。数论也如五行说一样，说五知根（五种认识官能）、五作根（五种行为器官）、五唯（色、声、香、味、触）、五大元素（地、水、火、风、空），彼此一一相应，以此解释人自我及宇宙之存有。但这能视为原始思维吗？

毕达哥拉斯（Pythagoras）学派认为万物均是模仿数或以数为原型而形成的。用亚里士多德的术语来说，数是万物之“形式因”，也是“质料因”。亚里士多德《形而上学》说此派：“通过对数学的研究，他们认为数的本原即是万物的开始。因为在所有的本原中，数在本性上是居首位。在他们看来，同火、土、水相比，数和那些存在着的东西以及生成着的东西之间有着更多的相似。同时，从某一方面看，数的属性是灵魂、理智，或者机遇，其他事物也都能用数来表示。而且，他们还看到，音阶‘和谐’的特点和比率也在数之中。并且，一切其他事物都表明，其整个的本性乃是对数的模仿。在整个自然界，数是第一位的。所以他们便认为数的元素就是万物的元素。……这些思想家，既然把数称作本原，那么数也就既是存在着东西的质料，也是它们的规定

（pathos）、它们的禀性（hekseis）。他们认为，数的元素是偶和奇；其中偶为无限，奇为有限，而1这个数则出自两者（因为1既属偶又属奇）；而数又是出自1这个数。如前述，整个的天不过是一些数而已。这一学派另有一些成员以为，存在着十种本原，他们将这十种本原排成同类的两列：有限/无限、奇数/偶数、单一/众多、右方/左方、阳性/阴性、静止/运动、直线/曲线、光明/黑暗、善良/邪恶、正方/长方。”

简单来说，此派以数学为万物之原理。万物之所以可理解，由于可数，可数故可量。现实和思想的结构都离不开数字，事物之对立也可归纳为数的对立，因此他们列出十种基本对立型，通过这些对立型，该派即可以数描述存有，存有论即是数论。

数论同时也是伦理学。例如以一为理性、二为俗见、四为正义、五为结婚、六为灵魂、七为健康、八为爱情之类。为何正义是四呢？因为平等之数二，乘以平等之数二，所得为四。以平等之数，完成平等之数，是为正义。为何爱情、友谊可以八表示？因为它们是谐和，而谐和音是第八音（the octive）。诸如此类。不只物之度量、比例、次序均可用数表示出来，非物体的东西，如正义、爱情等，一样可用数来表明其形相（form）或关系（relation）。

对比来看，谁又能说中国古代那些“用数明理”的数术不是毕达哥拉斯这一类数论呢？数论即存有论，即伦理学（用中国话来说，数论可直接说明“大宇宙”的天道与“小宇宙”的人道）。这并不是说古代那些数术即等于毕达哥拉斯之论，而是说这种以数为万物原理之思维，乃古人掌握宇宙万物的一种方法，且与后世哲学发展颇有关系。毕氏对柏拉图以降西方哲学深具影响，正如我国古代数术对后世也同样影响深远。不容忽视，也不容贬视，说那是草昧原始或迷信无聊之物。数与其所指之物亦并非性质互渗，而是认为此物之理即表现于数。

四 用数之法

但“用数以明理”一词，只能说明思维的路数与性质，如何用数以明理呢？

（一）分类

首先是类分。《九章》说：“方以类聚，物以群分。数同类者无远，数异类者无近。远而通体者，虽异位而相从也。近而殊形者，虽同列而相违也。……错综度数，动之斯谐。……乘以散之，约以聚之，同以通之，此其算之纲纪乎！”这，讲的就是类分。

把物分了类，才能计数，且可乘可约可通。用数学形式来表达，就是乘除、通分、约分。古算数喜用分数来表达，如回归年用四分历（一年365又1/4天），朔望月用八十一分法（29又43/81天），即本于类分思想。

物以群分，故又有比率分配的问题，如《九章》云“因物成率，审辨名分，平其偏颇，齐其参差”者是也。

方以类聚，则有模拟与延伸的问题，所谓：“引而申之，触类而长之，天下之能事毕矣。”

分而不齐，更会有盈虚补益的问题，《九章》云：“令出入相补，各从其数。”类与类之间，又有“同类相动，异类相感”的问题。

至于同类或异类之分判，便是“别同异”的问题。同类者，其性质相似，故也可以“推类”。荀子称此为“以类度类”，墨子称此为“以类取，以类予”。例如把事物分为阴阳两类，推类即可及于无穷，《素问·阴阳离合论》说“阴阳者，数之可十，推之可百，数之可千，推之可万，万之大，不可胜数，然其要一也”，即指此。

西方毕达哥拉斯也是运用数有奇偶的原理把万物分为十组对比项。可见数思维中涵此类分之法，方能据以判析万有。由类分而出现的同异、分配、模拟、补益、推类等也都是后来哲学中不能不采之方法或观念。

但中西分类，颇有不同。例如中国分类常以阴阳为两大类，《周易》之“—”“--”即为此法之大宗。一阴一阳，确实可推类无穷，莱布尼兹甚至认为这是“二进制数学”的典范，许多人也说现在计算机计算器即滥觞于此，若用二进制数学来表达，阳为1，阴为0。则坤为000000，乾为111111；复卦“一阳来复”，便是000001；泰卦“三阳开泰”，则是000111。这与毕达哥拉斯以奇数偶数分万物，岂不颇为类似乎？后来柏拉图也提出对偶物的两分法，认为概念也跟物一样分得出类和种。亚里士多德也是两分法。一物为“A”，即不能是“非A”。A具有自身概念的同一性，称为同一律；A与非A为矛盾者，称为矛盾律；A与非A之间，不可能再有他物，就是排中律。在二进制中，0与1之间，也是不能有其他的。但是这仅是表面的相似。

实际上，阴与阳之间，恰好不是穷尽或排中的矛盾关系，阴阳有互补性（故有重卦），也可以互变（所谓爻变卦变）。用《墨经》的话说，阴阳虽分，但“同异交得”，是具辩证性的。因此，其对偶两分，就变成不只是由其本质属性说，更是种动态的关系；不是用数学公式一推便可得到固定答案，而是要在动态的关系中求其数。这种计算方式就更复杂了。

由于西方较偏于从本质分类，因此在分类原则上大致走的是化约论或原子论的路子。自泰勒斯说构成万物的基本元素是水开始，渐说气、水、土、火四元素，一直发展到现在讲各元素周期表，寻找基本粒子，都是这一思路。元素是实体。万物之不同，即由元素不同或其组成比例不同所致。现代科学，努力去发现原子、电子、夸克（quark）等等，均本于此一思路；古代炼金术士相信金属的组成分子若予改变，则劣等金属便可制成金银，亦由于此。

中国的分类，主要不是这样的。阴阳非两实体之物，只是指两种动态关系中的性质。犹如五行，金、木、水、火、土，乃“五行”而非“五元素”。

（二）测度

其次是测度。对一个东西测量其体积大小、轻重、长短、厚薄、浅深，均名测度。由于要测度之需，故有平准、有绳尺、有规矩、有圭表等等度量衡之工具。孟子云“不以规矩不能成方圆”（《离娄》），至今成语犹云“立竿见影”，这都是指测度。其中尤以规矩之用最广，《周髀算经》卷上之一说：“智出于勾，勾出于矩。夫矩之于数，其裁制万物，惟所为耳。”似乎一切测量皆出入于规矩。古人又说“平矩以正绳，偃矩以望高，覆矩以测深，卧矩以知远，环矩以为圆，合矩以为方”，似乎所有测量之事，矩皆优为之。唯矩虽可环之以为圆，测圆毕竟仍以规为主。现在有些讲神话的朋友甚至认为“夸父逐日”的夸父，实际上乃是操大圆规观测太阳的人。夸字的字源就取象于大圆规，亦足征规矩使用之早矣。

测度特重规矩。熟悉中国哲学的人，不难理解此种测度方法对中国人思维的影响。我讲过，思维创造了工具，而工具又影响着思维。规矩之发明与使用，亦复如此。在人生态度上，中国人习惯说不以规矩不能成方圆，会要求人守规矩、行事不能太无绳墨，会把一些人与事立为表率，这也都是测度之用。《诗》说“他人有心，予忖度之”，《荀子・非相》说“以人度人，以情度情，以类度类，以说度功，以道观尽，古今一也”，皆指此。

中国测度与西方也颇不同。罗素曾说毕达哥拉斯的功绩在于："发现数目在音乐中的重要，而他在音乐与算术间所建立的关系，至今仍见于数学名词当中，若调和中数（harmonic mean）、调和级数（harmonic progression）。他把数学当作形式，如见于骰子和纸牌中的。我们至今还说数目上的平方和立方，这些名词也来自他。他又谈到长方形的数目、三角的数目、金字塔的数目等。"（《西方哲学史》卷一）其中三角更是西方整个几何学的重点。有了角度和内错角或同位角的相等，才能证明平行；角度有了度分秒制或弧度制的度量，才能量圆弧，也才有三角函数的各种数值，亦即三角测量的各种数值。若无角的度量，大半欧氏几何就都无法推算了。可是我国传统数学却几乎没有角度的观念。

因为中国用规矩。圆者为规，当然无角；矩者，短的称勾，长的称股，勾与股拉一条线就称为弦。勾、股、弦合起来可以视为一个三角，但重点在勾股弦三条线上，而不在角上。故习惯上都称为"勾股形"而不叫直角三角形，表示着重的是边而不是角，也称为三边形。

运用勾股，中国一样可以完成许多欧氏几何上的需求，例如：用勾股形的面积法可求许多几何图形之面积，配合祖冲之定理又可求体积，而由中国的勾股定理配合相似三边形对应边成比例，又可完成重差测望之术，在测量上有了大用。且可推展求股弦差、勾弦差，乃至勾股形内接圆截边成为线段等复杂的边上各线段间的数值关系，以完成中国几何的代数化。

数学中如此，中国人日常思维中当然也无角度之观念，不会像现代人动辄说由这个角度看、由那个角度说如何如何。角有时就是边的意思，如"海角天涯"的角；有时则指隅，如"举一隅而以三隅反""僻处一隅"，隅是角落（corner）而非角度（angle）。

（三）运算

再就是运算。数与数加减乘除之，便就是运算。如八卦为一至八之数，八八即成六十四卦；而一至八之排序方式，则可达40320种。六十四卦，若依《正义》说“二二相耦，非覆即变”，覆就是反复之复，把一卦倒过来看就成了另一卦。变，则是某一卦中阳爻变阴爻、阴爻变阳爻，也可变成另一卦。用数学形式表达的话，就都叫作运算。古人用蓍草，或用算珠来运算，天文、历法都须靠这个方法。

运算之术甚多，巧妙各有不同，许多数学演算，我们也不能确知其来历。例如《史记·日者列传》载汉武帝聚会占家决定嫁娶择日，便有五行、堪舆、建除、丛辰、历家、天人、太一七家。“五行”是以金木水火土配一二三四五而计数的。“历家”大约以十二地支、十二月、十二辰为数。“建除”，是依建、除、盈、平、定、执、破、危、成、收、开、闭排列，故正月建除为寅至丑、二月建除为卯至寅，依次顺数。“丛辰”，按结、阳、交害、阴、达、外阳、外害、外阴，击、夬光、秀排列，四名配单日，四名配阴日，以观宜忌。“堪舆”是以东西南北中方位配数，据数推算之。各种占家各有他们一套对数的规定以及运算的规则，依这些规定逻辑地演算，故得出来的结果未必相同。

各家对数的规定和它们所定下的演算规则，为何是那样，术者通常不知，来源也不易晓。它们各自依演算构成一套符号系统。后人若上求而推考之，大抵就像后世各种易经象数学描述易卦成卦之原理般，往往也是各说各话。至今谈易经逻辑者，殆亦如是。

不过，各术推数时，对数也有些基本认定。如一，是起本体作用的概念。讲时间，它是起点或开端。论空间，它是中心或枢轴。论数学，它是余数，也是奇偶数转换的加数，又称余奇或奇赅。兵学中有所谓《握奇经》者，奇就是指一，又称奇零。这样居极重要地位的一，有时也会以“太”来形容，称作太一。神之最尊者，便称太一。

二，是对分与两极的概念，一物对分则为二，二者相对相待。三，是两极加中央的概念，是二加一。以宇宙说是三才，天地人。以空间说，是三位，左右中或前后中。四，是两分再两分的对称观念，一年分四季，一地分四方。五，是四加一，如四方加中央；也是十进制的一半，亦即二五为十；又是两种三（如前后中或左右中）相合的概念，称为参伍，如《系辞》云：“参伍以变，错综其数。”六，是两个三，所谓“兼三才而两之，故六，六者非它也，三才之道也”，易有六爻，律有六律。七，七政（日、月、岁星、荧惑星、填星、太白星、辰星），北斗七星。八，四再加四，如四方加四隅即为八方，八方又有八风（炎风、滔风、熏风、巨风、凄风、飂风、厉风、寒风）。九，三乘三，或八加一而成。空间上是九宫，又有九天、九地、九山。十，合两个五而成，或逢九进一。十二，九加三，或四乘三，如十二地支、十二辰、十二次、十二宫。

这些对数的认定，有点像毕达哥拉斯以一为理性、二为俗见、四为正义、五为结婚之类。数本身有其性格，也有含义，运算的人不会故意去违背这些基本认定，例如刻意把九看成七加二，或不以九为数之极；也不会去推一个大数是七十一而非七十二。十之后也没有人会去重视十一或十三、十四，只会强调十二，这就是运算时的一些基本限定，所有术家都要在这个限定下推算。

五 数的困境

由这个地方看，数算之起，是有点神秘性的。为什么中国这个民族对这些数有这样的概念及基本限定，为何古来所传数术各派自有其传承之演算逻辑，其实是很难解释的。

这就令人想到古来为何总是把此类术数上推于圣人创造或天降图书。所谓圣人创造，黄帝仍是大家最青睐的人物，如《隋书·子部》五行类十本书中，以黄帝为名者占了四本（《黄帝龙首经》《黄帝式经三十六用》《黄帝式用当阳经》《黄帝出军遁甲式法》），也是唯一挂上人名的例子。同理《日本国见在书目》五行家中挂人名的经典也只有黄帝。至于天降图书，则是指河图洛书的神话。

河图洛书，据说是龙马背驼着出水的。其图均为黑点与白点的图式，圣人见之，受到启发。这位圣人，或云为伏羲，或云为太昊，《竹书纪年》《河图挺佐辅》《帝王世纪》《路史》则说是黄帝。后来尧舜、文王、成王据说也看见过河图洛书。

河图之数五十五，洛书之数四十五。为何如此，实不可知。后世推考万端，而乃言人人殊。但此图与后世数术确实关系匪浅。以易为例，据《系辞传》描述，揲蓍之法用大衍之数："大衍之数五十，其用四十九，分而为二以象为两，挂一以象三，揲之以四以象四时，归奇于扐以象闰，五岁再闰，故再扐而后卦。"这大衍之数怎么来的呢？就是合河图洛书之数而平分之。

其次，八卦向有先天卦与后天卦之分。后天卦是《周易·说卦传》的卦序。先天易是邵雍提出的卦序，推溯于伏羲。马王堆帛书《易传》所记，却近于这个系统，因此只能说邵雍的推断暗合于古。而先天八卦合于洛书，后天八卦合于河图，更令人称奇。

大抵河图洛书略如后世揲蓍或筹算得出来的数，只是个结论。推的原则与过程，却不像易卦如何成卦已经《系辞下》用大衍之数做了说明，故其数何由而得，遂不可知。易卦原先成卦的方法，恐怕也不见得就是《系辞》所说的那种办法。因为由考古材料看，早期筮法的蓍数和分扐程序，与《系辞》所述不尽相同，传说中的《连山》《归藏》也不会是跟《周易》用同一种筮法。因此，现在说的这种成卦法，恐非原先成卦之法。原初如何成卦，依然难以确知。

汉代以后，数学用筹算，事实上就是仿蓍揲，或者说筮法与算法本为同一件事。易之算既用大衍之数，推历同样也是如此。故《汉书·律历志》说："其算法用竹，径一分，长六寸，二百七十一枚而成六觚，为一握。"然此是否即为古运算之法，亦不可知。

因为现在易卦的乾，代表的数字是九；坤代表的数字是一。若依《说卦》，乾为四，坤为十。可是马王堆帛书《周易》却是用一表阳爻，八表阴爻。其运算之法，当不同于今本。

这看起来是考古方面的事，但亦可看出整个数术传统中存在着的一个问题。什么问题呢？数思维发展出一大堆因数明理的方法或技术，去对世界与人生进行分析，自古便蔚为传统了。黄帝以来，羲和占日，常仪占月，臾区占星气，伶伦造律吕，大挠作甲子，隶首作算数，容成着历，均属于这个传统。《数术记遗》所述隶首之法，如积算、太一、两仪、五行、八卦、九宫、运算、龟算、珠算等，或《汉书·艺文志》所记天文、历谱、五行、蓍龟、形法等，也属于这个传统。这个传统如此庞大，正显示了我国古代数思维的发达。"因数以明理"这种思维形态也对后世影响深远。

然而，这个传统在后世逐渐衰弱，被排挤至边缘位置，却也是不争的事实。为何会如此呢？

原因大概有三：一是用数者多，太过发达之后，其术分化太早，渐渐不同术者便不能相知，对于彼此用数的方法及依据已难了解。

二是数术渐渐专门技艺化，与职业关系太过密切，以致具普遍性意义的数思维与因数明理的态度，不再是人所共需共有之知能。相对于一般人来说，专业化当然也就神秘化了，持术者要维持专业尊严，会故神其说，也会故晦其迹，不令知其得数之由。平常人亦诧其得数之法奇奥难知，故以为神。

三是后世天文历算等，仅存于畴人之中，视如方技，即是因为职业专技化之后，奉其学者仅知其技术度数，而不复究其理，不复知其所以然。所以数传之后，便如家传医坊的子弟，虽能随方抓药、视症下针，对医理药理却不见得通达。但能依古式演算或得数而已，对于中间的演算过程以及运算之理，渐觉昧然。

研究中西数学史的朋友，常惋惜中国数学往往只有问题与答案，缺乏中间运算的过程，也不说明证明的方法。原因大概不是什么中国人缺乏数学头脑、不擅数理思维等等，而是上述这些理由。

当然，还有另一个主要的原因，那就是文字的崛起与竞争。文字与数是两种符号系统，它们并时而起，各自发展。可是文字系统后来越来越成为主要的思维与表意体系，数纵使与象结合以抗衡之，仍难匹敌。此文、象、数诸符号系统之竞争史，亦吾国思想嬗递起伏之大纲维大脉络也。

符号的思维（四）：字

一　真正的文字

在西方历史上，古希腊至荷马时代，主要以口语传达。虽有文字，仅为语言之辅贰，以备遗忘。后来，则是因为担心时间久了口语传说会遭遗忘，所以用文字收集这些传说的遗迹。再到后来，文字系统才逐渐强化，而且逐渐整合了口语的传统。而这个工作，大约要自希腊后期直到中世纪欧洲才完成。

这就是西方语言系统与文字系统竞争的历史。口语传统逐步溃败，“文明”已以“文字”为代表。

然而，西方的拼音文字符号系统，实际上并不能脱离语言而独立存在。它是记录语言、表现语言，由语言诞生的一个仿拟语言系统。故时至于今，库尔马斯（F. Coulmas）仍认为根本不存在文字学（grammatology）这样一个学科；索绪尔（Ferdinand de Saussure）的符号学也不讨论文字，只把语言视为所有符号的结构原型。他们这些态度，正显示了西方毕竟仍是个以语言为中心的文明。而这样的文明，跟中国可说是迥然不同。

中国的语文关系，与西方不同，肇因于文字本来就不一样。中国是非拼音文字，这是大家都知道的特点。其次，是我国文字创造极早。在《荀子》《韩非》《吕氏春秋》等书中都说是仓颉所造，而仓颉是黄帝时的史官。后来的典籍更把仓颉称为“史皇”，如《淮南子》；也有人以仓颉为古帝王，如《春秋元命苞》之类纬书。以现今考古资料来看，属仰韶文化前期的半坡遗址、临潼姜寨遗址，或大汶口文化都有不少陶文。若以此为汉字出现之征，则其时间大约在公元前三千至四千年间，恰与仓颉作字的传说时间相符。纵或不然，河南偃师二里头文化所发现刻契，年代也在距今四千年左右。汉字之创制及系统化时间至迟不会晚于这个年代了。比古苏美尔文字、埃及文字、克里特文字都要早。

这些历史比较悠久的文字，无一例外，都不是拼音式的。过去，西方中心主义者常以此论证原始文字均是图书象形式的，其后才逐渐“进步”到拼音。殊不知此乃文字系统能否独立之关键。

文字若在极早时期就已创造出来，那时，语言系统尚未完善，也仍在发展中，故语言与文字可以有一种较平衡的动态关系，文字系统乃得以日趋完备。如中国，距今三千六百年的商朝，便已是“惟殷先人有册有典”了。今所发现之甲骨文，单字已达3500个以上，“六书”皆备，可见系统已甚粲然。唯甲骨文仍不足以反映当时整个文字系统。因为甲骨文主要是用以贞卜，功能有限，记载亦有限。若发现的是典策，文字当又会更完备于现今所见之甲骨文。反之，若文字创造较晚，在语言系统已较完备之后，文字便只能以语言为结构原型，作为语言纪录或辅助。欧洲自希腊以降，均是如此；印度文明也是如此。

世界上，那些早先创造文字的文明，如古埃及古美索不达米亚，都灭亡了，仅存的是中国。而且美索不达米亚地区及埃及均亡于希腊人、拉丁人及闪族人。因此看起来好像世界上主要文明后来均改用拼音，只中国是例外，其实哪是这样呢？希腊人、拉丁人、闪族人，灭了这些古文明，然后说文字是由图画象形逐步“进化”为拼音，不又是岂有此理吗？

也就是说，汉字是历史最悠久，也是最典型的文字系统。即使在西方，人们只要发现语言系统有所不足时，所能设想建立的真正文字系统，仍要以汉字为基本思考模型。

例如笛卡尔便曾说“字母的不协调组合，常令读书听来刺耳。……在我们语言中听来愉悦者，德国人或觉粗俗，不能忍受”，“语言运用于不同民族时，你们无法避免此种不便”。因此他才想到书写，云：“若出版一本涉及所有语言的大辞典，并给每个词确定一个对应于意义而非对应于音节的符号。比如用同一个符号表示aimer、amare、φιλετυ（三个词都表示‘爱’），则有这本辞典且懂得语法者，只要查找到这个文字符号，译读成自己的语言便可解决问题了。”

他这个想法，在中国乃是人尽周知之理：因各地方言互殊，无法沟通，故文字之用兴焉。各地语言虽异，但只要看文字，大家就都是能懂的，也都可以用自己的方音土语去读同一个文本。

但在西方，早期大家可没有想到这一层，因为其传统中并无表音之外的另一种对应于意义，而非对应于音节的符号。至笛卡尔、基歇尔（Athanasius Kircher）、威尔金斯（John Wilkins）、莱布尼兹等人，才因中西交通而认识到汉字，因而构思一种叫作“关于文字和普遍语言、万能沟通手段、运用思想符号”的哲学计划，简称“通用字符”。所谓普遍、万能的沟通符号，是说只有文字才能跨越语言鸿沟，成为普遍的通用沟通符号。而他们能设想到要建立这个新的，且在其历史中未曾被想过的新哲学语言模式，乃是取法于汉字。

莱布尼兹即认为汉字与发音分离，使它适合于哲学研究。而且汉字与埃及文还不一样，汉字有更多理性的考虑，意义还须取决于数、秩序与关系，不只是符号与某种物体相似的笔画而已。故埃及的、通俗的、感性的隐喻性文字，与中国的、哲学的、理性的文字应分开来看待（德里达《论文字学》第一部分第三章第一节）。

莱布尼兹等人所设想的通用字符（非表音文字），当然不就是汉字；他们认为汉字完全与声音分离，是“聋人创造的语言”，也不尽符事实；为了反抗西方中心主义或逻各斯中心主义，而代之以“汉字偏见”，亦无必要。但总体上说，汉字并不只是一个国家、一个汉族的文字。且不说它曾在东亚形成这一个庞大的“汉字文化圈”，汉字实际才是真正的文字系统。现在讲语言学的人动辄说“世上只有两种文字系统，一是表意文字系统，二为表音文字系统”，索绪尔固然如此说，研究文字学的人也如此说。其实表音“文字”系统，哪能视为真正的文字系统呢？

纵或退一万步，承认表音文字也仍是一种文字。则所有表音文字为一类型，汉字自为一类型，与其颉颃，故其地位与价值，仍是超越世上任何一国一族之文字的（至于埃及、古西亚之文字，仅是系统发展尚未完备者。在非表音体系中聊备一格可也，与汉字完全无法相提并论）。

二　表意的体系

但表音或非表音这样的描述，对汉字来说，仍不贴切。因为，所谓非表音文字，不是说文字系统不呈现其声音。汉字中的形声字就以声符来表音，小篆中形声字已占78%，现代更高达90%，所以俗话说：字若不会念，“有边读边，没边读中间”，大抵就能读出来了。这样的文字，不也表音吗？这就是这个术语易滋误会的地方。需知汉字之表音与拼音文字颇有不同：

一、汉字以表意为主，表音为辅。文字形体直接显示的信息是语意而非语音，例如英语book、俄语книга，以直接拼读出意义为“书”这个词的声音来作为文字符号；汉字则用皮线穿过竹简的形态“册”来表达这个意义。册字是表意而不表音的。

二、汉字表音的形声字，除状声字等以外，极少单独示音，都是形与声结合。形符固然表意，声符在表声之外同样也表意。清朝人讲文字声韵学，所强调的“因声求义”原则，即本于汉字这一性质。只不过，形符所表示的是意义的类别；声符所表示的是意义的特点。例如带木形的都属树木这一类，带水形的都属于川河这一类；可是构、沟均从冓得声，指的就是木类与水类中，具交合这一特点之物。故构屋须交合木材，沟渠须纵横交错；二人言语交合曰讲，婚姻交合曰媾，两人相遇曰遘。冓音就是表明这个意义特点的。其表音者，毕竟仍在表意。

三、纯从语音上说，汉字属于“音节—语素文字”，一个汉字基本上只记一个音节，一个音节又往往只代表一个语素。如“人”这个字记录了“ㄖㄣˊ”这个音节，这个音节即代表人这个语素。英文字母所代表的则是音位，如thing（东西）这个词，th、i、ng分别代表θ、i、ng三位音位，故thing就是三个音位接合的词。

四、形体方面，拼音文字只能在一条线上，靠前后字母的排列去区别不同的字，所以是一种线性排列的形态。汉字则是两维度的排列，上下左右数量的变动，就会构造出不同的字。如日、昌、晶，是数量相加；杲、杳，加、另，枣、棘，本、末，是位置不同；比、从，是方向不同。

也因为汉字在形体上可以如此变动，因此它的形体要件可以极少。早期汉字尚是“随体诘诎”，笔形不太固定，难以统计；汉代施行隶书后，整个汉字体系，其实就只有六种笔画组成。哪六种呢？横、竖、撇、捺、折、点。古人常说只要练好“永字八法”就能写好一切字，讲的就是这种基本笔画。但八法系为书法而设，故强调挑与钩，其实真正综合起来，只有上述六种。以这么简易的形体组成部件，就可以组构如此庞大的文字体系，其他文字是没有的。

原因非常简单。其他文字要记录语音，语音中，唇、齿、喉、舌音，乘以塞、塞擦、鼻、边音，再加上清音、浊音、送气、不送气之分，其数必在数十个以上。且不说别国，仅是汉语，若要用拼音表达，字母也得用上几十个，何况那些音位复杂的语言？过去许多人搞不清状况，老是抱怨中国字太多太繁，羡慕“人家英文，廿六个字母就搞定了”。不晓得哪廿六个字母是字的组成部件，就如笔画是汉字的组成部分一样，英文须以廿六个字母去组构基本文字体系，汉字仅须六笔，孰多孰少？

汉字构造上，还有一个归部首的原则。许慎把9353个汉字归入540部底下；现代字典收字可达五万以上，但部首更简，大概并成223部首左右。一个部首，既是对字做形体上的归类，也是意义的归类，例如人部、口部、竹部，由形见义，据义归部，整个系统纲举目张，便可以以简驭繁。

繁，是相对于笔画之简、义之简而说的，整个汉字体系也充满了简约的特质。以极少的笔画、极简的义类，以简驭繁的结果，迄今也不过造出五万左右个字，这还不够简吗？

“什么？五万还叫简？《康熙字典》收字四万九千，多如繁星，认不胜认，岂能谓简？”“老兄，英语如牛津字典之类，收词动辄在四五十万以上。汉字与之相比，小巫见大巫矣！”

何以能如此？一者，汉民族夙尚简约，不可能造出如此繁复的体系来自苦；二者，仰赖汉字的造字原则。在原先本无文字时，当然要不断造新字，以指涉新事物，但“文字孳乳而寖多”以后，便利用假借等法，不再多造新字，而以同音同义字替代。如其字，原本是指簸箕，后来借为第三人称的其；而，本是指人须；亦，本是指下腋，借得字了，就不必另行再造。还不行，则以原有之字拼组成词。如电灯，古无此物，现在有了，但并不需另造一字，把电与灯重组即可。这些原则均可节制汉字的数量，使勿膨胀。

这就是说，汉字是一种表意的、简约的文字体系，而此一体系内部，又有它组构这个体系的原理。这个“原理”，与拼音文字的原理完全不同。拼音文字系统的原理，即是语法的原理，汉字则拥有它自己构建其文字体系本身的原理，这些原理与语言并无关系。

三 构造的原理

汉字的文字构造原理，当然不会是在仓颉那个时代就已设想出来，然后再据以造字。现在所说的象形、指事、会意、形声、转注、假借等所谓“六书”，是汉朝人由既成文字上分析归纳而来的。依其分析所见，视为古人造字时实有此六种方法，字形之构造具有此六项原理。古人造字时可并不是先想象象形这一法，然后据以造若干字；又设想了会意、指事等法，再造若干字。故此乃推原溯始之说，并不能直视为原初造字时的实况。

但是，文字符号之创造，旨在表意涉事。以某符号指某事，必不会毫无规律；符号本身，也当有其法则。否则一横一竖，为什么可以是人所共知共许的符号呢？据此而言，其创制必有其创制之原理。迨其体系既成，更有这一套体系的原理。那些不符这个体制化原理的文字，就会被排除在体系外。汉人编《说文解字》，归纳造字法为“六书”以后，世皆把不符合这些原理者归入古文、奇文、异体、俗体、谬体、误文之列，即以此故。因此整个汉字的构建原理，现在用“六书”来代表，其实也没什么不可以。

六书，指象形、指事、会意、形声、转注、假借。它另有些异称，如指事也有人称为象事，形声也有人称为象声之类。排序先后，也有争论，某些人认为造字时指事先于象形。但我这本书本非文字学史，可暂时不管这些，谨以《说文解字》所述为基础。

象形，是用笔画去描刻物象，如日、月、水、火、雨、土、石、山、果、木、竹、米、隹、虫、鱼、牛、羊、马、犬、人、目、耳、口、手、田、井、郭、宫、门、京、弓、矢、刀、工、贝、网、片、带、衣、皿、壶、肉、豆、酉、册、聿、卜、兆、回、乐等字，都是象形。

象形字近于文字画，但它不是画。因为对“象”有所取意，于形又不尽拟似。日，用眼睛看日，所见只有一轮红光，可是日字中间却有一点。那一点，表示红轮之中是实的。故《说文》云：“日，实也。”月亮中间画了二点，取象则非一轮满月，而是月缺之状。为何只取缺月不取圆月呢？《说文》云：“月，缺也。”这实与缺，就是两个观念，是人对日象月象的体会。于日见其实有力量，于月生起盈缺变化之感。故象形者，其实非象其形，乃象其义也。就像人，人可以有许多形，例如可仰卧成一、跪地而跽，但人字只取人站立之形。站着才是个人，其他动物就不甚能“人立”，故此为人之特征。人若正面站立，堂堂而立，那更就是大了。“天大，地大，人亦大”，虽老子之语，然于造字之际，取义本来就看得出这种思想。

宋代，郑樵曾说象形有两类，一是山川、天地、井邑、草木、人物、鸟兽、虫鱼、鬼物、器用、服饰等，均象实物之形；二是象貌、象数、象位、象气、象声、象属，均象抽象之物。其实，象抽象之物，固然是取义立象，非同描摹刻画（因为本无具体形状可以画）；即使是象实物，如上文所述，仍然是取象而非画像。许多文字学家不知此理，只从形象上去推考，遂觉象形造字毫无规则，有从前看的，有从后看的，有从侧看的，有变横为直的，有省多为少的。不知象形者本是以义构形，非以形为字（许慎说象形，乃“依类象形”，已分明说了构形是依据义类而来）。

指事，据许慎说，是“视而可识，察而见意。上下是也”。在一横上画一点或一笔，以示在上之意；在一横之下，画一笔或一点以示在下。这一点或一笔，就是指事的办法。如刀上加一点为刃，木下加一点为本，人顶上加一长绺则为长，凡此等等，其为以义构形，也是不用再说的。

会意，则实为指事之扩大。因为指事多是在独体象形文上加一些符号来示意，若加的符号本身是个独立的文，那就构成了会意字。所谓：“比类合谊，以见指撝。”谊就是义，是义的古字。此云比合或会合两意以上，即为会意。如人言为信，持戈赴战为武，日月为明，鱼羊为鲜，人牛为件，子女为好，两手为友，两贝为朋，心脑相合为思，以手执耳为取，分贝为贫，躬身困居洞穴为穷，困坐一室为囚，女子执帚为妇，室有豕畜为家，以火烹狗的民族为狄……

形声，从构字原理上看，与会意完全相同。不同者，在于会合的意符中有一个是兼具声音性质的。街坊的坊，意思就是一个地方，故合土与方见意，可是方又代表了这个字的音。这即是形声。方音之字，有坊、访、芳、枋、钫等等；分音之字，有纷、粉、忿等等；古音之字，有姑、估、固、诂、苦、罟等等，都是形声。形声的声符基本上也都是义符（除了一些状声字，如江、河；一些方国特名；一些假借造字，如禄的录声是由鹿借来的，等等），因此形声字仍是以义构形的，非音标文字。其次，音标文字的字形是随音读而变的，如英语里的副词faste，音读上失去了末尾一个音缀，书写上便也省去了末尾的e。汉字则虽古今音已变，字形却依然维持。如占与帖，都因有相近于占之音，而同用占作为声符；可是现在占与帖读音完全不一样了，字仍然写作旧式。女与汝、兑与说、舌与恬……都是如此。

转注，许慎说是："建类一首，同意相受，考老是也。"历来解释有两类。一说以形为类。就是说像考、老两字，字形同类，而意义又可以互通，即为转注。一说类为声类，考、老二字之声同类，意又雷同，故可转相注释，故为转注。总之是指声义或字形上有关联的同义字。

假借，则是同音字。但音同而意义上无关，纯属借用，所以名为假借。许慎云此乃："本无其字，依声托事。"

有些文字学家认为构字的原理其实只有四种，转注、假借并未构出什么新字形来，用的仍然是原有的字。有些人则认为转注、假借仍可造字，如"西"字、"来"字，本来没这些字，假借鸟栖之栖以示日头西斜的西方之西，又假借麦子是由外地传来的来以示意。构形方法上虽未增加一法，实际上仍以此达到了创造新字的目的，故仍为造字之法。而许多形构上是形声的字，可能也是循转注之法造出的。

也有些人觉得"六书"义类不妥，不如改为三书，把文字分成象形、象意、形声三类。或又说象形即有兼声者，如牛、羊字均与牛、羊之鸣声有关，故象形有形兼声、形兼意，指事亦有兼声、兼形、兼意之分，形声则有谐声、兼意之别。如此，竟可分到十几类。

斯乃文字学家间的争论，此处毋庸细说，只需晓得汉字大体上有这样的构成原理就可以了。这些原理，我讲过，并非仓颉造字之初即已有之。且会意与形声，在古代也较少，周代才大量增加，显示这些构字原理也有发展的历史。但无论如何，汉字打从一开始就没有走上音标符号的路子，而是采"以义构形"的方式逐步发展，则甚为明显。六书之法，其实均是以义构形这一原理的逻辑推演，故若谓六书之法，即肇端或具存于造字之初，也不为过。

四 发明的历程

仓颉造字之际，笔画虽简，但肇始之功，不容抹杀；开创了汉字未来发展方向的创造性，更是可惊的。《淮南子·本经训》说他这一创造惊天地动鬼神，竟至“天雨粟、鬼夜哭”，实不夸张。

古波斯神话，谓魔鬼从善良神那里偷走了楔形文字，并藏了起来，英雄塔赫穆拉特王（意为大狐狸）又由魔鬼那儿再夺出，乃播诸天下。这跟仓颉造字的传说相比，意蕴境界就差多了。仓颉造字，天雨粟、鬼夜哭，代表这才是人类创制之始。非神赐、非盗获，一画凿破鸿蒙，气象俦乎远哉！

当然此等神话传说，只是就其意义说。文字始造，仍是逐渐发展来的。如何发展呢？郑樵认为是逻辑推演的。其《起一成文图》说：“衡为一，从为丨，邪丨为丿，反丿为㇏，至㇏而穷。折一为┐，反┐为┌，转┌为└，反└为┘，至┘而穷。折一为┐者侧也。有侧有正，正折为Λ，转Λ为V，侧V为<，反<为>，至>而穷。一再折为⊓，转⊓为⊔，侧⊔为⊏，反⊏为⊐，至⊐而穷。引而绕合之，方则为□，圆则为○，至○则环转无异势，一之道尽矣。”他又主张八卦就是文字之始，因为《易纬乾凿度》已说八卦就是天地水火等八个字的古文，依这八个基本字就可以把整个文字系统推衍出来了。迩来一些讲汉字与易思维的朋友，颇喜欢阐发此说。

无奈“起一成文”之说过于机械；且仅就字形立说，无当体实；论字形，亦仅就楷书笔画说，不能解释上古“随体诘屈”的字形构造。“八卦字原”说，又多属附会，震、艮、巽、兑的卦形，无论如何总与雷、风、山、泽几个字不像；就算像了，如何由八卦推出庞大的汉字系统，仍旧是难以自圆其说的。

另一种发展观，是历史的。《易・系辞》云“上古结绳而治，后世圣人易之以书契”云云，即属此。

据《庄子・胠箧》载，伏羲神农之世，民结绳而用之。《系辞》本身也说伏羲“作结绳而为网罟，以佃以渔”。故伏羲所画之卦，彼亦不以为就是文字。而结绳记事，是以大小及数量来示意的（金文中几个十的倍数的字，如十作，廿作，卅作，四十作，就可能是古代结绳记事的遗迹），它可能确是文字未形成前主要的示意符号。在各少数民族调查中，我们也可发现此法颇为普遍。

“后世圣人易以书契”，讲的就是文字的创造了。契是刻，《释名》云：“刻识其数也。”原本也与结绳记数的功能差不多，记一物即用刀在木板上刻一画。许多民族在文字未造时，也用这个办法，如《魏书・帝纪序》云“不为文字，刻木记契而已”，《隋书・突厥传》说：“无文字，刻木为契。”但用刀刻契，跟“书写”这个行为就很接近了，文字便因此逐渐创造了出来。我们看陶文、甲骨文就都仍是书与契并用的。

我比较相信这种历史的汉字起源说，因此顺着此说要再谈一下汉字的性质：结绳与契刻，都是计量的符号，它们作为汉字的源头，正表示汉字形成的原理不应只由象形这方面去认识。

在与西方拼音文字做对比时，论者常谓汉字为象形。而所谓象形，又与图画、图像有关。在讲汉字形成史时，亦辄云系由图画逐渐演变而来。连段玉裁都说：“象形、象事、象声，无非象也，故曰：古人之象。文字起于象形。日月星辰、山龙华虫、宗彝藻火、粉米黼黻，皆象物形，即皆古象形字。古画图字与文字非有二事。”近世论文字者，当然更会说汉字是由图画→文字画→文字逐步演进的。谈六书，也总以象形居先，认为象形是汉字的根本原理。

象形是汉字构形的基本原理之一，当然不错。象形由图画演变而来，大概也是事实。但象形也者，表明了所象者为形，事与声如何借图画表示呢？段玉裁只看到“象事、象声”（这是《汉书·艺文志》对六书中指事与会意的称呼）的象字，就把它们跟象形视为同类，且跳跃推论云古图画即文字，真是大谬不然。不是说指事、会意、形声皆造字之法吗？怎么又变成原先文字只有象形了呢？

许慎论六书，就先指事而后象形。契刻识数、结绳记事，正是指事先于象形之证。考古资料中，有刻识记号者，如半坡、临潼姜寨、甘肃马厂等处皆早在新石器时代晚期；而有象形符号者，现今最早只能推到大汶口文化晚期，似乎也显示象形不见得早于指事。

我倒不是要争辩象形与指事谁早出现些。而是说：从结绳与刻契，可令我们注意到文字形成的过程其实是多元的。我们相信必有一部分是由图画逐渐变成了符号，是视思维的发展；但另一些是由结绳刻契等数思维发展而来，要以符号表示物的数量和质性；还有一些则是由语言来的，利用符号来记录或代表声音。不同的民族，可能会在某一方面特别着重些，例如埃及文字、纳西族东巴文字，以图画这一路为主；前文说过的突厥，刻木为契；希腊、闪族等就是以文字记音了。汉字兼综了这些方面，因此形成了一个涵摄形音义的汉字体系。

五 思想的历史

汉字的形音义是相互穿透、互融互摄的。纯象形字，数量极少，仅百来个；纯指事、纯谐声亦然。绝大多数都是以象形指事为“初文”，去相互搭配孳乳。字，原本也就有孳乳之意。可是，如此孳乳繁衍，形音义三者却又并不等重，而是以义为主去融摄形与音。相对于拼音文字来说，实乃一表义文字系统。

表音文字中，语言是心境的符号，文字是这个符号的符号，是中介的中介，因此它间接而外在，不足以真实代表语言及真理。汉字则相反，洪堡特在讨论汉字对中国人思维的影响时曾说："一般而言，汉字的影响在于把吾人对语音及语音与概念的关联的注意力转移。此中，用以取代语言的，并非一具象图形（如埃及圣书的文字），而是一约定俗成的字符。由于字符的意义必须从其与概念的关系中去寻求，因此吾人的精神必须直接面对着概念。"（《致雷姆萨先生的信》）

印欧民族的文字，仅是语言的机械的表达，不须耗费什么"精神"。可是汉字不然，每一个字的字形字义及其与声音的结合，都得花脑筋，以"精神直接面对概念"，直接运用思维以构造之。因此，整个文字建构的过程，即是一场庞大的思维活动，精神贯注于其间。洪堡特乃以此，称汉字是"思想的文字"，并说："汉字的种种型构中，本即显示了哲学工夫（Philosophische Arbeit）在其中。"

换言之，汉字非但不是语言的符号，比语言次一级，不能表意；它本身直接关注意义，更令它成为一套思想的文字，思想性极高。

其次，汉语是与印欧语不同的语言。在印欧语中，语音与意义的关系，大抵（依洪堡特的分析）有三类模式：一、拟音，亦称直接模仿或描绘。二、间接模仿，或称联觉（Synesthesia）。指语音与该事象无直接关联，但二者可对吾人之音感器官和心灵产生同样的感觉；透过这一共同感，语音可以跟事象意义产生间接的联系。三、模拟。指语音与意义并无直接间接关系，只因概念相近而成语音的相近。印欧语的第一种模式极少，次为第二种，第三种最发达，洪堡特甚至认为其语法形式及语音成素都是依这个模式原则而建立的。索绪尔则强调此一方法是要语言使用者依照一些既成的范例或转换模型，透过有规则的模仿，由一原初的语词，按例导生出与该词相关的另一词语。

汉语则第一种模式最发达，且以对人感情方面的语音类拟最多。联觉模式就少了，基本上只用元音，辅音甚罕。第三种模式更薄弱，无印欧语之各种语法形式变化。因此，许多印欧语系的学者，据此以质疑汉语的表意功能较弱，至少与印欧语比较，属于相对弱势。洪堡特则认为汉语缺乏形态变化，令中国人把精神集中到概念的实质意义上去，反而形成了另一种长处。

于是，这就要说到汉字了。汉字是与汉语配合的，汉语的优点与长处，汉字都一样具备着；但所谓汉语表意功能较弱这一“缺点”，汉字却足以弥补之。文字的意符各部件，可以任意重组，令使用者“依照一些既成的范例或转换模型（如部首、六书），透过有规则的模仿，由一原初文字，按例导生出与该字相关的另一文字”，形成文字的模拟（Analogie der Schrift）。有了汉字，汉语还需要在语法形式上发展形态变化吗？

然，于此亦可见汉字在表意功能上比汉语更完整。此外，文字与记忆的关系，亦优于语言。

文字本于书契，原先就是为了记忆，防止遗忘。《系辞》郑注：“书之于木，刻其侧为契，各持其一，后以相考合。”为了避免约定之事日久彼此记忆有误，或遭遗忘，或遭背信，所以要刻契为证，日后才好考合。后世房契、地契、契约文书都仍用这个契字，就是此意。文字记录跟语言相比，其特征亦在此。中国人常说“口说无凭”，要求写下来才好做个凭证。

这个文与言的差异，是极明确的。然而，它是否即是文字的优点呢？在中国人看，当然是啦！那还用说吗？外邦人见此，则未必云然。

西方自柏拉图《斐德若篇》以来，大抵均认为文字代替了人类自然的记忆力，因此，以文字辅助记忆，恰好就意味着人类正在遗忘。而且文字是语言的中介，所以距真理更远。唯其“不在场”，未聆真理之发声，才需要透过文字去追拟。一如隔世或异地之人，方只能借由文字追想实况。故文字的记忆功能，适乃暴露了它的弱点。据此而言，文字对人的影响力若逐渐增强，是不正常不应当的“僭越”，会危害该语言的地位；人若有“文字迷信”，亦属“对文字—图画的反常崇拜”，是偶像崇拜的罪过之一。

为何中西差异如此之大呢？关键有二，一是人与真理的关系认知不同。凡语言必有一个说话者，为意义之来源。语言优位的文化，重视人与那个真理本源的关系。用德里达的话来说，语言中心主义者，也是逻各斯中心主义者。文字优位的文化，则强调人之用文，人就是意义的本源，文字所显示的意义，则就是宇宙天地万物之意义（这个道理，后文会不断谈到）。二是中国人对“不朽”的强调。

古埃及人也有不朽的观念，但他们追求不朽的方式，是把人制成木乃伊。中国人追求不朽、超越时间，却是靠文字。不在场不但不是缺点，反而是文字足以超越时空隔阂的力证。铭刻代表一种记忆，书写旨在永恒，故中国人喜欢书于竹帛、镂诸金石，以垂诸久远，传于后世。不像语言那样，欬唾随风，纵然语妙于一时，终未能在人或事消逝之后供后代凭考。

这里才会形成“历史”的观念。甲骨文中，史作、、，后分化为史、吏、事三字。以手执笔或执简册者为史，史所记之事才是真正存在过的事，正显示着这样的观念。我国历史书写最早、历史观念最强，亦由于此一原因。反观印度，佛教兴起以前，几乎没有确切的历史可说，也根本不重视历史记载，与我国恰好相反。

仓颉造字的传说，即显示了这个意义。仓颉相传为黄帝之史官，《淮南子》又称他为史皇。文字出现，信史时代才算开始，“历史”才真正出现，故文始即史之始。此后的历史，遂也以文字为主，语言、图像、数理之用，仅为辅弼而已了。

象的文化符号学

一 立象如何尽意

《易经·系辞上》:“子曰:‘书不尽言,言不尽意。’然则圣人之意,其不可见乎?子曰:‘圣人立象以尽意,设卦以尽情伪,系辞焉以尽其言,变而通之以尽利,鼓之舞之以尽神。’”

这“言—意—象”的关系,可说是《易经》构成的基本原理。它要说的道理(意),都不是直接用语言来说明,而是采卦爻方式,拟象物宜的,故是“立象以尽意”。整个《易经》就是一套立象尽意的系统,因此《系辞下》说:“是故易者象也。”

这个道理,论《易经》者大抵均能明白。可是,为何言不能尽意,象反而可以?立象又如何尽意?这就不甚了然了。古今注释,于此多是囫囵模糊以说之,甚或跳过这个问题,不予讨论。

以权威的注释王弼注为例。王氏于此,仅云:“极变通之数则尽利也。故曰易穷则变,变则通,通则久。”这是仅注了“变而通之以尽利”那一句而已。为何言不尽意时要立象以尽之,根本跳过没谈。

其他《易经》论立象之处,他也往往视若无睹。如“是故夫象,圣人有以见天下之赜,而拟诸其形容,象其物宜,是故谓之象”,“天生神物，圣人则之；天地变化，圣人效之。天垂象，见吉凶，圣人象之”，“易有四象，所以示也”（均见《系辞上》），“易者，象也。象也者，像也”，“爻也者，效此者也。象也者，像此者也”（《系辞下》），等等，亦均无注。

至于《说卦传》对于卦象的解释，如“乾为马，坤为牛，震为龙，巽为鸡，坎为豕，离为雉，艮为狗，兑为羊”，“乾为首，坤为腹，震为足，巽为股，坎为耳，离为目，艮为手，兑为口”，“乾为天，为圜，为君，为父，为玉，为金，为寒，为冰，为大赤，为良马，为老马，为瘠马，为驳马，为木果”等，他也都不注。如此注《易》，固然可显示他“扫象”的立场，但观之实在令人感到遗憾。

朱熹的《易本义》则在“圣人有以见天下之赜，而拟诸其形容，象其物宜，是故谓之象”底下注：“象，卦之象，如《说卦》所列者。”可是去查《说卦传》，朱子却说：“此章广八卦之象，其间多不可晓者，求之于经，亦不尽合也。”于是易象到底是怎么回事，终不可知。

而且，《系辞》明明是说圣人立象时要拟象天下诸物，可见是要以卦爻象物的，他却只把象解释为卦象。有时把象限定于卦，说“象，谓卦之形体”；有时说这个卦的象是仿像“理”（如“易者象也。象者像也”，朱注即说“易卦之形，理之似也”）。然而象怎么只是指卦象呢？何况朱熹的理气论，是将理与气分说的。易象若只是像理，那就不会是像属于气的物与器了，以此解易，殊难圆通。因为“圣人立象以尽意，设卦以尽情伪”，显然象并不就等于卦。所以说，“在天成象，在地成形”，“圣人设卦观象，系辞焉而明吉凶”，“八卦成列，象在其中矣”（均见《系辞上》）。象有卦外之象，有卦爻之象，亦有卦中之象，若偏言一端，则未见其可也。

诸如此类，均可见传统注释家对易象之掌握颇为粗疏，其所重者，往往在易理而不在易象。至于论象数一派，对象的理解，其实仍与朱子相似，所谈只在卦象。一以卦象配四季、十二月、四方、五行、三百六十五又四分之一日；二则八宫爻变，言游魂归魂、世应、飞伏；三则以乾坤十二爻配十地支、十二律、二十四气、二十八宿；四则以卦变论升降、互体、纳甲、旁通。其术，貌若繁复多姿，实于《易经》论象之道尚多蒙然。

本书无法详论易象的问题，现在仍要回到文章开端所说之事。因为我想讨论的是：为何言不能尽意，象反而可以？圣人又如何立象以尽意？

为何言不尽意，象反而可以？古人对此，也并非没有讨论过，朱熹注即说："言之所传者浅，象之所示者深。"这当然是个好论断。但为什么是如此呢？他依然未谈。既是如此，只好由我来试着说说罢。

二　意象如何形成？有何功能？

（一）视知觉的意象思维及其特性

阿恩海姆《视觉思维：审美直觉心理学》一书对视觉思维的研究或许可以供我们参考。

他先从西方"思维/知觉"两分的传统讲起。说历来总是把思维看成理性的、逻辑的，可以形成科学的知识，感官知觉则是非理性、反理性或无关于理性的，可以成就艺术，而无法形成知识。而在主流意见中，又推扬前者而贬抑后者。

然后他重新解读柏拉图，谓柏拉图虽然对知觉不信任，但仍然把知觉看成认识的一种方法，故在《理想国》中柏拉图甚至把心灵比喻为眼睛。眼睛的视力感官知觉，显然具有认知的功能。

但视知觉如何认识并理解外物呢？他认为认知与理解活动并不像一般人所以为的那样，眼睛只是看，只是感官经验。将此经验予以抽象化、概念化、逻辑化，形成知识，则是思维之力。他说视觉本身就是思维。因为“看”不只是静态地接收、感受而已。看东西时我们都是选择性地看，某些东西我们根本不会看到。因事物在知觉中已被识别或辨识，否则我们对之便会视而不见。所以“看见”本身即是初步的思维活动。其次，人的概念，也形成于对形状的知觉中。

据此，他引述心理学的研究，说：“在我的大脑以正常状态活动起来时，它便是一列清晰而又完整的画廊。不是由已定稿的画组成，而是一系列印象式的画稿。每当我读到或听到某某人在虚心地或严肃地、骄傲地、谦卑和殷勤地做某件事情时，眼前就立即呈现出‘虚心’‘严肃’‘骄傲’‘谦卑’‘殷勤’等视觉形象。一提到某个高贵的巾帼英雄，眼前便立即闪现出一个英姿飒爽的高大形象，而这个形象的唯一清晰之处，却是他手中高擎的那件铁灰色裙子；一提到一个谦卑的随从，我眼前便闪现出一个弯腰曲背的形象，但这个形象的唯一清晰之处，则是他的弓形的背……”

这段话是什么意思呢？他是在肯定视觉也可以是一种思维活动之后，进一步解说视觉的思维特性，谓其特性在于对“意象”的把握。而意象又如何把握呢？对意象的把握，何以又能称为是思维活动？其特点又为何？他的答案就都在上面这段引文中。

这段话，讲的是每个人都曾有过的经验。它告诉我们，种种印象或心理意象的忽隐忽现，并不表示我们对这些事物没有完全把握，也不是心灵对它进行了切割。其实，这种粗略意象本身就代表着一种正面的或肯定的性质。正是这样一种性质，才把一个物体的心理意象同它的自然实体区别开来。每个东西，看到的人，在心里的感觉与认知并不相同。

或者说，看到的东西，并不等于实际存在的东西。看，并不只是在视网膜上复制物体而已。

更有意思的是，这段话还把心理意象比作绘画和印象。印象派绘画同它之前的其他绘画有着根本的区别。尽管在莫奈之前，画家们在再现外部客观物体时已经相当成功，但那只是追求形似、再现、逼真。在印象派运动兴起之后，美学理论才开始出现根本性的变化：开始认识到一幅画乃是心灵本身的产物，而不是外部物理对象的复制。正是清晰认识到外部物理对象和心理意象的区别，才构成现代艺术理论的基石。几十年之后，在心理学界关于视觉经验的看法上，也出现了同样的与传统的决裂。

印象派画家作画时，已不再面面俱到地画一个人或一棵树的细节，而是用不多的笔画创作出它们的近似形象。这些笔画的出现，不再是为了描摹出一个人或一棵树的全部细节的形象。相反，为了使它们成为产生特定效果的刺激物，这种极为简化的式样本身倒成了欣赏的对象。此时，画家真正想到达到的效果或经验，是靠视觉意象“闪现”或“暗示”来的。这些“暗示”会引导我们体验它们的大体色彩和方向，而不是它具体而又确定的轮廓或物体的某一细部。

对于视觉经验这种模糊的性质，用我们现有的语言是很难描述出来的。因为我们的日常语言在描述一个物体时，总是指向它的那些可触、可见的方面。然而，视觉经验这种性质对抽象思维来说却极有用。正是因这样一些性质，才使得一个具体视觉对象被抽象化为一个具有基本动力特征的结构。

这些动力特征与外在物理客体的可触知部分有着根本的不同。正如我们看到一位毕恭毕敬的侍从，其形象可被抽象为一个弯曲的身形。这种知觉抽象活动也不是在脱离具体经验的情况下进行的，因为这样一种谦卑的弓曲形象，不仅仅被理解成一个谦卑的侍从，更可直接被看成这个侍从本身。

这就是从“形象”到“意象”的历程。虽然这些意象的轮廓线、表面质地和色彩等都是模糊的，却能以最准确的方式把它们体现的特性体现出来。按照一般人的偏见，一种意象若无清晰明确的轮廓，或者看上去不完整、没有细节的展示，就必然是不准确的。但绘画和某些其他领域中的情形都恰好相反。一幅霍尔本（Holbein）或丢勒（Dürer）的绘画，虽然其轮线非常鲜明，但其知觉形式却并不比一幅弗兰斯·哈尔斯（Frans Hals）或奥斯卡·卡卡什卡（Oskar Kokoschka）用少数几笔勾画出的人的面容准确多少。在数学领域中同样如此。一种拓扑学陈述或草图，可以十分准确地表达出某种定向关系（如被包含关系或重叠关系），虽然它们完全远离了真实的形象。在逻辑学中，没有人会相信，一个一般的概念会由于缺少具体的细节而变模糊；恰恰相反，那种集中于事物的少数几个本质的特征的做法，一向被认为是一种使概念变得更加清晰的手段。那么为什么我们不愿意承认心理意象也是如此呢？在艺术中，我们不是可以通过把人体形象简化为一个具有表现性姿态的简单几何形状，而使这个形象变得更加明确和清晰吗？

在这些意象中，另有很多并不是直接来自物理对象本身，而是由某些抽象概念（如谦虚、严肃或骄傲等）间接地唤出。同时，有些意象的视觉形态还可被约简为某种形状或某些性质的“暗示”或“闪现”。这也很值得注意。

在心理学的“联觉活动”实验中曾发现：动作、节奏、色彩、形状、音调等，均可越过各自的感觉界限，相互支持和加强。例如试验中，当一个人倾听某种声音（尤其是音乐）时，常会感受到一片特殊的色彩。同样，某种理性概念（如某些数字排列，或把十二个月按顺序排列）也可以使人联想到特定的色彩或空间形式。

这些试验所证明的是：理论性概念并不是在真空状态中被掌握的，它们有可能使人联想到它出现的种种视觉背景。

另外一些理论性概念的视觉形象，则有点像是一种惯常的隐喻。心理学家赫尔伯特·西尔贝尔（Herbert Silberer）曾提到过他经常体验到的一种"催眠状态"：每当他竭力想思考某一问题但又被瞌睡妨碍时所出现的一种状态。有一次，在他试图思考康德和叔本华关于"时间"的哲学而毫无所获时，这种受挫感立即在他头脑中生出一个"愁眉不展的秘书"之形象。

诸如此类，均显示了视觉的意象思维自有其特性，对人类理解事物也有非常重要的功能。故阿恩海姆认为，假如让这种能力自由地发挥作用，不使它局限于复现那种永恒不变的自然形式，"它就满可以从以往的经验中自动地产生出一般普遍性的意象"。又假如客观事物果真可以被简化为由少数几个方向或形态组成的意象，我们就可以设想，有可能还存在着比这种简化的意象更抽象的式样，这就是那些完全不带外部物理世界痕迹的抽象的结构或事态。

不但如此，他也认为：在解决真正的理论问题时，所需要的是些高度抽象的形式，这种形式在心理空间中往往是由几何形状或拓扑形状呈现着。这样一些非模仿性的意象，往往模糊到刚刚能够认出的程度。但它们十分普遍，而且对任何一个思考一般性问题和需要以抽象的形状去思考的人都是不可或缺的。因此有些人"倾向于相信"意象的逻辑是创造性思维的首要推动者。

越高级的意象，越是高度形式化的纯几何形状。它的最大的优点是能帮助我们把某种特殊的性质准确地抽取出来。一个简单的符号标志在作为一个指示物时，要比一个以写实风格画的有指甲、袖子、袖口和扣子的维多利亚式的手有效得多。因为这种符号标志更接近于一个“专职”的符号，所以在观看者眼中，它会立刻变成某种观念的陈述，而不是现实世界的一部分。虽然这种高度抽象的意象的内涵较窄，但它的外延却很宽广。换言之，它可以同时表示很多种事物。两个重叠在一起的圆圈可以是一幅再现某种物理对象，如某种新式眼镜或椒盐卷饼的画；也可以是双环形马战场的平面图；还可以成为表示某种美满的婚姻或两个国家之间友谊的符号；在更抽象的情况上，它还可以用来表示任意两个重叠的意象之间的逻辑关系。它究竟起哪一种作用，只有通过背景（或前后关系）才能看出来。

（二）意象作为绘画、符号、记号的功能

为了说明和比较意象与其指称的内容之间的各种不同关系，阿恩海姆区分出意象的三种功能，即意象作为绘画，意象作为符号，意象作为纯粹的记号。

上述三个名称，并不是指不同种类的意象，而是指意象的三种功能。某一个特定的意象，可同时具有以上三种功能中的每一种功能，而且每一次都可以不止于发挥一种功能。原则上说来，意象本身并不能告诉我们它意在发挥哪一种功能。一个三角形，既可以成为危险的记号或信号，也可以成为一幅描绘高山的图，还可以作为等级差别的符号。

假如某种意象被选择来作为一种记号，它只能作为一种间接的媒介使用，因为它的作用就是使人看到它就想到它代表的内容。这就是说，记号与它代表的东西之间在形态上并不相似，因此它自身不能作为思维活动赖以进行的媒介。

意象还可用于“描绘”事物。它描绘的事物在抽象性方面低于这一意象自身时，这种意象就成为这些事物的“绘画”。作为绘画的意象，

总是捕捉所描绘物体或事件的某些有关性质（形状、色彩、运动等），加以突出或解释，因绘画不同于忠实的复现，而是把实物抽象化。

意象的第三个功能是其符号功能。在意象作为符号使用时，它的抽象性一定要低于符号所暗示的东西。换言之，一种符号必须能为某一“类”事物或某一类力的作用方式赋予具体的“形状”。意象本身当然是一种特殊的事物，而当用它代表某一“类”事物时，它便有了符号的功能。举例说，当用一个狗的形状来代表狗类的概念时，这个形状便成为狗类的符号。原则上，任何“标本”或标本的复制物，只要用它们代表该“类”事物，就成为一种符号。但这样一来，这种意象便把抽象工作完全留给了符号的使用者，因为它本身不能帮助这些使用者注意到或把握到该事物有关的性质。艺术品在这方面就比这类“标本”好得多。

符号性功能还可以由种种高度抽象的意象完成。这些意象，均是为某些概念或动态样式而设计的几何形式。如物理学家用来描绘某种矢量的箭头，就可以把这种矢量的有关性质，如它的强度、力量、方向、意义和作用点等展示出来。音乐乐谱的作用也部分是通过符号表现的，例如，在展示某种声音的高度时，就是用了五线谱中较高的部位。同样，线条画也可以用同样的方式通过把某种心理状态某些能动性质转译成可见的式样，而把它标示出来。

（三）意象思维与语言思维的比较

在阐明意象思维之性质后，阿恩海姆更进而论证意象与语言的关系及优劣。他在书中（如上文所引或未引的章节中）反复言道：概念是一种知觉意象，思维活动就是把握和处理这样一些意象。有一章还试图阐明，这种意象有各种各样的抽象水平，但即使是其中最抽象的意象，也必须合乎一个条件，这就是：它们的结构必须等同或相似于（同型）思维所及的那些情景的相应的结构。

问题在于：语言文字是否也是这样一种知觉意象？语言排列（不管是视觉的还是听觉的）所具有的感觉性质是否能够把某种思想所涉及的整个范围的结构特征重现出来？也就是说，我们能否以语言进行思维，就像我们可以用圆、长方体或其他诸如此类的形状进行思维那样？

对此，普通人几乎都会不假思索地做出肯定的回答。事实上，在多数人眼里，语言作为一种思维的媒介，要比形状或声音好得多。在某些持极端看法的人眼里，语言更是思维所不可缺少的东西，而且或许是它唯一可行的媒介。

但阿恩海姆说，没有人否认语言能帮助人们思维，现在需要回答的是，语言的这一职责究竟是通过语言媒介本身的固有性质完成的，还是通过它的间接作用完成的，即通过语词所指的对象或句子所谈的事物完成的。如果是后一种，帮助思维的东西就不是语言本身，而是一种与之完全不同的媒介。除此之外，还需要弄清，究竟语言是不是思维所不可缺少的。

他对后一个问题的回答是否定的，因为从动物，尤其是从原始人类身上，同样可以清楚地看到创造性思维的存在。尚无语言的人类，若无创造性思维，就连语言也不能发明。

因此，语言并不是思维活动之不可缺少的东西，但它的确有助于思维。问题在于，它以什么方式帮助思维？既然语言是一整套知觉形状（听觉的、动觉的、视觉的）的集合，则它究竟会在多大程度上对人的认知做出贡献？

没有人会否认某些类型的认识活动可以由语言媒介本身完成。但是，即使这种媒介能对它起作用，也不可能使它成为创造性的思维。学会用某些语词代表某些概念，而且以某些方式使之互相联系，例如我们学会10减去7等于3。这种学习可以通过常规训练进行，而且这种学习可以在概念包含的意义被忽略或完全不知道的情况下完成。每次“10减7”这样的陈述进入我们联想系统时，“3”就会自动地产生出来。这种联想不需要涉及任何超出语言材料的东西，它直接指向一种储存和回收系统，这种系统总能够提供合宜的信息。然而这种工作根本就算不上创造性的思维，因为这种工作连机器也能做。

语言还可以通过康德所说的“分析性判断”（analytical judgment）来提供信息。但在这样的陈述中，整个谓语只是主语的一种已知的性质，因此只能为主语的一个方面做出阐明。例如在“一切有机体都能够生长”这样的陈述中，假如“生长”是有机体的一个确定的性质，该陈述就是分析性的。做出这样的陈述不再需要从经验世界中攫取什么。此一分析性判断完全可以通过纯语言方式产生。因为代表主语的词同代表谓语的词之间的必然联系，已经通过词语的学习规定出来了。

故单纯的语言思维是不产生任何“思想”的思维（即无思想思维[thoughtless thinking]）的典型。它只是自动地从“储藏”中原封不动地恢复某种“关系”。它是有用的，但又是不生育的（或缺乏创造性的）。那么，是什么东西使语言成为思维的不可缺少的东西呢？这种东西绝不是语言本身！阿恩海姆认为，思维是借助于一种更加合适的媒介（视觉意象）进行的，而语言之所以对创造性思维有所帮助，就在于它能在思维展开时把这种意象提供出来。

反之，在思维活动中，视觉意象之所以是一种更加高级的媒介，主要是由于它能为物体、事件和关系的全部特征提供结构等同物（或同物体）。视觉形象在多样性和变化性方面堪与语言发音相比。

然而更重要的原因在于，它们能够按照某些极易确定的形式组织起来，各种几何形状就是最确凿的证据。这种视觉媒介的最大优点就在于它用于再现的形状大都是二度的（平面的）和三度的（立体的），要比一度的语言媒介（线性的）优越得多。这种多维度的空间不仅会提供关于某些物理对象或物理事件的完美思维模型，而且能够以同构的方式再现出理论推理时所需要的各个向度。

而且，**直觉认识**发生在一个各种“力”相互作用的知觉领域内。这种认识可以从一个人对一幅绘画作品的把握中得到例证。在看一幅画时，对画框之内的整个领域稍作扫描，观看者便能知觉到画的各组成成分：它们的形状、色彩，它们之间的种种关系。由于这些组成成分在知觉经验中相互作用和影响，所以观看者所看到的整体形象乃是这些成分之间相互作用的结果。

但另一种思维，就是被称为推理认识的思维。这种思维，犹一个人在观画时，不是按照直觉的方式把握它的整体形象，而是一开始就希望把这件作品包含的各个成分和各种关系识别或分辨出来。为了达到这一目的，他要描述其中每一种形状，辨明每一种色彩，列出所有组成成分的清单。在这之后，还要继续确定个别成分与个别成分之间的关系，如它们之间的对比效果或同化作用等等。当他把所有这一切材料收集齐备之后，便致力于将它们综合起来，重新建构一个整体。

这样的观赏者究竟在干什么呢？首先，他是在从知觉领域中将其中各种成分以及成分与成分之间的关系“分离”出来，以便确定每一成分和每一种关系的性质。通过这一方式，一种稳定而又独立的概念便从构成知觉领域的诸种不太稳定和不太明确的实体中产生出来。这种来自直觉体验的知觉概念逐渐得到凝固或结晶，心灵便获得了种种稳定的形状，而这种形状又有助于稳固的思维（consistent thinking）。说明这推理性思维过程的最具代表性的例子很多，如语言表达过程中“概念”的线状排列、演绎推理（三段论法），或数学证明中各逻辑命题的链状呈现等都是。

构成“直觉思维”过程的各组成部分的相互作用，是在一个整体且连续的领域内进行的。但“推理认识”过程中各组成部分成分的相互作用则是沿一条直线依次进行的。因此阿恩海姆引述旁人的话说：“自然按照网状结构而不是直线性结构把它的各个物种联系起来，人却只能按照线性顺序去联系它们，因为他们的语言不可能同时呈现出几个事物。”以此论证语言所运用的直线性推理思维，不如意象直觉的视觉思维。

三　观象：以视知觉济言语之穷

阿恩海姆的理论是由视知觉展开的，由视见象。这个角度，事实上也就是《系辞》对圣人造易情况的描述方向。故曰“圣人有以见天下之赜，而拟诸其形容，象其物宜”，“天垂象，见吉凶，圣人象之”，“圣人设卦观象，系辞焉而明吉凶”。说观、说见，都是就视知觉这方面说的。

再把圣人观象立象这种视知觉活动关联到“言不尽意，故立象以尽意”的语脉中去看，则我们也会发现：《系辞》之作者，在此明显带有强调视知觉而贬抑语言思维的态度。

这种态度，也是许多讲视觉艺术的人所共有的。例加内森·卡伯特·黑尔《艺术与自然中的抽象》一书，一开头就说：“作为艺术家，我们基本上与文字没什么关系。例如，在我们试图弄懂一幅画里的线条时，我们‘画’这些线，而不是用语言文字来说明。”“我谈到你对某些抽象因素的理解时，我的意思是你能够‘画出’它的线、形、图式和所有我们艺术家不用语言文字就能表达的特征。”（第一章第一节，上海人民美术出版社，1988年）这不是说要了解什么时都须得能画出来才能了解，而是说这种理解不必透过语文，乃是借由看见。

看见那些线、形、图式、尺度、比例、黑白、色彩等如画般地呈现在眼前，而即得以了解。用塞尚的话来说，这样获得的乃是一种“画里的真实”（the truth in painting）。视觉艺术工作者，较习惯也较信任这种了解。当然，他们也擅长以此表达其所欲传示的情绪与思想。他们不惟认为在表达与了解时弗须用到语文，更自认这种图像的方法比语文更能表达自我，也能让人获得更深刻的理解。

阿恩海姆对语言思维和意象思维不同功能的比较，便是从理论上说明视觉艺术家重视“象”而轻语文的态度。

这些说明或态度，固然可能只是重视视知觉的人的偏见，但既然已发现“言不尽意”了，在言说无法达意、无法有效指涉世界之际，诉诸图像，当然就是不得已的选择。何况谁也不能否认线、形、图式都是具有表现力的。一条线，不仅能显示出那是一枝树桠、一条裂缝、一绳线索等等，亦具有刺激观者感觉和情绪的力量。一条直线与曲线、波浪线、旋转线、断线，给人的感觉当然不同。就是直线，粗细轻重不同，看起来感觉也不一样。而这种感觉确实有时并非语言所能表达，与由语文而来的感受不相同。

以此观之，《系辞》云书不尽言，言不尽意，故圣人立象以尽意，并由视知觉论象，正是一种重“视”轻“言”的态度，或欲以象济言语之穷的态度，其意与视觉艺术家其似。历来注释家多是采“因言以求意”的路数，故恰好与《系辞》的态度相反。“言象意”的关系，被删改成“言意”关系；言尽意或不尽意，成为哲学上重要的论题，意与象或意象则乏人问津。像王弼那样，完全不谈象的问题的例子，即是在魏晋“言意之辨”的风气中出现的。其余论易诸家，或受限于这个言意关系的论述传统，未能由视知觉这个角度去理解言象意的关联；或欲“得鱼忘筌”，认为读《易》旨在明其义理，故言与象均为筌蹄，可以不必花太多心思在上面，以致都远离了《系辞》的讲法。

殊不知号称得意忘象者，仅是以“得意忘言”之论理架构去说忘象而已。得意忘言，是说言以达意，故欲得其意者必循言语；唯其意既得，言即不必执着。是以工夫有两层，一为因言求意，二为忘言去执。可是讨论《易》理的先生们，却根本舍去了象，根本不论象。这或许是因为某些论象的先生们谈象时谈得天花乱坠，令人头疼，以致惹来这类扫象忘象之说。但无论如何，如此持论终是不妥的。

至于那些讲象数者，我说他们仍受限于言意关系的论述传统，未能由视知觉的角度去谈言象意的关系，则是因为论者大抵都是就卦象、爻象说，说其应比、升降、正反、旁通、飞伏、互体、半象、对象、覆象等等。这只是在说卦与卦、爻与爻之间的逻辑关系，乃圣人观象制易之后落于言筌的符号系统，非其象天地、效变化、立象以尽意的造易之法。卦与卦、爻与爻的这些关系，也是机械的、有法则系统的，是语言性的推理思维，而非视象式的直观认识。甚且，它比语言更像符号逻辑。整体爻卦，构成一个形式推理系统，研易者所谓之观象活动，便是以逻辑的数学分析（mathematical analysis of logic）方法，去说明卦爻的结构关系，再以此结构关系来解释意义。诸家以此自诩为能说易象，而实距论易象之道远矣！

四 追求“象的语言”

要了解这种立象以尽意的原理，还应暂时离开象，从语言来探究。因为，立象以尽意，还不只是以视知觉济言语之穷而已。观象立象的传统，曲折地开发了语言，创造了一套如意象之用的特殊语言，也形成一种“言不尽意之言”的语言及语言观。

正如阿恩海姆所说，画有两种，一种是以刻描形象为主的，一种则不重具体物象及其形象，前者写实，后者抽象。语言其实也有两种，一种是可用来跟绘画对比的语言，亦即一般之语言，可用以指涉外物，推论辨识；另一种，则是在体认到“言不尽意”时发展出来的语言。

这是什么样的语言呢？在哲学上，大家都知道，庄子所谓“忘言”“重言”“卮言”“寓言”，即属于这种语言。在艺术上，许多人则强调：诗，就该是这样的语言。

黑格尔曾说散文的思维方式仰赖知解力，与诗的想象在本质上即有差异。诗以意象为主要表达方式，也非散文所能擅长。因为散文的规律，乃是精确鲜明和可理解性，直指意义内容。诗则诉诸想象，借用比拟譬况，以借物起兴（《序论》，《美学》第三卷下第三部分第三章）。中国古代也强调诗文之分，如沈括云：“韩退之诗，乃押韵之文耳。”（《冷斋夜话》卷二）

着重诗文之分，便会在赋比兴之中强调比兴。因为赋是诗文共同的表达方法，比兴才是诗的特点。诗人强调比兴的言论甚多，如洪炎云“诗人赋咏于彼，兴托在此，阐绎优游而不迫切，其所感寓常微见其端，使人三复玩味之，久而不厌，言不足而思有余，故可贵尚也”（《后序》，《豫章黄先生文集》卷三十），陈子龙云“正言之不足故反言之。独言之不足故比物连类而言之，是以文义并存，而莫深于比兴之际”（《文用昭雅似堂诗词稿序》，《安雅堂稿》卷一），等等，多得不得了，不具引。

强调诗应以比兴为主，是着重诗文之辨。为什么要辨诗文的不同呢？是要说明诗非一般语言。它利用比兴等方法，目的是想达到一般语言所无法达到的效果，亦即突破一般语言的限制。

语言是人类最主要的表达工具，指事类情，其用甚广。但某些时候、某些感情或想法，语言之表达仍不免会有不能尽意之感，这时就须“正言之不足，故反言之”或“风人之义，隐而不发，使言之者无罪”（《左伯子古诗序》，《安雅堂稿》卷四），“其身危，则显言不可而曲言之，其志苦，则庄语不可而谩语之”（朱长孺《笺注李义山诗集序》）。也就是说，反言、隐言、曲言、谩言、比兴，都是在体会到言不尽意时想出的补救之道。

这与《易·系辞》说言不尽意时才立象以尽意，正好相似。比兴之用，即等于立象。

而比兴云者，事实上也就是用象。以上引陈子龙《文用昭雅似堂诗词稿序》为例，该文说诗以比兴为主，“夫屈平之为书，上言天人之理，中托鬼神之事，下依寓山川人物草木鸟兽，以自广其意”，诗要表达一个意思，不应是直叙的或推理的，而应是借鬼神山川人物草木鸟兽诸物象以示意，“如刺淫乱，则曰‘雝雝鸣雁，旭日始旦’，不必曰‘慎莫近前丞相嗔’也。悯流民，则曰‘鸿雁于飞，哀鸣嗷嗷’，不必曰‘千家今有百家存’也”（杨慎《升庵诗话》卷四）。

凡此，托芳草以怨王孙，借美人以喻君子，瑶台璚宇，歌筵舞榭，假夫妇闺帏以言君臣朋友之义，因题花看柳而伤山河禾麦之时，乃诗家之惯技也。不惟以此曲达其难言之隐，亦以此形成“意余言外”“言有尽而意无穷”“含蓄”的艺术效果。

这种表达方式的窍门，就是不直接讲所要讲的意思，而代之以意象，让读者依象去揣摩意会之。王思任云“《诗》三百，赋者少而兴者多，兴者少而比者多。盖《诗》本于《易》，须拟之议之，而成其变化”（《雪香庵诗集序》），“其所言在水月镜花之间，常使人可思而不可解。……即其寄托游仙泳女，一再读之，飘淫恍惚，而别离短促之景具是矣”（《方澹斋诗序》），讲的就是这个道理。

《诗》与《易》的相关性与相通性，也即在此。王思任说的一点儿也不错。这是因为象示之法跟诗歌的表达相似。《诗》非直述语言，重在比兴，比兴之用，即与象同。故陈骙《文则》卷上丙云：“《易》之有象，以尽其意；《诗》之有比，以达其情，文之作也，可无喻乎？”宋大樽《茗香诗论》亦云“《易》取象，《诗》谲谏，犹之寓言也”，章实斋《文史通义·内篇·易教下》更说：“《易》象虽包六艺，与《诗》之比兴，尤为表里。”后世中国人说事理，喜欢用诗。不惟小说中动辄“有诗为证”。评述古今之变、暗示人生哲理、指点迷津、蕴显天机，都离不开诗。谶语、预言、签条、歌诀，广泛流通于中国社会中，而这些，大多是以诗为之的。当然，往往也结合以图像。自古易图以迄《推背图》《烧饼歌》等，无不如此。自居正统的知识分子，可能会瞧不起这些歌诀、诗签、谣签，但别忘了：大儒若要总摄于学问宗旨时，也只能用诗。如朱熹、陆象山的鹅湖之会，要辩论为学宗旨时，头绪必然甚繁，千言万语，未必就能讲得清楚；但双方各出一诗，其境界、气象、宗风之异，便足以令人体会了。

在诗的表达方式里，赋所代表的语言运用方式，特征在于“直陈”。而直陈与铺叙的语言，至少有两种必然符合的要件，一是在语言结构上，以逻辑的推演及因果的关联性为主，所以在表达上也以时间与地点之布列为线索；二是语言与现实的关系直接而紧密。由于它直陈时事，故语句不仅含有明确的指涉（reference），其指涉多半也可以检证。这种语言，无论如何积极修辞以激发读者审美之想象与感情，毕竟仍与日常语言或认知性语言，差别不大。运用到文学作品上时，知解的成分固然很浓，对读者理解作品意涵很有帮助，但在提供读者想象的空间方面，却不免有所欠缺。对激发读者情感之效果方面，亦难期于完美。

反言或比物连类而言，即所以济正言直赋之不足，并发挥文学之所以为文学的特殊效果。这种特殊效果，简单说即是背离语言文字基本的达意功能，寻求知解效果较低而能唤起知解以外其他效果（例如“哀”的情绪）的方法。这才是文学语言不同于日常语言科学语言的地方。而也正因为它们不同于一般语言，故与易象之道肸向相通。

把诗之比兴和易象合起来讨论，最著名的是清朝的常州派。常州派论词亦强调比兴，如张惠言即谓词乃比兴之诗：“意内而言外者谓之词，其缘情造端，兴于微言以相感动，极命风谣里巷男女哀乐，以道贤人君子幽约怨悱不能自言之情，低徊要眇，以喻其致，盖《诗》之比兴，变风之义，骚人之歌则近之矣。”（《词选序》）周济则批评玉田，说玉田意尽于言，所以不够好；北宋之词多就景叙情，故珠圆玉润，至嫁轩白石而变为即事做景，遂使深者反浅、曲者反直。又说白石不如稼轩，只有《暗香》《疏影》二词，寄望题外，包蕴无穷，可与稼轩伯仲，余皆据事直书，故情浅，看似高格响调，却不耐人思。这些批评，像注重深曲、寄意题外、就景叙情，而反对意尽于言，不喜据事直书，都是我们所熟悉的比兴之论。

比兴之定义，言人人殊，但其重点均在于象。故皎然《诗式》说“取象曰比，取义曰兴。义即象下之意，凡禽鱼草木名数，万象之中，义类相同，尽入比兴”，象与义之间，以比或兴关联之。比与兴，即指意义和表现意义之形象间的关系，但因其寓含之意义是抽象的，因此象具有本质的暧昧性。周济说词“指事类情，仁者见仁，智者见智”，“读其篇者，临渊窥鱼，意为鲂鲤；中宵惊电，罔识东西”，谭献说“作者之用心未必然，而读者之用心何必不然”（《词辨》），讲的都是这个情况。

常州学者，又好以阴阳消息言易象，认为易象依物取类、贯穿比附，“参伍蕃变，无不包孕，见仁见智，随所取之”（李兆洛《周易慎思序》），于是易象当然也就同乎比兴了。尤其是对立象活动来说，象之依物取类，固然是比，但立象尽意，却是象征的办法，象不仅作为一符号，亦为一种“具象抽离”之后，与所要说明的意义之间有内在关联的符号。

这种关联，由于只是部分相关，而非意义与象完全相等，所以意义可以用好几种不同的象来表达，一个象也可以有许多个意义，这便是象征的模棱暧昧本质。论《易》者，有的像王弼，认为既然象征如此暧昧，“义苟在健，何必乾乃为马？爻苟合顺，何必坤乃为牛？”则只要掌握其意义便罢，何必管其象？所以主张“扫象”。有些则主张观象见意，既然义在于顺不必定说坤即为牛，则可以显此意义的象到底有哪些，不妨予以归纳整理，于是就构建了一个象征系统。主要的代表人物，就是虞翻。

惠栋《易汉学》说“《荀九家》逸象三十有一，载见陆氏《释文》，朱子采入《本义》。虞氏仲翔，传其家五世孟氏之学，八卦取象十倍于《九家》”（卷三），但这些象多半失传了，惠栋整理后，得三百三十一事。张惠言著《周易虞氏义》，又增加了一百二十五事，共得逸象四百五十六则。譬如乾，为王，为明君，为神，为大人、贤人、君子、严、威、道、德、性、信、善、大、盈、好、利、清、治、龙……坤为臣、民、小人、鬼、母、下、恶、藏、耻、乱、怨、晦、夜、车、牛……离为女子、孕妇、恶人、刀、斧、鸟、瓶、戎……凡此之类，后来方申撰《虞氏易象汇编》，续予补充，共得一千二百八十七事，可说是洋洋巨观了。

我们如果把张惠言等人对虞氏易象的归纳，拿来跟乾隆中刊行的《诗学指南》相对照，便可以发现:《诗学指南》所收晚唐虚中撰《流类手鉴》及题贾岛所撰的《二南密旨》，也都是从六艺、风雅、正变，论到物象，例如残阳落日比乱国、百花比百僚、江湖喻国家、荆棘蜂蝶比小人等等，共一百零一则。另外，明朝竟陵派钟惺，曾选编《词府灵蛇》，凡三集。第二集亦收有《原创格渊奥》《总例物象》《王玄编物象例》。这些都是指明某一物象的比兴意义的文字。

例如："梦游仙，刺君臣道阻也。水边，趋进道阻也。白头吟，忠臣遭佞，中路离散也。夜坐，贤人待时也。贫居，君子守志也。看水，群佞当路也。落花，国中正风隳坏也。对雪，君酷虐也。晚望，贤人失时也。送人，用明暗进退之理也。早春，正风明盛也。春晚，正风将坏之兆也……"依据"物象是诗家之作用，比君臣之化"的原则，以天地、日月、夫妇比君臣；飘风、苦雨、霜雹、波涛比佞幸，并举贾休、周朴、李洞、齐己、虚中、张为、贾岛、孙鲂、韩熙载、贯休、周贺、郑谷、戴叔伦、杜荀鹤等中晚唐诗人诗为证。与《流类手鉴》《二南密旨》相仿佛，亦易象所衍成之系统也。大抵国人之说比兴者，直到清末民初，都依据这个易象所衍生的流类象喻系统在创作或诠释作品，观魏源的《诗比兴笺序》即知。所以这个系统，也可以简单地视为我国诗歌的"公共象征体系"或"俗成暗码"。

为什么象征会逐渐形成这样一个系统呢？象征固然是仁者见仁、智者见智的，但象征记号与意义，在一个文化中，却无法辐射型开放；文化的强制俗成力量，拉合了象与意，使得象特定地朝向某一类意义，而不朝向另一类意义。如此，自然就构成了文化及文学上的成规（cultural and literary conventions）。

张惠言把《词选序》编在《周易虞氏义序》《虞氏易礼序》《虞氏易事序》《周易郑荀义序》《易义别录序》《易纬略义序》之后，《丁小疋郑氏易注后定序》之前（《茗柯文二编》卷上），当然有其用意。他解词，就是根据这个象征系统去理解词意的。

因此，一方面说诗意无定，触类可通，读诗者可以各以其情起兴。如周济谭献所云“作者未必然，而读者何必不然”，仁者可以见仁，智者可以见智：

△“诗可以兴，可以观，可以群，可以怨。”……“可以”云者，随所以而皆可也。……作者用一致之思，读者各以其情而自得。故《关雎》，兴也，康王晏朝，而即为冰鉴。“訏谟定命，远猷辰告”，观也；谢安欣赏，而增其遐心。人情之游也无涯，而各以其情遇，斯所贵于有诗。

（王夫之《诗绎》）

△美谓之美，刺谓之刺，拘执绳墨，不可为诗。意尽于此，不通于彼，胶柱则合，触类则滞，不可为诗。

（田同之《西圃诗说》）

△夫古圣贤立言，未有不取资于诗者也。……如《孝经》之所述，《礼记》《大学》之所称，《坊记》《表记》《缁衣》之所引，无不取征于诗。何者，理无尽藏，非触类旁通则无以见。夫诗者，触类可通者也。

（刘开《读诗说下》，《刘孟涂集》卷一）

另一方面，触类旁通，见仁见智也不是完全主观任意的。由易象发展而来的这个象喻系统，形成的是一套文化符号成规，作诗者与解诗者都不能逸离这个成规去乱作及乱解一通。吴乔曾说“赋必意在言中，可因言以求意。比兴意在言外，意不可以言求”（《西昆发微序》），意不可言求者，可以象见。但若立象者与观象者根本无视于易象本身的传统，不理会这个文化符号体系，或没进入这个文化系统，则象终不可解，意也终不可得。

五 由象到境再到境外

象的文化符号学尚不止如此。还有“境象”和“象外之象”的说法。

境象是“境”和“象”两个观念的结合。境来自佛教，象源于《易经》，但迟至唐代孔颖达奉诏作《周易正义》时，已将两者结合起来说了。

例如《系辞下》云：“圣人设卦观象，系辞焉而明吉凶，刚柔相推而生变化。是故吉凶者，失得之象也；悔吝者，忧虞之象也。”孔疏即云：“《经》称悔吝者，是得失微小，初时忧念虞度之形象也。……其余元亨利贞则是吉象之境，有四德别言，故于此不言也。”这里既有“吉象之境”这几个字，依此类推，当亦有凶象之境、悔象之境、吝象之境。显然他是依据人事意义将物象（包括卦象）区分为不同范畴，认为凡属于某境之象即有某意，亦即境象与人事意义有某种对应关系。

又《系辞上》云：“易无思也，无为也，寂然不动，感而遂通天下之故，非天下之至神，其孰能与此也。”孔疏云：“凡自有形象者，不可以制他物之形象，犹若海不能制山之形象，山不能制海之形象。遗忘已象者，乃能制众物之形象也。”可见物象各有界限，不容逾越。同理，人事之“吉凶”“悔吝”亦各有对应之物象（卦象），彼此之间若有边界范围，故孔疏称之为“境”。

孔疏中用到境字尚有几处，如《系辞上》云：“有亲则可久，有功则可大。可久，则贤人之德；可大，则贤人之业。”孔疏解之云：“圣人则隐赜藏用，事在无境，……贤人则事在有境。”

这是以“无境”与“有境”相对说明圣人与贤人在修养上之区别。另外，在解释“一阴一阳之谓道”（《系辞上》）时，又提到“有境”。

无论是“有、无”相对之境或“吉凶”“悔吝”等四象之境，这些用法，都应是受到六朝玄学与佛学的影响，可以说孔氏所以用境的概念解释《易》的卦象，正是六朝以来境与物（象）两个概念相通的结果。

另外，《周易正义》孔疏解坤卦初六爻辞“履霜坚冰至”云：“凡《易》者，象也，以物象而明人事，若《诗》之比喻也。”可见在孔氏心目中，易学“立象以尽意”这套原则亦适用《诗》之创作。当外物成为象时，它已不是单纯的物，而是蕴含某种人事意义，即所谓“意象”。针对物象的意义，又可区分为不同的范畴：境。境可以说是结合物象与意义的观察对象。依照孔氏的观点，圣人设卦观象，其创作的先后逻辑应为：意→境→象，亦即先有要表达的意义在心，然后去寻找具有此意义的物象范畴，最后在此范畴中选择适合的物象。

经由孔疏的解释，卦象不是直接取自外在物象，而是取自人们在观念上赋予人事意象的景象，经由此一转折，所取才是足以尽意的卦象，简称意象。

故在孔疏中，传统的“观物取象”，已经转变为“观境取象”。而从文论的角度来看，亦可说孔疏在无意中使“意象论”转变为“意境论”。

乾卦大象（天行健，君子以自强不息）之“正义曰”，还有对六十四卦“说象”的条例，云：

> 凡六十四卦，说象不同：或总举象之所由，不论象之实体，又总包六爻，不显上体下体，则乾、坤二卦是也。或直举上下二体者，若“云雷，屯”也，“天地交，泰”也……凡此一十四卦，皆总举两体而结义也。取两体俱成，或有直举两体上下相对者，“天与水违行，讼”也，“上天下泽，履”也……凡此四卦，或取两体相违，或取两体相合，或取两体上下相承而为卦也，故两体相对而俱言也。虽上下二体，共成一卦，或直指上体而为文者，若“云

上于天，需”也……凡此十五卦，皆先举上象而连于下，亦意取上象，以立卦名也。……或先举上象而出下象，义取下象以成卦义者，“山下出泉，蒙”也……凡此十三卦，皆先举上体，后明下体也。其上体是天，天与山则称“下”也；若上体是地，地与泽则称“中”也。或有虽先举下象，称在上象之下者，若“雷在地中，复”也，“天在山中，大畜”也……是先举下象而称在上象之下，亦义取下象以立卦也。

另外，“正义曰”还提到所谓实象与假象：

先儒所云，此等象辞，或有实象，或有假象。实象者，若“地上有水，比”也，“地中生木，升”也，皆非虚，故言实也。假象者，若“天在山中”，“风自火出”，如此之类，实无此象，假而为义，故谓之假也。虽有实象、假象，皆以义示人，总谓之“象”也。

这些对象的分析，均显示了孔颖达仍是就象论象者，未脱离《周易》原有的架构。他虽发展出了意境论，但只是在解释象时加进了境的观念而已。

可是这个新讯息是值得重视的。自此之后，以境象论者渐渐增多，理论也有新的进展，例如以下文献：

夫作文章，但多立意，令左穿右穴，苦心竭智，必须忘身，不可拘束。思若不来，即须及清却宽之令境生。然后以境照之。思则便来，来即作文；如其境思不来，不可作也。

（《论文意》，《文镜秘府论》南卷）

生思一。久用精思，未契意象。力疲智竭，放安神思。心偶照境，率然而生。

（王昌龄《诗格》“诗有三思”条，《吟窗杂录》卷四）

既云“以境照之”“心偶照境”，可知境中有物象，故可（观）照之。理想的境物出现时，就应用思以取物象。对此，三思中的“取思”即是：“取思三。搜求于象，心入于境，神会于物，因心而得。”此处之取思亦即苦思。由此段话可见“取象”是思的一项重要目标，而为了“搜求于象”，必须“心入于境，神会于物”。意谓理想境物出现时，应深入其境，让心与物产生感应交流，以体会其内在意义，如此所取物象才能与意契合。另外，为了使物象能充分表现情志（意），又必须在境生时能对物象观照得清清楚楚，使所取物象能达到逼真的程度。对此，《论文意》有一段详细说明：

夫置意作诗，即须凝心，目击其物，便以心击之，深穿其境。如登高山绝顶，下临万象，如在掌中。以此见象，心中了见，当此即用。如无有不似，仍以律调之定，然后书之于纸，会其题目，山林、日月、风景为真，以歌咏之，犹如水中见月。文章是景，物色是本，照之须了见其象也。

由“目击其物”至“深穿其境”，指（在想象中）看到理想的景物之后，应把握时机，用心体会物的情意内涵（“以心击之”即上引“取思”所谓“心入于境，神会于物”），并深入观察境中之物象变化。“如登高山绝顶，下临万象，如在掌中”，在深穿其境之后，清楚看见境中物象的情形。此时作者仿如居高临下，能看得到物的全貌，物的各种形象都清楚呈现在眼里，故说“以此见象，心中了见”。由“目击其物”到“深穿其境”正是一种“观境”的过程，故王氏强调可以清楚见到物象。

在观境之后，接者就是取象：“山林、日月、风景为真，以歌咏之，犹如水中见月。文章是景，物色是本，照之须了见其象也。”这是指所取物象非常逼真，看来像自然中的“物色”一般“犹如水中见月”，意指水中之月虽非真实的月，但看来非常清楚很像真实的月一般。这是对取象的极高要求，强调诗应清楚反映物象使之达到形似。

由意象论发展成意境论，到这个地步，已由“观物取象”转变为“观境取象”，以观境取代了观物象，可说是以观境才是工夫着力所在，透过观境，可以见象。象只指物象而已。

这是象论的一个转折。另一个转折，是由论象，进而言象外之象，超越地说象。

象外之说，始于六朝，如荀粲云：“盖理之微者，非物象之所举也。今称立象以尽意，此非通于意外者也；系辞焉以尽言，此非言乎系表者也。斯则象外之意，系表之言，固蕴而不出矣。”（《三国志·魏书·荀彧传》）又南朝宋宗炳《画山水序》云：“旨微于言象之外者，可心取于书策之内。”南齐谢赫《古画品录》论“画有六法”，除“应物象形”之外，尚有“气韵生动”等五法，而论“张墨荀勖”云“若拘以体物，则未见精粹，若取之象外，方厌膏腴，可谓精妙也”，均谈到象外的观念。本来在荀粲的讲法中，是以象外有意来反对立象以尽意的，但到谢赫，就希望能找到一种能掌握象外之意的方法了。

至唐，捕捉象外之象或象外之意的努力，仍持续进行着。其中刘禹锡、司空图最堪注意。刘氏《董氏武陵集序》有一段话：“诗者，其文章之蕴邪！义得而言丧，故微而难能；境生于象外，故精而寡和。千里之缪，不容秋毫。非有的然之姿，可使户晓，必俟知者，然后鼓行于时。”

《奉和中书崔舍人八月十五日夜玩月二十韵》:“暮景中秋爽，阴灵既望圆。……二仪含皎澈，万象共澄鲜。……逢人尽冰雪，遇景即神仙。……象外行无迹，寰中影有迁。……境同牛渚上，宿在凤池边。”诗中之“万象”，应指中秋之景（境）中所有物象，但诗中实际写出之象，只是万象之极小部分。象属于境，故由象可以得境，但诗中之象仅属境之小部分，故境之整体仍必须求之于象外。“境生象外”指出语言文字所描写的象是有限的，其背后实有更丰富甚至无限的象。

司空图《与极浦书》则云:“戴容州云:‘诗家之景，如蓝田日暖，良玉生烟，可望而不可置于眉睫之前也。’象外之象，景外之景，岂容易可谭哉?”这段话区分了两种象，前一个象是诗中具体描绘的部分，后一个象是由第一个象所延伸出来，但未在诗中描绘的部分。所引戴叔伦云“诗家之景”显指后一个象，用来说明两种象之间有不即不离的关系。这段话与刘禹锡所谓“境生于象外，故精而寡和。千里之缪，不容秋毫。非有的然之姿，可使户晓，必俟知者，然后鼓行于时”，语意非常接近，“象外之象，景外之景”与“境生象外”应是同一含义，象外之象指的正是象外之境，不过重点在境所包含的更丰富的象，它们是象内延伸出来的象，故说是“象外之象”。

境象论与象外之象的说法，其实均已脱离了《周易》立象以尽意的范畴，但在象的文化符号学中，此亦为一抹异色、一段波澜，不可不知也。

第一卷　文字、文学与文人

第一章
中国文人传统之形成：论作者

一　何谓“作者”？

沈约《宋书·谢灵运传论》说：“歌咏所兴，宜自生民始也。”自有人类以来，就有歌吟舞咏，大概是不会错的。但是这样的歌吟舞咏，是否能够像后世诗文那样，确指某歌某舞是谁作的呢？

这恐怕十分困难。《淮南子·道应训》说“今夫举大木者，前呼‘邪许’，后亦应之，此举重劝力之歌也”，一群人扛着木头齐声唱和的歌，有什么固定的作者？至于“里巷歌谣之作，所谓男女相与咏歌，各言其情”（朱子《诗集传序》），唱就唱了，歌无定辞，互酬情志，也谈不上什么作者问题。且不说上古时期是如此，现在台湾仍然保留的客家山歌对唱就仍是如此。

这是早期文学或民间文学的主要形态，普遍见诸歌谣、口传故事、寓言、吟唱等形式中。它们原初的那个作者，泰半不可考，也不甚重要。在群众间传播时，每个人或每个地域、时代，也都可以恣意增添删补，让自己参与创作活动。

换句话说，这时如有所谓的“作者”，那么这时的作者就不是单一的、拥有作品所有权的作者。他们可以径自增删、修饰、改编，不必追究作者的创作意旨，不必尊重作者的解释，也不必管作品的独立完整性。可以随兴地传述、抄录并享用这件作品。

但在另一种情况下，所谓“作者”，其性质与含义便不同了。如王逸《楚辞章句·离骚经序》说：“《离骚经》者，屈原之所作也。”这就标出了一个特定的人：屈原。是屈原这个人创作了《离骚》这么一篇作品。这个劳动生产关系，决定了作者对作品的劳动所有权，说明了某件东西是由某个人制造出来的。固然制造出来的东西可以开放给大家欣赏，但是欣赏者必须尊重作者的创造之功，不能攘夺了他创造的荣耀，也必须信从作者对他自己作品的处理权与解释权。

所谓处理权，是说作者怎么写、怎么唱，我们就只能怎么看、怎么听，不能说你处理得不好，我来改改。就算要改，也只能建议作者去改。所谓解释权，则是说作品是作者创造的，只有作者最了解他为什么创造、如何创造。所以倘若读者在欣赏作品时有任何疑义，只能请作者来做一解说，并以作者的解说为欣赏及理解之标准。我们经常看到一些诗文艺评说“恨不能起作者于地下而质之”，或“九原可作，定不以吾言为河汉也”一类话。这些话，便是以作者的解释为权威，一切文艺评论及诠释，均以接近作者之解释为鹄的，或以揣摩作者之用心命意为旨趣。

例如苏轼论诗，于《东坡题跋》卷二中收了两篇文章，一是《书诸集改字》，痛骂“近世人轻以意改书，鄙浅之人，好恶多同，故从而和之者众，遂使古书日就讹舛，深可忿疾”。并举了陶潜“采菊东篱下，悠然见南山”被改为“望南山”，杜甫“白鸥没浩荡，万里谁能驯？”被改为“波浩荡”两个例子，说“二诗改此两字，便觉一篇神气索然也”。这就是尊重作者处理权的例子。二是《记子美八阵图诗》，说：“仆尝梦见一人，云是杜子美，谓仆：世多误会余诗《八阵图》。……世人皆以谓先主、武侯欲与关羽复仇，故恨不能灭吴。非也。我意本谓吴蜀唇齿之国，不当相图……此为恨耳。”他引述了这个作者的解释，并赞同地说“此理甚近”。

但是，作者的解释权与处理权是否真值得如此信赖呢？东坡举的两个改诗之例，当然改得并不高明；但原作不佳，经人修改后神情焕发者也不少见。至于作者的解释，如《八阵图》这首诗，仇兆鳌《详注》就说：“以不能灭吴为恨，此旧说也。以先主之征吴为恨，此东坡之说也。不能制主上东行，而自以为恨，此《杜臆》朱注之说也。以不能用阵法而致吞吴失师，此刘氏之说。”在以上四种互相竞争的解释里，东坡所转述的作者解释仅占其中之一，并无垄断性与权威感。

从这个例子，我们就可以发现：劳动所有权及智慧财产权的作者观，只是一种作者观而已，且并不见得是绝对可以信赖的作者观。起码我们还有一种不那么强调作者劳动创造功绩的作者观，如歌谣、口传故事那样。①

二　两种作者观

在歌谣、口传故事中，作者之主名往往隐晦不彰，作品也往往是集体增删修润的结果。这不仅在上古时期如此，迟至明清小说如《西游记》《水浒传》等，都有充分证据证明其为集体作品，很难指实某一人为该书作者。即使《金瓶梅》《红楼梦》，也仍有不少人从这个观点去谈所谓的作者问题。可见这不能说成一进步的历程或进化的现象，而实在

① 中美著作权谈判以后，著作财产或智慧财产权的规定与观念，业已全面控制了言论市场。视传述为不道德，或须付费才能转录传述，已为理所当然之事。其实此事是否如此理所当然呢？

是两种不同的作者观在长期竞争着。固执于单一的、所有权作者观的人诚然不少，却也有很多论者惯于从模糊不定的作者观入手解释问题。例如清朝方玉润的《诗经原始》便是如此。

《诗经原始·自序》反对删诗说，认为：

> 大抵古人载籍，多不著撰人姓氏。《书》虽断自唐虞，而著书之人无传焉。《诗》纵博采列国，而作诗之人亦无闻焉。《诗》《书》作者名且不著，况编纂者乎？……故作者之名不必问，而编纂之人无由询。

依这个原则，他对于《诗序》所指实的作者多持怀疑态度，例如《鄘风·柏舟》，序说是卫世子共伯早死，其妻共姜要守寡，父母却逼她改嫁，所以共姜作此诗以表白心迹。这个说法，包括朱熹《诗集传》在内，大抵已获解诗诸家所赞同，甚至有些人（如吕祖谦）更根据《诗序》来怀疑《史记》的记载有误。方玉润则认为这诗不必指实为共姜作。另外，他也常以歌谣状况来拟想《诗经》。像《周南·芣苢》，他便说这诗无所指实，且"此诗之妙，正在其无所指实而愈佳也。……此诗恍听田家妇女三三五五于平原绣野、风和日丽中群歌互答，余音袅袅……今世南方妇女登山采茶，结伴讴歌，犹有此遗风云"。又《汉广》，他说："此诗即为刘楚、刘蒌而作，所谓樵唱是也。近世楚、粤、滇、黔之间，樵子入山，多唱山讴，响应林谷……其词大抵男女相赠答、私心爱慕之情……"这些地方，都显示了他并不怎么看重那种寻找作者的活动，也不必以作者之生平经验来解说诗意。

不过，即使如此，方玉润的立场还是模棱、游移的。他发现指实作者的《诗序》式解诗传统大有问题，想从另一个角度来追原《诗经》之始。在很多地方，他办到了。但是，无论如何，他还是深受《诗序》以来解诗传统的影响，并不能完全摆脱这种劳动所有权的作者观。所以，他只是说无法指实作者时，就不必硬要去找。反之，倘若他觉得能找时，他也不会放弃拉一位作者来亮相的机会。例如上文所举的《汉广》《芣苢》，作山讴樵唱解，已经命中答案了。他却要说这不是原始的樵歌山讴，而是"诗人作此，以畀妇女，俾自歌之"，"愚意此诗必当时诗人歌以付樵"。这便是用后世文士拟作民歌的形态来解释民歌了。民歌中固然有此一类，却为何要说"必"呢？显见方玉润的观念中仍不能完全放弃所有权作者观。所以他仍然要去"求得诗人作诗本意"，"欲原诗人始意"。①

为什么要举这个例子呢？我认为，在中国，隐匿的、非专指的"作者"，是个较早发展起来的作者观，但后来这样的作者观被新的作者观替代了。新的作者观强调独立的单一个体作者，确定了作者的劳动创造功劳，肯定作者对作品的所有权。这个观念逐渐获得大多数人的认同，但前一作者观却也并未消失，特别是在所有权式作者观遇到某些诠释的困难时，它就会被人重新提出来考虑。如方玉润之愿意突破《诗序》传统，考虑山歌樵唱的性质，便是如此。研究《金瓶梅》的人，对作者是谁，聚讼难定，潘开沛、徐朔方等人便考虑到"集体创作说"，不也是如此吗？但是，由于所有权式的作者观也是源远流长的，所以论者有时也不易完全摆脱之，方玉润之夹缠，即缘于此。反过来说，持所有权式作者观的人，亦往往不能如此纯粹。其间复杂的关系，就是我们在下文所欲探讨的。

---

① 《汉广》的解释，下文还会涉及。另详江乾益《〈诗经·汉广〉之研究》，中兴大学《兴大中文学报》第一期，1988年5月。

三　神圣性作者观

上古的文艺活动，如《吕氏春秋·古乐》所述“昔葛天氏之乐，三人操牛尾，投足以歌八阕”，或《尚书·尧典》“余击石拊石，百兽率舞”，这些歌舞，都是群体的，然其辞俱不可考。今相传尧时儿童所唱的《康衢歌》，见《列子·仲尼》；尧时老人所唱的《击壤歌》，见《帝王世纪》；舜所唱的《南风歌》，见《尚书大传》等，后世皆谓其为伪作。

所谓“伪作”，是指它并非如它所号称的，为尧时、舜时所作。故张心澂《伪书通考·例言》说：“凡书本非伪，因误认撰人或时代，照所误认之撰人及时代论，即成伪书者。”若不搞清楚书的真伪，据梁启超说，在文学方面会造成“时代思想紊乱，进化源流混淆”（《古书真伪及其年代》）的毛病。

这真是固执“所有权作者观”的人的偏见。

《南风歌》固然不可能就是当年舜创作时的原貌，甚至未必是舜自己作的。但是这很可能是古之歌谣不断传唱的结果，说是某时某人作，不过是个集体创作者的总代称。辨伪论者拘泥于版本著作权的观念，务考其创作时之原貌，凡在此原件上增删改补者，皆以伪作名之。殊不知其所谓伪作，皆为另一种作者观之下的产物。在那个作者观的支配下，一部作品，无论是一首诗歌或一本书，往往是一群人、一个学派陆续纂辑而成的，很难具体指出某些部分是某人所作。《南风歌》《康衢歌》如此，《老子》《庄子》等书何尝不是如此？所谓辨伪，等于是拿另一种观念来与它对质，根本是牛头不对马嘴，徒劳无功的。《老子》之真伪与作者问题，辨到现在，仍是疑云满天。《庄子》也是。有些人认定内七篇是庄周所作，外篇是其门人作，杂篇则是其后学作，这虽比较合理了，却仍忽略了内七篇乃是后人分辑的事实。内七篇中如《齐物论》，原先就在杂篇之中。[①]所以说这些作品都很难指实某一部分确为某人所作。

这个时候，所谓“作者”，要不就是佚名，或主名难寻，出于众手，属于隐匿的作者；要不就是个标签，姑以某人为作者。这个某人，可能是古代圣哲、帝王、学派的宗师、家族的始祖、社会上众所景仰的人物，或世俗信奉的神佛仙鬼。作品贴上了这个标签，就算是有主名了，作品可未必就是这个主儿所作。

这几种情况，都极为普遍。如《诗经》里各诗的作者，就多是佚名。有几篇在诗本文里自己说明了作者的，像《小雅·节南山》“家父作诵，以究王讻”，《巷伯》“寺人孟子，作为此诗”，《大雅·烝民》“吉甫作诵，穆如清风”，《崧高》“吉甫作诵，其诗孔硕”等，其诗也未必就是尹吉甫、寺人孟子等作。因为《崧高》明明是称赞申伯之功业，而谓尹吉甫作诗赠之，其意深长。故这绝不可能是一首尹吉甫自己作的诗，而是旁人咏吉甫之赠诗美申伯。[②]《烝民》的情况与此相同。故这类诗之作者，仍是佚名的。

但作品杂出众手，难寻一固定的作者，或作者名位未显，不易征考，比较容易理解。为什么一人或一群人作一书，作一诗歌，而竟要托名于他人呢？

据张心澂的研究，“作伪”的原因有下列各项：

---

① 庄子的篇次问题，详见王叔岷：《论“今本〈庄子〉乃魏晋间人观念所定”》，《台大中文学报》第二期，1988年11月。

② 近人如李辰冬等，谓《诗经》为尹吉甫一人所作。只此一诗，已明白证知《诗经》作者必非尹吉甫。凡谓《诗经》为一人所作者，皆如汉人硬找一屈原来担《楚辞》作者之名而已。是用所有权作者观扣在《诗经》身上的结果。此一“寻找作者”的活动，又详后文。

> （1）惮于自名；（2）耻于自名；（3）假重于人；（4）恶其人，伪以祸之；（5）恶其人，伪以诬之；（6）为争胜；（7）为牟利贪赏；（8）因好事而故作；（9）以他人作为己作，是为了求名。

以上这些，均可以看得出辨伪派都是从不良的心理动机上去解释作伪之原因，刻意让人获得一个不好的印象，而不齿于作伪者之所为。然而，试问：这样的解释谛当吗？“伪作”《南风歌》《击壤歌》者，何必惮于或耻于自名？又争什么胜、牟什么利呢？若说老子、庄周之门人弟子后学著述时仍冠以宗师之名，勉强能算是“假重于人”吧。恶其人则伪以诬祸之，在周秦汉晋之间，倒还不太容易找到例子。《易》之《十翼》说是孔子作，《周礼》说是周公作，《孟子》《荀子》说是孟轲、荀卿作，《素问》说是黄帝作……这些又如何以“好事故作”去解释？因此，这样的解释，只照顾了局部现象，而且出于偏见，殊不可信。①

东西明明是自己作的，却不愿自居于作者，而要推一位才智名望都比自己高的人出来挂名，乃是将创作的荣耀归于他人的行为。这种行为背后，有一特殊的作者观。此一作者观认为：一切创造性的力量，以及

---

① 这也就是说，所谓辨伪，首先是站在一个偏狭的作者观上发展出来的治学方法，故对另一种作者观，会因陌生而感到恐惧、厌恶。其次，辨伪也可能出于学术上一种伪装的真诚。因为辨伪表面上是追求信实可靠的资料，以免研究者误入歧途，但因伪不伪的判断，很多地方必须仰赖辨伪者的经验、成见、主观好恶，故往往越辨越糊涂，众说纷纭，各执一词。论者相信某篇或某书为伪，很可能只是因为如此乃便于解说论者心目中已有的历史图像。所以，遇到某个问题，我们解释不通时，即说该文为伪造，既方便利落又可博得客观科学之名。此风不自近代始，明朝熊伯龙《无何集·读论衡说》就提到他友人因感《论衡》立说矛盾，故疑其中含有大量伪作的事。民国胡适也指出该书《乱龙篇》与其他各篇宗旨相反，故为伪作。事实上，《论衡》中哪有伪篇？这些都是不细心读书又读不懂书的人在那儿瞎疑心。（李伟泰：《以伪作解释矛盾现象的商榷》，《汉初学术及王充〈论衡〉述论稿》，长安出版社，1985年，229页。）

创造性的根源，均来自神或具有神圣性的“东西”。人是靠着神的给予，才获得了这一力量。所以，作品固然是由我所制造的，创作者却是另一“东西”，不是我。

《山海经·大荒西经》曾记载，“夏后开上三嫔于天，得《九辩》《九歌》以下”;《楚辞·九歌》也说，“启《九辩》与《九歌》”，“启棘宾商，《九辩》《九歌》”。《九辩》与《九歌》显然被认为是启所传下来的歌，可是这种歌却非启所能作，而是从上天那儿求来的。靠着神的给予，人才能获得它——这就是人间之所以有乐曲的来源。

既然乐曲非人所能作，而是神作的，那么这些曲子就成为人要创作时的模范。换句话说，人的创作，其实只是模拟与学习：是传述神的灵恩，而非自己在宣示、传达意念。这时的作者，实即等于述者。

然乐曲既为神所作，则知乐或仿拟其乐而作乐，便能通过乐曲与神沟通了。

这样的知乐与作乐者，亦非一般人所能胜任，必须是接受了神的指示或具有特殊的神眷，方能具有这样的能力。如古之巫觋即属于此等人。《说文》:“巫，祝也。女能事无形，以舞降神者也。”以舞降神，就是透过歌舞以沟通人神。这时，巫觋可能是“作歌乐鼓舞，以乐诸神”(王逸《楚辞章句》)；也可能是在神灵降体的情况下，消失自我，口歌足蹈，作出歌舞来。

这就是所谓的通灵。通灵者，是处在一激情的恍惚之中，暂时丧失了他的理性意识，而权充为一启示真理之宣示者，且常以预言、诗歌、象征的方式，来宣告这一真理。因此，不但创作者是神圣的，其作品也有神圣性。人必须接受这一真理的谶言，并设法去理解它、实现它。

通灵的创作活动，既是迷狂的、恍惚的、激情的，我暂时非我，神进入我身体之中，那么，它当然就是近乎做梦的经验；同时，也近乎性交的感觉，是“梦与神交”。故祀神的乐章多半“亵慢淫荒之杂”，有点人神恋爱的味道。

这个神，当然不那么拘泥一定是什么神。凡古之圣王哲人、先王先公，在中国人的观念中都能降神降灵。所以我们必须从这个角度去了解所谓“帝颛顼……令飞龙作乐”（《吕氏春秋·古乐》），“帝俊生晏龙，晏龙是为琴瑟”，“帝俊有子八人，是始为歌舞”（《山海经·海内经》）等创造神话的意义。

基于对这一意义的信仰，后人才会在作诗著书之际，不敢自居于作者，而将作者的荣耀归于古先圣哲。

四 作者之谓圣：孔子的地位

我们称这一作者观为“神圣性作者观”，它不同于“所有权作者观”。它的所有权是开放的，任何人都可以参与这一作品，而且视参与作品为一神圣性的活动。任何人都不敢垄断或独居创作者之名；作者，也被视为神圣性的。这就是《礼记·乐记》所说的“作者之谓圣，述者之谓明”。圣者作，其他人便来传述之、彰明之。这种传述，就是我们前面说的：参与作品。

通过这个神圣性作者之概念，及作者与述者的区分，让我们来分析一下孔子的行为。

在孔子当时，颇有人以圣者视之，《论语·子罕》载：“太宰问于子贡曰：‘夫子圣者欤？何其多能也？’子贡曰：‘固天纵之将圣，又多能也！’”太宰的赞叹，与卫国封仪人说“天将以夫子为木铎”（《八佾》），意义是一样的。所谓木铎，孔注云，“天将命孔子制作法度以号令于天下”，即包含了圣者制作及天纵等含义。

孔子却并不敢自居于这一地位，他一再表示："若圣与仁，则吾岂敢？"（《述而》）认为自己只不过是比较用功学习而已。说"十室之邑，必有忠信如丘者焉，不如丘之好学也"（《公冶长》），"吾十有五而志于学"（《为政》），"加我数年，五十以学《易》，可以无大过矣"（《述而》），"学如不及，犹恐失之"（《泰伯》）。一部《论语》，从一开卷，我们就随处可看到孔子在强调学。"学而时习之，不亦说乎"；后来自称好学，以致老而忘倦；又称赞颜回不改其乐，也是因为颜回好学。

孔子究竟学什么呢？卫国有位大夫公孙朝曾问过子贡，"仲尼焉学"，子贡回答道，"文武之道，未坠于地，在人，贤者识其大者，不贤者识其小者，莫不有文武之道焉。夫子焉不学？而亦何常师之有？"（《子张》）意思是说孔子学的乃是文武先王之道。

的确，用孔子自己的话来说，就是"述而不作，信而好古，窃比于我老彭"（《述而》）。《正义》云："作者之谓圣，述者之谓明。但述修先王之道，而不自制作。"他认为自己只是个学习者与传述者，不能自称为一作者，故曰："盖有不知而作之者，我无是也。多闻，择其善者而从之；多见，而识之。知之次也。"（《述而》）所谓知之次，即否认他自己是天才生知。

虽然如此，述者也非平常人，他是以虔敬的心情，自任为真理的探寻者、学习者与宣布者，对于真理之源，表达了极其热烈的追寻及向往。这种人是特殊的，因为一般人并未听到真理的声音，也无法那么热切地去学习作者遗留下来的作品。唯有孔子，在大家还无法理解的情况下，不顾一切地去钻研，信而好古，并担任神圣性作者的使者，努力地传述真理。

因此，在精神上他亦等同于降神通灵的巫觋。他曾提到，"南人有言曰：'人而无恒，不可以作巫医'"（《子路》），并用此来证成《易经》

的道理；他又赞《易》；整理《尚书》，也谈到“谋及卜筮”（《洪范》）；临终更梦到坐于两楹之间。卜占巫筮的经验对他来说，乃是极为熟悉的。这样的人，他对真理的信仰与追寻的信心，其实并不尽如后世理性化的解释，而往往来自神秘的启示，例如他说，“凤鸟不至、河不出图，吾已矣夫”（《子罕》），又说，“甚矣！吾衰也！久矣吾不复梦见周公”（《述而》）。梦寐通灵以及上天降示的神秘符号，是让他坚信作者之圣而愿服膺躬行，并为之发扬光大的重要心理凭借。一旦减少了这种通灵的经验或不再看到神秘的启示，他就惶恐了，感到是自己衰老不中用了，不再能感应作者所给予的讯息了。

这样的传述者，是要将作者之作品昌明光大于天下的。所以孔子要修《诗》《书》，正《礼》《乐》，赞《易》，使“雅颂各得其所”。这种传述，其实便是参与了作品，但述者自认为只是在替作者做工。

这才是真正的孔子。一位述而不作、信而好古的孔子。不过，前面说过，孔子当时已经有些人把他看成神圣性的作者了。太宰与子贡的对谈，是最典型的代表。子贡本人更在孔子喟叹“予欲无言”时，立刻接口说：“子如不言，则小子何述焉？”（《阳货》）孔门弟子也是把孔子视为圣人，而自居祖述者之地位的。所以“仲尼祖述尧舜，宪章文武”（《中庸》），后来的儒家则“祖述尧舜，宪章文武，宗师仲尼”（《汉书・艺文志》）。

这种情况，遂构成了历史上儒家的基本性格，强调先王之道是永不可变易的真理，自居于一学习者与传达者的地位。重视经典的传习讲授、文献的整理，推崇神圣性作者的功绩。孔子推美三代文武周公，后来儒家则说：“天不生仲尼，万古如长夜。”（《朱子语类》卷九三）这个神圣性作者，成为真理之源。一切是非，皆当不谬于或折衷于圣人。

然而，孔子本人并不敢自居为圣人，为作者，现在孔门后学及儒家均视其为圣人，其中便产生了若干问题。

五　述者之谓明：儒家的性格

以儒家的学术内容来说，从孔子重学、荀子劝学、《礼记》有《学记》以下，儒家对学的内容与方法虽有争议，重学之义却是儒者之共识。然而，劝人力学，又推崇孔圣的天纵生知，本身就构成了一个内在的矛盾。这一矛盾，乃是儒家理论内部无法解决的困难之一。以朱子之精博，对此困局，亦感为难。

例如《论语·为政》中孔子自述十有五而志于学，朱子门人读此便常发生了怀疑。因为孔子是圣人，“圣人生知、安行，所谓志学至从心等道理，自幼合下皆已完具”，原是不待学习的，为何孔子却说得如此郑重，自述进学如此之艰难？朱子无法解答这个问题，便只好说：“圣人自说心中事，而今也不可知，只做得不可知待之。”（《语类》卷廿三）

这是老实话。但有些时候他不能只这样说，他必须找到一个解释，否则连他自己也无法心安。所以有一次他的弟子问：“‘我非生而知之者，好古敏以求之者。’圣人之敏求，固止于礼乐名数，然其义理之精熟，亦敏求之乎？”朱子答：“不然。圣人于义理，合下便恁地。‘固天纵之将圣，又多能也。’敏求则多能之事耳。其义理完具，礼乐等事，便不学，也自有一副当。但力可及，故亦学之。”意思还是强调以孔子的天才，学不学并不重要，但圣人力气大，行有余力，所以便去学了。后来他又再补充说，圣人之学，也与一般人所谓的“学”不一样，“圣人是生知而学者。然其所谓学，岂若常人之学也？‘闻一知十’，不足以尽之！”（皆见《语类》卷三四）

正因为他必须维护孔子生知的立场，所以他不能同意张载的看法（张载认为孔子是自觉发愤才能成就为圣人）。朱子门人有一次向他请教张载“仲尼愤一发而至于圣”这一说法。朱子答道：“圣人紧要处，自生知了，其积学者，却只是零碎事，如制度文为之类，其本领不在是。若张子之说，是圣人全靠学也。大抵如所谓‘我非生而知之，好古敏以求之’，皆是移向下一等说以教人。”（同上）

说孔子的话只是故意降低层次来劝人用功，在道理上说，当然不无可能。从整部《论语》所显示的重学气氛以及孔子对先王之道虔敬热切求索的态度看，此说便不免迂曲。而且，如此推尊孔子，把孔子跟一般人区分得如此辽远，从理论上看，又是否恰当呢?《语类》卷廿九即曾讨论到这个问题：

> 或问:“美底资质固多，但以圣人为生知不可学，而不知好学。”曰:“亦有不知所谓学底，如三家村里，有好资质底人，他又那知所谓学，又那知圣人如何是圣人，又如何是生知!”

这是在谈“十室之邑，必有忠信如丘者焉，不如丘之好学也”时带出来的感叹。肯定圣人为圣、为天才生知之后，确实会让很多人自暴自弃，觉得自己不是圣人，也学不到圣人。朱子门人以此为问，朱子却未针对问题，反而也发了一顿牢骚。这不是朱子不想针对问题，而实在是在伊川学、朱子学里，此一问题是无解的。张载等人不论天才，也只是规避问题而已。真正想解决这个问题的人，是王阳明。

阳明学的基本重心，在于圣人可学而至；发挥本心良知，即能成就为圣人。但这一说法，立刻就会碰到有关天才的问题，《传习录》第九九条:“希渊问：圣人可学而至。然伯夷伊尹于孔子，才力终不同，其同谓之圣者安在?”就是这一问题。

对此，阳明以“成色轻重”说来解释。也就是说人中的圣人，犹如金属中的纯金，圣人都是圣，犹如纯金的成色皆相同；天才的高下，则犹如纯金的轻重有了差异。尧舜是万镒，禹汤文武才千镒，伯夷伊川更少，才四五百镒。此说取譬善巧，金之分两固不能增减，成色则可锻炼，所以人皆可以学为圣人。

但为什么在圣人之中孔子就不如尧舜呢？阳明仍用作者与述者的区分来解释，他说看《易经》便知道了："伏羲作《易》，神农黄帝尧舜用《易》。至于文王演卦于羑里，周公又演爻于居东。二圣人比之用《易》者似有间矣。孔子则又不同，其壮年之志，只是东周，故梦亦周公。尝曰：'文王既没，文不在兹乎？'自许自志，亦只二圣人而已。况孔子玩《易》，韦编乃至三绝，然后叹《易》道之精，曰：'假我数年，五十以学易，可以无大过。'比之演卦演爻者更何如？更欲比之用《易》如尧舜，则恐孔子亦不自安也。其曰：'我非生而知之者，好古以求之者。'又曰：'若圣与仁，则吾岂敢？抑之为不厌。'乃其所至之位。"（《传习录拾遗》第三七条）

阳明此说，似甚圆融，其实问题重重。冯柯《求是编》卷三即反驳说："使果以'替圣人争分两'为躯壳起念，则阳明前日以分量喻圣人分量者，独非躯壳起念乎？使前日之喻非躯壳起念，何独以今日之疑为躯壳起念乎？既自以为不从躯壳起念，不替圣人争分量，何不以孔子为万镒，尧舜为九千镒乎？"也就是说，阳明一方面讲人皆可以为圣，一方面又替圣人定等级；于是人只能成就为一小圣人，而永远不可能成就为尧舜、孔子之类的大圣人。因为这种圣，是天生的，连孔子面对尧舜，也不得不说："若圣与仁，则吾岂敢！"

因此，阳明学虽讲良知本然之天理，虽讲人人皆有此良知，只需扩充，只需致良知就能成圣，骨子里仍不能不是天才决定论。《传习录》第二二五条载："先生曰：我辈致知，只是各随分限所及。今日良知见在如此，只随今日所知扩充到底；明日良知又有开悟，便从明日所知扩充到底。如此方是‘精一’工夫。与人论学，亦须随人分限所及，如树有这些萌芽，只把这些水去灌溉，萌芽再长，便又加水。自拱把以至合抱，灌溉之功皆是随其分限所及。若些小萌芽，有一桶水在，尽要倾上，便浸坏他了。”（卷下）扩充的工夫，要看人当时的分限。同理，推到工夫至极处，不也仍在于人的天生分限吗？小萌芽不可以浸整桶水，只能逐渐灌溉；但逐渐灌溉到最后，小萌芽终究不能成长为大松树，这就是天分所限了。

这仍然是圣不可学论，只是多了一层转折，说圣人可学而至，然尧舜、孔子不可学而得。

因其理论如此，故阳明与朱子之不同，其实只是下手工夫的不同，阳明自谓“吾说与晦庵时有不同者，为入门下手处有毫厘千里之分，不得不辩。然吾之心与晦庵之心，未尝异也”（《传习录》第九八条），也就是为学的工夫，朱说格物致知，王说致良知罢了。可是既承认天才生知，这种工夫又无意义了。卷下第二九一条“问：‘圣人生知安行，是自然的。如何有甚工夫’”，便问到了症结所在。阳明无力破解此一困局，只好说：“知行二字，即是工夫，但有浅深难易之殊耳。”这纯属强辩。因为所谓工夫，是就人之用功而言，生知安行者，本未用工夫，如何能说其知其行即是工夫？其次，工夫若有深浅难易之别，则一种人天生美质，毫无障蔽，工夫简易，甚且不必用功，自然契合；一种人天生罪孽，“蔽锢已深”，工夫就应困苦，“思量要做生知安行的事，怎生得成？”也不符人格平等之义。与其所说“夫妇之与知与能，亦圣人之所知所能。圣人之所不知不能，亦夫妇之所不知不能”（《传习录拾遗》第三五条），适相矛盾。

但阳明却自认为已经解决了朱子所难以解决的困难，自称其说为“拔本塞源”之论。这一论辩，详其《答顾东桥书》。《传习录》卷中，顾氏书谓朱子引尹焞曰“生而知之者，义理耳。若夫礼乐名物，古今事变，亦必待学，而后有以验其行事之实”云云，为“定论”。阳明不以为然，驳之曰：

> 夫圣人之所以为圣者，以其生而知之也。……夫礼乐名物之类，果有关于作圣之功也，而圣人亦必待学而后能知焉，则是圣人亦不可以谓之生知矣。

这是以“圣人生知”来否定礼乐名物等知识有去学的价值，要求学者“学而知圣人之所能知者”。但圣人所能知的是义理，而其所以能知，则是生知。学者不能生知，只能学圣人生知的义理。这个说法，与朱子究竟有啥不同呢？只不过朱子说“礼乐等事，但力可及，故亦学之”，阳明较为斩截，说“大端惟在复心体之同然，而知识技能，非所与论也”而已。总之，圣是天纵生知的，后人无此天才，便只能祖述之、学习之。从孟子“乃所愿则学孔子”（《公孙丑上》），及荀子之劝学开始，儒家对学的内容与方法，争端蜂起，各成学派，然作者圣而述者明的认定，几乎没什么变动。自居于述者的立场，也使得儒家“成圣”的理论实际上成为“学圣”的理论。不是学为圣人，而是学圣人。

但是这其中有个非常诡谲的状况，那就是：虽只是学圣人，却又只成就自己，而不是圣人的影子。孔子述而不作，信求先王之道，然毕竟是孔子而非周公；孟子愿学孔子，然毕竟与孔子不同。神圣性作者观之中的述者，其实就是参与作品、不敢自居于作者的作者。阳明说得好：

> 先认圣人气象，昔人尝有是言矣，然亦欠有头脑。圣人气象自是圣人的，我从何处识认？若不就自己良知上真切体认，如以无星

之称而权轻重，未开之镜而照妍媸，真所谓以小人之腹而度君子之心矣。圣人气象，何由认得？自己良知，原与人一般。若体认得自己良知明白，即圣人气象不在圣人，而在我矣。

（《传习录》第一四六条）

此所以儒者之学又是为己之学，圣人之气象即在己身。到此地步，便是不敢自居为圣人的圣人；所成就的，不是尧舜、孔子那样的圣人，而是自己这样的圣人。这是彻底放掉自己、没入圣人之中，而却得到自己、实现自己的方式。此一工夫历程，也可显示在儒家对经典的态度上。孔子以后的儒家，也多采取述而不作的态度，祖述六经、宗师仲尼，一切意见，均以阐述经典或注释经典的方式来表达。这在表面上看起来是拥抱圣人之糟粕，是依傍前人，是仰企圣人，以为不可超越。其实犹如一阕歌谣，传唱者你添了一段，我改了一句；或者用了旧调子，唱着我的新歌词；或则旋律变动了，节拍不一样了。每个人、每个时代其实都唱着自己的歌哩！创作活动，即在传述之中进行。

六　由述者到作者的转换

在孟子时代，孟子曾提到“有为神农之言者许行”；他所排拒的墨家，据说也祖述禹道。因此我们可以相信：迟至战国时期，神圣性作者观仍是最普遍的观念。即使是孟子本人亦不例外。

然而，传述活动既以述明作者之意为宗旨，却又由于创作活动同时在传述之中进行，以致传述的不同，必然引发“谁祖述的才是真理”之怀疑。

荀子曾批判“不法先王”的邓析、惠施；也曾批判“略法先王而不知其统。……案饰其辞，而祗敬之曰：此真先君子之言也”的子思、孟轲（《非十二子》）。所谓案饰其辞而祗敬之，便有神圣性作者观中的神祇敬祭态度在。然而这种虔敬祖述的学说，却被视为不合先王之义。同样地，荀子的弟子韩非子也质疑那“道上古之传誉、先王之成功”的儒者，是“说者之巫祝”。并进一步批评：

> 孔墨之后，儒分为八，墨离为三，取舍相反不同，而皆自谓真孔墨。孔墨不可复生，将谁使定世之学乎？孔子、墨子俱道尧舜，而取舍不同，皆自谓真尧舜。尧舜不复生，将谁使定儒墨之诚乎？
>
> （《显学》）

这是一方面检察到述者与述者之间的裂罅，一方面诘问述者与作者之间的差距，而得出传述活动皆不可信的结论。依荀子的说法，是着重于传述者与传述者之间的竞争、辩难，看谁才真正符合圣者之意。这便必须回到原典，回到圣人说话的语意脉络中去考察。如此，即开启了经典考证、注意文献、追究圣人原意的学术路向。荀子之所以为传经之儒，所以能开启汉代学风，这不能不说是关键之一。

依韩非子之说，则因为传述者与传述者之间有所不同，因为我们无法鉴别传述的真假，所以干脆认为所有的传述都是假的，都是“非愚则诬”。这一推论，当然十分荒谬。但是它的意义在于显示了人不愿意再活在不确定的传述之中，它要寻找确实的、可以“参验”的东西；他不愿自居于述者，他要制法术，自己来做圣人了。用韩非子自己的话说，这就是“新圣”。《五蠹》曰：“今有美尧舜禹汤文武之道于当今之世者，必为新圣笑矣。”

不只是韩非子，恐怕那不法先王的惠施与邓析，也具有这样的精神。神圣性作者观就在这个时候开始遭到腐蚀了。韩非子的观点，破除了神圣性作者观中的神圣性，或者说他鄙夷这种神秘性，且要求人自己来做新圣。荀子则基本上仍主张法先王，但其取径已兼含法后王。而更奇特的是，他追究作者原意的路向，更摧毁了神圣性作者观。

神圣性作者观中的作者之意，一定是模棱的、含混的、包孕众多意义以待解释的，所以可以“取舍不同，而皆自谓真尧舜”。一旦追寻出一个正解、定解，其神圣性便丧失了。其意旨不再对每个人都有意义，而仅为作者个人之意。作品既属于作者个人，那么，所有权作者观便兴起了。

何况，孔子的例子，也使得战国诸子清楚地看到了，一个人如何由“述者”被转换为“作者”。儒家推尊孔子的举动，其实也教育了其他人，其他各门派的学者同样可以推崇他们的宗师是圣人，是作者。因此，这个时候，当然还有不少书是群体增删修补并贴上标签式作者之名的，诸书间的抄录转述，也视为平常。可是确有一些书，已经是个别著作、明标作者的了。

在这一趋势之中，《吕氏春秋》和《淮南子》恐怕是最有趣的作品了。这两部书，都是一位当权者，鸠集宾客集体撰写的，撰写者之名姓不可考，其学术渊源亦难以谛知。写好以后，即冠上吕不韦和刘安的名字，他们两位竟成了“作者”。元朝陈澔说：“吕不韦相秦十余年，此时已有必得天下之势，故大集群儒，损益先王之礼，而作此书，名曰《春秋》，将欲为一代兴王之典礼也。”（《礼记集说》）关于《淮南子》之成书，也有人做类似的推测。但不管如何，吕不韦与淮南王之所以要尸此作者之名，正因为作者代表一种荣耀，而撰写者又让他们得到了这个荣耀，不自居于作者。这正是神圣性作者观的表现。另外，据《史记》说，吕不韦之所以如此做，是看到“荀卿子之徒著书布天下”，“耻以贵显而不及”（宋黄震语），故他集门客著书。可见这也刚好处在两种作者观竞争的时代。自此以后，如吕不韦、刘安著书的情况当然存在，达官显宦，往往请人捉刀。但所有权作者观的势力则确实在逐渐增长，且有成为正式的作者观之趋势。命宾客著书，然后冠上自己姓名的方式，倘若被人揭穿（即指出该作品的所有权作者另行其人），也会变成一件不名誉的事，仿佛盗用了别人的东西。宾客格于体制与形势，替府主座师或其他人代笔，也往往仍会收入自己的诗文集，不再挂别人的名字。因为文章是“我”写的，所以是“我的”。①

据此，我们可以说：荀子、韩非子，代表这种所有权作者观业已兴起，且来势汹汹，颇有攻击性。《吕氏春秋》《淮南子》代表神圣性作者观仍将固守阵地的企图，但其势力毕竟是在减弱之中。

七　作者观在汉代的发展

（一）确定原本的学术路向

两种作者观的消长之机，主要是在汉朝。汉朝经秦末大乱之后，迫切的时代问题之一就是整理文献，一方面征甄佚亡，一方面整齐异同。征求来的佚书图籍，当然要确定是谁作的、属于哪一部书。这就涉及真伪的鉴别以及作者的认定。而整齐异同，更含有一“定本”的观念在。所以说汉代学术，有明显的寻找定本的气息，也有浓厚的寻找作者的意图。

所谓寻找定本，我们立刻可以想起刘向、班固等人的校定经籍活

① 关于代作的问题，另详龚鹏程：《论李商隐的樱桃诗——假拟、代言、戏谑诗体与抒情传统间的纠葛》，《书目季刊》二二卷第一期。后收入《文学批评的视野》，大安出版社，1990年。

动。通过这些大规模的经籍校定整理，他们也发展出一套完备的目录、版本、校勘、辑佚乃至训诂的整理文献方法，构成日后我国文献学或“汉学”研究法的基本架构。利用这套方法，研究者假定有一个作品的原貌。只不过，在流传的过程中，原貌有了剥蚀损毁，或增彩附色。研究工作，就是要扫除这些增饰，辑补这些残缺，恢复其旧观。

什么叫作作品的原貌呢？他们认为，作者写定这篇作品时的样子，就叫原貌。这个认定，再简单清晰不过了。但是要确定这一点，势必先证明谁是作者、何时写定，对不对？于是，这就有了作者与作时的问题。

确定了作者，确定了创作时间，确定了作品的原貌，我们才能安心地阅读这篇作品，享受作品所提供给我们的讯息。这个讯息，是作者透过作品传达给我们的，所以，我们的一切阅读，又都以确实掌握作者的原意为宗旨。

这样，“原作、原意、原貌”，就构成了一个诠释结构，一切阅读与理解的活动，都要纳入这个框架中才能进行。

（二）探寻本义的解经传统

在这里我们必须强调：汉代整理图籍只是造成这个结果的原因之一。应该这样说，儒家的神圣性作者观，本来就蕴含了转变为所有权作者观的理由。因为在前文我们讨论荀子时已经说过，自命为传述者的后学们，彼此就会争辩谁才能真正了解作者的原意。

孔子的后学们，分成了八派。这八派，据《礼记》曾子的说法，乃是“各尊所闻”的发展。由于各尊所闻、各是其是，对孔门传习的经典，解释也就不会一样，此所以《诗》有齐、鲁、韩、毛;《春秋》有公羊、穀梁等等。这些不同的学派，都不约而同地提到有关“口说”的问题，只不过强调的程度不尽相同而已。所谓口说，即师弟相传，口述传播的微言与大义。各派所根据的本子可能是一样的，但由于口说不同，以致各派各尊所闻，对经典和作者的理解大相径庭。

因解释不同，形成不同的家法、师法，是汉代学术的基本状况。然而正由于解释甚为不同，彼此竞争，遂越来越要指实何者始确为某作者所作（例如，某句话真是孔子说的吗？），倘某作品确为某作者所作，则该作者到底要说什么？这就也走上追究原作与原意的路子上去了——这与前述第一个原因本来是矛盾的，但居然殊途同归！

例如《汉书·艺文志》说："汉兴，鲁申公为诗训故，而齐辕固、燕韩生皆为之传。或取《春秋》，杂采众说，咸非诗本义。与不得已，鲁最为近之。"所谓传，就是传述的意思。以刘向、班固这些整理图籍的人看来，这些传述，均非原貌原意，所以批评它非本义。但从三家诗本身或属于古文的毛诗去观察，我们却又可以发现各家诗几乎都在逐首指实该作者是谁、本义为何。如《韩诗外传》说《汉广》是孔子南游至楚，见女子佩瑱浣衣，叫子贡去调戏她而作的。这种解诗法，近乎杜撰本事，乃后世《本事诗》之滥觞。所以它本身固然是神圣性作者观底下的产物，传述时添油加醋、绘声绘影，乃其本分。可是，经由他们的传述，却是朝向确定作者、作时、作意的路子在发展，本义与本事的追寻，构成了汉人的解诗传统。神圣性作者观也顺乎自然地就转换成所有权作者观了。①

① 《吕思勉读史札记》乙帙"汉儒术盛衰下"条云："陈兰甫谓《孟子》及《礼记·坊记》《中庸》《表记》《缁衣》《大学》引《诗》，皆外传体。盖《诗》本谣辞，缘情托兴，无所的指。然正以无所的指故，随处可引申触长，于事顾无所不苞焉，此《齐》《韩诗》所以必取《春秋》，采杂说，而亦其所以能浃人事而备王道也。"对此中曲折，只说对了一半。《齐诗》《韩诗》是神圣性作者观底下的产物，但同时也在朝确定作者与本事的方向发展，只是指实的作意较复杂，并不全从政治方面立说而已。

（三）公羊家作者观的普遍化

不只此也。试看司马迁的例子。司马迁《史记·屈原列传》说："余读《离骚》《天问》《招魂》《哀郢》，悲其志。适长沙，观屈原所自沉渊，未尝不垂涕，想见其为人。"他显然已把《离骚》等一系列作品视为屈原这一位作者所作，读者阅读这一作品，即可以了解作者的"志"，并进而"想见其为人"。另外，他又在《太史公自序》中说："夫《诗》《书》隐约者，欲遂其志之思也。昔西伯拘羑里，演《周易》；孔子厄陈蔡，作《春秋》；屈原放逐，著《离骚》；左丘失明，厥有《国语》……《诗》三百篇，大抵贤圣发愤之所为作也。"显然他是把《离骚》跟《诗》《书》《春秋》《国语》等书视为同类性质的著作：都是某一位作者，在某个创作动机的驱动之下，为了表达其个人之思与志而创作出来的。

依司马迁的语脉来观察，他已经把这一情况，视为作品之所以产生的通例：不只《离骚》或其他某一本书如此，凡作品，几乎都可以说是"大抵贤圣发愤所为作也"。

这其中特别值得注意的，是他讲到"孔子厄陈蔡，作《春秋》"。司马迁曾跟董仲舒学过《春秋》，这里似乎即采用了公羊家对《春秋》的基本看法。此一看法坚决反对孔子只是一述者，只是编辑整理古代文献的人；反对《春秋》乃是史官之记载。认为孔子是玄圣，是素王，是作《春秋》的人，是在为汉制法。

环绕这一说法，孔子被描述为一神灵降生的圣人；而其所作之《春秋》等书，则犹如预言；且其辞旨甚为隐曲，必须经由师法"口说"，才能了解。所以后来刘歆推崇古文，即攻击今文家"信口说而背传记"。章太炎也批评汉儒"说经者多以巫道相糅，故《洪范》旧志之一篇耳，犹相与抵掌树颊，广为细绎。伏生开其源，仲舒衍其流。……以经典为巫师预记之流，而更曲傅《春秋》，云为汉氏制法。……昏主不达，以为孔子果玄帝之子，真人尸解之伦。谶纬蜂起，怪说布彰，曾不须臾，而巫蛊之祸作，则仲舒为之前导也”（《驳建立孔教议》，《文录》卷二》）。

今文、古文的对诤，可以视为两种不同作者观的冲突，因为古文家就是坚决反对孔子作《春秋》的。但西汉流行的，正是以孔子为作者，而自居于述者的学风。述者解作者之作，犹如巫觋解神灵之谶言，一方面深感其隐曲模糊，一方面又要尽力阐述之。由于它是隐曲的，所以解《春秋》的人，称《春秋》中有微言大义；司马迁则认为《诗》《书》也是隐约的；《诗大序》也说《风》是“主文而谲谏”。对此隐曲难明之作，述者把它视为神圣的真理启示，不敢小觑，务求解明阐释之。所以才会形成章太炎所说那种“抵掌树颊，广为细绎”的状况。此即汉人的章句之学。所谓章句，乃是逐句阐述，分章讲论的，其文甚为繁复，故《汉书·夏侯胜传》谓胜“牵引以次章句，具文饰说”。

换言之，在今文经学的普遍影响下，汉儒解经，仍保持神圣性作者观，自居于述者的地位。但将经典视为孔子这一位作者所作的态度，亦已畀以作品一所有权的观念。这一观念，运用到六经以外的作品上去，便很自然地也把那些作品视为某一位贤圣所作。

最典型的例子就是司马迁提到的《离骚》。

王逸的《楚辞章句》，即是将解经的章句之学，移用到《楚辞》上去的实验。而据其序文，知在王逸以前，班固等人已有了类似的尝试。他说：“淮南王安作《离骚经章句》……而班固、贾逵复以所见改易前疑，各作《离骚经章句》。”称为“离骚经”，乃是将《离骚》予以经典化；经典化之后，此一作品即可以如六经那样，指实为某一人所作。而述者亦可以根据其作品、章句阐明之。

可见这是在西汉今文经学的发展下，将作品之作者所有权逐渐普遍化的结果。作品为一位作者所作，已成所有作品之通例。《春秋》为孔子作，《离骚》为屈原作，《国语》为左丘明作，《七谏》为东方朔作，《九怀》为王褒作……甚至《吕氏春秋》，也是“不韦迁蜀，世传《吕览》”，仍可以视为贤圣发愤之所为“作”。

八　作者的世俗化：文吏与文士

这也就是说，神圣性作者观从战国末期逐渐式微之后，经汉代新的发展，而竟转变成所有权作者观获得普遍认同的局面。在此情况之下，作者的神圣性降低了。著作固然仍是一件崇高伟大的事，却不必然只有圣人才能从事，不必只有天才始能创作。每个有志者似乎都可以撰写作品，以使自己名垂久远。

这就是作者的世俗化。也就是“文人”这一流品之所以出现于汉朝的原因。

所谓文人，是专指那些能够写作的人，这种人乃是新时代里世俗化了的作者，与志在祖述的儒家大异其趣。当时的儒家，仍是述而不作的，他们的工作，王充说得极为清楚，“能说一经者，为儒生”（《论衡·超奇篇》），“儒生籀经，穷竟圣意”（《程材篇》）。旨在玩索作品，以探作者之意，而非自己写作品。文人则不然，他们不必穷经，不必籀圣，他们自己就要创作且能创作。

这类文人的出现，有几种形态。一种即如司马迁这样，以孔子作《春秋》来自我期许，使自己成作者。另一种则属于战国策士著书持说的延续，像陆贾《新语》便有此气味。还有一种则是新时代统治结构变迁之后，出现的一批“文吏”与专艺文人。

汉代统一天下之后，士与统治王权之间的关系即发生了剧烈的变化，他们的处境，与战国时期大不相同。这些不同，在东方朔《答客难》、扬雄《解嘲》、班固《答宾戏》诸文中，均有深刻的剖析。而面对这一处境，他们的回应之道，当然也各不相同。这其中除了涉及人生观及价值抉择的问题之外，大体上我们可以朝几个方向来观察。例如王充，《论衡·须颂篇》说，“汉家功德，颇可观见。今上即命，未有褒载。论衡之人……为此毕精，故有《齐世》《宣汉》《恢国》《验符》”，这是著文赞颂此一“伟大时代”的。还有些人，并不站在局外赞颂此一时代，而要积极地进入官僚体系，为时代服务。这些人，也能写作，特别是官文书的写作。故此等人可称为文吏。

《汉书·公孙弘卜式儿宽传》曾提及“文史法律之吏”，《论衡·程材篇》说：“文吏，朝廷之人也。幼为干吏，以朝廷为田亩，以刀笔为耒耜，以文书为农业。”这些人擅长簿书笔札，对于只知祖述古人、诵说经义，而不擅属文，“文辞卓诡，辟剌离实，曲不应义”的儒生，自然颇为轻视；而儒生也看不起文吏，所以《论衡·谢短篇》说：“儒生能说一经，自谓通大道，以骄文吏；文吏晓簿书，自谓文无害，以戏儒生。”

文吏是为朝廷办事的人，文书笔札之能，只是一种工具。但朝廷所用之人中，却不乏只赏其笔札，而不必责其干济者。这就是朝廷所养的文学侍从之臣。如梁孝王好文学，邹阳、枚乘、司马相如皆在其处；后来司马相如等，又得到汉武帝的赏识。据《汉书·严助传》，武帝于此等人，皆“倡优畜之”。这就是把写作视为一种技艺，与倡优歌舞之技艺是同一类了。

对此状况，具有传统意识的儒者当然也颇表不满，如扬雄就曾说写作是“雕虫篆刻，壮夫不为”（《法言·吾子》）。这与《论衡》描述儒生看不起文吏一样，都可以看作仍然保留神圣性作者观的儒生，心目中依然把创作视为神圣的事业，依然只愿自居于祖述者，自认为能从圣人的著作中获得真理。对于新兴的世俗化作者观，无论它是文吏形态还是文人技艺形态，都表示不能欣赏。

但儒生只能祖述而无法著作，却成为新时代中被普遍攻击的弱点。所以像班固在《答宾戏》中就说：

> 若乃牙、旷清耳于管弦，离娄眇目于毫分；逢蒙绝技于弧矢，般输榷巧于斧斤，良、乐轶能于相驭，乌获抗力于千钧；和、鹊发精于鍼石，研、桑心计于无垠。走亦不任厕技于彼列，故密尔自娱于斯文。

这显然是把文章写作视为一种诸如相马、听琴、射箭、看病的技能了。班固这位学者，已从瞧不起技艺、以别人把文章写作视同技艺为可耻的情况中，转换到自觉地以文章写作为一种技艺，而且是可以安身立命、表现自我的技艺。到了王充，更直接地认为儒者必须为文著作：

> 通书千篇以上……而以教授为人师者，通人也。杼其义旨，损益其文句，而以上书奏记，或兴论立说，结连篇章者，文人鸿儒也。……夫能说一经者为儒生；博览古今者为通人；采掇传书，以上书奏记者为文人。能精思著文，连结篇章者为鸿儒。
>
> （《超奇篇》）

《春秋繁露》曾说，“能通一经曰儒生，博览群书号曰洪儒”，王充的说法显然已有了改变。儒者不能只述不作，必须能上书奏记如文吏，又能兴论立说为作者。

不论是王充的期许，还是班固的说辞，都显示“文人”已正式出现了。述而不作的形态，彻底打破，儒者必须擅长文章写作这种技艺，才能成为文人、成为鸿儒。《论衡·佚文篇》说得好，“文人宜遵五经六艺为文，诸子传书为文，造论著说为文，上书奏记为文，文德之操为文”，文之德大矣哉！文人的地位，在儒生之上，因为他们能著作，仍是有过去承认“作者之谓圣”的传统神圣性尊严。从此之后，《儒林传》与《文苑传》开始分立，刘劭《人物志》中也正式把“文章”视为“人流之业”十二种之一，说：“能属文著述，是谓文章，司马迁、班固是也。”（《流业》）①

此一发展历程，使得所有权作者观得到进一步的巩固，不仅作品所有权的观念，普遍运用到所有的作家与作品身上；作者之神圣性亦降低成为人人可以追求的目标；写作活动，则不必是为了传示真理，只在显示作者驾驭文字、结连篇章的能力。汉代末期以后，文学写作的蓬勃发展、文士阶层的兴起，都与这一发展有着密切的关联。

但是，这一发展中存在着本质上的困局：文章写作的技艺化，与要求儒生成为文人之间，隐藏着难以化解的冲突——基于作者与述者的不同，儒生与文人、儒林与文苑必须分开，《人物志》把“儒学”与“文章”分为两种流业，即由于此。某些时候，他们又希望儒生能兼文章，因为儒家所祖述的周公、孔子就是作者，高明的儒者，应该也是如周、孔那样能够著作的作者。这种人，王充称为鸿儒。他不仅是儒生的最高标准，也是文人的最高标准。因为依儒家“作者之谓圣”的传统理念来

① 以上另详龚鹏程：《世俗化的儒家：王充》，《当代中国学》1991年创刊号。又，黄晖《论衡校释》引孙人和曰：“何休《公羊序》曰‘是以治古学贵文章者，谓之俗儒’，徐彦疏云：‘谓之俗儒者，即《繁露》云：能通一经曰儒生，博览群书号曰鸿儒。’今本《繁露》脱此文。疑儒生、通人、文人、鸿儒之分别，仲任盖依旧说也。”这个讲法，我以为可疑。一是所引《繁露》之佚文，究竟是真佚文，还是汉末人观念下的产物，不得而知。即由此文，亦只能证明俗儒与鸿儒的区分，古已有之，并不能证明王充的四分法亦沿用旧说。再者，贵文章者为俗儒，这个观念与王充恰好是相反的，黄晖引孙氏此说，未谛。

说，文人既能著作，则此种写作便不应只是一种文字技艺，即更应该能具有“圣”的内涵，能宣布真理（道），示人生以准则。

而反过来说，假若我们不把文章写作视为一项技艺，写作便不可能成为一种自觉的活动，一切创作之规范即无从讨论，创作之技术亦无法改进。汉魏以后，文学的发展，至为迅速蓬勃，正得力于此。所以《诗大序》只谈到“诗言志”的层面，即作文之志的方面;《文赋》《文心雕龙》却大谈“为文之用心”，对于写作的文字处理问题，多所探讨。

换言之，自从文吏出现之后，文学即常被视为必须有益于朝廷施政之物；自儒生之文士化之后，文学又常被认为必须“达圣意、通大道”；但文章写作之技艺化以后，文学固然被看成一项专门技艺，却保有残存的“作者神圣性”。所谓“伊兹事之可乐，固圣贤之所钦”(《文赋》)，具有创作者的荣耀。这些都是在作者的地位世俗化、神圣性转为所有权的趋势中形成的，但彼此互相冲突。曹丕说文章为“经国之大业，不朽之盛事”(《典论·论文》)，即属前二种观点。依此类观点，往往会鄙夷文之技艺化，谓其为雕虫篆刻，“一为文人便无足观”。反之，从文章之技艺面来讨论文学的人，也常自命不凡、自我尊崇，并讽嗤儒生不善属文，彼此形成内在的紧张关系。化解此一紧张关系的方法，通常是从讨论文之技艺面出发，而归趋于“文原于道”或承认“伊兹文之为用，……济文武于将坠，宣风声于不泯”(《文赋》)。此一脉络，自汉末以来，即屡见不鲜。[①]因为文章著作固然已是人人可为，作者，却仍要以孔子为典范；作品，仍要以六经为圭臬。依前者，文章必须征圣；依后者，著作必须宗经。世俗化了的文人作家，已经所有权化了的作品，唯有通过这样的办法，始能获得神圣性；否则便仅为一技术，微不足道。

① 特别是唐宋以后文人与道学之争、文人与学人之分，都应从这一脉络去了解。

九　创作的新传统

（一）创作活动的改变

总之，这样的发展脉络，甚为曲折复杂：作者由圣贤下降为文人，文人又自期上升为圣贤；作为述者的儒生，有时要成为扮演作者角色的文人，有时又不免用“作者之谓圣”的标准，来批评新的、世俗化的作者（文人）。

但不管如何，作者、作品、写作活动与阅读行为至此皆已全面改变了。

例如作者的世俗化和文章著作的技艺化，即显示了著作权的解放。此一解放，乃汉代学术发展之理性化“除魅”之结果。表面上看，汉代经学充满了灾异吉祥、五行阴阳之说，而事实上那亦可以看出汉人企图洞窥宇宙秩序的用心。其经学辩难及释经之作，更是高度理性化的表现，故民国初年的研究者，才会将之与“科学方法”相类比。经由此一理性化的发展，作者的神秘性逐渐解消，而终至“除魅”为人人都可以是作者、人人都可写出作品的地步。

著作权既已解放，则创作者就不必是超出众人之上的圣人与天才。创作活动的神圣性，亦降低了。不必具有启示真理之类性质，只如工匠造一钟表器械而已。这样的创作，即不必需要创造性的才华，而是一项可以学习的技艺了。①

所谓“是一项可以学习的技艺”，其实包含的意蕴甚为复杂。就其为一人为的作品而言，它与自然相反；就其包含着普遍性法则而言，它又与简单的经验相反。因此，创作不再是一种类似“梦与神交”的神圣

---

① 主张人人都可以作，打破作者之神圣性，把著作比于“上书奏记”的王充，就反对天才圣知说，认为“智能之士，不学不成，不问不知”。详见《论衡·实知篇》。

经验，仰赖灵感与冥会；而是理性化的行为，其技术与法则，亦可以形成一套实践性知识，予以传授。有关文章著作的学问，于焉形成。此即文“学”。从汉代末期开始，文体论、文律论等有关诗文之“法”的讨论，正是在此条件下出现及展开的。①

此时，创作之源，不是神，而是人，是创作者自己。所以作者本人的身心状况，即作品之具体依据：作者感物而动，以其哀乐发为篇章；其年寿、体貌、遭际、心境、学思，不仅是影响作品品质的要素，更常成为作品的内容。于是，著作成了极个人化的东西，不再如山歌樵唱那样，可以传唱、呼应、同其哀乐。也不像说故事、寓言或扮戏那样隐没自我，属于“为了众人”言众人之志的创作形态。它只诉说它自己，每篇作品上都要烙上作者的印记。犹如某窑烧出的瓷器，上面必要标明年代及窑名，所谓“其中有人，呼之欲出”，“必其中有我”。整个创作活动，旨在表达自己、记录自己、复写自己，言自己的志。

再以作者的性质来说。在神圣性作者观中，作者之谓圣，述者之谓明，传述者不自居于作者的地位，只在传述古先圣哲之所作而已。创作之功，归于古人。所有权作者观，则重视作者的智慧财产权与劳动功绩，除非别有用心，否则不能挂上旁人的名字，使其尸作者之荣耀。这就是所谓“盗用”“伪作”或“托古”的说法。在神圣性作者观的时代，无此说辞，因为传述与推尊作者，本身即被视为一种美德。用宋元以后书刊版权的观念来说，一是“版权所有，翻印必究”，一是“欢迎翻刻，以广流传”。这种鼓励传述的作品，多半被认为是对社会有益的好书，亦即具有神圣性，特别是儒释道经典、善书之类。写出这些神圣性作品的，自然也就不会是一般人，而是古之圣贤。但从所有权式作者观看，有些善书，明明是后人所写，却说作者是某某前贤，就是“假托古人”啦！

---

① 另详龚鹏程：《论诗文之“法”》，《文化、文学与美学》，时报文化，1988年。

（二）哀怨精神的崛起

著作权解放，写作技艺化，作品个人化，文学建立成一门学问，这些，代表了整个创作活动已有了本质性的改变。相应于这些变动，作者的创作态度亦有了具体的变化。

在神圣性作者观的时代，不论作者是否可以确指，作品都代表众人的声音，其意旨是普遍的，对每个人都有意义，所以才会传述广远。其意涵又往往是外指的，带领众人去认识世界、理解社会、体会宗教与历史。这时，作品通常总是充满了赞颂的态度。是对天地、神祇、祖先、国族社会、伟人圣哲的讴歌。如宗教圣歌、祭曲、英雄诗篇、伟人故事、传奇等等，其中均充满了惊异、欢乐、唱叹、颂美。人生不是没有忧苦，对社会不会没有批评，但整个精神是以赞颂为主的。

到了所有权作者观代兴之后，作品之旨意是个人的，只对他自己有意义。作品不再外指，而以内在指向作者个人世界为主，带领读者了解创作者内在心灵。但是，作者为什么觉得他内在的世界需要人了解呢？这时，往往是因为他觉得别人不够了解他，感到遭了误解，所以才需要倾诉、需要表白。因此，这样的作品，主要的精神就不可能是赞颂，而是哀怨。

李白《古风》说得好："大雅久不作，吾衰竟谁陈？"大雅不作的原因，即在于"正声何微茫，哀怨起骚人"。自楚骚以后，扬马崛起，作品皆隶属于某一所有权的作者，哀怨的精神就成为作品的主调。依正统的"诗经学"观点，哀怨讽刺者皆为变，颂赞始为正，所以李白惋惜正声之消烟。李白本人曾自述"我志在删述"，"希圣如有立"，所以他才会在所有权作者观大行之际，昌言复古，不以作者而以述者自期。

通过这一对照，我们便会发现，"屈平、宋玉哀而伤，靡而不返，六经之道遁矣"（李华《赠礼部尚书清河孝公崔沔集序》）。从屈原以后，创作的精神就转变了，韩愈说“大凡物不得其平则鸣。……楚，大国也，其亡也以屈原鸣”（《送孟东野序》），指的就是此事。这种哀怨悲鸣的精神，一旦成为主调，我国文学中自然便充满了“文士多数奇，诗人尤命薄”（白居易《序洛诗》），“文穷而后工”等叹老嗟卑、怨天尤人的表现与理论。

然而，所谓哀怨起骚人，未必即是《楚辞》的本相。近代的研究者，多半怀疑是否真有屈原其人；《离骚》等篇，更不一定真出其手。因此，“屈原作《离骚》”这一认定，本身便是汉人替作品确定作者所有权的产物，也代表了汉代文人的意识，所谓“贼星犯台垣，文人不得时势，山林必多隐逸”（《河图帝览嬉》，《开元占经》卷七六引），所以才出现了放废隐居、行吟泽畔的屈原形象。章学诚《屈子章句·序》曾说：

> 《东皇太一》，不过祀神，而或以为思君。《橘颂》嘉树，不过赋物，而或以为疾恶。朱子曰“《离骚》不甚怨君，后人往往曲解”，询知言哉！

魏了翁《鹤山渠阳经外杂抄》卷二也提到：“世传原沉流，殆与称太白捉月无异。”屈原这个人的生平事迹尚多附会，作品是否都是那样嫉恶怨君，更成问题。但在所有权式作者观底下，解释者一股脑儿全往屈原生平遭际及哀怨态度去设想了，以致《橘颂》之“颂”，也要讲成作者的不平之鸣。①

---

① 在汉代这一趋势中，主张所有权作者观的王充，却大力推扬“赞颂”的创作态度，实为一异数。然此肇因于王充特殊的态度，亦详《世俗化的儒家：王充》一文。

（三）阅读之目的与方法

由此可知，神圣性作者观在汉代，正逐步发展而转变为所有权的作者观。作品的精神方向在改变，读者的阅读方法与期待也因此有了变化。每一作品均有一位单一的作者，成了我们对作品的基本了解；探寻作品之原貌、追问作者之原意、确认某一作品之作者与写作时间，亦已成为诠释及阅读作品的基本课题。通过这些工作，读者努力地去贴近作者，以了解作者所欲言之意，想见其为人，以与作者沟通。

这种汉人发展出来的解经传统，包含了以下几个方面：（1）以目录、版本、校勘、训诂、辑佚、考证等手段，追求“定本”与“原貌”；（2）以考证和知人论世、探索“本事”等方法，确定作者、作品写作之时代年月与写作动机；（3）以阐述章句之工夫，详细确认作品提供的讯息，以便了解作者的原意本衷，以见作者之志。整个阅读活动，归结于此：倘能如此，便为“知音”，便能理解作者内在隐秘幽微的世界。

秦汉之际的《吕氏春秋》，第一次提到“知音”的问题，《孝行览·本味》载：“伯牙鼓琴，钟子期听之。方鼓琴而志在太山。钟子期曰：‘善哉乎鼓琴，巍巍乎若太山！’少选之间，而志在流水。钟子期又曰：‘善哉乎鼓琴，汤汤乎若流水！’”——这种知作者之志的知音状态，是后来作品阅读所祈向的最高境界。而要想达到这样的境界，通常总要运用孟子所提出“知人论世”和“以意逆志”的办法。

但是，这种解读策略是有困难的。因为有许多作品事实上无法找到作者，或无法确认作者为谁，更有些作品为两人或两人以上合作，这些作品便无法利用此一解读策略去处理。例如柏梁体诗，一人一句；韩孟联句，一人一联，其中并无统一的一个作者之志。又如南朝《子夜歌》之类吴讴西曲，往往难寻主名；且常见套用乐府曲辞，与自己心志遭际无关的情况。还有，仿拟与代作，后世亦屡见不鲜。都用这种求作者之志的办法去求解答，要不就是在很多地方束手无策，要不就是杜撰本事，或强拉一人来应卯、聊充作者。

作者之问题既已如此，诗旨文意的判断，亦复问题重重。因为以读者之意，逆作者之志，本身便有相当的困难。何况对“论世”、对于历史的理解，也是人各不同的。以此探寻作品之原意，欲见作者之本衷，更是戛戛乎其难哉！

更有甚者，这一解读策略中，面对的是一不变的、稳定的作品。此一作品，犹如昔日某一巧匠造一钟表，我们见此钟表，即宜考其创造之动机、创造之技巧、创造之时地等等。钟表是不会变的东西，作品也是不可改变的，倘有剥蚀或后人之附饰，则应查明，使其恢复旧观。这就是“定本”的观念，要尊重作者的创作权。

可是我们都知道，作曲者作了一阕歌曲，不同的演奏者和演唱者，便会奏出、唱出许多不同的歌曲。学戏人学的，是“梅兰芳的贵妃醉酒”“余叔岩的二进宫”，而不是“贵妃醉酒”和“二进宫”。以文字写成的定本，在此恰好只是个未完成的作品；而且是仍然可以增删改动的本子，每个演奏者和演唱者都可以有不同的处理。梅兰芳就跟程砚秋不一样。

这一现象不仅打破了定本的作品观，也打破了所有权的作者观。作品在作者手上并未完成，在流传的过程中，它仍在不断“书写”及衍变之中。而不同的传述者，即参与了作品的继续书写活动。必须经由作者与述者共同合作，才能完成一个完整的作品。在此情况下，述者对一作品之成败，不仅有举足轻重的地位，甚且常要超过原初的作者。因为不论原初那位作者提供的作品如何粗糙、简陋，述者都能化腐朽为神奇，使该作品得到新的、完美的生命。从这个意义上说，这位述者才是此一完整的作品的作者。

不但在所谓“梅兰芳的贵妃醉酒”这一事例中，我们可以观察到这个道理，在话本、戏曲、弹唱等与表演艺术有关的作品中，乃至孔子赞《易》这类事实中，我们也不难发现此一问题。研究《易经》是谁作的，其本意如何，可说并无太大的意义，或只有历史考古的意义。因为《易经》之所以值得重视，全是孔子赞《易》的结果，“《易》自孔子……阐发羲文之旨，而后《易》不仅为占筮之用”，故后人所读之《易》，本非原初占筮之《易》，而是孔子参赞之《易》。皮锡瑞即是在这个意义上说《易》“为孔子所作，义尤显著”（《经学历史》第一章）。

同理，文学史上不乏同一剧本，原无藉藉之名，经某人演出乃大放异彩的例子。也有同讲水浒故事，而巧妙各个不同的事情。至于乐府诗，原曲辞可算一底本，各代作者依这一底本写出各个不同的作品来，亦与同一曲《苏三起解》各个不同演唱者不断在演唱一样。跟说书人据同一底本，讲出不同的故事；或填词者，依一阕词牌曲式，作出不同的“菩萨蛮”“浪淘沙”等等，也没什么不同。

这些作品，都不适宜用所有权式作者观去观察，也不能以上述那种解经策略去阅读。①更进一步说，整个阅读的目的，也未必就是“知音”。

孔子曾说：“小子何莫学乎诗？诗可以兴，可以观，可以群，可以怨。迩之事父、远之事君，多识于鸟兽草木之名。”（《论语·阳货》）诗可以兴观群怨，充分显示了诗是在群体传述、感发之间活动的，不是

① 这也是我对当代小说戏曲研究方法的批评。我曾在1987年写过《我对当前小说研究的疑惑》（收入《文化、文学与美学》），认为搞考证、搜版本、定作者，对小说研究来说，可能毫无意义。最近，容世诚《关公戏作为一种驱邪仪式：兼谈演出场合的研究在探讨民间文学上的重要性》一文（民间文学国际研讨会论文，1989年）也指出：不能抽空地做故事主体的研究，因为同一深层结构，可以附于不同的故事、人物之上。他讲的就是传述的形态。

为了面对某一独特的心灵，与之交通知察。这是根本阅读目的有差异，解读作品的策略随此目的之不同而产生严重分歧，是极为自然的。

十　余　论

中国的作者观，从孔子以后，历经各种复杂的变化，到汉代终于成功地由神圣性作者观转换到所有权式作者观。并通过这一作者观，建立起新的传统，在创作形态、作品性质、阅读行为等各方面，都跟从前有着极大的不同。这些不同，如上所述，中间有一历史发展的过程，曲折繁复，牵连甚广，凡儒学、经学、文学各方面，皆有关涉，乃是摸清秦汉以迄魏晋一段学术文化变迁状况的重要线索。而通过两种作者观的对比，我们也可以比较了解后代一些论争的原委，例如朱子与阳明之论圣人，或方玉润等人为何不满《诗序》的解诗方式之类。

不过，神圣性作者观与所有权式作者观固然在许多方面都是对立的，但彼此又有一发展的关系。如秦汉间之所有权式作者观，就是由神圣性作者观逐步发展而成的。同理，汉末所有权式作者观取得新优势之后，往往又必须重提或回到神圣性作者观。此话怎讲？盖作者世俗化、丧失其神圣性之后，作者是以作品的创造者、所有人自居的。我，即为创作之源。一切作品之理解，均将从我的生平、历史条件、心理状态、写作能力等方面来索求。这是毋庸置疑的。作者也因其能创作精妙的作品而受人尊崇，享受作品所有人的荣耀。然而，渐渐地，到宋代，文学理论上发展出一种说法，认为真正的作品，并非作者凭其学问技艺所能创造，而应该是“文章本天成，妙手偶得之”（陆游语）或“箭在中的非尔力，风行水上自成文”（姜夔《送〈朝天续集〉归诚斋，时在金陵》）。写作品的人，反而不重要了，要“忘”掉，让自然来书写；或写作品的人，并不被认为是真正的作者，真正的作者是天，是道，是自然。不只文学理论如此，一切创作，都含有这样的祈向。①从历史上看，那就是：先从神圣性的解消，使人获得作者的荣耀；再由人的地位上升，以使其合于自然、天、道、圣。始于作者之世俗化，由天而人；终于以人合天。

正因为如此，故所谓汉代以后所有权式作者观已成为一新传统，并不是那么僵化的。例如“知音”的企求，一旦遭遇到解释上的困难，往往便重提“兴”；尽往作者生平、本事、原意上去想，碰壁以后亦常改由不必确定作者、集体创作、比兴、寓言等方面想。像前述《金瓶梅》《红楼梦》各书的作者问题就是如此。王夫之曾说“诗可以兴，可以观，可以群，可以怨。……可以云者，随所以而皆可也”（《诗绎》），也是主张不必探求诗的定解本意，可以随人自得。②

---

① 详见龚鹏程：《诗史本色与妙悟》，台湾学生书局，1986年；以及本书第一卷第三章。

② 详见龚鹏程：《无题诗论究》，《“中央大学”人文学报》1989年第七期，亦收入《文学批评的视野》。另外，《吕思勉读史札记》论《诗无作义》也是对知音说的反省，颇可参看。他说：

古之诗，与后世之谣辞相似，其原多出于劳人思妇，矢口所陈，或托物而起兴，或感事而陈辞。其辞不必无所因，而既成之后，十口相传，又不能无所改易。故必欲问诗之作者为何人，其作之为何事，不徒在后世不可得，即起古人于九原而问之，亦将茫然无以对。何也？其作者本不可知，至于何为而作，则作者亦不自知也。三家说《诗》，知本义者极少，即由于此。今所传《小序》，乃无一诗不知其何为而作；而其所为作，且无一不由于政治；几若劳人思妇，无不知政治之得失者，夫古者谓陈诗可观民风，抑且可知政治之得失者，以风俗之善恶，与政治之得失相关也；非谓劳人思妇，无一不深知政治，明乎其得失，且知其与风俗之关系也。所谓《小雅》讥己之得失，其流及上也。《雅》且如此，而况于《风》。若如今之《诗序》，则《风》《雅》何别焉？故今之《诗序》，不必问其所言者如何，但观其诗之皆能得其本义一端，即知其不可信矣。

《诗》有诵义，无作义，有以此为攻击今学之言者。《汉书·艺文志》，谓齐韩《诗》或取《春秋》，采杂说，咸非其本义是也。陈兰甫辨之云：“今本《韩诗外传》，有元至正十五年钱惟善《序》云：断章取义，有合于孔门（转下页）

其次，值得注意者为：所有权式作者观之巩固与大行其道，与文人阶层的确立，甚有关系。因此，整个文人写作传统，大体上是以所有权式作者观为主导的。但在民间文学的传统里，神圣性作者观仍大行其道。对于这些传说、演义、说唱、杂耍，倘若执着于所有权作者观，追查作者，拼凑定本，探讨本意，实在是骡头不对马吻。但是这点也不能予以绝对化，认为民间文学与文人作品的主要区分即在于此。因为许多诗文也保留了神圣性作者观，或者意图由所有权式作者观转化为神圣性作者观。反之，许多民间文学在写作时另有因缘，也采取了所有权式作者观的一些写法。不能一例相量。

但大体说来，作者观的区分与转变，不失为了解中国古代学术发展、民间文学与文人传统之关系等问题的好钥匙。与西方对比，尤觉有趣。哈罗德·布鲁姆《影响的焦虑》一书曾谓中国人注重述，看重与前人的继承关系，西方则看重创造，强调与前人的断裂关系。此说有一部分是对的，不仅在神圣性作者观中强调传述，即使是所有权式作者观，也注重学习。因此中国人论著作，往往是说“著述”，而不说“创作”。说自己在从事小说创作什么的，乃是近代受西方文化洗礼而云然。

（接上页）商赐言《诗》之旨。澧案《孟子》云：忧心悄悄，愠于群小，孔子也；亦外传之体。《礼记·坊记》《中庸》《表记》《缁衣》《大学》引《诗》者，尤多似外传。盖孔门学《诗》者皆如此。其于诗义，洽熟于心，凡读古书，论古人古事，皆与诗义相触发，非后儒所能及。西汉经学，惟《诗》有《毛氏》《韩氏》两家之书，传至今日，读者得知古人内传、外传之体；乃天之未丧斯文也。《直斋书录解题》云:《韩诗外传》，多记杂说，不专解《诗》，果当时本书否？杭堇浦云：董生《繁露》、韩婴《外传》，偭背经旨，敷列杂说，是谓畔经；此则不知内外传之体矣。”其自注云：“韩非有《解老篇》，复有《喻老篇》，引古事以明之，即外传之体。其《解老》即内传也。”（《东塾读书记》卷六）愚案：观此，即可知此体由来之古，所谓诗义洽熟于心。凡读古书，论古人古事，皆与诗义相触发者，古简籍少而诵之专精之世，凡书皆然，正不独《诗》；抑古之诵《诗》者皆然，亦不独孔门之言《诗》者也。古人会聚，多赋《诗》以见志，即其一证。

另外，“艺术”一词，在西方古代，系表示一种诸如建屋、雕像、造船、缝衣、烧陶之类技术。这些技术，都需要有一套规范性的知识，因此某些属于运用灵感与经验的技艺，如诗歌便不算在艺术之内。艺术家是工匠，诗人则是吟唱者与哲学家。诗并非出于常规而是由于创造；并非生于技巧，而是来自灵感。而且诗与预言有密切的关系，它不是雕刻或塑陶那样的人类的活动，因为它受到诸神的启发；所以它也常具有令人神魂颠倒、心神恍惚的魔力。又由于它可与诸神相沟通，故诗人往往宣示了真理，与哲人属于一类。

这种艺术与诗歌的区分，有点近似我国有关作者与述者的分别。“艺术”之必须寻找规范，且否定“创造性”而强调模仿说，均类似我国所有权式作者观中蕴含的观念。诗歌的预言性质、启示真理能力、仰赖灵感等等，则近乎神圣性作者观。到了亚里士多德，将诗与艺术都界定为模仿性艺术之后，诗的地位才被压低。而到希腊主义阶段，则将视觉艺术的地位抬高到与诗相当，具有神圣性的地位。这种地位高低的变化，与中国文章著作之世俗化，然后又上升神圣化，亦有同工之妙。这些类似处，当然仍需要精细地处理，因为其内涵颇为不同，如诗的神圣性，被认为来自非理性的力量，就与中国人的观念大有距离。在范畴上，这种诗与艺术的区分，也无法与中国涵盖一切著作的作者观相比；与作者、天才有关的“圣人”概念，及其包含之论争，亦非西方所有。但不管如何，这样的对比，甚为有趣，值得继续。

本文对以上这些问题，只是粗发其凡，许多地方皆有待乩发申述。但我只想如此写，且只写到此，其他的留给读者去引申、传述罢！

第二章
中国文学艺术发展的结构：说“文”解“字”

一　诗是艺术最高的发展

克罗齐在《美学原理》中写道：“诸艺术的区分，完全起于经验。因此，任何将艺术作美学分类的企图，都是荒谬的。……讨论诸艺术之分类及系统的书籍，若全部付之一炬，绝无损失。”（第十五章）

幸好他这个焚书的建议并未实现，否则损失实在不小。而且，这一问题，亦非一把火就能解决的。早期有些人认为可以把史诗改画成一组图画；而且诗的价值，即可由是否能让画家翻译为画来判断。[①]但后来大家就发现了美的普遍性与艺术类别之间，可能仍有冲突。如张岱《琅嬛文集》卷三《与包严介》云：

> 诗中有画，画中有诗，因摩诘一身兼此二妙，故连合言之。若以诗句之画作画，画不能佳；以有画意之诗为诗，诗必不妙。如李青莲《静夜思》“举头望明月，低头思故乡”，有何可画？王摩诘《山路》诗“蓝田白石出，玉川红叶稀”，尚可入画；“山路原无雨，空

---

① 详见克罗齐书中的叙述。

翠湿人衣”，则如何入画？又《香积寺》诗“泉声咽危石，日色冷青松”，泉声、危石、日色、青松皆可描摹；而“咽”字、“冷”字，则决难画出。故诗以空灵才为妙诗，可以入画之诗，尚是眼中金银屑也。①

区分诗与画之不同，指出它们各有审美的界限。这样的区分，与莱辛（Lessing）在《拉奥孔》之中讨论诗与画的分界，性质相同。这些区分，都意识到了：各种艺术或许会因材料之不同与表现的可能性不同，而各有其特点及限制。因此我们讨论艺术时，除了一般的艺术原理之外，也应注意艺术的类别及各类艺术间的关联、异同等问题。莱辛将艺术分为空间的、静的（如图画、雕刻），时间的、动的（如诗歌）两种，认为前者适合描摹物态，后者宜于叙述动作。后来哈特曼（E. V. Hartmann）主张把艺术分为视觉（造型艺术与图画）、听觉（音乐、语言、歌）及想象（诗）。康德依人意识中的感觉力，把艺术分作感觉力（音乐）、直观力（视觉是造型艺术）、想象力（诗）。就都属于这一类工作。不论克罗齐如何诋毁他们的工作是“天地所不容的狂妄分类法”，讨论艺术美，恐怕仍不能不注意到这个问题。②而且，事实上此类讨论，亦必愈趋细致。我们可以从艺术品与时间空间的组织方面，描述其类别；也可以利

① 张岱这番话，显然是针对苏东坡评王维之《蓝田烟雨图》而发。《东坡题跋》卷下：“味摩诘之诗，诗中有画；观摩诘之画，画中有诗。诗曰：‘蓝田白石出，玉山红叶稀；山路原无雨，空翠湿人衣。’此摩诘之诗。或曰非也，好事者以补摩诘之遗。”按东坡此语，引述者多就上半截阐发，其实下半段也显示了诗可补足画之限制的意思。张岱所论，并不能完全超越它的范围。

② 我国美学家似乎特别注意这个问题，宗白华《美学散步》中《诗（文学）和画的分界》一文当然是专门讨论此事。朱光潜早期的《诗论》也辟有专章《评莱辛的诗画异质说》。后来他又译注了莱辛这本《拉奥孔——诗与画的界限》。钱锺书早年那篇我甚不同意却已脍炙人口的《中国诗与中国画》，处理的也是同样的问题。

用心理学对人类经验和行为模式的分类，来区别感觉、情绪、意志诸艺术；更可以依艺术材料之不同，探讨其差异。这样的研究，甚至可以关联到风格学、比较艺术学与艺术形态学方面，精深繁复。①

但本文的主旨，不在讨论此一艺术分类的问题，而只是企图指出，在艺术分类中，文学所占的地位及其性质。

我们不妨借黑格尔之分类，来稍做分析。

黑格尔对艺术类型与种类的区分，实即为他对艺术发展史的看法。依他看，最早的类型，是人类仅能以符号象征地表现他朦胧认识到的理性，形成象征型艺术。如印度、埃及、波斯等东方民族之神庙、金字塔等，即属此类。等到人能很明确地认识到理念与感性形象，主客体能够统一时，才能选择以完美的人体形式表现绝对精神，形成古典类型艺术。但这些人体雕塑及古典希腊建筑，借重有限的物质，实不能充分表达无限精神，故此即不能不逐渐转变为浪漫型艺术。他说：

> （建筑、雕刻）艺术的材料都是单纯的物质，即有重量有体积的物质，具有空间存在的整体。……占空间的外在形象，对于精神主体性并不是一种真正适合的表现媒介。
>
> （《序论》,《美学》第三卷第三部分）

所以这时出现的第一阶段，就是抛开物质，只保留外物之形象。这就是绘画。然后，第二阶段，再抛开物象，“不用占空间事物的结构，而用在时间上起伏回旋的声音结构”，此即音乐。但音乐仅能表现主观感情的内在生活，而无力显现外在的现实；且声音本身，仍为一感性材料。

---

① 这些方面，托马斯·门罗（Thomas Munro）《走向科学的美学》（*Toward Science in Aesthetics*）一书有百科全书式的论述，详见该书第四、五、六三篇。

故由此更进一步，只把感性材料作为传达媒介来用，将感性材料降为一种本身无意义的符号，诗就出现了。诗就是语言的艺术。

这种语言艺术有几个特点。一、它是最能凸显主体性的艺术。在浪漫艺术中，精神回到它本身，有自我意识的人回到自我，而诗又是浪漫艺术最高的发展。二、诗（文学艺术）由于是最能凸显主体性，能把精神的整体完全展示出来的艺术，乃造型艺术与音乐两极端之统合，所以它是艺术最高发展的阶段。可以说一切艺术都在朝“诗”发展。三、一切艺术都在朝诗发展，一切艺术也都有诗的性质。黑格尔说：“诗同时也是一种普遍性的艺术，通用于一切艺术形式或一切类型之艺术。”（同上）四、诗一方面可以如音乐那样，领会内心生活；一方面又可以从内心的观照和情感领域伸展到一个客观世界。既不完全丧失雕刻和绘画的明确性，又能比任何其他艺术更完满地展示一个事件的全貌、一系列事件的先后承续、心情活动、思想转变及动作情节之完整过程，故诗可以统摄其他各种艺术，且非其他艺术所能及。五、因为诗（文学）是普遍性的艺术，也是整体的艺术，因此文学并不一定得局限于某一特定的内容及某一特定的构思方式、表现方法，甚至于它可以不局限于某一艺术类型，可以用一切类型去表现一切可以纳入想象的内容。[①]六、文学艺

---

① 这或许可以用现代艺术之发展来解释。电影未出现前，本无此一门艺术，但现在，有些人也把电影看成一种文学。又，如果“口传文学”一词能够成立，则许多表演艺术，如滑稽杂剧、口技、说评话、讲唱等似乎也可以算是文学。文学不一定写在纸上。几乎所有的《中国文学史》都包含了歌舞、戏曲之类；则扩大及于一切表演艺术，有何不可？现代诗在这些地方迭有突破，与造型艺术结合或本身即已为造型艺术的“诗”展，已屡见不鲜。在台湾，近更有一群年轻人组成四度空间诗社，又有许多诗运用了积体（集成）电路电脑语言。如选入《七十六年诗选》的林群盛的《沉默》，除题目外，没有一个中文字，全诗由一系列BASIC电脑程式组成；获选为《文讯》月刊新生代女诗人十四家的郭玉文的《玫瑰人生》以音调音符构成。这些奇形怪状的“诗”，非常容易引起争论，但似乎正显示了诗不局限于某一特定内容和构思、表现方式的雄心。

术不像绘画，运用外界事物之感性形象，而只运用代表观念之语言文字，文字本身只是意义的符号，所以在各种艺术中，文学是观念性（非直接感性）最强的。

无疑的，黑格尔此说乃其个人哲学观点之特有解释。但除了他以此解说艺术发展之历史，不能被人接受外，并不太有人质疑。①例如很少人会反对他以文学为最高艺术之说，而倡言建筑乃最高、最具观念性之艺术。文学在各类艺术中的优位性，大抵至今并未动摇。黑格尔对文学艺术诸特点的阐释，也颇具启发性——特别是用在中国文学艺术的发展上。

二　乐与礼：艺术中心的转换

黑格尔所说的“诗”，包含史诗、抒情诗及戏剧体诗等等。他既认为这种艺术最具主体性，中国诗就更不用说了。中国言志的传统，与希腊以降模仿说的传统相比较，前者的主体性无疑要强些。其次，黑格尔断言一切艺术都在朝文学方向发展，文学艺术为一普遍艺术，可以统摄其他诸艺术云云，在中国更是明显。甚至我们还可以将之视为说明中国艺术发展的线索。

李泽厚曾经谈到中国美学的第一个特征，即是以“乐为中心”。他的意思是说早期中国的巫术礼仪歌舞、乐器演出，是关联着整个社会的活动内容；其后儒家将礼和乐逐步分开而并提，以乐来补足礼，通过以

① 朱光潜就曾批评说：“诗须假定精神主体的自觉。所以在精神发展的最初阶段，即象征型艺术的初级阶段，自我意识还很朦胧，诗还不能出现。这并不符合历史事实，在各民族中，诗歌出现都很早。”（朱译《美学》第三卷第三部分《序论》的译注）事实上黑格尔把东方艺术视为象征型，为艺术的初级阶段；希腊为古典型，第二阶段；近代欧洲基督教艺术为浪漫型，最高阶段，即与他的日耳曼种族文化优越观有关。因此他用这一套说法来谈艺术发展史是完全不通的。

乐为中心的艺术活动把氏族团结起来。所以音乐是中国艺术的中心，并以此形成“线的艺术”。如舞蹈、书法，都是线的艺术，也即是中国艺术的基本形式。①

在这里，我想李泽厚恐怕有点误解。早期中国艺术是以音乐为中心，确然不错。但礼、乐逐步分开而并提之后，情况就有了些改变。因为“文”的观念出来了。由《论语》中孔子与子夏问答，孔子谈到“绘事后素”，子夏即想到“礼后乎”，而孔子赞其可与言诗。可见礼在本质上具有艺术性。所谓“兴于诗，立于礼，成于乐”，正是一连贯的艺术活动。其中，诗与礼的关系尤为密切。从根本上说，礼这种艺术，亦即是诗的艺术、文的艺术。

礼是人生的修饰整理，使人能免于素朴的原始生命形态，表达出一种登降揖让、贵贱亲疏有等的态度。这种态度，就是文明与素朴原始之分，就是文的表现。线条之错画成文，物之焕然有章成文，人群如此揖让登降贵贱亲疏有等也成文，所以礼与文乃是同义字。《国语·周语》注“文，礼法也”，《庄子·缮性》“信行容体而顺乎文，礼也”……一类解释，周秦古籍中不胜枚举。故凡贵礼者，一定主文，最明显的例子，就是荀子。《非相》说：“听人以言，乐于钟鼓琴瑟，故君子之于言无厌。鄙夫反是。好其实，不恤其文，是以终身不免埤污佣俗。”这个文，就是由“会集众采以成锦绣”到“会集众字以成词义”（《释名·释言语》），再到“称情而立文”（《荀子·礼论》）的礼。

但礼文的观念日益凸显，原先乐的地位便不免渐渐动摇。像上引荀子语，就说“听人以言，乐于钟鼓琴瑟”，音乐不再成为主导性的中心地位，言文才是。因此荀子一方面说：“先王……制雅颂之声以道之，使

① 详见李泽厚《关于中国美学史的几个问题》（收入1985年台版《美学与艺术》中，木铎出版社）。此一观点亦即作者在《美的历程》中所阐述的，特别是第一、二章。

其声足以乐而不流，使其文足以辨而不諰”（《乐论》），注意到音乐除了声音之外，还有属于文字的篇辞部分（《乐记》注：“文，篇辞也。”），不以为音乐只是音符与乐器的构成。另一方面又指出“乐者，合奏以成文者也”（《乐记》作“节奏合以成文”），把整个音乐的目的，导向于文。如此一来，其结果就是《礼记·乐记》所说的“乐者，异文合爱”，“文采节奏，声之饰也”，音乐内部的结构也要服从文的法则了。

我觉得这就是儒家由“立于礼，成于乐”转而变成由礼文统摄音乐的发展。《礼记·乐记》中并存的两段文字，可以说明这两种不同的音乐观：

> 凡音之起，由人心生也。人心之动，物使之然也。感于物而动，故形于声；声相应，故生变；变成方，谓之音。比音而乐之，及干戚羽旄，谓之乐。乐者，音之所由生也。……故礼以道其志，乐以和其声。
>
> 凡音者，生人心者也。情动于中，故形于声，声成文，谓之音。……知乐，则几于礼矣。

这两段都在解释音乐的源起，但前一段较朴质，纯从声音方面立论，最后才礼与乐并提，而仍以声言乐。后段则既以“声成文”为说，又归结于礼。我颇怀疑这是纂集《礼记》时，同时收辑的两派儒家之说，否则不当赘复矛盾至此。①

---

① 这里面有几个问题：一、郭沫若说：“中国旧时的所谓乐，它的内容包含得很广，音乐、诗歌、舞蹈本是三位一体不用说，绘画、雕镂、建筑等造型美也被包含着。甚至于仪仗、田猎、饮馔等都可以涵盖。……它以音乐为代表，是毫无疑义的。”（《青铜时代·公孙尼子与其音乐理论》，李泽厚《美的历程》误作《十批判书》）这即是以音乐为艺术之中心时的情况。但是这种情况到后来并未保持，以他所援引的《乐记》来说，原先儒家的礼与乐，在理论上是并提的，（转下页）

汉代儒者论乐，大体上要以后一派说法较占优势，如《毛诗序》云“情发于声，声成文，谓之音”，以下竟归结于，“故正得失，动天地，感鬼神，莫近于诗”。这个诗，非弦歌之诗，而实为“文足以论而不息”的文辞篇章。诗乐分途，于兹而起；《乐经》之亡，遂不可避免了。

固然音乐在此之后，仍有其势力；固然在《韩诗外传》卷九、《说苑》卷及后来的《列子·汤问》，都提到了钟子期与伯牙鼓琴知音的故事；刘勰《文心雕龙·知音》甚至还以这种属于音乐的理解活动，来说明文学的理解。①但是，从大趋势上看，音乐作为中国艺术中心的地位，已经消失了。儒者的乐教，或作为一个士人所需要的音乐修养，汉代以后，显然并不在意。以致周朝那么丰富的音乐文化，逐渐发展到唐代便

（接上页）至少应该同等重要，然而现在《乐记》只是《礼记》中的一部分。整个《乐记》也并不像郭氏说的，是以音乐为代表、关于整个艺术领域的美学思想，而更像是摄乐归礼的著作。里面谈到礼的地方，简直要超过了乐。孔子说“立于礼，成于乐”，它却说“乐著太始，而礼居成物”，“知乐则几于礼矣”，“先王有大事必有礼以哀之；有大福必有礼以乐之。哀乐之分，皆以礼终”。它以礼为中心，岂不是非常明显吗？

二、郭沫若相信今存《乐记》系公孙尼子的著作。这是用沈约、皇侃之说。但《汉书·艺文志》提到，“武帝时河间献王好博古，与诸生等共采《周官》及诸子言乐事以作《乐记》……献二十四卷《乐记》。刘向校书，得《乐记》二十三篇，与禹不同”，似乎汉代《乐记》有数种，王禹之本，系采辑先秦古书而成；刘向之本，也不能保证就很纯粹是出于公孙尼子。《史记·乐书》收了今存《礼记·乐记》，而次第即与刘向本不同。张守节认为这是褚先生搞乱的，但焉知不是掺杂了别本的资料？所以今本著作权要断给公孙尼子，恐怕仍难定谳。郭氏说今存者未必属公孙尼子之作，乃汉儒杂抄纂集而成，特所采者以公孙尼子为多。大概不错，然殊不必实指为公孙尼子。

三、因《乐记》本系抄纂，故内容不甚统一，颇有矛盾或不能协调的地方。特别是与荀子《乐论》相同处很多。所以我怀疑像以上所引这两条资料的情况，可能就是近乎荀子重礼之学的一派，与公孙尼子（或其他不知名儒者）的言论，给汉人抄到一块儿了。

① 详见蔡英俊：《知音说探源——试论中国文学批评的基本理念（一）》，台湾清华大学主办第一届中国文学批评研讨会论文，1987年。

完全无法与胡乐抗衡。[1]据《汉书·艺文志》说“太史试学童，能讽书九千字以上，乃得为史（吏）。又以六体试之，课最者以为尚书御史、史书令史。吏民上书，字或不正，辄举劾”，可见汉朝是个全面确立文字书写系统的时代。文字能力，乃判断一个人是否有教养的最佳指标，也是要成为士或吏的基本条件。诸如《仓颉篇》《急就篇》《元尚篇》以及“文”人司马相如编的《凡将篇》，扬雄作的《训纂篇》《方言》等，都是为巩固此一文字系统而做的工程。到《说文解字》与《释名》出，而语言文字的系统，于焉大定。

要到这个时候，才有所谓“文人”、与乐无关的古诗及书法艺术：

古所称文学，本不以其文采论，谓文章博学而已。汉初“淮南衡山修文学”，但所招的，仍是“四方游士，山东儒墨”（《盐铁论·晁错》）。可是梁孝王好文学，而邹阳、枚乘、司马相如皆在其处。这时的“文学”一词，就有文采巧妙之意了。至东汉乃正式有文人、文士之称，如《论衡》，“文人宜遵五经六艺为文，诸子传书为文，造论著说为文，上书奏记为文，文德之操为文”（《佚文篇》），“饰貌以强类者失形，调辞以务似者失情……文士之务，各有所从，或调辞以巧文，或辨伪以实事”（《自纪篇》）。后来魏刘劭《人物志·流业》便因此而在人流之业十二类之中，特别指出有一种“能文著述”的文章家。范晔《后汉书》也独立《文苑》一传。显见在文字系统建立的同时，文学艺术的地位也得以确立了。这些从事文学艺术的文人，能娴熟掌握文字（编《凡将篇》《训纂篇》），写著不必合乐的诗文与赋。新的音乐文学——乐府，对他们反而毫无吸引力。他们所投身的，乃是一个文字的世界。而且，由于熟悉每一个字的笔画形构，能够体察每个字的意义和它带给

① 汉代雅乐传至唐，仅成为仪式音乐，且已吸收不少胡乐俗乐之要素，清商曲则趋于没落，唐初编为十部伎之一，余八部皆为西凉、西域、东夷之乐。

人的感觉，一种纯粹的字的艺术，也诞生了，那就是书法。当时赵壹曾批评社会上许多人专心致力于写字：“忘其疲劳，夕惕不息，仄不暇食。十日一笔，月数丸墨。领袖如皂，唇齿常黑。”（《非草书》）字的线条、姿态、形体，大概深深迷住了这批人。汉末魏晋，书学大盛，实在是非常自然的事。而书法，正是线条的美，是文字的艺术，跟音乐不相干的。①

文学也是如此，文辞篇章不再附属于音乐之中，也不跟音乐配合，仅以其文辞表达情志意境。然后，到了齐梁之际，他们更发现了语言文字本身的韵律，以文字书写语言的平仄关系，构造了一种人为的节奏，表现于骈文及诗中。这是从文字本身创造了音乐性，而非令文辞与音乐结合以付诸管弦，或按谱依声作为歌词。所以这纯是文字的声律节奏，并不循着音乐的规则。故郑樵云：“古之诗曰歌行，后之诗曰古近二体。歌行主声；二体主文。诗为声也，不为文也。”（《通志·乐略》）诗与乐至此彻底分开，音乐在文学中存在的价值及影响，沦丧殆尽。这一点，我们只要看律诗形成后，乐府诗也逐渐不可歌、不必歌，以致成为杜甫那种只写时事，不再因袭古调名的新乐府，就可晓得了。

且这种诗乐分途的情况既已确立，文人熟悉诗文的优位性既久，竟逐渐对古代《诗经》的合乐情形也有了怀疑，如程大昌、顾炎武就认为《诗经》只有二南、雅颂是乐诗，其余都是徒诗，不可歌，也不入乐。

---

① 郭沫若认为东周彝铭之字体，多作波磔而有意求工，故“中国以文字为艺术品之习尚当自此始”（《青铜时代·周代彝铭进化观》）。不过这时只能说是有了一些对于文字的审美意识，要到汉朝末年，写字，才能成为一种艺术的活动；字所形成的书法，也才能成为中国独有的艺术部类和审美对象。换言之，春秋之际，是文字作为一艺术活动与对象之萌芽期；逐步与已居艺术中心的音乐争衡，到汉代遂确立了“文字—文学”的整体艺术，全面替代了音乐的地位。书法家及书法论著在此刻出现，具有不寻常的意义。

清范家相《诗瀋》则强调是先有诗，再以乐合诗，不是因乐谱辞而成诗。这一说法，朱熹亦曾提出，说："乐乃为诗而作，非诗为乐而作也。"（《答陈体仁书》）所以不但要分清主从，而且"求之固有序矣"。读诗者若竟去研究它的音乐，虽不至于买椟还珠，也要算是本末颠倒："乐者其末也。"至于那种不依从语言，"不写人声"，只以音符表现其节奏旋律的音乐，或依乐曲而制作歌词的情况，对这些文人来说，简直都是不可思议的。

三　从歌词到文词

这种文主乐从、文本乐末的观念，到词曲兴起后，依然没有改变。

如前所述，整个艺术活动的中心，已从音乐转移到了文学，音乐不仅中心地位及优越性丧失，艺术中的音乐功能，亦往往被文学所取代，音乐当然也就不可能再有什么发展。周秦以降，音乐之衰颓，这即是它内在的原因。此一情况延续至唐而有了新的变化。因为伊朗、印度、西北诸民族等各地音乐流入中土，唐朝成为亚洲地区国际音乐文化的中枢，重新刺激并丰富了沉寂已久的中国音乐传统。

唐朝本身与北朝胡人政权及血统有密切关系，而胡人宫廷之中居艺术主导地位的，自然不是文字而是音乐。因此，唐代宫廷生活中，音乐占了不可或缺的位置，对音乐的重视与热爱，远远超过汉晋诸朝，而成为唐代的特色。安史之乱以后，宫廷音乐文化，开始转移到一般市民。市民除模仿宫廷办理祭祀用乐之外，将宫廷宴飨用的十部伎、二部伎等大规模乐舞，变成小型曲调，在酒楼妓馆供一般官吏、商人及普通民庶欣赏。音乐的节奏旋律，遂又洋溢于整个社会。而在音乐本身，俗乐与清乐日渐融合，例如唐玄宗之法曲，其发展之结果，成为唐末新俗乐，使清乐传统得到新生的机会。新俗乐吸收了坐部伎系的燕飨雅乐，并由教坊与梨园取代了太常寺乐工制，而掌握主导权，成为唐代音乐的核心。[①]唐朝中叶以后勃兴的说唱艺术、词曲、杂剧等，均与此一形势有关。而那已经分途的诗与乐，至此也开始有了复合的迹象。

据《集异记》等书所记载唐人歌诗，如高适、王之涣、王昌龄之旗亭画壁事，可知唐人诗多可合之弦管、播诸歌喉。这似乎是诗乐合一了，但诗律与乐律毕竟没有结合。试看“唐史称，李贺乐府数十篇，云韶诸工皆合之弦管”，“李益诗名与贺相埒，每一篇成，乐工争以赂求之，被声歌供奉天子”，“武元衡工五言诗，好事者传之，往往被于管弦”(《碧鸡漫志》卷一)，可见诗人是自作诗，自依诗之律而作，并不依乐之律谱辞；只不过乐工将诗取去制歌而已。故《苕溪渔隐丛话》说:“《蔡宽夫诗话》云:‘大抵唐人歌曲，不随声为长短句，多是五言或七言诗。歌者取其辞与和声相叠成音耳。’余家有古凉州、伊州辞，与今遍数悉同，而皆绝句诗也。岂非当时人之辞为一时所称者，皆为歌人窃取播之曲调乎?”(前集卷二一)因此这仍是诗乐分途，诗主乐从，只是关系较从前紧密些罢了。[②]

中唐以后则不然,《全唐诗》卷八八九曰:“唐人乐府，原用律绝等诗杂和声歌之。其并和声作实字，长短其句以就曲拍者，为填词。开元天宝间肇其端，元和太和衍其流，大中咸通以后，迄于南唐二蜀，尤家工户习，以尽其变。凡有五音二十八调，各有分属。”本来是乐工屈从诗的文字格律，勉强以和声去弥缝诗与乐之间的差距，但随着音乐势力

① 以上详见岸边成雄:《唐代音乐史的研究》，梁在平、黄志炯译，台湾中华书局，1973年。

② 详见王易《词曲史·具体第三》。

的增强，文字开始练习着去适应乐曲，“以就曲拍”。词便兴起了。

因此词与诗是两回事，不但不是诗的发展，反而是逆转诗艺术的发展而从属于音乐。其调谱、协韵、辨四声、分五音，都是以辞合乐，而非以乐合诗。所以它是填词而非作诗，各词分属于五音二十八调，以供传唱。

正因为词的性质如此，所以词的本色、正宗，向来有两个要求，一是合乎声律。这个声律，不是诗的声律，而是乐的声律，如李清照批评“晏元献、欧阳永叔、苏子瞻，学际天人，作为小歌词，直如酌蠡水于大海。然皆句读不葺之诗尔，又往往不协音律者何耶?”（《词论》，《苕溪渔隐丛话》后集卷三三）显见词别是一家，与诗不仅为长短句之异。二是词的兴起，系由唐末新俗乐之盛行，所以在本质上属于一种通俗流行歌曲。必须绸缪宛转、绮罗香泽，以便传唱于旗亭妓馆。史称温庭筠“逐弦吹之音，为侧艳之词”，即兼这两方面说。晚唐五代词也正好表现出这样的性质。

但自李后主“变伶工之词为士大夫之词”（王国维语）以后，此一新兴乐章，便开始朝两个路向去发展，一是保持词的乐曲性格，仍然审音度曲、按之弦管，且缠绵婉约，使有井水处皆能歌之。一则又放弃了音乐，只玩绎其文辞篇章，文笔所之，往往为曲子中缚不住者。走上了从前诗乐分途的老路。北宋如柳永，属于前者；晏殊、欧阳修、王安石、苏轼等人属于后者。后面这批文人诗家，在当时虽被批评为不当行、非本色，但一来是词在北宋已有开始有文辞化的倾向了，音乐的问题，许多人并不太讲究，故沈括《梦溪笔谈》说：“唐人填曲，多咏其曲名，所以哀乐与声尚相谐会。今人则不复知有声矣。哀声而歌乐词、乐声而歌怨词，声与意不相谐。”二来这些文人学士似乎也有意识地在提倡一种文人词。他们普遍瞧不起柳永，故意贬低音乐的重要性，有时甚至摆出我不是不懂音乐、不能协律，只是不想协律而已的态度。①把原先流行于市井之间的娱乐歌曲，“提升”为表达文士心境及其理想的诗篇。所谓：“逸怀浩气，超乎尘垢之外，于是《花间》为皂隶，而耆卿为舆台矣。”（胡寅《酒边词序》）偏偏被视为继承柳永词风的周邦彦，虽妙擅度曲，提举大晟，其本身却充满了文人气质。这种文人气质，并不逊于他的音乐家气质，以致他一方面在音乐上增衍慢曲引近，或移宫换羽为三犯四犯之曲；另一方面又在歌词的写作上，广泛熔铸唐人诗句，使词能跟诗文的传统连接起来。这就他个人来说，固然称得上是集两派之大成，但从大趋势上看，音乐的主导性就不免又逐渐让渡给文学了。②

---

① 这些人先是看不起词，再则看不起柳永式的词，再则表示我也能通晓音乐但不愿遵守腔拍。看不起词，如《石林诗话》载“张先，能为诗及乐府，至老不衰……然俚俗多喜传咏先乐府，遂掩其诗声，识者皆以为恨云”；《冷斋夜话》卷十说法秀道人告诉黄山谷“诗多作无害，艳歌小词可罢之”；陆游自序其词集也说“余少时汩于世俗，颇有所为，晚而悔之”。刘克庄跋黄孝迈长短句说得更明白：“词，尤艺之下者也。……故雅人修士，相戒不为。”然若不能真正不为时，可能的方向，就是如张耒：“文潜乃又自谓不善倚声制曲，而致意古乐府，有所矫耶？”（《爱日斋丛钞》）或者就像东坡，矫而为一异于正规词风的词。《石林避暑录话》：“秦观少游亦善为乐府，语工而入律，知乐者谓之作家歌，元丰间盛行于淮楚。……苏子瞻于四学士中最善少游，故他文未尝不极口称善，岂特乐府？然犹以气格为病。故常戏云：‘山抹微云秦学士，露花倒影柳屯田。’”东坡意识中，隐然有一与柳永竞争及反对作家知乐之词的心理，实在非常明显。如此，遂开创一种“别调”。其后沈义父、晁无咎又替东坡辩护，说东坡之不协律，非不能，是不为也，其不豪放处，亦必协律。因此整体看来，夏承焘《剪淞阁词序》说：“词蜕于诗，而非诗之余。柳永、秦观稍稍着铺饰，犹未违其宗。范仲淹、王安石乃寖寻以之咏史、怀古矣。至苏轼、黄庭坚，则禅机诨俚，纵横杂出，李清照所谓句读不葺之诗耳。昔之求蜕于诗者，至此还与诗合其用。”（详见《天风阁学词日记》1931年6月15日记，浙江古籍出版社，1984年），确实符合词在北宋的发展状况。

② 词至欧苏，文格一变，体制高雅（详见《却扫编》）。但从整体趋势上说，即使是柳永，也是以作诗作文之法作词的。故夏敬观云柳词多用六朝小品文赋作法（《手评乐章集》）；谭献云耆卿正锋，可当杜诗（《谭评词辨》）；赵令时《侯鲭录》更载：“东坡云：世言柳耆卿曲俗，非也。如《八声甘州》云‘霜风凄紧，关河冷落，残照当楼’，此语于诗句不减唐人高处。”柳永之外，如黄山（转下页）

于是词成了“诗余”，被认为是诗系统的一部分。文人作词时，其构思方式、语言运用、情意内容等，均强烈地诗化，以诗为写作典范。词的音乐成分虽仍保留，但依谱填词的谱，不是乐谱，而是类似诗的格律谱了。倚声之道，同于诗律（纳兰性德《饮水词集》卷上《填词》诗：“词源远过诗律近，拟古乐府特加润”）；尊体之义，比乎风骚。[①]一场新兴的音乐艺术活动，如火如荼地展开，却仍被文字艺术消融转化，落得如此结局。词不再可歌了，词乐词律也不可考了，但诵读玩索词文之美的人，却认为这正是词的进步，是向上发展的结果。到最后，清末常州派以“意内言外”说词，更是具体指出词作为一观念性较强的文学艺术时其美学性质的特点，并在根本上改变了词在历史上所曾有过的“乐府”“琴趣”“乐章”“歌曲”“渔笛谱”“樵歌”“渔唱”“曲林”“鼓吹”诸义。[②]

“五四”以来，很少人了解这种转变的意义，因此只简单地认为文

（接上页）谷序晏几道词，谓其“嬉弄于乐府之余，而寓以诗人之句法”；楼敬思谓东坡词“寓以诗人句法”（《词林纪事》引）；夏敬观云贺铸“小令喜用前人成句，其造句亦恒类晚唐人诗。慢词命辞遗意，多自唐贤诗篇中来”（《手批东山词》）；陈振孙说“清真词多用唐人诗语，檃括入律”（《直斋书录解题》）；沈义父说“（清真）下字运意，皆有法度，往往自唐宋诸贤诗句中来”（《乐府指迷》）……可见词的诗化，在北宋已成一普遍现象。其用字、构思、章法及意境，皆类同于诗。

① 尊体说，是推崇词体，使风雅之士，把它与诗赋之类视为一系，勿薄之为小道。详见吴宏一《常州派词学研究》（嘉新水泥公司文化基金会，1970年）第三章第一节。

② 宋人词集名为乐府者，有刘弇《龙云先生乐府》、苏轼《东坡乐府》、赵长卿《惜香乐府》等等；名为乐章者，有柳永《乐章集》、洪适《盘洲集·乐章》、刘一止《苕溪乐章》等等；名为琴趣者，有黄庭坚《山谷琴趣外篇》、晁补之《琴趣外篇》、晁端礼《闲斋琴趣外篇》等等；名为歌曲者，有王安石《临川先生歌曲》、姜夔《白石道人歌曲》等等。另外，也有名为长短句，如辛弃疾的《稼轩长短句》。以琴趣乐章为名，是着眼于它的音乐性质，称作长短句便只照顾它的语文格式了。

字较声音能存久，乐谱不易流传，乐声也无法保留，故词乐不可复考。殊不知这其中实经历过一场诗化的运动，含有文字艺术与音乐艺术间激烈的竞争。更有许多人把宋词看成可与宋诗分庭抗礼的新文类，甚至是足以代表宋朝的文类。这也是因不了解宋词之所以能成为一种“文类”，正由于它拟仿了宋诗。就宋代文学来说，词，实是在诗底下的一个次文类。再进一步说，则词既已脱离了音乐，附从于语文艺术之列，则词与书法便可联宗了。戴表元《余景游乐府编序》云“词章之体，累变而为今之乐府，犹字书降于后世，累变而为草也”；况周颐《香海棠馆词话》云，王碧山词“如书中欧阳信本，准绳规矩极佳。二晏如右军父子，贺方回如李北海，白石如虞伯施而隽上过之，公谨如褚登善，梦窗如鲁公，稼轩如诚悬，玉田如赵文敏”；谭献云碧山“欧晏如兰亭真本，此仅一翻”（《谭评词辨》）；周济云姜白石“以诗法入词，门径浅狭，如孙过庭书，但便后人模仿”（《介存斋论词杂著》）等，均属此类声口。至于以诗家文流喻词人者，那当然就更普遍了。①

四　由曲艺到诗剧

据沈义父《乐府指迷》说：“前辈好词甚多，往往不协律腔，所以无人唱和。秦楼楚馆之词，多是教坊乐工及闹市做赚人所作。只缘音律不

① 词诗化以后，中国文人有时竟根本不能想象从前曾有过一段以辞合乐的时期。像徐英在《诗经学纂要》中力辩《诗经》不可能是按乐之腔调而作。词也是如此，他认为西乐流入中土时，本有歌词，中国人将它改换词语，遂成为词。所以“中西古今，其揆一也。唯有文词而后制为声律者也。盖乐之始作，乐为人音，音有小大高下之殊。……按其格律，定为程式”（《诗乐第九》）。换言之，他一定要坚持文字的优位性，一定要坚称词律根本是一语文格式，而非音乐曲调。这样的信念，依懂音乐的朋友来看，恐怕是要笑掉大牙的。——因为他断言按诗制乐，乃“中西古今，其揆一也”。

差，故多唱之，求其下语用字，全不可读。”文人词，到南宋时已成为案头文字艺术，但矜文辞之美，勿问声律之协。民间歌词却仍保留了它作为歌曲的性质，文同可以在其意义未被理解的情况下直接进入音乐结构。这就形成了诗乐分途，一主文、一主乐的分化现象。

以音乐为主的艺术形态，从古就综摄着舞蹈及故事演出，如汉代即有合歌舞以演故事的“东海王公”。隋代舞曲大盛，《隋书·音乐志》记当时天竺伎二曲、疏勒伎三曲、康国伎六曲、安国伎三曲、高丽伎二曲。其歌曲、舞曲及解曲概可分为三种，大致一种一曲。而康国伎却有歌曲二、舞曲四。因康国以善胡旋舞著名。其后此类舞曲渐发展成歌舞戏，至宋遂有杂剧、唱赚等。再经金院本，而有元杂剧，乃正式有了戏剧这一种艺术。①

然而，因为中国戏剧艺术是在综合歌、舞的形态中形成的，其中就不免含有几个问题，值得探究：

一、戏剧吞并了舞蹈。从石刻、绘画及傅毅《舞赋》之类记载中，我们可以晓得舞蹈在汉代已极发达。至唐朝更是蓬勃，形式多样，气势宏阔。如上元乐，舞者竟可多达数百人。此时舞蹈并不杂融大量杂艺、武技等，已形成一门独立的舞蹈艺术。这都是它跟早期舞蹈相当不

① 一般论中国戏剧，都从讲唱文学找渊源。认为讲唱可以分成词曲和诗赞两个系统。前者如唱赚、诸宫调；后者如变文、弹词。杂剧和传奇的曲词，就是词曲系讲唱文学的进一步发展；皮黄和多数地方戏曲，则采用了诗赞系讲唱文学的形式。但我想这样谈未必恰当。唱赚诸宫调等，自是唱曲，本无所谓讲。而且这种分法会使人以为中国戏曲中存着平行的两个系统。事实上有讲有唱的艺术形式，即是介于音乐和文学之间的混合艺术，大兴于唐代之理由，亦即在此。但变文、弹词、陶真等毕竟是说唱，与戏曲无关，其本身也不是戏曲。戏曲初起时纯是音乐艺术形态。即使到了元人杂剧，有人还认为元杂剧的作者只制曲文，宾白是由伶人当场奏技时敷衍的。所以戏曲中说的部分，乃是后来逐渐倾向语言艺术形态时增强的。皮黄及大部分地方戏曲，多采诗赞形式，更是音乐节奏顺从诗句的一种征象。

同的地方。唐代舞蹈在整体上是表现性的，大多数唐舞都不再现具体的故事情节、不拟似具体的生活动作姿态，只运用人体的形式动作来抒发情感与思想，而不是用来叙事。此外，唐人已超越了古代以舞蹈的实际功用（如祭祀、仪典）、道具来命名舞蹈的形态，直接就舞者姿态之柔、健、垂手、旋转来品味。这些特征都显示唐代舞蹈已发展至一成熟的巅峰。

可是这门艺术到了宋代却开始有了改变，宋人强化了唐代舞蹈中的戏剧成分。开始在舞蹈中广泛运用道具，这些桌子、酒果、纸笔，已类似后来戏剧中的布景。又增加唱与念。唱与念强化了舞蹈的叙事、再现能力；道具与布景，又增强了环境的真实感。跟它们相呼应的，则是宋舞有了情节化的倾向。如洪适《盘洲集》记载《降黄龙舞》《南吕薄媚舞》，即取材于唐人传奇及蜀中名妓灼灼的故事，可见宋舞在这时已类似演戏了。

这种情况越演越烈，到元代时除宫廷还保留队舞之外，社会上的舞蹈大抵已融入了戏剧之中。在元杂剧里，舞蹈通常以两种形式出现：一是与剧情密切相关的，作为戏曲叙事之一环的舞蹈；一是剧情之外，常于幕前演出的插入性舞蹈。所以舞蹈动作是在戏曲结构中，为表现人物动作、塑造气氛、推动剧情而服务的，内置于戏的整体结构中，不再能依据人体艺术独特的规律，去展示独立于戏曲结构之外的东西。舞蹈，显然已被戏剧并吞了。①

二、音乐又并吞了戏剧。有人把纯音乐和戏剧音乐分开，以为纯音乐的首要目的就是对乐音的审美编组，戏剧音乐却是以音乐为台词、姿势、舞台动作的辅助因素。在西方，许多批评家就依此区分，而认为

---

① 以上详见谢长葛:《人体文化——古典舞世界里的中国与西方》，四川人民出版社，1987年，20—53页。

歌剧是失败的艺术，应该以戏剧为真正主宰，以音乐为伴奏才好。然而，苏珊·朗格说得好："音乐（有时还包括舞蹈）的运用，使虚构的历史与现实区分开来，从而保证了戏剧的艺术抽象性。还有，戏剧的时间性质，乃是'音乐性的'时间而非实际的时间。"戏剧具有某些本质上的音乐性。而且，像许多歌剧，其作者乃依据音乐之精神，把古希腊悲剧艺术，看作一种应用激情和相互协调的性格、事件来创作音乐的艺术。故虽名为"歌""剧"，却非两者之混合物，而是剧同化于歌的音乐艺术。①

是的，中国戏剧的情况也颇类似于此。它不像一般人所说，是"音乐在戏中占了非常重要的地位"，而是所谓的戏，根本只是一种音乐创作。在中国，一般称戏剧为戏曲或曲；古人论戏，大抵亦只重曲辞而忽略宾白。元刊杂剧三十种，甚至全部省去了宾白，只印曲文。当时演戏者，称为唱曲人。谈演出艺术，则有燕南芝庵的《唱论》、周德清的《中原音韵》。明代朱权的《太和正音谱》、魏良辅的《曲律》、何良俊《四友斋曲说》、沈璟《词隐先生论曲》、王骥德《曲律》、沈宠绥《弦索辨讹》《度曲须知》等，注意的也都是唱而不是演。这就是为什么元明常称创作戏剧为作曲、填词的缘故。直到李渔，才开始注意到推动戏剧成分的宾白，在《闲情偶寄》中，特立《宾白》一章，以矫历来只重填词、不贵宾白之弊。但他仍不能不承认历来"填词首重音律"，且在《恪守音律》一章中他也严申"半字不容出入""寸步不容越"的"定格"。这就像后来皮黄戏虽有"千斤话和四两唱"的行话，可是观众却只说去听戏，没人说是去看戏；即使宾白，也属于以语音作音乐表现的性质。故音乐在中国戏曲中实居于主控的地位，而非伴奏。它不是在戏

① 详见苏珊·朗格：《同化原则》，《情感与形式》，刘大基等译，中国社会科学出版社，1986年。

剧里插进音乐的成分，因为戏剧整个被并吞在音乐的结构之中了。在中国，所有戏种的分类，大概都是由于唱腔的不同，而很少考虑到它表演方式的差异。

换言之，中国戏剧“无声不歌，无动不舞”，整体来说，表现的乃是一种音乐艺术的美。

但正如词的诗化一样，那强而有力的文字艺术系统，似乎又逐渐扭转了发展的趋势。从明朝开始，戏曲中文辞的地位与价值就不断被强调。试看凌濛初、臧懋循的批评，就晓得戏曲在明朝，已有一股新兴的势力与潮流形成了。这一批人，崇尚藻饰文雅，力改元朝那种只重音律不管关目，且词文粗俗的作风。凌氏《谭曲杂劄》尝云：“自梁伯龙出，而始为工丽之滥觞，一时词名赫然。盖其生嘉隆间，正七子雄长之会，崇尚华靡。弇州公以维桑之谊，盛为吹嘘，且其实于此道不深，以为词如是观止矣，而不知其非当行也。”王世贞的书，就叫《曲藻》。当时如《琵琶记》，何良俊谓其卖弄学问;《香囊记》，徐复祚说是以诗作曲。可见笃守曲风者固不乏人，“近代文士，务为雕琢，殊失本色”（《北宫词纪·凡例》），“文士争奇炫博，益非当行”（《南宫词纪·凡例》），则为新形势、新景光。

这时，复古者如臧懋循便重揭行家本色之义，力攻南北宗之说，《荆钗记引》云：

> 元人所传，总一衣钵。分南北二宗，世人自暗见解，缪相祖述，尊临济而薄曹溪。

他又在《元曲选后集序》中强调：

曲有名家，有行家。名家者，出入乐府，文彩烂然。在淹通闳博之士，皆优为之。行家者，随所妆演，无不摹拟曲尽。……是唯优孟衣冠，然后可与于此，故称曲上乘首曰当行。

对时人论曲之重视辞藻及不能肯定北曲成就，备至不满。但我们必须注意：臧氏的行家名家之分，乃是古义，如宋张端义《贵耳集》即以行家为供职者，不当行则称为戾。可是此义在元已有赵子昂提出异议，以为“杂剧出于鸿儒硕士骚人墨客所作，皆良人也，倡优岂能扮演乎？”“倡优所扮者，谓之戾家把戏”，文人创作及演出才是行家。明代如顾曲散人的《太霞曲语》用的就是这个区分，说“当行也，语或近于学究；本色也，腔或近乎打油”，以文词家为当行。臧氏之说反而不再通行了。故后来吴梅论北曲作法时才会说“行家生活，即明人谓案头之曲，非场中之曲”①。

案头曲的出现，形成了我国戏剧批评中“剧本论”的传统，只谈曲文之结构及文采，音乐不是置之不论，如汤显祖所说，宁可拗折天下人嗓子；就是如李渔之尊体，谓“填词非末技，乃与史传诗文同源而异派者也”，所以结构、词采居先，音律第三。②

总之，无论是《香囊记》的以诗为曲；或“宛陵（梅鼎祚）以词为曲，故是文人丽裁；四明（屠隆）新采丰缛，下笔不休”（《曲律》）；或徐渭所谓“以时文为南曲”；或李渔的尊体，戏曲艺术似乎都朝着文字艺术发展。逐渐地，戏曲成了一种诗，所体现的不再是戏剧性的情节

① 详见龚鹏程《诗史本色与妙悟》第三章第六、七节。

② 叶长海《中国戏剧学史稿》第八章论《牡丹亭》的研究，说前期如王思任、沈际飞及汤显祖本人，所讨论的重点在于剧本；到明末清初，如冯梦龙等则可称为演出论，主要是对表演和演唱的研究。今按：论戏偏重剧本、于剧本中又特重曲文，乃明代风气，把戏文看成文学作品了。

与冲突，而是诗的美感。如果中国戏剧有特质可言，这种诗化过程及结果，恐怕很值得注意。①

五 由描摹到书写的艺术

王骥德《曲律》曾言，“曲与诗，原是两肠”，但文词家的曲风，却越见其盛。所以文词家是否当行，专主文藻的作曲方式是否为本色，是明朝发展出来的大问题。同样的问题也出现在明朝的绘画方面：曲有文词家，画也有文人画；曲“同一师承，而顿渐分教”（王世贞《曲藻》），画也有南北宗；曲有行家、戾家之分，画也有行家、逸家之说。

南北宗问题的提出，旨在建立文人画的传统。被称为南宗的王维、张璪、荆、关、董、巨、郭忠恕、米家父子、元四大家，均以水墨渲染为主，与板细的着色山水画不同；均是“一超直入如来地”，不必讲究细致的笔法工夫，纯以气韵高雅为主。他们以水墨而不以着色表现，是放弃了绘画运用色彩、块积以复现外物感性形体的性质，变成如文学一样以表达观念为主的艺术。

中国的绘画与书法，原先在本质上具有完全不同的表现意向，书法与绘画并无关联。早期的画，虽不一定写实，但写生性地要求细致描绘

① 俞大纲曾有“东方戏剧几乎全属于诗剧型”之说，认为东方戏剧形式和美学基础，建筑在诗、舞蹈和音乐上；而三者之中，诗的艺术形式，又超过动作和叙述故事。故事的主要任务在如何表现诗的部分。例如着重抒情和意念的表达，轻视逻辑性的叙述，结构不严格，动作较舒缓，节奏慢，极度重视辞藻等，都是这类戏剧的特征，与西方戏非常不同。不过，中国与印度虽然都属于这样的戏剧形式和风格，可是印度戏的舞蹈成分更突出，已接近舞剧，又与中国略有不同（详见《漫谈东方戏剧》，《俞大纲全集·论述卷》，幼狮文化事业公司，1987年，279页）。张庚则提出“剧诗”一词，说中国戏曲是诗与剧、曲与戏的结合。说诗剧是对的，因为中国戏剧确实体现的是诗的艺术美感，是戏曲而朝诗发展，但不是诗与剧结合的剧诗。

物体，却是中国绘画里长期保持的方向。物体的轮廓，通常以线条来钩摹把握；物体的体积、空间位置，则用色彩来说明。固然在画线和上色时也使用毛笔作为工具，但绘画的兴趣始终在造形而不在线条，所以它不但不可能如书法那样，要求线条本身的美感及线与线之间组合成一美的结构和韵律；书真的线描，直到汉朝，仍与汉隶运笔法大异其趣。①

谢赫的六法当然是个里程碑，因为他提出了“气韵”的观念。但不可忽略他骨法用笔及应物象形、随类赋彩、经营位置、传移摹写诸法，仍严格地守住了绘画摹写物象的传统。摹写诸技法也绝不可抛弃。

但这种传统到了中唐朱景玄《唐朝名画录》提出“逸品”之后，就有了改变。所谓逸，就是逸出了绘画原有的规范。如王默（又作洽、墨）只依偶然成形的形象作画，不拘常格，不遵六法。五代间黄休复《益州名画录》说孙位所画鹰犬“皆三五笔而成”，也是如此。黄休复把这种逸品抬高到三品之上，无形中便贬抑了画的造形技巧面。后来北宋郭若虚《见闻志》卷一“论气韵非师”条，又说气韵是天生的能力，“骨法用笔以下五者”才需要学习，所以一般画工只是技巧好而已。于是，一切为配合绘画之造形表现的技术，都不重要了；作画者，只要培养胸中逸气即可。而这种逸气又是什么气呢？那就是文士气。凡“板细无士气”（陈眉公《偃曝余谈》）的，就是北宗，是匠人画。反之，技巧不地道，逸笔草草，聊写胸中逸气的，就是南宗、文人画。故沈颢《画麈》所谓：“今见画之简洁高逸，曰：士大夫画也，以为无实诣也。”

所以从宋朝开始，传统画的技巧被有意贬抑、甚或忽略了。像邓椿《画继·论远》就说，“画者，文之极也”，“其为人也多文，虽有不晓画者寡矣”，仿佛文章写得好的人，自然就会画画。事实上当然不

① 详见铃木敬:《中国绘画史》(上)，魏美月译，台北“故宫博物院”，1987年，特别是第一、二章。

可能如此，因为画画毕竟还是需要技巧的。因此新的画风，便逆转了绘画的造形写物特质，以趋向语文艺术的方式，另建一绘画传统。例如放弃设色，转而以水墨替代。文徵明云“余闻上古之画，全尚设色，墨法次之，故多用青绿。中古始变为浅绛，水墨杂出”（《岳雪楼书画录》），其后则根本以水墨为主。水墨与着色，在绘画观念上是截然不同的。水墨的运用，使画立刻脱离写生的传统，重意不重形似，并趋近于书法的韵律效果。这也使得线条的重要性，随之增强。例如宋朝出现的白描画，完全以线条勾勒，线条就包含了色彩的功能；而皴法的发展，又能以线来表达体积、硬度和空间位置、光暗色泽浅深，所以水墨的运用，最根本的还是笔法线条。荆浩《笔法记》曾说“画道之中，水墨为上”，但后来汪珂玉《画则》却以为“第一白描，第二水墨……第七大着色”，可见中国绘画发展到宋明，的确可称得上是“线条的艺术”①。

这种线条艺术，立刻就与书法取得了联系，以写字的方法来作画。如黄山谷《东坡居士墨戏赋》云：“东坡居士游戏于管城子、楮先生之间，作枯槎寿木、丛篠断山。……盖道人之所易而画工之所难，如印印泥。霜枝风叶，先成于胸次者欤？翚申奋迅，六反震动，草书三昧之苗裔欤？”（《豫章黄先生文集》卷一）将东坡画比拟为草书。米芾《画史》也说：“王晋卿收江南画小雪山二轴，易余岁余。小木一笔缠起作

---

① 所谓笔墨的墨，其实仍是笔的线条表现，故莫是龙《画说》云：“有笔法而无轻重向背明晦，即谓之无墨。古人云石分三面，此语是笔亦是墨。”沈宗骞《芥舟学画编》也说：“今人以淡墨水填凹处及晦暗之所，便谓之墨，不知此不过以墨代色而已，非即墨也。且笔不到处，安谓有墨？即笔到处，而墨不能随笔以见其神采，当谓之有笔而无墨也。岂有不见笔而得谓之墨者哉？”可见用墨与古代的设色敷采截然异趣，乃是笔的表现。王麓台自题仿大痴山水说“画中设色之法，与用墨无异”，是受笔墨观念影响后的设色法，跟古法不同的。

枝叶如草书，不俗。”但这仍是就已成之画作比况，还有一些则将书与画的比拟化做积极性的创作方法，如郭熙《林泉高致》中说绘画之用笔，可以“近取诸书法”，“故说者谓王右军喜鹅，意在取其转项如人之执笔转腕以结字。此正与论画用笔同。故世之人多谓善书者往往善画”。后来元人柯九思《竹谱》也提到用书法写竹：“凡踢枝，当用行书法为之。”其论画友汤垕则说韦偃画马，“如颜鲁公书法”；说武宗元《朝元仙杖图》“大抵如写草书然”（《画鉴》）。赵孟頫综合了这一类说法，指出：

> 石如飞白木如籀，写竹还应八法通。若也有人能会此，须知书画本来同（自注：柯九思善写竹石，尝自谓写干用篆法，枝用草书法，写叶用八分法或鲁公撇笔法，木石用金钗股，屋漏痕之遗意）。

天下翕然从风，六法逐成了八法，什么“郭熙、唐棣之树，文与可之竹，温日观之葡萄，皆自草法中得来。此画与书通者也”（《艺苑卮言》），“陈道复花卉豪一世，草书飞动似之”（徐渭语），“书成而学画，则变其体不易其法”（董棨《养素居画学钩深》）等，都是同样的论调。

然而，书法本身乃是一种文字的艺术，作为一文字艺术，其线条固然能显示一律动的美，可是文字的组合，也必显示为一诗的美感。因此，在将画转换为一语文艺术时，“诗画一律”便成了极普遍的观点。如欧阳修云“见诗如见画”，东坡云“苏子作诗如见画”“诗画本一律”，《宣和画谱》还记载赵叔傩善画禽鱼，“每下笔皆默合诗人句法”。这类意见，大概就是宋元以后题画诗日多的原因之一（宋淳熙年间，孙绍远曾辑唐宋题画诗，编为《声画集》）。诗与画，不但在意境和审美趣味上逐渐接近，在画面的构成中，诗与书法题字也已成为画里不可或缺的一个部分。[1]

顺着这样的发展，才会有明末正式提出的南北分宗说，正式确定“文人画”的性质与传统。这个传统因为是追叙的，所以不免有不符历史事实之处；唐宋绘画也并没有形成完全的文人画风，所以南北分宗亦不免于牵强。但此说之提出，却指明中国绘画已确实诗化了。

诗化了以后的所谓南宗文人画，自比于禅家顿教，不必费神苦修技法。而把那些技法细密的画师画，称为行家、作家。何良俊《四友斋丛说》：“我朝善画者甚多，若行家当以戴文进为第一，而吴小仙、杜古狂、周东村其次也。利家则沈石田为第一，而唐六如、文衡山、陈白阳其次也。戴文进……乃院体中第一手。”利家又称隶家、戾家、逸家或力家，专指用淡墨、不着意的文人画，本来是论画者对文人画的贬词。然而文人却力辨士大夫画家非外行，甚至痛骂戴文进一类作家画，而以教外别传之文人画为正法眼藏。[2]

但，什么是正法眼藏呢？清王学浩《山南论画》说得好：

王耕烟云“有人问：如何是士大夫画？曰：只一写字尽之”，此语最为中肯。字要写，不要描，画也如之。一入描，使为俗工矣。

六　文字、文学与文化

显然，文字书写的观念，弥漫于诸艺术种类中。以文学为最高及最普遍艺术的看法，至少已成为后期中国美学意识之普遍信念。我们当然

---

① 诗中有画，画中有诗之问题，即在此一论述脉络中产生。钱锺书《中国诗与中国画》一文引了很多宋朝人将诗与画相提并论的言论，可以参看。但他以“出位之思”“艺术彼此竞赛”来解释诗画一律的现象，与本文观点恰好相反。

② 以上详见《诗史本色与妙语》。

不能忘记还有许多人在努力地区分诗与音乐、词与诗、戏剧与诗、诗书与画的差别。但从大趋势上说，文学确实消融了其他艺术，各门艺术都在朝着文学化的路子走。

以清末刘熙载的《艺概》来看，其书综论诸艺，可称为一册中国的艺术概论。但它却能很安心地略去视觉艺术、造型艺术、表演艺术等项，只论文、诗、赋、词曲、书、经义。这些全是文字艺术，所谓“文章名类，各举一端，莫不为艺”（《序》）。所论只此，可概其余。则中国艺术中以文学最具综摄能力和代表性，实已不言而喻了。

形成这种状况的原因，自然甚为复杂，例如文人阶层的势力与结构、派系相争、社会条件等等；各门艺术的发展情况更不尽相同。但是无论如何，整体看来，历史似乎有一种长期的合理性。音乐、绘画、戏剧的文学化，基本上乃是合理的。

以新兴的电影艺术为例，电影的材料、方法、形式，均与文字书写的“文学”相去甚远。早期的电影且根本没有声音，只有影像晃动于布幕上所形成的幻觉。因此自1915年林赛（Vachel Lindsay）出版《电影艺术》以来，强调电影已成为一种艺术的人，可把电影比为音乐、雕塑、戏剧，甚至建筑；却极少有人能把这种具有影像性（photogenie）特质的东西，说成文学。但是，慢慢地，法国出现了“电影诗”的理论。俄国艾森斯坦也把电影形容为有力的修辞说服工具，并且他从表意文字中发现了电影动力的基础，如“口”加上“鸟”就是“鸣”，“口”加上“犬”就是“吠”。字与字之间如此，句与句之间也是如此。像“孤零零的乌鸦/在枯枝上/秋夕”，句与句之间的意念撞击产生了统一的心理效果。他即由此提出了蒙太奇的电影创作方法。

不只艾森斯坦如此，几乎所有的形式主义电影理论，都以电影和语言之比较为出发点，建立视觉的文法与辞典。而所有文学上的技巧（如譬喻、讽语等），也都被认为有助于电影之扭曲现实。更有些人，如巴拉兹（Béla Balázs），主张剧本本身就是独立的艺术品，不见得要上演。

这样的倾向，在1950年左右曾受到写实理论的冲击，但很快地，电影符号学又崛起了。梅兹（Christian Metz）认为，从电影意义显现的方法上看，电影不是一种真正的语言，但“无论如何，电影还是像一种语言”，所以他赞成把整个语言学的观念用到电影上。

这样的发展，诚然可用很多其他方式及理由来诠释，但电影艺术朝语文艺术同化迹象，不能说完全不可得而见。跟我国戏剧或绘画之诗化书法化，亦颇有可资比较之处。而且，不论是电影、绘画或音乐，一种艺术，到底是要保持并发挥该艺术的特性，还是要文学化地发展，所引起的争辩，似乎正可作为观察其历史变迁的线索。因此，黑格尔说一切艺术都在朝诗发展，都具有诗的性质，恐怕是恰好说对了。以“大历史”的视野来观察，此即历史之合理性，中国艺术的发展则合乎此种合理性。

但所谓历史的合理性，有时是无意识地，一切在盲然与自然的情况下发展，曲曲折折，忽而轻舟已过万重山，再检点来路，才赫然发觉其中似有理性藏焉。有时则是洞察了理性与价值，自觉地要如此发展，而其发展也具有历史的合理性。我国殆属后者。

因为我们至迟在春秋时代，即开始以“文”概括综摄一切人文艺术活动。“文王既没，文不在兹乎”，周文的精神，具显于礼乐，而乐，又如《乐记》和《毛诗序》所云，“情发于声，声成文，谓之音。……故正得失，动天地，感鬼神，莫近于诗”。成文之美，可以涵括一切艺术创造。充极尽至，则中国人谈自然美，也必以文概括一切自然美的表现，如《文心雕龙·原道》说：

傍及万品，动植皆文：龙凤以藻绘呈瑞，虎豹以炳蔚凝姿；云霞雕色，有逾画工之妙；草木贲华，无待锦匠之奇。……至于林籁结响，调如竽瑟；泉石激韵，和若球锽：故形立则章成矣，声发则文生矣。

云霞草木之美，拟为雕刻与绘画；林籁泉石之声，喻如音乐，而总结则为“文”“章”。一切自然美，即是自然所显现的文。这种文，跟人所创作的文学作品，基本上被视为同一的。所以刘勰说：“夫以无识之物，郁然有彩；有心之器，其无文欤？”

既然有大美而不言的天地有文，所有人文艺术活动也有文，文即成为一切美的原理，甚或一切存在的原理。所谓“文之为德也大矣，与天地并生者”，“道沿圣以垂文”（《原道》）。这是对文最高的礼赞与说明。而且又因为刘勰在说这个“文”时，主要是扣住文章写作而说，所以整个“文化”，又落到文字书写上，成为文章文学的文化。孔子所谓“文胜质则史”，就含有这个意义。由文化的内容来说，所谓文化，基本上是道沿圣以垂文的文学性文化，我们整个社会“自成童就傅，以及考终命，解巾筮仕，以及钧衡师保，造次必于文，视听必于文”（杨嗣复《丞相权德舆文集序》），文学不只是文人的专利包办，还是弥漫贯穿于一切社会之中的存在与活动。文化，其实就是文学，就是文。中国人的生活方式、人生态度，也都体现为一文学艺术的性质。唯其如此，整个文化展布的历史才能说是文，而因历史的内容是文，历史的写作遂不能不是文。刘知几虽批评南朝史著过于华美，系文人笔墨，非史家撰述，然史与文怎能区分？中国的历史写作，根本就是在书法辞例上发展出来的，要讲史法史例，秉笔记述，便不能不是文学；对史书的评价，其实也大多着眼于文章，没有一部史书是文章差却被称道的。要综合这几方面，我们才能晓得为什么曹丕说“文章者，经国之大业，不朽之盛事”，要说得如此郑重，且又能说得如此庄严。①

由此可见中国是很早就建立了一个“主文”的文化传统，在这个传统里，我们不但以文涵盖一切艺术的创造，概括一切自然美的表现，更以文为一切历史文化的内容，为存在之原理。这种情况，实属中国文化之特色，有与西方迥异者也。西方文化并未如此有意识地建立一主文之文化传统，且居其艺术中心地位的，恐怕也是造型艺术，因此文学反而常以结构、组织关系为美的原则。

另一个中西主要的差异在于：即使自维柯到克罗齐，均以为语言文字本身就是艺术品，所以美学与语言学是分不开的；然而，西方毕竟没有发展出一个以文字为独立艺术门类的传统，中国却有，那就是书法艺术。

书法不纯是线条美的构成，因为我们论书法，仍将它放在文字艺术的范畴，所以字形与字义仍不能不讲究，不可能如现今许多书法家所主张的，只追求线条与墨趣的抽象造形美。张怀瓘《文字论》说得好：

> 字之与书，理亦归一。因文为用，相须而成。名言诸无，宰制群有。……阐典坟之大猷，成国家之盛业，莫近乎书。其后能者，加之以玄妙，故有翰墨之道光焉。

又《书议》云：

---

① 顺着这个观点，我认为儒家在中国审美意识之发展与内涵中的重要性应予重新肯定。过去，我们常强调理学家与文学家的冲突，夸大儒家以道德扭曲文学的倾向，而把中国艺术精神归因于佛道两家的影响。但儒家主文的传统，可能才是中国文化与艺术发展的主导者。

> 尧舜王天下，焕乎其有文章，文章发挥，书道尚矣。夏殷之世，能者挺生；秦汉之间，诸体间出。玄猷冥运，妙用天资，追虚捕微，鬼神不容其潜匿，而通微应变，言象不测其存亡，……理不可尽之于词，妙不可穷之于笔，非夫通玄达微，何可至于此乎？

书法乃文字玄妙的表现，故“理与道通”。在艺术门类中，地位也最高，与诗文并列，非绘画音乐等所能及。[①]而且，由书法带来的文字图案装饰艺术，在我们的社会中也是极为普遍的，诸如门联、剪纸、绘皿、刻竹等等，在栏杆上、窗格上、灯面上、茶碗上……几乎到处都可看到用文字构成的装饰图案。所以书法不只是文人雅士的艺能，也是融贯到生活里的一个部分。

由这一部分，也可让我们发觉中西另一个差异——文学，被黑格尔界定为一语言艺术。这个界定在我国便复杂得多。因为西方拼音文字的关系，言文一致，且均以语言为其基本型。我们却不是这样，言是言，文是文，而且言必须趋向于文，才能发挥其价值，“言之不文，行之不远”。所以我们的文学，很难界定为一语言艺术，而可能是语言文字艺术或根本就只是文字艺术。

为什么这样说呢？如果“文学”是语言文字艺术，那我们就可将说话、谣谚、故事等列入文学史的系谱中。无疑，我们现在也都这样做

① 徐复观《中国艺术精神》一书认为，中国艺术精神的自觉，主要表现在绘画和文学两方面。而以书法和绘画来比，笔墨的技巧，书法大于绘画，精神境界，则绘画大于书法。“过去的文人常把书法高置于绘画之上，我是有些怀疑的。不过在目前，还不敢肯定地这样讲。”（《自序》）历来都把书法高置于绘画上，徐先生研究画与画论较多，而疏于知书法，故不大能了解古来论书法，并不大从笔墨技巧面说。早在唐代，张怀瓘就已提出“冥心玄照”的创作观及“妙不可穷于笔”“言不尽意”的笔墨论。“逸格”的提出，也在绘画之前。故绘画之精神意境大于书法，在中国传统艺术格局中是不可能的。

了。但是，从两个方面来看：一、由讲唱变文，宋人说话而逐新发展到明朝，文人小说不是越来越兴盛吗？“讲的故事”，渐被“看的小说”取代了。二、由历来的文学评价上说，说评话等，似乎也无法跟文人小说相提并论。至今为止，那些职业编书人或说话人，如罗贯中、熊大木、冯梦龙，天花藏主人等，不但年齿爵里仍搞不太清楚，其小说史的地位，更是远不及吴承恩、董说、夏敬渠、吴敬梓、李汝珍、纪昀和曹雪芹这些文人小说家（Scholar-novelist）。对于明清小说，我们的批评家所喜爱的，乃是脱离民间说话传统，成为作者个人表达其属于一文人或知识分子情操、趣味及理念的作品。这些作品，其文字当然远较民间说话传统“文”，趋近于书写传统而远离说与唱的表演；其内容也当然远较民间文学传统“雅”，不那么粗俗，较接近文人的世界观。所以它们就比较容易获得称赏。例如孟瑶在《中国小说史》中批评清代侠义小说，“除小部分经过文人的润饰，而产生了文学价值以外，其余都是品质低劣的东西”。冯承基为《文人小说与中国文化》一书写序时也说：“像《隋史遗文》那样，文人根据了说话人的讲话，润色成书，那是最理想的。”都可以具体显示这个立场。所以越到后来，语言部分便越稀薄，一切源于说话的套子都丢掉了；语言的艺术，成为语言文字的艺术，然后，索性成为文字的艺术了。这样的问题，在西方是不可能有的。

总之，诸艺术朝文学发展，是中国艺术史的大线索，也是形成文学之继承与创新，文学内部诸文类变迁、风格递嬗的主要原因。但各门艺术过去固然均以文学化为其发展原理，往后是否将如此驯服？黑格尔所说“诗是艺术最高的发展”，用以诠释中国艺术史与文学史诚然可以适用，是否真正符合历史的理性或艺术原理，仍不可能没有争论。过去既有由音乐到文学的革命性改变，未来也未必没有另一次革命性转变的可能。甚至语与文的关系，亦不是如此稳定的，五四白话文学运动，应该就可以看成一次由“文”到“语”的大翻身。①不过，正因为这其中有争论，有变迁，所以这个艺术诗化、文学化的原则，才可以用来解释文学发展的结构。

我建议以这样的看法，来重新建设我们的中国文学史、中国艺术史或美学史。

① 详见本书第三卷第二章。

第三章
文字艺术中的辩证：由张怀瓘书论观察

一　独立的书法评论家

唐代是中国书法史上极灿烂的时代，名家辈出，剧迹甚多，有关书学的讨论也极为丰富。这些讨论，固然仍与六朝一样，多属书法家本身的经验谈，但已经形成了书艺评论的规范，批评家也逐渐有了独立的批评地位。

这话是什么意思呢？早期的书法艺术，多本之于书家从事艺术创作时的体会及经验归纳，故好的评论者，必须先是好的作者。此即曹植所云："有南威之容，乃可以论于淑媛；有龙渊之利，乃可以议于断割。"(《与杨德祖书》）六朝至唐初，书艺评论仍是如此，然自孙过庭以来，这种情形便有了改变。

孙过庭的《书谱》，自然是书、论双美的剧迹，他自己也对他的字颇为自负。不过他在《书谱》中却引述了曹丕这段话，并批评说，此言"语过其分，实累枢机"[1]。可见批评家独立地位的要求，已经开始被意

---

① 孙过庭及后面将谈到的张怀瓘，当然也都够资格被称为书法家。但是他们的理论地位，与他们自己字写得怎么样，并没有直接的关系。张怀瓘根本没有书迹流传，孙过庭的字，《汉溪书法通解》卷一曾引述古人的评论说："《书断》曰：孙虔礼少工用而有天才，真行之书，亚于草矣。用笔峻拔刚断，尚异好奇。（转下页）

识到了。其后，论书大家张怀瓘，便正面揭出："语曰'能言之者未必能行，能行之者未必能言'，何必备能而后为评。"（《书断》）

何必备能而后为评，即指评论与创作是两种活动，虽相关而未必相同，故不妨有专门评书而不必善书的人。从这个区分，他又发展出书法中的言意之辨，认为：

> 古之名手，但能其事，不能言其意。今仆虽不能其事，而辄言其意。
>
> （《书议》）
>
> （苏晋）谓仆曰："看公于书道无所不通，自运笔固合穷于精妙，何为与钟、王顿尔辽阔？公且自评书至何境界，与谁等伦？"仆答曰："天地无全功，万物无全用，妙理何可备该？常叹书不尽言，仆虽知之于言，古人得之于书。且知者博于闻见，或可能知；得者非假天资，必不能得。是以知之与得，又书之比言，俱有云尘之悬。"
>
> （《文字论》）

这是说：（1）评者与作者，才性各有所偏，罕能兼备。（2）评者是透过博闻知见来理解书道的，作者却是以亲行实证，配合天分而理解书法。

（接上页）黄山谷曰：孙虔礼书名烺烺一时，独窦臮贬之曰凡草闾阎之类。焦竑曰：昔人谓其千字一律，如风偃草，盖轻之也。"但无论书迹是否流传、论者是否推重其创作，其书论地位均不受影响。这与从前理论须仰赖书家创作上的名望，才能站得住脚的情形，非常不同。所以六朝时期，论书者往往需依托画家，伪称为某某名家所传笔法诀要，唐已渐少，后来则几乎完全不需要了。即如康有为，自称"眼中有神，而腕底有鬼"，亦丝毫无损理论地位。这就是理论有没有独立地位的重要判断指标之一。

这属于两种活动，性质不同。（3）亲行实证之知，如人饮水，如哑巴吃冬瓜，无法举以告人，故仅能行其事，不能言其意，时或知其然而不知其所以然。评者以闻见博察其意，有时或能知其所以然而不能行其然。所以说书不尽言，言不尽意，二者有云尘之隔。

批评家之有独立地位、批评活动之有独立性质，是要到这个时候才确立的。也因此，这个时候才会出现专以书论名世的张怀瓘这类人。同时，张怀瓘的《书估》和窦臮的《述书赋》，在书论史上也是创体之作，并无嗣音。①这些，都可以看出唐代书论在史上的地位，以及张怀瓘的重要性。

张怀瓘，开元时海陵人，官至翰林供奉。生于唐初书法大盛之后，故在创作上高自矜饰，自认为真书、行书可比虞褚，草书则可独步于数百年间；而在书法理论上，又总结六朝之经验，自谓："今论点画偏旁、用笔向背，皆宗元常、逸少，兼递代传变。"（《玉堂禁经》）所以他可说是我国前期书法理论的集大成者。天宝、大历以后，唐人书法写作，因颜柳崛起，六朝古法尽变。因此书法理论也有了一些新的发展。但这些发展，系新典范兴起后，美学观念及技法上的变更，书法的基本理论，毕竟仍不脱张怀瓘所谈的范围。而且，处在开元年间、集六朝书论之大成的张怀瓘，当新变将生之际，总结古今之说，其理论内部事实上也含有许多引生后来书论发展的因素。如前举的言意之辨，即与宋人之尚意，颇有关系。因此，他的理论格外值得注意。

---

① 《历代书法论文选》载此赋，并有识语云："自来名著，后人咸有续编，或事仿效，独此篇之后，书家至多，竟无嗣响。盖搜集批评，两难难并，文辞之不易工，犹其余事，故有此篇为千古独传之作的说法。"（华正书局翻印本，1984年）张怀瓘《书估》也没有继承者，详见龚鹏程：《书法艺术的品鉴》，《文化、文学与美学》，78页。

二　笔法论的形成与发展

今传张怀瓘论书之作，有《评书药石论》《论用笔十法》《六体书论》《玉堂禁经》《文字论》《书议》《书估》《书断》等等。①种类甚多，但值得注意的是，没有六朝及唐初流行的“笔势论”。

对书法体势的讲求，是汉晋南北朝书论的重点，特别是书法艺术刚刚形成时，体势论几乎就是书法理论的全部了。蔡邕《笔论》《九势》，成公绥《隶体书势》，卫恒《四体书势》，索靖《草书势》，等等，都是有关笔势的讨论。且均以物象拟喻字的形势姿态。

这是对字形的美感掌握。每一个字，都可从自然物象所带给人的审美感受上去理解，所以说字可以“颓若黍稷之垂颖，蕴若虫蛇之棼缊”（蔡邕《篆势》）。这时对字，乃是整体的审美掌握。故只能以书体为单位，欣赏其形势、气势。渐渐地，批评者可以分析构成这种形势的线条了。线条依字的结构关系，可以区分为丿乚乀㇆等，任何一个字，都是依这些基本单位组织起来的，如何处理这些基本单位呢？“笔法说”就兴起了。

题卫夫人《笔阵图》、题王羲之《笔势论十二章》、萧衍《观钟繇书法十二意》等均属此类。分析字的结构，提出一些如何处理这些结构的法则。例如一横，该如千里阵云；一点，须如高峰坠石；一捺，又得像崩浪雷奔……这样的讨论，从《笔阵图》提出了七势以后，到陈隋之间逐渐凝型成为“永字八法”。换句话说，整个书学史，即是从“体势论”到“笔法论”，然后再从“笔法论”发展到“笔意论”的过程。汉晋南北朝前期，以笔势论为主，齐梁间则已展开了笔法的探索，至隋唐而蔚为大观。故唐太宗曾说“我今临古人之书，殊不学其形势”（《论

① 据张氏《文字论》叙述，他自己曾作一《书赋》。见者谓其能与陆机比美。今此赋未见。故张氏论书之作，可能不只于今存所见。

书》)，孙过庭亦直接批评：“世有《笔阵图》七行。顷见南北流传，疑是右军所制。虽则未详真伪，尚可发启童蒙。……至于诸家势评，多涉浮华，莫不外状其形，内迷其理。今之所撰，亦无取焉。”①

有取于笔法而不喜言形势。孙过庭的态度，可以显示唐朝一般书论者的立场。此即张怀瓘论书虽多，而竟没有讨论形势之作的缘故。反之，他有专门论笔法的《论用笔十法》及分析钟、张、二王、欧等名家点画的《玉堂禁经》。②

这两篇文章，与隋释智果《心成颂》、唐欧阳询《八诀》、唐太宗《笔法诀》、颜真卿《述张长史笔法十二意》等属于同一性质，它们都是一方面分析字的结构，一方面告诉写字的人，怎么样用笔才能达成符应这一结构的美感。例如张怀瓘论用笔十法，提到偃仰向背、阴阳相应、鳞羽参差、峰峦起伏、真草偏枯、邪真失则、迟涩飞动、射空玲珑等十种要求。所谓偃仰向背，是“谓两字并为一字，须求点画上下偃仰离合之势”；迟涩飞动，是“谓勒与磔法用笔本尚迟涩，而字势仍要飞动也”；随字变转，是“如兰亭岁字，一笔作垂露，其下年字则变悬锋。又其间二十个之字，各别有体”。早期的形势论，只是形容笔势如何“婉若银钩，漂若惊鸾”，“玄熊对踞于山岳，飞燕相追而差池”(索靖《草书势》)，现在则教人如何用笔以追求点画线条的效果了。

从六朝中期逐渐发展茁壮的这种笔法说，与文学发展之趋势，也是

① 有关书势论及书法观念的发展，请另详《文化、文学与美学》中《书法艺术的品鉴》《论诗文之“法”》二文。已详论于该二文者，此处从略。至于孙过庭对形势论的批评，后来米芾也有呼应，《海岳名言》开宗明义第一条就说“历观前贤论书，征引迂远，比况奇巧，如龙跳天门、虎卧凤阙，是何等语？或遣词求工，去法愈远，无益学者”，也是重视法而不采形势比拟。

② 张怀瓘《书议》曾批评早期的书法评论“昔为评者数家，既无文词，则何以立说？何为取象其势，仿佛其形？似知其门，而未知其奥，是以言论不能辨明”，显然也是不满笔势论的。

互相呼应的。曹丕《典论·论文》，言文章引气不齐，虽在父兄不能以移子弟。把创作全部视为才性的表现，立场犹如赵壹的《非草书》。但此时他又提出“诗赋欲丽，章奏宜雅”的文体论，则又与蔡邕论体势相仿佛。到了《文赋》，言为文之用心。《文心雕龙》讨论文章的轨则、修辞的方法。沈约提出四声八病，而诗格诗例大盛等等，不也跟书法一样，都在讨论“法”的问题了吗？这种讨论，至唐代初盛期，可说已达到高峰。诗文方面，总结为《文镜秘府论》，书法则可以张怀瓘的《论用笔十法》和《玉堂禁经》为代表。

张怀瓘书论的历史地位及意义在此，但其限制也在此。因为这种笔法论，主要有两个重点，一是从诸如“永”字的分析中，籀绎出组成中国字的基本线条：侧、努、勒、趯、策、掠、啄、磔等等，以及从用笔时手腕的起伏，讨论顿、挫、揭、按等等。这些统称为运笔法或用笔法，谈的是每一顿挫、每一努侧应该如何处理的问题。如智永《永字八法》便提到侧须如鸟翻然侧下、勒须如马之用缰。这些运笔法既被揭出，便成了写字的指导，所以多成为口诀。但运笔法之外，笔法论讨论结体构字的问题，例如智果《心成颂》指出：字头颈长的，像寧、宣、臺、尚，宜向右拓展；有脚的，像到、朝、升，右边都不妨拉长；字方的，像周、用、图，右边可以稍微高些……[①]张怀瓘称此为“结裹法”。

用笔法的讨论，渊源较远，结裹法的探究，则稍晚近，张怀瓘之前，要以欧阳询《三十六法》为大宗。但《佩文斋书画谱》，已谓其中有高宗书法东坡先生及学欧书者等语，必非唐人所撰。故张怀瓘论结裹的部分，至为重要。晚唐卢携编《临池妙诀》，自言得永兴家法，取《翰林隐术》

① 一般认为《心成颂》是对字的结构分析，但包世臣《艺舟双楫·记两棒师语》“谓此乃传立书之法。拨镫止宜于坐书，至长幅大字，不得不立书者，则其法著于《心成颂》。而注家误会其言‘执笔安足’者，皆以字体划形说之”。此说我以为并不可采。

等书辑成八篇。其中把用笔法称为“认势”，结裹法称为“裹束”，就是采用张怀瓘的分法。①而所谓《翰林隐术》，亦即删节《玉堂禁经》而成者。《墨池编》《书苑菁华》所载“九生法”也出于张书。其影响之大可知。

然而，“用笔”与“结裹”并不足以尽笔法论的内涵。张怀瓘又提出了有关执笔的问题。这个问题，早在《笔阵图》中即已出现，但孙过庭说，“代有《笔阵图》七行，中画执笔三手，图貌乖舛，点画湮讹”，故并未产生重要影响。《笔阵图》比较重要的仍是那七行笔势的分析。其后书家偶论执笔，如欧阳询言“虚拳直腕，指齐掌空”，虞世南言“用笔须手腕轻虚”“指实掌虚”，均为原则性的提示。到张怀瓘才指出：“执笔亦有法。”他认为：

> 若执笔浅而坚，掣打劲利，掣三寸而一寸着纸，势有余矣。若执笔深而束，牵三寸而一寸着纸，势已尽矣，其故何也？笔在指端则掌虚，运动适意，腾跃顿挫，生气在焉。笔居半则掌实，如枢不转，掣岂自由？转运旋回，乃成棱角。笔既死矣，宁望字之生动？……是故学必有法，成则无体，欲探其奥，先识其门。
>
> （《六体书论》）

另外又谈到执笔须“心圆管直”，使“万毫齐力”。这种对执笔法的讲求，遂导引出中唐书法家的兴趣，例如韩方明《授笔要说》，谓执笔的方式有五种（执管、摭管、撮管、握管、搦管），但以执管为正，执笔于大指中节前，以头指齐中指，使得指实掌虚之效。林蕴《拨蹬四字法》则提出了拨镫法：推、拖、捻、拽。这两者，后来皆成聚讼。什么是“拨镫”，至少有四五种说法。而执管的单包双包，又称单钩双钩，

---

① “裹束”之名，亦见张氏《玉堂禁经》，其言曰“书第一用笔，第二识势，第三裹束”，“改置裹束，岂止于虚实展促？其要归于互出”。

争议也不少。[①]不过，有关这些讨论，几乎全部出现于唐代中叶到五代之间，如韩方明自谓“昔岁学书，专求笔法。贞元十五年，授法于东海徐公璹，十七年授法于清河崔公邈，由来远矣”，林蕴自称“咸通末为州刑掾，时庐陵卢肇罢南浦太守，归宜春。蕴窃慕小学，因师于卢公子弟安期”，卢携自夸“永禅师乃羲献之孙，得其家法，以授虞世南。虞传陆柬之，陆传子彦远，彦远，仆之堂舅，以授余”。他们虽都托诸古人，什么智永禅师、虞世南、张旭等等，其实执笔法的讲求根本就在贞元元和以后，而张怀瓘的理论，对他们才有最直接的作用。因为像卢携的《临池妙诀》，就是“取《翰林隐术》、右军《笔势论》、徐吏部《论书》、窦臮《字格》、《永字八法势论》删繁选要，以为其篇”的。其中至少用了张怀瓘两部论述，关系如何，不难想见。

所以说，张怀瓘的书论，代表了以“形势论”为重心的书学业已为“笔法论”所取代。不过，笔法论中有关用笔与结构的讨论，虽已集大成于张氏的书论，执笔法之探究，则方在滥觞，不及中晚唐时期发展完备。这是张怀瓘的限制，却也未尝不是他的贡献。因为宋元以降，书学固然续有发展，但言笔法、结构及执笔法，基本上仍不出此一范围。所谓唐人重法，法即备于此。[②]

---

① 拨镫法，最少有下列四种解释：（1）林蕴说，谓为推、拖、捻、拽四法。（2）陆希声说，其法五字：擫、押、钩、格、抵。（3）李后主说，五字之外，再加上导、送二字。（4）卢携说，拓、擫、敛、拒四字。拨镫，或言如人并乘，镫不相犯；或言如拨镫（灯）蕊，用指头运掉笔管，灵活如拨镫。到底是什么意思，很难确定。古人言执笔，亦往往神秘其说。

② 明朝李淳的《八十四法》，把字分成八十四种结构，并说明每一类该如何写。算是唐人论法的严密化了。另外还有九宫之说，据包世臣《艺舟双楫·述书下》说：“九宫之说，始见于宋，盖以尺寸算字，专为移缩古帖而设。”办法是在纸面打上格子，每一格内又画成井字，区分成九小格。写字时把重心放在中间，自然上下左右无不均匀。这都是唐人论结构的发展。但在论执笔法及用笔法方面，则唐朝以后的进展不多。

三　书法：文字艺术的规范

（一）书法的文体论

然而，重法的意义何在？

在赵壹反对学习草书时，曾认为字写得好，纯粹是天才，学也学不来，就像人长得美或丑一样，是无法改变的。但艺术创作无论是否为一天才之表现，既成为艺术品，便能为人所欣赏，故亦不妨赏其体势、玩其姿态。这就兴起了“体势论”。逐渐地，艺术品多了，创作的人也杂了，所作有优劣、表现有异同。于是论评优劣，而有袁昂《古今书评》、庾肩吾《书品》之类讨论；分析表现，寻找他们在用笔及结构上的规则，而有前述《笔阵图》以下一系列笔法论的出现。这些分析，既找到了作为艺术品的字（非文字学意义的字）之规则，学习者自然也可以学习规则，以写出美观的字来。所以，这里至少有几点可谈：一是分析字；二是分析字的美，找出美的原因；三是学习这些形成美的因素。

什么是分析字？

书法就是写字，字是书写的对象也是内容，所以书法思考的第一个范畴就是关于字的理解。而字，固然只有一种（中国字），却有许多样式，那就是字体。从古之鸟虫书到篆隶行草楷，样式至为繁复。书法家在思考其创作问题时，首先面对的就是他将书写何种样式的字。草？隶？篆？楷？每种字的渊源虽然相关，字体却差异甚大，书家对此即不能不有所考虑。此犹如文人撰文，必先思量体裁；诗家作诗，首应辨体。道理是一样的。

汉晋以来，文学中的辨体论，已由挚虞、刘勰等人系统地建立了。书法则还没有。卫恒《四体书势》所论书体甚简。北朝王愔《古今文字志目》可能是第一篇书体论。其书上卷载书三十六种，包括龟、蛇、云、芝英、仙人、悬针、垂露等各种书，中下卷论秦至魏晋的书法家二十七人。但此书至唐即已亡佚，张彦远说："未见此书，唯见其目。"且依它的目录看，所论书体中包括"古今小学"三十七家，百四十七人，及"书势五家"。所以此时虽已有文字学意义的字和艺术价值的字之区分，在这篇书体论中，可能还是兼含的，并非专论书法。同理，后魏江式《论书表》也是站在字学立场，兼及书艺的。该表乃叙其撰集字、书、古今文字四十卷的原因，意不在专论书艺，盖甚显然。

至唐则不然。这时我国文字创体的过程已经结束，所有书体均已出现，以后不再有新的字体了。论者当此时会，自宜对书体有一综合的理解，但这种理解并不是文字学意义的。虞世南《笔髓论》《书旨述》在这方面，即占有特殊的地位。《笔髓论》七篇，第一即是《叙体》，谓："仓颉象山川江海之状、龙蛇鸟兽之迹，而立六书。战国政异俗殊，书文各别，秦患多门，约为八体。后复讹谬，凡五易焉，然并不述用笔之妙。及乎蔡邕、张、索之辈，钟繇、卫、王之流，皆造意精微，自悟其旨也。"明确地指出他之叙体是从"述用笔之妙"这个角度来的。故《书旨述》由"古者画卦立象，造字设教"，一直谈到古文、大小篆、隶、草、楷各体，而对各体的说明，则重在"综其遗美""俯拾众美""丰妍""奋逸"等书法美的讨论。①

张怀瓘就是这一趋势的发展，但同时也是集书体论之大成者（因为此后并无新书体出现）。他写《书断》，"凡三千二百余年，书有十体源流，学有三品优劣，今叙其源流之异，著十赞一论；较其优劣之差，

① 虞世南《笔髓论》或疑其为伪作，我不以为然，详见龚鹏程:《唐初书法史上的几个问题》，《文学与美学》，业强出版社，1986年。另外，据《唐诗纪事》卷四九引贾耽《赋虞书歌》云"众书之中虞书巧，体法自然归大道。不同怀素只攻颠，岂类张芝惟创草"，评价极高，而所谓体法自然，正是《笔髓论》所强调的观点，在唐代书法史上极具关键，也是张怀瓘书论的先导，互详后文。

为神妙能三品”，卷上即是书体论。每一体的赞语，都从审美效果上去描述，例如说籀文是“落落珠珍，飘飘缨组”，隶书是“长毫秋劲，素体霜妍”之类。做法与《六体书论》大体近似。《六体书论》也是讨论每一体在艺术上的特色和要求，如云“真书如立，行书如行，草书如走”“草法贵在简易”等等。另有《书议》一卷，则更进一步，谓：“猛兽鸷鸟，神采各异，书道法此。其古文、篆籀，时罕行用者，皆阙而不议。议者真正、藁草之间。”这一断语，非常重要。

文字是不断演变的，至唐而书体大备。创体的活动结束了，唐人总结古代书体，竟有数十种之多，故韦续编有《五十六种书》。这五十六种，包括了龙、云、龟、鸾、仙人、麒麟、刻符、蚊脚、鹤头、虎爪、金错等等。这些书体，或偶见于记载，或存诸传闻。巧意缘饰，各矜新奇、书法家是不是都要去写它呢？以张怀瓘的态度来看，《书断》叙源流，仅标十体；《六体书论》旨在论书，便只论其中六体；《书议》又删去古文与篆籀，只谈草书和正楷。换句话说，书体论为求完备，固然要兼顾发展源流；但书法创作之重点只在真、草及介乎真草之间的行书。①

这个态度，跟孙过庭是一致的。《书谱》开宗明义即说，“夫自古之

① 当时对草书的重视，又超过真书，因为书法作为一门艺术，自然是以草书最能表现其艺术性。它以文字为表现，却不必囿于文字的形义，故自汉朝以来，就对它较为关注，甚至说“匆匆不及草书”，“忙不及草”，“适追遽，故不及草”，“匆匆不暇草书”。唐人论书，偏于论真与草，但对草的重视，似仍在真之上，如蔡希综云“草法尤难”，孙过庭云“真以点画为形质，使转为情性；草以点画为情性，使转为质形。草乖使转，不能成字。真亏点画，犹可记文”，认为草的艺术性比真书纯粹。张怀瓘《六体书论》虽说“学草行分不一二，天下老幼皆习真书，而罕能至，其虽难也”，但他强调“草书者，张芝造也。草乃文字之末，而伯英创意，庶乎文字之先”；又在《书议》中说“草与真有异，真即字终意亦终，草则行尽势未尽”，草书似乎是最能印合他理论的书体了。

善书者，汉魏有钟张之绝，晋末称二王之妙”，截断众流，单论隶、草。其后又申言“六文之作，肇自轩辕；八体之兴，始于嬴政。其来尚矣，厥用斯弘。但今古不同，妍质悬隔，既非所习，又亦略诸”，与张怀瓘的看法完全不相同。然后又谈到“复有龙蛇云露之流，龟鹤花英之类，乍图真于率尔，或写瑞于当年，巧涉丹青，工亏翰墨，异夫楷式，非所详焉”，反对文字书。

文字画的问题，张怀瓘没有论及；孙过庭草楷兼通的立场，亦不见于张氏书论中。张怀瓘的书论，大概有点像《文心雕龙》。《文心》上篇大谈文体，自谓论文叙笔，囿别区分。张怀瓘也是论诸体之体要，以明纲领的。故破体兼通，非其所措意。反而认为“如人面不同，性分各异，书道虽一，各有所便”，“若乃无所不通，独质天巧，则逸少为最”。这岂不是曹丕论文体时所谓“文本同而末异，盖奏议宜雅、书论宜理、铭诔尚实，诗赋欲丽。此四科不同，故能之者偏也，唯通才能备其体”的口吻吗？这是书法中的文体论哩！

（二）书法的体要观

然而，论文体者，常执着于“设文之体有常”，而把体要视为创作时规范性的要求，反对“失体成怪”。如唐李嗣真的《书后品》就是如此。所以他批评王献之“正书、行书如田野学士越参朝列，非不稽古宪章，乃时有失体处”。为了避免失体，作者即必须注意稽古、宪章古人，所以他又说“太宗与汉王元昌、褚仆射遂良等皆授之于史陵，褚首师虞，后又学史，乃谓陵曰：此法更不可教人。是其妙处也。陆学士柬之受于虞秘监，虞秘监受于永禅师，皆有法体。今人都不闻师范，又自无鉴局，虽古迹昭然，永不觉悟”，“古之学者皆有规法，今之学者但任胸怀”。这真如《文心雕龙·通变》所谓“体必资于故实”了。以古迹、古法为模范，他称为“法体”或“规法”“规则”。学者必须要学习这些法则规范，才是正途，假若“倏忽变化，莫知所自”，就不免时有失体了。

唐人论书体、再从书体讨论到书之体要时，往往都如李嗣真。这就是为什么诀法授受一类传说大盛的缘故。而且，字形至唐已大定，形既无可变化，每一书体的审美要求又趋向于如此稳定，标准化、规格化，势必造成书法的呆滞。创作者一方面必须努力地临写古帖，以稽古宪章，另一方面整个书法美也倾向于稳定的、均衡的、规则的。

唐太宗论钟繇书，曾说他“字则长而逾制”。逾制，跟失体的意义是一样的。唐人所认为的“制”，就是字不要太长，不要太短，不要太大，也不要太小，这才符合规格体制。①如徐浩《论书》曰“字不欲疏，亦不欲密，亦不欲大，亦不欲小。小促令大，大蹙令小。笔不欲捷，亦不欲徐，亦不欲平，亦不欲侧”，释亚栖也自称“吾书不大不小，得其中道”(《宣和书谱》)。李华则在大小疏密、捷徐平侧之外，另加“字不可拙，不可巧，不可今，不可古”的说法。因此，在字形上，他们讲究的是平正与大小适中；在用笔方面，他们主张中锋。

宋朝米芾曾攻击字体平正的说法，云“小字展令大，大字促令小，是张颠教颜真卿谬论。盖字自有大小相称，且如写‘太一之殿’作四窠分，岂可将‘一’字肥满一窠，以对‘殿’字乎？盖自有相称，大小不展促也”(《海岳名言》)，康有为也说“大字促令小，小字展令大，非古法也”(《广艺舟双楫》)。至于中锋，姜夔也以为“晋人挑剔，或带斜拂，或横引向外，至颜柳始正锋为之，正锋则无飘逸之气”(《续书

① 欧阳询《传授诀》:“每秉笔必在圆正……当审字势，四面停均，八边俱备；短长合度，粗细折中；最不可忙，忙则失势；次不可缓，缓则骨痴；又不可瘦，瘦当枯形；复不可肥，肥即浊质。”

谱》），此即米芾所谓“颜柳挑剔，为后世丑怪恶札之祖，从此古法荡然无遗矣”。[①]唐人书法所建立的新典范，正是以字体平正、大小适中及中锋构成的。这种倾向，在唐初几位书法大家身上已可看到。南宋赵孟坚论书，谓隋《启法寺碑》“举右方直下，最具此法，学者当垂情如此下笔，则妍丽方直、端重楷正，昧此则痴钝墨猪矣”，可见隋唐之际，书法已具变态，然魏晋六朝之风未泯。中唐以后，此一趋势才愈发明显，颜柳崛起，书法创作及理论上都强调正锋和平正定体。这样写来，就构成了一种典丽方直、端重楷正的风格，均衡、稳定，有规律。但批评者也即因为它具有这样的美感，反而嫌它不够潇洒飘逸和奇崛变化，认为有时它才是痴钝墨猪，会造成丑怪恶札之不良影响。[②]

张怀瓘在这个趋势中，当然也是主张法、法古及平正适中的，例如他在用笔十法中特立“尺寸规矩”一法，认为“不可长有余而短不足”；在《六体书论》中强调“学必有法”，“得射法者，箭乃端而远，用近则中物而深入，为势有余矣。不得法者，箭乃掉而近，物且不中，入固不深，为势已尽矣”；在《评书药石论》中谈到书法若肉多筋少即是字有了病，须予以治疗。后来徐浩《论书》所谓“筋骨不立，肉何所附？用

---

① 明王世贞《艺苑卮言》：“正锋偏锋之说，古本无之。近来专欲攻祝京兆，故借此为谈耳。苏黄全是偏锋，旭素时有一二笔，即右军行草亦不能尽废。……文待绍小楷时出偏锋，固不特京兆，何损法书？解大绅、丰人翁、马应图纵尽出正锋，宁救恶札？不识丁人妄谈乃尔！”批评中锋说最激烈。但中锋说非不识丁人所杜撰，乃唐人发展出来的规则。唐人喜欢谈的“印印泥”“锥画沙”，其实即与中锋有关。清冯武《书法正传·纂言上》“印印泥，布置均正而分明也；锥画沙，笔锋正而墨浮两边也”；王澍《论书胜语》：“如锥画沙，如印印泥，世以此语举似沉着，非也。此正中锋之谓，解者以此悟中锋，则思过半矣。”

② 例如对颜真卿的批评，明项穆《书法雅言·正奇》说，“闳伟雄深，然沉重不清畅”，清梁巘《评书帖》云，“结体喜展促，务齐整，有失古意，终非正格”，都偏重于这一面。明赵宧光《寒山帚谈·格调》批评“唐人结构囿于法”其意类似。

笔之势，特须藏锋。锋若不藏，字则有病”，即采取了他这个说法。而藏锋，就是为了追求字的中正安和之美。①

张怀瓘《书议》曾说王羲之灵和，王献之神俊，皆古今之独绝也。《书估》又进一步分析献之的神俊，是“志在惊奇，峻险高深，起自此子。然时有败累，不顾疵瑕，故减于右军行书之价”。其《书断》又批评欧阳询草书“惊奇跳骏，不避危险，伤于清雅之致”。这些言论，都可以看出他并不赞许险峻飞扬的风格，而比较主张雅正、中和。所以《论用笔十法》中列有“邪真失则”一法，“谓落笔、结字、分寸点画之法，须依位次”。《玉堂禁经》也自诩：“今论点画偏旁、用笔向背，皆宗元常、逸少，兼递代传变，各有所由，备其轨范，并列条贯。”

换句话说，张怀瓘或包括张怀瓘在内的唐代书论，基本上是从辨析字体的审美特性开始，并以历史上每一书体之审美表现为规式典范，而形成法古、临习古帖、讲究传授、重视规范法度的趋势。这种重视古法与规则法式的态度，也使得他们在书法美的追求上，不愿朝较“危险”“惊奇”的方向去发展，而比较讲求平衡、均匀、中正、安和、稳健的风格。他们的书写态度与书写技法，如柳公权所谓“心正则笔正”、释亚栖所谓“吾书不大不小，得其中道”，以及中锋法、藏锋法等，均是此一风气下的产物。

这就是重法的意义。他们借着对字的分析，勾勒出具体的书体美典型、书写规则、模仿对象等等，建构了书法作为一门艺术的规范。

---

① 唐人论书最贵中和。虞世南《笔髓论·契妙》谓“心神不正，书则欹斜；志气不和，字则颠仆。其道同鲁庙之器，虚则欹，满则覆，中则正，正者冲和之谓也”，此与唐太宗《笔法诀》持论相同，不知谁抄谁，但可以视为唐代一种基本看法。其后柳公权说“心正则笔正”，释亚栖说“吾书不大不小，得其中道”，皆此一思想之延伸。

四　艺术对文字的反抗

然而，书法艺术建立在对文字的分析与规范上，可能是有问题的。正如《笔势论》所描述的，书法之所以成为一门艺术，不在于它写了什么字，而是由于它的形势姿态、线条组织。这才是书法作为一门艺术的本质。但从汉朝末年开始，书法艺术虽以草书这种较不易辨识字义、仅能赏其姿态的书体为主发展起来，却仍局限于“各体书势”的架构中，立刻被强而有力的文字系统吸纳了，一切笔势都要进入各种字体的体系中去表现。

自此以后，所谓书法，就是写字。但是，作为文字体系的字和作为一门艺术的线条美，毕竟不是同一的。书法家面临本质不一致却又必须依已经定型的字体来书写之状况时，可能的办法一是字体虽同而写法不同，如王羲之《兰亭集序》中每个“之”字，都作了不同的写法表现[①]；二是略为变更字的结构，例如褚遂良写《房玄龄碑》，把“學”写成“學”，从文字学的立场看，是错字别字，在书艺上则不妨容忍。这两种情况，可说都是书法在不脱离文字体系下的变通，且广为书家所采用。

其次，文字是一个字一个字为单位的，书法则以一件书写品为一艺术单位。在这一件艺术品中虽然写了一个个的字，却不能以一个个字来看待笔法艺术，而应将所有的字视为一单一整体，打破字与字之间的个别性，这就是“一笔”与“血脉”的观念。张怀瓘说：“字之体势，一

---

① 窦臮《述书赋》说孙过庭“千纸一类，一字万同”是闾阎之风，以及李嗣真《后书品》“元常每点多异，羲之万字不同”，蔡希综《法书论》“每书一纸，或有重字，亦须字字意殊，故何延之曰：右军书兰亭，每字皆构别体，盖其理也”，均指此一办法。但这一办法其实甚为粗浅，张怀瓘则认为“右军隶书以一形而众相，万字皆别；休明章草虽相众而形一，万字皆同，各造其极”，并不从字的写法上论，而兼论其风格，总括形与相，要比李蔡诸氏所论高明。

笔而成，偶有不连，而血脉不断。及其连者，气候通而隔行。”（《书断》上）所谓一笔而成，意指写多字如写一字，乃创作一件艺术品；线条上倒未必一定是一笔相连不断的。①

再者，真、草、隶、篆各体书的区分，是文字在历史发展演变中形成的；书法写作，却是在写作当下书写这些既成的字体。所以各字体间并无一发展演变之关系，各体的畛域自然就变得不甚重要，它们都是线条书写的基本框架而已，其为线条艺术一也。此即孙过庭所谓：“假令薄解草书，粗备隶法，则好溺偏固，自阂通规。讵知心手会通，若同源而异派；转用之术，犹共树而分条者乎？……草不兼真，殆于专谨；真不通草，殊非翰札。”正因为线条之使转不能以书体为畛域，所以他呼吁作者“旁通二篆，俯贯八分，包括篇章，涵泳飞白”②。

这也就是说，因为书艺与文字并非同一的，书论家乃不得不从突破字形、个别文字、个别字体等方面，来反抗文字体系的宰制性。

张怀瓘的反抗，偏重于前二项，对第三项较少论及。但是他另外从文字的起源处来反省。他认为文字起于自然之道，其始则为庖羲氏之画卦以立象。因此他说“庖羲氏画卦以立象，轩辕氏造字以设教。至于尧舜之世，则焕乎有文章。其俊盛于商周，备于秦汉，固其所由远矣”（《书断·序》）；“卦象者，文字之祖”（《书断》上）。卦象既是文字之祖，那么，文字的理则，当然也应该是立象以尽意的了。书法家如果

---

① 其后蔡希综撰《一本书赋》主张“字体形势状如虫蛇相钩连，意莫令断”，即为此说之后劲。

② 蔡希综也说：“八分、章草、古隶等体，要相合杂，发人意思。”（《法书论》）北朝时王长儒《李仲璇鲁孔子庙碑》在正书中杂以篆笔，间作分隶；颜真卿送裴将军诗，兼正行分篆，即用此法。一般也都有好评。但也有人不以为然，《金石文字记》云：“一行之中，有篆有分有隶有草，杂乱无伦。而或者以为奇。然则作诗者亦当一句骚一句汉魏一句律而后为奇耶？”

仍要写字，那便不能只写已经成形的字体字形，而应该追溯取法那取象立象的原理。在《文字论》中，他一方面主张“深识书者，但观神彩，不见字形”，要作者与观者放弃对字形的执着；一方面又积极表明自己的创作观，是要“探文墨之妙有，索万物之元精。……或若擒虎豹，有强梁拿攫之形；执蛟螭，见蚴蟉盘旋之势。探彼意象，入此规模”。在《六体书论》中，他也说：“臣闻形见曰象，书者法象也。”书者法象，作书者以意尽象。①这种说法不仅在书写对象上消解了字形的重要性，也强调了书写主体的“意”的重要性。②可以说，这乃是虞世南《笔髓论·指意》“虞安吉云：‘夫未解书意者，一点一画皆求象本，乃转自取拙，岂成书耶’”，李世民《指意》“纵放类本，体样夺真，可图其字形，未可称解笔意”，《论书》“吾古人之书，殊不学其形势，惟在求其骨力，而形势自生耳。吾之所为，皆先作意”等说法的进一步处理。③

书法理论至此，遂有两个特色值得特别注意。第一，论意象而不论形势，书法艺术便在实际上超越了文字形体的格局。或者说书法虽仍是写字，不能脱离文字，却已超越了文字形体的局限。这是比前述几种方式更根本地消解了文字体系对书法艺术表现的限制。然而，无论它如何消解限制，超越文字体系，它仍是不废文字体系的，仍是与文

① 蔡希综于此亦有发挥。他采用了“意象”的说法，称赞张旭“意象之奇”，可以到达“字所未形，雄逸气象”的地步。又正面主张创作时，“须正坐静虑，随意所拟……凡结构字体，未可虚发，皆须象其一物。若鸟之形，若虫食禾，若山若树，若云若雾，纵横有托，运用合度，可谓之书”，以“以意拟象”的方法来写书法。

② 宋董逌《广川书跋》尝云：“书法贵在得笔意。若拘于法者，正以唐经所传者尔，其于古人极地不复也。”唐人贵法是不错的，但由于对“意”的重视，事实上又颠覆了法。董逌及一般论书法的人，在这方面多未注意到，故仅由“法”的一面来了解唐代书法。

③ 《新唐书·魏征传》：“（叔瑜）善草隶，以笔意传其子华及甥薛稷。”对笔意的强调，发轫于六朝，但如何在法的建构中论意，却是唐代所擅长的。

字体系不可分割的。观赏者可以欣赏点画舛错、结构乖异，而美感表现甚佳的字，也可以完全看不懂书家所写的草字或异体字，独赏其笔画姿态。可是如果说书法家完全不写字，只以笔与墨表现线条运动的痕迹、水墨流布的趣味，则无论写者或观者，都觉得是不可思议的，或许可以称为墨戏而无法名之为书法。因此他们所谓的象，并非纯粹的“抽象”（abstract）概念，与爻象之象并不相同，乃象与文字之中间结构。①这么一种超越文字又不舍文字、抽象又具象的艺术，成了中国的书法的特色。直到现在，日本书法界不顾文字，只讲“墨韵”，或利用文字之变造而形成具有画画意味的前卫书法，仍被我们的书法家们目为“野狐禅”，即是这个道理。这种情况，乃是唐朝就已形成了的。

第二，与上述者同理，作书者不必执着拘泥于字形的学习与书写，而须得笔意，须先作意，也是对于他们论法古、论笔法与结果的消解。而且正如他们对于文字形体的超越是透过对文字本原的思索那样，要消

---

① 王壮为《书法研究》上篇第十三章《书法之艺术性质》特别推崇张怀瓘的“书法约象”说，认为其说有三大特色，一是拟象由自然物象扩及人类行为；二是点出书法与音乐相通之理，书法为点画字体及运行照应之表现，犹如音乐为音符之表现；三是书法之综合性质，为无形之相。据此，他由张氏“惟观神彩，不见字形”的说法，推断书艺应为一抽象艺术（台湾商务印书馆，1982年）另外他在《书法丛谈》也曾一再反省书法与文字的关系，认为:“若说书法的道理，自然是抽象的艺术。”（“国立”编译馆，1982年，78页）这是少数能反省书法与文字关系，而愿发展其艺术性的书家。但我以为无论如何说“象”，书法均不能视为抽象艺术。所谓抽象艺术（Abstract Art），基本上有两种情况：一是将自然的外貌约简为简单的形象；二是不以自然形貌为基础的艺术构成，如用几何形式等。卦象及观物取象，确实可以视为一抽象过程。但书法不是，书法艺术自始即不以自然为对象，书法的书写对象与内容就是文字，除非它能将文字再予以抽象化，而纯粹以形状、图式、线条来构成。无论如何，它是在“写字”，而不能以其“写”构成实存的意义，不必代表任何其他的东西。例如我们看一副对联或条幅，很难不管它写的字与辞意，独赏其笔姿；写的人也不会写一堆根本不能组凑成句的字，而独炫其笔趣。因此，从艺术的性质上说，它仍是具象的。只不过其所具之象本来即属于业已抽象化了的文字而已。

解论法古、论笔法与结果之局限，也必须直探书法之本原。

对书法本原的思索，在超越文字又不舍文字的思维模式下，仍是奠基于文原论之上的。在《书断》中张怀瓘指出文之原出于自然，书体的创造，不必归功于某几个人：

> 故知文字之作，确乎权舆，十体相沿，互明创革。万事皆始自微渐，至于昭著，春秋则寒暑之滥觞，爻画则文字之兆朕。其十体内，或先有萌芽，令取其昭彰者为始祖。夫道之将与，自然玄应，前圣后圣，合矩同规，虽千万年，至理斯会，天或垂范，或授圣哲，必然而出，不在考其甲之与乙耶。案道家相传，则有天皇、地皇、人皇之书各数百言，其文犹在，象如符印，而不传其音指。审尔则八卦未为云孙矣，况古文乎！且戎狄异音各貌，会于文字，其指不殊，禽兽之情，悉应若是，观其趣向，不远于人。其有知方来、辨音节，非智能而及，复何所学哉？则知凡庶之流，有如草木鸟兽之类，或蕴文章。又霹雳之下，乃时有字；或锡贶之瑞，往往铭题。以古书考之，皆可识也，夫岂学之于人乎？又详释典，或沙劫以前，或他方怪俗，云为事况，与即意无殊。是知天之妙道，施于万类一也。但所感有浅深耳，岂必在乎羲、轩、周、孔将释、老之教乎！况论篆籀将草隶之后先乎！

这段文字，若再加上《文字论》中“文也者，其道焕焉。日月星辰，天之文也；五岳四渎，地之文也；城阙朝仪，人之文也”一段，岂不像极《文心雕龙·原道》所讨论的文原论吗？由此，他即径接之以“字之与书，理亦归一”，便替书艺也找到了一个出于自然的根源义。所以说他的书原论，是奠基于文原论的。

不过，书法固然是文字的表现，却不同于一般传达意见或记录物事的文字，所以他又得继续在文字与书艺之间做一区分。据他的看法，文孳乳而为字，字书写于竹帛则为书；这种文字的书写，若精彩玄妙了，便可称为翰墨艺术。故他说，“文章之为用，必假乎书。书之为征，期合乎道。故能发挥文者，莫近于书”（《书断》），“阐典坟之大猷，成国家之盛业者，莫近乎书。其后能者，加之以玄妙，故有翰墨之道生焉”（《文字论》）。

所谓“自然玄应”“玄妙”是啥意思呢？

五　自然无为的创作观

（一）法道无为

唐初孔颖达《周易正义·乾·文言》疏曾说，“凡天地运化，自然而尔”，《系辞上》疏也说，“道谓自然而生”。这即是老子所谓“道法自然”“莫之命而常自然”之意。依这种自然天道观，万物都是“自然而生，不假修营，物皆自成”（《坤·六二》疏）的。唐初虞世南《笔髓论》说，“字虽有质，迹本无为，禀阴阳而动静，体万物以成形”，就表现了这种阴阳气化的自然无为天道观。张怀瓘说书体乃自然而兴，不必归功于某个人的创造，也同样是据这一观念在说话。

文字与书体既是自然无为而生的，这生的历程，张怀瓘描述是：“尔其初之微也，盖因象以曈昽，眇不知其变化，范围无体，应会无方，考冲漠以立形，齐万殊而一贯，合冥契，吸至精，资运动于风神，颐浩然于润色。尔其终之彰也，流芳液于笔端，忽飞腾而光赫……信足以张皇当世，轨范后人矣。”整个变化，“实则微妙而难明”，所以“观者玩迹探情，循由察变，运思无已，不知其然”（《书断·序》）。因为整个变化历程不知其然而然，故只能以玄妙来形容。像虞世南说“书道玄妙”（《笔髓论》），“书法玄微，其难品绘；今之优劣，神用无方”（《书旨述》）；孙过庭说文字之形势姿态，“同自然之妙有，非力运之能成”（《书谱》），张怀瓘说“眇不知其变化”，“实则微妙而难名”，“古今人民，状貌各异，此皆自然之妙有，万物莫比。惟书之不同，可庶几也”，都是如此。文字的创生是玄妙的，书法艺术更是文字的玄妙化，其玄妙可知。

书艺既是如此玄妙，作者须如何始能臻此玄妙，得此玄妙？观者又须如何才能知其玄妙？前者导出了自然无为的创作观，后者发展出了知音冥契的鉴赏论。

所谓自然无为创作观，是说书法既属自然无为之妙道，则写字当然也须复归于自然，自然成为最高的审美要求。如《书断》称赞张芝章草与草书“字皆一笔而成，合于自然，可谓变化至极”；《书议》又认为草书是书体中艺术性最高者，因为“草与真有异，真则字终意亦终，草则行尽势未尽。……是以无为而用，同自然之功；物类其形，得造化之理。皆不知其然也”；李嗣真《书后品》也有类似的评论说：“褚氏临写右军，亦为高足，丰艳雕刻，盛为当今所尚，但恨乏自然，功勤精悉耳。”诸如此类言论甚多。①

书体是无为自然的，自然又已成为创作最高的要求，那么创作者得怎样才能追求到这种境界呢？张氏的建议是：效法道的自然无为，始能得之。因为书法乃道自然而生，现在作者要创作，也唯有把自己提举到

① 唐人所谓“屋漏痕”即是追求自然的笔致。陆羽《释怀素与颜真卿论草书》说“素曰：‘吾观夏云多奇峰，辄常师之，其痛快处如飞鸟出林、惊蛇入草。又遇坼壁之路，一一自然。’真卿曰：‘何如屋漏痕？’素起，握公手曰：‘得之矣。’”坼壁纹路，宋姜夔《续书谱·用笔》说“壁坼者，欲其无布置之巧”，清朱履贞《书学捷要》说“壁坼者，壁上坼裂处，有天然清峭之致”，与屋漏痕含义相同，都是去除法执与布置结构之用心，而任之以自然。

类似道之创生者的地位，否则便无法创作出自然玄妙的书法来。依此理解，创作者的地位，即同于造化或与造化相合，故《书议》云“草书张伯英创立规模，得物象之形，均造化之理”，《书断》云“蔡邕创造飞白，动合神功，真异能之士也”，“王献之……改变制度，别创其法，率尔私心，冥合天矩”。

如此一来，创作者最重要的，当然就是学习造化，“善学者乃学之于造化……而各逞其自然”（《书断》）。学习造化，以合于造化，或自己同于造化，则法度规范、前人典型还有什么意义？自然而然就是无法了，“至于无法，可谓得矣，何必钟、王、张、索而是规模？”何况，“道本自然，谁其限约？亦犹大海，知者随性分而挹之”，当然也不必仿效古人、遵循古法。

其次，造化是为而不为的，创作者也须自然无为地创作。这种自然无为的创作观，认为作者的写作是不为而为、作而非作的，作者的构思与设计、作者的性情与技术在书法表现中的重要性遂被贬低，只强调作者如何“冥合”“冥通”自然。一切设计与技巧、一切“法”都不重要了。

（二）灵感神遇

这样的创作观，其哲学底子当然是孔颖达《周易正义》所代表的自然气化宇宙论及据此衍生的圣人无心成化论。像《系辞上》疏说，“君子体道以为用者，谓圣人为君子体履至道，法道而施行，则老子云：为而不宰，功成不居是也。……不为所为，得道之妙理”，“圣人设教，资取乎道，行无为之化，积久而遂同于道”，“圣人法此神之不测，无体无方以垂教，久能积渐而冥合于神”，就与张怀瓘的书论唇吻近似。[①]在

---

① 孔颖达的哲学，详见龚鹏程：《孔颖达周易正义研究》，台湾师大“国研所”硕士论文，1979年。

张氏之前，只有虞世南《笔髓论·契妙》申言，“学者心悟于至道，则书契于无为”。张氏则将这一哲学立场彻底运用在书法理论上。在《书断·序》中，张氏说：

> 且其学者，察彼规模，采其玄妙，技由心付，暗以目成。或笔下始思，困于钝滞，或不思而制，败于脱略。心不能授之于手，手不能受之于心，虽自己而可求，终杳茫而无获，又可怪矣。及乎意与灵通，笔与冥运，神将化合，变化无方……鬼出神入，追虚补微，则非言象筌蹄所能存亡也。

这便是《笔髓论》所说的：“书道玄妙，必资神遇，不可以力求也。”书法是艺术创作，既是艺术创作就不只是写字，不只是依固定的技术重复制作，其中包含了作者自己都不能控制的因素。所以一说不可以力求；一说虽自己能够大致掌握，却充满了杳渺难测的情况。在此情况下，灵感说自然应运而生，所谓“必资神遇”“意与灵通”者是也。《书断》形容王献之“偶其兴会，则触遇造笔”，陆柬之“尤善运笔，或至兴会，则穷理极趣矣”，都是强调触机偶遇的兴会灵感。这种灵感偶发的创作岂不是脱离了有意的制作，出于不知其然而然，是作而非作、为而不为的吗？

这一区分，犹如西洋艺术中代表古典时期的语汇“创造力”（invention），转换为18世纪强调天才、自发性与灵感的语汇“创意”（creation）。作而非作。作，就是指作者有意的、理性的、依循学识与技术的创造或说是创作，而“作而非作”指的却是一种不尽由作者理性行为所控制的特殊创意活动。此一特殊创意活动，来自一种“意与灵通”的力量，在西方便称为“艺术家的神性”问题。认为艺术创作具有神圣性，灵感是个作者之外的创作者，作者因为与它感应了，所以就不知其所以然地创作出了美妙的艺术品来。而这种艺术品因为出自超越个人能力之外或之上的力量，所以又被认为是符合神性的。对于“神性”的意涵及解释，中西方有极大的差异，但在说明灵感的性质以及灵感在艺术创作中的作用时，张怀瓘的想法确实近于西方天才论的说明。

（三）天资偶发

老科尔曼（George Colman, the Elder）曾说：“天才既不需要勤学，也无需专心。”小科尔曼（George Colman, the Younger）也说：“天才有时得将其荣耀归功于缺乏学识。”天才所依赖的是灵感及其特殊心灵能力，而非学习。这是一切天才论的基本看法。早期的书法理解中，赵壹曾以此一观点反对学者练习写草书。而在早期的文学理论中也充满了曹丕“引气不齐，虽在父兄，不能以移子弟”，颜之推“若乏天才，勿强操笔”一类说法。这些说法大概是在一门艺术刚被确认为是艺术时，发现到此一艺术并非人人能够从事，只有某些具有特殊才能的人才擅长于此，故倾向于肯定天才。但艺术既被确认为是一门艺术了，这一门艺术便应有一传统，有一范畴，于是，我们就不能纯讲天才，而须讲究“学”的问题，告诉人如何进行此一艺术之创作，并鼓励大家来从事这门艺术。书法由早期的天才说，转到天然与人工并重的立场，原因在此。

从庾肩吾到虞世南，都是天资与用功并重的。庾肩吾说王献之“早验天骨，复识人工”，虞世南在《笔髓论》中特辟《劝学》一章，都可以看出书法理论上逐渐重“学”的倾向。也就是说，是因为注意到“学”的问题，书法理论才会摆脱纯任天才的表现观，而逐渐趋向于“法”的建立。笔法说的出现，就是要提供学习者一个稳定的、可以依循的方法去掌握字的美感、去练习着从事艺术创作。①

张怀瓘是个讲笔法论的人，但是，由于他反省到书法艺术的本质问题，以致他的理论发展成了一种对于法、对于学的反叛，肯定了天才的重要性及优先性。

康有为曾批评张怀瓘说："夫书道有天然，有工夫。二者兼美，斯为冠冕。自余偏至，亦足称贤。必如张怀瓘，先其天性，后其学习，是使人惰学，何劝之为?"（《广艺舟双楫·碑品》）是的，张怀瓘并不"勤学"。他欣赏的是"自然天骨"。他称赞道："钟王真行，一古一今，各有自然天骨，犹千里之迹，邈不可追。"（《文字论》）因为他"评先贤之书，皆先其天性，后其习学"（《书议》），故其言如此。

依他的看法，书法乃出于自然妙有的，能作书的，当然也是禀于自然之妙有，这就是天资。"盖生而知之"（《六体书论》），有此天资，方能用功。所以"才"是先决条件，他非不谈学，但他是以才摄学的，如《书断》云"古今人民，状貌各异，此皆自然妙有，万物莫比，惟书之不同，可庶几也。故得之者，先禀于天然，次资于功用"，"逸少……千变万化，得之神功，自非造化发灵，岂能登峰造极"，"天然所资，理在可度；池水尽黑，功又至焉"，《文字论》云"得者非假以天资，必不能

---

① 书法艺术的天才论与学力论，详见《文化、文学与美学》中《书法艺术的品鉴》一文。按：中国哲学有承认天才但并不强调天才的倾向。孔子自谓笃志好学，时人则或谓其生知。生知与好学，何者方为成圣之条件，后世争论不休，朱子与阳明等，对此皆有讨论。大体说来，有两个倾向，一是比较强调学的重要性，认为才不足恃，而且非自己所能掌握，故当存而不论，二是比较集中讨论才与学的冲突与协调问题。哲学上如此，艺术上亦然。《文心雕龙》以后，无论如何说天才，总是在不废学而又超越学、学至于无学的架构中论天才。故天才说相对于西方，可说较不发达，对于天才的性质、心灵状况以及跟非理性思维的关系等均缺乏讨论，也不太把天才视为艺术创作的主导动力，我觉得这是中西方艺术理论最不同的地方。张怀瓘虽推崇天才与生知，却也未脱离"才/学"对举，不废学以得大自在的理论格局，因此，其所谓天才，其实是描述成圣境界，而非指天生的材质。

得”，皆是此理。①

这种天资，是属于原创性的天才，能够创体，犹如天之能创生万物一样，故《书议》说：“夏殷之世，能者挺生，秦汉之间，诸体间出，玄猷冥运，妙用天资。追虚捕微，鬼神不容其潜匿；而通微应变，言象不测其存亡。”描述创造性活动之神妙，可谓极尽形容。此外，如《书断》谓蔡邕“创造飞白，妙有绝伦，动合神功，真异能之士”，“其体有二，创法于八分，穷微于小篆，自非蔡公设妙，岂能诣此？可谓胜寄，冥通缥缈，神仙之事也”。《文字论》说“张有道创意物象，近于自然”，亦具此意。

有时作者天资虽然稍差，但也不排除在偶尔灵感兴会时，可以到达这种自然入妙之境界，如《书断》云“惜其（王献之）阳秋尚富，纵逸不羁，天骨未全，有时而琐。……偶其兴会，则触遇造笔”，“陆柬之……或至兴会，则穷理极趣矣”，在兴会、神遇之际，人即成为暂时的天才，可以通神入妙。

（四）学至无学

在这种天才说之下，学的最高意义，不是学人为之法，而是效法自然，故曰：“善学者乃学之于造化。”（《书断》）②甚至书法艺术中最被重

① 在这种天才论的基底下形成的此一讲法，于这时提出来后，影响后代文艺思想甚巨。绘画方面，宋郭若虚《图画见闻志》卷一“论气韵非师”条说：“六法精论，万古不移。然而骨法用笔以下，五者可学。如其气韵，必在生知。固不可以巧密得，复不可以岁月到，默契神会，不知其然而然也。”明董其昌也说：“画家六法，一曰气韵生动。气韵不可学，此生而知之，自然天授。”诗歌方面，宋人也提出了可学不可学的问题，构成了宋代诗论的思考核心。详见《诗史本色与妙悟》。

② 与张怀瓘时代相近的张璪，曾提出“外师造化，中得心源”之说，详见张彦远《历代名画记》。可见对书画艺术的思考，在唐代此时出现了共同的发展倾向。符载《江陵陆侍御宅燕集观张员外画松石序》说张璪作画，“遗去机巧，意冥玄化，而物在灵府，不在耳目，故得于心，应于手，气交冲漠，与神为徒”（《全唐文》卷六九〇），也与张怀瓘主张若合符节。但一般解释者对张璪的（转下页）

视的字体草书，也被说成“岂必草行之际谓之草耶？盖取诸浑沌天造草昧之意也”，造草书者，即如造化之创生。

既然讲自然创化，不学人为法，则法当然就不会是固定的一套系统。张怀瓘在此，便主张法的当机、适意与不定。例如《书议》说“智则无涯，法固不定”，“法既不定，事贵变通。然古法亦局而执……子敬之法，无借因循，宁拘制则？临事制宜，从意适便”，《六体书论》说“书者法象也，随变所适，法本无体，贵乎会通”，都指出了法的不定。

不仅如此，法既是不可学的，当然也下可传，《书断》曾说：“或以法可传，则轮扁不能授之于子。”后来朱长文《墨池编》说：“技之精者，父子所不能教，然则书法孰为传哉？”即衍张氏之绪者。

前文说过，张怀瓘的书论显现了唐人重法的精神，但这里却可以发现唐人书论如何从法的讲求中，逐步走到挣脱法执的地步。这种挣脱，是从两个方面说的。一方面从法的根源处，从道的自然这方面说，这也就是此处所叙述的。由于书法出于自然造化之无为妙有，故不能以定法来拘限。这与他在另一些地方讨论笔法，并不矛盾。因为就书法这门艺术之规格、范畴与传统说，是有法而且必须遵守法、学习法的；但从本质上说，法又是无限的，可以造法创法，并无定体可说。另一方面，创法者及用法者是人，从人这一面看，法也是不可执着的，重要的乃是人的心智。《评书药石论》说“道本自然，谁其限约？亦犹大海，知者随性分而挹之”，讲的是前者；“圣人不凝滞于物，万法无定，殊途同归，

（接上页）理解，并不会将唐代书论的发展作为一参照系统，故未曾注意到整个时代审美意识的发展与重点所在。其次，又常将“外师造化，中得心源”割裂作解。例如徐复观《中国艺术精神》第五章，把二语视为两种先后的功夫或阶段，说是要先有“外师造化”的功夫，否则心源便成为空无一物的灵光。而“外师造化”也者，他又解释为外在客观世界的松石水云，这都是不对的。师造化与得心源乃是同一件事，所谓师造化，不是效法与吸收客观世界的形相，而是“气交冲漠，与神为徒”；得心源，则是“道艺精极，富得之于玄悟”的意思。心悟之说，详见后文。

神智无方而妙有用，得其法而不著，至于无法，可谓得矣。何必钟、王、张、索而是规模?”讲的就是后者。

由后者这方面讲，书法的创作者，对于已经形成的法度规范，必须要娴熟而又能够超越。张旭曾说，书法之妙，须要识法，“口传手授，勿使无度，所谓笔法也”，但又得“通变适怀，纵合规矩”。所谓通变适怀，在张怀瓘说，则是“工于仿效，劣于独断，以此为少也”(《书断》)。

(五)心契冥通

如何才能有独断之功呢?一是善学造化，“仆今所制，不师古法，探文墨之妙有，索万物之元精，以筋骨立形，以神情润色，虽迹在尘壤，而志出云霄，灵变无常”(《文字论》)，掌握了字的本质、法的本质，自然就能“探彼意象，入此规模”。二是在写作时的当机适会，“书之为体，不可专执；用笔之势，不可一概。虽心法古，而制在当时，迟速之态，资于合宜”(《玉堂禁经》)。三是得讲求心的作用与功夫了。早在虞世南《笔髓论·契妙》中就提到：

> 欲书之际，当收视返听，绝虑凝神，心正气和，则契于妙。……然则字虽有质，迹本无为。禀阴阳而动静，体万物以成形，达性通变，其常不主。故知书道玄妙，必资神遇，不可以力求也。机巧必须心悟，不可以目取也。字形者，如目之视也。为目有止限，由执字体既有质滞。……假笔转心，妙非毫端之妙，必在澄心运思至微妙之间，神应思彻。……学者心悟于至道，则书契于无为。苟涉浮华，终懵于斯理也。

这一理论，可以溯至齐梁。在齐梁笔法论形成之际，同时也在发展着笔意论。如王僧虔《笔意赞》就已有“书之妙道，神彩为上，形质次之”“必使心忘于笔，手忘于书，心手达情”这样的说法；萧衍《观钟繇书法十二意》虽旨在说明书艺的平、直、均、密等十二法，但其中也有“字外之奇，文所不书”之说。这些都超越了对字形之美的考究，而注意到创作主体的心手相忘等功夫。到虞世南把这一脉络结合了无为自然、通变不执等观念，乃进一步强化了书法艺术中“心”的作用。叫人不要执着于字形，要以心使笔，通过绝虑凝神的功夫，去掌握书法的玄妙。

这个讲法，对唐代书论影响深远。如孙过庭云，“吾乃粗举纲目，随而授之，无不心悟手从，言忘意得”，“意先笔后，潇洒流落，翰逸神飞，亦犹弘羊之心，预乎无际；庖丁之目，不见全牛”，就是这一态度。他们都从老庄哲学来解说“心悟”及创作活动，原因是他们有个自然无为的哲学底子。张怀瓘也是如此，《书断》说创作要“常清心率意，虚神静思以取之”，《书议》说书艺本身“无为而用，同自然之功；物类其形，得造化之理，皆不知其然也。可以心契，不可以言宣”，都强调以心契妙，而非执管技术的熟练。

值得注意的是：“心契”的心之作用，乃是无作用的，所以他常用“冥”来形容。所谓“率尔私心，冥合天矩”，“冥通合圣”，“冥通缥缈”，“笔与冥运”。冥与迹，是庄子学的术语，冥指无为无执，迹指有为之物。故《胠箧》郭注“夫迹者，已去之物，非应变之具也，奚足尚而执之哉”，《人间世》郭注“画地而使人循之，其迹不可掩矣，有己而临物，与物不冥矣”，必须是不执着于迹，无心、自然、无为，才能与物冥合。张怀瓘就利用这种冥通说，充分显示了他的无为创作观。[①]

① 迹与冥的问题，由庄子提出后，在魏晋庄学中得到了充分的发挥，特别是郭象注庄，通过迹冥论，以解决当时自然与名教、有为与无为、方内与方外、孔子与老庄等如何统一的问题。但张怀瓘论冥，并无郭注的意涵，而比较接近庄子原旨。这当然是因为时代思潮不同的缘故。

六　知音冥契的鉴赏论

假如说创作者必须透过心悟与冥通的方式，才能表达或创造出自然无为、契于道妙的艺术，那么，鉴赏者同样也要以这种冥通契会的方式，才能掌握住它。张怀瓘说：

> 无物之象，藏之于密，静而求之或存，躁而索之或失，虽明目谛察而不见，长策审逼而不知，岂徒倒薤、悬针、偃波、垂露而已哉？是知之也！盖粗以言诠，而假于词说；若精以心了，则无寄词。
>
> （《评书药石论》）

创作是超越字形的追摹探究，直以心契；“知”的活动也同样是要精以心了，不必言诠的；所赏亦不在悬针垂露等字形结构上，而是直接契会于那无物之象。

（一）形神

由这个基本原则出发，张怀瓘评书，虽仍采用庾肩吾以来惯用的三品九等架构，却将三品定名为神、妙、能。①能是指技法精熟，要超越这个层次，才能入妙、才能通神。到了通神这个境界的书艺，往往是“不可以智识，不可以勤求”的。

这一分判，意义深远。因为张怀瓘是唐代最重要的书法评论家，他评书既有理论又有实际批评。其实际批评又都显示了不同的批评理念，例如《书议》是依真、行、章、草四体书，来品评各家的等第。显然这

---

① 张怀瓘以三品论书，及这一批评方法之衍变源流，详见《书法艺术的品鉴》。

是依一书体论的架构来进行的，通过实际批评，可以建立各体内部的权威关系，说明各体书写作的规范。《书估》则是把书法放到艺术消费环境中去看。[1]《书断》上卷述书体之源流，中下卷才以三品九等来品量各家书艺。他虽采用旧有的批评框架，展示的批评观念却是簇新的。在他这个观念底下，批评家所要欣赏的，并不是字形结构之巧、用笔精熟之妙，而是字的神。他说：

> 以风神骨气者居上，妍美功用者居下。（《书议》）
>
> 逸少天质自然，风神盖世。（同上）
>
> 逸少（草书）则格律非高，功夫又少，虽圆丰妍美，乃乏神

① 《书估》以书法之市场价格，来替“自古名书，颇为定其差等”。上估如三代篆籀，已无真迹；中估为旷世奇迹，如钟繇、张芝者，有购求者，宜悬之千金；下估如王羲之、王献之，其真书仍可价齐于中估。以王羲之个人的作品来说，则草书一百五字才抵得上一行行书，三行行书才抵得上一行真书。诸如此类评价方式，乃是如今“畅销书排行榜”的做法。在观念上，他认为市场价格也就真实地反映了作品的本身实际价值。为什么他能这样认定呢？我们不能忽视这个问题，即书法艺术的市场，在唐代已经形成了。艺术品不只是怡情养性的东西，不只是个人发抒性灵的制成品，不只是朋辈酬酢交谊的中介，它已经成为具有交换值的商品了。我们固然还没有找到类似今日苏富比拍卖古玩字画艺术品的市场记载，但在窦臮《述书赋》中，他却明确地说过：“论周至唐一十三代，工书史籀等二百七人；署证徐增权等八人；印记太平公主等十一家；述作梁武帝等十家；征求宝玩韦述等二十六人；利通货易穆聿等八人。”其中征求宝玩的，是收藏家；利通货易的，是商人。二者构成了供需关系，而且已正式为书法评论者所承认并正视了这一关系。所以在《述书赋注》里，他们甚至引述了一则故事，说：“王羲之书蕺山姥竹角扇五字，字索百钱，人竞买去。”王羲之时，未必真有此一事迹，但传述故事者的心情，是我们可以想见的。——为什么特别指出这一点呢？唐朝中期以后，诗文书画理论，越来越敻绝流俗，越来越强调技进于道，创作时要虚静凝虑、养气治心，作品之风格也要自然超妙、不染尘俗。这一趋向之端倪，在张怀瓘这一类理论中，已可概见。但与这同时的，是知识分子的世俗化倾向、艺术商品化或认同商品之价格。价格，只是此一世俗倾向之一种表现而已。另详第三卷第一章。

气，是以劣于诸子。（同上）

索靖乃越制特立，风神凛然。（《书断》中）

今大令书中风神怯者，往往是羊（欣）也。（同上）

陈阮研……其隶则习于钟公，风神稍怯。（同上）

深识书者，唯观神彩，不见字形。（《文字论》）

唯观神彩，不见字形。这一艺术上的形神之辨，远绍六朝画论“虽略于形色，颇得神气”（《古画品录》）之说，而开张彦远“众皆密于盼际，我则离披其点画；众皆谨于象似，我则脱落其凡俗”（《历代名画记》卷二）的鉴赏理论，以及后来释皎然《诗式》的“诗之佳者，但见性情，不睹文字”，在艺术思想史上有极重要的价值。

与张怀瓘同时的李嗣真，也有类似的考虑，所以他在上中下三品之上另加了一个“超然逸品”，特指王羲之、张芝、王献之、钟繇四人。逸，即有超脱凡俗，一般书艺评量标准之上的意思。张彦远《历代名画记》似乎结合了张怀瓘与李嗣真的架构，分为自然、神、妙、精、谨细五等。精与谨细，即是张怀瑾说的能品；自然，则是李嗣真说的逸品。宋初黄休复《益州名画录》“画之逸格，最难其俦。拙规矩于方圆，鄙精研于彩绘。笔简形具，得之自然；莫可楷模，出于意表。故目之曰逸格尔”，不就是把逸格解释为自然吗？但是，如果依张怀瓘的理论，在神品之上设一逸格，并无必要，神品就是自然，就是拙规矩于方圆、鄙精研于彩绘的。①

① 这里有两个问题，首先，徐复观先生《中国艺术精神》第七章《逸格地位的奠定——〈益州名画录〉的研究》说“张怀瓘画品始分画为神妙能三品，另加逸品”，但“张怀瓘虽首先提出逸品，但未特加推重。对此首先特加推重者应该算是张彦远”。其实张怀瓘无《画品》一书，分神妙能三品者，乃张氏《书断》，唐朱景玄《唐朝名画录·序》引述错误，徐复观沿其误。其次，观念史的研究，须注意名词与观念的配合问题。“逸品”之提出，始于李嗣真，而非（转下页）

（二）言意

唯观神彩，不见字形的形神之辨，同样可以解释为一种言意之分。字形者言也，神彩者意也。观览者非因言以求意，而是忘言得意。

《文字论》说：

> 文则数言乃成其意，书则一字已见其心，可谓得简易之道。欲知其妙……须考其发意所由，从心者为上，从眼者为下。先其草创立体，后其因循著名。虽功用多而有声，终天性少而无象，同乎糟粕，其味可知。不由灵台，必乏神气，其形悴者，其心不长。状貌显而易明，风神隐而难辨。……自非冥心玄照，闭目深视，则识不尽矣。——可以心契，非可言宣。

创作时，发意者为心，这心是个创造性的心灵，故可以草创立体，可以成象，可以有神气。这些都不是透过学习用功就可以获得的，必须仰赖天才，无此天才原创的心灵，则形悴乏神。创作时既然如此，鉴赏时也须“从心者为上，从眼者为下”，不察其形见之状貌，而深识其发意所由。这是个以心契心的活动，所以他说要冥心玄照，闭目深视；可以达意，非可言宣。①

（接上页）张彦远。但张彦远用“逸品”一词表达是“自然”，此则与李嗣真不同。我们可以说他是强调了这个观念。然而，张怀瓘的理论中不用这个词，其神品说却涵盖了这个观念。所以这就不应该从“逸格的最先推重者”“逸格地位的奠定”这个角度来思考。徐先生的研究进路，我以为是有问题的。不只在于他完全忽视书法史料而已（张彦远的画论，多由书论来，他本身就编有若干书画论著）。

① 认为欣赏与创作是具有一致性的活动，创作者依何种方法创作，欣赏者同样也应采取何种方式进行了解，乃是中国文评艺评非常特殊的一种基本认定。这很容易把欣赏也看成一创作活动，而且欣赏者在本质上即能与创作者有一“同体”的了解，知音说也就是在这个基础上建立的。

此外，《书议》又解释了他为什么要采用这种得意略言的鉴赏方法，说：“夫翰墨及文章至妙者，皆有深意以见其志，览之即了然。若与言面目，则智昏菽麦，混黑白与胸襟。若心悟精微，图古今于掌握。玄妙之意，出于物类之表；幽深之理，伏于杳冥之间。岂常情之所能言，世智之所能测？非有独闻之听、独见之明，不可议无声之音、无形之相。”他不相信形状面目的考察，认为这种考察徒乱人意；而且书道之精微玄妙，也非此种方法所能知。必须以心悟之，乃得以见其深意。

据此，可见其言意论包含了两个方面：言，一是指字形。创作者因言（字形）示意，观览者略其言（字形）而得其意。但得其意以后，能不能说得清楚呢？这种“言”，张怀瓘觉得也是颇为困难的。所以他一再强调，整个评鉴活动，“可以心契，非可言宣”。

在《书断》的结尾处，他有一类似序言的表白，自负评书“触类生变，万物为象，庶乎《周易》之体也。其一字褒贬，微言劝戒，窃乎《春秋》之意也。其不虚美，不隐恶，近乎马迁之书也”。但他也很清楚，他所能言诠的，只是“推其大略”而已。真正精微处，他仍感到言不尽意。他说：“嗜好不同，又加之以言，况可尽之？于刚柔消息，贵乎适宜，形象无常，不可典要，固难评也。萧子云言欲作二王论草隶法，言不尽意，遂不能成。又云‘顷得书意转深，点画之间，所言不得尽其妙者，事事皆然’，诚哉是言也！”

（三）知音

书意难知，知者亦难言，充分显示了评赏活动的困难所在。这种困难，被认为不是技术性的，而是本质性的。例如言不能尽其妙，就是本质性的困难。要超越这种困难，唯有不借由语言，进行以心契心、默识玄照的方式，方能达成意的理解与沟通。

张怀瓘把这样的理解，称为知音。他曾感慨书法“其道微而味薄，固常人莫之能学；其理隐而意深，故天下寡于知音”，又气愤地说他自己的评鉴，“冀合规于玄匠，殊不顾于聋俗。夫聋俗无眼有耳，但闻是逸少，必暗然悬伏，何必须见？见与不见，一也。虽自谓高鉴，旁观如三岁婴儿，岂敢斟量鼎之轻重哉？伯牙、子期，不易相遇。造章甫者，当售衣冠之士，本不为于越人也”。其后，并假包融之口，称赞自己是“知音”。

什么是知音呢?《吕氏春秋・本味》中曾引述了钟子期与伯牙的故事，描写知音相契的状况。这个故事表示艺术欣赏乃是两个生命主体之间相悦以解、莫逆于心的活动。这样的活动有两个特点：一是它为一内在的活动，其理解只是构成一个静默的内在经验，不必明言，且亦往往无法明言。二是这样的理解，又似乎只属于某些特定的对象，而不是人人可解的。①张怀瓘批评那些无法知音者是“聋俗”，就含有这样的意义。《书断》说:“嗟夫！道不同，不相为谋。夫艺之在己，如木之加实，草之增叶。绘以众色为章，食以五色而美，亦犹八卦成列、八音克谐，聋瞽之人，不知其谓。若知其故，耳想心识，自赅通审。其不知则聋瞽者耳!”这种“聋瞽”与“知”，其能力出于天生，某些人就是能知音，如蔡邕能于桐焦尾时，识其为良材；某些人则焚琴煮鹤，无法知音。这两类人之间，是完全无法相互沟通的。所以说道不同不相为谋。这种能力也无法传习，所以又说是:“如轮扁之断轮，固言说所不能”，“鸡鹤常鸟。知夜知晨，则众禽莫之能及。非蕴他智，所禀性也”。在这种知音说之下，似乎张怀瓘已经否定了所谓艺术客观批评标准之建立，或客观知识的可能性与必要性。

① 详见蔡英俊《知音说探源——试论中国文学批评的基本理念（一）》。

（四）文质

但张怀瓘的意思不是这样。他只是说批评能力无法传习，批评的内在经验及理解也无法充分传达，评论者固然可以用客观化的表述形式来言诠其评赏所得，却不能不了解到这一审美判断本质上的主观性，这个判断是“我”的判断。但何以“我”的判断又同时可以是有客观意义的判断呢？这一方面取决于我对我之判断的信心，相信自己具有独特的知音能力；另一方面建立在对知音相知的信念上，“道合者，千载比肩，若死而有知，岂无神交者也?”（《书议》）这就好像某甲在谈论某丙的事，某乙断然认为某甲所言不足信据，说“你不了解他”。某甲不服气，要求某乙说明，某乙乃根据他对某丙的了解，来说明某丙的“真正用意是什么”。这种说明，是根据某乙自觉能知某丙的自信，以及“某丙若知道我曾这样说，也一定会同意”的信心。所以它是通过主观而获得的真实判断。某甲之判断，可能是根据了各种客观标准与现象，但因为不被承认具有某乙那样的知之基础，所以反而被认为不足采信，反而是客观但虚妄或隔阂的判断。

虽然如此，这个主观而真实的判断，在进行时依然必须有一判断之依据。例如钟子期与伯牙之知音，对音乐曲式、旋律、调性、乐器、技法等“法”的了解，即对音乐之基本知识的了解，仍然是不可或缺的条件。不可能有人完全不懂这些知识而能够说他是天生知音的。艺术赏鉴之不同于晨鸡报晓，即在于此。而这一基本知识，是有客观性的。张怀瓘的书论，也就是在这个需要下，才会大谈笔法、书体。

除了对艺术构成之基本原理的掌握之外，艺术表现之形相风格，也不能不予以注意。这种艺术形相风格，也可以具有客观认知上的稳定性，例如男子雄健、女郎婀娜，春花艳美、松柏劲苍之类。诠评者必须透过对这些艺术形相所表示的风格的理解，以及运用这些艺术形相的风格来表述他所心知其意的意，听众才能了解他在说什么。因此，我们虽然可能是聋子或瞎子，不能知音，却可以观察知音者所掌握的艺术形相美是什么，而知知音者所知者为何。

据张怀瓘说："张芝草书，得易简流速之极；蔡邕飞白，得华艳飘荡之极。字之逸越，不复过此二途。迩后羲之、献之，并造其极。"（《书断》）易简流速与华艳飘荡，即是张怀瓘所掌握的艺术形相之美，这两种美，可以"质""文"来称呼。质者近古，文者为今。

在一般的判断上，以文质彬彬者为佳，例如《书议》说"逸少草有女郎才，无丈夫气，不足贵也"，原因是王羲之草书虽"圆丰妍美，乃乏神气"。这与《书断》批评萧子云"妍妙至极，难与比肩。但少乏古风，抑居妙品"，是一样的。《书断》还说萧道成的字，效法王献之，"称乏风骨"。因为羲之与献之，"父子之间，又为古今"，祖述子敬者，即不免偏于华艳而不够古质。另外，他说萧纶"善隶书，始变古法，甚有娟好"，说庾肩吾"变态殊妍，多惭质素。'文胜质则史'，是之谓也"，也都是针对文胜之弊而说。文胜质的字，缺乏古风，脂肉多，骨气少，姿媚妍好，不够简重。反之，如果过于简易，那又不免凋疏了。他认为褚遂良的弟子史陵"有古直，伤于疏瘦也"。又说王羲之比钟繇好的地方，在于"钟繇法于大篆，措思神妙，得其古风。亦有不足，伤于疏瘦。王羲之比钟繇，锋芒峻势多所不及；于增损则骨肉相称，润色则婉态妍华，是乃过也"。张芝创造了草书，但他觉得"草法贵在简易，而此公伤于太简也"（《六体书论》），亦是嫌其质胜于文。

文/质、古/今、骨/肉、简易/丰妍，既不能偏重，那么该怎样才能让它文质彬彬呢？张怀瓘用的词语是"损益"。以损益斟酌的方式，使其华实得中。但是，他强调文质之间有一工夫的优先性秩序，即先质后文，先植骨后润肉，“所以然者，古质今文，世贱质而贵文，文则易俗，合于情深，识者必考之古，乃先其质而后其文。质者如经，文者如纬。若钟张为枝干，二王为华叶，美则美矣……然后为得矣。故学真者不可不兼钟，学草者不可不兼张，此皆书之骨也。如不参二家法，欲求于妙，不亦难乎?”(《六体书论》)①

这种“绘事后素，礼后”的观念，当然秉之于儒家论文质问题的传统，但斟酌损益或先质后文的办法，真能解决文质问题吗？我觉得那是不行的，这个问题不是加减的概念。平面加减，文多则加质，质多则加之以文，或立体相加，先有质再加之以文，都无法真正处理之。但沿着张怀瓘这里提出来的说法继续发展，我们却不难看到宋人在这个问题上的辩证性超越的处理。所以说，他是个关键。②

---

① 唐人论书仍通用古今文质的观念，除了张怀瓘外，如孙过庭说：“夫质以代兴，妍因俗易。虽书契之作，适以记言，而淳漓一迁，质文三变，驰骛沿革，物理常然，贵能古不乖时，今不同弊，所谓‘文质彬彬，然后君子’。何必易雕宫于穴处，反玉辂于椎轮者乎?”反对重古贵质之说。但质，即骨气；文，即妍丽。虽说文质彬彬，实乃先质后文：“假令众妙攸归，务存骨气。骨既存矣，而遒润加之。亦犹枝干扶疏，凌霜雪而弥劲；花叶鲜茂，与云日而相晖。如其骨力偏多，遒丽盖少，则若枯槎架险，巨石当路。虽妍媚云阙，而体质存焉。若遒丽居优，骨气将劣，譬夫芳林落蕊，空照灼而无依；兰沼漂萍，徒青翠而奚托?”(《书谱》)徐浩《论书》云，“初学之际，宜先筋骨；筋骨不立，肉何所附”，就是这类讲法。其他如李嗣真批评文舒《西岳碑》“但觉妍冶，殊无骨气”，称赞卫恒、杜预“刚健有余，便媚详雅”，“房司空含文抱质”，说陆平原、李夫人“犹带古风”，谢吏部、庾尚书“创得今韵”等等，也是运用文质古今作为批评概念。在窦蒙《述书赋注》后面，附了一个“语例字格”，其中与文质相关者，如“质朴：天仙玉女，粉黛何施”，“妍磨：错采雕文，方申巧妙”，“重：质胜于文曰重。纤：文过于质曰纤”，“艳：少古多今曰艳”，“质：自少妖妍曰质”，大体上也显示了“不可今、不可古，华实相半可也”(李华《二字诀》)的立场。可见这是唐人惯用的批评术语与概念。而他们华实彬蔚的美学要求也大体相同。宋朝以后，用“质/文”来讨论书法风格问题，似乎较唐人少了。

② 宋人如何处理法到无法的超越辩证问题，详见《诗史本色与妙悟》及《文化、文学与美学》中《论诗文之“法”》一文。此不赘述。

七　历史关键时期的书论家

文论、书论、画论在六朝的发展，并不如一般人所想象的那样，具有可以互相印证或解释的同一性。它们几乎都是在各自发展其艺术性格，其关联性既少，又因艺术媒介、对象、目的之不同，形成了颇不一致的艺术传统。所以，在文学上正热烈表现为“巧构形似”之风，正努力建构“法”的体系时，书法则已发展出对“意”的强调，而且很早就有了“意在笔先”的讲法。这个讲法，即使在绘画中，也要迟至张彦远才提出；用在诗歌评论上，那就更晚了。张怀瓘谈的“但观神彩，不见字形”，必须是僧皎然才在《诗式》中论及。[①]这些现象，显示了什么呢？

它显示了一个相反相成的状况：从汉末到唐代，乃是中国诗文、书、画诸艺术独立于经史子之外，“以其本身作为一门艺术”的情况发展着。因此，作为一门艺术，在发展过程中，特别是在中国文化传统、思想渊源、社会条件中发展，由于这些条件是相同的，艺术发展的原理也有共通性，所以它们彼此之间会产生某些类似的现象与观念，可以互相印证或解说。但又由于各艺术之性质不同，某些问题在甲艺术中可能先被触及，先有了处理，而乙艺术则必须先面对另外的问题。这类情况，便构成了艺术发展的差异相。我们不能要求在某一时间阶段中，各类艺术都表现出发展的一致性。文学与书、画在六朝到隋唐的发展，就同时显现了这样两种相反又相成的状况。

考察这一情况则我们不难发现，书法是在这一阶段中最典型的艺术，其理论思考之发展实在绘画与文学之前。而且，正因为书法理论的

① 《述书赋经例字格》中如“体外有余曰丽，字外多情曰茂，意居形外曰媚，力在意先曰壮”，都强调了字外之奇，与张怀瓘说，适相呼应。

发展，使得中国绘画逐渐类化于书法，而书法理念也替宋代文学开了先路。①

张怀瓘的书论，除了从书法史、书论史上来观察之外，我是把它放在这个脉络中来讨论的。在张旭、颜真卿出现之前，他其实已经总结了六朝书艺之思考，肇启新变之规模。一般论唐代到宋代之转变，都认为转变之枢机，在于盛唐、中唐之间，诗之杜甫，文之韩柳，书之颜真卿，画之王维，皆在此一时期。但在创作的表现之前，张怀瓘的理论，似乎已为将来之发展勾勒了一个蓝图。那种不废一切法而走向法之超越的途径，及其中蕴含之问题，均已出现，且有了初步的处理。

本文旨在说明这种处理的状况，着重于其理论内部结构之分析。并且试图把这样的一套书论，放在唐代书学的整个架构中去了解，借着解析张怀瓘的书论，说明整个唐代书论的精神及内涵。研究张怀瓘的人并不太多，而这样的思考角度，或许也较少见，希望能对这些问题有兴趣的人提供一点帮助。因为，我以为：解读张怀瓘的书论，可能是解读中唐以后文学与艺术理论的一个关键。

其次，我认为中国文化中有非常强韧的“主文”的传统，文字—文学—文化，构成一个非常紧密的关系。艺术的发展，因为受到此一传统的影响，不论是音乐、绘画，都有文字化的倾向。像纯音乐不发达，音乐总是配合人声，所谓“歌永言”。到后来普遍形成“以字行腔”的特色，使得记谱法、说唱、音乐类型，都与西方有显著的不同。绘画的文人化也显示了同一意义。但是，整体趋向虽然如此，艺术不断趋离文字系统的努力也从未中止。甚至我们可以说，二者之间的争衡与拉扯，才构成了中国艺术史的律动。②

---

① 中国绘画之逐渐类化于书法，详见本书第一卷第二章。

② 亦详本书第一卷第二章。

书法，在此一律动之中是最为特殊的。因为它书写文字，所以它可以说就是文字本身所显示的艺术。这种艺术，在这个主文的传统里，当然会被视为最纯粹、最典型、最高级的艺术。理论的发展，如前所述，较其他艺术快些，正是因为这个缘故。但是，书法同时又是线条表现的艺术，在一特定的有限空间（纸张、墙壁、绢素、扇面等）里，用水、墨、笔锋的运动，构成一幅艺术品，它的艺术性质，就不只是书写文字而已。倘若充分发展此一艺术性质，便可能逐渐趋离文字。

这种两面性，在张怀瓘的思考中已被充分理解了。所以他一面建构书法作为一门文字艺术的规范，一面发展书法的艺术性，从书写对象和书写者自身两个角度，去消解文字体系的宰制性，去处理文字与艺术之间所蕴含的矛盾。所谓从书写对象上反省，是指他推原文字之始，将书法从书写文字提为“书法约象”“书者，法象者也”的艺术，消解了书法对文字体系的执着。而在书写者自身这方面，他强调无为、自然、神遇、心契的创作方式，既不着意于字形与技法的掌握，又注意了心灵主体的工夫与作用。而这样的思考，却也并未形成其理论内部的断裂或矛盾。因为书写对象与书写者自身两方面的思考，统摄于“自然”之下；书法取象，而象出于自然；作者创意作字，亦是自然无为的。书法的规范与超越“法”的执溺，也放在一“破法以存法”的理论格局中来处理了。他的批评理论及实际批评，也是在这个格局中进行的。

思考这样一个书学理论，当然甚为有趣也有益。

第二卷　以文字为中心的文化表现

第一章
深察名号：哲学文字学
——中国哲学之主要方法与基本形态

一　专论字义

论中国哲学方法时，我们往往会忘记一个常识：中国没有文法学。

中国人对文字的辨析，向来极为注意。先秦名学之发展即已甚为蓬勃；其后汉儒更发展出繁复的文字训诂方法，辨析字义、考定音读，著名的专著如《说文解字》《尔雅》《方言》《释名》《广雅》等在文字学、语言学方面的贡献，可谓有目共睹。但是，我们固然有这么多讨论字词的著作，却一直没有发展出有关句式的探讨，一直没有语法文法的研究。

当然，我们也有些有关主动词与被动词的辨别，例如《春秋·僖公元年》“邢迁于陈仪”，《公羊传》就说，“迁者何？其意也。迁之者何？非其意也”。意谓“邢迁”指邢自己迁，若写作“迁邢”就是邢被人家迁了。《春秋繁露·王道》云“《春秋》曰：‘梁亡。’亡者，自亡也，非人亡之也”，也是如此。又，《墨子·小取》云“一马，马也。二马，马也。马四足者，一马而四足也，非两马而四足也”，则是区分名词的单复数。另外，还有些对句首句末或诸首之语助词、虚字的讨论，如《礼记·檀弓上》“檀弓曰：何居？”郑注：“居，语助也”；《尚书·金縢》

“对曰：信。噫！”孔传：“噫，恨辞也。”①此类研究发展至元，乃有第一部讨论虚字之专著——卢以纬《语助》。清人推而广之，则如刘淇《助字辨略》、王引之《经传释词》、俞樾《古书疑义举例》等等，皆研究虚字语助之重要著作。但是，这些东西都只是训诂学意义下的产物，旨在释词，“对于虚字的解释也只是求它的个别意义，并不重在求它的配置意义……并不重在配置关系”②，亦即非讨论文法语法之书。中国之有文法学，需迟至1898年马建忠始仿西文文法而作之《马氏文通》。

中国为什么没有文法学呢？胡适在《国语文法概论》中曾做了些解释说：“第一，中国的文法本来很容易，故人不觉得有文法学之必要。……第二，中国的教育本限于很少数的人，故无人注意大多数人的不便利，故没有研究文法学的需要。第三，中国语言文字孤立几千年，不曾有和他种高级语言文字相比较的机会。没有比较，故中国人从来不曾发生文法学的观念。”③

这些理由实在很难教人信服。因为文法容不容易，难以判断；某些汉语的特殊性，实在比英文还要麻烦。而中国教育仅限于少数人，故无人觉得有此必要云云，恐怕也非实情。因为文法及语言结构的分析，并不只为了语言教育而设。④缺乏语法结构之分析这门学问，事实上即是在思考语言文字问题时，完全不曾去注意语法结构及文字配置关系。何以中国古代学人竟然会不觉得有此需要呢？

---

① 详见濮之珍：《中国语言学史》第五章第五节，上海古籍出版社，1987年。

② 上所引书引用郭绍虞《从马氏文通所想起的一些问题》，《复旦学报》1959年第三期。何容《中国文法论》（开明书店，1942年）第一章第一节《训诂学中的文法学的萌芽》，也详细说明了传统助字研究及释词的工作，与现代文法学的差异。

③ 详见《胡适文存》一集卷三。

④ 有些语法学家就根本反对语法是为教学而设。如许世瑛《中国语法讲话》即认为研究语法，并不是为了教不会说中国话的人说好话。详见其书第一章。

黄侃在《文心雕龙札记·章句》中对此做了个说明。他说：

> 彦和此篇，言“句者联字以分疆”；又曰“因字而生句”；又曰“句之清英，字不妄也”；又曰“句司数字，待相接以为用”。其于造句之术，言之晳矣。然字之所由相联而不妄者，固宜有共循之途辙焉。前人未暇言者，则以积字成句，一字之义果明，则数字之义亦必无不明，是以中土但有训诂之学，初无文法之作。

中国之所以没有文法语法学，乃是因为中国学人认为“积字成句，一字之义果明，则数字之义亦无不明”，以致不去追究字与字组合连缀时的法则。马建忠之会想到写《文通》，则恰好相反，是因看到欧洲语言中“意之所以能达之理……皆有一定不易之律”，所以要拿这一定不易之律，“以律夫吾经籍子史诸书”，“于经籍中求其所同所不同”，找出中国联字成句的规律。也就是说，文法的发现或觉得有了解文法之必要，是因为他与中国传统学人采取了不一样的思考方式。

形成这种差异的原因，并非中国传统学人不会抽象思考、不喜细绎语文现象背后的规律，而根本是因为他们采取了另一套办法。凡词之“结合”“顺序”“重叠”等我们现在视为文法现象的状况，他们往往都不认为那属于表意的方法问题，而把它当作词本身所能表的意思来说明。所以，在别种语言中，有些由词的“音变”或“附加成分”等方法来表示的意思，中国语言中常是用一个独立的字词来表达。而且在语句中，各个词的关系，因为不是由词形的变易（declension, inflexion）来分别表示，故在连词成句时，也就没有符合（agreement）、管制（government）等问题。更有甚者，联字以表意的方法，基本上也被视为字义，即字与字相连成句时，字与其他字成立的关系，仍然只从字义来讨论，不讨论句子。[①]不谈句子，文法学自然就很难谈了。

这种专论字义的作风，影响当然不只在语文研究方面，而更应视为思考方式上的特色，就像刘勰在思考文学作品的章句问题时，独论字义那样。训诂本身，也是中国学人在进行思考与研究时最基本的方法，有一度还有人夸张地说过："训诂明而义理明。"所以如果这种方法有何特色，那必然直接关联着中国哲学最基本的方法运作。

以西洋哲学来比较，这个关联即非常明显。西洋传统逻辑是以"命题"来展开的，传统的存有论也奠基于句子的讨论上。如亚里士多德论存有，即认为人与世界的关系，可从我们的语言与事物之关系中看出，因为我们是用语言来将事物分门别类的。这点，中国也有类似的说法，所谓"正名百物"（《礼记·祭法》）。但亚里士多德所讲的"语言"，基本上是句子，谓我们对世界有所言说时，必定是用主述式语句（subject-predicate sentence）来述说这个世界。比如依据主词和述词的配合关系，可以区分出四种存在的项（entity）。配合之关系有二：一是被说成关于主词（being said of a subject）。二是固存于一个主词（being inherent in a subject）。若某物能被说成关于主词，则它是普遍的（general）；若否，则它是个别的（particular）。若某物能固存于某一个主词，则它非实体；反之，则为实体。因此，亚里士多德便可区分出四种存在项目：个别的实体、个别的非实体、普遍的实体、普遍的非实体。例示如（1）此人、此马；（2）此马之"白"；（3）人类、马类；（4）白的圆的等性质。再者，亚里士多德也可以根据"被说成主词"和"固存于一个主词"这两点，列出十个"范畴"。

亚里士多德以后的哲学家，在哲学体系和思路上不管与亚里士

① 详见何容《中国文法论》第二章第一节。

多德有多大的差异，基本上多与亚里士多德一样，是透过句子在论存有。如罗素的逻辑原子论，其所谓原子便是逻辑上的原子句式（atomic formula）所欲表达者。这一原子句式是指述句（F. G. H……）所成立的句式，是构成命题的最小单位。维特根斯坦反对此一进路，主张世界是由事实（fact）而非事物（things）所构成，因为世界是由“基本命题”（elementary propositions）所描述之事实所构成的。两人的立场不同，但基于“命题”而展开则一。①

在逻辑方面，大抵也是以句子为基本单位，命题间关系的系统化，再以逻辑连词如“非”“及”“如果……则……”来表达。或者把每一命题当作主词与述词的复合单位看，每一命题还受“有些”“一切”等量词的限制。

这一讨论问题的基本方法，对中国传统学人来说，纯然是陌生的。中国的哲学家不是针对句子来思考，而是思考一个个的字。走的是一条与西洋哲学完全不同的路。

二　正名之学

徐复观曾说：“自从严复以‘名学’一词作为西方逻辑的译名以后，便容易引起许多的附会。实则两者的性格并不相同。逻辑是要抽掉经验的具体事实，以发现纯思维的推理形式。而我国名学则是要扣紧经验的具体事实，或扣紧意指的价值要求，以求人的言行一致。逻辑所追求的是思维的世界，而名学所追求的是行为的世界。”②这讲法一点也不错，

---

① D. W. Hamlyn, *Metaphysics* (New York: Cambridge University Press, 1984.)《形上学讲义》第三章，黄庆明编译，洪叶文化事业有限公司，2000年。

② 详见徐复观：《公孙龙子讲疏》，民主评论社，1970年，7页。

但更值得注意的是，所谓名学的名，究何所指？

《论语·子路》："子曰：必也正名乎！"《集解》引马融曰："正百事之名。"名，是指对事物之称谓。这些称谓，据尹文子说，有命物之名，如方圆黑白；毁誉之名，如善恶贵贱；况谓之名，如贤愚爱憎；等等。据荀子说则有刑名、爵名、文名、散名。凡物，皆当有名去指涉它，故曰"物固有形，形固有名"（《管子·心术上》），"循名而督实，按实而定名，名实相生，返相为情"（《白心》）。只有道不可名，故"强字之曰道"。

所以，名基本上只是字。荀子说："单足以喻则单，单不足以喻则兼，单与兼无所相避则共。"单名是单字，如牛、马。兼名是两字合成一义者，如白马、黄牛。共，则是共名，如甲家之牛与乙家之牛同为牛，甲家之白马与乙家之白马共名为白马。名学上的争辩，往往来自大家对这单、兼、共名之间的关系，以及名与实之间的指涉关系，有不同的看法。[1]

例如公孙龙子的白马论，谓白马非马。我们固然可以用逻辑的论式，将"白马非马"视为一命题，讨论主词与谓词的包含关系或排拒关系，而说明公孙龙所讲的白马非马，是说白马"不等于"马，非白马"不是"马。但是公孙龙子的这个论题，旨趣其实并不在此，他是要讨论"白马"与"马"这两个名的差异。所以《白马论》一开始就说："白马非马，可乎？曰：可。曰：何哉？曰：马者，所以命形也。白者，所以命色也。命色者，非命形也。"马，只是马；"白马者，马与白也"。

① 刘师培《小学发微补》："共名与别名不同，中国古籍皆以共名统别名，如《尔雅》列《释天》《释地》《释草》《释木》各篇是也，天地草木皆共名也。……若夫《礼记》以龙凤龟麟为四灵，《书》注以稻黍稷麦为五谷，则又合数名而成一共名。……然共名别名无一定之别。……由荀子之言观之，则以大共与小共较，则小共变为别名，以小别与大别较，则大别又变为共名。"

因此，此二者之差别，即是单名与兼名之不同；“马未与白，为马；白未与马，为白。合马与白，复名白马”，复名即是兼名。白马是兼名，白石也是。但白石或坚石这样的兼名，公孙龙子虽认为能够成立；坚、白、石三名合组为一，则他认为不能成立。故《坚白论》曰：“‘坚、白、石，三，可乎？’曰：‘不可。’曰：‘二，可乎？’曰：‘可。’”因为公孙龙子主张的是“独而正”的正名立场，所以他强调要离坚白。

据此，论者用逻辑学的观点来诠释白马非马等言辩，说公孙龙讨论的是概念之内涵与外延，用上了“任何一项a不能既是a又非a”的矛盾律，甚至遗憾公孙龙并未进而建立一套客观的逻辑理论，恐怕都不甚相应。①因为整个学问的重点和目标，乃是对名的辨察而非逻辑的建立，亦即荀子所谓“所为有名，与所缘以同异，与制名之枢要，不可不察也”。

也就是说，名学旨在正名，务稽实以定名。各家立场及理论各不相同，然此一基本路向是一致的。因要“名以举实”（《墨子·小取》），“名也者，所以期累实也”（《荀子·正名》），故有名实论；因为“制名以指实”（《正名》），故有指物论。这些讨论，皆核论名实者，非讨论命题者，不是谈“马是马，白马非马”这一命题，而是在谈“白马”与“马”这两个名。

牟宗三曾言：“由对每一事能下一定义之心灵，即可开出两种义理之

① 陈癸淼《公孙龙子疏释》及牟宗三《名家与荀子》，都曾批评公孙龙未能积极地说明“逻辑的所以然”，或“自觉地点出内容、外延、共相、殊相、概念与类等范畴，使之成为有独立性而客观的学问”。此乃以逻辑学要求名学。因为牟宗三先生一贯地主张“先秦名家通过《墨辩》而至荀子乃为一系相承之逻辑心灵之发展”，所以他当然会由逻辑去疏解公孙龙及诸名家之论。其实，以逻辑来说明名学，乃是“格义”，能更清楚地使名学为现代人所理解，但很难说它更符合名学的内容与宗旨。

途径:（一）顺名之所以成即在表示实事之理，则可以言柏拉图之理型，而建立形式体性学（formal ontology），以贞定经验之现象。（二）顺定义之成一名，而反省定义所以成之手续，则可以发现亚氏之所发现，而言五谓与十范畴。然此两途，荀子皆未做出。”[①]其实岂止荀子未朝此二方向发展，整个中国学术均未曾发展此二路。中国的名学，是要构建一套名言系统，来“别殊类，使不相害；序异端，使不相乱”，使人认识这个世界。然后在人与人的认识之间，再通过名的辨察，“抒意通指，明其所谓，使人与知焉，不务相迷”，以达至“名正—言顺—事成”的目的。因此，中国的存有论，即是以察名的方式来建立的。哲学家往往以替万事万物命名的方式，来说明他们对世界的看法；或重新考察名谓，界定事物存在的性质。

三 说文解字

《尔雅》就是这样一部正名之书。

《左传》，桓公二年晋师服曰:“名以制义，义以出礼，礼以体政，政以正名。”《尔雅》，据张揖说，乃是周公“制礼以导天下，著《尔雅》一篇，以释其义。……爰及帝刘，鲁人叔孙通撰置《礼记》，文不违古，今俗所传三篇《尔雅》，或言仲尼所增，或言子夏所益，或言叔孙通所补”(《上广雅表》)。这本书的作者不知为谁，但作《广雅》的张揖显然是把此书视同于礼经，即吴检斋氏所谓:“《尔雅》者，《礼记》之流。”此与一般人把它只看成训诂之书，当然不同。但训诂释名，本来也就关联着礼义，张揖是撰《广雅》的人，自然深知这种哲学即文

① 详见牟宗三:《名家与荀子》，台湾学生书局，1982年，179页。

字学的大关键，倒是后人仅把《尔雅》《广雅》视为小学，不免所见者小了。

但视此为“小学”，是显示了它作为一哲学方法的意义。故基本上也没有错。这部书，后人推崇它“包罗天地，纲纪人事，权揆制度”，“文约而义固，其陈道也，精研而无误，真七经之检度，学问之阶路，儒林之楷素也”，“所以通训诂之指归，叙诗人之兴咏，总绝代之离词，辨同实而殊号”……讲得如此郑重。可见在中国学人心目中，它不是现代意义的“字典”，而是进入六经奥义、掌握一切宇宙事物的关键。这，正是在中国察名传统中才能形成的想法，以致此书能成为十三经之一，且被认为是“九经之通路，百氏之指南”（陆德明《经典释文》语）。

《尔雅》的结构，可以分为三部分，一是《释亲》《释宫》《释器》《释乐》。二是《释天》《释地》《释丘》《释山》《释水》《释草》《释木》《释虫》《释鱼》《释兽》《释畜》。先释人事环境，次释自然环境，再释常用字词，包括同义词及叠字词，此即《释诂》《释言》《释训》三篇。一共解释了两千二百零四事。全面进行了对世界的言说。而这些言说，又多是以名释名，例如“林、烝、天、帝、皇、王、后、辟、公、侯、君也”，“父为考，母为妣”，“木豆谓之豆，竹豆谓之笾，瓦豆谓之登”之类。文字系统与存有论完全结合为一体。

《尔雅》之后的《小尔雅》《广雅》《说文解字》《释名》等书，性质大概都是一样的。以《说文解字》来说，作者许慎在当时号称“五经无双”，他作此书也确实有极大的企图，自序云：“其建首也，立一为端。方以类聚，物以群分，同条牵属，共理相贯，杂而不越，据形系联，引而申之，以究万原，毕终于亥，知化穷冥……”这本书不仅“天地、鬼神、山川、草木、鸟兽、虫鱼、王制礼乐、世间人事莫不毕载”，而且显示了一套世界观。欲通过文字，来知化穷冥，以究万原。他那始“一”终“亥”的结构，与其说是什么六书或本义的探究，不如说他是用文字在说明万化始于子终于亥。子为一，属复卦，名天一生水，一阳生，万物孳长，岁在十一月；亥为坤卦，岁在十月。由子至亥，刚好一岁周转，同时也是万化成毁始终的周期。这是汉人所发展出来的宇宙观，后来邵雍《皇极经世》仍然采用了这个架构在讲天开地辟以迄世界坏灭。①许慎即是用这套宇宙观解释在释名，安排每个字进入他的世界体系中，各居其位所；同时也用这9353个字来说明这个世界。至于每个字，他细分为本义、引申、假借等等，则又是“深察名号”的一种方式了。

与《说文解字》体例完全不同的《释名》，于此亦有异曲同工之妙。其书作者刘熙自序曰：“夫名之于实，各有义类，百姓日称而不知其所以之意，故撰天地、阴阳、四时、邦国、都鄙、车服、丧纪，下及民庶应用之器，论叙指归，谓之《释名》，凡二十七篇。”包括天、地、山、水、丘、道、州国、形体、姿容、长幼、书契、典艺、用器、乐器、兵、车、船、疾病、丧制。显然是由自然世界叙述到人文世界，而以人命之终为结束。此书，《中兴馆阁书目》谓其“推揆事源，致意精微”，刘熙自己也说是要“论叙指归”。盖循音求义，以推究每一名号之所以如此的缘故。亦即“名之于实，各有义类”。

---

① 《小学发微补》又云：“《说文》一书，始一终亥。一字下云‘惟初太极，道立于一；造分天地，化成万物’，亥字下云‘亥而生子，复从一始’，盖中国前儒，推论世运，以为世界递迁，一始一乱，终始循环，周流不息，故易卦始于乾，其象词曰‘大哉乾元，万物资始’，而《序卦传》则云‘物不可穷也，故受以未济终焉’。《春秋公羊传·隐公元年》云：‘元年者何？君之始年也。春者何？岁之始也。’哀十四年，西狩获麟，传云孔子曰：‘吾道穷矣。’《尔雅·释诂》首详始字之训，终详死字之训，亦此例也。《说文》始一终亥，例与此同。盖《易经》之义，言阴极则阳生；《春秋》之义，言乱极则治生。……终亥始一，即阴极生阳，乱极生治之义也。”

从哲学的角度来看，许慎或刘熙所提供的这些体系，实在是异常丰富的，例如以意义理论的类型（type of theory of meaning）来观察，许慎、刘熙是否为一指涉论（the referential theory）呢？从存有论的立场看，这些名字结构，岂不也显示了他们观念中存有的结构？但我们现在不谈这些，我们只是要提醒大家注意：他们讨论的全部是单个的字，并以字来构建一套世界秩序。

四　深察名号

过去的文字学家、训诂学者，眼光心力呆呆地集中于字形、字音的考辨。把《说文》《释名》之论本义、溯语源，真视为字的本义语源，煞有介事地在谈古人造字时如何取义，或根据出土文物资料考释字之本义初形当如何。①殊不知许慎、刘熙等人论本义、溯语源，只是用以界定名与实的关系，用来说明那唤作“牛”、唤作“羊”的物事，何以唤为“牛”唤为“羊”。唤为牛，唤为羊，不只是约定俗成的；观察名之所以为此名，即可以知物之何以为此物。

这即是所谓“深察名号”的一种方法。

但此法之用，不仅止于此。所谓深察，是不仅要察，更要深察。《说文》分辨字的本义、引申、假借等，就是说明一字之义可能不是单一纯粹的，它会顺着它“本有的义类”流动。《释名》也常顺着语音关系，深察一个字可能的含义，例如天，他说：“豫、司、兖、冀，以舌腹

① 据托名杨树达兄弟所撰而实为叶德辉门人所作《叶郎园先生之经学》载：“吾师尝云：《说文》非字学，乃汉学。注解意义，与汉儒经传注训相同。”（详见日人桥川时雄编《文字同盟》第十四号）此真通人之言，古来视许书为小学之首，正由于不知此义。叶氏又谓汉儒注经时解说字义亦多属“望文生义”，不得据以为文字声音之本，亦甚是。

言之：天，显也。在上高显也。青、徐，舌头言之：天，坦也，坦然而高远也。”天有两种读法，事实上即显示了人对天的两种理解以及天的两种含义（这不是实际的音读，以中国之大，天的读音岂止二种）。这种深察名号之法，董仲舒《春秋繁露·深察名号》运用得最为明显。

《深察名号》一开始就说：“治天下之端，在审辨大；辨大之端，在深察名号。名者，大理之首章也。录其首章之意，以窥其中之事。则是非可知，逆顺自著。”因为事顺于名，故名号不正，其事必逆，名号不能不察。

如何深察呢？他举“王”字为例说：

> 深察王号之大意，其中有五科：皇科、方科、匡科、黄科、往科。合此五科以一言，谓之王。王者皇也，方也，匡也，黄也，往也。是故王意不普大而皇，则道不能正直而方；道不能正直而方，则德不能匡运周遍；德不能匡运周遍，则美不能黄；美不能黄，则四方不能往；四方不能往，则不全于王。故曰：天覆无外，地载兼爱，风行令而一其威，雨布施而均其德，王术之谓也。

继而论“君”字，云“君者元也，原也，权也，温也，群也”，亦是如此。这五“科”，即观察一个字的五个角度，看出五种含义。这五种含义即使是矛盾或相斥的，仍能彼此相关联地融合为一字。唯有穷尽（“全”）这五科之意，方能称得上这个“王”字、“君”字。

这与一般字典中之一字数义，截然不同。钱锺书《管锥编》曾举了《易纬乾凿度》“易，一名而含三义，所谓易也、变易也、不易也”，《毛诗正义·诗谱序》“诗有三训：承也，志也，持也。作者承君政之善恶，述己志而作诗，所以持人之行，使不失坠，故一名而三训也”，皇侃

《论语义疏·自序》“一云伦者，次也，言此书事义相生，首末相次也；二云伦者，理也，言此书之中蕴含万理也；三云伦者，纶也，言此书经纶古今也；四云伦者，轮也，言此书义旨周备，圆转无穷如车之轮也”，智者《法华玄义》卷之上“机有三义：机是微义，是关义，是宜义。应者亦为三义：应是赴义，是对义，是应义”，以及董斯张《吹景集》卷十所论“佛字有五音六义”等例，说明汉字这种“不仅一字能涵多意，抑且数意可以同时并用，合诸科于一言”的特色。①也就是说，依中国哲学家的观察，中国字，可以同时呈现许多相反、相异、不同层次、不同类别的意。唯有同时穷究深察之，始能尽其理趣。

这样的汉字，实在要让近代假手西方语法学以建立中国文法理论的学者烦恼透了。因为《马氏文通》以后的文法学家，差不多均依欧洲文法，把词分成八类，再加上一类欧洲语言中所无的“助词”，成为九类：名词、代名词、动词、形容词、副词、介词、连接词、叹词、助词。马建忠且以此为“正名”，但这种分类有什么用呢？马建忠自己就说，中国字“字各有义，而一字有不止一义者。古人所谓望文生义者此也。义不同而类亦别焉”，故“字无定义，故无定类”。后来刘半农不同意他这种说法，因为如此一来便否定字类区分了。所以刘氏建议：“词类之所由分，系于词性，即词本身的性格。”陈承泽也主张要划定字类。然而，他们都不能不承认所谓词本身的性格，只是相对的，词品可以灵活使用。这岂不又是字无定义定类说吗？他们解决的办法，就是用句来定字。例如黎锦熙《新著国语文法》发现：中国字，即使是一个最

① 详见《管锥编》论《周易正义》一《论易之三名》。另外，他论《毛诗正义》一《诗之一名三训》、二《风之一名三训》，谈的也是同一问题。章太炎《訄书》初刻本《正名略例》亦云：“说易者云含三义，变易也，不易也，简易也。变易、简易，义本绝殊，中国适为同字。他国虽明知其训，而无一字以兼此两义者，则于《周易》不得不译音也。”

简单的“人”字，可为名词，亦可为动词，更可为形容词、副词，词类虽改，“人”仍是“人”这个字，不像西洋文字有词头（prefix）或词尾（suffix）变化。所以他主张“凡词，依句辨品，离句无品”①。

这便是“句本位”的辨词类法及语句分析法。然此仍是套在西洋语法规格中的办法。却不知中国文字词类的不确定，不是因为它在使用上活用的结果，而最主要的还是因为文字本身便兼涵数义。如“诗”为一名词，但它同时也是承，是持，是志，它还能说是名词吗？《释名》又说“诗者，之也。志之所之也”，《荀子·劝学》则云“诗者中声之所止也”，诗又是止，是之，是至，是寺。犹如“风”，可指自然大气之风，风，汜也，其气博汜而动物也；风，放也，气放散也。又可指风诗之风，为人文之风。此风，言其作用，则风为风谏、风教；言其本源，风为土风、风谣；言其体制，风为风咏、风诵。正如刘师培所说：“中国之文字，有虚实之用不同，而其字形则同者。同一恶字，而或读为好恶之恶，或读为美恶之恶。上意属他动词，下意属形容词中之静词，在西文早已分为二字，而中文则以一字兼之，所谓一字数义也。然此仍以读

① 一、有关中国文法学在词类区分上所遇到的困难，另详《中国文法论》第三章。二、马建忠论类，是字类；后来的文法学家，则多主张以“词”来代表。如马建忠说名字、动字、代字、介字等，黎锦熙、章士钊等人则称为名词、动词、代名词、介词等等。这可以显示马建忠毕竟仍受传统观念的影响。三、章太炎曾提到：“辞例者，即又不可执也。若言‘上下无常……进退无恒’（《易·文言》），‘处而不底，行而不流’（《左传·襄公二十九年》），一则同趣，一则僢驰（谓‘上下’与‘进退’，‘常’与‘恒’皆同趣；‘处’与‘行’，‘底’与‘流’义相对反），要其辞例则一，词性亦同。至如《墨子·经说下》云‘白马多白，视马不多视’，白马、视马，辞例一也，而白为全体，视为一部，观念既殊，则词性亦殊矣。谢惠连《雪赋》云‘皓鹤夺鲜，白鹇失素’，夺鲜、失素，辞例一也，而素为举性，鲜为加性（直指形质谓之举，意存高下谓之加），观念既殊，则词性亦殊矣。”（《訄书重订本·订文·附正名杂议》）据此，则纵使句式一样，词性仍然会形成差异，依句辨品这种办法毕竟是行不通的。

音之不同别之。若夫《大学》‘在明明德’两明字之形声无一区别，而义有虚用实用之分，则非深通字学者不能解矣。然此犹曰仅虚实之用不同耳。……且夫风者，大块噫气也；因其速而朝廷之化亦称为风化；复由风化之化，引申之，而诗亦称为风诗矣。字则犹是，而义之相去已远矣。”（《左庵外集》卷六）事实上根本无法“举句察品，察句定式”。只有深察名号，方能审其义类。①

正因文字本身含义深广，所以在别种语言中，有些要由词的“音变”或“附加成分”等方法表达的意思，一个独立的字本身就能办到了。反之，所谓依附成分（dependent elements），在其他语言里通常是指不能独立表意的成分，必须依附于另一个可以独立表意的词，如英语里re-open的re，或books的-s，以及须与其他词合用的of、to、with之类。中文的依附的成分，勉强只能说是那些“虚字”。但虚字本身是可以独立表意的，只是假借为虚字使用而已。如“也”，本字义指女阴，假借为虚字用。聿、其、岂、因、而、然、亦、且、勿、弗、不等也是如

① 刘师培《小学发微补》曾以“声义同源说”论中国字广涵众义之故，曰：“古者命名辨物，近其声即通其义。如豹礿为同声，与虎连类而言，则借礿为豹；与祭连类而言，则借豹为礿。……而西人克拉伯里著《支那太古文明论》，以易卦为古文，于一字之中，包含众多之义。又解释离卦之文，谓古文離字作离，初九言‘履错然敬之’，履即缡字，错即谪字，然即糲字，敬之即瞝之。六二言黄离，黄离即鹨字。九三言日昃之离，则大耄之嗟嗟，即嘀字。九四言‘突如焚如’，焚即熵字。六五言‘出涕沱若’，涕沱即漓字。上九言‘王用出征，有嘉折首，获匪其丑’，出征即离字，有嘉即傗字，获即貍字，匪即篱字，其即篱字，以证《周易》为古文之字典。其说与焦氏（理堂）合，盖离字本系动词，而缡等字则皆名词。此由静词动词借为名词之确证。试用拉克伯里氏之例解坤屯之卦……是神、伸、陈、呻、绅、电等字皆由申字引申。……迍、钝、杶、纯、肫等字皆由屯字引申。即此例以推六十四卦，大约皆然，且非特《易》为然也，即按之中国文字，亦无不然。”章太炎比较中英文字数多寡，也以为英语“言各成义，不相陵越”，故字数较多，当时已达六万字。中国字以九千字为基准，真正在用的只有四千字左右。详见《訄书重订本·订文》。

此，每个字都兼涵虚实。①此种字，西文无可比拟，故自《马氏文通》以来皆独立助词一类，云为“华文所独”。此外则是介词，《文通》说：“泰西文字，若希腊、拉丁，于主宾两次之外，更立四次，以尽实字相关之情变，故名代诸字各变六次。中国文字无变也，乃以介字济其穷。”这个介词如“之”字，即类似英文的-s及of。此不只是把用语法形式来表示的，是用字来表示；而且介词多由动字虚化而成。动字介字可以混用，也与西文不同。②

这种含义丰富、词性不定的字，当然值得深究。究察某名某字的活动，本身就如同西洋哲学中对于某一“命题”之讨论。

五　望文生义

马建忠曾建议我们“望文生义”。深察名号其实即是如此。因为字义不是凝固的限定义，它仰赖观察者由各个层面去体察它，观其所以名之之义。故字义是有待彰显、生发的。如何彰显呢？一是就一字观其体用动静等，如“乱”又有“治”的意思，徐灏《说文解字注笺》云“自其体言则为乱，以其用言则为治，故乱亦训治也”，就是从体用两方面来解释乱的字义。③董仲舒以五科观察字义亦是如此，所谓“五号自赞，

① 廖平曾“主独体无虚字之说。尽取《说文》虚字而求其本义，均作实字解。将近二三百字”，后稿亡佚。其说见光绪七年之《释字小笺》。其后刘师培《小学发微补》曰：“上古之时，未有虚字，先有实词，凡后世虚用之词，皆由实词假用”；鲁实先《转注释义》亦云：“其因义转而注者，厥有二途，其一为存初义，以别于假借与引申。……若聿、其、岂、因、而、然、亦、且，借为语词，故孳犯为笔、箕、恺、捆、耏、爇、掖、祖。”洙泗出版社，1976年。

② 濮之珍：《中国语言学史》，465—468页。

③ 以“体”“用”论哲学，当起于魏晋时期，秦汉尚无此法。故此所谓就一字观其体用动静者，意指观察每个字的各个方面，不必非用动静体用等名（转下页）

各有分，分中委曲”。一个字的各种可能含义，借着这种办法逐渐被挖掘了出来。后人谓读书当用“八面受敌法”，即一篇文章从各个角度一遍遍地去观察，殆即为此种方法之扩充。

二是就字说其义理。这与字典释明字的用义与指物义不同，是言其所以得名之义，如《释名·释亲属》：“无父曰孤。孤，顾也，顾望无所瞻见也。”并不是说造字时依“顾望无所瞻见”来造“孤”字，而是说孤的含义如此，此所以为孤也。试比较以下几例，此理便更明晰了：（1）“秋，緧也。緧迫品物使时成也。冬，终也。物终成也”（《释名·释天》），“秋之为言愁也，愁之以时察守义者也。冬之为言中也，中者藏也”（《礼记·乡饮酒义》）。（2）“霜，丧也，其气惨毒，物皆丧也”（《释天》），“霜，丧也，成物者”（《说文》）。例一释秋冬，训诂不同，是因为二书对字义之理解不同。例二释霜，训诂虽同，取义却恰好相反，《释名》着眼于霜之肃杀万物，《说文》则采《诗经·秦风》“白露为霜，而四时成”，着眼于霜之成物。这样的说解，显然是先用字解字，如“日者，昧也”，再即字言义、即事言理的模式。不仅是针对所指具体之事，更要就此名事讲出一番抽象的理。所释之义，事实上便是该书作者的哲学思想。而即事言理，更是中国哲学的一般作风。例如：

> 《释天》：日，实也，光明盛实也。月，阙也，满则阙也。水，准也，准平物也。火，毁也，物入中皆毁坏也。金，禁也，气刚毅能禁制物也。《说文》：日，实也，太阳之精不亏。月，阙也，太

（接上页）相不可。另外，我们当注意中国字虽属同义字时，义可能仍有深浅轻重之分，中国哲学中对此最为讲究，详见刘师培《古书疑义举例补》“同字同词而异用之例”。又见其《毛诗词例举要》“训同而义实别例”。章太炎《正名杂义》亦云：“之、其、是、者四文，古实同义互用，特语有轻重，则相变耳。”

> 阴之精。水，准也，北方之行。火，燬也，南方之行，炎为而上。金，五色金也，黄为之长，西方之行。
>
> 《释天》：丑，纽也。寒气自屈纽也。卯，冒也，载冒土而出也。巳，已也，阳气毕布已也。午，忤也，阴气从下上，与阳相忤逆也。未，昧也，日中则昃，向幽昧也。酉，秀也，秀者物皆成也。戌，恤也，物当收歛矜恤之也。《说文》：丑，纽也，十二月万物动用事。卯，冒也，二月万物冒地而出。巳，已也，四月阳气已出，阴气已藏，万物见，成彰。午，牾也，五月阴气牾逆，阳气冒地而出也。未，昧也，六月滋味也，五行水木老于未。酉，就也，八月黍成可为酎酒。戌，灭也，九月阳气微，万物毕成，阳下入地也。

这些字，二书训诂多同，但解义迥异。刘熙的宇宙观较为素朴，许慎则不然，他不但接受了阴阳五行之说，也采用了十二月消息卦的易学理论。这就是为什么他释“五”会说“五行也，从二阴阳在天地间交午也”，释“易”会引纬书云“日月为易”。日月为易的易学，也是《参同契》及虞翻卦变说所主张的，以日阳月阴、阳火阴符言消息变化、气化，甚至吐纳炼丹等等。[①]后世不讲这套哲学，故论“易”多从三易，

① 王明《道家和道教思想研究》（中国社会科学出版社，1984年）之《周易参同契考证》一文对“日月为易”之说之渊源及许慎引书诸问题，均有析论，可参看。又拆字解义，亦汉代谶纬中常用者，如《春秋元命苞》“两口衔土为喜”“八推十为木”“尉者慰民心，抚其实也。故立字，士垂一人，结曲折著为廷尉。士戴尸首以寸者，为言寸度治法数之分，示推尸稽于寸，舍则法有分，故为尉示与尸寸”，《太平经》卷三九《解师策书诀》云“十一者士也”之类皆是。后世道教中也普遍采用这种拆字解义之法，如《道藏辑要》中所收范一中《阴符经玄解》便是典型的例子。拆字，后来成为民间广泛流传的一种术数，拆字测字，就其字以说命运遭际，原因更须由此处索解。另详本书第二卷第三章。

即不易、简易、变易之说。此皆即字言理，所构成的其实是一种“哲学文字学”。

三是推类。释义时经常采用比物连类、反复旁通之法。亦即广泛采取类比与联结的方式，运用推类的思考，辗转扩大或深化其含义。例如《尔雅》特重同义词的类聚性解释，《释诂》《释言》二篇约占全书三分之一以上，就都采类聚为训之法，如“初、哉、首、基、肇、祖、元、胎、俶、落、权舆，始也”，“林、烝、天、帝、皇、王、后、辟、公、侯，君也”。“哉”是始，“在”为何也是始呢？“在”本是终，始终相反为义，犹如“落”本是死亡结束，现在训始；“愉”既是劳又是乐；“豫”既是厌又是乐；“康”既是安静又是苛扰；“繇”既是忧又是喜。其义皆相反相成。同理，“烝”为君，但又是众，故《白虎通》及《广雅》说“君者，群也”，《春秋繁露》说“君者不失其群者也”。[①]这只是字义上反复旁通的现象，另外还可从字形、字音上去推类，由施到矢到尸再到雉、弛、夷、侇、豸、絺、水、准、鹰等。刘师培《正名隅论》等书举了很多这类例子。董仲舒云“王”为方，为匡，为黄，为往，为皇，也运用了这种方法。[②]

这些察考字义之法，就字说义，使用极为广泛。但因为每个字都可以透过形音义的推类比物、辗转联结，有时不免恢阔无端，令人觉得过求其深，过于曲折，所以又有人会想从上下文义脉络去限定它。如清徐

---

① 《小学发微补》云：“中国言文最难解者有二例，一曰同一字而字义相反，一曰正名词同于反名词。如废训为置，乱训为治，苦训为甘，臭训为香，皆同一字而字义相反者也。以不如为如，以见伐为伐，以不敢为敢，皆正名词同于反名词者也。”前一条，在《古书疑义举例补》中称为“二义相反而一字之中兼具其义之例”。如“苦”兼有快与痛二义，“郁”“陶”“繇”皆兼忧喜二义之类。另外，此书又举了“使用器物之词同于器物之名例”，如杀人的兵器叫剑，杀人的动作也叫剑。造成这些文字特性的原因，其实就是一种比物连类、反复为用的思考方式。

② 这方面最典型的文献，是王念孙《释大》、阮元《释矢》。可参看。

大椿《道德经注・凡例》便说：

> 一字训诂，本有数义，必视其上下文脉络，方可定此字当训何义，乃能通贯。否则全文俱晦。如第五九章“治人事天，莫若啬”，乃俭啬之啬；王弼训为稼啬之啬，则下文费解矣。此本字义俱考古字书诸解，择其与本文最切确者为训，故能上下连属。

此即以句义定字义之说。但这种想法实际上极难办到，因为正如前文所引黄侃《文心雕龙札记》云，中国传统上是认为“积字成句，一字之义果明，则数字之义亦必无不明”，所以要解句义，基本上仍得仰赖对字义的了解。亦即先解“啬”为何义，再据以说此章之章义。“啬”乃这章的关键字，大家都在这儿卖弄手段。何止稼穑、俭啬二义？更有人据敦煌本遂州本及赵志坚本谓应作“式”字哩！①所以“视其上下文脉络方可定此字当训何义”只是个幌子；实际做法，仍是“字义俱考古字书诸解，择其与本文最切者为训，故能上下连属”，考字义，以求通贯解释上下文。而且，他所考察之字义，也只是先秦两汉诸子在深察名号的方法运作中解释出的字义，他再加以斟酌选用而已。可见深察名号，不仅为一哲学方法；其所释之字义，也直接影响到中国哲学的内容与发展。

六　哲学文字学

早在春秋以前，中国即有谥号的制度，《史记・秦始皇本纪》“太古有号毋谥，中古有号，死而以行为谥”，此据《礼记・檀弓》云为周朝

---

① 详见朱谦之：《老子校释》，明伦出版社重印本，1978年。

制度，今传《逸周书》便有《谥法篇》。所谓谥法，是在人死之后，用一个字来概括这个人的一生志节行为，断其是非善恶。如周幽王之幽、厉王之厉即是对他生平功过的大论断。这以一字定褒贬的传统，再加上先秦诸子对名号的考察辨析、孔子作《春秋》所形成的学术传统，当然对思想家会有深刻的影响。深察名号、考索字义，成了中国哲学最基本的方法。论者不仅要"察制名之枢要"，要核正名实，更须通过名的探究，构建一套哲学即文字学的体系。这种进路，虽大备于两汉，但并非汉代哲学独用之法。清儒标榜汉学，用这套方法区分汉宋学术之不同，事实上不但未能充分理解并发挥此一方法之功能，也忽略了它作为中国哲学之基本方法的意义。因为以释字言哲学，倘若不是一个基本方法，王阳明就不会在"格物"的"格"字上大做文章。王学与朱子学的不同，完全可以从他们对"格"字及"亲民""新民"的解释上看出来。①同理，朱子解《论语·学而》第一句"学而时习之，不亦说乎"的"学"，说"学之为言效也，后览者必效先觉之所为，乃可以明善而复其初"，整个朱子学的宗旨亦由此可见。清儒反理学，也全力在攻这个"学"字，一定要把"学"解释为"读书"，因为必如此乃能转尊德性为道问学。

此即"以一字定宗旨"也。在西洋哲学中，以亚里士多德所建立的传统来说，这种做法实不太可能。因为一个独立的字，既不构成句子或命题，也无法"判断"。他在《论解释》一书中阐述道：

---

① 《大学》"大学之道，在明明德，在亲民"，程子主张作"新民"，阳明主"亲民"。格物，朱子谓"格者，至也"，阳明则以为"格者正也，正其不正以归于正之谓也"，详见《大学或问》。其后毛奇龄攻朱子，又云格物只是量度物的本末，此与阎若璩引《仓颉篇》"格量，度之也"相近。其他各家释格物义者甚多，不具引。

> 在心灵中的思维有的不牵涉到真假，有的则必须是真的或假的。这种情形在说话时也能发生，因“真”或“假”意含“组合”和“分离”。不附加任何其他因素的单纯名词和动词，就像没有组合或分离的思维，尚无所谓“真”或“假”，譬如“人”（man）和“白的”（white），分开来讲，就尚无真假可言。为了证明上述所言，以“山羊雄鹿”（goat-stag）为例，它虽有意义，但无所谓“真”或“假”，除非加上“是”或“不是”。至于用现在式（present tense）或其他时式，则可视情况而定。句子（sentence）是语言的有意义部分，其中有些部分是有单独意义的，因为是一种表达思想的方式，虽然不一定是完整的判断，对此我将加以解释。譬如human这个字是有意义的，但不构成一个否定或肯定的命题（proposition），除非附加其他东西。

似乎他认为哲学工作主要是在进行判断，而“主词与述词真正结合在一起时，即肯定之；分离时则否定之，此即真正之判断”。如仅谈“人”“白”“勤”“懒”，那便只是初步认识简单之概念而已。字义辨析之意义与重要性，他和中国哲学家们显然有不同的看法。但在中国哲学史上，无论是汉学、宋明理学与禅宗，大概都采用着这种方法。这种方法强调辨名释义，认为一切问题都起于名的混淆（或名实不符，或名义不明），只要把名搞清楚了，一切问题就都可以迎刃而解。

但其解释名义，事实上是以字解字，如“士，事也”之类。若追究士为何即是事，则再解释士之所以为士，是因为士能任事。先秦诸子及大小戴记中充满着这样的问答形式：“何谓x？”“所谓x者，谓……”或“所谓x者，y也。x谓之y者，以……”均属此种释名之例。问题是，x不只是y，它更常是a，b，c，d，e……一名而广涵众义。

这两点，也深刻影响着中国哲学的性格。因为以字解字，便不太能看到“论式”的发展。在西洋哲学中我们较容易发现论题以及针对该命题之各种论证。中国非无论题，但论题不显现为一“问题形式”，只表现在字义的不同解释上。这种字义的差异甚为隐微（如：“性，生之谓性，言有善生于心也。”表面上看起来没什么问题，其实前一义与后一义根本南辕北辙，不深察详考，往往难以觉知），而且缺乏论证形式，不易覆按。

其次，则因一字多义，构成了言简意赅的哲学风格。哲学不表现在范域（Umfang）的拓展上，而重在内容（Gehalt）的深入挖掘上。言不尽意，意中委曲深至之处，唯有深识博观，方能逐渐领略。也正因为如此，故不认为我们需要繁复的语法表达及啰唆的论证，表达方式极为简朴，只注重内涵。

换句话说，中国哲学偏向文字性思考，西洋哲学偏于语言性思考，各有其基本运思方式与路向，宜分别观之，以西律中，往往失“中”。本文聊为喤引，或有助于将来进一步的探索。

第二章

以文字掌握世界：有字天书

——中国宗教（道教）的性质与方法

本书第一卷第二章《中国文学艺术发展的结构：说“文”解“字”》曾认为我国有一个“主文”的文化传统。在这个传统里，我们不但以文涵盖一切艺术的创造，概括一切自然美的表现，更以文为一切历史文化的内容，为存在之原理。因此，文字、文学与文化，形成了一体性的结构，文学不但居于我国艺术的中心地位，各门艺术也都朝文学发展。本书第三卷第一章《文学崇拜与中国社会：以唐代为例》亦同样申谕此旨，说明中国原有的文字崇拜，如何发展为文学崇拜，并主导着社会文化的走向。

现在，我拟于本章中讨论中国本土发展起来的道教。由道教的“天书”传说，略窥其文字崇拜之底蕴，说明道教的性质，再据以了解其与文学之关联，并补充上述诸文。

我这些探索，当然亦可放入所谓文学社会学的范畴中去看待。但无论规模、理论及方法，均与坊间各种仿袭自西方或由西方所发展出来的社会文化论文学批评、文学社会学不同。我希望在这方面能自辟蹊径，以与世界文学批评的发展对话。当然，在对中国文化的具体解析（例如对道教的讨论）方面，我希望也能提供新的视野。

一　自然创生的天书

道教以道、经、师为三宝①，道指教义，师系传道者，教义则存于经典之中。传道者欲传道，其实仍不能脱离经典。经典之重要，不言可喻。但道教经典中，颇有杂糅九流、囊括诸子者，如《南华经》《亢仓子》《鬼谷子》《墨子》之类。此固为道教之经典，然亦不必即为道教经典。真正属于道教的经籍，大抵又可以分成两大系统：一种与其他各宗教类似，以经典为教主之言说述造，或属于先知所作，再不然则托诸鬼神。如《黄庭经》第一章便说“上清紫霞虚皇前，太上大道玉辰君，闲居蕊珠作七言”，以此经为太上大道王辰君在蕊珠宫中作。又如《灵宝天尊说洪恩灵济真君妙经》《元始天尊说先天道德经》之类，题目上就标明了此经系元始天尊或灵宝天尊所说。这类经典，占了道教典籍中一大部分。故《灵宝无量度人上经大法》说：“九老仙都千明之科，九炁文人照生天符、大灵群文，皆是三天太上道君所撰，或是三皇天真所造，或是九天父母真人赤童所出。”

另一种形态则很特殊。它没有作者。经典之出生，虽由教主或先知所传，其创作却非人力所为，乃是自然创生的。

这样的经典也很不少，且足以视为道教之特色，恐为其他宗教所无。以《道藏》正一部坟字号《上清元始变化宝真上经九灵太妙归山玄箓》为例。该经即自称是“九天建立之始自然而生”。据说当时“与气

① 《洞玄灵宝自然九天生神章经解义》卷二：“三宝有三。本经天宝、灵宝、神宝，分为玄元始三气，降于人，为三田。曰精，曰气，曰神。此内三宝也。教有道宝、经宝、师宝三宝，太上三尊也。经宝，三洞四辅真经也。师宝，十方得道众圣及经籍度三师。此外三宝也。……又《内秘真藏经》云：贪行寂灭，尘累无染，戒行不亏，是名法宝；嗔性不起，不愤外尘，定无生转，是名师宝；痴性无取，无恼无患，慧通无碍，是名道宝。此三宝，非内非外，非声非色。”

同存，三景齐明，表见九天之上，太空之中；或结飞玄紫气，以成灵文”。示现灵文之后，倒也并未立即成为经典，因为“天书宛妙，文势曲折，字方一丈，难可寻详。自非九天中真主，莫能明其旨音”。所以后来经过诸天上圣仙真集体解义后，才予以写定，封藏于九天之上大有之宫，一直要等到西王母登西龟山，恰好又碰到天缘凑巧，于金华堂“北窗上有自生紫气，结成玄文，字方一丈”。两相感应，元始天王乃降授此经给西王母，使其总领仙籍。这时经文，乃“青琼之板，金书玉字”，其贵重可知。

这篇道经出世记，颇为曲折，且幽邈难稽，但事实上许多道经都强调它是以这种方式降世的。洞玄部玉诀类裳字号《洞玄灵宝自然九天生神章经序说》谓此方式为“悬义”，意指上天悬此义谛以示人，非由仙圣所造。它并说：“此经乃三洞自然之气，结成灵文，非由人所演说。故经题不冠以太上，经首不冠以道言，不立序分，不言时处也。”所谓经题冠以“太上”，如洞玄部本文类《太上洞玄灵宝天尊说大通经》题曰太上，系因经为天尊所说。经首冠以“道言”，如《太上洞玄灵宝护诸童子经》一开头即云“道言天地父母，日月五星，运气自然”，指此经乃道君所言。所谓言时处，如《太上洞玄灵宝开演秘密藏经》开端即说：“太上大道君以上皇元年十月五日，与无量天真妙行神人，诣太微帝君处。”有些仿拟佛经的道书，常以“如是我闻，一时天尊在蒲林国中、樊华树下”（《太上灵宝元阳妙经》）的句式述说经义，也属此等。倘若在体例上不言时处、不冠说经者名、不以引述言说之方式出现的经籍，可能就是上天悬义，自然成文的。①

① 董思靖说：“此经直从天地万化源头说起，所以不立序分……非由演说故也。然无序分，则此经又何自而传？故至此分序出教之因。”序分，是采佛教说经的术语，但解释并不相同。

一般认为，这种天生经文之价值与地位都比较高。如董思靖注解《自然九天生神章经》便说：“三洞飞玄自然之气，结成灵文，超于视听之先，出乎名言之表，众真钦奉，万圣尊崇。”因此此类自然创生之经，数量着实不少。除《道藏》所收者外，某些经书中也提到一些自然生经，如《太上灵宝洪福灭罪像名经》本身虽非自然生成经，却引了洞真、洞玄、洞神三洞各十二部经，说“右三十六部尊经符图，金书玉字，凝结三洞飞玄之气，五合成文，文彩焕耀，洞照八方”；且谓《黄庭经》《无上秘要》等三十六部经，皆“以混成郁积玄景……三五启绪，八会结文，或作金书凤篆，或造玉字龙章”。洞真部方法类《灵宝无量度人上经大法》更主张：“三洞之经，四辅符箓，皆因赤书玉字而化，禀受灵宝之气而成。”太平部仪字号《一切道经音义妙门由起》也认为：“凡诸真经，皆结空成字。圣师出化，写以施行。”至此，已有将一切道经皆解释为自然创生者的倾向了。

以佛教经典来对照，我们就可以知道这是极特殊的讲法了。在佛教创立时，被称为“佛”“世尊”“如来”的，只有释迦一人。一切教义，皆由佛陀思悟而得，亦皆由佛陀宣讲之。佛灭后，其弟子始结集为经文。在王舍城外七叶窟中，五百罗汉聚会，由阿难颂出他曾听闻的佛说义理，由优波离诵出佛所制定的僧团戒律，再由摩诃迦叶颂出教义的解释和研究的论著，形成了佛教的经、律、论三藏。是为佛经之第一次结集。因此佛经基本上都说是佛陀所说法，或以“如是我闻”来表示其经文乃闻之于佛陀。经部派佛教以后，另外造作了诸佛与菩萨系统，经文亦有名为菩萨所说法者。但不管如何，总不会有道教这样的自然创生经书说。伊斯兰教的《古兰经》，亦为穆罕默德在传教过程中，依“安拉”启示的名义宣布，而由门弟子记录于石版、兽皮、枣椰叶上，逐渐结集而成，以后也没有宣称为“生于九玄之先，结飞玄紫气，自然之章”

（《上清外国放品青童内文》卷下）之类。

不过，据《灵宝无量度人上经大法》卷二说，这种天生经文并不就是现在我们所看到的经书。而是经过五道翻译手续，方成为现在所见之书。此即所谓五译成书。《五译成书品》云：

一译：玉字生于虚无之先，隐乎空洞之中，名大梵玉字。至赤明开图，火炼成文，为赤书玉字。元始以大通神威之力，开廓五文，而生神灵，宣纬演秘而成大法也。

二译：火炼成文赤书之后，字方一丈，八角垂芒，覆于诸天，下荫西元。九天之根，流金之势，玉光金真之明，焕耀太空。元始命天真皇人书其文，名八威龙文，亦曰诸天八会之书。秘于上清玄都金阙七宝琼台，及紫微上宫兰房金室东西华堂，九天太霞之府也。

三译：元始天尊为道法宗主。玉宸道君为灵宝教主，撰此《灵书五篇真文》，三十二天玉字成经，名云篆光明之章。……

四译：汉元封元年七月七日，西王母下降，以此经法授汉武帝。帝亦不晓大梵之言。王母曰："元始是大罗天人，道君是西那玉国人。天方与神洲之言不同，况大梵之言乎？"遂以笔书之，改天书玉字为今文。以大梵之言，威仪服御，宫名图书，名色宫阙，甲子卦炁，坛式大法之内，诸品行用，三十六部尊经，并系汉制世文之语，为古今之法言也。

五译：自天真皇人，悉书其文，以为正音。妙行真人撰集符书，大法修用，真定真人、郁罗真人、光妙真人，集三十六部真经符图为中盟宝箓，以三十六部真经之文为灵宝大法，因此流传。吴左仙翁授经箓法诀于太极徐真人，仙翁遗于上清真人杨君，总其玉清洞真、上清洞玄，二品之经法。后世渐有神文，是第五译也。

自然之文，五译乃成世书。《宝经降世品》也说，灵书八会，字无正形，由天皇真人注书其字，解释其音，以赐太上道君，共二百五十六字。道君再撰次成文，称为“大梵隐语”。这当然是灵宝派对他们自己这一派经典之来历及传承的一种解释，因为所谓大梵隐语，正在《灵宝度人经》中，而且自葛巢甫创造灵宝经及陆修静增修以来，灵宝一派即有“真文赤书”之说。五篇真文，亦屡为各经籍所引录。但是，这并不能只视为灵宝派特殊的讲法，前文曾引正一部经籍，可说明此类想法，是各派都有的。《灵宝无量度人上经大法》云三洞四辅皆天书化成，固属夸张不经，然各派也确然都有经典系由天造的讲法。如洞真部本文类收《太上无极总真文昌大洞仙经》，叙经意即云“始自苍胡檀炽音，结云成篆度天人，太玄道父亲求授，下世方闻大洞经”（卷一）。可见上清派亦有此说。至于三皇文派，《三皇经》曰“皇文帝书，皆出自然虚无，空中结气成字，无祖无先，无穷无极，随运隐见，绵绵常存”，显然也采用了自然创生说。相信有许多经典都是“天书”①。

二　虚无气化而成文

道经系自然创生者。这个观念在道教思想内部，似乎会造成某些矛盾或混淆。

何以说此一观念会造成矛盾呢？《云笈七签》曾归纳了宋朝以前对道教经典的看法，认为经教所出，系天尊化为天宝君，在玉清境说洞

① 道教中另有“无字天书”之说。然所谓无字，只是平时看不见字，终究仍会显示出字来。此外，这种无字天书乃是真文天书所派生的次级系统。真文天书是万化之本源。偶然在洞窟中或因神缘而获得的有字及无字天书，则不具有这么高的地位。

真经；化为灵宝君，在上清境说洞玄经；化为神宝君，在太清境说洞神经。又云灵宝真文乃灵宝君所出，高上大圣所撰；三皇经为神宝君所出，西灵真人所撰；至于太清部、太平部、太玄部、正一部则皆老君所说。见其书卷六《三洞经教部》。可见基本上这些经典仍应以作者创作论来看待。但问题是，道教内部同时又存在这种自然创生说，认为经典之来源，可能可以是非人力、无作者的创造。这岂不要造成矛盾了吗？就在《云笈七签》同卷之中，便引了《三皇经》鲍南海序，谓此皇文帝书皆自然虚无中结气成字者。卷七亦引《诸天内音经》《内音玉字经》《玉帝七圣玄记》《八素经》，论自然之字形成的天书。卷九释《太霄琅书》《胎精中记》《外国放品经》等，也都主张它们是虚空结气成文的。那么，何以又说《三皇经》是西灵真人所撰、《洞玄经》是高上大圣所撰呢？

同样地，茅山道廿三代宗师朱自英序《上清大洞真经》时，也混用了作者创作论与自然生成说。他说此经乃“中央黄老元素道君，总彼列圣之奥旨，集成大洞之真经，故曰三十九章经也”，似乎指此经为黄老君所作。但接着又说，“此经之作，乃自玄微十方元始天王所运气撰集也。西王母从元始天王受道。……元始天王又以传上清八真、中央黄老君，使教授下方”，是作者为元始天王，黄老君仅为述者矣。但在此，他又并不完全守住这个立场，他似乎想以作者创作论为基础，消融天然生成说。故中间删节号处，他插入了“西王母从元始天王受道，乃共刻北玄天中，录那邪国灵境人鸟之山、阖莱之岫；乃于虚室之中，聚九玄正一之气，结而成书，字径一丈，于今存焉”一大段。这一大段吸收了《真文赤书》《人鸟经》的说法，却把自然气结成书讲成西王母运气化成。显然他是想用这个办法来处理两种经书起源观，而不曾考虑到：此经既已为元始天王运气撰成，西王母何必又运气结而成书？若说西王母运气成书，字径一丈，至今尚存，何以又说“中央黄老君隐禁此经，世无知者，故人间地上五岳天中永无此经”？可见他混用两种经书起源观，似乎难以自圆其说。

诸如此类“矛盾”与“混淆”，在道教内部几乎是随处可见的。但道教中人及传授道经者，好像又并不以为这有什么混淆，有什么不对。这是什么缘故？

一般说来，宗教经典的作者，必然是神圣性作者，因为它要以作者的权威来圣化经典的意义。因此教主是最重要的经典创作者。教主或自说经，或因感应神的启示而造作经典。其次则为先知。先知亦因获得灵恩故能知道，故亦能有所宣说。道教中，“洞真之教，以教主天宝君为迹”，“洞玄之教，以教主灵宝君为迹”，“洞神之教，以教主神宝君为迹”，故三洞真经皆归于三位教主所说。至于太上老君，乃是道教最主要的先知，所以四辅都说是老君演说而成。依这个原则，个别的经典，其来历大体上均能得到解说。故以老子、元始天尊等人名号撰成的经典，不可胜数。另外，如上清经系，则又喜欢用扶乩的方式，强调经书是上圣仙真（早期的先知）透过某位先知降笔写出的。

这种神圣性作者观，本来就具有“作而非作”的性质。写作经典的人，并不以为经典是他自己写出来的，反而认为是另有一个非自己的神秘力量实际写出了经文，只不过假手于自己而已。这个观念本身便强调它的非人为性质，强调不期然而然的特殊缘会遇合。经典之造作，系应机应运应缘而生；能获知此一经典，也须有特殊的能力、运命或机缘。①

顺着这个观念再发展，则不仅一般先知及传经人只是个传述者的角色，连教主仙圣也可能只是传述者，他们所说的经典，可能并非他们所“作”。天地之间，本有其书，他们只是译成世书，只是“注书其字，解

① 作者创作所有权的作者，与神圣性作者，系两种不同的作者观，详见本书第一卷第一章。

释其音”罢了。如此，便形成了自然创生说。

据此看来，作者创作说与自然创生说并非真的对立矛盾，透过神圣性作者观，确有可能发展出“天书”之说。有个故事很可以说明两者之间关系的模糊性：《太平御览》卷六六三载帛和去西城山学道，事王君，

> 君语和大道诀曰：“此山石室中，当熟视北壁。当见壁有文字，则得道矣。”视壁三年，方见文字。乃古人所刻《太清中经神丹方》及《三皇天文大字》《五岳真形图》，皆著石壁。和讽诵万言，义有所不解，王君乃授之诀。

石壁上有文字，是古人所刻经图。文章写得很清楚。但为何帛和看了三年才看出来呢？可见这经文与一般刻石不同，它是在并无文字的石壁上忽然呈现出文字来的。它是否真为“古人”所刻，可能都有问题，故帛和又称此为“天文”。《道教义枢》卷二《三洞义》亦云：“晋时鲍靓学道于嵩高，……于刘君石室清斋思道，忽有《三皇文》刊石成字。”这《三皇经》，《云笈七签》便说它是自然虚无空中结气成字者。①它到底是古人人为的创作，还是天生自然成就的？这也就是说，基于宗教典籍的神圣性作者观，可能会发展出作而非作、不知作者为谁的自然生成经文说。

但为什么旁的宗教不如此说，偏偏道教有此天书云云呢？

这可能涉及了道教对神灵或教主的特殊认识。其他宗教中，教主与先知，很重要的一个条件，即是“肉身成道”；或倒过来说，是神灵降生。道教中一般神祇及先知，固然亦有此类，但真正被视为三洞教主的神灵，却是无形无质、在天地之先、不涉肉身的“气”。元始天尊、太

① 《一切道经音义妙门由起》也说：“凡诸真经，皆结空成字。圣师出化，写以施行。”这是总原则。各经出世，另有因缘，但都不违背这个原则。

上大道君、太上老君，皆一气所化，所谓一气化三清。原本是无，未可执着为有。故元始天尊等所说经，本质上无异即是气化成文，且不止教主是气化而成，凡神灵皆然。陶弘景《真灵位业图》即云“廿四官君将吏，千二百官将吏，气化结成”，又《登真隐诀》说，所谓天兵天将，“官将及吏兵人数者，是道家之气，应事所感化也，非天地生人也。此因气结变，托象成形，随感而应，无定质也。非胎诞世人学道所得矣”，对此气化之理，讲得更为清楚。气化生神，神无定质，则神所造作之经典，事实上亦是因气结变，托象成形的。不妨全部视为天书。

对此，《云笈七签》卷六尝总括其理，云：“三洞所起，皆有本迹。洞真之教，以教主天宝君为迹，以混洞太无高上玉皇之气为本。洞玄之教，以教主灵宝为迹，以赤混太无元无上玉虚之气为本。洞神之教，以教主神宝君为迹，以冥迹玄通无上玉虚之气为本。”教主只是迹，气才是本。所谓迹，就是说什么教主仙真、三清圣境，“其中宫主，万端千绪，结气凝云，因机化现”，俱属化名化身。学道者不可执迹而忘本，而宜循迹以得本。

由这个观点说，讲经文是元始天尊所说所作云云，其实也都是权机假名，全属气化自然，应机示现。元气因机化现了诸天神灵天尊，天尊则曰“吾以道气，化育群方，从劫到劫，因时立化”，所以又有天尊所出之经矣。以此观之，无论经典系神灵仙真所作或自然创生，俱属气化，是同一个原理下的产物。故有时并不太容易区分到底是神灵所作，抑或为天生真文。

如宋真宗序《灵宝度人经》说“太上灵宝度人经者，元始之妙言，玉晨之宝诰”，承认此经为元始天尊所说；但接着却又说“实诸天之隐韵，为大梵之仙草，八角垂芒，本由于神翰”，这便如陈景元所说：“夫空洞浮光，浑沦未判，大道之将化，故玄文发于中天。虚无之乍凝，妙气结乎碧落，字方一丈之广，势垂八角之芒，粲粲煌煌，光华晔晔。”①元始天尊只是命天皇真人摹写这些诸天隐书，编成五方灵范，再演成三十六部尊经而已（《度人经集注序》）。那么，此经究竟为元始所作还是自然天文？其实它既是元始之妙言，又是诸天之隐语，《道藏阙经目录》卷下《道藏尊经历代纲目》云“天书云篆，则元始天尊开其先；宝笈琼章，则道君老君继其后”，就是这个道理。一气所化，同属天文，此道经出世之逻辑也。《上方大洞真元妙经图》说得好：

> 太虚无中体自然，道生一气介十焉。罔极大化乾坤域，龙马龟书正理传。

道法自然，气化流行，即自然地无中生有。道经是物，一切物亦皆如此由虚无中生出。如河出图，如洛出书，皆不知其然而然，自然便有此物。元始或诸神灵，其实亦如河洛龙马龟，道经图符由兹而传，由彼所出，真正的创作者却是自然，是气化。

这是一种特殊宇宙观之下形成的天书说。其他宗教无此观念，故亦不易出现经典天生的说法。

三　文字为文明之本

然而，更值得注意的是：虚无本起，自然成文的天书，往往要经过神灵仙真拟写才“演成”经典，故它本身既是经籍，又是经籍之所由生的依据。换言之，无而生有，有此天文；而此天文又可能即是“化生万

① 陈国符《道藏源流考》曾怀疑《元始五老赤书真文天书经》可能与宋真宗之奉迎天书有关。一点也不错。由宋真宗《度人经》的序文中即可看出他的天书信仰。

物”的那个“一”。所谓“道生一，一生二，二生三，三生万物”。道教天书说的奇特处，正是要以这个“一”来讲三生万物。今仍举《云笈七签》为例。其书卷七《三洞经教部·本文·说三元八会六书之法》言：

《道门大论》曰：一者，阴阳初分，有三元五德八会之气，以成飞天之书，后撰为八龙云篆明光之章。陆先生解三才，谓之三元。三元既立，五行咸具。以五行为五位，三五和合，谓之八会，为众书之文。又有八龙云篆明光之章，自然飞玄之气，结空成文，字方一丈，肇于诸天之内，生立一切也。按《真诰》紫微夫人说，三元八会之书，建文章之祖。八龙云篆，是根宗所起，有书之始也。又云：八会是三才五行，形在既判之后。《赤书》云:《灵宝赤书》五篇真文，出于元始之先。即此而论，三元应非三才，五德应非五行也。此正应是三宝丈人之三气，三气自有五德耳。故《九天生神章》云：天地万化，自非三元所育，九气所导，莫能生也。又曰：三气为天地之尊，九气为万物之根。故知此三元，在天地未开，三才未生之前也。宋法师解八会只是三气五德。三元者，一曰混洞太无元高上玉皇之气，二曰赤混太无元无上玉虚之气，三曰冥寂玄通元无上玉虚之气。五德者，即三元所有。三五会即阴阳和。阴有少阴、太阴，阳有少阳、太阳，就和中之和，为五德也。篆者，撰也。撰集云书，谓之云篆。此即三元八会之文。八龙云篆之章，皆是天书，三元八会之例是也。云篆明光，则五符五胜之例是也。八会本文凡一千一百九字，其篇真文合六百六十八字，是三才之元根，生立天地、开化人神万物之由。故云有天道、地道、神道、人道，此之谓也。

气化运行，天书成文，就是一。一是文，文之中便有三气五德，故称为三元八会之文。这个一，这个文，即天地万物开立之根，所以又说真文出于元始之先。①

若依老子哲学来看，只要讲道生一，一生二，二生三，因自然气运便能生成万物。根本不必扯上文字问题。“自然飞玄之气，‘结空成文，字方一丈，肇于诸天之内’，生立一切”，内文字大可删去。但道教义理，却在这个地方显得甚为奇特。老子是昌言“信言不美，美言不信”的人，主张去文，要“使人复结绳而用之”；道教以老子哲学为骨干，在此则显然与老子颇为不同。这是一种文字崇拜哩！

如前文所述，道教人士似乎是认为：天地万物皆气化所生，而气在化生万物之际，云气撰集，就构成了“云篆”，形成三元八会之文、八龙云篆之章，这些文章，即天地人三才成立的开端。宇宙正是依此文而成就为天文、地文、人文。

这个理论，当然可以有不同的讲法。如国字号《玄览人鸟山经图》说人鸟山之秘密，是“妙气结字。圣匠写之，以传上学，不泄中人。妙气之字，即是山容其表、异相其迹，殊姿皆是妙气化而成焉”。这些天文，其实就是人鸟山真形图，故经又引太上曰：“人鸟山之形质，是天地人之生根。元气之所因，妙化之所用。”这个山，并非真的山，而是指元气所出之处，所以又名本无玄妙山或元气宝洞山等等。气化成字，字

① 被视为道教之本文的，包括三元八会之书、云篆、八体六书六文、符字、八显、玉字诀、皇文帝书、天书、龟章、凤文、玉牒金书、石字、题素、玉字、文生东、玉篆、玉篇、玉札、丹书墨箓、玉策、福运之书、琅虬琼文、白银之篇、赤书、火炼真文、金壶墨汁字、琼札、紫字、自然之字、四会成字、琅简素书等。称为本文，意谓法尔自然成文，为万化之本也。详见《云笈七签》。道教经典，夙以三洞四辅十二类分类。十二类中，第一为本文类，即“三元八会之书，长生缘起之说，经教之根本也”，第二为神符类，“龟章凤篆之文，灵迹符书之字”，大概都属天书范围。

又是此山之真形图，则字当然就等于宇宙之本，难怪经又说“山内自然之字，一十有一”了。说来说去，一切都还是字。[①]说人鸟山之形质，为天地人之生根，不就是说有文字才能成就天地人三才吗？九老仙都君、九气丈人，都要图画山形，佩之于肘；天帝也得写空中之书，以附人鸟之体。真人、道士，若能备此山形及书文者，便得仙游昆仑；若修行不负文言，亦能登仙，不必服丹药或导引屈伸。文之德，真是大矣哉！

人鸟真形，是灵宝经系的讲法。在三皇文经系中，则帛和在石壁上看到的文字，也包括了“《太清中经神丹方》及《三皇天文大字》《五岳真形图》”。三皇文者，本来就是指天文、地文、人文；五岳真形图，则如人鸟山真形图之类。《灵宝无量度人上经大法》卷廿一《五岳真形品》说五岳真形图，是三天太上所出，文秘禁重。这真形图为何如此神秘呢？西王母解释说：三天太上道君曾经俯观六合，“因山形之规矩，睹河岳之盘曲，陵回阜转，山高陇长，周旋委蛇，形似书字。是故因象制名，定名实之号，画形于玄台”，又说：“五岳真形者，是山水象也。云林玄黄，有如书字之状。是以天真道君下观规矩，拟踪趋向，因如字之韵，随形而名山焉。”显然这是认为中国文字应以象形为主，依类象形，而最先拟象的，就是山川大地。所以，五岳真形图，其实就是最古老的文字，“乃是神农前世，太上八会群方飞天之书法，殆鸟迹之先代也。自不得仙人释注显出，终不可知也”（国字号一《洞玄灵宝五岳古本真

---

① 真天文书，既显为文字，同时也常以图示现。如河图，固然是图；洛书，虽名为书，实亦是图。这种情况，可以从“文”本身来解释。文，本为“文采错画”之意。其次，道教也相信“仓颉制字，依类象形”（《玉清无极总真文昌大洞仙经》卷二，卫琪注），故文字即具图像性。道教喜欢用图说，且图文混而不别，殆以此故。据中村元《中国人之思维方法》的研究，中国人重视具象的知觉，文字本身便有具象性，概念之表达，亦往往须依赖知觉表象的说明，且喜出之以图示。他举佛教做例子，说明好用图示，是中国佛教与印度日本不同的特色所在（第三章第二节，徐复观译，台湾文物供应社，1955年）。其实道教思想更能符合这个讲法。

形图》一，东方朔序）[1]。

这种最古老的文字，不只有一历史意义而已，它是“天尊造化，具一切法”，可以视为一切文的“原型”（universal symbols）。后世一切龙书凤篆、鸟迹古文、大小篆隶、摹印、署书、虫书等文字，皆由此演出。而且，不只是人间使用的文字如此，还包括天上云气撰形、地上龙凤之象、龟龙鱼鸟所吐、鳞甲毛羽所载以及“鬼书杂体，微昧非人所解者”，也都由此真文化出。因此这个“文”事实上又指一切文明文化而言，即传统所谓天文、地文与人文，不仅指文字。《云笈七签》卷七引《内音玉字经》说此诸天内音自然生字，生于元始之上，出于空洞之中，“随运开度，普成天地之功”，“其道足以开度天人”，就是这个缘故。

由于一切文明皆由此真文天书来，所以文字对宇宙事物皆有规定性，“一者主召九天上帝，校神仙图箓，求仙致真之法。二者主召天宿星宫，正天分度，保国宁民之道。三者摄制酆都六天之气。四者敕命水帝，制召龙鸟也。其诸天内音，论诸天度数期会，大圣仙真名讳住号，所治官府台城处所，神仙变化升降品次，众魔种类，八鬼生死，转轮因缘。……五方元精名号，服御求仙，炼神化形，白日腾空之法”，几乎一切人天秩序，都在这些真文玉字中得到了规定。

真文天书具有这种神秘力量，所以同书又引《本相经》说元始天尊曾与高上大圣玉帝以火炼此真文，“以火莹发字形。当时，真文火漏，余处气生，化为七宝林，是以枝叶成紫书，金地银楼，玉文其中”[2]。具

① 有关真形图的研究，详见李丰楙:《六朝隋唐仙道类小说研究》，台湾学生书局，1986年，52—58、134—137页。唯该文较偏重于真形图来历之考证，并认为此系古舆图，道士入山指南，为山岳信仰之一端，可以作为冥想修行之用。

② 用火炼文，是让文字明晰的一种方法。故李玄真《上清金母求仙上法》云:“灵宝之文，生乎龙汉。……符图宝秘，文字幽昧。昔元始火炼真文，莹发光芒，文字既显，吾得晓焉。”至今道教中仍有明矾水写字，向火烘之乃见字迹之术。

体说明了真文可以化成万物。不只此也，“诸龙禽猛兽，一切神虫，常食林露，真气入身，命皆得长寿三千万劫。当终之后，皆转化为飞仙，从道不辍，亦得正真无为之道”。吃了真文所化林木上的露水，便能有此好处，真文为人道之关捩，可想而知。

洞玄部本文类《洞玄灵宝本相运度劫期经》也提到另一种因文字而不死成仙的方法：洞浮山是三百万劫都不毁灭的奇境。其间兰林不衰、凤鸟不死，因为林叶上“有天景大混自然文字，九色凤鸟恒食树叶。其鸟昼夜六时吐其异音。其鸟鸣时，国中男女皆礼”，故全国人都能活三十六万岁。①其国中又有一火池，池水蔚勃，“形状有似天景大混之文，国中男女三年一诣火池沐浴身形。故人命寿长远”。反之，若真文还收，那就要人命短促、兵革疫乱、浊邪竞躁、天下大乱了。

同理，洞玄部本文类乃字号《上清三元玉检三元布经》也说，“玉检之文，出于九玄空洞之先，结自然之气，以成玉文。九天分判，三道演明，三元布气，检御三真。天无此文，则三光昏翳，五帝错位，九运翻度，七宿奔精。地无此文，则九土沦渊，五岳崩溃，山河倒倾”，“得备其文，则得遨游九天之上，寿同劫年”。宇宙间最高的神秘力量，似乎就在于此。

总之，这种文字崇拜，是把“道生一”解释成气化自然生出文字，而此文字又为宇宙一切天地人之根本，是创生之本，也是原理之本。能掌握这个根本，就掌握了创生万物的奥秘，可以上下与天地同流、与道同其终始。不能掌握这个根本，则宇宙便丧失了秩序，颠动不安，从此失去生机；人若离开了创生的原理，人也要销毁死亡。

---

① 道教服符治病驱疫的法术，当即本此信仰而来。通常是书符之后烧化，以水服下，另详后文论用符。

这才是道教信仰真正的思想核心。道教以宇宙为虚无，但虚无之中，因气的作用，可以自然生化万物，诸如《老君太上虚无自然本起经》《太上灵宝运度自然妙经》之类名称，均可表示这个立场。一旦气化生物，天之日星、地之河岳、人之言动即共同表现为“文”，《文心雕龙·原道》所谓：

> 文之为德也大矣，与天地并生者。何哉？夫玄黄色杂，方圆体分，日月叠璧，以垂丽天之象；山以焕绮，以铺理地之形。此盖道之文也。仰观吐曜，俯察含章，高卑定位，故两仪既生矣。惟人参之，性灵所钟，是谓三才，为五行之秀，实天地之心。心生而言立，言立而文明，自然之道也。傍及万品，动植皆文。

把这种观念讲得再清楚不过了。自然之道，显现为道之文。用道教的表达方式说，就是上天垂文，结气成字，形成自然天书，而一切天地人三才亦皆为此文所涵蕴、所开立。这是中国本有的文字崇拜，与老庄宇宙论结合以后的讲法，非老子哲学所含。故宇宙虽属气化，真文始为“三才之元根，生立天地、开化人神万物之由”。人如果要进窥宇宙造化之秘，唯一的方法，也是经由文字。

四　以文字掌握世界

史作柽在《哲学人类学序说》一书中曾提到，要探索全人类之历史文明必须通过对文字的省察来。他认为：

一、人类在历史的演进中，会不断发展其追求终极内容的方法。

二、所以我们可由方法来看历史。

三、方法有一“三元性之序列”，即单一符号、文字、纯形式。

四、其中，又以文字最为重要。欲观人类文明，唯有把握文字。因单一符号，并无记录历史之可能：纯形式之科学，本身具有反历史之性质，亦不能与整体之历史直接关联。能正面记录、成形，并有前瞻性创造之可能者，厥唯文字。整个文明的形成、说明、记录与批评，亦皆以文字出之。

五、一切属于创造或历史之真始的问题，也都与文字或文字之创始有直接而必然的关系。故观史解史的方法性之基础，在于文字。

六、文字的创造，代表人类以自由而创造的心灵，进行了对“观念如何表达”的探索。所以，观察文字如何被创造，也就了解了文明创始之真相。

七、古人亦尝探究文字之始，所谓探求本义，即在求文字之始之心，求文字得以建立的原则。

八、文之始创，由于不可知的创造性心灵。所以要探究它，便不能求之于已成系统的文字。因既成系统的文字，很难说哪一个字是其他字的原因或来源。

九、既然如此，便只好推想有一“单一文字”。此即在文字系统尚未建立之前的图画文字。彼非系统文字，但蕴含了我国文字造形之理。

十、这个理，就是图像。我国的文字系统，即是一象形性的文字系统。

十一、上古人类文明都有象形，何以独我国以象形发展成一系统性文字，并以此形成一伟大的古典文明？可见其象物并不只是单纯的依类象形，而必有其所以如此象物的内在性观念。

十二、古人曾经推究字源，想象文字始创时有穗书、鸟书、龟书、龙书之类。若研究他们所说，可发现其所含之观念即为“自然”。自然，可能即是当时所有传说中，文字得以成立的真正内在性观念。①

换句话说，史作柽是企图透过对文字之真始的探究，来讲明初始文明的创造性。他的哲学人类学当然与道教思想不一样，但是他要说明历史之真始真创时，会想到从文字去掌握；说文字，又推溯到一切甲骨金文系统文字之先的图画文字（单一文字）；且云此文字所依之理即是自然。这种思路，却与道教甚为接近。我们能不能说：道教之所以要提出这种天文自然创生说，也是基于对历史文明之创造性的理解与说明？

从道教诸天书真文的故事面看，这些神话确实悠邈无稽。但它可能是一种对文字及文明创始的理论说明，而非事实描述。正如史作柽所说的“单一文字”，究竟系陶文或其他何种文字，并不重要，因为“它完全是由于一种理论上的要求而来”。为了要说明历史文明之创始意义，道教也用天开文字、自然创生或元始作文等，来说明整个文明如何具体展开。这种文，也不是任何系统文字，但它包蕴了以后一切文字乃至文明的成立之法。它内在性的观念，也是自然，因此它系于虚无中自然生立。这种文字，“文势曲折”，或显现为一种人鸟山之类的图形，可见道教也是把“象形”视为文字的基本理则。

由于这种追究文字之始的活动，乃是人类对其本身历史的一种反省，希望能对历史之事实有一理论上的说明，故这种理论的提出，是人文之必然，犹如孔子系《易》，推造字于伏羲。这些推求，旨非考古，乃在于求创造之几，因此不能从史迹上看这些理论，而应从其探溯创造之几的理趣上去了解。②一切神话性的说辞，亦均为一修辞策略，意在

① 史作柽：《哲学人类学序说》，仰哲出版社，1988年。特别是第十六章至廿四章，论述甚繁赜，此处系我整理简化的结果。

② 过去论这些真文天书，不知此义。总是从依托、伪造、神秘其说以惑世等几个角度来谈宗教史。其荒唐粗陋，自不待言。

强调此不可名状的创造。借悠邈荒唐之言，寄其情、阐其义而已。无论史作柽的探求文字真始之活动，或道教的说法，基本上都是如此。

但是，为何对文明创造之几的探索，要由追究文字之始来着手呢？从历史上看，求始之活动，倘为人文之必然，为何其他民族或宗教并不曾发展出这样的天文说？只有中国本土的道教，才特别凸显文字的地位与意义；也只有中国的哲学家如史作柽者，才会坚信，“观史解史的方法性之基础若在文字，那么果以全人之方式而呈现其历史之真义者，唯中国能之”。这是什么道理？

这不能不说是中国本有的文字信仰有以致之。文字崇拜与单纯崇拜物信仰不同。它含有“自然”的观念，更含有以文字为方法以观史观世界的方法意识。所以，对文字本身的把握，便是一种方法学的掌握；对文字的理解，其实就等于对世界的理解。而文字的神秘力量，就在于它被认为是真正把握历史文明之创造真几的唯一方法；就在于文字之创生，便代表了一切人文（或包括天文地文）创生之理。①

五　道教信仰的核心

文字，既为掌握宇宙创生之理的方法，则道教一切修炼法门，就几乎都环绕着这个核心而展开。所谓“学无此文，则九天之上不书玄名，徒劳为学，道无由成”（《上清三元玉检三元布经》卷上）。②

---

① 《灵宝无量度人上经大法》卷一说：我们当明白真文天书乃“生成之本，总括万象之元，陶铸群仙之品，出产仙真之纽”，“为三洞祖教，生出一切圣人。……三洞之经、四辅符箓，皆因赤书玉字而化。……皆因灵宝大法，化生一切圣人”，说的便是这个道理。

② 一般论者皆认为道教属于一种自然灵物崇拜的宗教体系，视一切天地自然现象，如日月山川星辰风雨草木、人体内部器官、人为世界之营造如门灶（转下页）

正一部明字号《上清高上玉晨凤台曲素上经》尝云："玄都九曲，陵层凤台，结自然凤气以成琼房。虚生八真交会之气，十折九曲，结九元正一之气，以成忧乐之辞。……凡上宫已成真人及始学为仙者，莫不备修九天凤气、玄丘真书，诵忧乐之曲也。……如是九天凤文忧乐之曲，皆九天自然之气结而成焉。灵文表异于空玄之中，经九万劫，玄都丈人受之于太空，以传太上大道君，道君传太极真人，太极真人以传……"此甚能显示天书真文的方法性意涵。这段叙述，也是许多道经共有的论叙模型。他们大体上都是先解释某些天生文字的来历、传授经过，然后告诉学道人：欲修上真之道，唯有掌握这套神秘的文字，方能达成。而且这一神秘文字，也只能传给"宿有玉名，应为神仙"，已挂名仙籍者，非人人可得，故亦不能妄传妄泄。否则，泄露天机，必将遭到严厉的处罚。

这一神秘天生文字，乃修道人一切隐语、诀辞、画符的来源与根据。脱离了这个，可说便没有道教了。正一部明字号《上清外国外品青童内文》卷上说"上帝玉真，及五岳上仙，皆服文而咏音，佩身而修真。学无此文，则不得游名山，制六国，却甲兵，五老之官不卫身形。为学之本，当勤行五岳，寻受此文。灵威告应，自得道真高上妙法，虽

（接上页）等等，皆有神灵主之，皆须崇拜之。其实这不是道教真正精神所在。道教与古之巫觋不同。自张道陵以来，道教就不是祀祭鬼神而是要考召役使鬼神的。如《老子想尔注》即批判神灵附身者为"世间常伪伎"，又说"今世间伪伎指形名道，令以服色、名字、状貌、长短，非也，悉邪伪耳"，"天之正法，不在祭馔祷祠也。道故禁祭馔祷祠，与之重罚"，"有道者不处祭餟祷祠之间也"。这不是自然灵物崇拜，至为明显。原始的日月星辰信仰等，到道教中皆有根本的转化，纳入一个哲学的体系中。此一体系，大致系以自然气化、气类感应及五行生克等思想所构成，故后来道教虽然也讲太一、北斗，实际上是在讲那一套哲学。这一套哲学才是道教信仰的真正内容。而在这一套哲学中，"道"无疑居于首出或核心的地位。可是道教之所谓道，与老庄又有不同，乃以"文"为道之体及道之用者。所以说文字始为道教信仰之核心。另详龚鹏程：《道教新论》第三章，台湾学生书局，1991年。

不学而仙也”，就是这个意思。

所谓服文佩身，如《灵宝无量度人上经大法》卷十八说“凡修飞仙之道，及灭度之法，尸解隐化，轮转生死，随运逍遥，无拘太阴。尝朱书诸天玉字，无量内音，白素佩身，随文服御”，卷廿一说道士应佩太上三天长存符及灵宝五岳真形图之类都是。指修道者佩带天文以及由天文演化发展而来的各种文字，便可以辟邪、禳灾、召劾鬼神、登真飞仙。

这些文字，以“符”“诀”“咒”“印”的形态出之。印文，当然是文字崇拜的征象，正一部聚字号《太上元始天尊说北帝伏魔神咒妙经》卷五有《神印品》，自谓其印图能“伏使万神，驱邪遣魅，收鬼治病，安国宁家。依法修行，无灾不灭，功成道备”，即属此等。

咒语，是一种神秘的天人沟通讯号。咒者，祝念也。在施行一切法术时，必须口念真言、祝诵某篇特定的文字，才能达成目的。如陶弘景《登真隐诀》卷下，说修黄庭经法，诵经时须存想体内诸神，呼其名字。“不修此法，虽诵万遍，真神不守，终无感效。”其他一切法，大概也都要与特定的咒语相配合。如正一部群字号《元始说度酆都经》就说太上神咒为“太玄紫烟，三素缠旋，九元开道，明魔真言，有佩我咒，名入金门”等八十余字。在众生有灾时，懂得这篇神咒的人就该“悬缯幡花，转念真文，呼吸神气，佐助道士治病”。

这些咒语，可能是神的名讳，也可能就是“符”。

《灵宝无量度人上经大法》卷廿八说“诸天帝玉讳，皆以赤晶之碧字刻之，秘于上清帝宫。乃诸天帝正音，不传下世。其经中之讳，乃隐名也，皆空洞自然灵章，九和十合，变化上清无量之奥，深不可详。诵之万遍，白日登真”，就是以诵念神名为修行法门。这些神名，包括天神、身中神、三界百灵之隐名。道经中，记载了无数这类神名资料。各家经派，所述神名秘讳及写法，当然颇有差异，但基本原则是一致的。《上清河图内玄经》卷上《太一秘讳》曰：“凡不受河图本源，不佩真字，为识本源太一……皆不得行大谢。大谢请召，启告周遍。尊极灵讳内神隐名，不经师受，慎勿妄修。……遇此真讳，密识心存，动静潜咒乞愿，所求随心。”可见咒念神名的重要性。正一部既字号《上清太上元始耀光金虎凤文章宝经》则说明了这些神名秘讳都由天文隐书来，在金虎凤文之中，“皆署天魔之隐讳，亦标百神之内名。诵其章，则千精骇动；咏其篇，万妖束形”。

天书真文也可能以符箓的形态出之。故《上清洞真天宝大洞三景宝箓》卷上云：“太微天帝君金虎玉精真符，乃太元上景自然金章之内音也。”此所以道教中，用符之意，与佩真文诵神名是一样的，如正一部集字号《上清琼宫灵飞六甲箓》所说：“有其符，则隐化无方；闻其名，则上补天真；行其道，则飞虚；驾佩其文，则玉女执巾。”而佩文、念咒，其实也可能只是服符。以正一部群字号《七元召魔伏六天神咒经》为例。此书名为神咒，其实是以符为主，而以咒用符。其符如：

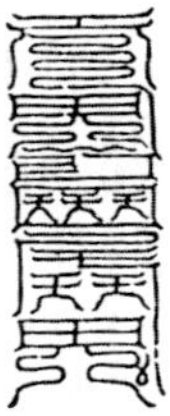

图一

图二

这不就是佩文吗？这些神秘图形，实系一套文字系统，如天写作，鬼写作或，主写作，文写作等等，予以组合联结，便成一符。如：此符即“太上元始敕命火急奔冲三天”几个字构成的，见《灵宝无量度人上经大法》卷三四。该经卷三八说“天地神灵，山川草木，人民禽

兽，星宿日月，凡所有形，皆有符章之篆以治之”，可见符书之用至广。其文字，大抵系变化古代篆籀及相传刻符、摹印、虫书、古文异体而来，加上聚字构形的方法，以致难予辨识，实则并无其他神妙之处。① 称之为符，即有符采之意。《云笈七签》卷七“符字”及“八显”条记：

> 一切万物，莫不以精气为用。故二仪三景，皆以精气行乎其中。万物既有，亦以精气行乎其中也。是则五行天物，莫不有精气者也。以道之精气，布之简墨，会物之精气，以却邪伪，辅助正真，召会群灵，制御生死，保持劫运，安镇五方。然此符本于结空，太真仰写天文，分置方位，区别图象符书之异。符者，通取云物星辰之势；书者，别析音句铨量之旨；图者，画取灵变之状。然符中有书，参似图象；书中有图，形声并用。故有八体六文，更相发显。……此六文八体，或今字同古，或古字同今，符彩交加，共成一法，合为一用。②

符是文字的组合，故云符采交加。这些文字，乃道之精气表见于简墨者，故又可以合会物之精气，召会五方之神灵。这时，“符”又可以理解为符合、符契。道教从张道陵创教，主张考鬼治病以来，就一直是用这种符书在召会神灵、考鬼治病。所以事实上是用文字在考召鬼神、服气治病、禳度灾厄。一切神秘法力，皆来自文字。《灵宝无量度人上经大法》卷三六

① 符书乃模拟天书而来，天书“八角垂芒，精光乱眼。灵书八会，字无正形。其趣宛奥，难可寻详”（《内音玉字经》，《云笈七签》卷七引），符书也就尽力八角垂芒，形势宛曲，字无正形。故其难以辨识，并非故弄玄虚。

② 太平部仪字号《洞玄灵宝玄门大义》认为“八体之文”皆由真文天书而出，天尊造化，具一切法，后人承用自有先后而已（《释本文》第一）。这种讲法，可以说明道教并不像史家或文字学家那样，看重文字演变的历史义，而是着重于文字原理的把握。

载发符时要念咒曰“无文不光，无文不明，无文不立，无文不生，无所不辟，无所不禳，无所不度，无所不成”，其实已把这个秘密彻底点破了。

与符文功能类似者为上章与投简。所谓上章，系向天地鬼神上奏折，以文字申诉乞愿。《要修科仪戒律钞》卷十一说“上章辞质而不文，拙而不工，朴而不华，朴而不伪，直而不肆，辩而不烦，弱而不秽，清而不浊，真而不邪，简要而输诚，则感天地，动鬼神”，已总括了上章的要点，此法始自天师道，流传勿绝。陶弘景《登真隐诀》卷下则与符合论称为“章符”，可见它与符书亦无甚差别。①至于投简，也是利用符字以求长生辟邪，如《三洞珠囊》卷二《投山水龙简品》云：“山居傍水，长生之方，当投简送名，拜见山水之灵。”对此，洞玄部神符类《太上洞玄灵宝投简符文要诀》举了一些法诀，如祝诵曰“飞玄八会，结气成真，六十四字，总灵天根，开度生死，朽骨还人……”又如“右廿四字，主召九天上帝。神仙图箓，学仙道者，常以本命甲子立春之日，青书白银木刺，记年月姓名，投于绝岩之下，九年仙官到，使得成真仙”之类。念诵或书写这些文字之所以能使人不死，是因为道教认为文字之创生即为宇宙创生之秘奥所在，若掌握了这始创之真文，自然就抓住了创生之秘钥，可以夺宇宙之造化。开度生死，朽骨还人，乃其中之一端耳。故又曰“有得其法，不学自仙也”（《上清三元玉检三元布经》），不必再学其他任何法门了。

文之玄奥如此，“訾毁圣文，不崇灵章”，当然就成了大罪。即使获得这个掌握世界之钥的人，也该注意“有得明科之身，不得妄与常学谈说经文，评论玄古，意通至真”；“妄示世人，殃及七祖”（《太真玉帝四

① 青词亦属上章之类。李肇《翰林志》云：“凡太清宫道观荐告词文，用青藤纸，朱字，谓之青词。”陆游诗有“绿章夜奏通明殿，乞借春阴护海棠”之句。此于后世遂成一特殊文体，明朝顾鼎臣、袁炜、李春芳、严讷、严嵩等皆擅长此文体。另详吉冈义丰：《道教的实态》第四章，《吉冈义丰著作集》，五月书房，1990年。

极明科经》卷一）。同时并应谨慎，“有此文者，不得妄令女人及异己坐起其上”（同上，卷四）。

要修真道，则应写经。鼓励写经，是道教的特色，对佛教影响也极大。日人中村元《东方民族的思维方法》第二篇第十章曾比较佛教在中国与在印度之不同，认为中国佛教之重视写经、刻经，超过任何国家，当然也胜于印度。①这个风气，当为受道教影响所致。陈寅恪《天师道与滨海地域之关系》一文，尝论证天师道与书法艺术的关系，知南北朝最擅长书法的世家，都是奉道世家。他们的书法好，大半即由于常写道经。如《云笈七签》卷一百七陶翊《华阳隐居先生本起录》说：“（隐居先生）祖隆，好学读书善写。父真宝，善稿隶，家贫以写经为业。”可见陶弘景家世即善书，常写道经。故陶撰《真诰》，搜辑杨羲、许谧、许翙之手迹，也特别谈到他们的书法，卷十九：“三君手迹，杨君书最工，不今不古，能大能细。大较虽祖效郗法，笔力规矩并于二王。……掾书乃是学杨，而字体劲利，偏善写经。……长史章草乃能，而正书古拙，符又不巧，故不写经也。”他所提到的郗愔，也是擅长写经的书家。《太平御览》卷六六六引《太平经》云：“（郗愔）心尚道法，密自遵行，善隶书，与右军相埒，手自起写道经，将盈百卷。”写经促进中国书法艺术的发展，自是无可置疑的了。②但道教徒为何如此勤于写经？难道不是因为他们特别看重经文吗？太平部仪字号《洞玄灵宝三洞奉道科戒营始》卷二《写经品》曰：

> 经者，圣人垂教，叙录流通，劝化诸天，出生众圣，因经悟道，因悟成真，开度五亿天人，教化三千国土。作登真之径路，为

---

① 详见中村元《东方民族的思维方法》第三章第五节。此处用陈俊辉审译本，结构群书店，1989年。

② 详见《陈寅恪先生全集》上册，里仁书局，365—403页。

> 出世之因缘，万古常行，三清永式，结飞玄之气，散太紫之章，或凤篆龙书，琼文宝箓，字方一丈，八角垂芒，文成十部。三乘奥旨，藏诸云帙，闭以霞扃，使三洞分门，四辅殊统，实天人之良药，为生无之法桥，使众生普超五浊之津，俱登六度之岸者也。凡有十二相，以造真经：一者，金简刻文。二者，银板篆字。三者，平石镌书。四者，木上作字。五者，素书。六者，漆书。七者，金字。八者，银字。九者，竹简。十者，壁书。十一者，纸书。十二者，叶书。或古或今，或篆或隶，或取天书玉字，或象云气金章。八体六书，从心所欲。复以总别二门，遍生归向。总者，尽三洞宝藏，穷四辅玄文，具上十二相，总写流通。别者，或一字一句，或卷或快，随我本心，广写供养。书写精妙，纸墨鲜明，装潢绛轴，函笥藏举，烧香礼拜，永劫供养，得福无量，不可思议。

经文是“登真之径路，出世之因缘”，是“生死之法桥”，所以必须刻文或书写之。洞玄部戒律类所收朱法满《要修科仪戒律钞》卷二云“法桥以架，福岸可登，抄写书治，于斯见矣。《本际经》云：若复有人，纸墨缣素，刻玉镌金，抄写素治，装褫绛轴，流通读诵，宣布未闻，当知其人已入道分”，也表达了同样的观点。我们要特别注意这所谓“径路”“法桥”所具有的方法性意涵。这与其他宗教把经典之神圣性建立在“神谕”上，实有本质的差异。

六　道门文字教

道教是极复杂的宗教，流传既久，内部差异也极大。如讲丹鼎炉火者，与上文所述之天书信仰、文字崇拜，关系似乎并不紧密。但是，整体说来，文字崇拜可能仍是可以通贯整个道教思想的主线。例如导引服气，仿佛跟文字无关。然而依天生文字说，天文乃是气化自然而生，为三才万物之本，则所谓服气也者，其实也就是服此文字所生化之气。《灵宝无量度人上经大法》卷十九《五方云芽品》对此讲得最为清楚。它认为五芽气即生于五篇真文，要修养丹芽、导引五方之气，除了存思及咽气之外，也要服符。至于上清派之存思内视，其关键也在于呼念神名。故陶弘景《登真隐诀》卷上，一开卷即述玄州上卿苏君传诀，而且第一则就是“真符”，第二则则为“宝章”。文字，在其思想及修行体系中之重要性如何，不难想见。

综括各经所述：在天地之先、空洞之中，凝结成文，故此文可名为真文、大洞真经、无无上真等等。此真文又布核五方，故又可称为五篇灵文、五符、五灵符等等。元始天尊曾以火炼之，故又名赤文，或赤书真文。其文乃自然隐秘之音，故又名隐文、隐韵、大梵隐语。文字始出之际，八角垂芒、文采焕耀，故又曰宝章、玉字、玉音……

在道教中，此真文就是道，为万物之本体。盖大道空洞，其显相即是文。洞真部本文类《元始无量度人上品妙经》卷一说“上无复祖：唯道为身。五文开廓，普植神灵。无文不光，无文不明，无文不立，无文不成，无文不度，无文不生”，即指此而言。故薛幽栖注曰：“真文之质，即道真之体为文。”成玄英注说得更明白：“真文之体，为诸天之根本。妙气自成，不复更有先祖也。”①日月、天地、万物均由此道体生成化度。另外，道又称为文，则是指其涵蕴了一切条理、纹理。

据说这真文天书共二百五十六个字，分到三十二天，每天得八字。这八个字，可以“以消不祥，成济一切”。因为这是万物成立的根本，

---

① 详见《度人上品妙经四注》本，洞真部玉诀类。另详砂山稔：《灵宝度人经四注劄记》，《世界宗教研究》1984年第二期。

所以若能掌握这几个隐文秘音，便能“辟逐一切精邪，清禳一切灾害，度脱一切生死，成就一切天人”。这就是道士积学修真的秘诀。有分教：“三洞诸经贵玉音，文章错落灿珠金。保天镇地禳灾厄，度尽尘沙无数人！”（《清河老人颂》）

正一派第四十三代天师张宇初的《太上洞玄灵宝无量度人上品妙经通义》卷一列有《太极妙化神灵混洞赤文图》，可以充分说明这套形而上学体系：

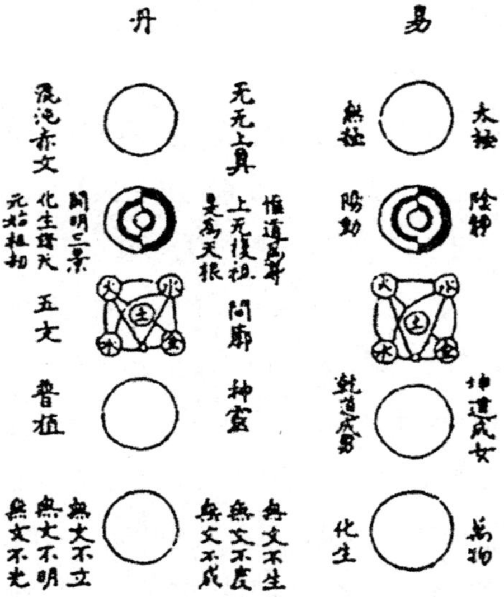

图三

文字是道，则修行体道，唯在守文。文字又成了入道的凭据。此即前文所谓文之方法义。道经千万种，其旨大抵如是。

顺着这种彻底文字化的宗教性格来观察，我们当然也会发现道教与文学有特殊的关联。比方说柳宗元“闻凡山川必有神司之，于是作《诉螭》，投之江”，或“为文醮诉于上帝”，岂不是道士上章、投简之类行为吗？文人用文章来祈雨、逐灾、驱难、谴鬼、祭鳄鱼、投龙……道士也用同样的行为与文辞来办这些事。这是用文字在禳祓不祥呀！[①]

又如悼丧葬、祀天地、飨神祇、歌五帝……本来就都用得着文学作品，如《诗》之颂、楚辞、乐府郊庙歌、神弦曲之类，皆是借文字的神秘力量，沟联幽明，通达三界，以致精诚。这种力量，在道教中尤其被充分地发挥了。

例如道教有“步虚词”。《乐府解题》云：“步虚词，道家曲也。备言众仙缥缈轻举之美。”其实这是道教赞颂乐章之一。其音腔备载于洞玄部赞颂类《玉音法事》等书，旨在飞步乘虚，并不只是描述众仙之美而已。咏步虚词，本身也就是一种修行方法，故洞玄部赞颂类《洞玄灵宝升玄步虚章序疏》谓此经一是建立法体，从理起用；二是示修行方法；三是列十颂以赞法体；四是散掷广诵，法法皆正，以示得失流通。在举行步虚时，又要有焚符于水盂、上香、默跪、启奏三清、讽神咒等仪式，可详洞真部威仪类《太乙火府奏告祈禳仪》诸书，足见其慎重。但整个步虚词，实际上仍以天书真文为核心。无论道教所用者，或文人拟作，皆是如此。像庾信《步虚词》十首，第一首就是：“浑成空教立，元始正涂开，赤玉灵文下，朱陵真气来……”第二首是：“无名万物始，有道百灵初。……赤凤来衔玺，青鸟入献书。”第七首又是：“龙泥印玉策，天火炼真文。”——由此可知，步虚词是用文字来咏赞天尊及诸仙真，这种咏赞本身就是修行法门，其文字与天书真文，与道有同质性。故又可以透过步虚飞玄入妙，与道同流。

这种歌词，能不能径视为文学作品呢？此犹如谣言谶辞，世谓为“诗妖”。谣谶是神秘的，有预言力量，与一般文学作品未必相同，但其为诗之一体，却很难否认。何况钟嵘说过“感天地，动鬼神，莫近

---

① 另详本书第三卷第一章。

于诗”，此类文词恐怕最能符合这个意义。步虚词，亦复如此。《乐府诗集》所收郊庙乐章及步虚词、祓禊曲皆甚多。《文心雕龙》也有《颂赞》，谓颂为告神之词，所以美盛德而述形容。风格必须典雅清铄。道经中之颂赞，符合这个条件者，正自不鲜。《文心》又有《祝盟》。祝本来就是祀神的祷词。盟也是“祝告于神明者也”。要找祝盟文学的材料，道教中更有的是。

此非硬要搭截文学与道教的“关系”。而是要说明：在道教的体系中，我们可看到“文字—文学—文化”的一体性结构。文字，可以演为文章，文章又通贯于道。道也是文章的根据。在这“无文不明”的结构中，理论上，每位道士都是文人。道士上章、启奏、盟祝、颂赞、用符、唱名、禳祓，既是一种宗教行为，同时也可说是文学活动，《云溪友议》卷下有一则故事，颇能象征此义：

> 里有胡生者……少为洗镜锼钉之业，倏遇甘果、名茶、美酝，辄祭于列御寇之祠垒，以求聪慧，而思学道。历稔，忽梦一人，刀划其腹开，以一卷之书置于心腑。及睡觉，而吟咏之意，皆绮美之词，所得不由于师友也。
>
> （《祝坟应》）

胡生原本是想学道，结果祈祠应验了：他变成了文人。这象征了什么呢？据《乐府广题》说：“秦始皇三十六年，使博士为仙真人诗，游行天下，令乐人歌之。”秦始皇求仙，可说是历史上第一个正式的追求不死行动，也表达了道教的基本理想。但这第一次，便是在诗乐中登上历史的舞台。其后曹植《五游》则说要“徘徊文昌殿，登陟太微堂”。文昌帝君不也是道教的主要信仰对象吗？

文昌帝君，又名梓潼帝君，为司命司禄之神，亦为文章、学问、科考的守护神，在道教中极为重要。但这个信仰根本上乃是对文章的崇拜，洞真部玉诀类《玉清无极总真文昌大洞仙经》卷二卫琪注曰：文昌者，

> 文者理也。如木之有文，其象交错。古者仓颉制字，依类象形。昌者盛也。言天地之文理盛大也。如伏羲则河图之文，以画八卦，立三极之道。此经所以推穷三才中之文理性命，皆自二炁五行中出，故文昌星乃土炁所化。坤土之卦辞曰："黄裳元吉，文在其中也。"艮土之卦辞曰："生万物者，莫盛乎艮，成万物者莫极乎艮。"故周子所谓：阳变阴合，遂生五行。《度人经》云："五文开廓，普植神灵。"而南上文华，光彩焕烂，故十四章云："南昌发琼华。"乃南极长生朱陵上帝、南昌受炼真人所治。见有上帝所赐"注生真君"八角玉印，所谓南斗注生。不言文昌而言南昌，盖丹天世界，文明之地，梵炁所化，是为南昌上宫，今南岳衡山朱陵洞天。上应奎轸。始因奎壁垂芒，帝命主持斯文。壁位居亥，专主图书。奎位居戌。专主文章。盖奎宿有文彩，壁宿能藏书。昔嬴火之后，于屋壁得古文，故壁之于文，具有功焉。是以文昌宫有东壁图书府，太微垣中有南斗第五星文昌炼魂真君。又有太上九炁文昌宫、文昌上相、次相、上将等星，又有文昌图，流运以生化文物。是故天地之间，生成变化之道，莫大于此。故曰"开明三景，是为天根，无文不光，无文不明，无文不立，无文不成，无文不度，无文不生"等语，实基于此。《易》曰："物相杂，故曰文。"是以文昌一经，杂纽不贯，亦如《易系》云："变动不居，周流六虚，上下无常，惟变所适。"又曰："参伍以变，错综其数；通其变，遂成天地之文。"亦此义也。故文昌之在世者，乃教化之本源。

由此解释可知，文昌帝君之名虽来自北斗魁星附近的文昌六星，但实际上业已转化为文理昌盛之意，而不再是星辰信仰了。①这个文，包括一切文书、文采、文明、文献、文章、文物而说。文昌在世，又为一切教化之本源。道教之为文字宗教，殆无疑义。后世祈文昌以求开慧，奉文昌以求能文章，不也是前述胡生祈列御寇祠而能作诗文一类故事的典型化吗？②

因此，综合地看来，就像文昌帝君是文章科举的保护神一样，道教不仅本身表现为一种文字宗教，其理论、教相也提供了文最大的保证。文既为体，为用，亦为人道之方。文字、文学、文化，在此中综摄为一，难予析分。道士用文，其本身也常成为文学创作者。

对一位文学研究者来说，了解这些当然很有益处。因为：

一、我们往往忽略了历史上极为丰富的道教文学作品，谈中国宗教与文学的关系，通常仅能略论禅宗诗偈之类，很少讨论道教文学。

二、就是谈佛教与文学之关系，我们也常偏重于就佛教如何影响文学及文学家立论；不晓得是佛教进入中国以后，因受中国文化及道教之

① 有关文昌帝君的研究，可详窪德忠:《道教诸神》，萧坤华译，四川人民出版社，1989年，212页。

② 道教在民间流传最广、影响最大的经典，就是文昌帝君《阴骘文》、关圣帝君《觉世真经》及《劝世文》。文昌帝君又有《敬惜字纸律》。《劝世文》中揭示廿四条，一孝，二慈，三忍，四也是敬惜字纸。可见这种文字崇拜的重要性。配合此一信仰，除文昌帝君之外，另有“制字先师”仓颉的祭祀，各地乡镇也都有“惜字亭”。一般研究者以为这是受儒家的影响，如前引窪德忠书，即谓文昌帝君信仰具有十分浓厚的儒家色彩。此不确。儒家固然重文，道教也重文，甚至洞真部谱箓类《清河内传》曾载《劝敬字纸文》说：“窃怪今世之人，名为知书而不能惜书。视释老之文，非特万钧之重，其于吾六经之字，有如鸿毛之轻。或以字纸而泥糊，或以背屏，或以裹褥，或以泥窗，践踏脚底，或以拭秽，如此之类，不啻盖覆瓿矣。何释老之重而吾道之轻耶？”所以他希望儒生能效法佛道人士重惜字纸。可见一般社会上的惜字风气，并非受儒家影响而然。

影响，才产生了转化，才变成文字的、文献的、文学的宗教。①

三、在思考以上这些文学与宗教之关系时，我们通常是以两个系统之相互影响关系或互动关系为思考模式。很少注意到文学本身所具有的宗教性格。文学不只是可“用来”祈禳、盟祝、颂赞、醮诉，它本身便具有宗教神秘力。不只是宗教界利用文学的感性力量来引人入信，或文人参与宗教活动；而是本来就可因着文字文学的这种宗教性质，形成各种宗教活动。

四、由于缺乏以上这些考虑，也使得我们无法理解宗教间的差异。例如佛教也有呗梵颂赞，也有宣教诗文，也参公案诗偈文字以入道，也有石门文字之禅。但道士女冠作诗文，其意义与僧徒为文并不一样。道教系以文为宇宙万物之本体，所以是一种根本义的文字教，一切文学活动，亦皆为因体起用，且可以因文见体。

五、道教所显示的“文字—文学—文化”一体性结构，自然也能提醒我们：要在中国文学传统中，偏执“纯文学”的观念，实无可能。一部文学史，其实也就是摇荡流转于这三者之间的发展。如严羽曾描述宋人是“以文字为诗”，唐朝古文运动，则正面要求“人文化成”，不能仅成为美文。可见文字、文学、文化，既是一体的，其间又有紧张关系，其辩证发展的历程，至为迷人。

六、“文字—文学—文化”的结构关系、文学发展的逻辑，既存在于文学活动本身，也存在于道教这一文化体中。而且由理论上看，道教比一般文学理论家更能深刻掌握住这个原理，并予以说明之。如前引《太极妙化神灵混洞赤文图》，或卫琪对文字、文章、文画、文明、文物、文献的系统解说等等，可能比一般文家泛言“文原于道”“文以达

① 佛教的文学化，详见本书第三卷第一章。中国佛学为文献的、文字的宗教，详见中村元《中国人之思维方法》。

道”“文与天地并生”之类，更具理论趣味。欲明中国文化中主文的传统，势不能不对道教多加注意。

七、道教既以文字为教本，又以文字为教迹。但就其作为万物本源的文来说，那是自然虚无混沌中忽然创生的，这种真文事实上又具有“超视听之先，在名言之表”（宋真宗《灵宝度人经序》）的性质。它是自然生成的，是不知其然而然，故薛幽栖谓其幽奥不可详，“忘言理绝”。又说此非世上常辞，故言无韵丽，曲无华婉。这些玄妙天成、自然而生、作而非作、大巧若拙、忘言理绝云云，其实也就是中国文学创作最高之鹄的。文家总爱强调“文章本天成”“风行水上自成文”“天然去雕饰”等等。天书真文，便是这种最高标准的文学作品之典型。然而，强调自然天成的文学创作观，必须迟至宋代，方始蔚成风气。道教之天书信仰，却在汉末即已成形了。①这难道不值得我们注意吗？

正是：“神仙戏东序，流晖寄文翰”（《上清元始变化宝真上经九灵太妙龟山玄箓》卷中），且观神仙，再论文翰！

---

① 宋代强调自然天成的文学创作观，可详《诗史本色与妙悟》。道教的天书真文，若以《灵宝五符》之类为标准，此类经典至迟出现于齐梁以前。真文的观念则在东汉即已形成。《老子想尔注》说“今世间伪技因缘真文设诈巧”，便已提到真文。真文系与邪文相对而说。“何谓邪？其五经半入邪；其五经以外，众书传记，尸人所作，悉邪耳。”可见真文非一般书记，非尸人所作。另外，《太平经》的天书信仰，详见《道教新论》。

第三章
文学的历史学与历史的文学：文史通义
——中国史学对历史写作活动的思考

中国史学，由经学中分立出来，独成一类著作与学问，时在汉魏南北朝期间。史纂体例之讨论及历史记载方法之研究，日益详备，且也成为历代修撰史籍时所依据的大原则。综观这些原则与方法，我们会发现，史学界的主要思考，其实是有关历史写作活动的问题。

由于我国史学，推源于经学，主要是由《春秋》发展而来。《春秋》记事，据说含有微言大义，因此在经学中便有研究《春秋》辞例的学问，说明《春秋》属辞比事之教究竟是怎么回事。此即所谓"书法"，亦即历史记载时记录的方法。史家未必同意史书应寓褒贬大义，但此等书法已成为史籍撰写时之基本规范，史法史例，即由此展开。

这种"以历史如何记载"为主要关切点的史学思考，使得史学与文学关系至为紧密。因为书法辞例都是就文章写作而说的，用此书法辞例去叙传人物、记述时事，即为史文。文史有时的确很难区分，试看唐人所撰《柳氏传》《谢小娥传》《吴保安传》之类所谓传奇小说，与正史记传有何不同？其事为编正史者所采信，即编入正史中；不能见信，则为野史稗官。然其为史一也。《四库提要》谓："《穆天子传》，旧皆入起居注类……实则恍惚无征，又非《逸周书》之比……以为信史而录之，则史体杂、史例破矣。今退置于小说家，义求其当。"明确地说明了史与小说混淆难辨的现象，四库馆臣也只能以史文所记载之事是否可信，来判断史与小说的归属，树立史体的尊严罢了。

这里就可以看出一个问题来：由于文史关系太过紧密，史学上长期存在着如何与文学区分的严重疑难。四库馆臣遭遇到的，只是其中一端。其他如：撰写史文时，基于属辞比事的需要，必须委请擅长文辞之士执笔，但此类文士能否撰写合乎史义的文章呢？何种文章才合乎史义呢？为了表达史家对历史的观点、对人物的评鉴，史文又应如何配合，方能使读史者观文知意？这些实际撰述史籍时必然会遭遇的问题，每每萦绕在史家胸中。何况，我国史家，常以司马迁“通古今之变，成一家之言”为职志。但立言有道，非文辞不为工。言之不文、行之不远。文采灿然，是好史书的必要条件。文家撰文，亦常以史著为模仿学习之对象。凡此现象，均使文史关系复杂难理。各个史家对于这些问题，也各有不同的处理方式。

本文想以章实斋为例，观察这位思想家的处理方式，并借以说明中国史学之特性。选择章实斋，并不是因为实斋的《文史通义》是我国重要史学评论书，而是因为实斋所主张的文史学，恰好能揭露中国史学对历史写作活动思考之重点，所谓文史学或文史之通义，正是想处理文史分合的问题，构建一文学的史学或历史的文学理论体系。观察这位思想家的思路，重新理解他的问题与解答，是深入中国史学的重要通路。可以让我们明白，在一个以文字文学为核心的文化中，史学终必以历史书写活动之讨论为重点，而历史书写亦终不能脱离文学性。

一　知难之叹：不被世人了解的章实斋

章学诚实斋之学，晦于当时而声光赫震于后世。自晚清以来，研究其人与其书，考证篇章、发挥大义者，不知凡几。然“知难”之叹，在实斋生前即已有之；现在世人之所以推尊实斋者，也未必便真能知其用心。

实斋之被推重，一是看重了他对史料的强调。章氏“六经皆史”“盈天地间一切著作皆史也”的说法，到了梁启超、胡适之手上，被解释为“史部的范围很广，六经皆史，什么地方都是史料”（《中国历史研究法补编》），“一切著作都是史料”（《章实斋先生年谱》“嘉庆三年”条）。张其昀则认为章氏之史学重在“典籍之搜罗”，“言征集史料之方法，章君所发明，远较刘君（知几）为详。……言搜罗史料之广，实为有史以来所仅见也”。此虽较梁胡所论为宽，并不仅以史料为史学，但仍是把章氏之学看成提倡史料搜集、排比考证以获得所谓历史之真相的典型。①这个印象，显然是符合胡适所说“尊重事实”“尊重证据”（《治学的方法与材料》）及傅斯年所讲“有一分材料说一分话，没有材料就不说话”的科学治学方法之所需，故被拿来当了号召，距实斋学术之真相，当然也最远。故姚名达在《章实斋的史学》一文中即明确指出：

> 史虽不离乎史料，而史料终不可以尸史学之称。而胡适先生著《实斋年谱》，释实斋“盈天地间，凡涉著作之林，皆是史学”一语，为“一切著作都是史料”，则于史学史料之分际，尚未能深察。
>
> （原载《国学月报》二卷一至二号，1927年）

---

① 张其昀文，刊于《学术》月刊第五期，1922年5月。1976年杜维运、黄进兴编《中国史学史论文选集》时，收入本文。五十多年来，对章实斋的了解，事实上也仍与张文差不多。唯本文既从诠释实斋的三种路向上，说明历来解释实斋之误，显见我不以民国以来汗牛充栋之实斋研究为然，没有一篇论文我敢予苟同，故以下若非论述必要，不再枚举单篇论文或专著纠弹其谬。其次，由于本文旨在重新理解章实斋，所以实斋之文字均需重新解读。在论文写作中，不能不大量引述实斋原文，即基于这个理由。但正文论叙，自有脉络，相关言论，不可能全部列秩于文中；相关的问题，也必须割爱。这些都只能在注文中处理，读者幸垂意焉。

史料不是史学。当然。但在民国初年那种狂热的材料崇拜风气下，会以史料这个角度来推崇实斋，也是理所当然的事。姚先生责怪胡适于史料与史学之分际未能深察，其实胡适等人正是想以史料为史学的。

以史料为史学，是极狭隘极荒谬的态度，姚名达所驳甚是。然而，他虽就史料搜集与考证这个角度来看实斋，但以实斋为史学，以《文史通义》为我国“史学评论第二部名著”，为“文化史学”而推崇之，是否便能掌握到实斋之学的真精神？

自北大历史系招生规定考生须读《文史通义》以来，该书正是以这种“史学要籍”的身份，为世所重。咸称实斋“为我国集大成的史学家”，视《文史通义》为“专门讨论史法史义以及一切史学问题的著作”（吴天任《章实斋的史学》）。但是，实斋固然曾讨论过史学，固然在《上朱大司马论文书》中说：“乙部之学，近日所见，似觉更有进步，殆于杜陵所谓‘晚节渐于诗律细’者。”然而，就像这封信其实乃是讨论文学一样，其用心史学，至少有一大部分原因是为了要写好古文，故以深于史学为作古文之要件。嘉庆元年三月与汪辉祖书说“近日颇劝同志诸君多作古文辞。而古文辞必由纪传史学进步，方能有得”，即是此意。而且，他固然在史部自矜晚节入细，对于文学一道，又何尝不是如此？他在《文史通义》之外，本有《文学》一书，编于乾隆四十七年，今虽不传，然其重文之意可见。彼《与邵二云论文书》曰：“于（文章）体裁、法度、义例，殆于杜陵所谓‘晚节渐于诗律细’也。”他于文学，用心显然不在史学之下。《文史通义》中，如《文德》《文理》《古文十弊》等皆极有关系之文字，与《史德》诸篇正相颉颃。可惜世之论实斋者，对于他在文学方面的言论，往往视而不见，忘记了他的书名是《文史通义》，乃通论文史之书，本非专论史学，当时实斋且以“鄙著《通义》之书，诸知己者许其可与论文”（《又与朱少白》）自喜，今若徒以史学求之，但得其半而已。何况实斋之书又不是论文与论史各半。其所谓文史通义，自有其合言文史之旨，如《文史通义·自序》云："余仅能议文史耳。……因推原道术，为书得十三篇，以为文史原起，亦见儒之流于文史，儒者自误以谓有道在文史外耳。"此可见实斋是论文史的。嘉庆二年《与朱少白书》说："平日持论，关文史者，不言则已，言出于口，便如天造地设之不可摇动。"可知其于此道之自负。又《上钱辛楣宫詹事书》云"学诚从事文史校雠，盖将有所发明"，《与孙渊如观察论学十规》云"惟文史校雠二事，鄙人颇涉藩篱"，皆以文史校雠之学自命。这"文史"二字，不是指"文学和史学"。它有特殊的含义，是实斋用来标识其学术宗旨的特殊名词，所以邵晋涵说：

> "文史"字，见东方朔及司马迁传，唐宋以还，乃以论文诸家，目为文史。章君自谓引义征例，出于《春秋》，而又兼礼家之辨名正物，斯为《文史通义》之宗旨尔。
>
> （《跋〈与陈观民工部论史学〉》）

可见实斋所欲建立者，并非史学，而是一种文史学。这种文史学之所以成立，则依赖其校雠学的方法，故又名为"文史校雠之学"。他在《文史通义》之外，著有《校雠通义》与之并行，原因亦即在此。

按：实斋之所谓校雠，与现今一般论校雠学者极为不同。通常皆以校雠为版本校勘，综合群书，比勘其文字篇籍之异同，考证其讹误，某本多一字、某本少一字、某处误夺、某处有缺衍，断断不已。实斋所谓校雠则不然，乃是"兼礼家辨名正物"的考镜源流、辨章学术之举，自以为能绍刘向、刘歆父子及郑樵之绪遗。彼《与严冬友侍读书》自称"为校雠之学，上探班刘，溯源官礼，下该《雕龙》《史通》，甄别名实，品藻流别，为《文史通义》一书”，说得极为明白。其子华绂《文史通义跋》也说：“《文史通义》一书，其中倡言立议，多前人所未发，大抵推原官礼，而有得于向歆父子之传，故于古今学术渊源，辄能条别而得其宗旨。”这些话，都清楚地显示了《文史通义》即是运用校雠之学所得到的结果，其宗旨即在辨名正物，说明学术之源流。其师朱筠《笥河集》卷五《怀京华及门诸子诗》第四首“章实斋副贡”有云：“欲杀吾怜总未休，甚都犹为百绸缪。冯生文史偏多恨，刘氏心裁竟莫收。燕市游来稀酒客，闽行将绝忆书楼。凭君检拂残鱼蠹，有意名山著作否？”可见在《文史通义》未出之前，朱氏已经知道他这位高足有此文史校雠之学了。实斋之书，可谓不负师门期许。①

因此，以史学要籍视《文史通义》及以史家目实斋者，于此皆不能梦见。称述虽多，徒然误会其宗旨，冤杀实斋而已。更有趣的，是这些先生们往往把《校雠通义》和《文史通义》视为两种不同性质的书，不是说“其史学思想，则多表现于《文史通义》一书。至其《校雠通义》，就论甄别书籍、部次条别之道，亦即鉴别史料之法也”，就是说“《文史通义》为文化史学，《校雠通义》是学术史概论”。更甚者，则如吴天任《章实斋的史学》一书，根本不论其《校雠通义》，宣称“暂不列入本书范围”。这样论实斋，岂能得其根底？

另一种研究章实斋的路数，是不从史学史的角度来说明实斋对史学的贡献，而从思想史的角度，把实斋之学放入当时学术发展的脉络中去

---

① 实斋有时亦自诩其史学。但言各有当，且各有发言的因缘与重点，不能执之以为实斋的用心仅在于史。彼《与孙渊如观察论学十规》自谓“鄙人所业，文史校雠”，“文史之争义例，校雠之辨源流”，彼方龂龂不已也。钱穆对这一点看得最透彻，他于1966年11月17日有信给余英时说：“实斋提倡史学，实于史学无深入，无多贡献可言。实斋史学可分几方面言之，一为平章学术，乃从其校雠学来。”（余英时：《犹记风吹水上鳞》附录，三民书局，1991年）的确，实斋在史学上无多贡献，有之，则在于他是用校雠学以平章学术。

看。称道他能针砭当时崇尚经学考证的学术风气，具有思想史的意义。

最早是胡适编《章实斋先生年谱》时，使用了新的体例，把实斋批评戴震、汪中、袁枚等人的话摘出抄录，认为如此，“不但可以考见实斋个人的见地，又可以作当时思想史的材料”（《自序》）。但胡适对于实斋攻击戴汪诸人之言辞，不甚欣赏。因为胡氏本人是拥护戴震等人的，故往往谓实斋“仍有卫道的成见，或尚含有好胜忌名的态度”。后来钱穆《中国近三百年学术史》及《国学概论》则把章戴冲突的个人性格因素淡化，认为章氏之所以抨击戴震，是反对一种以戴震为代表的学风，亦即反对当时“经学即理学”，“由字以通其词，由词以通其道”的说法。故由章戴之异同，实斋溯而论浙东学派与浙西学派之异同，再溯而论朱陆之异同，提倡史学经世，谓六经皆史，排比类纂及烦琐的考证工夫，都不被承认是“著作”与“学问”。

事实上，实斋当时，已有人指他是提倡史学以对抗经学。实斋反对此说，嘉庆元年《上朱中堂世叔书》云：“议者颇讥小子攻史而强说经，以为有意争衡。此不足辩也。……小子不避狂简……初不知有经史门户之见也。”但民国初年有一派学人，因不满于乾嘉朴学之后裔及复兴者所标榜的学风，而颇以实斋之勿同于乾嘉为借鉴，如张尔田撰《刘刻章氏遗书序》，即云实斋与汉学家相对照，有五种不同，故其书不能大显于时。钱穆的说法，则是进一步从章戴之不同处，逆窥实斋学术的内容，说明其提出浙东学派并写《朱陆》的缘故。此固为思想史之研究，但也是由于钱穆对宋明理学较有好感，故能借实斋之反戴，反省戴震所代表之学风可能存在着根本的问题。钱氏之后，余英时推阐其说，最具功力。侯外庐《乾嘉时代的汉学潮流与文化史学的抗议》一类文章，基本上也延续了这个思路。

这个思路，当然能够说明实斋提出某些说法的原因。但是，对学说之所以出现有了说明，不等于就说明了学说的内容。而且，实斋所反对的，除了戴震之外，尚有袁枚、汪中等。嘉庆二年，《与朱少白书》论及他与洪亮吉的争辩，更是明言："弟《辨地理统部》之事，为古文辞起见，不尽为辨书也。"可见批判戴震所代表之学风，能否作为他学说中的核心观点，恐怕大可商榷。他言校雠、论文章，亦非"与戴震对抗"或"以六经皆史，反对经学即理学"诸说所能涵括。①此外，把章戴对

① 实斋对乾嘉流行之考证学风，当然是不满的，但研究者仅注意到实斋欲以史学矫当日治经之弊，或由"朱/陆""浙东/浙西"之辨，论当时不言义理及言义理而不切人事之非，恐犹未能知实斋也。实斋有时很瞧不起考证家们不会作文，如《答沈枫墀论学》言"近代学问如戴东原，未易易矣。其所考订与发挥，文笔清坚，足以达其所见。而记传文字，非其所长；纂修志乘，固亦非其所解。委而不为，固无伤也。而强作解事，动成窒戾"，显然是在考证之外，别标文史。今仅谓实斋言史，所以矫乾嘉经学考据之病，则其言文非亦欲矫时病乎？何以竟不齿及？且吾人当知乾嘉考据，本是史学，故此虽别标文史，然实斋以之矫治时风者，实在文而不在史。何以见得呢？实斋《与陈鉴亭论学》说："《文史通义》，专为著作之林校雠得失。著作本乎学问，而近人所谓学问，则以尔雅名物、六书训故，谓足尽经世之大业。虽以周、程义理，韩、欧文辞，不难一映置之。其稍通方者，则分考订、义理、文辞为三家，而谓各有其所长。不知此皆道中之一事耳，著述纷纷，出主入奴，正坐此也。鄙人《原道》之作，盖为三家之分畛域设也。"这是实斋想从三者原出于道这个角度，把辞章、义理、考据三者打并为一，用以矫时人但知考据而不屑于义理与文辞之弊。但更进一步，从救治时弊这个立场上看，则他又只论文辞了。《答沈枫墀论学》说得好："夫考订、辞章、义理，虽曰三门，而大要有二：学与文也；理不虚立，则固行乎二者之中矣。……陶朱公曰'人弃我取，人取我与'，学业将以经世，当视世所忽者而施挽救焉，亦轻重相权之义也。今之宜急务者，古文辞也。攻文而仍本于学，则既可以持风气，而他日又不致为风气之弊矣。"辞章、义理、考证三门，他将之简化为文与学两类，并以提倡文辞为急务。只不过因为道通为一，所以实斋并不把文与学对立起来，以文反学；而是主张文与学相济，以考据之实学，加上文采辞章。所谓"攻文而仍本于学"，"文非学不立，学非文不行，二者相须，若左右手"。实斋自认为如此方属良医之手段，"夫医之疗疾，攻寒以热，治积宜消。然而寒热相搏，几于无止。是以良医当积实而预为返虚之防，今日之论文而不敢忽学是也"。由此看来，实斋是如何矫当日考据之弊，岂非彰彰甚明？钱穆《中国近三百年学术史》所提示的解析路向，对此可说完全找错了门。

立起来看，更是容易误会实斋所谓史学经世的意义。

“史学经世”这句话，很容易令人想到致用、实用、切合当世情俗等含义。所以钱穆便认为戴震之学是“即圣人六经而求”，“主稽古”；“实斋则称事变，称时会，称创制”，“主通今”。这种对比是错误的，实斋所谓经世云者，绝非此义。他在《原道中》讲得非常清楚：

> 夫子述六经以训后世，亦谓先圣先王之道不可见，六经即其器之可见者也。后人不见先王，当据可守之器而思不可见之道。故表章先王政教与夫官司典守以示人，而不自著为说，以致离器言道也。

乃是主张述而不作，据经稽古，以表章先王之道；其非通今致用、创制应时，语意甚为明显。故其云经世，乃述先王之道以训当世与后世之意。①其学术形态自然也就是稽古敏求，即圣人六经而求之。在这方面，章戴并没什么差别。他们的不同处，非一稽古、一通今，而是在于实斋反对其稽古之法（如“由字以通其词，由词以通其道”的主张），也反对只讲名物训诂而不探求义理的作风。②从反戴震与考证学风这个角度

① 实斋所云“经世”者，当然也不能只这样解释，但实斋之学的大纲维、大根本、大方向是如此。至于“经世”一词，实斋之意只是强调学问要有益于世而已。如前举《答沈枫墀论学》即云“学业将以经世，当视世所忽者而施挽救焉”，则其所谓经世，系指应重视文学以矫考据之弊，此即有益于世用矣。又《与陈观民工部论史学》云“史志经世之业”“顾天锡父子列传……仆周窥全集，而撷其要领，剪裁部勒，为此经世大篇，实费数日经营”，“经世”一词，也都不指实际应用于人事方面，而是指文章。

② 实斋反对戴震以训诂名物为治学之道，可以《〈说文字原〉课本书后》为代表。该文说：“或曰：‘联文而后成辞，属辞而后著义，六书不明，五经不可得而诵之。’然则数千年来，诸儒尚无定论，数千年人不得诵五经乎？”这是针对戴震《与是仲明论学书》所说“由字以通其词，由词以通其道”之治经方法的批评，与他在《书〈朱陆〉篇后》委婉的说法不同。在《书〈朱陆〉篇后》中，实斋谓“戴君所学，深通训诂，究于名物制度而得其然，将以明道也。（转下页）

来探论实斋之学者，在这些地方，多乏分疏，其不能知实斋也固宜！

因此，总括近百年的章实斋研究史，实斋所获者，可谓誉非其实。胡适在《章实斋先生年谱》出版时，曾经乐观且自豪地说："十一年春，本书初版，国人始知章先生。"现在看来，殊不谓然。

二　推原官礼：实斋文史学的基本架构

《文史通义》之倡言立议，既推原于官礼，又自谓著书乃表章先王政教与夫官司典守以示人，则论实斋之学，首应明了其所谓官司典守之义为何。

据实斋说，古代没有私人著述，周公时代的《官礼》，只是当时政教典章的记录，其后"官师守其典章，史臣录其职载。文字之道，百官以之治，而万民以之察"，足为经世之用。孔子也不曾自出著述，只是存周公之旧典而已。到了战国才开始"官守师传之道废，通其学者，述旧闻而著于竹帛"，有了私人著述（《诗教上》）。这里面含有几个观念。

一、诸子之学，皆出于王官，亦皆出于六艺。因为六艺即先王政典而为官师所典守者。"老子说本阴阳，庄、列寓言假象，《易》教也。邹

（接上页）时人方贵博雅考订，见其训诂名物有合时好，以为戴之绝诣在此。……是固不知戴学者矣"，只是希望世人勿执指而忘月，在这里却直接批判戴震的方法与方法论，谓其指不能指月。《又与正甫论文》重申此论，曰："近日言学问者，戴东原氏实为之最，以其实有见于古人大体，非徒矜考订而求博雅也。然戴氏之言又有过者。戴氏言曰：'诵《尧典》至"乃命羲和"，不知恒星七政则不卒业；诵《周南》《召南》，不知古音则失读；诵古礼经先士冠礼，不知古者宫室衣服等制，则迷其方。'戴氏深通训诂，长于制数，又得古人之所以然，故因考索而成学问，其言是也。然以此概人，谓必如其所举，始许诵经，则是数端皆出专门绝业，古今寥寥不数人耳，犹复此纠彼讼，未能一定，将遂古今无诵五经之人乎？"——以上两种说法，直婉虽殊，却都不能说他是主张"通今"故与戴震异趣者。

衍侈言天地，关尹推衍五行，《书》教也。管、商法制，义存政典，《礼》教也。申韩刑名，旨归赏罚，《春秋》教也。其他杨、墨、尹文之言，苏、张、孙、吴之术，辨其源委，挹其旨趣……皆于物曲人官得其一致，而不自知为六典之遗也。”其中有得有失，但皆为先王礼乐之变（《诗教》）。①

二、六艺即先王政典，而为官司所典守者。《文史通义》一书开宗

① 《校雠通义》有云：“后世文字，必溯源于六艺。”（《原道》）故不只诸子出于王官，一切著作也都为六艺之流别，“廿三史，皆春秋家学也”，“颜氏《匡谬》、邱氏《兼明》之类，经解中有名家矣”，“得尚俭兼爱之意，则老子贵啬、释氏普度之类，二氏中有墨家矣”，“韩愈之儒家，柳宗元之名家，苏洵之兵家，苏轼之纵横家，王安石之法家”，“类书……其有原委者，如《文献通考》之类，当附史部故事之后。其无原委者，如《艺文类聚》之类……附其说于杂家之后可矣”（《宗刘》）。这里所谓的流别，一方面是出于真正的源流相传；另一方面是实斋依后世著作之性质做的归类，推溯其原，谓其应出于某官某经，或应附于某一类，以便“使六艺不为虚器，而诸子得其统宗”。读其书者，自应注意他论史的方法问题。盖此中混杂了两种叙述方式，一种是对历史上（作者相信）已发生过之事迹的描述；另一种则是表达实斋在四部既分之后，努力将子史集部诸书类秩于六经之下的意愿。问题是这种意愿亦以历史叙述出之，似乎佛老真是出于墨家者流。且凡不知此某出于某家者，实斋便大骂别人不识文章流别，不明著述宗旨。但这种编排类秩所形成的源流史，本即出于实斋之拟构，它与“历史”有时是会不一致的。这种参差，如何处理？例如他把《管子》归入道家，本是溯其源流之意，此等归类溯源，只能依其著述宗旨，大体言之。可是“出于道家”的《管子》书中，何以又有明显可以归入其他家的思想呢？实斋乃想出了一个“裁篇别出”的办法，谓《弟子职》可入小学，《三朝记》可入《论语》，别出门类，另有来源。《校雠通义·别裁》专论此义。故所谓“别载”，实即弥缝实斋源流史建构之辅助性原则。不能将它孤立起来，脱离实斋的理论架构而视为方志学及目录学中之一般原则。姚振宗《汉书艺文志条理》说此法“使其自著一书，则发凡起例，无所不可。若以例班氏之《志》，则支离破碎，多见其烦琐无当者矣”，甚是。关于“互著”与“别裁”二例，讲目录学的人，或以为启迪自郑樵，如刘申叔《校雠通义箴》；或以为乃暗窃祁承㸁之《庚申整书略例》，如文廷式《纯常子枝语》卷二六；却都不晓得此二法系专为解决实斋学说中之问题而设，非郑樵或祁承㸁所能有，故错述宗祊矣。另详胡楚生：《中国目录学研究·论章实斋互著别裁之来源》一文，华正书局，1989年。互详298页注①。

明义就说：“古人不著书，古人未尝离事而言理，六经皆先王之政典也。”（《易教上》）这几句话就是《诗教上》所讲：“古未尝有著述之事也。官师守其典章，史臣录其职载。文字之道，百官以之治，万民以之察，而其用已备矣。是故圣王书同文以平天下，未有不用之于政教典章，而以文字为一人之著述者也。”由于这些典籍本身就是当时的政教簿籍，有实际的功能与特定的用途，所以又说它们并非空言，并非离事而言理。此外，这类典籍簿书档案资料，均由当时实际负责业务的官吏所职掌，所以说是“三代盛时，各守人官物曲之世氏”，属于世袭的职务掌理人。他们也是王道的具体传承者。秦朝规定以吏为师，章实斋反而觉得它能复古道，即是因为“以吏为师”恢复了世学官守的性质。①

三、这种世学官守的六艺，都属周之官礼。《诗教下》云：“自古圣王以礼乐治天下，三代文质出于一也。世之盛也，典章存于官守，礼之质也。情志和于声诗，乐之文也。迨其衰也，典章散而诸子以术鸣，故专门治术，皆为官礼之变也。”官礼，即是王者政教典章存于官守者，因其能显示王者礼治，故曰官礼。当时一切典章皆由官守，所以事实上是“天下之书皆官礼”。到了周公时，集三代治法之大成，“鉴于夏殷而折衷于时之所宜”所以最为美备。这些官礼典章，区其大别，可分为六，则所谓六艺是也。名为六艺，实则皆为官礼，“《易》为周礼，见于太卜之官”，“《书》亦周礼也，见于外史之官”，“《诗》亦周礼也，见

---

① 《史释》：“以吏为师，三代之旧法也。……东周以还，君师政教不合于一，于是人之学术，不尽出于官司之典守。秦人以吏为师，始复古制，而人乃狃于所习，转以秦人为非耳。”《校雠通义·原道第一》：“秦人禁偶语诗书，而云以吏为师……则犹官守学业合一之谓也，由秦人以吏为师之言，想见三代盛时，礼以宗伯为师，乐以司乐为师，诗以大师为师，书以外史为师，三易春秋亦若是则已。”他对战国时期诸子蜂起、百家争鸣的现象，与我们有截然不同的评价。我们认为那是学术的黄金时代，他则向往官师合一如三代如秦那样的“盛世”。

于太史之官”（皆见《礼教》），《礼》更不待说，也属于周礼了。比较特殊的，是《乐》与《春秋》。《书教上》曰：“六艺并立，《乐》亡而入于《诗》《礼》，《书》亡而入于《春秋》，皆天时人事，不知其然而然也。”《春秋》起于王者之迹息；王者之迹息，故“《周官》之法废而《书》亡，《书》亡而《春秋》作”。此所以《乐》与《春秋》亦仍为官礼之遗。①

四、官守之六艺皆为史。《易教上》首揭“六经皆史”之义，指六艺都是当时王者治世的典章制度，故其性质可视为当时之史，具体记录了当时治绩之实况，说明了王者经世的情形。所以说“三代学术，知有史而不知有经，切人事也。后人贵经术，以其即三代之史耳”（《浙东学术》），“贾子尝言古人治天下，至纤至析；余考之于《周官》，而知古人之于史事，未尝不至纤析也”（《方志立三书议》）。又说“古无私门之著述，六经皆史也。后世袭用而莫之或废者，惟《春秋》《诗》《礼》三家之流别耳。纪史正传，《春秋》之流别也。掌故典要，官礼之流别也。文征诸选，风《诗》之流别也”（同上），这是因为《书》亡而入于《春秋》，《乐》亡而入于《诗》，易则“《易》象通于《诗》之比兴，《易》辞通于《春秋》之例”（《易教下》），故六艺之中又只讲《春秋》

① 余英时曾引钱穆说，谓实斋未能写出《春秋教》，系因持孔子“有德无位故不能制作”之说，以致不能落笔。见钱穆《孔子与春秋》，收入《两汉经学今古文平议》；余英时《章学诚的六经皆史说与朱陆异同论》。按：此说未谛。实斋在六经中，未写《乐教》，因为《乐》入于《诗》《礼》之中，自不必单独再写《乐教》。同理，《书》亡而后《春秋》作，《书》亡，故《书教》本可不写，已写《书教》即不必再写《春秋教》。其次，实斋的《书教》事实上是在说明“《周官》之法亡而《尚书》之教绝”，“世儒不达，以谓史家之初祖实在《尚书》，因取后代一成之史法纷纷拟《书》者，皆妄也”，“《周官》法废而《书》亡，见《春秋》之体也”。亦即言《春秋》之体，并夺后世托尊史祖于《尚书》之荣耀归于《春秋》。故谓此文为《春秋教》可也，何必复为《春秋教》耶？余英时不同意日人高田淳“实斋《春秋教》即包含在《书教》篇中”的看法，恐未知实斋之意趣耳。

《礼》《诗》三家之学。但无论如何，六艺皆史，是从六艺皆官守典章、皆王者治法这个角度说的。

五、六艺皆以经世。六艺皆古先圣王实际用以治世的典章，所以不是空洞的一套理论，而是已征用于实际生活中，故曰六经未尝离事而言理，六经切人事。《易教上》“《易》象亦称周礼，其为政教典章，切于民用而非一己空言”，《书教上》“盖官礼制密，而后记注有成法，记注有成法而后撰述可以无定名。以谓纤悉委备，有司具有成书，而吾特举其重且大者笔而著之，以示帝王经世之大略。而典、谟、训、诰、贡、范、官、刑之属，详略去取，惟意所命，不必著为一定之例焉，斯《尚书》之所以经世也”，《经解上》“古之所谓经，乃三代盛时，典章法度，见于政教行事之实，而非圣人有意作为文字以传后世也”，《经解中》“事有实据而理无定形，故夫子之述六经，皆取先王典章，未尝离事言理”，《经解下》“《易》乃先王政典而非空言”，等等，讲的都是这个道理。

六、六艺被称为六经。《经解下》说：“六经初不为尊称，义取经纶为世法耳。六艺皆周公之政典，故立为经。”这段话，可分两层说：（1）六经的“经”字，取经纶之义，谓六艺本系王者治法，故可以经纶人世，《经解中》云“国家制度，本为经制。李悝《法经》，后世律令之所权舆；唐人以律设科，明祖颁示《大诰》，师儒讲习以为功令，是即《易》取经纶之意。国家训典，臣民尊奉为经”，指的就是这个意义。（2）这些国家经训，后来被尊称为“经”，成为学术上的经典，则是由于孔门弟子的提倡。《经解上》说：“三代之衰，治教既分，夫子……取周公之典章……独与其徒，相与申而明之，此六艺之所以虽失官而犹赖有师教也。然夫子之时，犹不名经也。逮夫子既殁，微言绝而大义将乖……儒家者流，乃尊六艺而奉以为经。”

七、六经原本都是王者用以治世之器。《原道中》云："圣人即身示法，因事立教，而未尝于敷政出治之外，别有所谓教法也。……'形而上者谓之道，形而下者谓之器'，道不离器，犹影不离形。……六经皆器也。《易》之为书，所以开物成务，掌于《春官》太卜，则固有官守而列于掌故矣。《书》在外史，《诗》领太师，《礼》自宗伯，《乐》有司成，《春秋》各有国史。三代以前，《诗》《书》六艺，未尝不以教人，非如后世尊奉六经，别为儒学一门，而专称为载道之书。"言六经为器之义甚详。

八、"器"的含义，在孔子之前和之后，颇为不同。在孔子之前，修齐治平之道，由守官法典之人职掌之并传授之。其职掌与传授者，均为六艺，所以这时是官师合一，道器也合一，即器存道，道寓于器。后世官守典司的政治体制与学术传统破坏了，孔子等人遂只能据可见之器以思不可见之道，只能即器求道。故《原道下》曰："古者道寓于器，官师合一，学士所肄，非国家之典章，即有司之故事。……后儒即器求道，有师无官，事出传闻而非目见，文须训故而非质言。"纵使不至于离器言道，也很可能会执器以为道，仅在文字上讲求，忘了六经原供先王治世之用，本属国家政教而施用于人伦日常生活之中。[①]这是由于时代体制已变，"肄习惟资简策，道不著于器物，事不守于职业"（《博约下》），所以事实上也近乎无可奈何。

① 《答客问上》"六经皆史也。形而上者谓之道，形而下者谓之器。孔子之作《春秋》也……盖将即器而明道。其书足以明道矣，笾豆之事，则有司存，君子不以是为琐琐也，道不明而争于器，实不足而竞于文，其弊与空言制胜、华辩伤理者，相去不能以寸焉"，《藉书园书目叙》"夫古者官府守书，道寓于器。《诗》《书》六艺，学者肆于掌故而已"，也都是说古代是道寓于器，后来是即器明道，但常流于执器、道不明而争于器。另外，据《申郑》所云，则可推出实斋对史书写作的看法，盖以史为即器明道之物，若太琐细地考索记载典章名物度数，便是执着于器了。他区分著述与纂辑比次，正以此为言。详见后文。

九、六经官礼之来源，源出于天，非私人所能创造。《礼教》曰："夫一朝制度，经纬天人，莫不具于载籍，守于官司。故建官制典，决非私意可以创造，历代必有沿革，厥初必有渊源。溯而上之，可见先王不得已而制作之心，初非勉强，所谓'道之大原出于天'也。""或曰：周公作《官礼》乎？答曰：周公何能作也！鉴于夏殷而折衷于时之所宜，盖有不得不然者也。夏殷之鉴唐虞，唐虞之鉴羲农黄帝，亦若是也，亦各有其不得不然者也，故曰'道之大原出于天'也。"

十、官守师传之道废，其学流为诸子百家，乃有私人著述之事，故诸子百家皆古官礼六艺之流别。其后诸子专家著述又衰，则文集兴起，文集亦可算是诸子之流别。①做学问，最重要的，就是弄清楚这些流别渊源，所谓"深明官师之掌，而后悉流别之故，竟末流之失"(《和州志·艺文书序例》,《文史通义》外篇）。整部《文史通义》及《校雠通义》即为此而作，实斋之学，之所以名为文史校雠学，宗旨亦在于斯。《与严冬友侍读书》自称"为校雠之学，上探班刘，溯源官礼……甄别名实，品藻流别，为《文史通义》一书"，其原委纲维，应该这样来理解。

---

① 《妇学》"春秋以降，官师分职，学不守于职司，文字流为著述（古无私门著述，说详《校雠通义》)。丈夫之秀异者，咸以性情所近，撰述名家（此指先秦诸子家言以及西京以还经史专门之业）。至于降为辞章，亦以才美所优，标著文采（此指西汉元成而后及东京而下诸人诗文集）"，官守之学下降为专门名家著述，再下降为文集。文集再下降则有类书，如《文集》云，"著作衰而有文集，典故穷而有类书"，"自校雠失传而文集类书之学起"。类辑比次之学，依实斋看，是比文集还不堪的。此外，他所批评的，尚有说部、诗话及语录，《与林秀才》曰"能文之士则有文集，涉猎之家则有说部，性理诸子乃有语录。斯三家者，异于专门经史子术，可以惟意所欲，好名之士莫不争趋"，《诗话》："撰语录以主奴朱陆，则尽人可能也……好名之习，作诗话以党同伐异，则尽人可能。以不能名家之学，（如能名家，即自成著述类矣。）入趋风好名之习，挟人尽可能之笔，著惟意所欲之言，可忧也，可危也。"

三　讨论流别：实斋论校雠的主要精神

六经均为圣王治世之典章制度，由官吏职掌，也由官吏传授。这个观念导致实斋非常强调周公与孔子的不同。

实斋曾因陈鉴亭批评他的《原道》等篇立论不够新鲜且仍有宋人习气，而大发牢骚，说：

> 夫文章以六艺为归，人伦以孔子为极，三尺孺子能言之矣。然学术之未进于古，正坐儒者流误欲法六经而师孔子耳。孔子不得位而行道，述六经以垂教于万世，孔子之不得已也。……故学孔子者，当学孔子之所学，不当学孔子之不得已。……故知道器合一，方可言学。道器合一之故，必求端于周、孔之分。此实古今学术之要旨，而前人于此，言议或有未尽也。
>
> （《与陈鉴亭论学》）

辨明周、孔之分，被认为是了解学问的关键，可见这个问题在实斋学中实居核心地位。依实斋的看法，古代政教合一，治理国家、掌理百姓庶务的官吏，同时也是传授各类处理事务之知识的人员。这些知识，由于是为应现实生活的需要，逐渐发展而成，所以很难说是由谁创作的；也不可能先有一套理论，然后依此理论而规范世事，形成制度。所以说“道之大源出于天”。在这个层次上说，周公也不是作者，《礼教》云“或曰：周公作《官礼》乎？答曰：周公何能作也”，就是这个意思。但这些基于现实生活之需要逐渐发展来的知识与制度，到了周朝，已经非常完备了；周公又根据时代之需要，损益旧法，集其大成，创造了一个“郁郁乎文哉”的局面。孔子一辈子在学周公，然因其不能得位施政，故只能教人如何经世治民，本身却无法治事。于是官师合一、政教合一的结构分裂了，孔子仅能述先王之道，守先待后而已。此即周、孔之分，亦古今学术变迁之大关捩。在这个层面上，周公可称为制作之圣，孔子则仅为述圣以为教的先师。《原道上》曰：

> 周公以天纵生知之圣，而适当积古留传，道法大备之时，是以经纶制作，集千古之大成，则亦时会使然。……自有天地而至唐、虞、夏、商，皆圣人而得天子之位，经纶治化，一出于道体之适然。周公成文、武之德，适当帝王全备，殷因夏监，至于无可复加之际，故得藉为制作典章，而以周道集古圣之成，斯乃所谓集大成也。孔子有德无位，即无从得制作之权，不得列于一成，安有大成可集乎？……孔子尽周公之道法，不得行而明其教。……故隋唐以前，学校并祠周、孔，以周公为先圣，孔子为先师。盖言制作为圣，而立教之为师。

此论周、孔之异，极为明晰。然而这种区分是含有价值判断的，实斋相信历史上确曾有过这样一种官师合一、治教合一的阶段，也认为这个阶段学术与现实能彻底结合，所以是最完美的政治盛世与学术盛世。孔子以后，儒者不能得位行道，不但学问变成空谈，谈着谈着，自然也就逐渐有了偏差，添加了太多自以为是的东西，而有了流弊，所以是学术日衰的世界。故《原道中》说："韩退之曰'由周公而上，上而为君，故其事行。由周公而下，下而为臣，故其说长'，夫说长者，道之所由明，而说长者亦即道之所由晦也。"

这种讲法，颇为荒谬。实斋这位讲史学的人却有一个怪异的历史观。历史在他看来，是后不如前的两段式的，在这两段式区分中，他不但预设了一个古老的黄金时代供其讴颂，而且切断了人进入黄金时代的可能性。历史隔成两截，划然异质，后人最多只能学孔子，“孔子尽周公之道法，不得行而明其教。后世纵有圣人，不能出其范围。……盖君师分而治教不能合于一，气数之出于天者也”（《原道上》）。换言之，后人只能述圣，只能表章先王政教与夫官司典守以示人、只能守先王之道以待后之学者。所以他一面解释孔子只是一位述而不作的好古之士，“未尝自为说也”；一面怒斥后人无知妄作，不能信而好古，“大道之隐也，不隐于庸愚，而隐于贤智之伦者纷纷有见也”（《原道中》）。

可是，如果确如实斋所说，道之大原出于天，起于实际生活之需要。孔子以后，诸子百家又岂能不过实际的生活？又岂能不因时代现实的需要而斟酌损益周公之旧法？实斋既肯定“道者，非圣人智力之所能为，皆其事势自然，渐形渐著，不得已而出之”（《原道上》），那又怎能要求大家只去“述而不作，而表章六艺，以存周公之旧典”？

实斋之所以自陷于矛盾，是由于他太过拘泥于“治教合一”与“治教分立”的两段式历史架构。他只想到治教合一阶段学术系与人伦日用的现实生活结合，后世学治分立，官师不能合一，所以从逻辑上说，学也就只成为空言。学者由不跟现实结合的基点出发，“官守失传，而吾以道德明其教，则人人皆自以为道德矣……诸子纷纷则已言道矣……人各谓其道而各形其所谓……道德之衰也”（《原道中》），越用其聪明才智就越糟，就越会成为虚谈空言。可是，他没有想到，治教虽分，世遂无典章制度乎？六经倘皆为先王治教之政典，后世基于现实敷教弼政之需而出现的典制规章，岂不也可视同六经官礼？但若真如此，则又面将临严复式的诘难：“夫苟如是而已，则桀、纣、秦政之治，初何以异于尧、舜、三王？”对此驳难，我们若代实斋回答，自应说：此等典章，虽为后世人伦日用，然其治法并不合于王道，故其治亦不能如尧舜三代。所以实斋在谈三代治法时，必须替所谓王道、所谓三代治法定出一个内容性质的标准来，不能光凭一种形式上的“官师合一”就说三代是王道圣治。何况，治教分立，学者不是官吏、不是王者，也不能立即推论到其学说不能切应于人事。学者是否能得位行道，与他的学说能不能治世实用，是两回事，实斋混为一谈；且以后世学者不能得位为王，来规定学者仅能述古，而不能“道其所道而德其所德”（《原道下》），实在可笑。

这种形式主义的僵化思考方式，紧密地与他那特殊的历史观结合着，认为历史在最美好的一刻凝冻住了，周公、孔子那时，是个“法积道备无可复加”“迹既多而穷变通久之理亦大备”的时代。所以历史的发展性，在实斋书中，就完全被抹杀了。学术，也没有发展史，仅有流别史或流弊史可说。《博约下》云：

> 自官师分而教法不合于一，学者各以己之所私相授受，其不同者一也。且官师既分，则肄习惟资简策，道不著于器物，事不守于职业，其不同者二也。故学失所师承，六书九数，古人幼学皆已明习，而后世老师宿儒，专门名家，殚毕生精力求之，犹不能尽合于古，其不同者三也。

依两段式架构，为学术进行区分，然后说前者易而后者难：“夫治教一而官师未分，求知易而实行已难矣，何况官师分，而学者所肄皆为前人陈迹哉？”①在这种比较困难的情况下，学术即不能无流弊，“刘歆所谓某家者流，其源于古者某官之掌，其流而为某家之学，其失而为某事之

① 《藉书园书目叙》云：“古者官府守书，道寓于器。《诗》《书》六艺，学者肆于掌故而已。及其礼失官废，师儒授受，爰有专门名家，相与守先待后，补苴绝业。夫官不侵职，师不紊传，其名专而易循，其道约而可守，是故书易求而业亦易成也。”其后则“致力倍难于古人，观书倍富于前哲，而人才愈下，学识亦愈以卑污”。

弊。夫某官之掌，即先王之典章法度也；流为某家之学，则官守失传，而各以思之所更自为流别也；失为某事之弊，则极思而未习于事，虽持之有故，言之成理，而不能知其行之有病也”（《原学中》）。后世之学，皆为古代之学的流别与流弊。学术，在这里是没有发展史可言的。①

所谓流弊，并不只是指某种学术在流传过程中有了失误。实斋之意，是从本质上界定后世学术但为流弊而已的。后世学术之所以有弊，是因为诸子在官守失传的情况下，学术与现实职事脱离，学者仅能“极思而未习于事”，故其言皆不能施行。官师合一的时代既无法恢复，此种限制便不可能打破，学术遂只能是流弊了。《文集》所谓“治学分而诸子出，公私之交也。言行殊而文集兴，诚伪之判也。势屡变则屡卑，文愈繁则愈乱”，即是此意。再者，古代官守其学，学指典章制度；后世所谓学者，乃指私人著书立说，其学已非王者制度。故依实斋之见，这也是学术性质的扭曲，“所谓某甲家之学，某乙家之学是也。学因人而异名，学斯舛矣”。已舛之学，焉能不是流弊？

面对这个事实上已经舛乱失弊的学术，实斋认为唯有详细说明其流别，使各家之学仍能与古代盛世之学术联系起来，让人仍能循之上追三代古风，才能稍微示人以典型，稍微挽救学术的沉沦。他说：

---

① 实斋论末流之失，如《朱陆》“朱子之流别……一传而为勉斋九峰，再传而为潜溪义乌，五传而为宁人百诗，则皆通经服古，学求其是，而非专己守残，空言性命之流也。自是而外，文则入于辞章，学则流于博雅，求其宗旨所在，或有不自知者矣”，乃专就理学言。《史注》谓“同闻而异述者，见崎而分道也，源正而流别者，历久而失真也”，乃就流传而生弊之理说。大部分则是从校雠分部上说，如《释通》：“末流寖失，而学者囿于见闻。训诂流而为经解，一变而入于子部儒家，再变而入于俗儒语录，三变而入于庸师讲章。不知者习而安焉，知者鄙而斥焉，而不知出于经解之通，而失其本旨者也。载笔汇而有通史，一变而流为史钞，再变而流为策士之类括，三变而流为兔园之摘比。不知者习而安焉，知者鄙而斥焉，而不知出于史部之通，而亡其大原者也。”一切学术，可说都是因流别、流变而生末流之弊的。

> 七略之流而为四部，如篆隶之流而为行楷，皆势之所不容已者也。……四部之不能返七略者五。凡一切古无今有，古有今无之书，其势判如霄壤，又安得执七略之成法，以部次近日之文章乎？然家法不明，著作之所以日下也。部次不精，学术之所以日散也。就四部成法，而能讨论流别，以使之恍然于古人官师合一之故，则文章之病，可以稍救。①
>
> （《校雠通义·宗刘第二》）

历史是不断发展变化的，实斋也未尝不知道，故称七略之流为四部是“势”。犹如官师不能复合，也是势。但实斋的古典主义精神，使他不愿认同这个现实，他努力批判四部所代表的学术系统，指摘官师不复合一的时代，想用七略的体系，亦即以“诸子出于王官”的系统，来综摄一切学术文章，并勾勒一幅三代官师合一的圣治之世，以供人仰望，以对抗他所身处的时代。

欲明学术之流别渊源，以复古道。先生之志则大矣，无奈这种想法存有太多困难。特别是他在这里显现了强烈的权威主义（authoritarianism）性格，更是糟糕。

---

① 实斋之论学术源流，只是要示人以仿佛，如见三代学术规模，并非谓某家真出于某。他在《书〈贯道堂文集〉后》中明白指出“传经之学，自东京以后，即不能一一究其授受渊源”，并花了五六百字批评费密所论之儒者授受源流，曰：“分支别派，各注源流，欺天乎？欺人乎？”可见源流不可凿指，流别不可泥看。彼《与孙渊如观察论学十规》说“称先述古，以云明例，非云穷类也。明例则举一自可反三，穷类则挂九不免漏一”，其言流别，皆以明例而已。

实斋论学术源流，乃以明例，而非真以为某出于某，故其校雠，实亦非目录之学，余嘉锡谓其《校雠通义》“所言得者二三而失者六七，并七略别录逸文，亦不肯一考，而侈口论刘班义例，故多似是而非”（《书〈章实斋遗书〉后》），甚是。然此是以目录之学求之，故觉其多谬也。实斋本意，初不在言刘、班义例，论实斋者，要于此具眼。

四　以遵王制：实斋学中的权威依附性

实斋向往一个治统与教权合一的境界，且认为周公或孔子以前均符合这个景况。孔子以后，学者无官位，学术便只能是空谈。此说乍看之下，是能将学术从故纸堆中解放出来，呼吁学者治学应该要能与现实结合，须切应于人事。但事实上他是解除了学者的著作创造之权，把学术明晦的关键，放在能否做官施政上。所谓："有德无位，即无制作之权，空言不可以教人，所谓无征不信也。"（《原道中》）纵使是孔子，也只能述先王之道，以守先待后，不准创作。

这不是描述性的语句，而是规范性的。无位而作，被视为侵犯了王者的权威，不可宽贷，故《易教上》谆谆告诫曰："若夫六经，皆先王得位行道，经纬世宙之迹，而非托于空言。故以夫子之圣，犹且述而不作。如其不知妄作，不特有拟圣之嫌，抑且蹈于僭窃王章之罪也，可不慎欤？"

顺着这有位乃能制作的观点，他批判两种现象。一是后世称为"经"的书，如《墨经》《道德经》《南华真经》《山海经》《难经》《茶经》《棋经》之类，谓此皆官师既分之后，僭居其名，犹如"妄窃帝号"者然。《经解中》说："盖自官师之分也，官有政，贱者必不敢强干，以有据也。师有教，不肖者辄敢纷纷以自命，以无据也。"对此现象，他是深表不满的。其次，他也反对儒者拟经，如扬雄拟《论语》作《法言》，拟《易》作《太玄》，"人知谓僭经尔，不知《易》乃先王政典而非空言，雄盖蹈于僭窃王章之罪"。像扬雄这样的人，实斋皆谓其得罪名教（《经解下》）。①

儒者拟经，竟然犯了僭窃王章的大罪。这个论点，实在是令人咋舌

① 《易教中》又云："《太玄》《元包》《潜虚》之属，乃是万无可作之理，其故总缘不知为王制也。"

的。他似乎并未考虑到硬把学术跟政权如此紧密地扣合在一起，可能会形成对学术独立性的严重扭曲。而且，他一力强调治统、强调官守、强调权位，结果就使得他对政与教的发展有了截然不同的论断。

据其两段式历史区分，实斋谓三代之学因能与政事结合，故极昌盛；孔子之后，官师合一的体制，势不能不分，所以学脱离了实际政事，仅成空言，仅成流弊。但在“政”这一部分，实斋却不如此看。脱离了学、脱离了教的治统，并不被认为就是偏差或不好的。这些后代的典章制度，竟然也和六经一样，具有同样的性质和地位。《史释》曰：

> 后世之去唐、虞三代，则更远矣。要其一朝典制，可以垂奕世而致一时之治平者，未有不于古先圣王之道，得其仿佛者也。故当代典章、官司掌故，未有不通于《诗》《书》六艺之所垂。

当代政典，竟可通于六艺。这个讲法的背后，存在着的，正是实斋对王权的敬畏歆慕之情。因此，说到底，他讲什么三代，溯什么六艺，其实都只是在表述他的“尊王”心态罢了。《经解中》明白指出：

> 制度之经，时王之法，一道同风，不必皆以经名。而礼时为大，既为当代臣民，固当率由而不越。即服膺六经，亦出遵王制之一端也。

他是因为要遵王制，所以才服膺六经。依这种心态来论六经，自无怪乎他要痛骂学人拟经，而主张王者才有制作之权了。在实斋眼中，古代的王者所规定之典章制度是经；现在的王者治法，当然也是经，虽不必皆冠上经的名称，事实上是一样的。对于这些王者治法，他毫无批判反省之力，只认为应该遵守，甚至说“唐人以律设科，明祖颁示《大诰》，师儒讲习以为功令，是即《易》取经纶之意。国家训典，臣民尊奉为经，义不背于古也”(《经解中》)，直以唐明诸朝之典章功令为经，而未思彼《大诰》、律科等，果然合于义理之正否。①如此服膺六经，显然也不是因为六经有什么至言真理值得诵守，而是以经典为王者之制度，故宜遵循王制而已。其论六艺，翻来覆去，只在辩明经艺皆为官守王制，于其内容则甚少触及，王者治世教民究竟应以何者为义理之所归，并未阐发。此盖由于他是以服膺六艺为遵奉王制之一端，所以也只能从这一点来掌握六艺。至于旧王时主之典制是否能合理地治世，则非其所欲问。

实斋之所以有此心态，可能跟他的气质与遭际有关。他半生游幕，橐笔依人，以此为生涯，亦以此为志业。早在乾隆廿九年他廿七岁时，便曾在《答甄秀才论修志第一书》中自称：“丈夫不为史官，亦当从名公巨卿，执笔充书记，因得论列当世，以文章见用于时，如纂修志乘，亦其中之一也。”其后旅食四方，真的是以充名公之书记及任方志之编修为业。其志原本不甚远大。对于名公巨卿，尚且服膺敬慕，愿执笔为其待从；则王者之朝章典制威仪，当然更能令他倾仰。所以，对权威者的服从，在实斋看，是顶重要的事。②其《湖北通志凡例》尝云：

① 章学诚对于朝廷以官学方式提倡儒术，缺乏批判的反省，所以才会说：“汉廷儒术之盛，班固以谓利禄之涂使然，盖功令所崇，贤才争奋，士之学业，等于农夫治田，固其理也。”(《妇学》)又为此官学辩护曰：“后王以谓儒术不可废，故立博士，置弟子，而设科取士，以为诵法先王者劝焉。盖其始也，以利禄劝儒术；而其究也，以儒术徇利禄。斯固不足言也。而儒宗硕师由此辈出，则亦不可谓非朝廷风教之所植也。……学校科举，奔走千百才俊，岂无什一出于中人以上者哉！”

② 对于君主威权下的文士生涯，实斋亦不能无所感受。《文史通义》中《感遇》与《感赋》两篇，感激苍凉，对于那个时代知识分子“进不得禄享其恒产，退不得耕获其恒产，处世孤危”的处境，写得深刻万分。实斋当然想借此辩说他不得不拥护或依附王权的立场，因为士人“三月无君，则死无庙祭，(转下页)

志为国史取裁，而守土之吏，奉承诏条，所以布而施者，如师儒之奉圣经，为规为律，不容以稍忽焉。故皇言冠全志之首。

这种体例，他附会于《史记》，谓“司马迁侯国世家，亦存国别为书之义，而孝武三王之篇，详书诏策，冠于篇首。王言丝纶，史家所重，有由来矣”（《和州志·皇言纪序例》）。但《史记》何尝将当代诏令独冠史前？在叙述诸帝时因涉及政策说明，录存诏策，是史籍应有之义；别立《皇言纪》则为实斋的独见。即在实斋本人，亦知《史记》无此义法，所以又拉上欧阳修等来壮胆，说“迁、固而下，本纪虽法《春秋》；而中载诏诰号令，又杂《尚书》之体。至欧阳修撰《新唐书》，始用大书之法，笔削谨严，乃出迁、固之上，此则可谓善于师《春秋》者矣。……是以恭录皇言，冠于首简，与史家之例，互相经纬”（《永清县志·皇言纪序例》）。换言之，在“方志之体，崇奉所尊”的信念下，他借口于方志与正史不同，故可以变通史法，独载王言，且自诩此举可以与正史相经纬。此等苦心孤诣，无非是强调权威宜尊、王制宜遵罢了。

（接上页）生无宴乐，霜露怛心，凄凉相吊，圣贤岂必远于人情哉”。但这种依附又未必有结果，士人只能乞求幸运地被赏识，获遇明主。而“宇宙阔而书生小，文事畸而遇合殊”，遂不能不慨叹“天何为而生才”了。这两篇全未触及理论问题的感性文章，收在《文史通义》内篇中，其实是有深意的啊！
可是实斋的感遇，毕竟只是文人的感伤。他由此深入探索文士处境如此艰困的原因时，只想到“官师分立”，以为是学不守于官之后，士不再是爵秩了，要获得禄位，就只能向在位者去求，所以才形成遇不遇的问题。这种思考是不通达的。以严复的讲法来对照，我们便可以看出实斋的局限。严译《法意》第十五章按语曰“西方之君民，真君民也，君与民皆有权者也。东方之君民，世隆则为父子，世污则为主奴，君有权而民无权也。……西方之言伦理也，先义而后仁，各有其所应得也。东方之言伦理也，先仁而后义，一予之而后一得也”，实斋所感叹的文人遇合之畸，正起于君有权而民无权，故士不能得其所应得，而唯仰君主之给予。所谓文章沁乎心脾，而风采伫于延览；若不幸遭遇污世，更可能十死累囚。他徒致慨于遇合之难，而未反省到这种政治权力结构应予调整，当然是无力的。

此外，更应注意的是：在他这样一位游幕文士的心目中，权贵者是他依赖与信从的对象；而其生活周遭，相与揖让俯仰者，亦无非此等官胥僚属。因此，他其实是以明清的胥吏政治去想象三代之学术状况。

实斋所描述的三代政教，是个官守谨严、职掌分明的世袭官僚体系。据他说，这个体系，甚为周备繁复，“法具于官而官守其书，观于六卿联事之义，而知古人之于典籍，不惮繁复周悉，以为记注之备也”（《书教上》），“三百六十之官，体大物博，学者不能悉究”（《礼教》）。汉朝以后，则已不能具其官，故文章典故，亦散乱而无成法。

此说虽能使人发思古之幽情，然而研究官僚制度史的人都知道，官僚制度，是高度理性化的结果，系在历史中逐步发展而成的，怎么可能在周朝以前美备周悉，后来反而荒略残缺？实斋这样的描述，其实是反历史的。

而其所以如此，是由于他对权威以及权威体制所系之官僚制度，特所关心，故径以当时之职官吏胥情状，去想象揣摩三代的王道治法。例如“胥曹所奉行者，不过已往之旧牍，历年之成规”（顾炎武《日知录》卷八《吏胥》），实斋也就认真地以为三代官守旧牍规章，即可用之以治民察物，且谓教与学亦皆以此为内容，“司徒之所敬敷，典乐之所咨命；以至学校之设，通于四代；司成师保之职，详于《周官》。然既列于有司，则肄业存于掌故。其所习者，修齐治平之道，而所师者，守官典法之人”（《原道中》），全未考虑到，此类实际办业务的胥吏职官，依据掌故成例、档案公牍处理民众日常庶物，能谈得上就是修齐治平之道吗？误以办公文、拟代草为经世之大业，正是实斋这类游幕文士与吏胥僚员才会有的观念。

在实斋同时，“亦以游幕著者，有安吴包世臣慎伯，初客朱竹君皖署，适实斋初刻《文史通义》之翌年也。嘉庆辛酉，成《说储》上、下篇。是岁实斋卒。《说储》主改书吏名为‘史’。谓：史者，所以缮行文移，检校簿书，习土而明风俗，近民而究情伪。汉魏以前，皆出身辟举，杰才间出，每至公卿。唐宋以还，屏为流外，绝进身之望，去代耕之禄，然而居其地以长子孙，故绅无世家、官无世职，而胥吏承袭，遍及天下”。钱穆曾指出，包世臣这个意见，可能是受到实斋的启发。①是否如此，当然无法断言。但从包世臣改吏为史，且将公卿和吏胥通为一体的说法来看，我们就更能理解实斋说“官守六艺皆史”是什么缘故了。《史学例议下》说得好：

> 《周官》五史，谓太史掌建邦之六典、八法、八则之文书以贰六官，小史掌侯国记录之事，内史掌书外令，御史掌王命赞书。是大史、小史所掌，即如近世阁部之文书档案与内外揭帖章奏，而内史、外史、御史所掌，即如科钞、阁钞与翰林中书所撰诰敕。……五史所掌，不过如后世之科钞、档案、揭帖、文书。

他说的这些史官，其实也就是后世的胥吏、包世臣所说的书吏，主管文书档案者。②而后来被称为六经的，正是把这批文书档案予以汇辑撰著之而已。故曰六经皆史。③实斋此说系由清朝实际的吏政中拟构而来，可算是极其明显了。

---

① 详见钱穆《中国近三百年学术史》第九章。

② 《史释》也说：“《周官》府史之史，与内史、外史、太史、小史、御史之史，有异义乎？曰：无异义也。府史之史，庶人在官书役者，今之所谓书吏是也；五史则卿大夫士为之，所掌图书、记载、命令、法式之事，今之所谓内阁六科、翰林中书之属是也。”

③ 《史学例议下》说：“《周书》今著于经，不得不称谓当日之史书矣，其在《周官》，又出何人所纂辑邪？……则五史所掌，安知汇而辑之者之必无其人？”

五　述而不作：实斋反历史主义的史观

从名公巨卿执笔充书记，或为职官僚胥办文书，其写作均与一般文学创作活动不同，因为作品都不代表作者（实际执笔人）发言，而是代表名公巨卿、代表政府在说话。这个特殊的写作情境，也使得实斋重新思考到“私人著述”的问题。

如前所述，实斋强调“古人不著书”“古未尝有著述之事”“古无私门之著述”。盖官师合一，一切经典法制皆起于实际治民敷教的需要，亦皆为公众生活之所有，没有人会“矜其文辞而私据为己有”。只有官师分立后，文辞学问才属于个人，才会有人争艺术之巧，居立言之功，成私人之著述。前者言公，后者学私。实斋对此公私之辨，甚为在意，集中一再申言：

> 夫为治为察，所以宣幽隐而达形名，布政教而齐法度也，未有以文字为一家私言者也。
>
> （《经解上》）
>
> 道，公也；学，私也。
>
> （《说林》）
>
> 波者水之风，风者空之波，梦者心之华，文者道之私。止水无波，静空无风，至人无梦，至文无私。
>
> （同上）
>
> 故道不可以空诠，文不可以空著。三代以前，未尝以道名教，而道无不存者，无空理也。三代以前，未尝以文为著作，而文为后世不可及者，无空言也。盖自官师治教分，而文字始有私门之著述，于是文章学问，乃与官司掌故为分途，而立教者可得离法而言

道矣。……学者崇奉六经，以谓圣人立言以垂教。不知三代盛时，各守专官之掌故，而非圣人有意作为文章也。

（《史释》）

集之兴也，其当文章升降之交乎！古者朝有典谟，官存法令，风诗采之闾里，敷奏登之庙堂，未有人自为书、家存一说也。……夫治学分而诸子出，公私之交也。言行殊而文集兴，诚伪之判也。势屡变则屡卑，文愈繁则愈乱。

（《文集》）

在实斋看来，三代道公言公，战国诸子出，始有私家著述及专门名家之学，文章学术乃为私人所据有。魏晋以后，辞赋不复为专门之学，文人乃有别集。把杂七杂八的文章拼凑成集，没有什么宗旨可说，徒炫文辞而已，所以就更不堪了。在这样的区分中，“道、公、无意于文、官守施政、非空谈”，“学、文、私、伪、离事言理、空谈、有意为文”是泾渭分明的。

实斋反对或批判私人著作的立场，在此表露无遗。借着这样一种历史区分，他更企图提倡一种“述而不作”的写作态度及方法。例如孔子述古先圣王之道、战国诸子述其宗师之言、汉代经学家述其师说，都是述而不作的。述者一方面抱残守缺，发明前圣之绪言；一方面推衍变化，以致“不复辨为师之诏与夫徒之所衍也”（《言公上》）。其创造即存在于因袭之中。

因袭，是实斋论文史之要义。他指责一般人批评司马迁裁裂《尚书》《左传》《国语》，批评班固盗袭《史记》，都是不通文理之谈。因为“因袭成文，或稍加点窜，惟史家义例有然”（《言公下》）。而这种义例，亦可推之于其他方面，所以说“修辞不忌夫暂假”，“著作之体，援引古义，袭用成文，不标所出，非为掠美”，“李广入程不识之军，而旌旗壁垒一新焉，固未尝物物而变，事事而更之也。知此意者，可以袭用成文，而不必己出者矣”（《说林》）。

文家论文，每怵他人之我先，强调“辞必己出”。实斋反是。他不仅认为文可以不避因袭，因袭之中也可以有创造性，只要具有“志识”及能力，即使是因袭也能面目一新。更直接以因袭为文章之通例，批评固执私有著作权之观念者。

故其论史，有点窜、史删之例。《释通》谓“古人著书，即彼陈编，就我创制，所以成专门之业也”，这种办法，他依孔子“删述六经”之名，称为史删。史删之义，原属史学所特有，所以《与陈观民工部论史学》云：“文士撰文，惟恐不自己出；史家之文，惟恐出之于己，其大本先不同矣。史体述而不造。”此类删述之中，固然可以有创造性，陶镕变化，略施点窜而壁垒一新；但也可以纯任因袭，“以因袭之文为重者，如班氏资《洪范》于刘更生，沈约袭垂象于何承天，岂班、沈之学，胜于刘、何？然不自为功，而因长见取，亦史家之成例”①。

然此史家之成例，实斋又并不以为只适用于史著，他想将它推拓到一切文章写作上去。因为删述点窜代表了文章常是因袭损益、聚众为功的，有非个人化的倾向，史家有此义例，文学何独不然？如请友人润色其文，或写作时互相讨论商定，均是极为常见的事，作品并不只是某一个人独立的创作，所以也不应只属于某一个人，故曰：“文辞非古人所重，草创讨论，修饰润色，固已合众力而为辞矣，期于尽善，不期于矜私也。丁敬礼使曹子建润色其文，以谓后世谁知定吾文者，是有意于

---

① 《黠陋》：“言文章者宗《左》《史》。《左》《史》之于文，犹六经之删述文。《左》因百国宝书，《史》因《尚书》《国语》及《世本》《国策》《楚汉春秋》诸记载，己所为者十之一，删述所存者十之九也。君子不以为非也。彼著书之旨，本以删述为能事，所以继《春秋》而成一家之言者。”

欺世也。”（《说林》）又庄子改凤兮歌、魏武用小雅诗、梁人增减古陇头歌词、韩愈删改卢仝月蚀诗，皆摘录选用古人文句以成己作，“义取断章，不异宾筵奏赋。歌古人诗，见己意也”（《言公下》）。他称此为点窜之公。亦即以点窜、删述、赋诗断章等方式，构成了一种文辞彼此复写、互相指涉的状况。这种状况，实斋认为才是文辞写作的常态与正道，所以他是少数反对汉魏以来即已逐渐确立的“所有权式作者观”的思想家，《言公》三篇，殆即专为发扬此传述形态的书写活动而作。

《言公下》曾历举十种传述形态的书写活动。一是制诰之公，指史官记言及词臣代拟王言。二是馆局之公，谓群工集事、共同编修纂集。三是文移之公，即官府文书卷牒，“遣言出自胥吏，得失归乎长史”，发文的署名者，通常不是真正办文稿的人；而文稿本身也不会只出自某一吏员之手，乃是层层核稿而成的。四是书记之公，是幕客僚属代府主捉刀之作。五是募集之公，系招募宾客，集编成书，如《吕氏春秋》《淮南子》之类。六是乐府之公，作者多属无名氏，其本衷及作歌初意皆渺不可考。七是点窜之公，辞人删述改窜古语或赋诗断章，以致他人言语竟能符我衷怀。八是拟文之公，指各种拟古与托古之作。九是假设之公，即各种假设问答，如乌有先生无是公之类。[①]十是制义之公，指科举制义时，考生代圣立言，揣情摩意，设身处地，是拟他人而非以执笔

① 假设问答的写作方式，又详于《匡谬》。曰“《国策》一书，多记当时策士智谋。然亦时有奇谋诡计，一时未用，而著书之士，爱不能割，假设主臣问难以快其意，如苏子之于薛公及楚太子事，其明征也”，谓《国策》所载未必为实事。又曰“假设问答以著书，于古有之乎？曰：有从实而虚者……有从虚而实者……有从文而假者……有从质而假者。……后世之士，摛词掞藻，率多诡托，知读者之不泥迹也。……且文有起伏，往往假于义有问答，是则在于文势则然，初不关于义有伏匿也”，分析假设问答的写作类型甚具见识，对于此类写法可能形成的流弊，文中也有抉发，不具引。又，有关假拟设问之写作及诠释问题，详见龚鹏程《论李商隐的樱桃诗——假拟、代言、戏谑诗体与抒情传统间的纠葛》。

者本人的立场说话。

凡此十类虚拟代笔、引述改窜及聚众为功的写作形态，过去在“言必由衷”“辞必己出”“自道心中事”的所有权作者观底下，长期遭到漠视甚或饱受讥议。实斋独能归纳整理并予以揭表之，厥功甚伟。他不但认为此等书写活动才能代表文辞不属于书写者个人私产的公有精神，也据此反驳所谓“作伪说”。

在所有权的作者观中，“作品”为制造该作品者所有。如该作品后来被人冒用、改写窜乱，则称冒用及改窜后之作为“伪作”。又若该作品本非某甲作，而竟宣称为某甲所有，亦属盗袭作者之名的伪作。但是，有许多文章本来就难以确知作者为谁某，有些则本来就杂出众手，它们都无法以所有权式作者观来评论；王言代草及书记拟稿，更是现实上的制度规定，也不能斥之为盗袭与冒用。至于师弟讲习，有时某些观点即出于讨论所得，非师或弟个人之独创；而弟子承述发扬师说，也很难讲弟子就是冒袭剽窃；弟子宣称其学说即为师说，更不能视为作伪。章实斋正确地注意到这类现象，并指出其书写方式虽异，但均具有“作品”与“作者”分离的性质，书写者并不认为即拥有作品的所有权，作品的文辞与意义亦均不能由书写者本人垄断，它是在时间之流与空间存在上任由参与者修改、增补、摘用以及理解的。此所以是“公”而非“私”。

《文史通义》中，这个观念才是真正反乾嘉朴学的关键。因为清代考据学是以辨伪方式展开的，其主要方法与态度也是辨伪。

考据学，是基于要确定经典的义理，以矫理学家空谈之弊而兴起的。回归经典，是其理想；其方法则是辨伪。盖经典成为义理之源与检验某一学说是否合理之准据时，经典本身是否为一可信的依据，便成为第一个必须确认的事。然后才是去考察某一学说是否合于经典所言。例如，依《古文尚书》“人心惟危，道心惟微，惟精惟一，允执厥中”，各家有不同的论述。评判这些论述是否合乎经典之语意脉络，依据的是“由字以通其词，由词以通其道”的字词训诂、名物制度考证等方法。但若该段经文甚或该经典原本就不是圣典，而是后人所杜撰的，那么，这些论述就全部瓦解了。反之，也只有先确定了经典的经典地位后，字词训诂才可以施其技。因此，考据学的根本核心在于辨伪。不仅清朝初中叶如此，晚清民初胡适、梁启超等重新发扬乾嘉朴学的治学方法，也仍然是以辨伪为主，只不过把辨伪书推及于辨伪事罢了。《古史辨》以几十封讨论要编《辨伪丛刊》的信函发端，正可以见其影响音息。

如此回归经典，固然含有圣典崇拜的精神，也使学风由理学之讲论转而为经典之研究，但其治经其实是治史，不但蕴含一种历史主义的态度，抑且已以史学代哲学。①

所谓以史学代哲学，是说他们在判断某一学说是否合理且有价值时，并不从其理论意义上看，而是从它是否合于经典所说来评判；在讨论一本书是否有价值时，也只论其是否确为历史上某人或某时代所作。这种检查，之所以重要，即因他们坚信唯有如此才能建立一个可信的历史。这个历史，乃是清晰稳定的，某人某书某事在某时代，丝毫不可紊。若某书只应在甲时代，而竟弄错了，误以为是乙时代的书，某书号称是某甲所作，而原是乙代撰或删补，均犯了淆乱历史的罪过，属于伪造作假。辨别伪书伪事，即为一历史之还原工作。清朝初年万斯同

① 乾嘉学风原本是一“以史学代替哲学”的潮流，详见劳思光《中国哲学史》第三卷《序论》及第八章。实斋《邵与桐别传》云四库征书时，“遗籍秘册，荟萃都下，学士侈于闻见之富，别为风气，讲求史学，非马端临氏之所为整齐类比，即王伯厚氏之所为考逸搜遗”，也可见当日史学之盛。乾嘉学风，即是如此。正因乾嘉学风本质上是一史学活动，故我们不能把实斋之学视为乾嘉学风由经学转入史学的标志，也不能说实斋欲以史学矫当时经学之弊。互详284页注①。

辨《周礼》、黄宗羲辨《易图》、姚际恒辨《十翼》、阎若璩辨《古文尚书》等，做的都是这类工作。其后乾嘉诸儒一方面以训诂名物之法，继续研探已确定为圣典的经籍，一方面直接进入史籍史事的考证，正是因为辨伪本身即为一史学方法。钱大昕、王鸣盛等治史，皆倡言“经与史岂有二学哉”（钱大昕《廿二史劄记序》），“读史之法，与读经小异而大同”（王鸣盛《十七史商榷序》），指出了当时治经与治史只是材料对象的不同，而非方法的差异。乾嘉考据由经典延伸到史籍史事，材料对象扩大了之后，则更让他们恍然大悟，原来他们对经典本来就是以史籍视之的。考证辨伪，本来就是历史主义式地企图考索并还原“历史真相”以及古书之原貌、定本。彼以此治经，亦以此治史，岂有二学哉？

实斋的“六经皆史”说，即是在这样的思想脉络中发展而成的，系由钱大昕“经史无二”“春秋尚书为史家权舆”的讲法，进而言六经皆史。[1]但对于“史”的性质，实斋却有与乾嘉主流学风完全不同的见解。

---

① 实斋六经皆史说，钱穆谓其与袁枚《史学例议序》同。其后钱锺书《谈艺录》亦以此为说，并历举刘道原、王伯厚、王阳明、王世贞、胡元瑞、顾炎武诸人语，谓为实斋之先导。其实诸人之说，各有宗旨，全不相蒙，非一家亲戚也。如阳明云“以事言曰史，以道言曰经，事即道，道即事，春秋亦经，五经亦史”，与实斋从书吏档案言六经皆史，根本不同；即道即事，史以示训诫云云，亦实斋所不言者。王元美说“天地间无非史而已，六经，史之言理者也”，与实斋更是了不相涉。至于袁枚之言，本是序《史学例议》，相题发声，何可据为典要？且实斋言六经皆史，乃以六经为圣王政典，不准后人僭拟。简斋曰古有史而无经，则是用以破时人尊经之念，说“六经之言，亦未必其言之皆醇也”（《答定宇第二书》）。因为袁氏原本就自承“予于经学，少信多疑”（《虞东先生文集序》），故拟《三礼》，疑《论语》。实斋对经学，尤其是对《礼》的态度，与他可谓南辕北辙。摘其语之貌似者，遽言其为同类，岂论学之道？要之，实斋六经皆史说，与前此各家均不相同，世之论实斋者，于此皆不能辨别。以余所见，能知实斋之说关键在于官师合一者，唯胡楚生《清代学术史研究》之《章实斋“六经皆史说”阐义》一文而已。但胡氏文，旨在辨明此说与六经皆史料说的不同，尚未详言实斋与其他各家之不同。袁章之异，更是无人注意，殊可叹也。

例如他说古代“诸儒著述成书之外，别有微言绪论，口授其徒，而学者神明其意，推衍变化，著于文辞，不复辨为师之所诏与夫徒之所衍也。而人之观之者，亦以其人而定为其家之学，不复辨其孰为师说，孰为徒说也”(《言公上》)。这时，所谓的历史，便不只是存在于史籍里的记载，尚有口授微言的部分，非文辞可见。故如钱大昕、王鸣盛那样，参稽史料以考辨史籍的工作，可能就不那么重要了。其次，已写定的书，也许曾经好几代人增饰润色、推衍变化而成，很难说它代表的是师那一代还是徒这一代，如此一来，考证辨疑以确定“古书真伪及其年代”也不太需要了。研究历史，不是历史主义式地还原客观历史的真相，而是彻底了解到：所谓的历史即是在流变之中，因袭损益、推衍变化才是历史的真相。

由于历史本来就应该是流变的，历史事物本来就是因袭损益而成。故我们不能独擅制造者之名，以作品为我们的私人所有；也不能把附益沿袭说成盗窃造伪：

> 以战国之人而述黄、农之说，是以先儒辨之文辞，而断其伪托也。不知古初无著述，而战国始以竹帛代口耳，……实非有所伪托也。
>
> (《诗教上》)①

> 诸子思以其学易天下，固将以其所谓道者，争天下之莫可加，而语言文字，未尝私其所出也。……庄子《让王》《渔父》之篇，苏氏谓之伪托。非伪托也，为庄氏之学者所附益尔。……故曰：古

① 实斋又说“战国诸子称道黄、农、虞、夏，殆如赋诗比兴，惟意所欲，并非真有前代之礼可成一家学术者也”，详见《与孙渊如观察论学十规》，说明了战国诸子依托之真相。

人之言，所以为公也。……世之讥班固者，责其孝武以前之袭迁书，以谓盗袭而无耻。此不通乎文理之论也。

（《言公上》）

变韵言兮裁文体，拟古事兮达私衷。旨原诸子之寓辞，文人沿袭而成风，后人不知其所自，因疑作伪而相攻。

（《言公下》）

庄周《让王》《渔父》诸篇，辨其为真为赝；屈原《招魂》《大招》之赋，争其为玉为磋。固矣夫士夫文士之见也。……古书断章取义，各有所用。拘儒不达，介介而争。

（《说林》）

古人为其学者效其言，其于文辞，不争此疆彼界，如后世之私据也，何伪托之有？

（《淮南子洪保辨》）

文士之见，惟知奉韩退之所以铭樊绍述者，不惮怵目刿心，欲其言自己出。此可为应举避雷同之法，若以此论著述，不亦戋戋乎私且小耶？

（《与陈观民工部论史学》）

实斋把“作伪”的范围界定得很窄，除了因贪得“作者”之名的荣耀而盗用他人文章、据为己有者外，如依附、旁托、杂拟等，他皆不予抨击，且谓其能“公”，符合古人著述之精神。[1]这种看法，与考据家大异，由其驳冯景辨伪之文，便可看出这种差别。

其《淮南子洪保辨》，系因冯氏助阎若璩攻《伪古文尚书》，而实

① 实斋批评盗用他人文章者，以《又与朱少白》一文最痛切，因邵晋涵后人谣传实斋盗卖毕沅《史考》及邵氏文稿，故言之不免激愤。

斋于阎若璩不敢明白反对，故驳冯氏以见意。冯氏举《文子》《太公》《伊尹说》《黄帝说》等伪托之书，云其以伪乱真，为晚出古文之嚆矢。实斋则说“古人有依附之笔，有旁托之言，有伪撰之书，有杂拟之文，考古之士，当分别观之。依附之笔：门人弟子为其学者辗转附益，或得其遗，或失其旨，或离其宗，各抒其所见也。旁托之言：诸子著书，因寄所托，标其风旨，有所称引，人即传为其人自著。如墨者著书称述晏子，人传为晏子书；儒者著书称魏文侯，人传为文侯书是也。……杂拟之文，则始于文人托兴寓意，其后词科取士，因以命题”，“伪撰之书，后世求书悬赏，奸人慕赏造伪，与上二（三）种不同”。此等说法，将伪不伪的判断标准定在是否有私欲攘善的心术问题上，而不考虑客观上是否形成了冒名或附益等结果。故其辨伪，如《论文辨伪》痛斥袁枚，并不是说袁枚伪撰了一本书，乃是从“言伪而辩”的角度上去指责袁枚“附会经传，以圣言为导淫宣欲之具”，“所述古文十弊，不知何来，大指阴剿李穆堂《古文辞禁》而增饰以似是之非”。清人言考据辨伪，岂有如此说法？若持与梁启超、张心澂论伪书之说对观，更能看出这种差别。

私欲攘善，遂行剽窃，是“矜其文辞而私据为己有”。沿袭、附益、增删、祖述、旁托、拟作、合撰等等，则是“言公”，不仅不应抨击，更需发扬。他曾说文士拟古，如假托苏李赠答来发抒情志，比苏李自作更好：“出之本人，其意反浅；出之拟作，其意甚深，同于骚也。”又指责寻常考据家辨明文章乃假设而非事实（如谢庄写《月赋》假设王粲因应玚、刘桢之逝而作赋，其实王卒于应、刘之前），是“愚者介介而争，古人不以为异也”（《言公下》）。对于古文家所矜之“文必已出”说，他亦颇不以为然：

司马迁袭《尚书》《左》《国》之文，非好同也，理势之不得不然也。司马迁点窜《尚书》《左》《国》之文，班固点窜司马迁之文，非好异也，理势之不得不然也。有事于此，询人端末，岂必责其亲闻见哉？张甲述所闻于李乙，岂盗袭哉？

（《说林》）

展喜受命于展禽，而却齐之辞，谓出展禽可也，谓出展喜可也。弟子承师说而著书，友生因咨访而立解，后人援古义而敷言，不必讳其所出，亦自无愧于立言者也。

（同上）

或问："前人之文辞，可改窜为己作欤？"答曰："何为而不可也？"……古人文辞，未尝不求工也，而非所论于此疆彼界，争论文必己出以矜私耳。自魏、晋以还，论文亦自有专家矣。乐府改旧什之铿锵，《文选》裁前人之篇什，并主声情色采，非同著选科也。《会昌制集》之序，郑亚削义山之腴；元和《月蚀》之歌，韩公摧玉川之怪；或存原款以归其人，或改标题以入己集，虽论文末技，有精焉者；所得既深，亦不复较量于彼我字句之琐也。

（《答问》）

史笔与文士异趋，文士务去陈言，而史笔点窜涂改，全贵陶铸群言，不可私矜一家机巧也。

（《跋湖北通志检存稿》）

这些言论，都鲜明地标示了实斋与当时之学风是迥然异趣的。但无论在当时或现在，此一特点均未为人所深知，以致讲辨伪的学者竟常引实斋为同调，如顾颉刚《〈古今伪书考〉跋》居然说"论伪书者，余最服膺实斋"，并谓实斋曾分古今伪书为数类"攘夺"，窃人之言以为己有；

“假托”“师说”“挟持”“假重”“好事”，皆自作之而以伪人；“误会”，则本非伪书而后人迷不能辨，故沿传为伪书。这真是心有蓬塞，故将实斋的言论读出完全相反的意思。

六 即文是道：书同文以治天下的理想

能明白章实斋之说跟考证史学一派实相枘凿者，仍推胡适之。胡先生撰《章实斋先生年谱》，意在借实斋以揭扬史学，却并不真以实斋为史学家。故于实斋五十三岁条下，胡氏曰：“前此先生论方志，虽自夸得史法，其实仍是文家居十之七八，而史家仅居二三。……实斋终是个文史家而非史家。”为什么胡适不许实斋为史家呢？实斋反对史志详述名物制度，固然使胡适不满，然更严重的分歧，正在于《言公》之旨。胡适《告顾颉刚拟作〈伪书考〉长序书》云：“我想做一篇长序，略驳章实斋《言公篇》的流弊。旁人如此说，尚可恕。实斋是讲史学的人，故不可不辨。”竟说实斋罪不可恕了。

但胡适没考虑到，“史学”并不只有历史主义式的史学。实斋当然曾提倡史学，然其论史，非欲建立一客观还原的历史；非由一历史书写体中，以确定版本、考释语言、印证当时名物制度之方式，来寻求客观存在于书写体所宣称的那个时代的史实。实斋从来不说史书要如何记录真相、发掘事实，从不以为史学即是要还原历史的原貌。他只一再申明我人应如何“著述”。著述，即是指明了历史只存在于书写之中，而这种书写又不是与“事实”一一对应的。书写是在历史之流中进行，所以它本来就是不断传述的。所传述之事实，亦在流变之中。

历史客观主义者相信有一个历史的原貌与真相，而且就存在于历史记叙之中；只要历史记录的资料够详尽、不错误，我们即能据之以还原当时的史书。因此，史料考订，即为史事之说明。材料自己会说话，不必再羼入考史者自己主观的意见。可是实斋不是这样的史家，其《〈亳州志·掌故〉例议上》批评各史志书史料太过详备，致令“讨论之旨渐微，器数之加渐广”，可见他不是让史料来说话，而是要作者讨论史事史意的。

此即所谓别识心裁。他把排比史料跟“著述”严格区分开来，谓整齐故事者，乃掌故之学，纂辑比次，如类书之业；考索则是据史料而考证之。二者皆与著述不同。著述，是运用别识心裁，以独断之功，在史料中删削拣择而成一家之言。所谓“整辑排比，谓之史纂；参互搜讨，谓之史考，皆非史学”（《浙东学术》）。

《报黄大俞先生》说“近代渐务实学，凡修方志，往往侈为纂类家言”，“每事必标出处，以示博洽，乃是类书之体，不开史裁”，即是批评当时排比史料的风气。此等“实学”，并不只运用在方志上，所以实斋的批评，是从方法学的意义上说。《答客问中》引述考证派的诘难云：

> 客曰：孔子自谓“述而不作，信而好古”，又曰“好古敏以求之”。夏殷之礼，夫子能言，然而无征不信，慨于文献之不足也。今先生谓作者有义旨，而笾豆器数不为琐琐焉，毋乃悖于夫子之教欤？

依文献而言古史，是考证派史学的基本方法与信念；文献无征便只能阙疑待考，故曰有一分材料说一分话。材料越详备，就越能重建古史之真相。实斋则认为材料的收集固然不能废，但史学并不在征集史料，也不在于考证史料中的史事，“作者有义旨，而笾豆器数不为琐琐焉”①。因此，他一方面攻击史料征辑排比之学，谓此乃粪上糟粕，只有笨人才配去做。另一方面，则批评依史料考据者，谓其治丝益棼，因为史料记载互相抵牾处甚多，考征文献未必便能言古史。以下两段，即分别申论这两点：

（1）天下有比次之书，有独断之学，有考索之功，三者各有所主而不能相通。……高明者多独断之学，沉潜者尚考索之功，天下之学术，不能不具此二途。……若夫比次之书，则……其用止于备稽检而供采择，初无他奇也。然而独断之学，非是不为取裁；考索之功，非是不为按据，如旨酒之不离乎糟粕，嘉禾之不离乎粪土。

（2）读《书》如无《诗》、读《诗》如无《春秋》，虽圣人之籍，不能于一书中，备数家之攻索也。《易》曰不可为典要，而《书》则偏言辞尚体要焉。读《诗》不以辞害志，而《春秋》则正以一言定是非焉。向令执龙血鬼车之象，而征粤若稽古之文，托熊蛇

① 实斋在此不但区分史考史纂与史学之不同，也区分学问与功力之不同。“记诵名数，搜剔遗逸，排纂门类，考订异同，途辙多端，实皆学者求知所用之功力尔”，批评当时学者之史纂史考，皆属于功力这一类，并非学问，又见《又与正甫论文》《博约中》。
但实斋瞧不起他们，他们也鄙视实斋。钱锺书《谈艺录》说：“实斋记诵简陋，李爱伯、萧敬孚、李审言、章太炎等皆曾纠其疏阙。然世人每有甘居寡学，以博精议创见之名者，阳为与古人梦中暗合，实则古人之白昼现形，此亦仲长统‘学士第二奸’之变相也。实斋知博学不能与东原容甫辈比，遂沾沾焉以识力自命。”余嘉锡《书〈章实斋遗书〉后》也惜其读书未博，“性既健忘，又自视太高，除创通大义数十条外，他皆非所措意，征文考献，辄多谬误。……征引群书，往往失之眉睫之前，属辞比事，有绝可笑者。虽曰随笔劄记，本无意于著述，然其读书亦太卤莽灭裂矣。……不知李延寿为何人之子，唐明宗为何朝之帝，以《演义》为《三国志》，以《长编》为宋末书，荒疏至此，殊非意料所及者矣。”（收入《余嘉锡论学杂著》）从考征文献的角度看，实斋当然是很差的，近人以言史料推崇之，岂不找错了门牌吗？

鱼旐之梦，以纪春王正月之令，则圣人之业荒，而治经之旨悖矣。

所以他不但主张对史料要决断去取，裁之以心；且应推明大道、纲纪天人，“微茫杪忽之际，有以独断于一心”。史，不只是史文与史事之记载而已，更应显示著述者自己个人独特的历史判断及对历史意义之了解。他再三以孔子作《春秋》时说“其义则丘窃取之矣”来说明史文史事之外史义之重要性，原因在此。他以历史记述为“成一家之言”，原因也在于此。

但这并不是从历史客观主义转了个方向，成为主观主义了。所谓别识心裁，指个人独特的创见特识，“详人之所略，异人之所同，重人之所轻，而忽人之所谨，绳墨之所不可得而拘，类例之所不可得而泥”，所以可以自创义例，“标一法外之义例，著一独具之心裁”（《答客问上》）。可是这种创造，在实斋的历史观中，并非独立的原创性创造，而是因袭性的创造。因此，在“标一法外之义例”二句上，还有“能自得师于古人”一语。在《释通》中实斋更是明确指出，“古人著书，即彼陈编，就我创制，所以成专门之业也”，“史书因袭相沿，无妨并见……专门之业，别具心裁，不嫌貌似也”。即彼陈编，就我创制，这种创制本非漫然无所准的，乃师法古人，或深求古人家法而来，故实斋又颇以“师法失传而人情怯于复古”为病。别识心裁的创造，同时也即是复古，得古人著述之大体。①

① 实斋主张专门之学必须有师承，原因也是如此。《家书二》“古人重家学”，家学之外，则有师说，详见《师说》。又《与史余村论文》云，“为文不可不知师承，无师承者，不能成家学也”，亦是强调师承。《和州志·艺文书序例》说古人学术自有授受，后世“学无专门，书无世守。转不若巫祝符箓、医士秘方，犹有师传不失之道”，则是将师承、家学和古代世袭官守的学术状况连在一块儿思考，强调师承亦即所以复古学矣。

这样批评考证学派，其意义正如伽达默尔之批评狄尔泰。狄尔泰的历史主义，就是力求解释者摆脱主观偏见以了解历史对象。伽达默尔则认为任何理解既然都在历史中进行，便都不可避免其因传统而来的成见与时代性偏见；故偏见、成见非唯不可弃，更是理解和解释得以成立的积极因素、创造性条件。正是由于每一代人都具有不同的偏见，所以解释才能生出丰富的意义，并使解释活动能永远进行下去；正是传统，才提供了我们理解得以形成的基础。犹如学习语言的过程，即是塑造我们自身的过程，创造并非弃绝传统而有，每一代人都受以往传统之制约来进行理解，这些理解之成果又重新构成传统而流传下去，这才是历史的真相。①

由于一切理解都将表现为语言（口语或文书），并以语言的方式保留下来，所以伽达默尔又从语言的形成与性质来讨论历史与文化的问题。他引用亚里士多德“词由集体商定”一语，谓词是在交流使用中才具有生命，靠着言词的相互交流，才使人能在共同意义领域中过一种共同的生活，体现共同的社会秩序。在此，人与人靠着语言来共享文化，文化即为所有人都理解的领域，大家来分享它，不但不会令它减少，反而可以使它增多。②

---

① 学习语言的过程，即是塑造我们自身的过程，实斋《与史余村论文》言之最晰。彼云：“仆尚忆生二三岁时，初学言语，凡意所欲达而不能出诸口者，遍听人言，恍惚而不可踪迹。惟姊氏长吾六岁，提携抱负，朝夕相亲，又时时引逗吾言以资欢笑。仆于当时觉非姊之言不可学也。……是婴儿虽与能言者处，亦必于能言之中择取一人，然后有所据而学之。”学人言而后能言，且其所能言、能见一人之特性风格者，正因为他在学习过程中已有了依据与择取。这种“依据”关系，他用自己学文章的经过来说明：“仆尝学古文辞于朱先生，……遣辞造句，侔色揣称，盖不啻其一步一趋，不敢稍越，纵使左、马复生，不敢易吾范也。”这时，这个被自己选择的传统，即成为塑造自己表达自己的依据，使我能言。我既能言，则“惟吾意之所之。今足下视吾文，岂与朱先生相似哉？亦足以发明吾道而已”。

② 详见伽达玛（H. G. Gadamer，又译伽达默尔）：《理性·理论·启蒙》，李晓萍译，结构群书店，1990年。该书以“文化和词”开端，以“语言的表达力”“完美的德语”作结，与实斋的理论有奇妙的相似对照关系，故举以为例，用助说明。

用实斋的话来说，传统的成见，即是他主张史删、主张因袭的部分。历史不能脱离这个基础，每一代人，其实都只是在复述传统，而非改写创新，所以他基本上主张述而不作。但因袭复述，又非仿印翻版，一成不变。复述者以其偏见，自显其别识心裁，始足以名为著述，足以为一家之言。

所谓历史，就存在于这种即复述即创造的言说与书写活动中。“史体述而不造”，历史，就是历史的传述活动。在此传述中，言说与书写皆为公众享有之物，而非私人据占的领域。换句话说，所谓文化，是指一群人在一个开放交流的语言场域中建立了一种共同的生活，分享了共同的意义，也体现了共同的社会秩序。“言公”即是“道公”。

实斋以“三人居室，而道形矣”论道，即是认为道生于公共生活。此种公众生活，是以语文来完成的。只有道衰世乱，人不能享受一种合理的共同生活与意义时，语文才被私人垄断割裂，出现私人著述。《原道下》曰：“‘上古结绳而治，后世圣人易之以书契，百官以治，万民以察’，夫文字之用，为治为察，古人未尝取以为著述也。以文字为著述，起于官师之分职，治教之分途。”

以文字为治，即是道，《诗教上》说“文字之道，百官以之治，而万民以之察，而其用已备矣。是故圣王书同文以平天下，未有不用之于政教典章，而以文字为一人之著述者也”；《易教下》也说：“文字之所指拟，但切入于人伦之所日用，即圣人之道也。”凡此，意思大抵相同，都是把言说之公视为道，称为同文之治。同文，意指语文系一公众共同的意义领域，社会中人，是在这个意义共享的领域中才能进行一种社会秩序生活，并形成其伦理与道德关系，显示其文化状态。

他所向往的三代圣治，只有从这个意义上说，才能成立，也才能解释他为何将三代政教称为“书同文以平天下”。

由于他强调这样的公众共同意义领域，故反对意义及语文为个人所垄断，反对理解活动只以回向某一个人为目的。例如某书某文，虽系某一作者所撰，但实斋一是贬抑此种创作活动之价值，谓其以文辞为私人所有物；其次则认为读者阅看此一文书，未必即须以理解作者之本旨为阅读目标。文书本身的意义就是向所有读者开放的。①他说：

袁氏初无其意，且其学亦未足与此，书亦不尽合于所称……但即其成法，沉思冥索，加以神明变化，则古文之原，隐然可见。书有作者甚浅而观者甚深，此类是也。

（《书教下》）

然观书有得，存乎其人，各不相涉也。……至于论及文辞工拙……至于不得已而摘记为书，标识为类，是乃一时心之所会，未必出于其书之本然。比如怀人见月而思，月岂必主远怀？久客听雨而悲，雨岂必有愁况？然而月下之怀，雨中之感，岂非天地至文？而欲以此感此怀，藏为秘密，或欲嘉惠后学，以谓凡对明月与听霖雨，必须用此悲感方可领略，则适当良友乍逢，及新婚宴尔之人，必不信矣。是以……标识评点之册……不可揭以告人，只可用以自志，父不得而与子，师不能以传弟，盖恐以古人无穷之书，而拘于一时有限之心手也。……夫书之难以一端尽也，仁者见仁，智者见智。诗之音节，文之法度，君子以谓可不学而能，如啼笑之有收纵，歌哭之有抑扬，必欲揭以示人，人反拘而不得歌哭啼笑之至情矣。

（《文理》）

① 《诗教下》曾说，“善论文者，贵求作者之意指，而不可拘于形貌也”，似乎是主张求作者之本意的。但这其实是指论文不可仅论文采，故《答朱少白书》：“鄙著正因世俗拘文体为优劣，而不察文之优劣，并不在体貌推求，故撰《砭俗》之篇，欲人略文而求实也。”

古人著于竹帛，皆其宣于口耳之言也。言一成而人之观者，千百其意焉，故不免于有向而有背。

（《朱陆》）

文书之意涵是无穷的，所以说难以一端尽，可以见仁见智，各不相涉。非作者一己之意所能垄断，也非某一读者一己之读法、一己之理解所能宰制，故不能以某一读法、某一意旨为程准，“据为传授之秘”，举以教人，否则便桎梏了意义的开发。《言公中》又说：

圣人之言，贤人述之，而或失其指。贤人之言，常人述之，而或失其指。人心不同，如其面焉。而曰言托于公，不必尽出于己也者。何也？……赋诗断章，不啻若自其口出，而本指有所不拘也；引言互辨，与其言意或相反，而古人并存不废也。……前人有言，后人从而扩充焉，是以己附古人也。仁者见仁，智者见智，言之从同而异，从异而同者，殆如秋禽之毛，不可遍举也。是以后人述前人，而不废前人之旧也，以为并存于天壤，而是非失得自听知者之别择，乃其所以为公也。

言，不仅不应以某一意义限定读者的理解，更应开放，任由读者去引述。这种开放，一是意涵的开放，即使传述不符合本旨，也无所谓；且原文与传述可以并存，由后人自由地理解，自由地判断。二是言说原文本身就应该可以开放，可以拆解，赋诗断章，原文的语句结构任由使用者去运用，表达另一个根本不属于原文作者的意义。

传述不合本旨，即可能构成流弊。站在实斋的立场，必须承认并容忍这种可能，故实斋一再指出流别与流弊是历史发展之必然。后代传述者与原文的关系，不能要求它们如复制之似，而仅能问传述者是否具合理性；若合理，我们反而将承认它善于绍述继承原文之意旨。其《辨似》篇对此言之甚审：

> 万世取信者，夫子一人而已矣。夫子之言不一端，而贤者各得其所长，不肖者各误于所似。“诲人不倦”，非渎蒙也。“予欲无言”，非绝教也。“好古敏求”，非务博也。“一以贯之”，非遗物也。盖一言可以无所不包，虽夫子之圣亦不能也。得其一言，不求是而求似，贤与不肖，存乎其人，夫子之所无可如何也。孟子，善学孔子者也。夫子言仁知而孟子言仁义，夫子为东周而孟子王齐、梁；夫子信而好古，孟子乃曰“尽信书则不如无书”，而求孔子者必自孟子也。故得其是者，不求似也。求得似者，必非其是者也。然而天下之误于其似者，皆曰吾得其是矣。

误以为复制原本式的似于原文，即为其具合理性之依据，是一般述古者及复古者之通病。实斋言复古，然却不以相似性为合理性，反而认为追求拟似古人，必然不合乎古人，也必不具合理性。这是实斋理论之特殊处，故复古传述中就包含了创造性。①

依此说，同一言却可以因阅读者之不同而意义无穷开放，随人领

① 这里涉及历史解释的客观性问题。传述者述古时，若不求其似，且谓贤不肖存乎其人，各取其似，那么，历史解释的客观性何在？一般论历史解释之客观性者，其客观性的依据，可能是历史事实，可能是语言规律，也可能是作者本意，从这几方面来判断一个解释是否客观可靠。实斋因不追求历史解释的客观性，所以也不必去追问历史解释客观性之依据为何。但实斋不讲“似”而讲“是”，是指历史解释的合理性，这种合理性又以什么来判断呢？从实斋书中看，他应是以“王道”及“源流”为判准的，合于他理想的王道和学术源流才是。这是以理想的典型替代了历史的典型，故与一般复古论者不同。

会。因此，倒过来讲，不同的人说同一段话，意涵也不会一样。《黠陋》篇云：“夫张汤有后，史臣为荐贤者劝也，出之安世之口则悖矣。伯起世德，史臣为清忠者幸也，出之秉赐之书则舛矣。”文与人相配合，必然产生意义的变化，故语言不能视为独立有机体，不可能只分析语句就能掌握其意义，而更须注意到发言者与言的关系。《辨似》说：

> 学术之患，莫患乎同一君子之言，同一有为之言也，求其所以为言者，咫尺之间，而有霄壤之判焉，似之而非也。
>
> 天下之言，本无多也，人则万变不齐者也。以万变不齐之人，而发为无多之言，宜其迹异而言则不得不同矣。①

在此，“言”与“所以言”是不尽一致的。必须兼摄言与所以言，才能掌握实斋言说理论的真相。

七 成一家言：言与所以言的复杂关系

简单地区分，语言形式是“言”，利用这个语言形式传达某个意思，则是作者之“所以言”。实斋的文史学，首先注意的，倒不是作者之所以言，而是言本身。所谓“言之不文，行而不远”。《说林》有言：“‘出辞气，斯远鄙悖矣’，悖者，修辞之罪人，鄙则何以必远也？不文则不辞，辞不足以存，而将并所以辞者亦亡也。诸子百家悖于理而传

① 《杂说》又云：“三百之《诗》具在也，文字无所加损也，声音无所歧异也，体物之工，言情之婉，陈义之高，未尝有所改变也，然而说《诗》之旨一有所异，则《诗》之得失霄壤判焉。是则文章之难，不在其言，而在其所以为言也。”言不变，所以为言变了，整个意义即随之转变。言与所以言的配合关系，复杂至此。

者有之矣，未有鄙于辞而传者也。”这辞本身，倘无其为一语言组构之基本语言美价值，则一切都免谈了。若“言”具有这种价值，虽“所以言”不足以服人，依然能够流传。这就显示了言与所以言可能具有某种分离性。强烈注意这种分离性，正是实斋理论的特色。他一方面要呼吁大家重视言，言之不文，行之不远；另一方面又要提醒人们勿仅注重言，以致溺于文华修辞，出现悖理害义之言。《史德》说“史所载者事也，事必借文而传，故良史莫不工文，而不知文又患于为事役也。……发为文辞，至于害义而违道，其人犹不自知也”，很能表现他这两方面的关切。依前者，形成了他的文史说，强调修辞的史学观；依后者，他注意言、文与人相配合的关系，重视所以言，而大谈著作宗旨与心术。

（一）修辞立言

实斋曾说：“三代以后，官师分而学士始以著述为一家言；而著述者又自以谓不当其位则不可以径遂其辞，往往旁申反托，侧出互见。后世诗才史学，托文采以传不朽者，胥是道也。”（《为谢司马撰楚辞章句序》）让我们以这几句话为纲领，略做分析。

所谓诗才史学，托文采以传不朽者，胥由官师分而学者著述立言。是从本质及渊源上说明诗与史之关联。实斋说：“史学本于《春秋》，专家著述本于《官礼》，辞章泛应本于《风诗》，天下之文，尽于是矣。”（《立言有本》）史本身就是文章写作的一种类型，它源出《春秋》。《春秋》之教，属辞比事，所以史学本身乃一属辞比事之学。它与出于《诗》的辞章之学，在重视修辞这方面，可说是本质上一致的。史不能无文采，正坐此故，实斋曰：

司马迁曰:“百家言不雅驯，缙绅先生难言之。”又曰:“不离古文者近是。”又曰:“择其言尤雅者。”……夫合甘辛而致味，通纂组以成文，……言之不文，行之不远，聚公私之记载，参百家之短长，不能自具心裁，而斤斤焉徒为文案之孔目，何以使观者兴起而遽欲刊垂不朽耶!

（《和州志·列传总论》）

今用史氏通裁，特标列传，务取有文可诵，据实堪书。

（《和州志·阙访列传序例》）

史为记事之书，事万变而不齐，史文屈曲而适如其事……此《尚书》之所以神明变化，不可方物。

（《书教下》）

历官纪数之书，每以无文而易亡也。

（《永清县志·职官表序例》）

志为史裁，全书自有体例。志中文字，俱关史法，则全书中之命辞措字，亦必有规矩准绳也，不可忽也。……惟是记传叙述之人，皆出史学。史学不讲，而记传叙述之文，全无法度。

（《与石首王明府论志例》）

实斋论史，鄙薄世之言博稽史考、故实史纂、议论史评、体裁史例者，也不主张以文章言史之史选一派，力陈“史志之书，记事为主”（《为毕秋帆制府撰〈荆州府志〉序》）。但记事须靠文字功夫，所以其论史，重点全在如何叙事上。这才是实斋史学的真正重点。彼屡谓作史者是在“成一家之言”，且此“言”不可不文，又推崇《尚书》的文字，是神明变化不可方物，难道不是由于他以叙事之文法为史法吗？文史通义，其通在此。①他断章取义，引用司马迁“不离古文者近是”一语，即说明了他想沟通诗歌古文与史学的用心。

以《与汪龙庄书》为例。该文自诩，“拙撰《文史通义》，中间议论开辟，实有不得已而发挥，为千古史学辟其蓁芜”，但其所自负者何在?全文均论古文辞也。彼云:“近日颇劝同志诸君多作古文辞，而古文辞必由纪传史学进步，方能有得。盖古人无所谓古文之学，但论人才，则有善于辞命之科。而《经解》言‘比事属辞，《春秋》教也’，因悟《论语》‘不学《诗》，无以言’，‘诵《诗》不能专对，虽多奚为’，乃知辞命之文，出于《诗》教；叙事之文，出于《春秋》比事属辞之教也。”据他说，文章只有三类，论议制度之文出于礼经，较无文采；其他出于诗教之文，与出于春秋教之文，皆须讲究修辞。出于诗教之文即是诗歌，出于春秋教的就是古文与史。

古文与史，性质既同，渊源又一，所以实斋进一步就是把史与古文统合起来，然后再连贯诗与史。

《上朱大司马论文》说“古人著述，必以史学为归，盖文辞以叙事为难……古文必推叙事，叙事实出史学，其源本于《春秋》‘比事属辞’”，即是以古文与史同源同质来“纠正”当时古文与史学两方面的毛病，尤其不满于当日桐城古文家所推崇之韩昌黎：

> 昌黎之于史学，实无所解，即其叙事之文，亦出辞章之善，而

---

① 实斋《论课蒙学文法》即专论叙事之法，曰:“叙事之文，其变无穷。故今古文人，其才不尽于诸体，而尽于叙事也。盖其为法，则有以顺序者，以逆叙者，以次叙者，以牵连而叙者，断续叙者，错综叙者，假议论以叙者，夹议论而叙者，先叙后断，先断后叙，且叙且断，以叙作断，预提于前，补缀于后，两事合一，一事分两，对叙插叙，明叙，暗叙，颠倒叙，回环叙。离合变化，奇正相生，如孙吴用兵，扁仓用药，神妙不测，几于化工。”这些文法，可以和明清批书人常用的文法修辞观念合看。实斋所讲的史法，大例如是。

> 非有比事属辞，心知其意之遗法也。……然则推《春秋》“比事属辞”之教，虽谓古文由昌黎而衰，未为不可。……盖六艺之教，通于后世者有三，《春秋》流为史学，《官礼》诸记流为诸子论议，《诗》教流为辞章辞命。……昌黎之文，本于《官礼》，而尤近孟、荀。荀出于礼教，而孟子尤长于诗，故昌黎善立言而又优于辞章，无伤其为山斗也。特不深于《春秋》，未优为史学耳。
>
> （《上朱大司马论文》）
>
> 左丘明，古文之祖也，司马因之而极其变；班、陈以降，真古文辞之大宗。至六朝古文中断，韩子文起八代之衰，而古文失传亦始韩子。盖韩子之学，宗经而不宗史，……而于《春秋》、马、班诸家相传所谓比事属辞宗旨，则概未有闻也。
>
> （《与汪龙庄书》）

本此批评，他一再申言“才识之士，必以史学为归。为古文辞而不深于史，即无由溯六艺而得其宗，此非文士之所知也”（《报黄大俞先生》），“古文辞而不由史出，是饮食不本于稼穑也”（《文德》）。

这是他用以纠改当时文风的主张，但又何尝不是他论史之宗旨？只不过，所谓溯源六艺，区分辞命之学与比事属辞之学，终究只是想说明古文与史同源而已；辞命之学与比事属辞，其主修辞，乃是一致的，因此，诗与史仍得通贯起来讲。

在这儿，实斋是用“《诗》亡而《春秋》作”来打通两者壁垒的。《史德》说“《骚》与《史》，皆深于《诗》者也”，“故曰必通六义比兴之旨，而后可以讲春王正月之书”，《校雠通义·汉志六艺》说“《孟子》曰：‘《诗》亡，然后《春秋》作。’《春秋》与《诗》相表里，其旨可自得于韩氏之《外传》。史家学《春秋》者，必深于《诗》”，以及

《〈亳州志·人物表〉例议下》说“志者，志也。人物列传，必取别识心裁，法《春秋》之谨严，含诗人之比兴，离合取舍，将以成一家言”，均发挥此义。

史传叙事而含比兴，或《诗》与《春秋》相表里，这些意见具体落实下来，便是他在史文叙述修辞方面讲究兴托隐曲，在史籍体例方面提出志乘与文征互相配合的建议。

所谓史文隐曲，如《史注》云“魏、晋以来，著作纷纷，前无师承，后无从学；且其为文也，体既滥漫，绝无古人笔削谨严之义，旨复浅近，亦无古人隐微难喻之故”，即是一例。本来古人讲《春秋》，如公羊家一派便非常重视其辞例文法，认为《春秋》隐指谲譬，文曲而婉。实斋言《春秋》，是从左氏之重叙事来，并未受到公羊家之影响，所以只说《春秋》笔削谨严的这一面；史文之宜隐微难喻，他则归诸《诗经》之影响。虽然他也曾在《为谢司马撰〈楚辞章句〉序》中，于“太师陈诗观风之职废，而贤者多抱隐忧，乃以《诗》为忠愤之所寄托，不得不微其辞矣”之外，申言后世著述者“又自以谓不当其位则不可以径遂其辞，往往旁申反托，侧出互见”，于文章隐曲之故，再加了一条，即文人之怀才不遇。如《质性》所谓：“物不得其平则鸣也，观其称名指类，或如诗人之比兴，或如说客之谐讔，即小而喻大，吊古而伤时，嬉笑甚于裂眦，悲歌可以当泣。”但此类文辞毕竟仍是效法风诗而来的，故曰：“骚客拟辞，思人寄兴，情虽托于儿女，义实本于风人。”（《妇学》）史之叙事，固以径直为主，不同于诗歌，但也不能不含此义。

在史体上，实斋主张“文选志乘，交相裨益”（《答甄秀才论修志第二书》），以符《春秋》与《诗》相表里之理想。这是实斋最特殊的史例。在《书教中》，他即说《文选》《唐文粹》《宋文鉴》《元文类》等选辑文章之书，“与史相辅”，且谓“诸选乃是春华，正史其秋实耳”。主持修志时，他更本此意见，把方志分成三部分：纪传之“志”、律令典例之“掌故”、选辑文章之“文征”。三者分行相辅，不合为一。其说具详于《方志立三书议》。

方志析为三书，自是依实斋春秋、官礼、风诗三教分立的原则而定。[1]其中关于诗与史，亦即文征与传志的关系，实斋尤有详尽的讨论：

> 古者十五《国风》，八国《国语》，以及晋《乘》、楚《梼杌》与夫各国《春秋》之旨，绎之则列国史书，与其文诰声诗，相辅而行，在昔非无其例也。……州县文征，选辑诗赋，古者《国风》之遗意也。
>
> （《永清县志·文征序例》）
>
> 昭明以来，括代为选，唐有《文苑》，宋有《文鉴》，元有《文类》，明有《文选》，广为铨次，钜细毕收，其可证史事之不逮者，不一而足。故左氏论次《国语》，未尝不引谚证谣；而十五《国风》，亦未尝不别为一编，均隶太史。此文选志乘，交相裨益之明验也。
>
> （《答甄秀才论修志第二书》）
>
> 第十五《国风》、十二《国语》，固宜各有成书，理无可杂。……二者，自宜各为成书，交相裨佐明矣。
>
> （《天门县志·艺文考序》）

这种史体，乃实斋之创见。所谓“诗之与史，义合例殊”（《湖北文征序

---

① 许冠三《刘知几的实录史学》认为实斋方志立三书之议，胎元于刘知几，因为刘氏曾建议作史者应在表志之外，另立一“书”，专收表、诏、诰、移檄等文。其实章氏引刘知几此说，是用来说明《尚书》之学后来折入《春秋》，并指责后世强分记事之史与记言之史。刘知几也不曾谈到什么诗、春秋、官礼之教。

例》），实斋当时，论方志者或不以为然。文集中与甄秀才往复论辩者，正为此事。其后如王湘绮亦驳之曰："别立'文征'一门，未为史法，其词亦过辩求胜。《诗》亡然后《春秋》作，此特假言耳，《春秋》岂可代《诗》乎？孟子受《春秋》，知其乃天子之事，不可云王者微而孔子兴，故托云《诗》亡。而章氏入诗文于方志，岂不乖类？"（《湘绮楼说诗》卷二）他们与实斋意见之不同处，主要在于实斋欲通贯诗史，他们则认为诗毕竟非史，故甄秀才云："孺歌妇叹，均可观采，岂皆与史等哉？昔人称杜甫诗史，而杨万里驳之，以为《诗经》果可兼《尚书》否？"实斋却说："斤斤画文于史外，其见尚可谓之卓荦否？杨万里不通太史观风之意，故驳诗史之说。"（《驳文选义例书再答》）两相对比，益可见实斋文史学之意涵。[①]

（二）立言有本

言之不文，行之不远，故成一家之言，必须属辞比事，通于六艺比兴。但修辞之言，本身是具独立语言美感价值的，追求这种价值，便可能使"言"与"所以言"分离，成为文胜于质的现象。因此，实斋反复申述这种危险，提醒人注意，《文理》云："古人著为文章，皆本于中之所见，初非好为炳炳烺烺，如锦工绣女之矜夸采色已也。"中有所见，就是立言时自有所以为言的宗旨。他批评汪容甫为文，"文章如入万花之谷，学问如窥五都之市，可以愧奄陋而箴鄙僿矣。问其何以为言，不能答也。……博学能文而不知宗本，是管库为人守藏，多财而不得主其财也"（《立言有本》），即是指摘其文无宗本。反之，他推崇郑樵，"慨然有见于古人著述之源，而知作者之旨，不徒以词采为文"（《申郑》）。

---

① 叶瑛《文史通义校注》谓湘绮未达章氏征文佐史之意，是不了解这其中的问题。

又溯源《春秋》，谓“史之大原本于《春秋》，《春秋》之义昭乎笔削。笔削之义，不仅事具始末、文成规矩已也。以夫子‘义则窃取’之旨观之，固将纲纪天人，推明大道，所以通古今之变而成一家之言”，都是着眼于它们能够言具宗旨。

文应如何方具宗旨？首先是应辨明学术源流。唯有辨明学术源流，才能成为专门家数之文，而不致泛滥杂猥，言无宗趣。《文集》言“后世应酬牵率之作，决科俳优之文，亦泛滥横裂而争附别集之名，是诚刘《略》所不能收，班《志》所无可附；而所为之文，亦矜情饰貌，矛盾参差，非复专门名家之语无旁出也”，就是针对这种毛病而说。①

其次，言要成家，立言有本，发言者便须注意发言的态度与方法。实斋综合前人思路，于此，特标文德之说。《文德》曰：“古人论文，惟论文辞而已矣。刘勰氏出，本陆机氏说而昌论文心；苏辙氏出，本韩愈氏说而昌论文气，可谓愈推而愈精矣。未见有论文德者。”所谓古人无此说，是因为孔子讲“有德必有言”“修辞立其诚”，或韩愈讲“仁义之途，诗书之源”等，都是合指道德与文章，实斋则区分文辞与文德来说。文辞指言，文德专指发言时所以发言的态度与方法。他认为发言撰

① 实斋论成学，有几个层次。一是须本于才性天资，依自己的才性特质，扩充发展以成专门名家。《博约下》：“学术功力必兼性情，为学之方不立规矩，但令学者自认资之所近与力能勉者而施其功力，殆即王氏良知之遗意也。……高明者由大略而切求，沉潜者循度数而徐达。资之近而力能勉者，人人所有，则人人可自得也。……欲人自识所长，遂以专其门而名其家。”依一特殊的才性，发展出来的必然是某一专门之学。但这一专门之学并非一孔之见，他要求在博雅的基础上形成专门之学，故云“道欲通方而业须专一”，“学贵博而能约，未有不博而能约者也。以言陋儒荒俚，学一先生之言以自封域，不得谓专家也”（《博约中》），“博文以为约礼之资，详说以为反约之具，博约非二事也”（《博杂》），“闻见猥陋，不足成家，而好骋繁富，不知所裁，亦失古人著书宗旨”（《为毕制军与钱辛楣宫詹论续鉴书》）。意思是说，要在博学的基础上，依个人的别识心裁以及对学术源流的了解，形成一套有宗旨、有组织的学问，才足以成家，成为“有主之学”。

文时，必须敬恕。敬，指临文应检摄心气；恕，则指能替古人设身处地着想。

再进一步，他又有文情之说。《杂说》载：“文生于情，情又生于文，气动志而志动气也。故有所识解而著文辞；辞之所及，忽有所触而转增识解，皆一理之奇也。”凡说写作者须有学问、有宗旨，须以敬恕的方式撰文，都属于“有所识解而著文辞”之列。大多数论文学的人，所谈都只在这个层次与范围。但实斋不同，他注意到文辞与书写者的关系是互动的，言对于所以言，非一容器工具性关系，言本身也能使发言者产生改变，故云：“辞之所及，忽有所触而转增识解。”这就叫作情文相生，简称文情。

文章必待情文相生，始可称为辞达。他举了个例子，说有某人月下羯鼓，调成意尽，但未尽其声，借调以毕余声后，才成为一曲感人的乐曲。观者赞美他：“可与言矣。”余声，并非曲子的主体，然无余声，曲即不美，故实斋说：“文固用以明理，或以记事。然有时理明事备而文势阙然，乃若有所未尽。此非辞意未至，辞气有所受病而不至也。求义理与征考订者，皆薄文辞，以为文取事理明白而已矣，他又何求焉？而不知辞气受病，观者郁而不畅，将并所载之事与理而亦病矣。……今人误解辞达之旨者，以谓文取理明而事白，其他又何求焉？不知文情未至，即其理其事之情亦未至也。……昔人谓文之至者，以为不知文生于情，情生于文。夫文生于情，而文又能生情，以谓文人多事乎？不知使人由情而恍然于其事其理，则辞之于事理，必如是而始可称为达尔。”（《杂说》，又《言公中》可参看）这就是文情。他有时又称之为文理。亦即把“文以明理”再加解析，谓：“文固所以载理，文不备则理不明也。且文亦自有其理：妍媸好丑，人见之者，不约而有同然之情，又不关于所载之理者，即文之理也。”（《辨似》）

这是甚能掌握文学特性的言论，其论理结构也很独到。盖文生于情，故言文德，要求检摄心气，临文必敬；而文又能生情，所以讲辞采文势。两端合构而成一“情文相生”之说。但理论再推进一层，则情因文而有所触，其所生之识解，是否就合乎正理呢？文生于情，因识解而著文辞的情识解会，是否即有价值呢？实斋在此便不能不再提出一个准则来，那就是文性说。

《质性》云：“前人尚论，情文相生。由是论家喜论文情，不知文性实为元宰；离性言情，珠亡椟在。”本篇依王宗炎目录，作“性情”，刘承干据浙本，仍标为“质性”。称为质性，是兼用文质论与性情论的传统哲学架构，来处理这个问题。①他先讲诗言志，立言须有物有志；然后说人之才情气质有近于阳刚者，也有近于阴柔者。近于阴者，妄自期许，感慨横生；近于阳者，狷狂无主，动称自然。一鄙一妄、一狂一狷，皆不得乎中行。另有一种人，则为貌似中行之乡愿。这三种都不好，所以须本于性天、要于仁义。他认为如此始为知言。《质性》曰：“孟子之论知言，以为生心发政，害于其事，吾盖于撰述诸家深求其故矣。其曼衍为书，本无立言之旨，可弗论矣。乃有自命成家，按其宗旨不尽无谓；而按以三德之实，则失其本性，而无当于古人之要道，所谓似之而非也。”为文不能不本于性天且归于古人之要道，这就是实斋论文之归趣及衡文之准绳。

如此一来，则所谓立言有本，最终极处，即是“学必本于性天，趣必要于仁义，称必归于《诗》《书》，功必及于民物，是尧、舜而非桀、

---

① 实斋论文质，如“记注无成法，则取材也难；撰述有定名，则成书也易。成书易，则文胜质矣。取材难，则伪乱真矣。伪乱真而文胜质，史学不亡而亡矣”（《书教上》），“文章之用，内不本于学问，外不关于世教，已失为文之质”（《俗嫌》），“文生于质，视其质之如何而施吾文焉，亦于世教未为无补”（《砭俗》），均采传统文质论一般性的讲法，但多与世教有关。详见后文。

纣，尊孔、孟而拒杨、墨”。亦即是孔孟名教。凡合乎名教，皆能求大义于古人者也，否则便是“求其所以为言者，宗旨茫然也”（《质性》）。

实斋族子廷枫曾说：“论史才史学而不论史德，论文情文心而不论文性，前人自有缺义。此与《史德》篇，俱足发前人之覆。”文性之说，确实是实斋理论的重点。名教，作为他判断文学的准据，正如他把著史人的心术问题看得那么重一样。史德，据他解释，就是“著述者之心术”。《史德》篇讲的也是文能动人者情也，但情有正有邪，情本于性者是“天”，情汩性自恣者是“人”，故撰史不能乘于血气阴阳之偏，似天而实蔽于人云云这一大套。①且心术正不正，一视其是否背离名教而定。《史德》篇结尾时力陈《骚》与《史》皆不背于名教，正是此意。

要明白实斋许多行为与言论，必须注意他重视名教这一点。例如他批评戴震，是因“戴君学问，深见古人大体，不愧一代巨儒，而心术未醇，颇为近日学者之患，故余作《朱陆》篇正之”，谓戴震之言，颇得罪名教。他痛骂袁枚，也是因为袁枚编撰诗话“专以纤佻浮薄诗词倡导末俗，造言饰事，陷误少年，蛊惑闺壶，……为风雅罪人”（《诗话》《书坊刻诗话后》《与吴胥石书简》）。他认为西汉古乐府、六朝杂拟，如《子夜歌》《白纻辞》等都是文人拟作，而非当时男女对唱的歌谣；又主张《诗经》中诸男女之辞，皆出诗人拟作（《妇学》等）。也是由于他不能接受这种“自暴自亵”、违背名教的行为，故发展出一套非所有权式的作者观，来解释虚拟代作一类的书写状况。这些态度，综合起来看，我们便可发现实斋是把著作视为维持名教之一手段。“学术不明，必为人心风俗之害”（《博杂》），讲明学术，就成为端正世道人

① 何炳松说：“章氏对史学上第三大贡献，我以为就是他所说的‘天人之际’，完全就是我们现在所说的历史上的客观主义和主观主义。”（《增补章实斋年谱·序》）这完全是胡说八道，只有根本不了解中国哲学的人才能讲出这种话。

心的主要方法。文章经世，即指此而言，故曰“经世之业，不可以为涉世之文”，“文章之用，内不本于学问，外不关于世教，已失为文之质”（《俗嫌》）；“周公承文、武之后，而身为冢宰，故制作礼乐，为一代成宪；孔子生于衰世，有德无位，故述而不作，以明先王之大道；孟子当处士横议之时，故力距杨、墨以尊孔子之传述；韩子当佛、老炽盛之时，故推明圣道以正天下之学术；程、朱当末学忘本之会，故辨明性理以挽流俗之人心。其事与功皆不相袭，而皆以言乎经世也。故学业者，所以辟风气也”（《天喻》）。

天下人心风俗不能无弊。依实斋看，三代以下，皆一学术之流弊史，亦一人心风俗之流弊史也。振衰起弊，传述古先圣王之大道，讲明学术，使人能因流溯源，即器求道，洗辟风俗之庸陋，端正人心之鄙乱，就是他的经世大业，也是他自负能成一家之言的地方。

八　自号实斋：对实至名归社会之向往

究竟当时风气有何庸陋，以致实斋如此痛愤呢？学者立言，往往与其立言之情境有关，实斋当然也是这样。他自己说《文史通义》一书：“关于身世有所枨触，发愤而笔于书。尝谓百年而后，有能许《通义》文辞与老杜歌诗同其沉郁，是仆身后之桓谭也。”（《又与朱少白》）这些身世枨触，自可于其生平经历中考见。例如他少年不慧，二十三岁起即出而应试，直考到四十一岁才成进士。又言词讷钝，相貌奇丑，干谒游食亦往往不顺利。“逼于困苦饥寒，呼吁哀号。”（《上梁相国书》）侘傺无聊中，与修志乘，意见复多刺异于时流，其不得意，自不待言。《与胡雒君》所称“历聘志局，频遭目不识丁之流横加弹射”，“屡遭坎坷，不能忘情”，确属实情。抑郁愤激，对时代萌生了若干不满，也是理所当然的事。

这种情绪所激生的，乃是对时代整体的不满。但这种不满，因为是起于某些人事的摩擦，所以他不会对社会体制不满，而是对社会中充斥着一些“目不识丁之流”感到痛愤。此即《与胡雒君论文》所提到的“机变易尽，略识字而不通文理之人，播其小慧”。这些“江湖游乞……遇朋侪则解酬唱，于贵显亦能贡谀”，“非狂妄轻佻，不可向迩；即赘瘤臃肿，一无所知”。事实上，这也是实斋在具体游幕生活中的生存竞争者。实斋讨厌他们，并且觉得他的不幸都是这些人所造成。那么，何以这个社会上尽是这类人呢？这类人之存在，说明了世道人心已然败坏。批判这些人，挽救风俗之沉沦、人心之陷溺，既代表实斋对他们的反击，也是实斋的道德使命，是将自我行动合理化的必要手段。

我们看他批评汪中、袁枚、陈焓等，几乎都是咬牙切齿。凡此皆不能不从他这种特殊心理状态上去了解。饱受屈辱抑郁的灵魂，为了证明自己存在的价值，有时不免会以攻击为防卫。像他与周震荣（筤谷）这样的交情，实斋自己说他频年游幕坐馆，中历悲欢离合，且有死丧疾厄患难之遭，震荣与休戚周旋于其间者凡十二年。因此周氏可说是实斋中年最重要的友人与资助者，他修《永清县志》，主讲定武书院，得入毕沅幕等，都是周氏介绍的。但乾隆五十二年他与周氏论课蒙法，批评周氏《养蒙术》里的意见，周氏不服，实斋竟然攘袂征色，且丑语相诋。对周氏尚且如此，对其他人当然就更激烈了。这点他自己也不讳言，所以《与胡雒君》云：“今知人世触处多此境也，未免激昂申其孤愤，此古人亦所不免，又何讳焉！”

现实世界中的挫败，形成了实斋之孤愤，使他对同时名流甚为不满。这些名流，据他看，并没什么了不起，而竟能博得大名，除了世人俗陋、不辨真赝之外，此类人善于炫世猎名，自为一大因素，即《与胡雒君论文》所谓“播其小慧，亦能遮人耳目”。因此，他一方面要《砭俗》，一方又要《针名》，对世俗与士流两方面同时进行批评。

针对前者，实斋的批评主要是指出世人不辨真赝。他在《习固》中说“辨论乌乎起？起于是非之心也。是非之心乌乎起？起于嫌介疑似之间也”，所谓嫌介疑似，即是说世上一般被推崇的人，都只似是，而并不真是，故他要论辨、要争是非。《辨似》一篇，专为此而作；其他各篇，也常有这个意思。

针对后者，实斋不满于当时“好名者流”的各种行为，因此，他才会想到要辨名实，要重建名教之义。何谓名教？《针名》曰：

> 君子出处，当由名义。先王所以觉世牖民，不外名教。伊古以来，未有舍名而可为治者也。……义本无名，因欲不知义者由于义，故曰名义。教本无名，因欲不知教者率其教，故曰名教。揭而为名，求实之谓也。

以名教民，即为名教。但名由实而来，以名为教，是为了推行那个教。可是“好名者流，徇名而忘实”，遂成了个“好名之弊”的时代。在这个时代，

> 好名者，亦必浇漓其实，而后能徇一时之名也。盖人心不同如其面，故务实者，不能尽人而称善焉。好名之人，则务揣人情之所向，不必出于中之所谓诚然也。且好名者，必趋一时之风尚也。风尚循环，如春兰秋菊之互相变易而不相袭也。人生其间，才质所优，不必适与之合也。好名者则必屈曲以徇之，故于心术多不可问也。……学问之道，与人无忮忌，而名之所关，忮忌有所必至也；

学问之道，与世无矫揉，而名之所在，矫揉有所必然也。故好名者，德之贼也。①

好名者不能务实，造成了种种时弊。实斋面对这些时弊，深觉批判好名之弊，以复名教大义，是他最重要的道德使命。所以，他因当时文人“道听涂说，争名趋诡，腑械心窬，斯文如毁”，而作《言公》三篇，不许文人矜于文辞据为私有以博名誉，又以名与教的关系去处理文质、器道、言事、文道诸问题。

依实斋之见，“名者，实之宾，实至而名归，自然之理也”（《针名》）。名实应该是合一的；文质、道器，即如名实，也该是合一的。例如道，是实，是质；表见于六艺之文，就是名，是文，是器。道与文，本来应当是合一的。但到了战国时期，“战国之文，奇邪错出，而裂于道”，故文才独立地被人所追求所讲究，成为文弊的状况，文质不再复合。《诗教上》说“古之文质合于一，至战国而各具之质。当其用也，必兼纵横之辞以文之，周衰文弊之效也”，即指此一文道浑合状态破裂分离之弊。此时“文”才成为私人所拥有物，出现私人著述，而且愈趋文弊之途发展，“著述不能不衍为文辞，而文辞不能不生其好尚”，最终则不得不是一种追逐时尚的好名状况，所以说：“战国为文章之盛，而衰端亦已兆于战国也。”（《诗教上》）

从历史上说，那种文质合一的境界，已然崩解；从意愿上看，则实斋之志趣，正在追复此一境界，以拯隳风。《书教下》说“事屡变而复

① 《又与朱少白》“学者风气，不知近来京师如何？江浙之间，一二闻见所及，实为世道人心忧虑。盖好名之习，渐为门户，而争胜之心，流为忮险。学问本属光明坦途，近乃酿成一种枳棘险隘，诡谲霭昧，殆于不可解释者”，对于当日学风深表不满。实斋之学，乃是由这种对时代风气整体的感受中发展出来，非如余英时说，只是面对考证学派及要与戴震竞争的心理状态。

初，文饰穷而反质”，就是他的信念。因此在史学上，他想“斟酌古今之史，而定文质之中”，以救纪传体之极弊。又云参仿纪事本末体以修正纪传，是“文质之适宜，古今之中道”。他反对编年体，不喜言史法史例，并批评左氏传“以文苟例”，颇有浮文，强调《尚书》能言事合一，均显示了他的用心。

言与事，犹如名与实、文与质。他认为古代言事是合一的，“古人事见于言，言以为事，未尝分事言为二物也”（《书教上》）。因此，从体例上讲，不能承认左史记言、右史记事的说法，谓古代不能有记言的专书。在精神与性质上，则申言古代言事合一，故未尝徒托空言，离事言理，所有言说与文字都是政事。不幸这个结构后来也破裂了，“‘由周公而上，上而为君，故其事行。由周公而下，下而为臣，故其说长’，夫说长者，道之所由明，而说长者亦道之所由晦也”（《原道中》），言愈文巧繁滋，就愈成一文弊道衰之世界。救弊之道，端在恢复古人因事命篇、因质施文、以文明道的传统。他论文独重叙事，也是根于这个信念。

如果用一句话来总括实斋这些名教、道器、文质、言事、名实之说，则《言公中》说得最好了：

> 呜呼！世教之衰也，道不足而争于文，则言可得而私矣；实不充而争于名，则文可得而矜矣！言可得而私，文可得而矜，则争心起而道术裂矣！古人之言，欲以喻世；而后人之言，欲以欺世。非心安于欺世也，有所私而矜焉，不得不如是也。

欺世盗名之风，起于私矜文辞。所以他要辨名实以决是非。自号实斋，其所以为“实”者，岂非着眼于此乎？

九　文史别论：刘知几《史通》论文史

依实斋这种名教观，通论文史，其说与刘知几便有十分奇妙的关系。他们的理论是各自发展而成的，实斋并不认为他曾受到《史通》的影响，且谓“刘言史法，吾言史意；刘议馆局纂修，吾议一家著述，截然两途，不相入也”（《家书二》）。章刘之异，当然不仅如此，例如刘氏讲断代史，章论通史；刘推崇《左传》，章不推崇；等等。但枝枝节节地比较这些，没有意义。我们应注意两人对文史的态度，以及他们论史之判断时，都回归到名教的立场。从这些地方，我们可以发现在不同时空条件，面对不同存在处境而各自发展出来的史学理论，在其基本意趣上，仍然是极为近似的。特别是实斋的文史观，讲文质合一、批判文胜之风；又以史学为史著，且谓史著唯在叙事。皆可于《史通》中见其仿佛。因此，以下拟先叙述《史通》的理论特点，并说明刘知几立说之情境，然后再对章刘之异同稍做比较，以进窥中国文史学之要。

（一）文与史的分合

刘知几的《史通》，是我国第一部系统严整的史学理论著作，所论广及史籍源流、体例、编撰方法、史官建置沿革、史书得失等等。写成当时，与刘知几一同参与国史修撰的徐坚就曾赞叹说“居史职者，宜置此书于座右”，评价甚高。后人对这部书，也很称许，如黄山谷云“论文则《文心雕龙》，评史则《史通》，二书不可不观，实有益于后学”，可见大家是把它看成中国史学理论之代表作的，地位犹如文评里的《文心雕龙》。

然而，《史通》里其实有不少意见，在后来的史著中并未被采纳；有许多对史书的批评，也不获后人同意。

以刘知几之反对收录文章而言，他说“《史》《汉》……务存恢博，文辞入记，繁富为多”（《载言》），“马卿之《子虚》《上林》，扬雄之《甘泉》《羽猎》，班固《两都》，马融《广成》，喻过其体，词没其义，繁华而失实，流宕而忘返，无禆奖劝，有长奸诈，而前后《史》《汉》皆书诸列传，不其谬乎？”（《载文》）这些言论，若将之看成史例，那就完全不通了。连浦起龙都不能不说这“泥古太甚”，章学诚《文史通义·诗教下》篇则说此“不为知言也”①。因此，若从“《史通》开发史例”的角度来看，这些言论便只有反面的价值：让人看看居然有此谬说。但放在唐初思想脉络中去观察，我们会发现它既透显了唐初史家一种普遍的态度，又蕴含着刘知几个人区判“文”与“史”的特殊观点。

《隋书·李谔传》记载，隋文帝颇注意文章“屏出轻浮，遏止华伪”，“开皇四年，普诏天下：公私文翰，并宜实录。其年九月，泗州刺史司马幼之文表华艳，付所司治罪”。自隋以来，遏止六朝华艳的文风，是官方一贯的意识。唐初史家最能表现这一意识。他们都强调文学的教化功能，如《梁书·文学传序》云“经礼乐而纬国家，通古今而述美恶，非文莫可也”；《隋书·文学传序》说“观乎天文以察时变，观乎人文以化成天下……上所以敷德教于下，下所以达情志于上”。《晋书》《北齐书》《周书》《北史》等也都有类似的意见，一致指出文学与风俗人伦有密切的关系，故“公私文翰，并宜实录”。

其次是对南朝淫靡的文风提出批评：“两朝叔世，俱肆淫声……莫非易俗所致，并为亡国之音。”（《北齐书·文苑传序》）“梁自大同以

---

① 章云：“马、班二史，于相如、扬雄诸家之著赋，俱详载于列传。自刘知几以还，从而诋排非笑者，盖不胜其纷纷矣，要皆不为知言也。盖为后世文苑之权舆，而文苑必致文采之实迹。以视范史而下，标文苑而止叙文人行略者，为远胜也。然而汉廷之赋，实非苟作，长篇录入全传，足见其人之极思。殆与贾疏、董策为用不同，而同主于以文传人也。”又《和州文征序例》也说：“相如、扬雄、枚乘、邹阳，但取辞赋华言，编为列传。原史臣之意，虽以存录当时风雅，亦以人类不齐，文章之重，未尝不可与事业同传。”

后……其意浅而繁，其文匿而采，词尚轻险，情多哀思，格以延陵之听，盖亦亡国之音乎!”（《隋书·文学传序》）

由这两点来看《史通》，我们就会发现刘氏之所谓“实录”，其实是从这种文学观来的。所以说经典所载之文，“足以惩恶劝善，观风察俗”，魏晋以下则繁华失实，流宕忘返，而有虚设、厚颜、假手、自戾、一概等五种缺失。主张“去邪从正”“捐华摭实”“为史而载文也，苟能拨浮华，采真实，亦可使夫雕虫小技者，闻义而知徙矣”（《载文》）。

这种实录文学观，使刘氏认为文与史本来是合一的：

> 夫观乎人文，以化成天下；观乎国风，以察兴亡。是知文之为用，远矣大矣。若乃宣、僖善政，其美载于周诗；怀、襄不道，其恶存乎楚赋。读者不以吉甫、奚斯为谄，屈平、宋玉为谤者，何也？盖不虚美，不隐恶故也。是则文之将史，其流一焉，固可以方驾南、董，俱称良直者矣。
>
> （《载文》）

文本是不虚美不隐恶，“言成轨则，为世龟镜”的。从汉朝开始，辞赋虚矫了，但其他各种文体仍保留实录之风；魏晋以后，才雅道大坏，文与史分途，史书都成了文集：

> 昔尼父有言，“文胜质则史”，盖史者当时之文也。然朴散淳消，时移世异，文之与史，较然异辙。故以张衡之文，而不娴于史；以陈寿之史，而不习于文。其有赋述《两都》，诗裁《八咏》，而能编次汉册，勒成宋典。若斯人者，其流几何？
>
> （《核才》）

在这个立场上，《史通》一书的重点就是强调文与史的区分，认为后代之文丧失了文的实录精神，而这种精神正应由史来负担。然能负担这种责任的人，得有史才。史才不同于文才，故史官不宜由文士来担任，所以他批评六朝至唐之史局“每西省虚职，东观伫才，凡所拜授，必推文士”（《核才》），不能让真有史才的人出头，以致史书“非复史书，更成文集”。①

《史通》对前代史籍的许多批评，都根于这一文学观念。例如它说史不应收录文章：“至于《史》《汉》则不然，凡所包举，务存恢博，文辞入记，繁富为多。”（《载言》）说论赞均无必要：“司马迁始限以篇终，各书一论。必理有非要，则强生其文，史论之烦，实萌于此。……此皆私徇笔端，苟炫文采，嘉辞美句，寄诸简册，岂知史书之大体？”（《论赞》）大骂六朝史论都是“饰彼轻薄之句，而编为史籍之文，无异加粉黛于壮夫，服绮纨于高士”。又指摘论后加赞，是“犹文士制碑”。不主张多立篇序，则说：“爰洎范晔，始革其流，遗弃史才，矜炫文采，后来所作，他皆若斯。……若乃《后妃》《列女》《文苑》《儒林》，凡此之流，范氏莫不列序。”（《序例》）认为诏命皆宜人主自撰，否则“但使朝多文士，国富辞人”（《载文》）。坚持史书记录言语，应忠实记当时口语，不应“于其间妄益文采，虚加风物”（《言语》）……诸如此类，都可以看到刘知几努力地要把史跟文分开来。

依他的看法，史是秉承古代文之实录精神的，文则流宕失实，虚饰繁采。故史与文的区分，最重要的当然是“捐华摭实”与“点烦”，趋向于简直。

① 虽然如此，才仍包括其写作能力说，故章学诚曾根据刘知几的史才三长论（“史才须有三长；谓才也，学也，识也”）云：“义理存乎识，辞章存乎才，征实存乎学。”史才有广狭二义，狭义专指文才，广义则兼含才、学、识。

浦起龙曾说刘知几“不喜烦称，不喜小说，惜史体，故执此太坚，往往言过其直”。的确，刘氏论史体、史文均有删繁就简的偏好。例如他反对史书立表，理由就是：“以表为文，……载诸史传，未见其宜，何则？……文尚简要，语恶烦芜，何必款曲重沓，方称周备。”（《表历》）认为立论之可否，也在于“史之有论也，盖欲事无重出，文省可知。……片言如约，而诸义甚备。……及后来赞语之作，多录记传之言，其有所异，唯加文饰而已”（《论赞》）。《史通》中《浮词》《烦省》《点烦》各篇，也都是强调删繁就简的。他对古代各家史书的批评，亦即以此为标准，故云：“若乃历选众作，求其秽累，王沈、鱼豢，是其甚焉。裴子野、何之元，抑其次也。陈寿、干宝，颇从简约；犹时载浮讹，罔尽机要。唯王劭撰齐、隋二史……实得去邪从正之理，捐华摭实之义也。”（《载文》）他主张断代史而反对通史，也是如此，他认为通史乃“撰录之烦者也”，因为“通史以降，芜累尤深，遂使学者宁习本书，而怠窥新录，且撰次无几，而残缺遽多，可谓劳而无功，述者所宜深诫也”（《六家》）。总之，他以为：“史之称美者，以叙事为先。至若书功过，记善恶，文而不丽，质而非野，使人味其滋旨，怀其德音，三复忘疲，百遍无斁，自非作者曰圣，其孰能与于此乎？”“国史之美者，以叙事为工；而叙事之工者，以简要为主。简之时义大矣哉！”（《叙事》）

（二）文学的历史观

这一声赞叹，大堪玩味。第一，此种文史观，在刘知几个人生命史中是具有存在实感之意义的，不仅为一种意见或概念游戏而已。刘氏自己说“余初好文笔，颇获誉于当时；晚谈史传，遂减价于知己”，又说：“予辄不自揆，亦窃比于扬子云者……扬雄尝好雕虫小技，老而悔其少作。余幼喜诗赋，而壮都不为，耻以文士得名，期以述者自命。”（《自叙》）他本是文士，再由文士转变成为史家。这种生命历程，与他主张史文本来一体，后来文史分途，但史反而继承了真正的文的传统，乃是一致的。而且，一位本来是文人的史家，跟不曾好文笔喜诗赋的史家也是很不相同的。这个特殊的经验，使得他的史学观根本上乃由他的文学观发展而来。这种发展，有几点很值得注意：

一、所谓实录史学。论者尝谓其为就史论史，继承了晋朝以来的实录直书之风。如北朝君主曾下令史臣修撰国史，务从实录；裴政《梁太清实录》、周兴嗣《梁武帝实录》、谢昊《梁元帝实录》及唐代所修高祖、太宗、高后实录等，皆可见实录已成史家记注之定体，实录之为撰史准绳，自亦随之而深入人心。刘氏以此一公论为其理论核心，盖亦风会使然。①殊不知刘氏大骂六朝史学，对唐修史籍也不看在眼里，哪会随人声口？而且刘知几不同于郑樵、司马光，他们只能就史学传统来思考，刘知几的思考资源则大体仍仰赖他的文学修养。这也就是他虽在史学观念上批判以骈文写史的习惯，自己却仍以骈文来撰写《史通》的缘故。②他的史学，根本上终究只是他的文学理论。所谓撰史须实录，也是因为他认为文须实录。

二、由于其史学观来自其文学观，故《史通》的史学理论基本上只是个叙事理论，着重在史书写作方面。他谈实录，表面上看是要揭露历史之真相，其实是从文字的朴实简约上说的。所以他反对修史者采访求是，认为“采彼家人，……访诸故老。夫以刍荛鄙说，刊为竹帛正言，而辄欲与五经方驾，三志竞爽，斯亦难矣”（《采撰》）。这种意见，任何从史料考订、探求史实立场出发的史学家都不可能会同意，可见刘知几

① 详见许冠三前揭书第二章，29页。

② 古人讨论这一点，都说他是囿于时代风气，但我想不是，而是他的文学家底子在左右着他的文学表达。

着重的乃是史书须为“当代雅言”。[1]这种雅，依他的标准，就是：“国史之美者，以叙事为工；而叙事之工者，以简要为主。”简，则“所载务于寡事，其言贵于省文”。史书优劣，以此为断。他之推美王劭，即是如此。

郭延年序刘氏书，尝谓其“爱王劭而忘其佞”，是“《史通》之短”。但它为什么爱王劭呢?《六家》《杂说》对王劭都有批评，王劭之道德有问题也是大家都知道的，可是《载文》曾称赞王劭“文皆诣实，理多可信，至于悠悠饰词，皆不之取，此实得去邪从正之理、捐华摭实之义”。类似的话，也见于《论赞》《题目》《补注》《言语》《叙事》《曲笔》《模拟》《正史》《忤时》等篇。这些话，正如张舜徽所说，“大抵称其长于叙事耳”。《史通》之为一叙事理论，实在是非常明显的。它不太追究史籍叙述与“历史事实”之间的吻合情况，而比较注意史文的表现；其所疑所惑，也仅止史文的叙述不合理处。根据不同史料之参酌比对，加以实地调查考察，以重建历史真相，刘知几实远不及后代史家。因为他的用心本不在此。或者说，在他的观念里，“文皆诣实”，即是“理多可信”，而这也就是“实录”了。其实，这只是历史叙述的真实感而已。[2]

---

① 由史学直书实录观点，去推崇刘知几在“言语”中主张直录当时口语的人，更不能懂刘氏为什么这么说了。其实刘氏主张直录口语，是有一个理论前提的，“言之不文，行之不远”。但既然要文，为什么还提倡直录口语呢？因为“已古者即谓其文，犹今者乃惊其质”，记录现在的口语，留到后代也成为雅言了，所以不必为了文而刻意修饰口语。这是他非常特殊的理论，中间有一层转折。正因为如此，他对非方言口语部分，就未必能够容忍。这里批评司马迁采刍荛鄙说，刊为竹帛正言;《叙事》也说：“《史》《汉》之文，当乎《尚书》《春秋》之世也，则其言浅俗，涉乎委巷。……班、马执简，既五经之罪人。”局部小地方他可以鼓励方言俚语，因为方言俚语将来也会变成古之雅言；在整体风格上，他却是古典主义式的，要求典雅优美。

② 文句与事实不一定是一致的。合情合理的文句，未必有真实世界的指涉与之对应。“我今天去看了一场电影”，理固可信，文未必诣实，我未必真的去看了电影，也许我说谎了呢！文学的特性，就在于根本不追究语言与真实世界的指涉关系，单单欣赏其文句组构之美及它传达的意义。刘知几反对的就是这（转下页）

三、《史通》努力地要把文跟史分开，但其史学理论基本上又只是个历史叙述的理论，其叙述无可避免地仍然要凭借文学能力，所以他必然面临一个极为艰困的处境：一方面他不能放弃史书写作的文学美感，一方面又要排斥文采过于美华所造成的虚饰。他在《杂说》中批评苏绰模拟《尚书》：

> 绰文虽去彼淫丽，存兹典实，而陷于矫枉过正之失，乖夫适俗随时之义。苟记言若是，则其谬逾多。

可见文采仍是需要的，但同样也不能过分，所以他又批评六朝以来，“其立言也，或虚加练饰，轻事雕采，或体兼赋颂，词类俳优，文非文，史非史”（《叙事》）。这个立场，使得文学上的“文质”辩证问题，又在《史通》中出现。①例如《论赞》谓南北朝诸史：“大抵皆华多于实，理少于文，鼓其雄辞，夸其俪事。”《杂说下》谓“自梁室云季，雕虫道长。平头上尾，尤忌于时，对语俪辞，盛行于俗。……而史之载言，亦同于此。……必求实录，多见其妄”，又说：“史者，固当以好善为主，嫉恶为次。……必兼此二者，而重之以文饰，其唯左丘明乎！”《鉴识》更正面指出：“史之叙事也，当辩而不华，质而不俚，其文直，其事核，若斯而已可也。必令同文举之含异，等公干之有逸，如子云之含章，类长卿之飞藻，此乃绮扬绣合，雕章缛彩，欲称实录，其可得乎？”孔子说“文胜质则史”，他却说“文胜质则为文”，必须文质彬彬才能称为实录。故他所向往

（接上页）一点。他坚持文与真实是一稳定的、不证自明的关系，文实即是史实。文学的虚构性打破了或动摇了这个关系，所以他要予以批判。关于文学的特性、语言与真实的关系，俱详龚鹏程：《文学散步》，汉光出版公司，1985年。

① 详见颜昆阳：《论魏晋南北朝文质观念及其衍生诸问题》，《古典文学》，台湾学生书局，1987年。又，王应麟谓《史通》佚文中尚有《文质》一篇，当系就此立论。

的史书，是“文而不丽，质而非野”的，是只有圣人才能写得出来的。

四、实录之难，不只在文质辩证关系的处理上十分困难；更在于他想在文字上求实，实际上根本办不到。就前者说，他只能感慨“自非作者曰圣，其孰能与于此乎?”就后者看，则他恐怕并没有意识到这个问题。他一心追求“直书”，批判语言的虚饰与夸张，把史之实和文之虚对举而论，却不明白历史写作本身的虚构性。为什么历史叙述本身具有虚构性呢？我们不必征引近代文学理论或西方柯林伍德（R. G. Collingwood）、怀特（Hayden White）等人的史学理论来说明，即以《史通》所显示的观念而言，刘知几非常清楚“史之为务，必借于文”（《叙事》），“言之不文，行之不远”（《言语》），历史叙述不但与文学一样必须凭借文字，更得使用美丽的文字，但这种文字其实也就是文学语言。不但在一般情形下是如此，历史叙述之特殊要求也使得它的文字只能使用文学语言。为什么呢？刘知几《书事》说“记事之体，欲简而且详，疏而不漏”，《叙事》也说“文约而事丰，此述作之尤美者也”，这是史书写作的最高要求。然而，倘若不使用文学语言，而用报告性记录性语言，能达到这种境界吗？须知文字既减少，所记录的事件必然减少。现在却想用较少的文字，传达较多的讯息，文字本身必然要具有较多的蕴含与暗示，也需要更为精练的修辞工夫，才能达到“含不尽之意见于言外”的效果。《叙事》说：

> 章句之言，有显有晦。显也者，繁词缛说，理尽于篇中。晦也者，省字约文，事溢于句外。然则晦之将显，优劣不同，较可知矣。夫能略小存大，举重明轻，一言而巨细咸该，片语而洪纤靡漏，此皆用晦之道也。

用晦之道，非文学语言莫办，史学作品就在这个地方使它本身成为高明的文学作品。然而，晦的表达方式，既是蕴含的、非明言的，在讯息的传递上自然就比较容易引起误解，也比较仰赖读者的主观解读能力，所以它必然不是“如实”的。[①]作者亦并未实写，而只是虚写或以不写写之。由这一点看，说史实而文虚，从根本上就站不住。其次，史家在写作时，已有个叙述模式在，刘知几称之为“模拟”。《模拟》说“述者相效，自古而然”，“史臣注记，其言浩博，若不仰范前哲，何以贻厥后来?”历史写作时，作者自以为是记录实事，实际上却是采用了某种叙述成规套在历史叙述上，形成一种如詹明信（Fredric Jameson）所说的“简化”（reduction）。所以结果是“用简单化了的模式代替了现实的四维密度（four-dimensional density）”，以致“必然歪曲了现实和经验”。这也是历史叙述之所以为虚构的主要原因。刘知几对这些均无理解，故虽一再努力求真黜虚，批判文采华缛，毕竟没什么效果。且独尊《左氏》，而对中国非征实的史学传统无所发明[②]——由文士变成了史家之后的刘知几，整个理论到底仍是个文学的历史观啊!

① 《春秋》所谓“微而显，婉而通”，就是刘知几所谓的“晦”。正因为晦，所以有微言大义存乎其中。但它的通，是需要读者去通读才能显现出来的，因此又有《公羊》《穀梁》等来解说它。换言之，记者非直写，解者也不以实证的方式去解，而是把它当诗一样去参悟体会的，以意逆志（清代常州派以读《易》《春秋》之法读诗，详见龚鹏程:《诗史本色与妙悟》，79—82页）。

② 历史之为虚构，理由尚不止于此，这里只是依刘知几自己的意见深一层看，便发现史未必实而文未必虚。刘知几对于这一点，并无了解，或者他是知道而旨在反对。因为中国的史学，本来即有征实和虚构二大系统：前者以《左传》为代表，主张史就是据事直书；后者以《公羊》为代表，认为《春秋》或其他史书多是寓言，未必真有其事。刘知几之《申左》，就是站在前一立场来批判后一路数。清末，章太炎亦尝申左，其《读太史公书》亦尝力攻以史为寓言之说，曰:“甚矣，曾国藩之妄也。其言曰:‘司马迁书，大半寓言。’史家之弊，爱憎过其情，与解覼失实者有之，未有作史而横为寓言者也。……若寓言者，可以为实录乎哉?”（《文录续编》卷二之上）与刘知几是同一声口。但事实上，言史为寓言者，不仅曾国藩一人，崔适《史记探源》、康有为《春秋董氏学》，甚至徐复观，都有这样的说法。另详龚鹏程:《论熊十力论张江陵》，《文化、文学与美学》；杨周翰:《历史叙述中的虚构——作为文学的历史叙述》，《当代杂志》1988年第二十九期。

（三）尚礼的世界观

第二，他这种理论，除了个人生命历程中的文史纠结发展之外，跟时代也应有极为密切的关系。例如王通的《中说》，虽然重点并非论文论史，但也区分古之文、今之文，古之史、今之史。王通认为古之史辩道，今之史耀文；古之文简约，今之文繁塞。这与刘知几讲六朝之史皆为文集，而古之史则与文同流是一致的，其推崇简约也相同。[①]依他们的看法，文应该是可以观礼乐治乱之情的，后来的文人却丧失了这个传统，所以他们也都批判六朝的“文士”。不仅如此，从深一层看，二人论文史也都根本于礼。

王通之学，以礼为中心，通过礼来论文，是不用说的了。《史通》呢？《史通》应该也是如此。何以知之？由其论体统之处知之。《史通·体统》篇亡佚了，但刘知几《自叙》曾说“若《史通》之为书也，盖伤当时载笔之士，其义不纯，思欲辨其指归，殚其体统”，体统之义，当然是全书的重点。然而，什么是体统呢？

现在我们看见人长幼无序、言语失当，常会说这个人做事不成体统。体统，是关联着礼的秩序而说的。《史通》也是如此。《书志》说，“司马迁曰书，班固曰志，蔡邕曰意，华峤曰典，张勃曰录，何法盛曰说，名目虽异，体统不殊”，因为“考其所记，并效《礼经》”。又《叙事》，“子长之叙事也，自周以往，言所不赅，其文阔略，无复体统。洎秦汉以下，条贯有伦”，把无体统与条贯有伦相对而说，也可见体统即是合礼的秩序。《编次》曾具体地指出《史记》《汉书》不合体统的地方，例如龟策与人同传，昭穆疏而家国别者合编，《王莽传》以莽的年

① 详见龚鹏程：《北朝最后的儒者：王通》，《幼狮学志》第二十卷第二期，1988年10月。

号纪年，应替更始列纪，《蜀志》宜首纪先主，嗣代之不君者不宜纪，先黄老而后六经，后外戚而先夷狄，老子与韩非并列等，都是他认为“统体不一，名目相违，朱紫以之混淆，冠履于焉颠倒”的地方。冠履论是汉朝辕固生最有名的论调，盖冠虽敝仍是冠，履虽新毕竟不能做冠。君就是君，臣就是臣，上下尊卑，看成稳定的关系，此之谓体统。史书的写作，就是要在文字上显示这个体统。[①]编次是一种方式，正名也是一种方式，《称谓》“孔子曰：唯名不可以假人。又曰：名不正则言不顺，必也正名乎。……昔夫子修《春秋》，吴楚称王，而仍旧曰子，此则褒贬之大体”，“帝王受命，历数相承，虽旧君已没，而致敬无改，岂可等之凡庶，便书之以名者乎?”都是冠虽敝而仍要戴在头上、履虽新却不能做冠的说法。因为他有此看法，故抨击“近代文章，实同儿戏。有天子而称讳者，……有匹夫而不名者”，主张“史论立言，理当雅正”。雅正的文学观，显然是来自他尚礼的世界观。[②]

---

① 《世家》谓“或传国唯止一身，或袭爵才经数世，虽名班胙土，而礼异人君，必编世家，实同列传，而马迁强加别录，以类相从，虽得画一之宜，讵识随时之义”，批评《史记》的汉初封侯表。又说三晋与田氏，篡位立统之前是大夫，其后是诸侯，不能都列入世家，否则“君臣相杂，升降失序。何以责季孙之八佾舞庭，管氏之三归反坫?”《列传》又言项羽只能立传，不能列为本纪，因为“羽之僭盗，不可同于天子”，故“《项纪》则上下同载，君臣交杂”。诸如此类编次上的安排，都是以礼为中心的。

② 一、刘知几的叙事实录说，正因为充满了礼的精神，故在本质上是非实录的，它洋溢着褒贬的价值判断，务期撰史的功能，是能“申藻镜，别流品，使小人君子臭味得朋，上智中庸等差有序，则惩恶劝善，永肃将来”(《品藻》)。这种价值判断，自然是史官依其个人对历史人物的了解而加予的主观判断；但因为他以礼为依据，所以他相信这即是客观的、永恒的判定，且可因撰史而达成道德上惩恶劝善的功能。这与实证的客观主义史学，有根本上的差别。

二、由于刘知几的历史判断是依礼而行，所以在编次、人物称谓等方面，都极重视上下尊卑长幼之序，连男女夫妇也是如此。例如秋胡，婚后数日即出外谋官，一去若干年，音耗全无；其妻在家守节，并采桑侍奉公婆。不料秋胡某日归来，在陌上见一女子正在采桑，竟已不认得那乃是他的妻子，上前调戏之。(转下页)

尚礼的世界观，必然使刘知几的史学显得较为保守。这与他凌厉的批评态度，恰好形成了强烈的对比。刘知几对社会的看法，是笃守礼法的，讲究上下尊卑之不可乱。对历史写作的要求，是惩恶劝善，以辅成名教，移易风俗。甚至为了名教的需要，有时还不妨稍有讳避。对于史书的实际撰写，则严执史例，譬之为国法。关于史书的体裁，也仅标示六种，说：“考兹六家，商榷千载，盖史之流品，亦穷之于此矣。”（《六家》）又反对通史，极力主张避繁就简。这都可以看出他的目光心力，没有大气魄、大胸襟，故徒斤斤校胜负优劣于字句之间，且只敢断代言史，而不愿通贯古今。

（接上页）后来他妻子发现这调戏她的无聊男子就是她为之守节的良人时，羞愤自杀。刘向将此故事载入《列女传》，刘知几竟然颇为不满，说：“秋胡妻者，寻其始末，了无才行可称，直以怨怼厥夫，投川而死。……此乃凶险之顽人，强梁之悍妇。”（《品藻》）他对女子之反抗丈夫，实在是畏怒兼至的。同理，他对臣子之谋逆，亦严加挞伐。《书事》抨击王沈、孙盛、伯起、令狐德棻，“论王业则党悖逆而诬忠义，叙国家则抑正顺而褒篡夺”，即属此类。最强烈的，则是《疑古》。该篇序文先说史官对很多恶事，虽未必直接批评，但“拘于礼法，限以师训，虽口不能言，而心知其不可者，盖亦多矣”，然后举六经为证，谓六经皆因此而有隐讳，引“夫子定礼”“孔子答司败以知礼”为说。再提出十条因礼讳而心知其不可却口不能言者，一一讨论。这在表面上是批评礼法，实正所以强调礼法。故其所疑，皆君臣篡弑之事。浦起龙曰“知几眼见近古自新莽始祸，以及当涂、典午，南则刘、萧、陈氏，北则齐、周、杨坚，累朝践代，类以攘窃之诈，饱为推挹之文。虽逮李唐，奋戈除暴，犹必虚拥代邸，粉饰禅书。……讳诛伐之恶声，掩揖让而护迹，凡兹口实，率附陶、姚。……作者恫焉，假号汲坟之荒简，反兵孔壁之遗编，所伤在二姓改玉之交，所影响皆九锡升坛之套”，很能说明这一点。《惑经》也是一再讨论“苟杀、弑不分，则君臣靡别”，“臣弑其君，子弑其父，凡在含识，皆知耻惧，苟欺而可免，则谁不愿然”，“宋襄公执滕子而诬之以得罪，楚灵王弑郏敖而赴之以疾亡”，“夫子之修《春秋》也，盖他邦之篡贼其君者有三，本国之弑逐其君者有七，莫不缺而靡录，使其有逃名者”，可见他是要比六经更进一步强化礼法，认为六经在坚持礼法上仍不道地。其《申左》一篇，浦氏谓：“伦莫大于君臣父子，祸莫大于子臣弑夺，《史通》此处最吃紧。”诚然！诚然！

《史通》以“六家”“二体”开宗明义，浦起龙谓：“开章提出四个字立柱棒，曰六家，曰二体。此四字刘氏创发之，千古史局不能越。”①其实这正是极保守的史学观。史体为什么只能穷于这六家呢？唐朝以后出现的会要、纪事本末诸体，就不能以六家来涵括。今后修史，显然也将别创新体。史体系为记录时代之需要而设，刘氏总结上古史籍，归为六家，却未考虑到新史体的需要与可能，正是他保守史学之蔽。浦氏从而称美之，亦不达之论。

再由他论史例来看。例是法的讲求，追求的是稳定与规格化。这是汉魏南北朝在史学与文学上共同的趋势，因为这两者都从经学中逐渐独立出来，必须寻找到属于自己世界的律则。唐初论文学之例者，总萃于《文镜秘府论》，史学上则是《史通》，都是总结魏晋南北朝条例之学的重要作品。但史学与文学一样，没有法度、规格、条例固然不行，过于执着于条例格式也往往不通，《史通》的毛病就在这里。后来黄宗义著《金石要例》，序云：“元潘苍崖有《金石例》，大段以昌黎为例。顾未尝著为例之义与坏例之始，亦有不必例而例之者，如上代兄弟宗族姻党，有书有不书，不过以著名不著名，初无定例，乃一一以例言之。”刘氏之言例，就很像他所批评的。例可坏，也有可以变通或不必定为条例的地方，刘氏却不免“泥定例而少变通”②。

为什么会这样呢？主要的原因在于：刘知几的历史观是稳定的。为历史做记录的人，只是在替过去发生过的一段史迹，做一个清楚典雅的记

① 详见《史通通释举要》。浦氏论史本极保守，例如他为了强调二体，竟以后世官修正史均系编年及断代为说，云“自后秘省敕撰，唯此二途”，又以“其书不由史馆，不奉敕亦编”，来否定纪事本末体可以与二体鼎立，全不思《史通》根本反对史馆官修史籍。以此为《史通》辩护，刘知几也要失笑的。

② 六朝迄唐，文学上的格例之学、论格例的意义、条例格法不能拘泥等问题，并详《文化、文学与美学》。

载，以资惩恶劝善而已。这里充满着理性的古典主义精神，却忽略了历史“变”的一面。他跟太史公完全不同。《史记》的写作，自言“究天人之际，通古今之变”。刘知几则只言人不言天，只论时代断限，而不通贯古今。所以他不必追探历史发展的目的、人类存在的意义，也不喜欢穷究历史的变动。虽然他在《史通·序》中引了司马迁，说“汉求司马迁后，封为史通子，是知史之称通，其来自久”，然而把书命名为《史通》，主要还是模仿《白虎通》。他自己实在是反对通史，也不喜欢司马迁的。

需知刘知几只言人不言天，“上穷王道，下谈人伦”（《自叙》），其结果便只能落在人伦纲常之礼教之中，而不太可能如《史记》那样，时时质疑道德名位等人间世界的价值；对历史发展中的无奈、偶然、荒谬处，寄予深刻的理解与同情；对于让国避世，超越人伦纲常名教的畸人逸士，如许由、务光、泰伯、伯夷等，表示赞扬。《史通》对太伯让国、务光逃名、文王之德、周公之义……都以一般人的行为及“天无二日、地惟一人”“考诸名教”的方式去深表怀疑（《疑古》），正显示了他的史观过于保守。

至于不通古今之变，问题更为严重。章学诚《文史通义·释通》谓：“通史之修，其便有六：一曰免重复，二曰均类例，三曰便铨配，四曰平是非，五曰去抵牾，六曰详邻事。其长有二：一曰具翦裁，二曰立家法。”这仅是就历史写作说，通史的重要性还不在这里。史之贵于通者，在于它能通古今之变，所以郑樵说通史之义，在于能知历史之损益会通。但刘知几论史，完全不注意这一点。对于社会人群的变迁、制度政法之因革，并不措意，反而认为通史繁复，主张断代编年，这也是他比较推崇《汉书》的缘故。①

① 浦起龙替刘知几辩护说，《六家》之批评史迁、标举《汉书》，只是“有鉴于《通史》《科录》之芜累，故特标举断限，借《史》《汉》二家以示适从云尔。（转下页）

然而，《汉书》其实并不是断代史。在班固以前，作《汉书》者十余家，皆仍《史记》之体，班固父子修史亦然。故张舜徽说："班《书》志、表，自多通贯古今，非止专明一代。《律历》则始自伏羲，迄于建武。《礼乐》则上联周、汉，下逮显宗。《刑法》起黄帝、颛顼，而论及建武、永平。《食货》则始自《洪范》，而结以世祖。《郊祀》由颛顼、共工，以至王莽。《五行》则博解《春秋》。《地理》则详释《禹贡》。《艺文》则从古至汉。《古今人表》则从古至秦。可知班《书》志、表，实上承司马氏通史之体而作。整齐其文，以补《史记》之所未备。《后汉书·班彪传》称：'司马迁著《史记》，自太初以后，缺而不录。彪乃继采前史遗事，傍贯异闻，作后传数十篇。'然则叔皮原著，本以上续迁书；孟坚继志，初无更易。徒以生于东汉，故叙人事，但详西京耳。"《汉书》所记虽是汉朝事，但仍具有通史的精神。《汉书》如此，其他各史亦往往如此，像《后汉书》《三国志》无志，《宋书》诸志即所以补范、陈两家之缺。唐人修《隋书》时，也别修《五代史志》，并将之附入《隋书》。章学诚说"凡前史所缺，后史皆得补之。……班史《地理》上追《禹贡》《职方》，《五行》详备《春秋》祥异，皆补马之缺也"，即指这类作法言。①不料刘知几拘执《汉书》的"汉"字，把它跟《史记》对立起来，名为断代史。且史既断代，那就必须严格讨论年代起讫的断限了，此所以有《断限》。

（接上页）夹漈持论，有意矫枉。其言既悖，至评者认此为乙马甲班，直不晓文义矣"。其实是谁不晓文义呢？《史通》乙马甲班，非只一处，如《点烦》，都是文句最芜烦的例子，而所举十四例中，《史记》即有九条，能说他对《史记》非常推崇吗？何况他根本是反对通史的。

① 详见张舜徽《史学三书平议》中《表历》《断限》《编次》三篇评。又章氏《〈亳州志·人物表〉例议上》又云："班固《古今人表》，为世诟詈久矣。由今观之，断代之书，或可无需人表，通古之史，不可无人表也。固以断代为书，承迁有作，凡迁史所缺门类，固则补之。非如纪传所列君臣事迹，但画西京为界也。是以《地理》及于《禹贡》《周官》，《五行》罗列春秋战国，人表之例，可类推矣。"

国史断限问题，在六朝即已提出，但那主要是因为讨论朝代的正统问题而带出来的。例如《晋书》应始于司马懿还是司马炎，就涉及了晋是否“越魏续汉之统”的争论。[1]刘知几的主张与此无关，主要仍是断代的需要。他感叹自《汉书》以下，“《宋史》则上括魏朝，《隋书》则仰包梁代”，都断限不明。并大骂：“《汉书》之立表、志，其殆侵官离局者乎！”这类意见，又见于《表历》《杂说》《题目》等，对《汉书·古今人表》尤其不满。事实上，他若不如此严格地芟除表现通史精神的《汉书》志、表，怎么能把《汉书》当作断代史之宗呢？

史家选择的史体，即代表了他对历史的看法。而这种看法是由其尚礼来的。

（四）与时代文风的关系

这样的文史观，应该也与王通门人魏征、房玄龄等所修的唐初史籍，观点颇为接近。但是能不能说刘知几就跟他们一样呢？或者，能否径谓刘知几为其嗣响者？

我想这是全然不同的。王通面对的是南北朝对立的文化格局，以北朝为正统而续经讲礼。房、魏诸公则是在一个政治大统一的时代里，企图整合南北，“权衡轻重，斟酌古今”，“各去其短，合其两长”，故一方面重定礼的秩序，另一方面力求文的“和而能壮，丽而能典”（《周书·王褒庾信传论》）。但是，到了刘知几的时代，房、魏所提倡的理想落实了吗？仿佛唐太宗逝世以后，文坛风气也随着贞观之治的消逝而逐渐有了改变，新的风潮来了，也就是旧的南朝文风重新复苏了。杨炯《王勃集序》说得很清楚：

---

① 详见刘节：《中国史学史稿》第八章丁，弘文馆，1986年。

（高宗）龙朔初载，文场变体，争构纤微，竞为雕刻。糅之金玉龙凤，乱之朱紫青黄。影带以徇其功，假对以称其美。骨气都尽，刚健不闻。

北朝“词义贞刚”之风，又消熸殆尽；太宗朝刻意追求的文雅典丽，又被新的淫靡文风压倒了。这种文风，是由什么人倡导的呢？主要就是武则天集团。

当时上官婉儿领袖诗坛，《旧唐书·上官昭容传》言：“婉儿尝劝广置昭文学士，盛引当朝词学之臣，数赐游宴，赋诗唱和。婉儿每代帝及后，长宁、安乐二公主，数首并作，辞甚绮丽，时人咸讽诵之。”这么一来，风气丕变，可想而知。此一集团中人，大抵皆为文学弄臣，相与歌功颂德、吟风赏月，重现了陈后主时代“玉树后庭花”一般的生活。例如武三思的儿子武崇训娶安乐公主时，武三思竟令“宰臣李峤、苏味道，词人沈佺期、宋之问、徐彦伯、张说、阎朝隐、崔融、崔湜、郑愔等，赋《花烛行》以美之”（《旧唐书·武承嗣传》）。等到公主生了小孩，“产男满月，中宗、韦后幸其第，就第放赦，遣宰臣李峤，文士宋之问、沈佺期、张说、阎朝隐等数百人赋诗美之”。这数百名诗人鼓吹手，阵容真是浩大极了。这些歌颂公主出嫁、公主生小孩的诗，会有什么内容呢？除了“辞甚绮丽”之外，当然也是“骨气都尽，刚健不闻”的，因为作诗的人已经先没有了骨头。当时武则天所嬖之张昌宗、张易之，都豢养了一批这样的文人，“易之、昌宗皆粗能属文，如应诏和诗，则宋之问、阎朝隐为之代作”，他们就这样形成了文坛的权贵势力。

不仅如此，从龙朔年开始，也编了适于文士撰文采摭的类书，助长了这种华艳淫靡的文风。《旧唐书·孝敬皇帝弘传》“龙朔元年，命中书令太子宾客许敬宗、侍中兼太子右庶子许圉师、中书侍郎上官仪、太子中舍人杨思俭等于文思殿博采古人文集，摘其英词丽句，以类相从，勒成五百卷，名曰《瑶山玉彩》”，此最便于文人熏香摘艳之用，獭祭成篇，可以满纸英词丽句矣。这种编书的工作，后来扩大了，《旧唐书·张行成传》载：

（武则天）以昌宗丑闻于外，欲以美事掩其迹，乃招昌宗撰《三教珠英》于内。乃引文学之士李峤、阎朝隐、徐彦伯、张说、宋之问、富嘉谟等二十六人，分门撰集，成一千三百卷，上之。

刘知几生于龙朔元年，整个龙朔以后的文学风气，他都亲身经历过，更曾经直接参与《三教珠英》的编撰。他是个文人，对这一集团又如此熟悉，但不幸对这一集团的作为及文风无法认同，以致逐渐冷却了他对文学的爱好，“耻以文士得名”（《自叙》）。

是的，这个时代的文士确实是可耻的。连武则天也晓得这一点，《旧唐书·狄仁杰传》载武则天为求人才，向狄仁杰说：“朕要一好汉任使，有乎？”仁杰曰：“陛下何任使？”则天曰：“朕欲待以将相。”对曰：“臣料陛下，若求文章资历，今之宰相李峤、苏味道亦足为吏矣。岂非文士龌龊，思得奇才用之，以成天下之务乎？”则天悦曰：“此朕心也。”——文士龌龊的时代，刘知几能不与文士划清界限吗？《史通·忤时》谓“孝和皇帝时，韦、武弄权，母媪预政。士有附丽之者，起家而绾朱紫。予以无所传会，取摈当时”，正指此一时代。①历来论《史通》

① 《旧唐书·李大亮传》“当时称风流之士，然颇托附权幸，倾心以事张易之、昌宗兄弟”，讲的是李迥秀，但也是一般之士风，故刘知几如此云云。又唐人沈既济亦言“太后颇涉文史，好雕虫之艺。永隆中，始以文章选士。及永淳以后，太后君临天下二十余年，当时公卿百辟，无不以文章达。因循日久，寖以成风”，指出了唐代“文士”风气及集团之形成，是在武后一朝：“而桀奸无良者（转下页）

者，都只从刘知几撰《武后实录》与武三思冲突，以及他在史馆中与预修者如宗楚客辈不合等事，来了解“忤时”的意义。其实在入史馆前，他即已因无心附丽于这一集团而“守司东都，杜门却扫，凡经三载”了。时代文风，才是刘知几分剖文史，耻为文士，并主张文宜简约典雅的主要刺激，光从他的史馆遭遇来解释，是摸不着头脑的。

也就在这样一个时代，刘知几才会力攻六朝淫丽之体，严君臣上下之分，提倡合乎体统的简约文风，强调文学与风俗人伦有密切的关系。他的意见，与王通及唐初史家固然相当接近，但所面对的是不一样的时代处境与问题，刘知几对唐初史家也未必满意。历史之复杂奇妙，往往如此。

由这些地方看，《史通》一书实亦为一不折不扣的文史通义。

十　叙述史学：对历史书写活动的思考

因时代情境不同，刘知几和章实斋所面对的问题很不一样，故其思考亦甚不同。实斋不谈史例，要通贯古今地讲历史流变这两点，与刘知几差异最大。其他如刘氏拈出史才、史学与史识之三要，实斋另加史德；刘氏反对史籍收录辞赋，实斋认为不好；刘氏极力推崇《左传》，实斋较尊《尚书》；刘氏不主张立表，实斋则谓史书列表很有好处……诸如此类，自可再予比对申论。但那些均不是重点。观看实斋与刘知几的理论，我们可以很明确地感受到，整个史学讨论的重心，是“历史如何记载”。他们的差异，大部分只是记载方法上微枝细末的分殊，不影

（接上页）或有焉，故是非相陵，毁称相腾，或扇结钩党，私为盟歃”，则指出文士相结党私的情况。文见《通典》卷十五《选举三》，与刘知几的批评可以互参。沈既济，也是《唐语林·文学》所谓“良史才也”。

响基本的思考形态与关怀重心。

所谓“历史应如何记载”，是什么意思呢？史书不是本来就要记载史事吗？是的。但所谓史学，并不一定就是讨论历史如何书写记载的一门学问。例如在西方启蒙运动、自然科学获得重大进展之后，人文历史社会学究竟与科学有何异同？历史能建立得跟自然科学一样，或援用自然科学的法则与方法，是一种史学发展的思路。强调历史学与自然科学不同，不可能建立什么通则，只能更缜密细致地研究具体的、个别的历史事实，是另一种思路。认为历史研究之方法与科学既不相同，而思索“历史知识何以可能”的，又是一种思路。这些不同的思路，建构了各种不同的史学形态。而我们中国的史学，事实上并未面临历史知识如何建构及历史知识何以可能的质疑，因此发展路向不同于西方近代史学。我们甚早即有史官制度，史著之撰写很早便有成例，因此，我们的史学，关切之重心主要在于：史官或秉笔者，宜如何记载其所见之史事，他又为何要记载这些东西。

在孔子那时，一般人即认为“史”代表文采文章，所谓“文胜质则史”，显见史著的特点就于它的文饰修辞。史的意义，固然包含着史事与史义，但狭义来讲，则正如孔子所说“其文则史”，史是专就史文说的。史文记载了历史事迹，表现了记叙者的观点与记叙目的，这就是历史。

孔子说：“其事则齐桓、晋文，其文则史，其义则丘窃取之矣。”这三句真言，即反映了上述这种史学关怀的基本重点。撰史者，以他所认为的“史义”，去评估某事宜记某事宜录，然后用文字记载下来。他在斟酌“该如何记载”时所考虑的，不仅是遣词用字，还包括了史文对某事是否应记、应如何记等问题。所以，整个中国史学，主要就是对这种历史书写活动的讨论。

在这里，撰史者并不严格讲求史事的真确，也即是说，并不如受西方近代自然科学冲击后的史学，强调重建历史真相的重要性。它只提醒记录者应该秉笔直书其所见，在书写活动中“直笔”。这种直笔，并非还原于历史事件的“真相”，例如史官记载“赵盾弑其君”时，赵盾事实上并未谋弑其君，但撰史者觉得赵盾该为这件事负政治及道义责任，所以不畏权势地写下“赵盾弑其君”的句子，这就是直笔，直书其所“见”，表达了史官对这件事的“看法”。

看法，表现在书写活动中，即是书法。书写的法则、遣词用字的条例，遂构成“春秋学”的主要重心。董仲舒《春秋繁露》之所以名曰“繁露”，据《玉海》解释，即是因为“《春秋》以属辞比事，有连贯之象焉”。他论《春秋》也全从辞例方面着手。如云“《春秋》之辞多所况，文约而法明也”，“《春秋》之用辞，已明者去之，未明者著之”，“《春秋》分十二世，以为三等：有见，有闻，有传闻……于所见微其辞，于所闻痛其祸，于传闻杀其恩，与情俱也（隐元年传：‘所见异辞，所闻异辞，所传闻又异辞’）……屈伸之志，详略之文皆应之”，“观其是非，可以得其正法；视其温辞，可以知其塞怨”（《楚庄王》），皆就其书法辞例言之。所谓《春秋》的微言大义，微言指撰者于所见世微其辞；大义则指撰者以特殊辞例，针对特殊状况所表达的意义。《竹林》：“《春秋》之常辞也，不予夷狄而予中国为礼。至邲之战，偏然反之，何也？曰:《春秋》无通辞，从变而移。今晋变而为夷狄，楚变而为君子，故移其辞以从其事。……《春秋》之道，固有常有变。变用于变，常用于常，各止其科。……故说《春秋》者，无以平定之常义，疑变故之大义。”这也是从书法上讨论。在董仲舒当时，论《春秋》者大抵如是，公羊、穀梁二家释《春秋》，往往说“此何书”“此何以不书”，纬书如《运斗枢》也说:“《春秋》设七等之文，以贬绝录行应斗屈伸。”所以司马迁才会说孔子“作《春秋》，垂空文以断礼义”。作史者之礼义宗旨，即存在于其空文辞例书法中。

这些史著书法，乃撰史者对史事的记叙方法。我国史学是从讨论《春秋》之辞例发展的，记叙史事之方法，自然就成为汉魏南北朝史学的主要论题，史著也竞相表现其记叙史事的功能。此即当时史法史例之学大盛，且史书偏于文饰修辞的缘故。刘知几《史通》反省此风，强调作史者应注意礼义宗旨，对六朝史家撰述史事之方法颇有批评。但在这个大传统中，他仍然是从书写记叙活动来讨论史学，言史法，谓“国史之美者，以叙事为工”。只不过他特别注意史文应表现礼义，以惩恶劝善而已。这里即显示我国史学中一个本质的问题。盖史以叙事，犹如人说故事。有些人讲得精彩，娓娓动听；有的人讲来却毫无章法，令人昏昏欲睡。叙述者之遣词用字，会直接影响到叙述效果。因此，讲叙述史学、讲历史的书写活动，不能不注意史文之修饰及书写规范的建立。但史文之记叙，又表现史家对事件的看法，一本史书好不好，不只看它叙事工不工妙，讲得精不精彩，更该看史家对事件的看法高不高明。若从这一方面看，则仅具史文优美之长处的史著，便要被批评了。光讲叙事之法则规范（史例常辞），似乎也无法涵括历史事件丰富的变化，以及作者为表达特殊看法时特殊的文字要求。这个内在的问题，构成了我国史学的基本论争点。一般史学论述，都朝史文如何修辞、如何建立历史书写规范这方面努力。而某些史家，则努力指出这样的工作颇有不足，更应注意史撰对历史事件之看法，以断礼义，或强调史法史例均不可执着。

刘知几的工作，大体可以描述为批判一般史家徇于文采修辞之病，且重在历史书写规范的整建，欲令其较为合理完善。章实斋则不然，他是批判一般史家徇于文辞之弊，但不重史法史例，认为史家是应独断创例，以特殊文字表达特殊之看法的。不过，他们两人虽因批判一般史家徇文之弊，而都重视“礼义”，大谈传统名教，可是讲“历史如何记载”

这个基底并没有丢掉，因此对于文与史，刘知几是力求其分，终究不能不是一种文学的历史观，实斋则是明白文史不可遽分，提出一种“诗之与史，义合例殊”的文史学，想讲文史之通义。

事实上，文与史并不见得真是那样纠缠难分，例如抒情言志与论说，在文学作品中均为大宗，论文史者，若着眼于这些篇什，便不太觉得文与史真有那么复杂缠绵的关联。可是史家论文，乃是从“历史如何记载”这个角度来思考历史书写活动时带生的。叙事，是历史书写活动的主要状况。故史家亦常把叙事视为一切书写活动的性质或重点。他们从这一点上去把握文学，遂常将叙事界定为文学的特性。如此一来，史与文就成为同类了。实斋便是如此。所以他说叙述为史之重心，也是文的重心，“古文必推叙事，叙事实出史学”，以此通贯文史。

但文学是否只有叙述呢？那些主要不在叙述一桩事件，而在表达情思及评析事理的作品，如何处理呢？这位只从叙事角度了解文字书写活动者就茫然了。他的处理与刘知几颇有异曲同工之妙。盖刘氏是坚持国史文辞之重点在于叙事，故将一切非叙事者排除在史外，主张史籍中不应收录辞赋等文学作品，也不该大作论赞。实斋未如此说，但他主张诗与史例合义分，只能在史籍之外另编诗录文征，收采文学作品。意义其实与刘知几相似。他虽知文学除古文之外，尚有诗歌，可是他认为古文出于《春秋》，诗或辞章之学，却出于《诗经》。从渊源上便可看出他是在“文学”中分了类，一属叙事，一非叙事。对于非叙事者，固然他也提出“《诗》亡而后《春秋》作”一词来通二者之郎，但那只是概念上的处理，对于非叙述性之文学，实斋并不真能掌握。嘉庆二年，他曾撰《陈东浦方伯诗序》谓：

学诚尝推刘、班区别五家之义，以校古今诗赋，寥寥鲜有合者。……或反诘如何方合五家之推，则报之曰：古诗去其音节铿锵，

> 律诗去其声病对偶，且并去其谋篇用事，琢句炼字，一切工艺之法，而令翻译者流，但取诗之意义，演为通俗语言，此中果有卓然不可及，迥然其不同于人者，斯可以入五家之推矣。苟去是数者，而枵然一无所有，是工艺而非诗也。

这篇文章，胡适大为赞赏，且谓："这个标准可谓辣极，只有真诗当得起这个试验。"此语真可见这两位先生都是不懂诗的。我们不必征引形式主义派文论来驳斥这种谬说，但在此不妨介绍新马克思主义者的反省。

马克思主义的艺术理论反对形式是有名的，他们认为美学形式造成了艺术与真实之间的鸿沟，也使得具有工巧技艺形式之艺术只能为少数人把玩。故为了让艺术为群众服务，艺术必须取消美学形式。实斋和胡适并非马克思主义者，但胡适说"章实斋若晚生两百年，他一定会赞成白话诗"时，他们的基本观点恰与马克思主义者相同。所以他们才会想到要放弃一切音律炼句之法，演为通俗语言。这时，他们观念中只把诗歌写作看成先有了个意思，然后安排辞藻去表述之而已。其藻饰虽美，却可能中无所有。故剥去这些形式，文艺就不能唬人了。对此，新马克思主义者如马尔库塞有精彩的反驳。他认为一个"既与内容"（实际的或历史的，个人的或社会的）必须经过美学形式的转换，才能成为一件艺术品。这种形式，不仅不能避免，它更是艺术自主性的保障。那些内容，在未经艺术形式转换之前，只是一堆"材料"罢了。材料受形式安排才成为内容，所以美学形式不只是形式，它实际上就是文体、就是风格。[①]"夜阑更秉烛，相对如梦寐"，"今宵剩把银釭照，却恐相逢是梦中"，"乍见翻疑梦，含悲各问年"，翻译为通俗语句，不过是说久别乍

① 详见马尔库塞:《美学的面向——艺术与革命》，陈昭瑛译，南方丛书出版社，1987年。

见，疑是梦中罢了。但经艺术形式之转换，即成为各种不同的内容与美感效果，显露出杜甫、晏几道、司空曙不同的风格，使读者获得各不相同的感受。这才是文学的特性。对此特性，实斋亦非无所觉察，但他是承认这个事实却不能认同的。《答问》载：

或曰："古人辞命，草创加以修润，后世诗文，亦有一字之师。如所重在意，而辞非所计，譬如庙堂行礼，虽不计其绅佩，而绅佩敝裂，不中制度，亦岂可行耶？"答曰："此就文论文，别自为一道也。"

以就文论文为另一道，显见他是想讲文史学的。在这个立场上，他虽在概念上提出"《诗》亡而《春秋》作"，但对于辞命之诗，他基本上是贬抑的，或者说他是贬抑那些属于辞命、出于风诗的抒情文学，及那些论议空谈、无关乎"事"的诸子论说。从这一面看，实斋的文章便处处流露出反文学、反文人的气氛。谓诸子著作论议是第一度的流弊，文集出现是再一度的流弊。故文人之文比不上著述之文；著述之文，又要达到能叙事的地方才好。《杂说》曰："子建厌薄辞赋，欲采史官实录；昌黎鄙弃科举，欲作唐之一经。盖诸子风衰，苟有志于著述，未有不究心于史学者也。"这个"史学"，其实就是指叙事文。所以下文接着说："诸子仅工文辞，即后世文集之滥觞；史学惟求史事，即后世类书之缘起。"只甄录史事而不讲究叙事方法以成一家之言者，非实斋所谓之史学也："古人子史不分，诸子立言，往往述事。"这样的处理，岂不可以看出实斋的偏执？只有偏执于文必叙事的史家，才会在这个地方纠缠不清，一下重文，一下又露出反文（反非叙事文）之气质。同样地，他又要以这种反文学的姿态，去昌大文学之生命（如他对古文辞即是如此）。

可是无论如何，这样的叙事理论是极堪注意的。注重历史的书写活动，注重史文的叙事功能，认为史学的核心即是属辞比事，正是中国史学的特征，章、刘均是在这个大传统中的一种表现而已。这样的叙事理论，与西方叙事理论实有根本的差异。西方叙事理论，主要可以俄国形式主义、结构主义、符号学、叙事学等为代表，这些理论所涉及者，大抵皆属于实斋所谓“音节铿锵，声病对偶，谋篇用事，琢句炼字一切工艺之法”或“就文论文，别自为一道”的层面，所论为“言”的部分，而非“所以言”的部分。

这种属辞比事而又不仅落在文辞层面的理论特性，大概源于中国“文字—文学—文化”一体性的结构关系。以荀悦《汉纪》为例，该书开卷第一篇《高祖皇帝纪》劈头就说：

> 昔在上圣，惟建皇极，经纬天地，观象立法，乃作书契，以通宇宙，扬于王庭，厥用大焉。先王以光演大业……是以圣上穆然，惟文之恤。

作书契有文字，人类才能记载所曾遭遇的事件，书写历史。故史源即在于文字初创之际。历史既因文字而有，亦因文字而展开，因此文字又具有文明开展的意义。撰史者，在史著前大力赞叹这文字之大用，可说是饶有深意的。但“惟文之恤”的文，既含有文明之意，便不限于文字，而更可以指礼乐文明，《前汉纪》卷五，荀悦又发了一番议论，曰：

> 知礼乐之情者能作，识礼乐之文者能述。作者谓之圣，述者谓之明。王者必应先王之礼乐，顺时施宜，有所损益，即人之心，稍稍制作，至于太平而大备。周监于二代，礼文尤具，故……孔子美之曰：郁郁乎文哉吾从周。

文指文化，故史书的写作，即被视为以文字记述礼乐文明发展之经过。礼乐文明发展的经过，是事迹。叙述此类事迹，以彰明礼文之美，批评不合礼文者之恶，则为史之功能。正是在这个基本理解上，史学才能讲经世、讲维持名教，而名教也就是文字教、礼教。

十一　文外之言：文字传写外的口说传述

名就是字。《周礼·春官》“外史掌书外令……掌达书名于四方，若以书使于四方，则书其令”，郑注：“古曰名，今曰字。”《夏官·司马》“读书契，辨号名之用”，皆以名为字。《管子·君臣》“戈兵一度，书同名，车同轨，此至正也”，《礼记·中庸》作“书同文”，秦始皇琅琊刻石也说“书同文字”。所以孙诒让说：“审声正读则谓之名，察形究义谓之文，形声孳乳则谓之字；通言之，则三者一也。”（《周礼正义》卷五二）[①]

名、文、字，三者一也。一般来说是不错的。但名既是就其发声而说，则是否有有声音而无文字的情况呢？当然！此即可见名与字毕竟仍非一事。名可兼“言”与“文”，其所指涉，实比文字为宽。实斋的正名之学，另一个特点，便是注意到文字之外的言。

实斋喜欢用“言”这个词，所以他讲“成一家之言”“立言有本”“言公”等等。言，有时指文字著述，如《立言有本》：“诸子杂家与文集中之具本旨者，皆著述之事，立言之选也。”有时言又指非文字书写的口说，如《言公上》：“《虞书》曰：敷奏以言，明试以功。此以言语观人之始也。”用言而不用文，是因为说“言”可以兼“文”，说“文”无法兼指“言说”。这种用法，显示了实斋比一般思想家更注意言说的

---

① 名号与文字，详见饶宗颐：《中国古代文学之比较研究》第一节，《文辙：文学史论集》，台湾学生书局，1991年。

性质与功能。他的传述理论，也在这一方面显得极为特殊。

例如他论“言之不文，行之不远”时，这个“言”即不专就文辞说。文字辞采之美，固为其所重视，言说之美，他也一样注意。故《答问》曰：“圣门设科，文学言语并存，说辞亦贵有善为者。”强调言说之美与文辞之美一样具有价值。该篇又载：“或曰：昔者乐广善言而挚虞妙笔，乐谈挚不能对，挚笔乐不能复，人各有偏长矣。然则有能言而不能文者，不妨藉人为操笔邪？答曰：潘岳亦为乐广撰让表矣，必得广之辞旨而后次为名笔，史亦未尝不两称之。”这个争论，明显代表两种看法，前者是文优语劣的观点，实斋则不同意此种观点，不以为擅长辞者具有优越性，主张“两称之”。这是对言语之价值的肯定。

其次，实斋非常注意学术史上口说的传统与重要性。如周之衰，他即认为“周衰文弊，诸子争鸣，盖在夫子既殁，微言绝而大义之已乖也”。微言，就是孔子的口说。口说的流传，与文字流传是不同的。文字写定后，无论读者阅读时有多大的歧义，毕竟仍有一个定本文字可以保存，可以覆按。语言则不然，存乎口耳之间：

> 公、穀之于《春秋》，后人以谓假设问答以阐其旨尔。不知古人先有口耳之授，而后著之竹帛焉。非如后人作经义，苟欲名家，必以著述为功也。商瞿受《易》于夫子，其后五传而至田何。施、孟、梁丘，皆田何之弟子也。然自田何而上，未尝有书，则三家之《易》，著于《艺文》，皆悉本于田何以上口耳之学也。是知古人不著书，其言未尝不传也。

这是反对一般经学家的意见，认为经典中的问答现象，不是用文字假拟出来的，而是实际上存在着一个口说传统。而且后来之著述，只是记录此口谈而已，用这个讲法，才能证成他“古人不著书”的论点。

换言之，他是认为先存口说传统，然后才有文字书写传统。[①]这个认定，在他的理论中是必要且重要的一部分。可是，他并不以为文字传统崛起后，口说传统便遭替代了，所以他接着又说：

> 治《韩诗》者，不杂齐、鲁，传伏《书》者，不知孔学，诸家章句训诂，有专书矣。门人弟子，援引称述，杂见传纪章表者，不尽出于所传之书也，而宗旨卒亦不背乎师说。则诸儒著述成书之外，别有微言绪论，口授其徒，而学者神明其意，推衍变化，著于文辞，不复辨为师之所诏与夫徒之所衍也。
>
> （《言公上》）

这里，他先肯定有口说传统与文字书写并行的现象，并进一步指出口说传统具有传述的特性，师传弟述，述者即可能存有推衍变化、不尽符合师说的情况，传述之中便有创造。正因为他注意到这一点，所以他不能同意当时辨伪派的讲法：

> 兵家之有《太公阴符》，医家之有《黄帝素问》，农家之有《神农》《野老》，先儒以为后人伪撰而依托乎古人，其言似是，而推究其旨，则亦有所未尽也。盖末数小技，造端皆始于圣人，苟无微言要旨之授受，则不能以利用千古也。
>
> （《诗教上》）

微言授受，是因袭继承中的创造活动，不能称为作伪。乃是传述者依

① 《诗教下》：“古无私门之著述，未尝无达衷之言语也，惟托于声音，而不著于文字。……后世竹帛之功胜于口耳，而古人声音之传胜于文字。”

他听来的东西，神明变化，推衍其意，著于竹帛。这种传述，“通其学者，述旧闻而著于竹帛焉，中或不能无得失，要其所自，不容遽昧也”（同上）。

实斋此一种观念，并不只用在反辨伪或处理先秦文化大变迁阶段的问题上，也用在其他地方。例如《朱陆》即说“古人著于竹帛，皆其宣于口耳之言也。言一成而人之观者，千百其意焉，故不免于有向而有背”，这就是在解释语言传述为何容易产生歧义了。语言传述固然会有这些向背得失的创造部分，也仍有其因袭相承的部分：“夫朱子之授人口实，强半出于《语录》。《语录》出于弟子门人杂记，未必无失初旨也。然而大旨实与所著之书相表里，则朱子之著于竹帛，即其宣于口耳之言。”凡此，皆可充分说明实斋之传述理论，正是由他对口说的重视和对口说性质之理解而来。

也因为如此，实斋才会注意到戴震的口谈，并予以批评。《书〈朱陆〉篇后》云戴震常讥诋朱子。这些言论，因未笔之于书，一般人不太会去讨论它，但实斋不以为如此，他说：

> 戴君笔于书者，其于朱子有所异同，措辞与顾氏宁人、阎氏百诗相似，未敢有所讥刺，固承朱学之家法也。其异于顾、阎诸君，则于朱子间有微辞，亦未敢公然显非之也。而口谈之谬，乃至此极，害义伤教，岂浅鲜哉！或谓言出于口而无踪，其身既殁，书又无大抵牾，何为必欲摘之以伤厚道。不知诵戴遗书而兴起者尚未有人，听戴口说而加厉者滔滔未已。

这是他重视口说，而与其他思想家不同的例证。故其论学术传统，甚重师说。内篇有《师说》一文，谓师弟授受，在“竹帛之外，别有心传；

口耳转受，必明所自。不啻宗支谱系不可乱也”，尤可见其宗旨。实斋是相信“书不尽言，言不尽意”的人，认为言是第一度表达，书是再表达，故其表意功能，要低于言。师弟相传，除了看书本子以外，更重要的是老师口授之微言。此类微言，当然仍不能尽意，弟子须要会意于语言文字之表，乃能得师心传。①但口授微言，还是极为重要的。他断定“诸儒著述成书之外，别有微言绪论，口授其徒”（《言公上》），“世氏师传，讲习讨论，则有具于书而不必尽于书者”（《〈述学〉驳文》）。故论者除了文字外，更应注意口传的部分。②

要合“文”与“言”，才能构成实斋完整的名教论。而这套理论，从学术史上看，有什么值得注意之处?

我们都知道，乾嘉朴学大盛，后则有常州学派崛起，其学始于武进庄存与。存与生于康熙五十八年，卒于乾隆五十三年，年辈甚早，但其学与当时风气殊不相合。阮元《庄方耕宗伯经说序》谓庄氏“于六经皆能阐抉奥旨，不专为汉、宋笺注之学，而独得先圣微言大义于语言文字之外”，“所学与当时讲论或枘凿不相入，故秘不示人。通其学者，仅门人邵晋涵、孔检讨广森及子孙数人而已”。盖为乾隆间经学之旁支，自

① 《礼教》“书不尽言，言不尽意，神而明之，存于其人，可意会而不可言传，人皆戛戛，我独有余，不可强也”，《辨似》“学术文章，有神妙之境焉。末学肤受，泥迹以求之。其真知者，以谓中有神妙，可以意会而不可以言传者也。不学无识者，窒于心而无所入，穷于辨而无所出，亦曰可意会不可言传也。故君子恶夫似之而非者也”，《〈述学〉驳文》“有精微奥妙，可意会而难以文字传者；犹今百司执事，隐微利病，惟亲其事者知之，而非文案薄书所具”，皆论可意会不可言传者。这类神妙之境，可以心传，不能以言语文字求。但有时所谓可意会而不可言传者，乃文字构成的效果。如《〈述学〉驳文》就说：“若论古人文辞之妙，意会不可言传者，则余尝欲仿《文心》例，搜为专篇，其例甚多。”

② 《与孙渊如观察论学十规》“《本草》《素问》，道术原本炎黄，历三代以至春秋，守在官司世氏，其间或存识记，或传口耳，迭相受授，言不尽于书也”，《史考释例》“专门家学，书不尽言，言不尽意，必须口耳转授，非笔墨所能罄”，都强调了口说授受的重要性。

谓能于文字之外，独得圣人之微言大义，与主流学风迥异者也。这种学风，后经其门人推阐宣扬，遂发展成清末波澜壮阔的公羊学。

此一学风的特色，一是不甚重视辨伪，如龚自珍撰《庄存与神道碑道铭》，对庄氏不辨《尚书》今古文之真伪便颇为称赞。二是反对乾嘉朴学，喜言经世。三是为学贵通大义，不屑于训诂名物。但不从文字训诂，如何能得大义呢？这些学者便发展求大义于文字之外的办法，那就是从口说方面去讲“微言大义”。康有为《春秋董氏学》卷一说得非常清楚：“凡传记称引《诗》《书》皆述经文，独至《春秋》，则遍周、秦、两汉人传记文史所述者，皆未尝引文，但称其义。故知《春秋》言微，与他经殊绝，非有师师口说之传，不可得而知也。”口传心授，只从文字上是不能尽知其义的。

这种学风，始于庄存与，邵晋涵即为其弟子。但我们不要忘记了，邵晋涵正是章实斋最亲近的朋友。实斋重口授心传、反训诂名物的态度，虽未必即受邵晋涵、庄存与影响而然，但其精神，方向、思路是一致的。这一点，从来未为人指出，殊觉遗憾。论实斋者均知邵晋涵之重要性，却仅溯源于邵念鲁，而未一考实斋和庄存与治学路向之异同，实乃失之眉睫矣。

且常州派学风，在庄存与、邵晋涵时代，只是萌蘖初发，其后陈立以《春秋繁露》《白虎通》说《公羊》，刘逢禄以何邵公《公羊》说讲《论语》，乃逐渐形成了一幅群经大义公羊化的景观，致使后人论此学风，专着眼于其公羊学方面。其实此派之重点，本不在《公羊》，只不过公羊家某些言论便于发挥其思路而已。早期学者，如魏源、龚自珍，亦皆不依《公羊春秋》立言。故我们看待此一学风，不能仅从今古文、公羊家的角度处理，而应当注意到它求微言大义，且“由训诂声音以进于典章制度，由典章制度以进于微言大义，贯经术政事文章于一”的复古精神。这种精神，是与其治学方法联结为一的。章实斋恰好也即在这个地方，与他们忻合同风。不从实斋看，我们就看不清楚这一点（因为实斋好讲《春秋》，却从不讲《公羊》）。

不仅如此，后来讲公羊学者，追究微言大义，谓《春秋》为寄托寓言，谓诸子著述为托古改制，其论事，固然各有按据，但其理路，难道不是实斋所讲的那一套吗？《言公》所揭寄托、代言、假拟等等，发挥在经学史上，很自然就会形成晚清公羊学者的那些讲法。这倒不是说康有为等皆渊源于章实斋，而是说在乾嘉朴学大盛之后，实斋或庄存与等，从另一种不同于朴学考据的角度，发展了一条新的路向。这条路向，逐渐波澜壮阔，推衍万端，但其理路并未超越实斋所指出的范围。而且，庄存与只是示人以反乾嘉考据之典型，即为后人推尊为此派初祖，对于此一学风之精神与方法，论究殊不如实斋深入周备。却因实斋无门人族属为之推挹，且非经生，其说遂不为世重，未尝注意到实斋之学由乾嘉转换到道咸同光之间，在学术史上的重要地位，实在是非常不公平的事。对于常州这一派学风，也因为未注意到实斋，而不太能理解它为何会形成。以至于如钱穆那样，将之推源于苏州惠氏，谓其学风乃承苏州惠氏之风而益肆者。这就不免错述宗祊了。①

当然，言说，在实斋整个理论体系中，只是补充性的，并非全从口传方面去建立他的理论。因为实斋所重，乃是名教。名含文与言两者，“古人声音之传胜于文字”（《诗教下》），后世则以书写代口耳，文字虽为大宗，口说毕竟仍有价值与地位，故须兼论二者，其义乃备。文与言，在这个意义上，常分开讨论，提醒人注意文字传写之外，还有个口说传述在。但通常申言名教时，言文互用，往往不再辨别，如谓“呜

① 钱穆说，详见《中国近三百年学术史》第十一章第一节。

呼！世教之衰也，道不足而争于文，则言可得而私矣”，这时他用“言”这个同，便是与“文”互文见意的，这类情况，全书皆然。故口说传统之重视，并不妨碍他文质合一、言事合一、名实合一的立场，且强化了他“主文”的态度。因为“言之不文，行之不远”，言依然是要文的。

这就是实斋文史学的大概。

第三卷　文字化的社会及其变迁

第一章
文学崇拜与中国社会：以唐代为例

一　进士登第如跃龙门？

大家都晓得，要了解魏晋南北朝，不能不通过九品官人法。同理，要了解唐朝，也必须掌握科举制度这条线索。门第社会的兴衰、王权的转变、官僚体制的沿革、世风与文学的发展，均得从这条线索上去看。

一般说来，唐代科举的种类极多。①但我们谈的，通常皆专指其中

① 林天蔚《隋唐史新论》云有一百零八种之多。我们不敢确定这个数字，因为唐代科目很多是随时兴废的，甚难统计。《全唐文纪事》卷十五引《六砚斋二笔》曰："唐设诸科取士，其名随时起立，最为庞杂，今悉录之：志烈秋霜科、幽素科、词殚文律科、岳牧科、词标文苑科、蓄文藻之思科、抱儒素之业科、临难不顾徇节宁邦科、长材广度沉迹下僚科、文艺优长科、绝伦科、拔萃科、疾恶科、龚黄科、才膺管乐科、才高位下科、材堪经邦科、贤良方正科、抱器怀能科、茂才异等科、文以经国科、藏名负俗科、文经邦国科、藻思清华科、兴风兴化科、道侔伊吕科、手笔俊拔超越辈流科、直言极谏科、哲人奇士逸伦屠钓科、高才沉沦草泽自举科、才高未达沉迹下僚科、博学宏词科、多才科、王霸科、知谋将帅科、文词秀逸科、风雅古调科、词藻宏丽科、乐道安贫科、讽谏主文科、文词清丽科、经学优深科、高蹈丘园科、军谋越众科、孝悌力田闻于乡闾科、博通坟典达于教化科、识洞韬略堪任将帅科、清廉守节政术可称堪任县令科、详明政术可以理人科、才识兼通明于体用科、达于吏理可使从政科、军谋宏达才任将帅科、详明吏理达于教化科。凡此皆率意命名，非有别异，亦恐先有欲举之人，而创名以网之耳。"又，唐文宗《罢童子科诏》云："朝廷设科取士，门目至多，……此外更或延引，则为冗长。起今后不得更有闻荐。"唐科目之繁杂可见。

的进士科。进士科以众科之一，而得独占鳌头，甚且成了唐代科举的专名，正可以见该科在唐史中的要重性。《新唐书》卷四四《选举志上》云“大抵众科之目，进士尤为贵”，毫不夸张。①

《唐摭言》卷七，载元和十一年世咏该年登第者云：“元和天子丙申年，三十三人同得仙；袍似烂银文似锦，相将白日上青天。”进士及第，被看同得仙升天，则世人之艳羡可知。《唐语林》卷八云“当代以进士登科为登龙门”，也表达了同样的社会心理。

朝廷及官僚体系内部，跟社会上的心理，是一致的。《选举志》说进士出身“为国名臣者，不可胜数”，故“时君笃意，以谓莫此之尚”。《唐摭言》卷一也说：“缙绅虽位极人臣，不由进士科者终不为美。”可见主政者与朝廷大臣对进士科也都特别重视。②

进士科何以有此魅力，令朝野皆为之歆动呢？

照理说，科举只是一种选任官吏的制度，一般人均可以通过这个制度垂直流动地进入官僚体系中，去享受爵禄，拾青紫，得富贵。它如果有什么迷人的地方，不过如此而已。但这有什么值得向往吗？就算世俗

---

① 赵匡《举选议》说：“进士者，时共贵之。主司褒贬，实在诗赋，务求巧丽，以此为贤。”进士本不试赋，调露二年四月，因刘思立之奏，始加试杂文（《唐会要》）；天宝十二年或十三年，始于策外加诗赋各一首，见《旧唐书·玄宗纪》及《新唐书·杨绾传》。但也有人说：“开成中，高锴知举，内出《霓裳羽衣曲赋》《太学创置石经诗》。进士试诗赋，自此始也。”（《太平广记·卢氏杂说》）不管如何，进士之逐渐尊贵，是与其试诗赋有密切关系的，越是进士科举偏重词华，就越为世所贵。由中唐到晚唐的进士科举史，可以充分证明这一点。

② 《全唐文纪事》卷十五引《涉史随笔》云“礼部侍郎杨绾上疏，以为……近世专尚文辞，自隋炀帝始置进士科……从此积弊转而成俗：朝之公卿，以此待士；家之长老，以此训士”；《唐摭言》卷一：“缙绅虽位极人臣，不由进士者终不为美。……其负倜傥之才，变通之术，苏张之辨说，荆聂之胆气，仲由之武勇，子房之筹画，宏羊之书计，方朔之诙谐，咸以是而晦之。修身慎行，虽处子不若。其有老死文场者，亦无所恨。”整个社会的成就标准与报酬体系单一化了，变成只有以文辞进身登第才是可羡慕的。

之人，皆以富贵利禄为念，看见进士登第，即能平步青云，不禁心生羡慕。又何以整个朝野都那么看重它呢？难道一般世俗仰望富贵，而那些已经位极人臣的大官，还看得上这块入仕出身的敲门砖吗？①

再从制度上说，进士登科真如登龙门吗？依唐朝的考选制度，经过铨选的人员固然可以任用，但不须铨选，也能任用。任用亦不限于有常贡的各科（如秀才、明经、明法、进士等）出身，无出身者，也照样可以任用。所以入仕之途极宽，是否为进士，本无所谓。任官以后，固然属进士出身者，“为国名臣，不可胜数”；但同样地，不由进士出身者，为国名臣，亦不可胜数。其宦途之顺逆，也与是否为进士出身关系不大。李德裕、元稹这些宰相，就都不是进士出身的。

不只如此。士人进士及第，只不过获得了一个任官资格。真要任官，还得再通过吏部的铨选。既要观察其相貌、言谈，又得考试书法、判牍，称为“身、言、书、判”。往往有进士出身，试判未入等，就仅能做勘校工作；熬到试判入等后，方能调任为地方官。故冯浩《玉谿生诗集笺注》曰：“唐士之及第者，未能便释褐入官，尚有试吏部一关。韩文公三试于吏部无成，则十年犹布衣。且有出身二十年不获禄者。”②

费这么大气力，才好不容易可以做个官。但这个官儿有多大呢？据

---

① 如前注引《唐摭言》云缙绅位极人臣者，倘不由进士出身，终属遗憾。或《唐语林》卷四所载，唐高宗时宰相薛元超说：“吾不才，富贵过人。平生有三恨，始不以进士擢第，不娶五姓女，不得修国史。”若我们把唐人艳羡进士，说成了求入仕、得富贵，显然就不能解释此一现象了。

② 唐人所试判牍，也极重视文采。故《容斋随笔》云：“唐铨选择人之法……以判为贵，故无不习熟。而判语必骈俪，今所传《龙筋凤髓判》及《白乐天集·甲乙判》是也。自朝廷至县邑，莫不皆然，非读书善文不可也。”赵匡《选人条例》亦云：“又约经义，文理宏雅，超然出群，为第一等。其断以法理，参以经史，无所亏失，粲然可观，为第二等。判断依法，颇有文采，为第三等。颇约法式，直书可否，言虽不文，其理无失，为第四等，此外不收。”

《唐会要》卷八十“阶”条所记唐人叙阶之法，进士甲等，只能由从九品上起叙；若乙等，则降一等，由从九品下起叙。需知进士甲科之难，直如凤毛麟角，史传可查者，只有几个例子。而竟只有从九品上。这是当时最小的职级，一个普通郡县公子，若不去参加进士考试，凭资荫，也可以叙为八品下。则进士出身叙阶之低，可想而知了。

这么卑微的小官，要从从九品下，靠考绩一年一阶地往上爬，那么，他纵使年年绩优，也得十六年才能升到从五品下，二十四年才能到从三品。人寿几何？却连光禄大夫之位也望不到。①像孟郊，四十五岁才考中进士，只做过漂阳尉、水陆转运判官，六十岁试协律郎而卒，官仍在六品以下。李商隐则挣扎奋斗了一辈子，也只不过干到正六品上阶而已。但他光考进士就考了十年。投资如此之大，若仅仅为了入仕，划算吗？②欧阳詹《上郑相公书》自称他曾“五试于礼部，方售乡贡进士；四试于吏部，始授四门助教”。但他感叹道：“噫！四门助教，限以四考，格以五选，十年方易一官也。自兹循资历级，然得太学助教，其考选年数，又如四门。若如之，则二十年矣。自兹循资历级，然得国子助教，其考选年数，又如太学。若如之，则三十年矣。三十年间，未离助教之官。人寿百岁，七十者稀。某今四十有加矣，更三十年于此，是

---

① 《全唐文纪事》卷三引《鲒埼亭集》曰：“唐末时官至五品难，与今日稍不同。”

② 唐代文献中，颇有不少刻意强调进士致身通显，能迅速位列清要者，如《封氏闻见记》卷三说“当代以登进士为登龙门。解褐多拜清紫，十数年之间，拟迹庙堂”；《唐语林》卷八说“仕宦自进士而历清贯，有八俊者，一曰进士出身、制策不入；二曰校书、正字不入；三曰畿辅不入；四曰监察御史、殿中丞不入；五曰拾遗补阙不入；六曰员外郎、郎中不入；七曰中书舍人、给事中不入；八曰中书侍郎、中书令不入。言此八者，尤加俊捷，直登宰相，不要历绾余官也”等。这些说法，皆只能视为艳羡之词，而不能据为证明唐代进士仕路通达的证据。因为进士出身事实上要上达五品都不很容易，更莫说什么“直登宰相”了。另详胡宝华：《试论唐代循资制度》，《唐史论丛》第四辑，三秦出版社，1988年。

一生不睹高衢远路矣。"（《唐文粹》卷八七）正是最好的证明。

再说，唐代官吏俸禄甚薄，从九品京官，一年才得禄米五十二斛，根本不足以仰事俯畜。大和七年一月，户部侍郎庾敬休奏"文武九品以上每月料钱，一半合给段匹丝绵等。伏以自冬涉春，久无雨雪，米价少贵，人心未安"，九品以下，其不能安家，更不待言了。因此，从俸禄上也可以看出进士出身者爵卑禄寡，并不值得世人如此向往。[①]

何况，官场之实际运作状况，与台面上的景观有时未必相符。唐代进士科第，固然备受朝野尊崇；但官场升迁，靠的往往不是出身，而是关系。如《唐摭言》卷九云郑隐"素无关外名，足不迹先达之门，既及第而益孤"，科第又真能当什么用？这一点，很多人都看得很清楚。王洽然与燕国公书，即曾指出："今之得举者，不以亲，则以势；不以贿，则以交。未必能鸣鼓四科，而裹粮三道。其不得举者，无媒无党，有行有才，处卑位之间，仄陋之下，吞声饮气，何足算哉？"得第就未必真凭本事，则进士一科之尊贵性也已有限得很了。既得第，又发现"正字、校书，不如一县尉；明经、进士，不如三卫出身"（同上，卷六），进士毕竟又有什么用？

《唐摭言》卷三载："薛监晚年厄于宦途，尝策羸赴朝，值新进士榜下，缀行而出。时进士團所由辈数十人，见逢行李萧条，前导曰：'回避新郎君！'逢輾然，即遣一介语之曰：'报道莫贫相！阿婆三五少年时，也曾东涂西抹来。'"对一位进士及第而深知宦途艰难的人来说，以利禄观点尊崇进士，实在是不值一哂的。

换句话说：从爵禄或作为一考选人才之办法等各方面看，进士科都与它所获得的尊重不相称。帝王与朝士，在态度上企羡进士，而在实际

---

① 详见杨树藩：《唐代政制史》第三编第三章，正中书局，1974年。

政治体制及运作中，却并不太把进士放在眼里。笔记杂说里虽也记载不少帝王特别喜欢擢用进士的例子，制度却是死的，品位高低等差，有一定的任用程序。六品以下之叙加阶称，全凭考绩，帝王要施特恩也不可能。故进士入仕之卑与荣耀之大，实在是一鲜明的对比，形成一幅奇异的景观。

研究唐史者，通常只会盛称唐人对进士的尊崇，却从来没有人注意到这个问题。现在，我们则想由这奇怪的现象出发，去解析唐代社会的特质。

二　进士科受尊崇的原因

唐初所设常贡之科，有秀才、明经、明法、进士等等。进士科本不特别尊贵，后来秀才科逐渐废置，明经之地位降低，才形成进士独贵的局面。所以进士科之贵，乃是由众科中竞争来的，且为逐渐发展而成。越到唐代后期，越被世人看重。

造成这一状况的原因，历来有几种看法。第一种看法是从制度及其沿革上看，认为明经考帖经，纯属诵记，“大概如儿童挑诵之状，故自唐以来贱其科”（《通考》），且考试本身已经是比较容易了，录取人数又比进士多得多。“每年考试所收人，明经不得过一百人”（《贡举部·条制二》，《册府元龟》卷六四〇），进士则仅二三十人。依考生比例来说，大约明经可达百分之十一二，进士才百分之一二。凡物，以稀为贵。难考，所以才显得进士得第是件光荣的事。还有，明经“试义之时，独令口问，对答之失，覆视无凭”（《唐会要》卷七五），亦不比进士考试严格公正。是以开元二十四年以后，“进士渐难”，而地位也越来越高。

第二种看法，不就考试制度去看，而主张进士科之贵，乃帝王提倡的结果。《新唐书·选举志》云"时君笃意，以谓莫此之尚"，孙棨《北里志序》云"自大中皇帝好儒术，特重科第……故进士自此尤盛，旷古无俦"一类说法，不胜枚举。特别是唐太宗、武则天、文宗、宣宗几位，更是屡被提起。

帝王为何特重进士呢？这仍然需要解释。于是有些人从制度上说，明经仅试经义，粗通文墨。但唐代中期以后，翰林学士在政治上的重要性提高了，往往代行宰相之权。此位非粗解文义者能够胜任，必须仰赖文士出身的进士翰林，所谓"至德已后，天下用兵，军国多务。深谋密诏，皆从中出，尤择名士，翰林学士得充选者，文士为荣"（《旧唐书·职官志》"翰林院"条），因此这是在唐代中期宰相权转移及三省制破坏后，为现实政治之需要而然。

也有些人不从这方面想，而着重帝王个人的心理动机。例如指明某些帝王喜好文学，喜欢亲近文士。或如《唐摭言》卷一引诗曰"太宗皇帝真长策，赚得英雄尽白头"，认为帝王是为了统治的需要，设此妙彀，牢笼天下英才。以对武则天提倡进士科一事的观察来看，就同时存在这两种看法。有人认为武则天是女性，故喜爱文艺、不贵经术，如沈既济云："太后君临天下二十余年，当时公卿百辟，无不以文章达。因循日久，寖以成风。……五尺童子，耻不言文墨焉。"（《通典》卷十五）有人则说她是为了反抗唐初的"关中本位"政策，才擢拔寒畯，打击世族功臣势力，培养出新兴的进士阶层。①

以上这些解释，均持之有故，然皆言之不成理。

---

① 谓武则天奖掖文学进士阶层，以打击唐室原先的统治集团，系陈寅恪说，详见其《唐代政治史述论稿》。牟润孙曾有《从唐代初期的政治制度论中国文人政治之形成》一文，以为唐太宗采用了南朝后期的官制，在三省制中，文人的责任非常重大，所以重用文人乃是必然的，与人主的好恶没什么关系（《注史斋丛稿》，中华书局，1987年），足可反驳陈说。岑仲勉亦有驳论，详见其《隋唐史》。

盖科目之贵贱，与考试之难易，未必有直接的关系。唐初，本以秀才为最贵，结果造成了秀才科的没落。因为考试太难，“举人惮于方略之科，为秀才者殆绝，而多趋于明经、进士”（《唐语林》卷八）。永徽二年停了以后，开元二十四年复举，考试科目就比进士容易得多，“秀才科本无帖经及杂文之限，反易于进士”（《选举三》注，《通典》卷十五），但依然兴旺不起来。同理，明经是否即比进士易考，恐怕也难说得很。罗龙治曾指出：能考进士的人较多，明经必须通经，故应考者多为功臣世族子弟，取才不及进士科广；进士考试只考时务策，能考的人多，故群趋于此。[①]至于说明经之帖经，如儿童挑诵，则“业进士者之诵《册府》及《秀句》，亦何异于业明经者之诵帖括耶？”（吕思勉《隋唐五代史》第二十章）此外，明经的录取率高于进士科是事实，但假若我们用今天大专联考的情况去揣想就知道了：文组的录取率低、取分高，工组的录取率高、取分低。但社会上是重工呢，还是重文？再说，“国家”考试中甲等特考，世所瞩目，然与普通考试高等考试比，孰难孰易？因此，从制度面论进士科之尊贵，多属无限的揣测，缺乏对考试行为的了解。

把进士科的兴盛，归功于帝王，有点根据，然亦非探本之论。因为这是局限于从政治力的运作来看文化发展，且把政治力再局限于帝王这一权力之源。殊不知政治只是文化中的一小部分，政治力只是各种文化力、社会力中的一股力量而已。固然在古代王权社会中，帝王对文化发展，颇有影响力，但文化的发展，有时却是“帝力何有于我哉”。唐代

① 杨玚《谏限约明经进士疏》云：“承前以来，制举遁迹邱园孝弟力田者，或试时务策一道，或通一经。粗明文义，即放出身，亦有与官者，此国家恐其遗才，至于明经、进士，服道日久，请益无倦，经策既广，文辞极难。”显然明经与进士都不很容易。

确实有不少帝王，基于不同的原因，对进士科的发达，起了推波助澜之功。然而，我们能不能反过来看：唐代帝王打压进士浮华之风的举措，难道又少了吗？但这些打压什么时候发生了作用？既然压抑办不到，为啥提倡就大获回响呢？

这显见整个社会与文化的发展，往往是不因官方意识而转移的。政府的措施，符合了社会的心理与需求，便广受赞美；违逆了，则根本达不成什么效果。我们不能因看到了一些推扬颂美之词，就真以为事情是由主政者推动起来的。

固然唐初之设科取士，确有羁縻天下英杰，并使爵禄贵贱皆由王者出的意味。[①]但说武则天培养新兴进士阶层，以与世族抗衡，却毫无根据。因为帝王可以说“卿等不贵我官爵耶”（《旧唐书·高士廉传》），迫使大家都来参加科考，却没有理由使明经衰而使进士盛，更不会弄到后来，连皇帝自己也羡慕起进士来了。

《唐语林》卷四《企羡类》：

> 宣宗爱羡进士，每对朝臣，问：“登第否？”有以科名对者，必有喜，便问所赋诗赋题，并主司姓名。或有人物优而不中第者，必叹息久之。尝于禁中题“乡贡进士李道龙”。

前已说过，从世俗企羡富贵的角度，或从官僚体系内部实际的情况看，进士皆不足为贵。现在，帝王对他自己所创造的进士贵盛现象，居然着迷起来了，宁非怪事？进士之贵盛，倘由于帝王之提倡，则帝王本人难道不知“赵孟能贵之者，赵孟能贱之”，又何企羡之有？

---

① 详见龚鹏程：《唐宋族谱之变迁》，《思想与文化》，业强出版社，1986年。

整个问题，只有一种解释。帝王富有四海、贵为天子，他所未能拥有的、值得他企羡的是什么？这种东西，当然不会是世俗的功名利禄。而整个社会所仰望的，却正是这种东西，所以纵然进士出身未必便能得意于宦途，也无损于他们对进士的歆动之情。

这东西是什么呢？就是文学。他们欣赏文学的价值，给予文学家荣耀。正如皇甫湜所说的："文于一气间，为物莫与大。"（《题浯溪石》）在那种"尚文"的文化环境中，他们使得本来并不尚文的进士科变成了尚文的典型，并由此逐渐看轻了不擅文采的明经科。同时，原来为政治需要，而吸收干济人才的科举制度，也转换成为甄拔文人的典礼。整个社会看重文学的价值，认定了能写文章的人就是要比光会读书的人高明，所以明经必不如进士。帝王富有四海，掌握一切权威，但他也不能不羡慕作为一位文学家所拥有的荣耀。而且他必须配合此一社会动向，因为反抗也没什么用。

三　进士科举与文学崇拜

从这个观点看，唐代的进士科举，就不再只是一项仅对个人有意义的能力测验，也不再只是附属于政治体制之下的抡才办法，而是具有社会仪式化意义的典礼。

这个典礼大致是这样的：进士放榜后，主办官员将登第者姓名写在黄花笺上，派人送去报喜，称为"榜帖"，也叫"金花帖子"。登第者获知消息后，一面将金花帖子寄回家，一面要诣主司谢恩，再进谒宰相，名为"过堂"。然后等着开曲江宴，去慈恩塔题名。这一套程序，至为繁复，《唐摭言》卷三载：

> 大凡谢后便往期集院，院内供帐宴馔，卑于辇毂。其日，状元与同年相见后，便请一人为录事，其余主宴、主酒、主乐、探花、主茶之类，咸以其日辟之。主两人，一人主饮妓。放榜后，大科头两人，常诘旦至期集院。常宴则小科头主张，大宴则大科头。纵无宴席，科头亦逐日请给茶钱。第一部乐官科地，每日一千，第二部五百，见烛皆倍，科头皆重分。

这是刚放榜一段时间的宴乐排场。事实上，“进士及第过堂后，便以骡从，车服侈靡之极。稍不中式，则重加罚金”，他们的宴醵，当然也不会寒酸。据王定保及李肇说，大中、咸通以后，这种宴会颇为侈靡，有专门办筵席的人在负责，“凡今年才过关宴，士参已备来年游宴之费。由是四海之内水陆之珍，靡不毕备”。宴会的名目，有大相识、小相识、闻喜、樱桃、月灯、打球、牡丹、看佛牙、关馔等等。负责办这筵席的，有百多人，每个人都有任务。其奢华阔绰，可想而知。乾符二年有敕，革新及第进士宴会，谓此类宴会，“一春所费，万余贯钱”，故规定“每人不得过一百千，其勾当分手，不得过五十人”（《唐大诏令集》卷一〇六）。即使如此，仍甚可观。而这仅是暖身活动而已，真正的重头戏是曲江宴：

> 逼曲江大会，则先牒教坊请奏。上御紫云楼，垂帘观焉。时或拟作乐，则为之移日。……敕下后，人置被袋，例以图障、酒器、钱绢实其中，逢花即饮。故张籍诗云“无人不惜花间宿，到处皆携酒器行”，其被袋，状元、录事同检点，缺一则罚金。曲江之宴，行市罗列，长安几于半空。公卿家率以其日拣选东床，车马阗塞，莫可殚述。
>
> （《唐摭言》卷三“散序”条）

曲江亭子……进士关宴，常寄其间。既彻馔，则移乐泛舟，率为常例。宴前数日，行市骈阗于江头。其日，公卿家倾城纵观于此，有若中东床之选者，十八九钿车珠鞍，栉比而至。

（同上，“慈恩寺题名游赏赋咏杂记”条）

曲江宴又称杏园会，是进士登第后的盛会，也是长安城的盛会。新科进士，在这个会上，成了全城人士注目的焦点。这不仅是进士们的荣宠，更是长安城人民狂欢的佳节。整个过程，充满了嘉年华会般的气氛。

这样子狂欢作乐，倾城纵观，为的是什么呢？难道这不像某种宗教的崇拜仪式吗？新科进士，再一次印证了存在于社会大众心目中文学的价值。他们通过公开的仪式，来创作文学作品，然后经由评判（一种文学批评活动）而被选拔出来。新科进士，本身即为一“文学奖”的优胜者，他们可获得群众的仰慕、欢呼，官爵和美女。但这份荣耀并不专属于他们个人，而是文学的价值与尊贵，通过了他们这些具体的人物，来接受群众的欢呼。再一次提醒大家：文章有价，不可轻忽。

文学，就是这个社会集体认可的价值。故科第及官位虽为王者所授予，但在这个时候，帝王也与群众一样，一齐来观赏新的英雄、崇拜的主角。他不能不认可这样的价值，甚至他也想追求这样的价值，所以宣宗才会在宫中自题“乡贡进士李道龙”，过过干瘾。帝王之尊，竟对进士企羡至此。若非整个社会都弥漫在一片“文学崇拜”的气氛之中，他会干此勾当吗？

是的，这是一种文学崇拜，具有宗教庆典般的性质，属于社会群体的崇拜。在所有进士科举的事务中，我们随处可以看到这种“群众性庆典仪式”的痕迹。

例如进士们“互相推敬，谓之‘先辈’。俱捷，谓之‘同年’。……

将试各相保，谓之‘合保’。群居而赋，谓之‘私试’。……激扬声价，谓之‘还往’”(《唐摭言》卷一)。他们之间，就有一种群体活动的意识。是一伙人，在从事着一场共同的、众所瞩目的演出。

为什么说是演出呢？进士登第后，一举一动，往往“倾城纵观”。不只曲江宴如此，《唐摭言》载：“咸通十三年三月，新进士集于月灯阁，为蹴鞠之会。击拂既罢，痛饮于佛阁之上，四面看棚栉比，悉皆褰去帷箔而纵观焉。”可见蹴鞠会也是如此。又，关宴亦然。关宴之日，进士们也露棚移乐登鹢首，“群兴方酣”(同上，卷三)。新科进士们的华服、美宴、游行、歌舞等，都是为了提高观赏者之乐趣而设计的。

活动为世所观瞻，其文章亦辄为世所传诵，“顷刻之间，播于人口”(同上，卷十)。

这是登第以后的状况，然登第前之投谒与考试，也都有此特色。元和中，卢弘正到贡院求试，同华“命供帐，酒馔侈靡于往时，华之寄客毕纵观于侧”(同上，卷二)。贞元中，牛僧孺赴京师谒韩愈、皇甫湜。二人命他在客户坊僦居，“俟其他适，二公访之，因大署其门曰：‘韩愈、皇甫湜同访几官先辈，不遇。’翌日，自遗阙以下，观者如堵”(同上，卷六)。

以进士科举为一国家考试来说，这种现象是无法理解的。考试的私密性与其公平性有密切关系。国家名器，既为世所尊崇，更要保障其公平性，岂能以干谒投刺、声气标榜得之？

殊不知唐之进士科举不是普通的考试，它是群众性的会集，必须有群众的参与及观赏。犹如戏剧，进士及举人们在卖力演出，观众看得大乐。他们不但参与了戏剧，也要对戏剧的发展和演员品头论足，发表意见。故进士登第，除了考官的甄拔之外，还有群众的评判，这就是舆论，或称为声气或公论。干谒投刺、声气标榜之所以能有效，就是因为主考官不能不考虑群众的评判，总希望能选中大家属意的人。否则各凭本事，就文论文便是，何必管什么舆论？要通关节，送钱贿赂便是，何须行卷投文？正因为它不是一场行政体制上公平的测验，而只是一次为了让群众看得过瘾的演出，所以应试者才要卖力地制造他在群众间的声名。李翱《感知己赋》盼望能有大官替他“拂拭吹嘘”；牛僧孺得到韩愈、皇甫湜的吹嘘，立刻“辇毂名士咸往观焉”（同上，卷七）。升沉互异，其理则一。①

由这个意义说，科举与其说是政府的考试，不如说是民间的评选。故举人入试，皆挟世誉，不仅由考场定甲乙。且来应考者，也未必是以此求官，而系以此博人赞美。《唐摭言》卷三言卢肇“状元及第而归，刺史以下接之”。状元入仕，也不过从九品；但因为是状元，便能接受刺史的欢呼。《因话录》也提到一则故事：

> 赵琮妻父为钟陵大将，琮以久随计不第，穷悴甚，妻族相薄，虽妻父母不能不然也。一日，军中高会，川郡请之春设者。大将家相率列棚以观之，其妻虽贫，不能无往。然所服故弊，众以帷隔绝之。

忽然得报，他已及第，“妻之族即撤去帷障，相与同席，以簪服而庆遗焉”。世之爱羡进士如此，无怪落第举人张倬要“捧《登科记》顶戴之

① 《通雅》载：“礼部采名，故预投公卷。”科举的公平性，正建立在群众间的名声上，所以有此制度。考试之前既已如此，考试后若不符舆情，也往往要谋求补救，如后唐庄宗《更定符蒙正等及第敕》云“礼部所放进士符蒙正等四人，既慊群情，实干浮议，近令复试，俾塞舆言”；《旧唐书》卷一六八云“试别头进士明经郑齐之等十八人。榜出之后，语辞纷竞，监察御史姚中立以闻，诏锴审定。乃升李景、王淑等，人以为公”；《旧五代史·周太祖本纪》：“是岁，新进士中有李观者，不当策名，物议喧然。中书门下以观所试诗赋失韵，勾落姓名。”此皆可见唐之科举，名为科考，实近于选举，登第者皆具有群众的民意基础。详见下文。

曰：此即千佛名经也”（《唐摭言》卷十）。

但我们要特别注意，进士之贵，非以其能获得官爵，而是因为他们用自己的本事证明了他们是文人。此一证明，需透过考试这一公开的程序。然考试有时仅是补充性的证明，民众的评判才是最主要的。考试结果若符合了民众的评判，大家就深庆得人；否则，大家便嗟伤惋惜之，甚至还要怀疑考试的公平性。也就是说，科举的公正性，不存在于一般意义的考试公正，而在于公众的认可。故干谒、请托、讲关节、结棚造势等现象普遍公行，试卷亦不必糊名。后世以此诟病唐人科举不公，不知其所谓公平公正者，别有所在。否则进士科考，既为天下仰望，又系国家升进人才之要道，焉能纵容其不公平至此，且行之数百年不予改善？

反过来说，进士得第是尊贵的，但一人若文章佳美，已获得公众之认可，考试虽未考上，也不妨碍他的荣耀。甚至会“载应不捷，声价益振”，“登科之人，赋并无闻；白公之赋，传于天下”（同上）。唐人科举的公平性就在这里。故韦庄曾奏请追赠不及第的文人，说：

> 前件人俱无显遇，皆有奇才，丽句清辞，遍在时人之口；衔冤抱恨，竟为冥路之尘。但恐愤气未消，上冲穹旻。伏乞宣赐中书门下，追赠进士及第，各赠补阙、拾遗，见存明代。……俾使已升冤人，皆沾圣泽；后来学者，更厉文风。
>
> （同上）

追赠文学家一个进士名号以符公论，意义即在于补偿或平衡考试所造成的不公平。而公平，正是在群众这边的：作为一场群众性的文学典礼，当然只有群众才能裁判谁得了优胜。

四　文学崇拜诸现象

以上这些群众性行为，构成了文学崇拜的具体事实。此一崇拜，属于社会集体的精神活动。他们把进士登第“神圣化”了。一旦登第，即如白日登仙，可供世俗仰望。而这种进士的神圣性，则建立在文学的价值上。犹如白居易曾经提到的故事：一名妓女向人夸耀“我诵得白学士《长恨歌》，岂同他妓哉”，“由是增价”（《与元九书》,《长庆集》卷二八）。人的价值，附着于文学。

崇拜，不仅是价值上的肯定，更有宗教性的意涵。环绕着崇拜行为，必然会出现一些宗教现象的类族，诸如偶像崇拜、圣碑、巫术、占卜、献祭、祈祷、圣址、社团、神话等等。唐代的情况正是如此。

例如举人赴考时互相结合，及第后又呼有司为座主、同榜者为同年，结合成一团体，这便具有宗教崇拜的教团性质了。这群人之间，交往及联结的纽带，团体中权威地位的分布，均由文学才能与文学作品来构成。而更值得注意的是，文学崇拜若为一社会集体的活动，则此一教团便不应只限于新科进士之间。应该说，凡具有如进士科第那样，以文学崇拜类聚的团体，都会呈现出同样的征象。如《唐摭言》卷二云：江西钟传令公“虽州里白丁，片文只字求贡于有司者，莫不尽礼接之。至于考试之辰，设会供帐，甲于治平。行乡饮之礼，常率宾佐临视，拳拳然有喜色。复大会以饯之，筐篚之外，率皆资以桂玉，解元三十万，解副二十万，海送皆不减十万”。设帐供会，行乡饮酒之礼，即是一种祭礼行为；资送钱财，则为一种献奉活动。这些活动皆不限于举人进士，而是广及一切参与了文学的人士，故虽州里白丁，能以片文只字参与，便尽礼接待。同理，进士的“教团”，其实也不仅进士们参加，它也显示了群众向文学集中的状况。因进士“教团”不仅供群众会集观赏，教团本身便集合了许多民众，《唐摭言》卷三“所以长安游手之民，自相鸠集，目之为‘进士团’。初则至寡，洎大中、咸通以来，人数颇众”，可为佐证。

这些都是群众式的崇拜，还有些个人的崇拜活动。

前文曾引《唐摭言》云张倬以《登科记》为“千佛名经”。同样地，李洞也曾铸一铜像，供奉贾岛，“戴之巾中，手持念珠，事之如佛。人有喜岛诗者，必手录岛诗赠之，叮嘱再四曰：‘此无异佛经，归当焚香拜之。’”（又见《北梦琐言》卷七）这类文人偶像崇拜及作品之圣典崇拜，确属不折不扣的宗教行为。而贾岛每年除夕将所作诗草焚祭后，和蜜吞服，自称疗其肺肠的做法，也不能说与烧食符箓治病的“服食”信仰无关。①

更有甚者，他们把文学作品视同预言谶语，可以预示一个人的生命状态。如《唐语林》卷二云：“进士李为作《泪赋》及《轻》《薄》《暗》《小》四赋。李贺作乐府，多属意于花草蜂蝶之间。二子竟不远大。世言文字可以见分命之优劣。”（又见《因话录》及《唐诗纪事》卷三三）世谓文字可以见分命之优劣，即指文字的表现跟作者的命运有同一性，写出衰飒悲凉的文学作品者，其命运大概也不会很发达。②

这类观念，也影响到人们对进士及第的看法。由于文字表现与人之命运有同一性，故文章好、能考中进士者，乃是命中该有此福分；考不上，或平时文章写得极好，而临场竟不能有所表现，亦是命该如此。唐人笔记中言及阴骘果报与功名前定的记载极多，大抵均为此一观念的延伸。例如：

---

① 李贺《答赠》诗：“本是张公子，曾名萼绿华，沉香薰小像，杨柳伴啼鸦。”姚佺云：“或他人爱之，而沉香以薰其像。如李洞金铸贾岛而呼曰贾岛佛者。世上痴人殊不少也。”（《昌谷集句解定本》卷三）

② 此即诗谶说。早期的“诗妖”“童谣”说，早已指出了文学能预言未来。但所指多属国家集体的命运，以诗谶预示个人之强弱吉凶，则是唐代发展起来的观念。

一、唐冯藻，常侍肃之子，涓之叔父，世有科名。藻文采不高，酷爱名第，已十五举。有相识道士谓曰："先辈某曾入静观之，此生无名第，但有官职也。"亦未之信，……更誓五举，亦无成。遂三十举方就仕，历官卿监峡牧，终于骑省。

（《北梦琐言》）

二、贞元中，杜黄裳知举，试《珠还合浦赋》。进士林藻赋成，凭几假寐。梦人谓之曰："赋甚佳，恨未叙珠来去之意尔。"藻悟，乃足四句。其年，擢第谢恩。黄裳谓曰："唯林生叙珠来去之意，若有神助。"

（《闽川名士传》）

三、唐历玄渡江，见一妇人尸，收葬之。夜梦在一处，如深山中。明月初上，清风吹衣，遥闻有吹笙声，音韵缥缈。忽有美女在林下自咏曰："紫府参差曲，清宵次第闻。"及就试，得《缑山月夜闻王子晋吹笙》题，用梦中语作第三第四句，竟以是得赏，举进士。人以为葬妇人之报。

（《琅嬛记》）

第一例的冯藻，与第二例的林藻，名字相同，命运大不一样。由第一例我们知道：能否登第，命已前定。由第二例，我们又知道：有时本不能登第，而竟能得中者，系有神助。第三例的情况与第二例相仿，但出于自助式的果报。这里，我们当注意：三个故事均显示了不能及第的真正原因，在于文采不佳。只是后两例中，主人翁凭着一种梦寐通神的经验，化解了命的困局，而事实上也就是让文章写得精彩了，所以才能及第。①

① 还有一种模式是《云溪友议》提出的。卷下《祝坟应》载："里有胡生者……少为洗镜镀钉之业，倏遇甘果、名茶、美酝，辄祭于列御寇祠垅，（转下页）

诸如此类有关科举的神话、传说，都包含了上述梦、通灵、阴骘果报、命运等宗教质素，环裹着一层神秘的气氛，使人越来越相信文学是具有神圣性的东西。不仅“良夫之族，未有登是科者，以此慨叹愤惋。从十岁读书，学为文章，手写之文，过于千卷”（《唐摭言》卷二），而且整个唐代知识分子对“天人之际”的思考，也往往由此导源。

所谓天人之际，指天命与人力之间的关系。《唐摭言》卷四云“裴晋公质状眇小，相不入贵。既屡屈名场，颇亦自惑。会有相者在洛中，大为缙绅所神。公时造之问命”，唐士既以科名为命运，则得与不得，皆归之于命，个人的才力与奋斗能改变命运吗？唐代知识分子对此，确实是颇为困惑的。所以有的人怨诽时命不济，有的人笃信命运前定。特别是中唐以后，有关天命与人道的讨论，甚为繁赜，多由此引生。故《唐摭言》曰：

> 论曰：孟轲言，遇不遇，命也。或曰：性能则命通。以此循彼，匪命从于性耶！若乃大者科级，小者等列，当其角逐文场，星驰解试，品第潜方于十哲，春闱断在于一鸣；奈何取舍之源，殆不踵此！或解元永黜，或高等寻休。黄颇以洪奥文章，蹉跎者一十三载；刘蕃以平漫子弟，汩没者二十一年。温岐滥窜于白衣，罗隐负冤于丹桂。由斯言之，可谓命通性能，岂曰性能命通者欤！苟怫于是，何奸宄乱常不有之矣！
>
> （卷二“为等第后久方及第”条）
>
> 论曰：士之谋身，得之者以才，失之者惟命，达失二揆，宏道

（接上页）以求聪慧，而思学道。历稔，忽梦一人，刀画其腹开，以一卷之书，置于心腑。及睡觉，而吟咏之意，皆绮美之词，所得不由于师友也。”以梦寐通灵的遭遇，获得了写作文学的能力。另详本书第二卷第二章。

> 要枢，可谓勤于修己者与！苟昧于斯，系彼能否，临深履薄，歧路纷如，得之则恃己所长，失之则尤人不尽；干禄之子，能不慎诸！及知命也者，足以引之而排觖望，不足倚之而图富贵；倚之则事怠，怠则智性昏；引之则感通，通则尤怨弭。故孔孟之言命，盖扼穷而已矣！有若立身慎行，与圣哲同辙者，则得丧语默，复何趸介乎！复何穹隆乎！然士有死而不忘者，恩与知而已矣。包子之误放，李翱之奏章，足以资笑谈，不足以彰事实。有功成身退，冥心希夷者，吾不得而齿矣。
>
> （卷八“入道”条）

因为遇不遇的问题，非自己所能掌握，故唐人一般均强调命。命通，方才性能，并不认为命能自己创造。这是唐人论命的大原则。[①]但基于此一原则，他们希望人不要恃才，也不要怨人，只要立身修己，尽其在我者，便可无愧。所谓：“炯戒之伦，而穷达不侔者，其惟命欤！苟屈诸道，又何穷达之异致矣！”（同上，卷四）

这当然不是说唐人论命皆出于科举的遇与不遇，但科举是否登第、文士是否能遇知己，是同一个问题。而这个问题，实为唐人思考“时命”的问题意识出发点之一。且通过这有关天命的思索，文学崇拜也才能涉及存有论的层次，成为一种真正的宗教行为。

因为一种崇拜，除了仪式、群聚性庆典、禁忌、偶像祭祀、通灵经验之外，还关联着人之存在问题的思索，提供了人在此世的生存之道。

这种生存之道，主要是由于对“文”之神圣性的信仰，确认人若要证明人生果有价值，唯一的途径，便是去拥抱文，去表现文。借着与文的联系，人也获得神圣性。具有此一神圣性的人，就不再是一般人了，

① 但这也不是决定论，详见龚鹏程:《唐传奇的性情与结构》,《中国小说史论丛》,台湾学生书局，1984年。

“圣/俗”的区分，遂由此建立。世俗对文士（圣者），当然只能仰望、企羡、颂叹，并不断传颂圣者所创造的诗文。而一位圣者，既自居于神圣性的拥有者与体现者，则在心态上自将趋于鄙视流俗、高自标置。对于同属圣者的文士阶层，也有同侪意识，视为同类。但同属神圣性的掌有者，他们之间却又常为了争辩谁才真正能体现文、掌握文，而如教士们争论谁才真正了解神意或经文那样，彼此争哄、讥嘲。此外，由于世界上俗人较多，文学的神圣性意涵不见得都能被人认识。或者说，某位文人所体现的那种文学价值不为世人所知赏，则文人便不免自怨自艾或怨愤世俗的无知。他必须去寻访能了解、能听受福音的人，此即所谓“求知己”。倘得一人，则文字相知，情逾骨肉，“士有死而不忘者，恩与知而已”；倘不能得到，那又只好愤嫉怨怒一番了。然而，能不能遇一知己（包括参加考试时能不能碰上赏识自己文章的考官），正是命的问题。何以有人能遇，有人就偏偏不遇？这岂不要有一形而上学的解释吗？通过了“命通性能”这类的解释，才能替这些“以文字为性命”的文人们提供“勤于修己”“冥心希夷”等安身立命之道。①

五　朝廷对文学崇拜的态度

科举，是隋唐王室为巩固其统治，扭转世族门第势力，重构社会阶层化标准的一种制度。也是为吏治之需要而建立官僚体系的一种选拔人

① 杜甫《天末怀李白》有云：“文章憎命达，魑魅喜人过。”文章憎命达，即诗能穷人之意。中唐以降，这个命题更是不断被提出。如白居易《序洛诗》：“予历览古今歌诗……观其所自，多因谗冤谴逐，征戍行旅，冻馁病老，存殁别离，情发于中，文形于外。故愤忧怨伤之作，通计古今，什八九焉。世所谓文士多数奇，诗人尤命薄，于斯见矣。”（《白居易集》卷六一）“殷璠云：高才而无贵位，诚哉是言也。曩刘桢死于文学，左思终于记室，鲍照卒于参军，今常建亦沦于一尉，悲夫！”（《唐诗纪事》卷三一）即是，详见后文。

才制度。但这一制度，其本身在王室无法控制的情况下，逐渐转变为文学价值的品评，选拔了一批批文士。《唐摭言》卷一曰“元和中，中书舍人李肇撰《国史补》，其略曰：进士为时所尚久矣，是故俊乂实在其中。由此而出者，终身为文人”，即显示了这种进士阶层已具体转化为一文人阶层的状况。①

这种转化，不但不能说是朝廷所鼓励、帝王所提倡的，反而应该说是朝廷所不乐见的。从隋代刚刚建立起，即有李谔的上书，主张遏阻这种尚文之风，也有正式禁止文风浮华的诏令：“开皇四年，普诏天下，公私文翰，并宜实录。其年九月，泗川刺史司马幼之文表华艳，付所司治罪。”（《隋书·李谔传》）其后这一模式便不断上演。唐初所修史籍，无不表达了反对美文的态度，认为文章写得太漂亮，会造成坏人心术等后果。唐太宗更曾嘲笑梁武帝、陈后主、隋炀帝等人，“虽有词藻，终贻后世笑”；又告诉房玄龄说：“比见前后汉史，载录扬雄《甘泉》《羽猎》、司马相如《子虚》《上林》、班固《两都》等赋。此既文体浮华，无益劝诫，何假书之史策？”（皆见《贞观政要》）可见当时的官方意识，对文学并不鼓励。

官方态度，主要是站在统治的需要上着眼的，故张昌龄举进士，王师旦黜之，太宗问他，他就回答：“昌龄等华而少实，其文浮靡，非命器也。取之则后生劝慕，乱陛下风雅。”（《新唐书·张昌龄传》）帝王本人或朝臣，未必不喜欢文学，未必不擅长文学，但他作为一执政者，他就不能不从政治上考虑。因此，他如果提倡文学，也不会是因文学有价值或基于对文学之喜爱而提倡。他必须考虑用一文人、倡一文体在政治

① 俞樾《茶香室续钞》卷十：“王鸣盛《蛾术编》云：《松陵集·陆龟蒙秋试有期因寄袭美诗》，题下自注云：时将主试贡士。按：以处士而竟膺主考之聘，宋以后无此事矣。”文人能成为主考官，足以证明这种科举根本只是一文学奖性质。

上的后果。同样地，面对社会上热烈的尚文风气，他也必须评估其政治效应，而在适当的时机予以打压。这就是唐代史官何以总要大声疾呼不可尚文、朝臣为何一再上书检讨文风的原因之一。

玄宗《禁策判不切事宜诏》说：

> 我国家敦古质，断浮艳。礼乐诗书，是宏文德，绮罗珠翠，深革弊风。必使情见于词，不用言浮于行。比来选人试判，举人对策，剖析案牍，敷陈奏议，多不切事宜，广张华饰。何大雅之不足，而小能之是衒？自今以后，不得更然。
>
> （《全唐文纪事》卷十四）

这是举人尚未试诗赋时的诏令。举人试诗赋以后，文华愈甚，批评者也愈多。赵匡《举选议》曰“国朝举选，用隋氏之制，岁月既久，其法益讹。……主司褒贬，实在诗赋，务求巧丽，以此为贤。不惟无益于用，实亦妨其正习。不惟挠其淳和，实又长其佻薄”；柳冕《与权侍郎书》曰“唐承隋制，不改其理，此天所以待圣主正之。何者？进士以诗赋取人，不兑理道。……故吏道之理天下，天下奔竞而无廉耻者，以教之者末也”；《玉海》亦引《儒学传序》云：“自杨绾、郑余庆、郑覃等以大儒辅政，议优学科，先经义，黜进士，后文辞。”他们都想改革，但都如《玉海》所说，“亦未能克也”①。

---

① 贞元十三年十二月，尚书左丞权礼部知贡举顾少连奏：“伏以取士之科，以明经为首；教人之本，则义理为先。”要压抑文士，提倡经学是个好办法。另外，则是强调才行比文辞能力更为重要。贞观元年，杜如晦即曾警告“吏部择人，唯取言辞刀笔，不悉才行”，会使百姓受害。开耀年间，崔融也说铨简人才，应“以德行为上，功状次之”。垂拱中，魏元同奏：“今用刀笔以量才，案簿书而察行，法令之弊，由来久矣。”天宝十年刘乃也说“判之在文，至局促者。（转下页）

有些人把这些抑遏进士与文采的建议，视为朝中权力斗争的一部分，例如揣测郑覃等人之黜进士，系因郑覃为山东经学礼法传家的旧族，故有意压抑进士科。《旧唐书》卷一七三《郑覃传》即持此见解，谓“覃虽精经义，不能为文，嫉进士浮华”，故于开成初奏罢进士科。①

然此不足以解释这一问题，因这非私人恩怨或权力斗争的问题。郑覃的建议是：“南北朝多用文华，所以不治。士以才堪即用，何必文辞？”文宗的回答是：“进士及第人已曾为州县官者，方镇奏署即可之，余即否。”可见君臣间讨论的是文士能否承担政治工作的问题。科举的目的，在于选拔官僚体系中可用之人，现在却在选拔文士，故郑覃质疑的是选人的标准。杨绾、柳冕、赵匡所批评的，也是如此。再看唐文宗的态度：文宗以尊重进士闻名，每试进士，多自出题。披览试卷，终日忘倦。又命神策军重淘曲江、昆明两池，许公卿立亭馆，两军造紫云楼、彩霞亭，文宗自题楼额。这一切都表示他极看重进士科举。然而，他是否欣赏进士之专意文辞呢？那又不然。《旧唐书·高锴传》载：

> 开成元年春，试毕，进呈及第人名。文宗谓侍臣曰：“从前文格非佳，昨出进士题目，是朕出之，所试似胜去年。”郑覃曰：“陛下改诗赋格调，以正颓俗。然高锴亦能励精选士，仰副圣旨。”帝又曰：“近日诸侯奏章，语太浮华，有乖典实。宜罚掌书记，以诫其流。”李石曰：“古人因事为文，今人以文害事。惩弊抑末，实在

（接上页）夫铨者必以崇文冠首，媒耀为贤，斯固士之丑行，君子所病”，故建议“先咨以政事，次征以文学”（《唐会要》卷七四）。此议之前，已有敕云：“吏部取人，必限书判。且文学政事，本自异科，求备一人，百中无一；况古来良宰，岂必文人？”但风气并未改善。故刘乃文议云云。

① 陈寅恪对中晚唐政局的分析，便全由此处着眼。但我以为陈氏的解说是不能成立的。

盛时。”乃以锴为礼部侍郎。……锴选擢虽多，颇得实才，抑豪华，擢孤进，至今称之。

文宗宏奖进士科是一回事，改革进士尚文之风又是一回事，这最可以看出主政者对这件事的态度。他亲自命题，旨在改变文风。而这种抑压文华的行动，又不是专门为着对付进士科，诸侯奏章，太过华美，他也不高兴。文宗的态度如此，郑覃、李石、高锴的态度，也均是如此，焉能以郑覃不擅为文来解说此事？何况，在他们惩抑文华的政策下，受打击的，并非孤进寒人，而为豪门世族，亦可证明世族为压抑进士势力故主张罢废进士科的说法，纯属无稽之谈。

总之，朝廷中反对进士科者，是因试贵文辞，“无益于政”。其改革，则均希望能使其“有资于用”（赵匡《举人条例》）①。在这一立场上，他们不仅批判进士之文藻浮华，对一切公文书，如试判、对策、案牍、奏议，都不希望它写得太美。

朝廷之意如此，然社会的发展，往往不受官方意识或官方宣传所左右。进士科仍是尚文，故沈既济《词科论序》曰：“开元以后，四海晏清。无贤不肖，耻不以文章达。”科举之名虽多，以文章达者唯进士科，故进士科独盛。进士科之所以独盛，在于它以文章为权衡标准，故想改革它，勿令其尚文，根本不可能。所谓：“幼能就学，皆诵当代之诗；长而博文，不越诸家之集。递相党与，用致虚声，六经则未尝开卷，三史则皆同挂壁。”（杨绾《条奏贡举疏》）人人都在为文学奋斗。

---

① 天授三年薛谦光上书曰：“朝廷以兹（文学）擢士，故文章日烦，其政日乱。……不以指实为本，而以虚浮为贵。……察其行而度其才，则人品于兹见矣。徇己之心切，则至公之理乖；贪仕之性彰，则廉洁之风薄。……若其文擅清奇，便充甲第；藻思微减，旋即告归。以此收人，恐乖事实。”（《唐会要》卷七六）

他们的创作量极为惊人。《唐摭言》卷十二云："薛保逊好行巨编，自号金刚杵。太和中，贡士不下千余人，公卿之门，卷轴填委，率为阍媪脂烛之费。因之平易者曰'若薛保逊卷，即所得倍于常也'"；"刘允章侍郎主文年，榜南院曰'进士纳卷，不得过三轴'，刘子振闻之，故纳四十轴"。这些都是行卷或预投公卷。柳宗元曾经抱怨当主考官要看这么多卷子，至为辛苦："今进士岁数百人，咸多为文词，道古今，角夸丽，务富厚。有司一朝而受者不知几千万言，读不能十一，即偃仰疲耗，目眩而不欲视，心废而不欲营。"（《送章秀才序》）则此辈文士为文之勤，可以概见。

他们这么努力，主要是因为受到了社会的鼓励。《云溪友议》卷中"辞雍氏"条载：

> 崔涯者，吴楚之狂生也。……每题一诗于倡肆，无不诵之于衢路。誉之，则车马继来；毁之，则杯盘失错。……篇词纵逸，贵达钦惮，呼吸风生，畅此时之意也。……崔生之妻，雍氏者，乃扬川总效之女也。……雍族以崔郎甚有诗名，资赡每厚。崔生常于饮食之处，略无禅敬之颜，但呼妻父"雍老"而已。

文士能文，贵达钦惮，妻族资赡，倡肆也要看他的脸色，真是威风极了。这是新的时代宠贵哩！他曾作诗嘲名妓李端端，说她"鼻似烟窗耳似铛"。结果"端端得此诗，忧心如病。使院饮回，遥见二子蹑屐而行于道傍，再拜战惕曰：'端端只候三郎、六郎，伏望哀之'"，于是崔涯"又重赠一绝句粉饰之，于是大贾居豪，竟臻其户"。文士之笔，可畏至此，难怪当时"红楼以为倡乐无不畏其嘲谑也"。

文士之品评，所以有威力，是因为社会上听从他的评论。大家认为文字具有神奇的魔力，仿佛只有文字能传达真相、宣示真理。故得其一句之褒，重于华衮；得其一句之贬，严于斧钺。活人为求生计，来乞文士美言；死人为博令名，遂也不能不来拜托文人说几句好话。故《封氏闻见记》卷六“碑碣”条说：“近代碑碣稍众，有力之家，多辇金帛以祈作者。虽人子罔极之心，顺情虚饰，遂成风俗。”凡崇功、记德、褒贤、述祖，都得拜托文士动笔。文士也因此而越发显得尊贵了。世风如是，朝廷又能奈何？

六　社会对文人的供养

社会上表现对文学的尊重，总不外名利两途。名，是指某人若被公认为一能写文章之人，则他便可获得“文人”的名号，在社会上处处受人另眼相待，有与一般人不一样的地位。利，是指具体的“文章有价”。

文学，被视为是有价值之物。此种价值，与一般价值物（如货币财物）不同之处，在于它被认为具有真理性与不朽性，故有时非一般价值物所能替代，即使花钱也买不到。但它既为一有价之物，则又与其他有价值物有同质性，所以又可以用金钱货物与之交换。请文人撰文，需付给报酬，好文章得有好价钱的逻辑，即在这种状况下得以成立。社会人士想得到文人写的文章，就必须花钱来买；文人则以有价之文，换取有价之财物，以谋生活。如此，便构成了一个相互依存的供需关系。但这种关系，因存有文学价值之尊贵性与不可替代性，故又与一般买卖商业行为不尽相同：买文章，不叫买文章，而叫“润笔”。

此一文士撰文以得润笔的历史，并不自唐朝始。

文人，正式出现于东汉初叶，王充《论衡》中才开始替文人争地位、辨作用、论价值、谈功能。在此之前，自然已有了文学创作，也有了像司马相如、枚乘、邹阳一类人，为帝王之文学侍从。但把这种能写文章的人统称为一流品、视为一阶层，则自东汉始。

这时，文人的服务对象，已不限于君王。《论衡·超奇篇》就谈到文人能替地方官员服务："州郡有忧，能治章上奏，解理结烦，使川郡无事。"不过，州郡有急难的时候毕竟不多，文人的笔总不能闲着，州郡养着这一大批文人也总得找些事来做做，那就只好记功伐石或写作颂文了。叶昌炽《语石》卷一说："东汉以后，门生故吏，为其府主伐石颂德，偏于乡邑。"正是在这种情况下出现的。

从帝王宫廷到川郡幕府，文人的服务对象，逐渐扩大、下移。不多久，一般人也可以得到文人的颂文了，只要他能付得起供养文人的代价。这便是"润笔"的起源，也是文学消费结构的正式建立。

早先，据说汉武帝的陈皇后失宠，"别在长门宫，愁闷悲思。闻蜀郡成都司马相如天下工为文，奉黄金百斤，为相如、文君取酒，因于解悲愁之辞。而相如为文以悟主上，陈皇后复得亲幸"（《文选·长门赋序》）。这个故事大概出于后人依托，且非奉金润笔，乃是贿赂，算不得是真正的润笔。润笔之风，大概要到东汉才逐渐流行。《日知录》卷十九云："《蔡伯喈集》中，为时贵碑诔之作甚多。……自非利其润笔，不致为此。史传以其名重，隐而不言耳。文人受赇，岂独韩愈之谀墓金哉？"依史事推测，顾炎武的看法大致不差。

因为早期能够秉笔为文者，非朝臣，即诸侯之门客，如淮南王刘安，便曾招四方游士修文学。这些人，就食王门，托迹高宦，替君王颂功记德，乃其本分。后来文人的服务对象下移，与州郡主管仍为僚属或师友的关系，也很难谈什么润笔。随着撰文对象继续下移、继续扩大，文人本身，成为《人物志》所说的人流十二业之一，会写文章成了一种专门的技艺；人人要一篇颂文铭赞时，都想找个能写文章的人来上一段，那可就不能不谈报酬了。恰好那时，社会上最大的问题，就是《潜夫论》所说的“三游：游侠、游士、游宦”。其中，游士浪迹江湖、橐笔谋食，既无一淮南王之类人物，起而收蓄之，那当然也只好让他们凭本事挣饭吃了。游士能有什么本事呢？无非是写写文章罢了。换句话说，在汉末权威逐渐解体的时代，“供”与“需”两方面都刚好有此需要，文章有价，鬻文之事遂一拍即定了。

南北朝期间，文士又属于高门贵族的特产，游士甚少。士不游，则通常就不必卖文。文学可以成为名公贵胄之间游赏之资、应酬之媒，而不必成为一种商品。

入唐以后，科举行、文学盛，但僧多粥少，士乃又不得不游。加上贵族陵夷，世族逐渐分化解体，受过良好文学教养的世族子弟，流散四方。不仅使得文学艺术普及于社会，也使润笔的事业，重新焕发了活力。

《唐国史补》卷中“求碑志救贫”条载：

> 王仲舒为郎中，与马逢友善，每责逢曰：“贫不可堪，何不求碑志相救？”逢笑曰：“适见人家走马呼医，立可待否？”
>
> （又见《唐语林》卷六）

所谓“求碑志救贫”，正表示了文士并无其他的才艺，只能以替人写碑版挣钱糊口。固然文人的出身仍以进士科最为尊贵，且入仕之后，衣食问题自然解决。但入仕甚难，遂不能不仰赖社会的供养。顾炎武云：“杜甫作《八哀诗》，李邕一篇曰：‘干谒满其门，碑版照四裔，丰屋珊瑚钩，麒麟织成罽，紫骝随剑几，义取无虚岁。’刘禹锡《祭韩愈文》曰：‘公鼎侯碑，志隧表阡，一字之价，辇金如山’，可谓发露真赃者矣。”

（《日知录》卷十九）可见有名文人撰文的收入颇丰，而他们也认为这些钱是该得的，是“义取”，是人人都可以争取的。《唐语林》卷一载“长安中争为碑志，若市贾然。大官薨，其门如市，至有喧竞构致，不由丧家者”，更充分说明了在那种社会结构及文人之处境下，文人不得不赖替人作碑志谋生的窘状及丑态。

但文人争着替人写碑志“谀墓”的丑态背后，有个深刻的社会心理条件：社会为什么要供养文人？为什么要文人来写一篇并无实际作用的虚文以志墓颂功？为什么愿意用高价钱来买文章？而这种供需买卖行为又不是平等的。——事实上找文人写文章的买主，是文人的衣食父母；以钱货交换文章，也是公平交易。但“润笔”一词却表明了文人在这场买卖中的优势地位。是人来求他作文；是“致赠”润笔，而非买作品；作品虽被买主买去，著作权仍属作者，文学创作的荣耀永远无法被买走，作品仍是作者的，所有权不能转让。这些，都与实际上是文人“求碑志相救”的情况逆反。社会上为何容许甚至乐于进行这么不公平的买卖？

答案非常明显：整个社会沉浸在文学崇拜的心理状态中。他们相信文字具有“不朽”的魔力，比事实更为真实；他们对文人心怀敬畏，因为那是能说出写出这种奇妙文字的人。因此，一人死亡后，其家人子孙便盼望此人能得一佳传，为死者之哀荣；此与为官者卒后，冀得一美谥，是一样的。此一传一谥，便替代了事实，成为后人认识死者的凭据，且可传诸久远。所以，在文字崇拜之中，混杂了“不朽”和“荣耀”的观念，文字被认为能替人带来荣耀，并使其不朽。[①]这不是任何金钱财货所能买到的，文人对此亦深有体会，且甚为自负：

---

① 文之不朽及其能传示真理的性质，详见本书第三卷第三章。

大官薨。……是时裴均之子将图不朽，积缣帛万匹，请于韦相贯之。（贯之）举手曰："宁饿死，不苟为此也！"

（《韦相拒碑志》，《唐国史补》卷中）

《新唐书》卷一六九《韦贯之传》作"'吾宁饿死，岂能为是哉！'其不苟且如此！"《唐语林》卷二又载："吕衡州温，祖延之，父渭，俱有盛名，至大官。家世碑志不假于人，皆子孙自撰，云：欲传庆善于后嗣，儆文学之荒坠。"他们不愿假手别人作传志，同样表现了文人的矜慎与自我期许。

然而，文人是矛盾的。既高自标置，又不能不以此为衣食。且文章有价，其价也常反映在润笔费用的多寡上。《唐语林》卷五："王缙多与人作碑志。有送润笔者，误致王右丞院，右丞曰：'大作家在那边！'"王缙是王维之弟，他常替人写碑版，润笔高，故王维戏呼他为大作家。是的，作家之大小，确实常要从润笔金额上去分。犹如今日报社之稿酬，就不是一律的：大作家，字或数十元；小作家，则仅及其几分之一或十几分之一。唐代文人亦常以撰文得金之多自负自喜。如李峤《谢撰攀龙台碑蒙赐物表》云："伏奉恩敕，编撰攀龙台碑文，赐臣物四百段。"张说《谢赐撰郑国夫人碑罗绢状》云："合赐卿采罗二十匹，绢一千匹。"（皆见《全唐文纪事》卷十六）写篇文章，得绢千匹，比起崔孝公"献庆云颂，又赐绢一百匹""奉敕撰龙门公宴诗序，赐绢百匹"（颜真卿《崔孝公陋室铭记》）竟多了四十倍，无怪乎张说能号称"大手笔"了。

须知唐代朝士俸禄甚薄，从九品小京官之年入，不过米123.64斛，有时还要折换为段匹丝绵等实物。写一文而能得绢数十匹乃至百匹，已经是极好的待遇了，何况千匹？朝廷如此礼遇作家，社会上又常会出现"元和四年，盛修饰安国寺。……承璀奏请学士撰碑文，且曰：臣以排比一万贯钱充送撰文学士”（同上，卷二二）的机会，文人安得不努力争取？前引《唐语林》说文人争着替丧家写墓志的情况，就是由此形成的。文人之间的嫌隙与摩擦，所谓“喧竞构致”亦往往由此而生。①

如裴度修福先寺，将请白居易撰碑文，皇甫湜就很不高兴，说：“某之文，方白之作，自谓瑶琴宝瑟，而比之桑间濮上之音也。”裴度无奈，只好请他写。写好后，裴度“以宝马、名车、缯彩、器玩约千余缗，置书命小将就（皇甫湜）第酬之”，其润敬不可说不厚重了。不料皇甫湜大忿，掷书于地，叱小将曰：“寄谢郎中：何相待之薄也！某之文，非常流之文也。曾与顾况为集序外，未尝造次许人。今者请制此碑，盖受恩深厚尔。其辞约三千余字，每字三匹绢，更减五分钱不得！”裴度只好如数奉送。《唐阙史》卷上记其事，也替他算了算稿酬：“计送九千七百六十有二。”②

---

① 一、唐代润笔的状况，另详《全唐文纪事》卷一二一引《容斋随笔》。

二、文人写篇文章，酬赏一万贯，这样的润例高不高呢？我们且做个比较。许国霖《敦煌杂录》中收有《写经生》诗，云：“书写今日了，因何不送钱？谁家无赖汉，回面不相看。”唐人做功德，常聘人写经。此写经生写好了却未拿到钱，故大发脾气。但他能拿到多少钱呢？令狐陀咒为她亡夫所写的《大涅槃经》题记曾记载：“《大涅槃经》一部三十吊。《法华经》一部十吊。《大方广经》一部三吊。《药师经》一部一吊。”据此看来，差不多抄一卷经只能拿到一吊钱。抄四十卷的《大涅槃经》还得打个折扣，只能拿得三十吊。宋初，据曾敏行《独醒杂志》说，“国初江西用铁钱，尝见玉笥山梁观所藏经卷尾有题字云：‘太平兴国三年太岁戊寅，新淦县扬名乡胡某，使铁钱一百二十贯足陌，写经六十卷’”，这个价钱就比唐朝高了。但无论怎么说，一吊钱写一卷经或两贯钱抄一卷经，跟“排比一万贯钱充送撰文学士”比，简直就有天壤之别。文人撰文，润笔之丰如此。

② 一、《唐诗纪事》卷三五“湜不善诗，……退之诗曰‘皇甫作诗止睡昏，辞夸出直遂上焚。要余和赠怪又烦，虽欲悔舌不可扪’，言其语怪而好讥骂也”，皇甫湜之好讥骂可见。但其性格不好是一回事，社会风气也纵容他如此做。《全唐文纪事》卷一〇三说：“唐人极重润笔，韩昌黎以谀墓辇人金帛无算；白乐天与元微之欢好，视兄弟无间，及铭元墓，犹酬以臧获舆马绫帛银案玉带，价值六七万。则皇甫湜责裴晋公福先寺碑，多至九千缣，不为过矣。宋太宗时，凡敕制文字，皆钦定润笔之数，不移檄督之，盖仍唐之习也。” （转下页）

这件事既有趣又值得分析。皇甫湜是因受裴度之恩厚，才替他写这篇文章，才向他狮子大开口。若不“受恩深厚”，那还了得？文人之自我矜许、高自标置，于此可以一览无遗。在文人心中，认为替你写文章，是表示看得起你，已经降尊纡贵了。其次，正因为自我矜许太甚，便鄙薄别人的文章。如皇甫湜薄白居易之文如此，后世看来只觉可笑，他们却自认为是不可不争的文坛地位。《唐摭言》卷四载“黄颇师（韩）愈为文，亦振大名。颇尝睹卢肇为碑版，则唾之而去”，亦是同一心理。《全唐文纪事》又提到王翃，说他撰文，“每赐予稍缓，翃必扬言曰：‘吾赋字字作金声，何受赐之晚耶？’”（卷四一）写文章必须有报酬，这报酬还不能太少或太迟；而酬之高低，又反映了文章好坏的程度，似乎是他们这批文人共有的想法。也幸好当时的社会有此条件，否则像他们这样的想法与做法，恐怕只好等着饿死，根本不能存活。

七　由文学到反文学

然而，文士之病，也即在此，早在曹丕《典论·论文》中就说过

（接上页）二、中唐贞元元和之际，白居易、元稹、刘禹锡、白行简、李公佐等应为一文学集团；韩愈、孟郊、张籍、李翱、皇甫湜、黄颇、李贺等则为另一集团。柳宗元依违于二者之间，与刘禹锡的政治关系较密切，而与韩愈的文学关系较密切。韩愈集团中人对白居易等人所代表的文学风气，似不甚以为然。除了皇甫湜如此瞧不起白居易之外，李贺也曾给元稹难堪，《剧谈录》载“元相国谒李贺”条可证。刘禹锡则批评韩愈轻薄，白居易也有诗谓韩愈服硫黄致疾。《白孔六帖》又载韩愈有宠妾柳枝，后逾垣遁去事；好奇，登华山，发狂恸哭事。韩愈《平淮西碑》后被拽倒而代之以段文昌碑，刘禹锡《嘉话录》云段碑“文势也甚善”“别是一家之美”，态度就与李商隐《韩碑》或后代韩愈地位巩固后宋人的评价不同。刘氏又云“柳八驳韩十八《平淮西碑》云‘左飧右粥，何如我平淮西雅云仰父俯子’，禹锡曰‘美宪宗俯下之道尽矣’，柳曰‘韩碑兼有帽子，使我为之，便说用兵讨叛矣’”（《唐语林》卷二），对韩碑并不服气。

“文人相轻，自古而然”。《颜氏家训·文章篇》也说：“自古文人，多陷轻薄。……每尝思之，原其所积，文章之体，标举兴会，发引性灵，使人矜伐。故忽于操持，果于进取。今世文士，此患弥切，一事惬当，一句清巧，神厉九霄，志凌千载，自吟自赏，不觉更有傍人。加以砂砾所伤，惨于矛戟，讽刺之祸，速乎风尘。”论文人之病痛，没有比这几句话更深刻的了。

这是感性生命激扬，且执着于文字的结果。生命沉溺于性灵兴会之间，又以文字为一切价值及生命的实践场，故在文字上略有所成，便自负为天下一切价值都已被自己掌握了。对别人的生命与文字表现，亦缺乏理性的体察，只随感性之好憎来对待，甚且根本看不起别人所表现的价值，动辄讽嗤之。这就称为“轻薄”。《唐语林》卷六：

> 刘禹锡云：“韩十八愈，直是太轻薄，谓李二十六程云：‘某与丞相崔大群同年往还，直是聪明过人。’李曰：‘何处是过人者？’韩曰：‘共愈往还二十余年，不曾过愈论著文章，此是敏慧过人也。’”
>
> （又见《刘宾客嘉话录》）

这话讲得十分刻薄，可见韩愈之矜许，瞧不起崔大群。韩愈如此，学韩愈的黄颇，瞧不起卢肇；韩愈所喜欢的李贺，瞧不起元稹；韩愈的弟子皇甫湜，瞧不起白居易，自然毫不稀奇。但此非韩门师弟之专利，《旧唐书·杜审言传》即载：“苏味道为天官侍郎，审言预选，试判讫，谓人曰‘苏味道必死’，人问其故，审言曰：‘见吾判，即自当羞死矣！’又尝谓人曰：‘吾之文章，合得屈、宋作衙官。’”《郑仁表传》也说仁表“恃才傲物，人士薄之。自谓门地、人物、文章俱美，尝曰：天瑞有五色云，人瑞有郑仁表”。其轻薄皆不逊于韩愈。故有“开元二十四年……考功员外郎李昂摘进士李权章句疵之，榜于通衢。权亦摘昂诗句之失”（《唐语林》卷八），“世传翃有宠姬柳氏。翃成名，从辟淄青，置之都下。数岁，寄诗曰：章台柳，章台柳，颜色青青今在否？……翃后为夷门幕府，后生共目为恶诗，轻之”（《唐诗纪事》卷三十）一类事情出现。①

除了高自矜许、讽嗤他人之外，文士干谒，亦多盛为大言。如员半千《陈情表》谓：“若使臣七步成文，一定无改，臣不愧子建。若使臣飞书走檄，援笔立成，臣不愧枚皋。……请陛下召天下才子三五千人，与臣同试诗策判笺表论，勒字数。定一人在臣先者，陛下斩臣头、粉臣骨、悬于都市，以谢天下才子。……如弃臣微见，即烧诗书、焚笔砚，独坐幽岩，看陛下召得何人，举得何士！”口气何等矜张！李白上韩荆州书，也自称“日试万言，倚马可待”。这是当时干谒文字的通例，一个比一个自夸得厉害，所谓“一谦三十年”，故牛皮不嫌越吹越大。

大言以动人视听。若不行，则不妨作怪，以惊世骇俗，以警人听闻。《北梦琐言》卷十言：“咸通中，前进士李昌符有诗名，久不登第，常岁卷轴，怠于装修。因出一奇，乃作《婢仆诗》五十首，于公卿间行之，有诗云：‘春娘爱上酒家楼，不怕归迟总不留。推道那家娘子卧，且留教住待梳头。’又云：‘不论秋菊与春花，个个能噇空肚茶。无事莫教频入库，一名闲物要些些。’诸篇皆中婢仆之讳。浃旬，京城盛传其诗篇。”结果就登第了。此所谓用奇出奇（《唐摭言》卷十二“设奇沽誉”条同之）。

---

① 依韩愈之描述，时人对李杜也有很多批评，所谓“那知群儿愚，故用相谤伤”。而韩愈本人也难逃被人讥评的命运，故司空图云：“愚尝览韩吏部歌诗累百篇……其次《皇甫祠部文集》外，所作……今于华下，方得柳诗……固非琐琐者轻可拟议其优劣。……噫！后之学者褊浅，片词只句，未能自辨，已侧目相诋訾矣，痛哉！因题柳集之末，庶俾后之诠评者，罔惑偏说，以盖其全工。”（《唐诗纪事》卷三四）

出奇若仍不能沽誉，那就往往出之以“哀鸣”或“忿恚”。《唐文粹》卷八七、八八是自荐文，卷八九接之以哀鸣及忿恚，正由此故。盖社会尊崇文艺，礼敬文人，而文人遂亦自居于神圣地位，享受社会的敬礼；偶有拂逆，则忿忿然，认为社会对不起他，且打心眼底看不起一般非文士的俗人。如“皮日休曾谒归融尚书，不见。因撰夹蛇龟赋，讥其不出头也。……后为湖南军倅，亦甚傲诞，自号‘间气布衣’”（《北梦琐言》卷七），“罗既频不得意，未免怨望，竟为贵子弟所排，契阔东归。黄寇事平，朝贤议欲召之。韦贻范沮之曰：‘某曾与之同舟而载，虽未相识，舟人告云：“此有朝官。”罗曰：“是何朝官！我脚夹笔，亦可敌得数辈！”必若登科通籍，吾徒为秕糠也！’由是不果召”（同上，卷六），“韦蟾左丞至长乐驿，见李玚给事题名，因书其侧云：渭水秦山照眼明，希仁何事寡诗情？只应学得虞姬婿，书字才能记姓名”（《唐摭言》卷十三），“贾岛狂猖行薄，执政恶之，故不与选。裴晋公于兴化作池亭，岛诗曰：‘破却千家作一池，不栽桃李种蔷薇。蔷薇花落秋风起，荆棘满庭公始知。’人皆恶其不逊”（《本事诗》），等等，其例不可枚举。韩愈《集石鼎联句诗序》也说：“尝与文友会宿……众度其不能诗，因联句咏炉中石鼎，将以困之。……至弥明，自云‘不善俗书，人多不识’，乃遣人执笔砚，吟曰：‘龙头缩困蠢，豕腹胀膨脝。’坐客尽惊。会人思竭，不能复续，弥明连促之。坐中有欲吟，其声凄苦，弥明句中侮之，曰：‘仍于蚯蚓窍，更作苍蝇声。’须臾倚壁睡，鼻息如雷，坐客异且畏之。”文人自高自大，又擅以文字侮弄嘲谑他人，类皆如是。他虽常看不起别人，却受不得别人的冷淡，最恨的就是别人看不起他。

这样的性格，使得文人虽然在共同的文学崇拜中结为一紧密的团体，形成了属于同一阶层的文人同侪意识，互相交结、唱和、标榜，却又在文人团体内部倾轧不已，彼此攻讪，谁也看不起谁。每个人都是孤立的神祇，只顾单独享受群众的膜拜。《东观奏记》卷上说李德裕“文学过人，性孤峭，嫉朋党”，最能说明此一事。①因为这不是李德裕个人的问题，而是文人普遍的性格。故其齐名唱和者，如韩柳、元白之类，往往不能无嫌隙及彼此争胜之念。如《北梦琐言》卷六云：

白太傅与元相国友善，以诗道著名，时号元白。……洎自撰《墓志》云“与刘梦得为诗友”，殊不言元相公，时人疑其隙终也。

这种怀疑，宋陈振孙谓其为“臆度疑似，乃有隙终之论，小人之不乐成人之美如是哉！”②的确，元白二人本身未必达成隙末；然时人既有此疑，说明了什么？唐人流传李白嘲杜甫的《饭颗山头逢杜甫》诗，或后来王安石怀疑杜甫《春日忆李白》用庾信、阴铿喻李白诗，是讥其才疏，不也都在疑心李杜亦不见得彼此服气吗？宋人流传许多苏东坡、黄山谷相嘲戏及二人暗中较劲的记载，也出于同样的理由。

既党同伐异，又孤峭自大，本来也无所谓。但糟糕的是，文士之攻击同人、凸显自我，乃是为了博得别人的赞赏，争取别人的注意，独享世人崇拜的眼光。所以他们虽然高自矜许，自谓“文章千古事，得失寸心知”，其实并不能丧失观众。整个生命是外化了的，存在的价值不在我完成了什么，而在有没有人能欣赏。不是成就一“价值之自我建立”

① 这“朋党”不能解释为专指牛僧孺党，而是泛指文人的一般习性。长庆元年三月诏：“国家设文学之科，本求实才，苟容侥幸，则异至公。访闻近日浮薄之徒，扇为朋党，谓之关节，干扰主司。每岁策名，无不先定”，开成元年十月中书门下亦奏：“朝廷设文学之科，以求髦俊。……其江湖之士，则以封壤接近，素所谙知者为保。如有缺孝悌之行，资朋党之势，迹由邪径，言涉多端者，并不在就试之列。”（《唐会要》卷七六）朋党，皆指文士结党标榜的活动。

② 详见陈振孙：《白文公年谱》，《唐语林校证》，中华书局，1987年，588页引。又，此事《全唐文纪事》卷八七另有考证，可参看。

的人生态度，而是把价值定在他人之认可上。这就是所谓的“求知己”。贾岛诗曰“两句三年得，一吟双泪流。知音若不赏，归卧故山秋”，乃是最典型的表白。

在宗教崇拜中，人需要神，崇拜神，但事实上神也需要人。缺乏了信徒的香火供养，神祇就寂寞了。干谒之风大盛，其内在之心理条件，即出于此。文士不甘寂寞，或俯循流俗之好恶，以博今誉；或访求知己，以代揄扬；或故意矫饰，以惊世骇俗，而引起注意。实在没办法了，才黯然归隐，愤世嫉俗，认为世人都不了解他，都是分不清真神假神的瞎子，而寄望于后世的知己。

此一行为逻辑，乃是舍己徇人的。所谓“古之学者为己，今之学者为人”，生命一旦仰赖外在的肯定，行为一旦祈求他人赞美，主体性便丧失了。为了博得赏誉，争夺祭享，文人是会不择手段的，故颜之推云文人往往“忽于操持，果于进取”。进取，就是指他们常会贪婪地追逐名利，因为拥有名利才能够证明他们的生命是有价值的。

然此一生命形态，实与市井流俗无异。他们虽高自标置，瞧不起流俗，而史传所载，种种丑态，如剽窃他人文章以成名，“争为碑志，若市贾然”，奔走权门，向武则天自荐枕席等等，与市井小人又有何区别？①范祖禹《唐鉴》所谓：“君子难于进而果于退，小人不耻于自售而戚于不见知，其进也，无所不至。”（卷一）果于进取的文人，确实是小人形态的。唐代士风之坏，原因在此。

---

① 剽窃盗用他人文章，如李播“以郎中典蕲州，有李生携诗谒之，播曰：此吾未第时行卷也。李曰：顷于京师书肆百钱得此，游江淮间二十余年矣”（《唐诗纪事》卷四七），扬衡“初隐庐山，有盗其文登第者，衡因诣阙，亦登第。见其人，盛怒曰：一一鹤声飞上天在否？答曰：此句知兄最惜，不敢偷。衡笑曰：犹可恕也”（卷五一），“崔君出牧衢川，有一士投贽。公开卷阅其文十篇，皆公所制也。密语曰：‘非秀才之文’”（《全唐文纪事》卷九九），皆可见一时风气。

而且更不幸的是，一般世俗人，居于世俗的地位，对神圣性价值仍有敬畏仰望之心。文人，则自居于神圣性地位，自己就是神，就是价值之所在，还有什么值得仰望敬畏？这样的人，偏偏实际上只是一俗人小人，那就只好是"小人之无忌惮者"了。此即是"文人无行"的原因。

《云溪友议》载"萧颖士，既叨科第，轻时纵酒，不遵名教"，"故荆州杜司空悰，自忠武军节度使出澧阳。宏词李宣古者，数陪游宴，每谑戏于其座。或以铅粉傅其面，或以轻绡为其衣。侮慢既深，杜公能不容忍"（卷中）。①这些文人，因为自觉是文人，拥有特权，故其行为如此，难怪要引起批评了。如杜悰不再能容忍李宣古，朝廷科举也对此深怀戒心。文宗元年诏礼部高锴司贡举时就说过："常年宗正寺解送人，恐有浮薄，以忝科名。"唐人批评科举选士太注重文学时，经常以此为口实。

此即构成一礼法名教与文士行为之间的紧张对抗关系。文人无行，但文人自居于神圣者的地位，不但不以无行为耻，且视礼法名教为俗物，认为无行正所以表示名士之风流。不放浪无行一番，不足以表示我是个文人。社会上也常因为他们是文人，所以便容忍甚至嘉许、赞美这种风流，视为佳话。某些行为，一般人做了，必为人所不齿；但文人做出来，便成为可欣赏或可容忍的。前举李宣古事就是一个例子。杜悰不能容忍李宣古的侮慢，准备处罚他时：

> 使卧宣古于泥中，欲辱之槚楚也。长林公主闻之，不待穿履，奔出而救之，曰："尚书不念诸子学，又拟陪李秀才砚席。岂有饮筵，而举人细过？待士如此，异时那得平阳之誉乎？"遂遣人扶起李秀才，于东院以香水沐浴，更以新衣，却赴中座。贵主传旨京兆

① 《唐国史补》卷中"崔膺性狂率，张建封爱其文，引为客。随建封行营。夜中大叫惊军。军士皆怒，欲食其肉。建封藏之"，亦此类也。

公，请为诗，冀弥缝也。……杜公赏诗，贶物十箱。

（“澧阳谯”条）

因李氏是个文人，本来要处罚的，竟反而获得了赏赐。而此并非特例。《云溪友议》卷中载柳全节多于妓家饮酒，或三更至暮，又每于酒席上，狂纵日甚，干忤杨尚书汝士。杨不能堪，怒，寄书指责他的座师高锴，说：“柳棠者，凶悖嚣竖，识者恶之。狡过仲容，才非犬子。且膺门之贵，岂宜有此生乎？”但高锴仍让柳棠及第，理由是“不敢蔽才”，杨汝士甚表不满，又寄书云：

兴亡之道，孔子先推德行，然后文学焉。吾师垂训，千古不易，前书云“不敢蔽才”，何必一柳棠矣？若以篇章取之，宁失于何植、王条也。

（“弘农忿”条）

道德修养、名教礼法、品节操持，与文学家所表现的文人气质，正面对诤了。换句话说，无论社会上如何尊重文人、崇拜文学，由于文人本身蕴含某些感性生命流荡的弊病，其生命形态又趋于世俗化，陷于轻薄，遂不可避免地要逼出“文学/名教”的冲突。即使是柳棠自己，也受不了别人像他对待杨汝士那样对待他。[①]所以越到中晚唐，文学崇拜之风越盛，而对文人不满，批评其轻薄的论调也越大，认为文人只是有一技之长，不值得如此崇慕，文学的价值也应贬低在道德与学问之下。二者相激相荡，相扶以长。

① 同书载：柳棠在杜悰、高锴交恶后，往依剑州王使君。王使君饮酒先归憩歇。命其子招待柳棠。但王氏子恃酒，对柳棠很不礼貌。柳棠大怒，说：“画师之子，安得无礼先辈乎？”王氏子闻之，乃说：“我大似尊贤，尊师幸不喧酗耳！”柳棠益怒，遂叱咤而散。

八 反文学以昌大文学

《唐语林》卷二云：

（文宗）尝欲置诗学士七十二员，学士中有荐人姓名者，宰相杨嗣复曰："今之能诗，无若宾客分司刘禹锡。"上无言。李珏奏曰："当今起置诗学士，名稍不嘉。况诗人多穷薄之士，昧于识理。今翰林学士皆有文词，陛下得以览古今作者，可怡悦其间；有疑，顾问学士可也。陛下尝命王起、许康佐为侍讲，天下谓陛下好古宗儒，敦扬朴厚。臣闻宪宗为诗，格合前古。当时轻薄之徒，摛章绘句，聱牙崛奇，讥讽时事，尔后鼓扇名声，谓之元和体。实非圣意好尚如此。今陛下更置诗学士，臣深虑轻薄小人，竞为嘲咏之词，属意于云山草木，亦不谓之开成体乎？玷黯皇化，实非小事。"①

李珏的言论，是当时朝野对文人最典型的批评。其重点大抵有二：一是

① 许多史学家都认为唐代尚文之风有其制度上的原因。有些人从早期制度的渊源上着眼，认为唐人承袭了南朝的制度，在三省制中文人特别重要，故形成了朝廷尚文之风，如前注所引牟润孙文，即持此观点。另有些人则从中唐宰相权力旁落，翰林学士地位凸显的状况来设想，认为中唐以后朝廷中文人势力之膨胀，关键在此。这些想法都很有意思，但都不是重点。唐初所设文学之官，立崇文之馆，固然鼓吹风雅，其实仍然意存教化；中书舍人固多文学之士，但其意识亦以政治为依归。《唐会要》卷六五"秘书省"条，载贞观七年九月廿三日，太宗言曾戏作艳诗，虞世南即进表劝谏曰"圣作虽工，体制非雅，上之所好，下必随之，此文一行，恐致风靡，轻薄成俗，非为国之利"，坚不奉诏，并以死谏为辞。这件事充分证明了在唐初的文人学士心态实不同于梁陈文人。至于说中唐以后翰林学士之渐掌权柄，情况从同。由李珏的言论中就可以看出来：李珏不赞成文人，却颇欣赏翰林学士。翰林学士虽亦"皆有文词"，却不能与一般文人等量齐观，因为他们是文人又非文人。这种文人的两类区分，在唐代是极为普遍的看法，详见后文。所以说，只将唐人尚文的原因推溯到官制上，并非探本之论，亦忽略了实际的状况。

说诗人为穷薄之士，昧于识理；二是说提倡文学，可能会玷黯皇化。让我们就这两方面来分析。

白居易曾经很自负地说："天地间有粹灵气焉，万类皆得之，而人居多；就人中，文人得之又居多。"（《故京兆元少尹文集序》，《白氏文集》卷五九）文人之高贵神圣，其自许如此。杨嗣复说："唐有天下二百二十载，用文章显于时，代有其人。然而自成童就傅，以及考终命，解巾筮仕，以及钧衡师保，造次必于文，视听必于文。"（《丞相权德舆文集序》，《文苑英华》卷七〇七）唐代文人地位之高、文学崇拜贯穿于一切人文社会活动中又如此。

然而，由于前文所分析的各种原因，文人在唐，实际遭逢却并不是那么泰顺崇高。社会上普遍在敬畏、崇拜文人的同时，也批评文人轻薄，批评文人整天哭穷，乞求"知己怜恤"，徇于外物。[①]文人本身，则一再感叹"文能穷人"，"文章憎命达"。白居易《序洛诗》云"世所谓文士多数奇，诗人尤命薄"，孙樵《与贾希逸书》亦云"物之精华，天地所秘惜。……抉而不已，椟而不知止，不穷则祸，天地仇也。文章亦然。所取者深，其身必穷"（《孙樵集》卷二）。他们虽如此宽慰自己，但文人，多半是只会写文章而对世事人情无知无能的人，他们的世界就是文字所构筑的宇宙，他们的生命则流遁于此一宇宙之中，俯仰歌哭，发引性灵。感性生命之发舒，固然极为淋漓酣畅，理性化的态度却明显地不足，故李珏云诗人穷薄，且昧于识理。

其次，文人的行径以及文学的功能，往往与名教相悖，是社会上

---

① 杨绾《条奏贡举疏》云：文士"争尚文词，互相矜炫。……祖习既深，奔竞为务。矜艺者曾无愧色，勇进者但欲凌人，以毁讟为常谈，以向背为己任。投刺干谒，驱驰于要津；露才扬己，喧腾于当代"（《全唐文》卷三三一），贾至议其疏，亦以其说为然（卷三六八）。其余类似批评，不胜枚举。

普遍的感觉。李珏站在朝廷主政者的立场，批评文士有玷皇化，不能担负政治职责，亦理之所固然。盖“文”与“行”的冲突或紧张关系，在唐代是极容易感受到的。《全唐文》卷四三三有刘峣《取士先德行而后才艺疏》，谓“国家以礼部为孝秀之门，考文章于甲乙，故天下响应，驱驰于才艺，不务于德行”，“行有余力，则以学文。今舍其本而循其末”，故建议皇帝先德行而后才艺，以改善风俗。贞元二十一年礼部策问，题目中也有一条说：

> 问：言，身之文也。又曰：灼于中，必文于外。司马相如、扬雄藉甚汉庭，其文盛矣。或奏琴心而涤器，或赞符命以投阁，其于溺情败度，又奚事于文章耶？至若孔融、祢衡，夸傲于代，祸不旋踵，何可胜言！两汉亦有质朴敦厚之科，廉清孝顺之举，皆本于行而遗其文，复何如哉？为辩其说。

显然题旨就是要应考者从行重于文的角度来立论。可见文士无行，在当时被看成个大问题。[①]另一个问题，则是这些败坏风俗的文人所写的文章，也不利于王化名教。柳冕曾感叹“逮德下衰，文章教化，扫地尽矣”（《答徐州张尚书论文武书》，《全唐文》卷五二七），又说：“王泽竭而诗不作，骚人起而淫丽兴，文与教分而为二。”（《答荆南裴尚书论文书》）他认为古先圣王之文章，是根本于教化，也以教化为功能的，可惜后世文人多昧于此义，以致“文多道寡，斯为艺矣”，文学仅成为一种技艺而已。尚衡《文道元龟》也说：“今之代，其多词士乎！代由尚乎文者，以斯文而欲轨物范众，经邦叙政，其难致乎化成，悲夫！”（《全

---

① 身为文家的李华，也曾感慨世风不竞，希望作者能“文顾行，行顾文，此其与于古欤！”（《全唐文》卷三一五）

唐文》卷三九四）他们都一致主张文学不只是写出一篇漂亮的文章，“彩饰其字”就够了，还必须是有关于教化的。

这种指责，实不难于理解，因为文学既具有神圣性，它便有指明真理的力量与性质。它是文字的构成，但它又具有真理性，能示人生以准则与方向。方向，就是道；示人生以准则，就是教化的功能。

文学及文人，未能让人觉得它们已达成了这个功能，人们的文学崇拜便不免减退了热情，对文人与文学便不免要抱怨。而文人为了要重振文学的声威，自必针对这些批评，努力地将文学与道结合起来，说文学不只是一门技艺，古人的好文章，都是能与道合一的，都是具有教化功能的。[①]例如：

> 若圣与贤，则其书文皆教化之至言也。徒见其纤靡而无根者，多绐曰文与艺，呜乎！
>
> （独孤郁《辩文》，《全唐文》卷六八三）
>
> 汝勿信人号文章为一艺。夫所谓一艺者，乃时世所好之文，或有盛名而近代者是也。其能到古人者，则仁义之辞也。恶得以一艺而名之哉？
>
> （《寄从弟正辞书》，李翱《李文公集》卷八）
>
> 国家化天下以文明，奖多士以文学，二百余载，文章焕焉。然则述作之间，久而生弊。……古之为文者，上以纫王教，系国风，下以存炯戒，通讽谕。故惩劝善恶之柄，执于文士褒贬之际焉。
>
> （《议文章》，《长庆集》卷四八《策林六十八》）

① 李舟《独孤常州集序》记载他父亲哀叹独孤及等人早逝时，曾说：“岂天之未欲振斯文耶！”振斯文，正是他们共同的愿望。

他们不满于唐代本身的文风，都向往文学与道相合，文学能有教化功能的古圣贤之文。在这种情况之下，古文运动便顺理成章地出现了。古文运动的主张，诸如强调文以明道，强调“文者，必有诸其中”（韩愈《答尉迟生书》），强调“宜师古圣贤人”（《答刘正夫书》）等等，虽较集中地出现于韩愈、柳宗元等人的言论中，但韩柳等人只是较突出地表现了这一思考路线的代表人物而已。这一条批判近代文人与文学，以重振或保住文学神圣性威望的思潮，乃是中晚唐极普遍的思路。①让我引几则文献来证明：

痛骂近代文学之弊者，如李舟《独孤常州集序》云：“不肖者得其细者，或附会小说，以立异端，或雕斫成言，以裨对句，或志近物而玩童心，或顺庸声以谐俚耳。其甚者，则矫诬盛德，污蔑风教，为虫为蠹，为妖为孽。噫！文之弊有至是者，可无痛乎！”他欣赏的，是“宪章六艺，能探古人述作之旨”。吕温撰《人文化成论》，又痛责：“必以章句翰墨为人文，则陈后主隋炀帝，雍容绮靡，洋溢编简，可曰文思安安矣，何灭亡之速也。……文之时义其大矣哉！焉可以名数末流、雕虫小技厕杂其间耶？”（《吕和叔文集》卷十）韦筹《文之章解》亦言人文化成，亦云：“使章不自人文也，天下孰观而孰化？”（《唐文粹》卷四六）这类主张，岂不是皮日休的先声吗？《皮子文薮》卷三《原化》曰：“圣人，其道则存乎言，其言则在乎文。”卷九《请韩文公配飨太学书》又称赞韩愈之文辞“无不裨造化，补时政”。他也称赞白居易，理由一样是“吾爱白乐天，逸才生自然。谁谓辞翰器，乃是经纶贤。欻从浮艳诗，作得典诰篇。立身百行足，为文六艺全”（卷十《七爱诗》），“元

---

① 白居易曾用了个生动的譬况：“稂莠秕稗生于谷，反害谷者也；淫辞丽藻生于文，反伤文者也。故农者耘稂莠，簸秕稗，所以养谷也。王者删淫辞，削丽藻，所以养文也。”（《策林六十八》）

白之心，本乎立教”（《论白居易荐徐凝屈张祜》，《全唐文》卷七九七）。到了《旧唐书》，评元白优劣，亦以“就文观行，居易为优”立论。牛希济《文章论》则继续痛骂：“浇季之下，淫靡之文，恣其荒巧之说，失于中正之道。……今国朝文士之作，……然忘于教化之道，以妖艳为胜，夫子之文章，不可得而见矣。古人之道，殆以中绝。”（《全唐文》卷八四五）

这些意见，构成了一种时代思潮气氛，批判近代之文（这个近代，可能即指唐朝，也可能上推至六朝，更可能是指“唐尧以下”或“三代以降”），希望恢复古代圣贤之文，使文能具教化之道，能以此人文化成天下。古文运动的提倡者，正好以其理论具体说明了这一思考倾向。故李汉云：“文者贯道之器也。不深于斯道，有至焉者否也。”（《昌黎先生集序》）韩愈说：“愈之所志于古者，不惟其辞之好，好其道焉尔。”（《答李秀才书》）“学古道则欲兼通其辞，通其辞者，本志乎古道者也。”（《题哀辞后》）李翱也说：“言语不能根教化，是人文之纰缪也。”（《杂说上》）

他们都要重振文学的声威，但采取的是与反对文士者一致的态度，使用的是与批判文学者一样的理由，他们是反文学以昌大文学。如柳宗元就说文章是末，是艺，为文者应深植根本，并即末以操本：“仆之为文久矣。然心少之，不务也，以为是特博奕之雄耳。”（《答吴武陵论非国语书》，《柳河东集》卷三一）“今之世言士者先文章，文章士之末也。然立言存乎其中，即末而操其本，可十七八，未易忽也。”（卷三十《与杨京兆凭书》）“今世因贵辞而矜书，粉泽以为工，遒密以为能，不亦外乎？”“圣人之言，期以明道。”（卷三四《报崔黯秀才论为文书》）“大都文以行为本，在先诚其中，其外者当先读六经，次《论语》、孟轲书皆经言。”（同上，《报袁君陈秀才避师名书》）这种反文学的论文方式，最典型的例证，就是他的《非国语》。《非国语序》说得好：“左氏《国语》，其文闳深杰异，固世之所耽嗜而不已也。而其说多诬淫，不概于圣。余惧世之学者溺其文采而沦于是非，是不得由中庸以入尧、舜之道，本诸理，作《非国语》。"（卷四四）后序又云："以彼（《国语》）庸蔽奇怪之语，而黼黻之，金石之，用震曜后世之耳目。而读者莫之或非，反谓之近经。则知文者可不慎耶？"皆批判文采之美而期以义理之正。以此论文，文遂不仅为一文学技艺，而应为见道之言；文人亦不仅为一能书写漂亮文章的人，其本身便应是见道之人，是有德行又有能力施教化于天下的人。

如此，则文与行合一、文与教合一，如顾况云"文顾行，行顾文，文行相顾，谓之君子之文"（《文论》,《全唐文》卷五二九），权德舆云："贯通之以经术，弥缝之以渊元。其天机与玄解，若圬鼻而斫轮。岂止文也，以宏诸立身。不如是，则非吾党也。"（《醉说》）文是法言、君子之言，文人即是君子。

这些君子，写文章，但又不只是在写一漂亮文章而已，乃是为了对时代社会有益，对圣贤之道有所发明，故白居易云，"总而言之，为君、为臣、为民、为物、为事而作，不为文而作也"（《新乐府序》），韩愈亦自称"其所著皆约六经之旨而成文，抑邪与正，辨时俗之所惑"（《上宰相书》）。

总之，在一个文学崇拜的社会中，新兴的文士阶层必须费力地为自身之价值辩护。他们承认批评者所指陈的各种弊病，但采取一种特殊的论理策略，说：那些毛病，正是"文之弊"；理想的文，则不仅与批评者所期望的名教王化、圣贤之道不相冲突，甚且正是文所应该具有的性质与功能。以此消解批评者的攻击，也巩固了文的尊严，体现了文学活动的价值以及未来从事文学创作所应遵循的方向。它能形成一股势力强大的运动，实非偶然。

九 “道/艺”“文/教”之间

这一运动，是建立在“文”的双重区分上的。他们必须分辨真正的文与偏弊之文，高一层的文与低一层的文，古之文与近世之文，圣贤之文与世俗之文，君子之文与小人之文。批判后者而推崇前者，以前者为遵法之对象。元结《刘侍御月夜宴会序》说“呜呼！文章道丧久矣。时之作而烦杂过多，歌儿舞女，且相喜爱，系之风雅，谁道是耶？诸公尝欲变时俗之淫靡，为后生之规范”（《次山文集》卷七），可为一时实录。①

要达到人文化成的功能，写出君子之文，作者必须学古、读书、诚乎其中……做各种工夫，使自己不只是一个“文人”。这样的文学区分，以及这种对创作者本身修养上的要求，逐渐扭转了唐代文人的创作形态。唐代文学那酣畅淋漓、歌舞尽气，表现出浓厚而强烈感性生命强度的特色，渐渐转化为理性的、矜慎的、具深刻历史文化感的写作风格，形成了宋代文学发展的基本形态。②溷迹于北里南康，与无赖少年同狎歌儿舞女的唐朝文人，逐渐与世俗隔离了，批判流俗成了他们的工作，不染一点尘俗是他们向往的境界。这是因为文学的神圣性增强了，文人的地位也更加尊贵或理性地自尊自重了，所以“雅俗之辨”就变得更重要了。文学批评的标准，也从看重文学技巧，而转到要求“格高、气正、体贞、貌古、词深”上来。皎然《诗式》即曾列“跌宕格二品”，一是越俗，二是骇俗。另有“淈没格”，是淡俗，要求似荡而贞、虽俗而正。只有戏俗是“调笑格”：“此一品非雅作，足以为谈笑之资矣。”这种逆俗以求高古、求高逸的作风，难道不是中晚唐五代以至宋代文学

---

① 所谓歌儿舞女且相喜爱，是指文士溺于声色歌伎。一般认为唐代文学与歌伎关系甚为密切，此乃文士情欲生命放纵的结果。

② 唐型文化与宋型文化的区分，详见龚鹏程：《知性的反省：宋诗的基本风貌》，《文学与美学》。

艺术发展的主调吗？①

这种区分及发展，势必带来一种轻视文采的风气，或者说它本身就是在否定文采华藻之价值的思维中形成的。认为光会写一手漂亮的文章还不够，文章除了字面漂亮之外，还得有深刻的内容。而文章要有内容，作者就不能只锻炼文字技巧，他必须培养自己丰厚的内涵，以作者内在的人格品质，来保障文章的价值。这是由文字层面再进一步的要求。但这种要求常会倒过来说：文字不重要，内容才重要；只要有好内容，文章自然高妙。②

此即以道废艺或重道轻艺的走向。皎然《诗式》说“曩者尝与诸公论康乐为文，真于性情，尚于作用，不顾词彩，而风流自然”云云，即此类想法。柳宗元曾批评某些人因“圣人之言，期以明道”，遂至“学者务求诸道而遗其辞”（《报崔黯秀才论为文书》），大概就是这类想法所形成的流弊。因为这种重道轻艺的想法，可同时发展成强调作者修养论的文学创作观，使文学表现出一种不执着于语言文字层面的超越形态；也能发展为否定文学价值的反文学理论。前者可以宋代江西诗社宗派为代表；后者则是宋朝道学家普遍的态度，不是说“文似相如反类俳”（吕大临《送刘户曹》），就是自称作诗“信手题诗不用工”（邵雍语）。前者固然对文学的发展大有助益，后者却对文学的生命不无斫伤。

---

① 皎然《诗式·明势》云：“高手述作，如……古今逸格，皆造其极矣。”逸格的提出，乃是中晚唐文学艺术共同的走向。诗如此，书法与绘画则李嗣真已提出逸品，经张彦远、黄休复继续强调，影响深远。文章方面也一样，强调“曷可俯仰于俗，嚣嚣为多言之徒哉？”（张籍《上韩昌黎书》）

② 另一种危机则是形式与内容两分之后，常把形式视为表达内容的工具。文以明道，乃进一步发展为“文以载道”。把文字形式譬喻成车子，用车子来载负内容（道），传递给读者。这是一种反文学的观点，文学只有工具性价值。但从另一方面说，此亦形成了宋代得意忘言的文学思考路向。详见龚鹏程：《江西诗社宗派研究》，文史哲出版社，1983年，188页。

而且正因为这一路思想如此轻蔑文学，也引发了宋明几百年文学家与道学家争哄不睦的局面，殃及家国。①

以道废艺之结果如此。反过来看，唐代这一思潮会不会形成另一种极端呢？会的。

在古文运动中，韩柳其实都是道艺兼及的论理结构。认为道与辞不可偏废，且要由辞以通于道，以辞明道。故韩愈在《答尉迟生书》中，在强调了“所谓文者，必有诸其中，是故君子慎其实”之后，立刻接之以“体不备不可以成人，辞不足不可以成文”。《答陈生书》又云“愈之志在古道，又甚好其言辞”，此与《答李秀才书》说“愈之所志于古者，不惟其辞之好，好其道焉尔”，正是互文见义，足以证明他是辞道兼重的。故《题哀辞后》说：“学古道则欲兼通其辞，通其辞者，本志乎古道者也。”

但是，这种兼通道艺的理论，也很容易滑入独重辞艺的路子上去。因为不但通其辞是必需的，志于道仍然只能通过“通其辞”来。于是，一切都仍是辞艺上的事，求道云云，竟成门面语矣。韩愈《答刘正夫书》说：

> 汉朝人莫不能为文，独司马相如、太史公、刘向、扬雄为之最。然则用功深者，其收名也远。……今后进之为文，能深探而力取之，以古圣贤人为法者，虽未必皆是，要若有司马相如、太史公、刘向、扬雄之徒出，必自于此，不自于循常之徒也。若圣人之道，不用文则已，用则必尚其能者。……有文字来，谁不为文？然其存于今者，必其能者也。顾常以此为说耳。
>
> （《韩昌黎集》卷三）

---

① 黄明理《“晚明文人”型态之研究》第三章，曾对宋代以下文人与道学的争执，做了一些考察，可以参看（台湾师大“国研所”硕士论文，1989年）。

所谓“为文必尚其能者”，尚文之旨，跃然纸上。且其所效法者，乃是司马相如、扬雄等。这些人不正是常被取来作为文人无行之证例的吗？此即可以想见韩愈所谓“以古圣贤人为法”的真正含义是什么了。韩愈弟子皇甫湜说得更清楚，“夫文者非他，言之华者也”，“而以文为贵者，非他，文则远，无文则不远也”，“夫绘事后素，既谓之文，岂苟简而已哉”，“秦汉以来，至今文学之盛，莫如屈原、宋玉、李斯、司马迁、相如、扬雄之徒，其文皆奇，其传皆远”(《答李生第二书》，《皇甫持正文集》卷四)。他虽然也扯些文章作用在于通显义理之类话头，但是，屈原、宋玉、李斯、司马相如、扬雄等人，能算得上是“通至正之理”的人吗？他与李生辩论道：“生以松柏不艳比文章，此不知类也。凡比必于其伦。松柏可比节操，不可比文章。大人虎变，君子豹变，此文章比也。有以质为贵者，有以文为贵者，引茅屋越席，易黼藻玄黄之用，可乎？”(《与李生第三书》)更是明显地把“节操/文”“质/文”对立起来，强调文学作品就是“言之华”，就应该文采美艳。其后孙樵亦教人深思：“鸾凤之音必倾听，雷霆之声必骇心。龙章虎皮，是何等物？日月五星，是何等象？”(《与王霖秀才书》，《孙可之集》卷二)。

虎豹之异于犬羊者，依他们看，不只是虎豹与犬羊本质不同，更在于其文采即已不同了。他们都喜欢引用这个例子来说明文辞的重要性，避免走上重道轻艺的路子上去。①此其所以仍为文学家，而非道学家。

这条脉络，据孙樵说，是“樵尝得为文真诀于来无择，来无择得之皇甫持正，皇甫持正得之于韩吏部”，可算得上是古文家的正统。然其重辞也如此。无怪乎后来清代包世臣要说：

---

① 李翱《答朱载言书》亦云：“仲尼曰：‘言之无文，行之不远。’子贡曰：‘文犹质也，质犹文也，虎豹之鞟，犹犬羊之鞟。’此之谓也。”“义虽深，理虽当，词不工者不成文。”(卷六)

> 自唐氏有为古文之学，上者好言道，其次则言法。说者曰：言道者，言之有物者也；言法者，言之有序者也。然道附于事而统于礼……其离事与礼而虚言道，以张其军者，自退之始。而子厚和之。至明允、永叔乃用力于推究世事，而子瞻尤为达者。然门面言道之语，滌除未尽。以致近世治古文者，一若非言道则无以自尊其文，是非世臣所敢知也。
>
> （《艺舟双楫·与杨季子论文书》）

韩愈之道求道，乃是在文字上求；后世古文家好讲道，也只是门面语，包世臣是看得极为清楚的。此即所谓独重辞艺。这一脉络的发展，当然也影响深远。

但不论重道、重艺或兼重道艺，中晚唐之反省文学发展及文人处境者都不能避开“道”的问题。故论文都不能不从圣贤、经典上谈下来。这是因为朝廷官学本以经学为主，文学既盛，经学遂束诸高阁，明经科之渐衰，只是其中现象之一。批判文学与文士者，往往企图恢复经学的力量，来修正被文学崇拜弄坏了的社会风气。如柳冕《谢杜相公论房杜二相书》说：“伏维尊经术，卑文士；经术尊则教化美，教化美则文章盛，文章盛则王道兴。”（《全唐文》卷五二七）尊经术，正是改善不良社会风气、打压文士气焰的好办法。但是这不是“经术/文学”对立冲突的问题，柳冕的话讲得很明白：他是通过尊崇经术，卑抑文士，来追求文章昌盛的。他这种论文态度，我们在前文已有详细的说明，乃一时风气如是。[①]然此一论文方式之可注意者，即在于如此论文，必然使得经学得以复振。

韩愈《寄卢仝》云：“先生事业不可量，惟用法律自绳己。春秋三

---

① 从陈寅恪以后，论唐史者，喜欢从“经学/文学”“世族/文士”的对立格局中观察唐代后期政治的发展。这一粗糙的分析架构，理应放弃了。

传束高阁，独抱遗经究终始。”（《诗集》卷七）卢仝不过一文人耳，韩愈却夸他能钻研六经。他自己则更是在六经中“沉浸醲郁，含英咀华”。所以李翱又称颂他“六经之风，绝而复新，学者有归，大变于文”（《祭吏部韩侍郎文》，《李文公集》卷十六），认为他就是通过经学来变革文风的代表人物。后来皮日休则把他跟文中子连起来谈，说：

> 仲尼之道，否于周秦而昏于汉魏，息于晋宋而郁于陈隋。……夫孟子荀卿，翼传孔道，以至于文中子。……文中子之道，旷百祀而得室授者，唯昌黎文公之文。
>
> （《请韩文公配飨太学书》，《皮子文薮》卷九）

文中子讲经学，但不是直接讲经的经生，韩愈也不直接讲经学，而是自称用文章发明六经之道。文中子以礼义为文，批判文人，韩愈也是如此。故二人确有类似之处。但古文运动之究论经学，并不只为了阐明经义，亦是为了写好文章。这一点前文已有剖析，可见它与文中子之学或孔孟之道毕竟仍有距离。而另一个更大的距离，则在于他们常会顺着尊经术以求文章盛的思路，再谈到“文章盛则王道兴”。

在这一思考路向中，文学与王道教化被期待为合一的。文以教化、文以明道，既是理想的文学功能，那么，一位理想的文学家，便在他能写出好文学作品的同时，也保证了他也是一位能担任政教重任且应该担任这种职责的人。皮日休云“所望标文柄，所希持化权”（《七爱诗》），即此一理想之说明。

然而，此一先验的保证，在现实世界却往往不能实现。文人很难位踞要津，手握天下治化之权。此所以不免时有嗟怨，感伤不遇，叹惜失位。自觉应该担任政教重任，却不能担任，形成了文人心中最愤懑不平，且恒觉生命未能完成的痛处，影响文人性格最大。因权位乃理所应得之物，自将勇于进取；终究未能持得治化之权，则叹老嗟卑、郁郁愤愤。①而且所谓文人之能担当治化责任是先验的认定，文人遂常常把世事看得太容易了，以为凭他能写几篇文章，就能“致君尧舜上，再使风俗淳”，自高自大，自以为是，认为天下之不治，都是由于没有重用他的缘故。

除了这个问题之外，文人“所希持化权”也可能出现文人依附王权的结果。因为文人教化风俗的权柄，乃是神圣性的权力。文能明道，文

① 一、刘禹锡《彭阳唱和集引》云：“丞相彭阳公，始由贡士以文章为羽翼，怒飞于冥冥；及贵为元老，以篇咏佐琴壶，取适乎闲宴。……鄙人少时，亦尝以词艺梯而航之，中途见险，流落不试，而胸中之气伊郁蜿蜒，泄为章句，以遣愁沮。……虽穷达异趣，而音英同。”（《外集》卷九）文人之穷与达，视官爵而定，刘氏之言，已明白说出了他们把文章作为敲门砖的作用。

二、文人未必能“由篇章以跻贵仕”（刘禹锡《董氏武陵集序》），是一事实。当时文人既多怨悱，故又特别注意文人不偶之事，辄将失意文人引为同调，如白居易《与元九书》云“诗人多蹇，如陈子昂、杜甫，各授一拾遗，而迍剥至死。李白、孟浩然辈，不及一命，穷悴终身。近日孟郊六十，终试协律。张籍五十，未离一太祝”；孙樵《与贾希逸书》云：“文章，……所取者深，其身必穷。六经作，孔子削迹不粒矣。……元结以《浯溪碣》穷，陈拾遗以《感遇》穷，王勃以《宣尼庙碑》穷，玉川子以《月蚀诗》穷，杜甫、李白、王江宁，皆相望于穷者也。”其实卢仝、王勃之穷，另有原因，文章并非直接因素，但在当时的思考模式下，遂全归诸文章憎命了。当时他们甚至虚构了一些文人因诗文被摈见绌的故事。另详443页注②。

三、中唐以后发展出“诗穷而后工”之说，具体地解释了文人不遇的原因，并增强了文人的自尊，故提出后即大为风行。另详张健：《诗穷而后工说之探究》，《中国文学批评论集》，天华出版社，1979年，23—91页。但该文有些意见与本文并不一致。

四、“诗穷而后工”观念之兴起，代表中国文学观之大转变。早期一般认为文学与时代治乱盛衰及文人之遭际是一致的，盛世之文学为正、为盛，衰世之音为变、为衰。遭际好的文人，写出来的作品也必然雍容平和，评价也高；反而是遭遇不好的文人，作品多衰飒凄苦之声，被认为不值得效法。现在却倒过来，说文人穷，文章才能写得好，做大官而能写出好作品的很少。文学作品的内容，竟也以叹老嗟卑为常态了。

士能写此明道贯道之文，故其权柄，系因其拥有道，具有能够明道的能力，而获得的“道的解释权”。必须由他们来彰显道。这是一种类似西洋中古时期教会中传教士的神圣性权柄，并非世俗主权力地位。

然而，唐代的文人集团却不比西方教会，可以形成一独立于世俗王权之外的神圣性宗教组织，甚至可以对抗或支配王权。唐代的文人阶层，基本上是在世族结构逐渐崩溃瓦解中出现的知识阶层。此一知识阶层的出现，与皇室以科举制度重建了一社会阶层化标准，有密切关系，即所谓“卿等不贵我官爵耶?”故唐代知识分子，终究很难脱离爵禄，很难脱离皇权体系。即使隐逸，也是“终南捷径”的形态。这是唐代知识阶层特殊的性格，与其发展之历史条件有关。这样的知识阶层在一文学崇拜社会中，虽逐渐转化成文人阶层，它与皇权体系的根本关系却没有什么变动，不可能形成一股独立的力量。所以，唐代文人很难反省到风俗教化未必要与皇王治道关联起来讲，文人要表现其教化权力，事实上应该在皇权之外建立起一个文化权威的体系，来实施其软化世俗的力量。换句话说，文化教化，是“道”的事；皇王政治，是“势”的问题。固然道不必非尊于势不可，但道与势毕竟不宜混为一谈。

可惜唐代文士们并不作此想。他们认为近世之文弊与世乱，即是由于文与教分开了；改革之道，端在文教合一，且均应由王者出。从天宝末年元结《二风诗论》开始，便将目光盯在帝王身上，颂尧舜禹殷，宗周成王之善，悯太康桀纣周幽赧之恶，“欲极帝王理乱之道，系古人规讽之流”(《次山文集》卷一)。尚衡《文道元龟》亦期盼文章能“轨物范众，经邦叙政”。崔元翰《与常州独孤及使君书》则明确地说“治平之主，必以文德致时雍；其承辅之臣，亦以文事助王政”，“为天子大臣，明王道，断国论，不通乎文学者，则陋矣”(《全唐文》卷五二三)。此与崔祐甫《齐昭公崔府君集序》云“国之大臣，业参政本，发挥皇王之道，必由于文”（《全唐文》卷四〇九），显然都指陈了文学与现实政权紧密的关联：君王运用文来治国，大臣运用文来辅政。故好的臣工应善属文，好的君王也必善于运用文。否则，必将使“有国者无以行其刑政”（李舟《独孤常州集序》）。

如此一来，文士们一方面盼望君王右文行政，另一方面自己又想成为掌握“行其刑政”的大臣，把礼乐的教化权柄，跟施政主政的权柄联结为一体。刘禹锡《唐故相国李公集》云：

> 文之细大视道之行止。故得其位者，文非空言，咸系于讦谟宥密。庸可不纪？惟唐以神武定天下，群慝既詟，骤示以文，韶英之音与钲鼓相袭。故起文章为大臣者，魏文贞以谏诤显，马高唐以智略奋，岑江陵以润色闻，无草昧汗马之劳，而任遇在功臣上，唐之贵文至矣哉！后王纂承，多以国柄付文士。元和初，宪宗遵圣祖故事，视有宰相器者贮之内庭。繇是，释笔砚而操化权者十八九。
>
> （《刘梦得文集》卷二三）

文人而能持化权、为宰相，实是他们梦寐以求的。他们对自己既有此期待，对君王同样也希望他能政教合一。韩愈说得非常明白：

> 斯吾所谓道也。……尧以是传之舜，舜以是传之禹，禹以是传之汤，汤以是传之文武周公，文武周公传之孔子，孔子传孟轲。……由周公而上，上而为君，故其事行。由周公而下，下而为臣，故其说长。
>
> （《原道》）

尧舜禹汤文武周公，都是君，君而行道，是有其位，故其事行。孔子、孟子以下，君不行道，得道者皆在下位之人，故只能说说而已。所以他希望君王能效法古先圣王来行道，并公然宣称："帝之与王，其名号殊，其所以为圣一也。"（《原道》）

如此原道，实在大非孔孟之道。孟子说："古之贤王好善而忘势，古之贤士何独不然？乐其道而忘人之势，故王公不致敬尽礼，则不得亟见之。见且由不得亟，而况得而臣之乎？"（《尽心上》）曾子也说："晋楚之富，不可及也；彼以其富，我以吾仁。彼以其爵，我以吾义。吾何慊乎哉？"（《公孙丑下》）道与势不是一回事，君王帝皇只是有位，岂能便说他们就是圣人？文人不能自尊其道，不知在道德文化权力上，他们要远高于君王；反而要依君王臣工之位，来规定行道的职责。实在是岂有此理。孟子说得好："以位则子君也，我臣也，何敢与君友也？以德则子事我者也，奚可以与我友？"（《万章下》）臣之对君，理应如此。而君王，也未必有权行礼乐，《中庸》即曾说："虽有其位，苟无其德，不敢作礼乐焉。"

可惜韩愈等人未能思虑及此。他们讲孔孟，讲要恢复圣人之道。然而，他忘了孟子曾说过"孔子贤于尧舜"（《公孙丑上》）。做一个文化人，只着眼于君王推动礼乐政刑之利，而感伤孔子以下因未能结合政治权势故道不能行，实在是短视的。政权屡有更迭，文教礼乐之权却并不随帝王朝代而转移，巴巴地希望借政权以推展礼乐文教，反而是窄化了文教礼乐的内涵，徒然使礼乐文教成为政治的工具。其次，儒家传统上是说：在理想的状况下，有德者应有位。"孔子当圣王"，"为天下"（《墨子·公孟》引）。现在却倒过来，说有位者即有德，君即是圣；或有位者应有德，王者应施行礼乐文教。这本身即是传统儒学之异化，走到它的反面去了。[①]唐朝中叶以后，君权之逐渐集中与加强，以致入宋以后形成那样的君权政治，虽有其他政治、社会原因及官制之变迁使然，但知识阶层文人意识中这种政治态度，恐怕才是最深刻且具关键性的力量与原因。[②]

十　社会生活的文学化

总之，在社会文学崇拜中发展起来的唐代文人阶层与文学思想，是极复杂的。不仅具体影响着文学活动本身，更影响着整个知识阶层和政治行为。

在这一趋势中，特别值得注意的，就是类似上文我们所批评的：文学的神圣性权威（皇甫湜《题浯溪石》："文于一气间，为物莫与大"）被等同于世俗政治权威。这显示了中晚唐文人一种奇怪的处境。即他们一方面是绝俗超举的、神圣性的，但另一方面，他们又同时是世俗的。

前文曾指陈：文人高自标置，瞧不起流俗，但其生命形态却常是世俗化的。又说文学在中唐以后，力辨雅俗，以求高格，为其主要趋势，发展至北宋中叶，遂有"诗到无人爱处工"之说，希望做到"若不食人间烟火语"，"笔下无一点俗尘"。然事实上，文学之世俗化亦同时在进行着。在文学家写作活动中数量最多的，如墓志、赠序、书启之类，也全是应世谐俗的东西。应接酬酢，往往连篇累牍。这不也都显示了世俗与绝俗的两重性吗？

① 严复曾有《辟韩》一文，对韩愈的君臣观大为挞伐。

② 社会原因，是世族社会瓦解后，君权不再有一稳固的社会阶层予以抗衡。政治原因，是唐代末期的藩镇之乱，使得地方分权不再受到支持。官制上的原因，则是唐中期以后三省制被破坏，宰相备位而已，翰林学士逐渐成为政治运作的核心，但翰林学士等是皇帝的秘书，权力乃逐渐集中于帝王一人。

事实非常明显：文学，作为一种崇拜对象，它必须是神圣的、超越世俗的；但正因为它为世俗所崇拜，它不能不活在世俗之中，世俗必须参与文学，文学也必须要能让世俗参与到、体验到。就因为世俗都努力地去参与，热衷于体验文学经验，文学的活力才能持续，文学崇拜才能深入社会各个阶层与角落。

顺着这个原理来看文学发展及文人活动，情形就非常清楚了。整个古文运动，是要把文提高到“道”的层次，而其语言策略则是“务去陈言”或复秦汉之古。这当然表示了他们将文学神圣化的企图，务求其勿同于时俗。[①]但若细予推敲，所谓“古文”，实在要比骈文更接近自然语言，亦即更接近世俗语言。当时“应事为俗下文字”的，固然是骈文，然古文运动却是以比骈文更应世谐俗的方式去改革时文。

这是语言上的状况，再看文的性质。依六朝文笔之辨的区分来说，文是“绮縠纷披，宫徵靡曼，唇吻遒会，情灵摇荡”（《金楼子·立言篇》），“吟咏风谣，流连哀思”；笔则指章奏书表一类应用文字。古文运动，恰好是以六朝之所谓“笔”者，去反对六朝之所谓“文”者。此类文字，不但更便于处理世俗事务，也必须面对世俗事务，因为它比较上不在于抒发作者之性灵，而在于表达作者对人物世事之观察与意见，描述作者在社会网络中活动之痕迹。这种文章，要写得好，往往不是靠才华与性情，而须仰赖作者对社会、对人情世故的理解，以及如何把这种意见恰到好处地说出来。这与我们在社会上做事时，说话应对必须措

---

① 韩愈《题哀辞后》云：“愈之为古文，岂独取其句读不类于今者耶？”古文运动之古文，固不仅是一种句读不类于时文的文章；但在其语言策略上，正是要写一种句读不类于时的文章。这种策略，实有标新立异的心理在，刻意为之，使与时异，故《答刘正夫书》云：“夫百物，朝夕所见者，人皆不注视也；及睹其异者，则共观而言之。夫文，岂异于是乎？……若皆与世浮沉，不自树立，虽不为当时所怪，亦必无后世之传世也。”

辞得宜是一样的。①

论者对于古文运动，不是没有注意到这以“笔”代“文”的变动，但没有办法说明这种转变显示了什么意义。郭绍虞的研究则认为古文运动既以笔代文，则原先的文便归之于诗，以致原先的文笔之分，变成了诗文之分。②这固然不错，但是诗也在变。杜甫韩愈以后的诗，也不再是“流连哀思，摇荡性灵”的形态，而是“博涉世故”（沈德潜《说诗晬语》）的，人情物理，洋溢于笔端，故逐渐发展而出现宋诗。③换句话说，诗与文一样，都在以超越流俗的方式，曲成了文学的世俗化，或者说，他们也同时以更谐应世俗的方式，来超越流俗，达成高雅脱俗的效果。④“谐俗”与“脱俗”是同时成立的。

---

① 《红楼梦》第五回描写秦可卿领着贾宝玉去一间房子里憩息，屋里挂着一副对联：“世事洞明皆学问，人情练达即文章。”这是后来社会上极为通行的对联，文章与人情练达的关系，这副对联讲得最清楚了。

② 详见郭绍虞:《试论古文运动——兼谈从文笔之分到诗文之分的关键》,《照隅室古典文学论集》，丹青公司重印本，1985年，491—521页。

③ 杜甫诗被后世某些复古派批评为变体，理由亦即在此。另详龚鹏程《江西诗社宗派研究》对唐诗转变到宋诗的分析，107—109、161、171—172页。

④ 一、曲成，是用《庄子·天下》“人皆求福，己独曲全”，“范围天地而不过，曲成万物而不遗”之意。曲成曲全，谓以不求而得成全某事。

二、古文运动，以更接近世俗的方法，达成高雅的效能。柯庆明《从韩柳文论唐代古文运动的美学意义》一文论之甚详。他认为古文运动者往往脱离了骈文原有华靡典丽的美感范畴，触及卑下俚俗甚至臭腐的经验意象，并用心于物态人情的刻画与描写，以致形成一种令人惊异的“奇怪之辞”，且又由此引申出雅正的教化功能与主题，以蕲文章有益于世（《第一届国际唐代学术会议论文集》，台湾学生书局，1989年）。这个分析是准确的。但他说如此形成的，是一种介乎高雅与卑俗之间的“中间文体”。“中间文体”一词，恐不足以涵括这既高雅又世俗，既卑俗又脱俗的文体与运动趋向。它是不落两边，却又不离两边的，超俗与卑俗同时存在。而且，此一状况又不仅古文运动如此，我们能不能试想一下：古文运动批判了“取青媲白”的骈偶对仗，五代却出现了家家户户要招贴在门窗上的对联，专以“锦心绣口，宫沉羽振”为职事。而民间弹唱宝卷，也多出之以骈四俪六。高雅与卑俗的两重性，构成了其中极为复杂的关系。

必须如此，文学才可以既是世俗仰望的神圣性事物，又是每个人都能参与的。文人与文学，似乎高高在上，非一般世俗人所能担任及拥有，故对文人敬畏尊仰，对文学企慕歌颂。可是文学却不那么遥远，它即在人的生活之中，所谓："自成童就傅，以及考终命，解巾筮仕，以及钧衡师保，造次必于文，视听必于文。"文是弥漫滋润洋溢于整个社会生活里的。唐宣宗《吊白居易》诗曾云当时"童子解吟长恨曲，胡儿能唱琵琶篇"，并说白氏之"文章已满行人耳"。从《全唐诗》及《唐诗纪事》之类记载中，我们都可以发现：所谓文学，乃是生活中的一部分，不但儿童、胡人能吟唱诗歌，路人解读文章，作诗文者亦广及渔、樵、道、释、闺媛、青楼，甚至神、佛、仙、鬼。文学作品，更可以寿生日、贺诞子、庆佳节、祝新婚、志吉祥、达礼节、哀丧祭、记圹墓、送远游、悲谪居……用在一切人生社会活动上。这就叫作社会生活的文学化。

元稹《〈白氏长庆集〉序》说过，他和白居易的诗，"巴蜀江楚间洎长安中少年，递相仿效"，而且：

> 二十年间，禁省、观寺、邮候墙壁之上无不书，王公、妾妇、牛童、马走之口无不道。至于缮写模勒，炫卖于市井，或持之以交酒茗者，处处皆是。扬、越间多作书模，勒乐天及余杂诗，卖于市肆之中也。其甚者，有至于盗窃名姓，苟求自售，杂乱间厕，无可奈何。余尝于平水市中，见村校诸童，竞习歌咏，召而问之，皆对曰：先生教我乐天、微之诗。

白居易给元稹的信上也说：

昨过汉南日，适遇主人集众乐，娱他宾。诸妓见仆来，指而相顾曰："此是《秦中吟》《长恨歌》主耳。"自长安抵江西，三四千里，凡乡校、佛寺、逆旅、行舟之中，往往有题仆诗者。士庶、僧徒、孀妇、处女之口，每每有咏仆诗者。此诚雕虫之戏，不足为多，然今时俗所重，正在此耳。

（《与元九书》）

汉魏南北朝的文学，主要是贵游文学，民间则另有民歌。至唐，文学作品才往下浸润成为社会一般都可以品尝享用的东西，民间才把文人的作品当成他们自己的民歌来传咏抄录。这就是文的世俗化。神圣性的文，降而为世俗可参与之物。白居易、元稹的诗，固然是当时被抄录书写及传唱最多的例子，但这并不是特例，故"孤贫者公乘亿，赋诗三百首，人多书于屋壁"（《北梦琐言》卷二）；"武元衡善为五言，好事者传之，被之管弦"（《唐诗纪事》卷三三）；"有周德华者，刘采春女，善歌《杨柳枝词》，所唱七八篇，皆名流之咏"（同上，卷四九）。《集异记》所载王昌龄、王之涣、高适三人旗亭听曲事，更是脍炙人口的掌故。此外，如"李贺乐府数十篇，云韶乐工皆合之管弦"，"李益诗名与贺相埒，每一篇成，乐工争以赂来取，被之声歌，供奉天子"……亦皆足证《苕溪渔隐丛话》所云"当时人之辞为一时所称者，皆为歌人窃取，播之曲调"，确乎不诬。民间歌咏，皆用诗人之章，事实上等于压迫民间歌谣的生长与传布，转化了民歌，使其成为文人创作。①所以更进一步，就是文人自己来写这些歌儿酒女的唱词，垄断了民歌的创作权，促成了词的发展；而且，把"伶工之词"，也逐步转换成"士大夫之词"。并以

① 另详龚鹏程：《另一种诗：杂事诗的性质与发展》，《文化、文学与美学》。并详444页注①。

此士大夫文人之词，作为一个时代的民歌。

换言之，就在民间普遍参与、享用文学之际，整个社会逐渐转变成一种文学化或文人化的社会。

在这个社会中，有几种值得注意的征象。因为文学已不只是一艺术品，更是社会生活的必需品。在一切社会生活中，几乎处处都得用到文学，家居的厅堂器皿上，要写着文学作品；个人生命中重要及有意义的事件，如婚、寿、远行、升官或贬谪，乃至死亡，都得有文学作品来点明其意义；与世交游，更须借着文学来沟通。

白居易《与元九书》云“自八九年来，与足下小通则以诗相戒，小穷则以诗相勉，索居则以诗相慰，同处则以诗相娱”，最足以表明诗在人我沟通时的重要中介意义。达成这个意义并不足为奇，奇特的地方在于，文学成为人际沟通中最主要的中介之外，又形成了沟通模式的典型化。所谓典型化，是指文学（特别是诗）的沟通，不但成为人际沟通的基本方式，任何人，不论他是否为文人，都倾向或擅长采用文学作品来沟通①，而且一切沟通，也以文学作品最为有效，能达成一切其他沟通方式所不能达成的效果。

当时社会上一般人爱请文人写序、赠、哀祭、碑诔、寿贺文字，即基于此一心理。且任何场合，皆惯常以诗文来表白心曲。故《唐诗纪事》卷四三云“自丞相以下，出使作牧，二公（郎士元与钱起）无诗祖饯，时论鄙之”，不作诗送人，是要被社会批评的。反之，如韦皋与一女子玉萧谈恋爱，玉萧才十几岁，韦皋与她约会，也要作诗曰“长江不见鱼书至，为遣相思梦入秦”云云（《唐诗纪事》卷四八）。十二三岁的

① 刘禹锡曾说“文之神妙，咏而为诗”（《唐故尚书主客员外郎卢公集序》），白居易也说：“文之神妙，莫先于诗。”（《刘白唱和集解》）论文学功能，常举诗为例，正由于有这个原因。

女孩，能懂得这诗意及典故吗？大概不太懂。但诗既被认为是最好的沟通中介，那当然只好用诗来约会了。杜牧的“娉娉嫋嫋十三余，豆蔻梢头二月初”亦是如此。唐人小说载崔护《题城南诗》“去年今日此门中，人面桃花相映红”一诗，更是如此。甚至出现下述状况：“邯郸人妓妇李容子，七夕祝织女，作穿针戏。……其夫以为沈下贤攻文，能创窈窕之思，善感物态。因请撰为情话，以导所欲。”（《沈下贤集·为人撰乞巧文序》）诗文是通情之媒、为传意之使。此类故事，皆积极强化了文学作品在沟通功能上的地位。

更强的例子，是唐求的故事。唐求隐居于蜀中，曾把诗稿揉成一团，塞入一瓢中，临病危时，把瓢投入江中，祝曰：“斯文苟不沉没，得者方知吾苦心耳。”（《唐诗纪事》卷五十）一个人活在封闭的世界中，只好以这种方式去寻求人际的沟通，而这种沟通也被认为是有效的。同理，更著名的是“红叶题诗”的掌故。据说一女子幽居深宫，题诗于红叶上，流入御沟中，为诗人捡得；乃又作一诗，借御沟再流入宫中。宫女得诗，闷闷不乐。事闻于上，乃放宫女，使与诗人匹配云。①此事唐人笔记中至少有三处记载，不知究为何人事迹，其事亦未必可信，但诗的神奇沟通能力，却已具显无遗。它显示了诗能穿透空间之阻隔、打通人为的睽隔。而此一意义，更可由下列事证中看出：

（柳）公权，武宗朝在内庭，上尝怒一宫嫔，久之，既而复召，谓公权曰：“朕怪此人，若得学士一篇，当释然矣。”目御前蜀笺数十幅授之。公权略不伫思而成一绝曰：“不分前时忤主恩，已甘寂寞守长门，

① 详见《北梦琐言》卷九、《唐诗纪事》卷七八。时间分别是天宝末年、宣宗朝及僖宗朝。又见《云溪友议》、《本事诗》、《青琐高议前集》、《诗话总龟》前集卷二三。类似的例子则是僖宗时赠战士袍，而宫人在袍中藏一金锁，锁上题诗的故事，亦见《唐诗纪事》卷七八。

今朝却得君王顾，重入椒房拭泪痕。”上大悦，令宫人上前拜谢之。

（《唐诗纪事》卷四十）

（崔）郊寓居汉上，有婢端丽，善音律。既贫，鬻婢于连帅，给钱四十一万。宠眄弥深。郊思慕无已。其婢因寒食来从事家，值郊立于柳阴，马上涟泫，誓若山河。崔生赠之以诗曰：“公子王孙逐后尘，绿珠垂泪滴罗巾，侯门一入深如海，从此萧郎是路人。”或有嫉郊者，写诗于座。公睹诗……遂命婢同归。至于帏幌奁匣，悉为增饰之。①

（同上，卷五六）

武宗本怒宫人，得柳公权一诗而解；某婢本来不可能与崔郊结合，但似海侯门，一诗得通。诗之神奇，有如是者。②文学作品既已成为社会上一般人最基本的、主要的、典型的沟通中介，则文学之应酬作用便相对提高。诗不再只是个人情意的表白或心境的记述，它必须放入社会人际网络中起作用，不但一切婚丧喜庆、接应酬酢都用得上，也已成为社会生活中的一部分，浸润存在于社会诸生活之中。

---

① 以诗遣返姬人之例，又见《唐诗纪事》卷八十“不知名”条。大抵此类事迹，均系同一心理状况及社会条件下之产物，故可能是妻为夫所弃，因诗得合；或妾为人所夺，因诗遣归。总之，不外凸显诗的神奇沟通力量而已。不烦类举。

② 相反，也有些以诗见绝的例子，如孟浩然、赵嘏即是。《北梦琐言》卷七“孟浩然与李太白交游。……一日，玄宗召李入对，因从容说及孟浩然。……上令急召赐对，俾口进佳句，孟浩然诵诗曰：‘……不才明主弃，多病故人疏。’上意不悦。……由是不降恩泽，终于布衣而已。宣宗索赵嘏诗，其卷首有《题秦皇诗》，其略云：‘徒知六国随斤斧，莫有群儒定是非。’上不悦”这类例子，与李商隐之不见谅于令狐绹，是因为写了“郎君官贵施行马，东阁无因得再窥”，温庭筠之得罪令狐绹是写了“中书堂内坐将军”等诗一类掌故，均难视为信史，诸家考辨甚详。盖此等诗之本事，皆读诗者揣想作者平生遭际，而从诗歌中附会出来的。不过，其事迹虽属附会，却仍显示了时人特殊的想法：一个人之不能发达，如果是由诗来的，那就没话说了，也没办法解救了。

例如《唐诗纪事》载：“长庆中，元微之、梦得、韦楚客同会乐天舍，论南朝兴废，各赋《金陵怀古》诗，刘满引一杯，饮已即成。”（卷三九）此即所谓文字饮也。陈善《扪虱新话》虽驳韩愈曰：“韩退之嘲京师富儿：‘不解文字饮，惟能醉红裙。’然余观退之，亦未能忘情者。退之自有两侍妾，曰绛桃柳枝。……又尝有诗云：‘银烛未烧窗送曙，金钗半醉坐添香。’此岂空饮文字者？”（卷七）然此文字饮有极可注意者：一、文字饮，大行于文人雅士之间，杯酒酬酢，或口占，或分韵，或传唱，或联句，或命题，或行酒令，以为极乐。在此时，所谓“金陵怀古”，本非至金陵而感怀，乃是酒宴中斗胜的文字游戏。这种文人游戏谑谐，充分发挥了文学的娱乐游戏（语言游戏与心灵游戏）功能，也使得文学作品脱离了“作者感物吟志”的传统结构，而必须放在文人阶层的活动中来了解。二、此类作品及行为，本身即为一仪式化的举动，借着参与这类活动，人可成为文人阶层中的一分子。而文人阶层的同侪意识，也要借此类活动来培养。另一方面，诗酒吟宴唱和之多，更直接刺激了文学作品的创造。[①]三、这种文人雅戏，本行于文士之间，但正如韩愈诗所示，文人以不能行此文字饮嘲世，世亦逐渐认同并模拟文人之所为。渐渐地，卖布的、杀猪的，也都要成立个诗社，来诗酒吟唱一番啦。[②]

---

① 在此当注意二事：一为唱和诗之大盛。二为文人创作时，不仅是一个人感物吟志，更是人在文人团体中创作。在这个团体中娱乐戏谑，全仗诗文，故诗文的谐谑游戏性质也得以充分发挥。我曾辑宋人诗话中记载晚唐五代人嘲戏诗句甚多，可以见一时风气。如五代《花间集》这样的作品，就应该放入这一风气与脉络中来观察。另详龚鹏程《论李商隐的樱桃诗——假拟、代言、戏谑诗体与抒情传统间的纠葛》。

② 诗社的发展，以及它普及到社会各阶层中成为各“社”“会”的典范，详见《江西诗社宗派研究》卷二，96—102页；卷三，221—227页。其中也谈到了诗社吟会的宗教性质，以及屠夫和当铺伙计入诗社吟诗的事。

四、饮酒本与诗歌创作活动无干，但文学普遍化了，浸润到一切生活里去了，它们便有关系起来了。

十一　社会阶层的文士化

在这种社会活动文学化的风气里，所有社会阶层，遂都有文士化的倾向。所谓“今之世言士者先文章”（柳宗元《与杨京兆凭书》），文人成为社会上一般人的人格典型，文人生活成为社会生活的模范，文人的价值标准、审美趣味，也成为大家仿效依归的对象。特别是原无固定阶层的非农、非商、非工者，如方外僧道和妓女，因其本不特属于某一阶层，故其文士化也就越彻底。

《十国春秋拾遗》尝感叹：“近世释子，多务吟咏，唯赞宁独以著书立言尊崇儒术为佛事。”考僧人能诗，六朝即已有之，但那不能显示六朝僧人已经文士化。和尚的文人化，是唐代的特色。其证例之一，是大批“诗僧”的出现。如皎然、法宣、灵彻、广宣、法振、法照、贯休、齐己、虚中等，不胜枚举。①他们有些还俗，成了重要的诗人，如无本，后成为贾岛；清塞，后成为周贺。②有些有重要的诗学著作，如皎然的《诗式》、虚中的《流类手鉴》。有些本身就是不可忽视的诗家，非附庸风雅者。而无论如何，他们都与文人们交往密切，迭相唱品。如广宣，

① 晚清有些人，如王闿运、沈曾植，特别推崇六朝僧人支遁等，评价在唐朝诗僧齐己、贯休等人之上。这涉及评价问题，姑置不论。然有一二僧人能作诗，能参与文士雅集，并不能说明所谓“社会阶层文人化”的问题。这里指的，是整个阶层之行为模式，价值标准、群体认同之转移的现象。何况，六朝之社会典型人物是名士，文采风流只是名士的一种行为及能力表现；六朝僧人能诗，意义与唐代出现的大批诗僧，全然不同。故六朝无诗僧，有之，自晚唐始。

② 相反，也颇有些本属文人却出家为僧之例，故辛文房《唐才子传》卷三云：“有颠顿文场之人、憔悴江海之客，往往裂冠裳、拔缯缴，杳然高迈，云集萧斋，一食自甘，方袍便足。”

与李益、郑絪、王起、白居易等人都有过从；连韩愈那么排佛的人，也有《广宣上人频见过》诗，自谓："久惭朝士无裨补，空愧高僧数往来，学道穷年何所得，吟诗竟日未能回。"可见诗僧与文士交往，本非传法，乃是吟诗。故刘梦得曰："诗僧多出江右，灵一导其源，护国袭之，清江扬其波，法振沿之，如么弦孤韵，瞥入人耳，非大音之乐。独吴兴书公，能备众体，澈公承之。至如《芙蓉园新寺》诗曰：'经来白马寺，僧到赤乌年。'《谪汀川》云：'青蝇为吊客，黄犬寄家书。'可谓入作者阃域，岂独雄于诗僧间耶？"（《唐诗纪事》卷七二引）诗僧，本来只是模仿诗人的文人附属阶层，但逐渐地也被诗人承认了。而事实上，诗僧名为僧人，其活动却与文人无大差异，"颜真卿为刺史，集文士撰《韵海》，皎然预其论著"，其与文士交游吟唱，只是其中一端。更值得注意的是，他们虽属方外，也与文士一样，游行干谒，常以文章应制，如文秀，"南僧也，而居长安，以文章应制"；清江、从海、修会等亦皆有应制诗。诸如此类，均可显示他们文士化之深。①

另一个僧徒文士化的证例是：诗文对佛教内部义理表达方式的影响。自唐中叶以后，僧人即常使用五七言诗作偈作歌，来表达自己对义理之体会及证悟，《景德传灯录》卷十一载佛日长老访杭州径山洪諲禅师，"师问曰：'伏承长老独化一方，何以荐游峰顶？'佛日曰：'朗月当空挂，冰霜不自寒。'师曰'莫即是长老家风否？'佛日曰：'峭峙万重关，于中含宝月。'师曰：'此犹是文言！作么生是长老家风？'"佛日无

① 钱锺书曾说："僧以诗名，若齐己、贯休、惠崇、道潜、惠洪等，有风月情，无蔬笋气，貌为缁流，实非禅子。使蓄发加巾，则与返初服之无本贾岛、清塞周朴、惠铦、葛天民辈无异。例如《瀛奎律髓》卷四七谓惠洪虚骄之气可掬，自是士人诗；《弇川读书后》卷六谓洪觉范乃一削发若吟之措大。固不能以禅悦道腴苛求诸诗家矣。"（《谈艺录》）所谓诗僧，不只是说他们是一些会作诗的和尚，更由于他们的诗以及由诗中表现出来的人生观世界观，纯然无异于文人。所以他们只是一群出了家的文人而已。

奈，只好答："今日赖遇佛日。"此唐昭宗时事也，佛日和尚开口闭口就是文言诗句。偏偏洪諲要他直接作答，弄得他极为尴尬。但接着两人论道，那就全是五七言诗了。

这种僧徒文士化的风气，以新兴的禅宗最盛。

禅宗初起时，本以"不立文字"为宗旨，有浓厚的反文字、反知识倾向。且慧能根本不识字，要立文字也不可能。他由此不识字出发，却强调一种超越文字的理解。《景德传灯录》卷五："尼遂执卷问师。师曰：'字即不识，义即请问。'尼曰：'字且不识，曷能会义？'师曰：'诸佛妙理，非关文字。'"同卷："学人愚钝，从来但依文诵念，岂知宗趣？"卷六"经论是纸墨文字。纸墨文字者俱空。设于声上建立名句等法，无非是空"，卷七"至理忘言"……无不阐发此旨。

然不立文字者，不妨发为歌咏。同书卷四云仁俭禅师见武则天时，对曰："老僧持不语戒。"即告辞出来了。其不落言诠可知。但他第二天就进呈了短歌十九首。同样的例子是黄檗希运。他曾遇裴休。裴作解义一篇示之，他接过来即搁到一边，并教训裴休云："若也形于纸墨，何有吾宗？"此言可谓峻厉矣。不料裴休听了很高兴，立刻赠诗一章（卷九）。这种奇怪的态度，在于他们把诗跟一般语言文字做了区分，故纸笔文字应当舍去，诗却为论理证道所必需。除了这个原因以外，陈尊宿说得好："路逢剑客须呈剑，不是诗人莫说诗。"（卷十二）喜欢说诗的禅师们，不正是以诗人自居的吗？

一点也不错，当时禅师们在上堂、小参、拈古、勘辨时无不假借诗句，流为风范。唐末法眼文益禅师《宗门十规论》甚至将这一风气化为规范，说道：

稍睹诸方宗匠、参学上流，以歌颂为等闲，将制作为末事，任情

> 直吐，多类于野谈，率意便成，绝肖于俗语。自谓不拘粗犷、匪择秽孱。……识者览之嗤笑，愚者信之流传，使名理而寖消，累教门之愈薄。不见华严万偈、祖颂千篇，俱烂漫而有文，悉精纯而靡染。岂同猥俗，兼糅戏谐。在后世以作经，在群口而为实，亦须稽古，乃要合宜。

他正式提倡禅家尚文，提倡去俗，认为不尚文可能会使教门淡泊，并引古代佛经为说。其实偈颂固然是佛家本有之物，如何说偈作颂却颇有演变。到中唐，偈颂才开始华赡采藻起来。在六祖慧能时期，偈诗均少诗趣，只有理语；到临济与风林之问答时，才全部借诗示法。至于开悟诗，也要到晚唐，才充满了诗情。而法眼之后，汾阳善昭禅师始创为颂古，大量运用诗偈，其语录中，诗偈即占三分之二。汾阳之后的雪窦重显，更是以工翰墨著称，曾追慕诗僧禅月贯休，作诗曰“红芍药边方舞蝶，碧梧桐里正啼莺”云云，元朝万松老人推崇他的颂古诗说“吾宗有雪窦天童，犹孔门之有游夏。二师颂古之作，犹诗坛之李杜”（《与湛然居士书》），可见禅宗文士化、诗偈主文的趋势，是逐渐发展而成的。法眼所谓“宗门歌颂，格式多般，或长或短，或今或古，假声色而显用。……虽则趣向有异，其奈发兴有殊，总扬一大事之因缘，其赞诸佛之三昧，激扬后学，讽刺先贤，主意在文，焉可妄述”云云，确是晚唐禅家普遍的想法。①其后乃越演越烈，不能作诗，简直就不像禅师了。据南怀瑾说，禅师寂灭时以诗示法，“用四言八句，以诗词格调而唱

① 我曾将《传灯录》中诸歌偈录出详考之，发现这种诗化、文藻化的倾向，是越晚越浓厚。而早期许多具有诗歌形式的偈语，大抵也是后来增饰的结果。朱熹《释氏论》说得好：“佛书本皆胡语，译而通之，则或以数字为中国之一字，或以一字而为中国之数字。而今其所谓偈者，句齐字偶，了无余欠。至于所谓二十八祖传法之所为者，则又颇协中国音韵，或用唐诗声律。自其唐之稍黠，如惠洪辈者，则已能知其谬而强为说以文之。顾服衣冠、通古今、号为士大夫如杨大年苏子由者，反不悟而笔之于书也。”（《文集·别集》卷八）

宗旨。于是宗师授受，用此谓付法。大慧杲临灭时，侍僧了贤请偈，师厉声曰：‘无偈便死不得吗？’援笔曰：‘生也恁么，死也恁么，有偈无偈，是什么热大？’掷笔而逝。继此之后，棒喝机锋，为之稍遏。而以四韵八句付法，代之而兴。历至近代丛席，佛之心法不问，徒以红绫书上偈语，作为接方丈法位之事，早于彼时阶之厉矣”。其影响之深远，于斯可见。①

这种文士化的趋向，使得禅宗迅速进入士大夫阶层，成为士大夫文人的伙伴，彼此呼嘘唱和，宗风遂尔大盛。过去解释这段时期的佛教史，对于天台华严诸宗遽衰、禅宗迅速兴盛风靡的原因，多偏于政治社会面，例如说中晚唐社会矛盾加剧，故知识分子往往投入佛门，以求出路，或借以避世啦；说武宗灭佛之后，佛教大受摧残，独禅宗不依经论，不立文字，且在南方传教，得到吴越、闽诸国的保护与崇信，故能蓬勃发展啦；说唐代僧侣地主阶层之政治经济势力不断扩大，故培养出一批诗僧文化人啦……要不则从心理状况上推测禅宗之能迅速兴盛，是因禅宗不坐禅、不苦行、不念经，“懒汉加隐士加食客的生活方式”，与士大夫的欲望相符，且替纵情声色大开了方便之门，故能获得士大夫之欢迎。②诸如此类说法，固非毫无所见，然根本原因，毕竟仍在禅宗之

---

① 详见南氏《禅海蠡测》禅宗之演变章。又，黄宗羲《空林禅师诗序》谓：“寒山拾得村墅屋壁所抄之物，岂可与皎然、灵彻絜其笙簧？然而皎、灵一生学问，不堪向天台炙手。则知饰声成文、雕音作蔚者，非禅家本色也。”（《南雷文约》卷四）这话有点道理，诗僧本系诗人，不能以禅以佛的标准来要求。且禅师与诗人本非一家，应有所区分。然正如以上所述，禅宗到后来事实上有严重文人化的倾向，不立文字者，浸假而出现了《石门文字禅》。至南宋诗禅合一之说大盛以后，禅宗作为佛教中一派门的意义便几乎消失了。禅宗之衰，即衰于其极度文人化之后。这是禅宗到南宋以后衰落的重要原因。

② 以上这些，均属习见之说，孙昌武：《唐代文学与佛教》，陕西人民出版社，1985年；葛兆光：《禅宗与中国文化》，里仁书局重排本，1989年，仍持上述观点。故禅宗之文人化，向来未被注意，甚且经常反过来，大谈禅宗如何影响了文人。所见只有鉴安《试论唐末以后的禅风——读〈碧岩录〉》一文，对禅之文士化稍有描述（收入现代佛教学术丛刊二《禅学论文集》，大乘出版社，1976年）。

高度文人化。正是这样的文人化，才使得禅与文人结合成一体，诗与禅、文人生活与禅，成为普遍而有紧密关系的语句。①

僧之文士化如此，道士女冠的情况当然也是如此。②

至于妓女，那更严重了。孙棨《北里志》曾说“诸妓皆居平康里，举子、新及第进士、三司幕府但未通朝籍、未直馆殿者，咸可就诣”，唐代都会中的妓女，本来就经常与文士来往。为了生意上的需要，不能不通娴文人的伎俩，而且越通娴这些技艺，她们的身价就越高，文人就越会以之为同调，趋之若鹜。

但在这样一个文学崇拜的社会中，与文士交往或交易的妓女们，并不是站在同等地位上的，白居易描述那位能诵《长恨歌》就自认为要高出侪辈一等的妓女声口，可以想见妓女们对文学的态度。她们经常要去求文士作诗让她们配合弦吹，《集异记》载王昌龄、高适、王之涣旗亭赏酒，闻诸妓唱诗，正是当时实景。在文学世界的结构中，作家是生产者，妓女乃是消费者，故在她们知道她们唱的诗就出自这几位先生手笔后，“诸伶竞拜曰：‘俗眼不识神仙，乞降清重，俯就筵席’”。对于创作者是极为仰慕的。不只如此，妓女的声名，也需要文士揄扬，她们极畏

---

① 我们认为禅宗在慧能之后，仍继续在发展，其发展基本上朝两个方向，一是对于上层士大夫阶层，禅宗在教义上广泛吸收了《易经》与老庄，使得禅宗道家化了，例如石头希迁仿《周易参同契》而作《参同契》、雪峰义存玄学式的禅学，以及曹洞宗六爻摄义、五位君臣诸说等，均可看出这一趋向。而在表现上，禅宗又充分地文人化，由老庄的艺术精神转手，缩结了禅与文士之间原有的差异。至于对下层普通民众，禅宗则是朝道教化之方向发展的。阿部肇一《中国禅宗史——南宗禅成立以后的政治社会史的考证》（关世谦译，东大图书公司，1988年）第二章对后者曾有说明。

② 在此仅举一例：《宣和书谱》曾言晚唐最著名的道士杜光庭“初意喜读经史，工词章翰墨之学”，后因科举不中，弃而入道，成就极大，“扶宗立教，海内一人而已”。但他毕竟仍是个文人，“喜自录所为诗文，而字皆楷书，人争得之”。道士之文人化、女冠之喜欢交结文士，皆可缘此线索观察。此不具论。

敬文字的魔力。前文曾举《云溪友议》载崔涯"每题一诗于倡肆，无不诵之于衢路"，以及他作诗嘲笑名妓李端端，李氏忧惶求乞的例子，亦可见唐代妓女们是如何畏慕文士了。

所以，她们之间有本事的，就会努力练习着使自己成为文士。如薛涛，她很自负，说："锦江滑腻蛾眉秀，幻出文君与薛涛。言语巧偷鹦鹉舌，文章分得凤凰毛。"由于她有此才艺，故能争得"扫眉才子知多少"，枇杷门巷、万里桥边，才子云集。套句白居易所述该妓女的话说，正是"我作得小诗，制得薛涛笺，岂同他妓哉"，"由是增价"!

另一个例子，是刘采春，元稹曾有诗谓采春"正面偷匀光滑笏，举止低回秀媚多"，对她的容貌极为赞美。但刘采春之真正吸引元稹者，在艺不在貌，故他说："更有恼人肠断处，选词能唱望夫歌。"（《唐诗纪事》卷三七）同书卷七九又载江淮间妓女徐月英"亦有诗集行于世"。凡此，均可具体看出娼妓文士化的倾向。[①]娼妓与文人，不仅是红袖添香，抑且已为文字知己，构成了我国历史上一段特殊的景观，影响深远。[②]

这些影响，今不能具知。但诸如此类事例，实已充分证明了唐代社会阶层是在朝文人团体认同并转化的。方外士及倡优，因其属于社会结构中之流动者，故文士化最快也最明显，迅速成为文人中的次文化团体。至于其他阶层，如商人工人及农民，虽不像方外士及娼妓那么强烈地文人化，但文人，已成为整个社会的人格典型，文人生活已成为大家模仿的对象，文人的价值观已深深影响着社会上所有的人，他们自然也

---

① 详见《北梦琐言》卷九。

② 妓女有文人化的倾向，文人也有女性崇拜的状况，两者互动，另外又掺杂有侠客崇拜。这几方面复杂的关系，龚鹏程《侠骨与柔情：论近代知识分子的生命形态》(《中国学术年刊》1990年第十一期）有初步的探讨。

逐渐地在文人化。《唐国史补》便提到："近代……有乐妓而工篇什者，成都薛涛；有家僮而善章句者，郭氏奴。"《全唐文纪事》卷九八则引《宛委余编》载：

> 柳子厚记李赤死厕鬼事，以为其人慕李白，故名赤，已可笑矣。《霏雪录》所载：慕太白者，张碧，字太碧；慕乐天者，黄居难，字乐地；又富家子杜四郎，自号荀鸭，以比杜荀鹤。尤可笑也。

所谓"慕"李白、白居易、杜荀鹤等，代表这些文人已成为社会上一般人仰望的人格典型，犹如今日社会上弥漫着金钱崇拜，崇慕王永庆一类富商巨贾，争读此类人之传记，学习赚钱术，梦想发财一样，唐人是梦想成为文人才子的。富家子自比于杜荀鹤，自号荀鸭，固然可笑，却足以显示整个社会的价值取向。同理，《新五代史·任圜传》云：

> 明宗问谁可相者，重诲即以协对。圜前争曰："重诲未谙朝廷人物，为人所卖。天下皆知崔协不识文字，而虚有仪表，号为'没字碑'。臣以陛下误加采擢，无功幸进，此不知书，以臣一人取笑足矣，相位有几？岂容更益笑端？"

人物，新的标准不是六朝贵族名士的容仪修饰，而是文人的文采斐然。无文采者，即被人鄙视；若居高位，更成笑柄。任圜的戒慎恐惧，正是因为感受到了社会的文人期待所构成之压力。那被讥为没字碑的崔协，其实也非不识字，只是不擅长文学而已。当时罹此恶名者，也不止他一人，《旧五代史·安叔千传》云当时谓其为"安没字"；《唐摭言》《北梦琐言》亦云赵崇不为文章，时号没字碑。可见这是整个时代的风气。世俗仰望，愿为文人，并嗤人之不能为文者。时俗如此，胡钉铰、张打油遂应运而生。每个人都来诌几句，充为文人，通俗诗文之大盛，岂不是甚有道理吗？①

十二　文学权威之神秘化

大历十三年，苏州虎丘山上有鬼题诗二首，苏州观察使李道昌见了，居然去奏报朝廷，朝廷也居然准敕令致祭。后来文人李德裕、皮日休、陆龟蒙都有诗和之。他们都很认真地在对待这件事，而这件事依我们看，其所和祭者，并非那个鬼，而是鬼题了诗这一点。祭祀的宗教意涵，充分显示了唐人文学崇拜的性质。不只人要争着做文人，社会诸阶

---

① 一、《北梦琐言》卷七："唐卢延让业诗，二十五举，方登一第。卷中有句云：'狐冲官道过，狗触店门开。'租庸张濬（一作'相'）亲见此事，每称赏之。又'饿猫临鼠穴，馋犬舐鱼砧'之句，为成中令汭见赏。又有'栗爆烧毡破，猫跳触鼎翻'句，为王先王建所赏，尝谓人曰：'平生投谒公卿，不意得力于猫儿狗子也。'人闻而笑之。""进士李洞慕贾岛，欲铸而顶戴，尝念'贾岛佛'，而其诗体又僻于贾。复有包贺者，多为粗鄙之句，至于'苦竹笋抽青橛子，石榴树挂小瓶儿'。又云'雾是山巾子，船为水靸鞋'。又云'棹摇船掠鬓，风动竹槌胸'。虽好事托以成之，亦空穴来风之义也。卢延让哭边将诗曰：'自是硇砂发，非干炮石伤。牒多身上职，盎大背边疮。'人谓此是'打脊诗'也。世传逸诗云：'窗下有时留客宿，室中无事伴僧眠。'号曰'自落便宜诗'。顾况著作披道服在茅山，有一秀才行吟曰：'驻马上山阿。'久思不得，顾曰：'何不道"风来屎气多"？'秀才云：'贤莫无礼。'顾曰：'是况。'其人惭惕而退。"通俗诗文之大盛，表现在两个方面，一是社会各阶层人都来作诗文，诗文即不能不表现为通俗；二是文士写作，也有通俗化的倾向，如此处所举诸诗例，作者皆系秀才进士，然其诗实粗俗无比。这是因为他们所面对的读者多属世俗人士的缘故。只有这些半通不通、便宜混扯的诗文，才更容易获得并不真懂文学却又好附庸风雅之社会大众所喜爱。
二、郑振铎（西谛）《中国俗文学史》第五章曾说"唐末，通俗诗忽行于世"，并举了许多例子。马积高《赋史》（上海古籍出版社，1987年）第八章也提到唐末的俗赋。当时为何忽然流行通俗诗文呢？原因要从以上这一脉络来了解。

层都在文人化。鬼也会题诗，而文人又与之唱和，甚至朝廷也为此敕祭，表示对已死文人之尊重。它们表现的，是唐代整个社会气氛正笼罩在极为浓厚的文学崇拜之中。否则，就像清朝陈鸿墀那样，觉得“此殆出好事者点缀，无足深求，惟当日遽以上闻，致烦敕祭，殊可怪耳”（《全唐文纪事》卷一百），感到难以理解。[①]

其实何止鬼会作诗？《云仙杂记》引《清异志》云“扬州苏隐，夜卧，闻被下有数人齐念《阿房宫赋》，声紧而小。急开被视之。无他物，惟得虱十余，其大如豆”，可见虱子也能欣赏文学。又《玄怪录》载宝应年间，书生元无有夜入空庄，于月下见四人相与谈谐吟诗，一云“齐纨鲁缟如霜雪，寥亮高声余所发”；二云“嘉宾良会清夜时，煌煌灯烛我能持”；三云“清冷之泉候朝汲，桑绠相牵常出入”；四云“爨薪贮泉相煎熬，充他口腹我为劳”。四人吟毕，极为快乐，“观其自负，则虽阮嗣宗《咏怀》，亦若不能加矣”。等到天亮了一看，才知是堂上故杵、灯台、水桶、破铛四物。可见这些无生命之物，也是懂得文学、会吟诗的。

《东阳夜怪录》有一同样的故事，说彭城秀才成自虚夜入佛庙，见卢倚马等人，相与谈论诗文，一下说“成两篇恶诗，对诸作者，辄欲口占”；一下催促“侧聆卢曹长所念，开洗昏鄙，意爽神清，新制的多，满座渴咏，岂不能见示三两首，以沃群瞩”；一下自说“于病中偶有两篇自述”；一下自谦“不觉诗狂所攻，辄污泥高鉴”；一下叹嗟“此时则苦吟之矣，诸公皆由老奚诗病又发，如何如何”……往复酬唱，相与论赏。成自虚正觉得“赏激无限，全忘一夕之苦”时，晨钟已动，晓色中仔细看去，所谓数人，乃是一病橐驼、一瘁瘠乌驴、一老鸡、一大驳猫、一破瓠、一烂斗笠。这篇传奇，写文士谈诗文时之口吻形态最为详尽，而这些文人，却系病橐蹇驴瓠笠所化。文章是讽世的，写文人酸

① 另详《唐诗纪事》卷三四“李道昌”条。

气，入木三分。然亦可见无论有生之物或无生之物，均可成为文人。

不只鬼物能诗、乐为文人，天上亦须有文学。《全唐文纪事》卷一〇一言："邱孟阳有赋名。尝梦有一官人，延入一第中具饮。其旁几上，有书一卷。孟阳因展读，谓曰：'斯乃吾所述赋稿，何至兹乎？'其人曰：'昔公焚之时，吾得之矣。'孟阳因求之，答曰：'他日若至衡山，必当奉还。'后官至衡州茶陵令，乞致仕，卒于衡州。今世言焚故书，必毁而后燔之。盖可信也。"可见文章虽焚了，却仍能存之于天上。天庭亦贵文，故李商隐又载李贺：

> 忽昼见一绯衣人，驾赤虬，持一版，书若太古篆或霹雳石文者，云当召长吉。长吉了不能读，欻下榻叩头，言："阿㜷老且病，贺不愿去。"绯衣人笑曰："帝成白玉楼，立召君为记。天上差乐，不苦也！"
>
> （《李贺小传》）

《宣室志》亦载此事，云上天召李贺与文士数辈共为白瑶宫记；又作凝虚殿，亦命贺等撰乐章。足证天庭也须文士来点染声华，且天上缺少人才时，还得到人间来征调高手。同样地，《北梦琐言》载庐山书生张璟，夜宿江庙，庙神找他："从容云：'有巫立仁者，罪合族诛，庙神为其分理，奏于岳神，无人作奏。'璟为草之，既奏，蒙允，神喜，以白金十饼为赠。"由于神仙之间审案子也得有篇好文章，故临时找了个人捉刀。

既然如此，便不免有人写文章去神仙世界打官司，柳宗元《龙城录》说："柳州旧有鬼名五通。余始到，不之信。一日，因发箧易衣，尽为灰烬。余为文醮诉于帝。帝恳我心，遂尔龙城绝妖邪之怪，而庶士亦得以宁也。"《龙城录》系伪书，然此事非不近理者，柳宗元文集有《诉螭文》，自称“零陵城西有螭，室于江。法曹史唐登浴其涯，螭牵以入。一夕，浮水上。吾闻凡山川必有神司之，抑有是耶？于是作《诉螭》，投之江曰”。为文醮诉于上帝、投诉于神界有司，均可见文能通于幽冥，三界咸贵文学与文人也。更进一步说，此其愬江螭、逐五通，殆与韩愈之驱鳄鱼、送穷鬼相似。

韩愈《鳄鱼文》据说曾发挥了实际效果，潮州真的永绝鳄鱼之患。当时人也真相信此事，是以其文曾收入新旧《唐书》。但此事甚怪，故后人不能不为它辩护，说“古者猫虎之类，俱有迎祭；而除治虫兽鼋龟，犹设专官，不以为物而不教且制也。韩子斯举，明于古义矣”云云（何焯《读书记》）。其实逐鳄的重点，非古代设官除治之义，而在于他是以文逐鳄。这跟什么教物而治的先王之教毫无关系，乃是一种信仰与巫术，如古之《诅楚文》及“投龙”之类，属于以文字诅咒祈禳的风俗，用一篇文章来祈雨、逐灾。韩愈除驱鳄之外，别有《送穷文》、《谴疟鬼》诗，均属此等。

但凡巫术，大抵都配有口头巫词，以口念或歌唱或述说表达我们的愿望，如招魂巫术要唤名叫魂，诅咒巫术要用语言咒骂对方，祈求巫术口头表达盼望，驱鬼巫术用凶恶强硬语句威胁邪鬼等。后来除了口头巫词之外，也有书写文字的现象，如在“石敢当”上刻写着“泰山石敢当”字样；或书写神名，如“姜太公在此，百无禁忌”；或书写巫祷之事，以符箓召唤。不过这些书写文字都是极为简单的，《送穷文》《鳄鱼文》《诉螭文》《谴疟鬼》与它们不同的地方，在于这是用一篇完整的文学作品，来作为驱鬼辟邪的巫词。它不是单纯的诅咒，也不是简单的祈愿，而是借着文学作品神奇的沟通能力，在和疟鬼、穷鬼、鳄鱼们打商量、说道理、施恫吓。而且，依马林诺夫斯基《巫术、科学、宗教与神话》中的规定，巫术永远要有一位主持人。这些人或为巫师或为家长或为族长。[①]文学崇拜活动中的巫祭，却是个别的，即自己以文学作品来和鬼神沟通：在一种宗教方式中进行此种沟通。例如“唯某年某月，某某以羊一猪一，投恶溪之潭水，以与鳄鱼食，而告之曰……”“元和六年正月乙酉晦，主人使奴星，载糗舆粮，三揖穷鬼而告之曰”之类。经由这一仪式，宣读了这篇巫词，他们便相信鬼神甚至江螭鳄鱼等等，都能了解自己的意思了。

这即是古文运动后，祭文成为一种主要文学体裁的原因。《韩愈文集》才八卷，祭文、哀辞与碑志，就占了三卷以上，其中又有些是祭神，有些是庙碑。且祭文均在“维年月日，韩愈以清酌庶羞之奠，敬祭于某某之灵”的情况下展开。可见文章不只供活人欣赏，还常要跟死人说话。而其所谓神，有的根本就是他的文人朋友，像柳宗元“贤而有文章”，卒后便成为柳州罗池神。

祭文与祷词，被视为文学作品；或者说文学家的主要工作就是替人写碑志祭文，主要作品即是祭文，社会上又拼命求托文人撰文铭墓，代表了什么意义呢？一般论古文运动者，都太强调当时讲王道礼义及人文化成的这一面，却忽略了在文学崇拜之下，浓厚的宗教气氛所导生的这一大套怪力乱神现象。[②]殊不知所谓怪力乱神也者，正反映了社会集体的价值观与世界观。[③]在唐朝那个社会里，人们普遍相信文章能够沟通

---

① 详见宋兆麟:《巫与巫术》第六章第二节，四川民族出版社，1989年。又《容斋随笔》云:“唐宣宗时，有文士王振，自称紫逻山人。有《送穷辞》一篇，引韩吏部为说，其文意亦工。”

② 其实“文以载道”或韩愈所说的文能达道、明道、贯道云云，固指先王之道，但这个道并不只有历史意义，而更是扣住形上道体来说的。故此“道”有本质、永恒、本体、最高善等含义。文字与道体联结为一，作者通过文字，即可上通贯达于道体。这亦可显现其宗教性。

③ 中唐以后，文人对神异世界及宇宙形上问题的关切，详见龚鹏程《唐传奇的性情与结构》。

幽冥，神、人、鬼都需要且向往文学。谁掌握了对这神圣性事物的控制权，谁就能驱疟、送穷、逐鬼、诉愿、告鳄鱼，甚或上天作记，入地替鬼神捉刀，取得令人艳羡的地位。

这一地位，系因宗教崇拜而来的神圣性地位。文人，犹如祭师巫祝，能代人祈禳，能与鬼神交谈或秉笔供役。具此地位，足资艳羡，且亦足以炫耀，故世俗仰望，连驴驼、猫、鸡甚至斗笠、水桶都想成为文人。

但是，也有不愿为文人者，《北梦琐言》卷六载：

> 唐乐安孙氏，进士孟昌期之内子，善为诗。一日并焚其集，以为才思非妇人之事，自是专以妇道内治。

该书作者孙光宪显然对孙氏此举甚为赞赏，故又举了一个女子逞其才思而不幸致死的故事说："台州盘崄村有一妇人萧惟香。有才思，未嫁。于所居窗下与进士王玄宴相对，因奔瑯琊。复淫冶不禁，王舍于逆旅而去。遂私接行客，托身无所。自经而死。店有数百首诗。所谓才思非妇人之事，诚然也哉！"

为什么才思非妇人之事呢？孙光宪这个故事是从刘山甫处得来的。刘山甫乃中朝旧族，曾著《金溪闲谈》十二卷，屡有奇遇，如曾往福建海口祭神，三奠未终，海中灵怪即现，非龙非鱼，赤鬣黄鳞；又曾题诗北方昆沙门天王寺，梦为天神所呵，立撤诗牌；又曾见到前文所述那位替庙神作奏而得到奖金的张璟。这样一位宗教感及经验极浓的人叙述这则故事，用意何在？

这正是一个宗教学上对神圣性事物控制权的问题。犹如某些社会在进行祭祀仪式时，会禁止妇女参与，因为妇女象征“不洁”。男性，透过对妇女即不洁之定义，而获得了对神圣性事物之控制权，也取得了社会结构上的优越地位。①唐代社会中，女人欣赏与消费文学并无禁忌，故白居易诗号称老妪能解。但创作文学、成为文人，便涉及性别政治的问题了。有人能欣赏女子之能文，有人则显得焦虑不安，觉得这是对男性优越地位之挑战，所以他们倡言“才思非妇人所宜”，并举出妙擅文藻之女子沦落自杀事，以警惕女界。

也可以说，此举亦界定了作者与读者的关系。犹如欧洲裸体画的艺术中，画家和观赏者通常都是男人，女人则被当成绘画的对象，作为物（thing）或抽象（abstraction）处理。这种不对等的关系，深植于欧洲文化中，故也结构了许多女人的意识，她们以男人对待她们的方式对待自己。换言之，在欣赏一幅画时，“理想的”观看者一般被假设为男人。即使是一位女子在看裸体女性画幅时，她也会像男人一样，注意男性欣赏女性的地方。直到马奈（Manet）以后，现代艺术才开始质疑此一传统。但是取而代之的却是画娼妓。“娼妓变成了二十世纪初前卫派的完美女人。”②

同理，文学作品的理想观众是男人；文学，基本上是男人写给男人看的东西。女人会写诗文，大概并不被鼓励，即使写了，也多半只是在模仿男子的口吻说话。文学作品中呈现的世界观，主要乃是一男性的世界观，表达男性对世界的看法与欲求。女人的世界，仅限于闺阁，而闺阁诗在唐代尚未成为气候，只写闺帏也被认为格局褊小，不入品裁。走出闺阁之外，女性文人如何表达她们对世界的看法呢？这是极其困难

① 详见R. M. 基辛：《文化·社会·个人》第十二章第三节，甘华鸣等译，辽宁人民出版社，1988年。

② 详见约翰·柏格：《看的方法：绘画与社会关系七讲》第三讲，陈志梧译，明文书局，1989年。

的。唐朝文人固不乏女性读者，作家中也有女人，但文学里的女性意识迄未出现。文学上性别政治的优越地位仍为男性所垄断。故唐朝女性之欣赏文学作品与崇拜文人才子，是一而二又二而一的。文人可以因擅长文藻而博得女性青睐——不论是被择为公卿之东床或暗中情挑怀春少女——用文学来增加他属于男性的荣耀；女性则只能用文学来显示她对男子的依恋与向往。而这种依恋与向往又是极危险的，女子作诗，遂从本质上被怀疑是淫荡，是需要男人。何况，文人表达情思，旨求知己，妇人女子若未嫁而为此，不免淫奔；若已嫁有夫，却任由诗文散播，岂非意欲不贞？孙光宪举的那个萧惟香故事，要告诫世人者，正是此一道理。

正经女人既不能为文人，有文采的便只好是不正经的女人了。《北梦琐言》卷九云“唐女道鱼玄机，字蕙兰，甚有才思。咸通中，为李亿补阙执箕帚。后爱衰下山，隶咸宜观为女道士。……自是纵怀，乃娼妇也”，描述鱼玄机“沦落”的过程，堪为有才思女子之写照。

但娼妓能不能有独立的女性意识呢？批判传统的前卫学者或艺术家常以逆反心理去看待娼妓，把娼妓神圣化。其实娼妓之依恋、依附男人更甚，鱼玄机诗所谓“易求无价宝，难得有心郎”，其无女性意识可知。这类女性诗人愈多，就愈巩固了男人对女性意识的塑造。

事实上，女性为文作诗，古多有之，汉之班昭、蔡文姬，六朝之鲍令晖等，均极著名。即使在唐朝初期，也有徐贤妃、上官婉儿一类作家，主持风雅，故吕温《上官昭容书楼歌》说上官：“自言才艺是天真，不服丈夫胜妇人。”何以到了唐朝末期竟出现才思非妇人之事的说法呢？文学上女权之衰，正乃由于文学崇拜中男子独占了祭祀权的缘故。文学被定义为妇人不宜之事了。刘山甫与孙光宪均为此一观念之传播者。

然晚唐五代有此观念者不仅他们两人。词的出现，亦可以看成男性努力塑造女性意识的工程之一。才思非妇人之事，女人家的心思便只好由男人来代说。唐朝那丰富的宫词闺怨等诗作，即是代女子说其心中事，词更是如此。揣摩吻唇、刻画心曲，更胜过女子自道。而且集中地表现为情词艳语、妙语言情。似乎女人就是以其全副心力在爱恋着男人，其他一切世界物皆不曾萦心。而且这种刻画，也是把女人视为一对象物，细细写之，真有西洋油画裸女的趣味，温庭筠词便是此中代表。①但它与南朝宫体诗不同处，在于它不只是男人在看女人，更是在告诉男人：女人在想些什么，做些什么。同时也教育了女人该怎样去辨识女人。经此教育之后，孟昌期的妻子孙氏果然认为自己写诗是不对的。才思非妇人之事，整个时代的文学崇拜，却替妇女塑造了新的神秘“禁忌”。

十三　文学社会的形成

文人角色神圣化，文学力量神秘化，社会阶层又都朝文学在发展，使得整个唐代后期，处在一种特殊的情境之中，文学活动浸润到了一切社会行为里去。由上文的分析，我们可以获致此一简单之印象。

---

① 《看的方法：绘画与社会关系七讲》中提到欧洲油画中对“苏珊纳和老人”（Susannah and the Elders）这一主题的处理，在丁托列托（Tintoretto）的画里，苏珊纳正看着镜中的自己。作者说：“镜子的真正功能，在于用来使女人假装不知道她将自己处理为一个景象。”所谓景象（sight），意指女人不但是一对象，且是一特殊的视觉对象。而把女人当成主要景象，正是欧洲油画的特色之一。词在这一点上，与油画有惊人的相似性，其重要之处，不只是题材之雷同，而是对于“注视女性”的高度兴趣。早期词作的文类特征，除了声腔格律之外，正在于这种把女人当作景象的某些准则和通套上。特别是温庭筠，王国维曾以“画屏金鹧鸪”喻其词，那种设色浓重、客观描绘、类不出乎绮怨的作风，岂非油画之同调？其名作《菩萨蛮》第一阕亦有“照花前后镜，花面交相映”之句，女性在词中被当作景象来处理，是毫无疑义的。

过去，我们对唐代社会的观察，有几种成说。一是着眼于其统治阶层的变动及内部分合关系。例如陈寅恪的唐史研究，认为唐代前期是以关陇集团为主的统治，贯彻“关中本位政策”。其后，武周兴起，乃破坏此一政策，进用新兴文人。安史乱后，此类新兴阶级，又与魏晋南北朝以来传统旧士族互争，形成朋党，与那些汉化不深之蛮夷及蛮夷化之汉人所组成之阉寺等，则形成鼎足而三的势力，影响着整个中晚唐政治社会的发展。透过这一分析，陈寅恪也解释了府兵制、均田制及社会阶层产生变化的原因。顺着这一理路的研究者很多，虽未必全采陈氏之说，但对于统治阶层之社会成分、社会基础、家族变动、门第消融、进士科举、牛李党争等问题之探讨，业已成为唐代社会史研究中之基本骨架。且因陈寅恪的理论中涉及了“外族盛衰及外患与内政之关系”，故唐代蕃将、胡人汉化、中国与外族关系等事项，也为研究唐史者所注目。

另一种研究进路，则侧重于经济面的考察。因为盛唐以后均田制逐渐崩溃，出现了人口大量流动与土地私有化的状况，豪富及寺院取得广大土地，形成大庄园，脱离土地所有的人们则以佃租方式，附属于地主。这一现象，显然使中国社会出现了新的结构。但对这新转变，到底该如何理解，仍有许多争议。有的人认为庄园经济之出现，可与欧洲及日本的庄园制度相提并论。有的人则认为这应视为奴隶社会结束，封建主义或中世纪农奴制度开始的征象。也有些人觉得不应过度强调佃农的奴隶性，因为庄园与佃户制度基本上是属于资本主义的。……这些争论，均涉及所谓“唐宋变革”的问题，肯定唐代，特别是唐代末期，乃中国历史上社会剧烈转型的关键。但他们似乎也都想把中国史套入马克思主义等普遍历史发展模型里去。①

① 详见《剑桥中国隋唐史（589—906年）》绪论第三节。

这两种唐代社会史的研究，一偏重政治权力关系，一偏重经济生产关系，为当前之主要研究路向。避开这两面问题，而专力于唐朝思想文化发展之探索者，则尚不成体系，仅零星注意到唐代儒学、佛学、道教诸现象，考察了唐代古文运动与儒学复兴的状况而已。

我们以为，这些研究均属偏颇而不通透。一个时代，有它主导的精神与整体社会趋向，政治、经济、思想等各种社会力，是在这种整体趋向中显现其互动关系的。政治权力面的解释，无法说明武周起用新兴文人之后，为何唐室复起，恢复了王权，却不能改变这一趋向，反而使得盛唐、中唐以后文人柄政之势越演越烈。也无法解说何以文学之盛缘于帝王之提倡，而帝王及朝廷却无法压抑文采浮艳之风气。更不能由此上层政治权力之分配与争夺关系，来解释整个社会的结构、阶层流动、价值体系等等。即使是士族演变的研究，也无法说明士族由经学礼法传家，转变为进士文人科举的内在原因。经济面生产关系的讨论，预设了普遍世界史的模型，涉及比较历史的大争论，其立足点颇堪怀疑。即使不谈这个历史普遍性与个别性的疑难，它那生产关系“下层基础”的说辞，实在也很难解释唐代思想、诗歌等“上层建筑”。因为由庄园、租佃、奴隶等概念，根本无法解说禅宗兴起、古文运动之发展、进士科举之昌盛、士族之崩溃等现象，故其解释力亦至为薄弱。

这些研究，似乎都认为有一种力量足以宰制社会的发展，此一力量，或为统治阶层之权力，或为经济。这一是古老统治王权的迷信，为旧日史家惯用的思考方式；一则是经济决定论。其实政治或经济均无此社会支配力，我们也不应在研究社会时，把社会看成从属者。反之，我们应以社会为主体。一个“人的社会”，对于社会中人应如何生活，必有一基本看法；对社会中人的价值与地位，也必有一基本判断；对于社会生活中应追求何种价值、成就何种事物，也必有意见。我们循此类意见与态度去观察，便能确认该社会之性质，也能说明该社会中政治、经济等社会活动何以会如此，又何以是如此。

此方为社会本性之研究。在唐朝，社会中人觉得应该怎样生活呢？无论其社会地位为何，亦无论其经济地位为何，显然，他们都认为人应当成为文人，人生才显得光彩，生活才有趣味、有价值。故社会各阶层均逐渐在文人化，社会生活逐渐在文学化，文人地位逐渐崇高神圣，文学力量也逐渐神秘化了。本来与之对反的力量或事物，在此趋势下，亦不得不转向。例如在宗教活动方面，原本“不立文字”者，成了诗僧；在政治行为方面，原先是为统治者寻找同僚的科举考试，成了征选文士的大会；在学术文化方面，汉魏南北朝及唐初之经学，至此已将舞台让出，由文学独领风骚。而古文运动，更是一次以文学为主体，却带动了整个社会、政治、思想转变的运动。这些，都不难看出文学在唐代所占据的统摄地位。

在这个时代，作为一个文人，当然亦与前朝不同。在汉朝，文人犹如倡优，为贵族及帝王所蓄养。六朝时期文学开始成为贵族显示其教养及才华的一种艺能，作品的主要读者是贵族。[①]而唐朝文人对自己则有了独立地位的角色觉悟，其作品也不仅为贵族服务。这一重大转变，若与西方历史相对照，我们就晓得其意义颇不寻常了。

西方在文艺复兴运动以前，文学与艺术主要是为教会和贵族服务的，创作必须迎合他们的口味。随着文艺复兴，作家与艺术家地位才开始提高，社会对艺术家的偏见才渐减少。但直到16世纪，大部分艺术家之地位仍然比较低微，艺术只不过被视为高级手艺，米开朗琪罗的家庭甚至认为进入艺术行业是种耻辱。到了启蒙运动之后，才有较多出身中

① 汉代后期文学写作状况之发展，详见本书第一卷第一章。

上阶层者成为专业作家。作家与艺术家之间，才形成一个较统一的文化阶层，对其自身地位之意识，才比较明晰、比较有自觉。然而，直至18世纪，艺术家的社会地位仍不是划一的，也就是说他们并不是以“艺术家”的社会身份及角色获得尊重，他们仍只能个别地仰赖某些特殊有地位、有影响力的个人主顾。得到这样人的支持或欣赏，艺术家的地位及名声才能抬高，而不是整个艺术家阶层都能得到社会的尊重。要等到整个资产阶级成了艺术消费的主顾，成了支持文化的统治阶级，艺术才成为社会普遍的需要，艺术家不平等的待遇才告终止。①

但文人对其社会角色及地位之自觉，唐代已经形成了。文人之间，亦已形成了一个统一的文化阶层。当时，文士干谒求知己的行为，固然显示了作家之名声与地位，往往仍需取决于有权位、有影响力的个人主顾。但是，文人在此时实已获得社会普遍的崇敬；艺术的消费群，也不仅是资产阶级或统治者，而是整个社会。甚至于，我们可以说，文人并不是独立于社会各阶层外的一群特殊分子，文学作品也并不是被作为一审美对象来看待的。社会上每一个人都似乎觉得：人就应该是个文人，社会生活就该是文人式的生活。吟一首诗，写一篇文章，其实就是生活，犹如喝水或呼吸那样。

也就是说，在唐朝时，文学及文人创新了整个时代新的习惯、道德和思想方式，显示了社会的理想和规范，提供了榜样。一切思想方式、趣味倾向、表达感情的方法及价值标准，都由文学中来。这是一个文学的社会。

就像我们提到六朝，就会想到贵族—清谈—名士风流—魏晋风度等之一体性结构；提到唐朝，我们也立刻会想到这特殊的文学社会。唐

---

① 详见阿诺德·豪泽尔：《艺术社会学》第二章，居延安译，雅典出版社，1988年。

诗、李杜、古文运动等，构成了唐代文化那种特殊的气质，坐者歌而行者舞，充满着直接感官的触动、直观感相的渲染，活泼且有韵律、具象而飞舞。这一“直觉一表现一意象一感情”的结构，正是文学世界的基本特征。唐朝的时代风格亦即如此。从政治面经济面甚或中外关系来看，是抓不住这个时代之精神的。①

出现这一社会，是中国历史及文化之特殊性使然。中国本有一个尚文的传统。“文王既没，文不在兹乎”，文，关联着文字、文学与文化。整个人文世界被理解为一以文字及文学点染与规定的世界。文字与文学这一名言系统，既上通于道，又平铺展示为一社会名教系统。因此，中国人的宗教意识与世界观，在根本处，即是基于对道、对文字的信仰。名不正，则言不顺；言不顺，则事不成。名先于事，也比具体的事更重要，因为事是依名之规定而来的。这种文字崇拜，在历史的发展中，又逐渐形成文学崇拜，相信“言之不文，行之不远”，有文采之名言，更能达成文字的功能，更能充极尽至地成就文的力量。②

这种文学崇拜，不始于唐代，故本文所述唐代某些文学崇拜现象，可能在汉魏六朝甚或先秦也能找到类似的例子。但这适足以说明唐代社会的文学崇拜确有其文化上的原因。而唐代正是在这一文化条件及历史渊源中，将文学崇拜扩张到一个前所未有的强度，并以此结构了社会文化的各个层面。

何以唐代能达到这个地步？那便不能不从知识阶层的演化谈起。由社会组织上看，魏晋南北朝是以门第作为组织基干和权力组合的社会。唐代的社会阶层关系，仍以门第为主体，但权力组合则已改变，是帝王权威开始替代残存门第势力的时代。这时，世族门第本身正在功能分化

---

① 唐代文化的精神，详见《知性的反省：宋诗的基本风貌》一文。

② 另详本书第一卷第二章。

中，原先那种集血缘族群、权力政治团体、知识阶层等多种社会功能于一体的世族，已逐渐将政治权力拱手让出，其知识力量也遭到科举策试的影响而被瓜分。故世族终于没落，帝王权威开始树立了新的社会阶层化标准。

这时，朝廷欲士“贵我官爵”（《旧唐书·高士廉传》），特设科举；科举又以经义为主，用以甄拔可以共治天下的人才。实施以后，确实形成了一批有独立阶层的知识分子。这批知识分子，并不确定来自哪个阶级，门第衣冠与平民均可考试获隽。理论上说，固然此辈皆将进入官僚体系成为统治阶级，但他们之间却形成了一种特殊的同侪意识，座主门生及同年同文的联结，几乎独立于王权之外。也就是说，此时已出现既依附于王权又有独立阶层意识的知识分子。[①]而且，这批知识分子所拥有的知识，主要并非经学或安济邦国的学问，而是对文字运用的能力。换言之，这时的知识分子，其实即一文人。知识阶层，到中唐以后，业已彻底成为一个文人阶层。这个阶层既是由社会各阶级中人所共组而成，又居政治统治地位；既拥有文字之力量与能力，又占据主要发言位置，他们的态度，自然就成了社会的主导意识。构成文学社会，良有以也。[②]

---

① 唐代门第世族的结构功能分化及知识阶层的兴起，另详《思想与文化》《江西诗社宗派研究》。

② 唐代知识阶层转换成一文人阶层，以及此一状况对中国宋元明清学术文化发展之影响；文学崇拜环境中，文学与诸艺术之关系，与唐代思想之发展又有何关联等问题，本文俱未及详，请俟后论。

第二章
儒学、吏学与文书政治

儒学自西汉成为官学之后，发展蓬勃，靠着官学体系及士大夫家族的推扬，迅速成为社会的主导意识。但儒学的异质化危机也即存在于这种官学性质中。从东汉王充《论衡》里，我们即可发现当时社会上对儒者的角色与能力都有了不好的批评，《程材篇》曰：

> 论者多谓儒生不及彼文吏。

为何儒生不如文吏呢？儒生“志在修德，务在立化”，穷意经义，被服圣教，学问既好，品节也高。文吏则不必读什么圣贤经传，他们是从事行政工作的一群人，乃“朝廷之人也。幼为干吏，以朝廷为田亩，以刀笔为耒耜，以文书为农业”，从小就学习一套如何办行政事务、娴熟于官场行为模式的学问，“读律讽令，治作情奏，习对向，滑习跪拜”，然后进入官僚体系中去锻炼洊升，“身役于职，职判功立”。这批文吏，是政府内部实际处理行政工作的人，善办公文，对相关法律案例也极熟。但他们毕竟只是官场中养成的熟练与机灵，如何在官僚体系中攀升存活，他们也有一贯的处世态度：“阿意苟取容幸，将欲放失，低嘿不言者，率多文吏”；“勤力玩弄，成为巧吏”；“降意损崇，称媚取进”。

亦即巴结上司、玩弄法条、不肯负责。因此《史记》述张释之语云："秦任刀笔小吏，陵迟至于二世，天下土崩。"治国是不能靠这一批人的。

既然如此，为何论者多谓儒生不如文吏呢？又为何儒者自己也觉得自卑，"世俗共短儒生；儒生之徒，亦自相少"？因为在儒学成为官学之后，教育体系与政治结构是合一的，学仕一体化。学者入学、习儒业，为的便是将来出仕任职；出仕任职便得办行政，办行政就得会文吏的那一套。正如唐睿宗文明元年四月十四日敕所云："律令格式，为政之本，内外官人，退食之暇，各宜寻览。"（《唐会要》卷三九"定格令"条）光会诗云子曰而不会律令格式，当什么官呢？吏学就在这个意义下，取代了儒学。仅擅儒术者，对此便自卑起来了。王充曰"世俗共短儒生；儒生之徒，亦自相少。何则？并好仕学宦，用吏为绳表也"，真是探本之论。

由于吏学与儒学都是好仕学宦的，儒学的发展出现了异质化的危机。两汉儒学之盛，仅为"禄利之途使然"的假象；后世帝王更公开地以"书中自有黄金屋，书中自有千钟粟"为饵，吸收儒生进入其官僚体系为文吏。

对抗这种危机，儒者必须进行两方面的批判。一是如王充这样，区分儒生与文吏、儒学与吏学的差异，并做价值的判定，强调儒者的担当、见识、学养、操守，认为"儒生所学者道也，文吏所学者事也"。批判吏学，确定其性质、分位及与儒学的区别。二是从政治的角度，说明文吏不足以任事治国。王充说："张释之曰：'秦任刀笔小吏，陵迟至于二世，天下土崩。'张汤、赵禹，汉之惠吏，太史公序累，置于酷部，而致土崩。孰与通于神明，令人填膺也？"即属此类批评。

王充是我国历史上正式处理儒学与吏学之间紧张关系的第一人。《论衡》中《程材篇》《量知篇》《谢短篇》《效力篇》谈的都是这个问题。但这个问题在我国历史上并未获得解决，无论是在学术上还是政治上。

由学术上说，王朝对儒学的提倡，往往非纯学术的理由，而是希望能通过儒学教育体制，培养辅政之官吏僚员。亦即希望儒学教育提供吏学之训练。同时，行政官僚也往往被赋予文教大责，导致儒学因吏学化而衰亡。以唐朝为例，《旧唐书·儒学传序》一开头就批评："近代重文轻儒，或参以法律。儒道既丧，淳风大衰，故近理国多劣于前古。"儒学被渗入文吏法律之学，使得儒道丧亡，是修史者认为魏晋南北朝衰乱的原因。但唐朝的情形不见得就比南北朝好。唐高祖、唐太宗之提倡儒学，固然是"济济洋洋焉，儒学之盛，古昔未之有也"，"尊重儒道如此"。然而，好景不长，"高宗嗣位，政教渐衰，薄于儒术，尤重文吏"，情况就不妙了：

> 及则天称制，以权道临下，不吝官爵，取悦当时。其国子祭酒，多授诸王及驸马都尉。准贞观旧事，祭酒孔颖达等赴上日，皆讲五经题。至是，诸王与驸马赴上，唯判祥瑞按三道而已。至于博士、助教，唯有学官之名，多非儒雅之实。是时复将亲祠明堂及南郊，又拜洛，封嵩岳，将取弘文国子生充斋郎行事，皆令出身放选，前后不可胜数。因是生徒不复以经学为意，唯苟希侥幸。二十年间，学校顿时隳废矣。

以亲信及行政官员担任主掌教育之大臣，以经典讲论为具文；儒学资历，仅成为苟希侥幸者借以攀升上位的有利管道而已，儒学焉得不衰？论唐史者，只知自武则天之后，起用文学科举之士，经学儒术不振；却不晓得这种吏学化倾向才是儒学最严酷的杀手，唐代士风之浇坏亦从此始。但这并不是一桩特例，我国儒学在官学体系中始终无法真正发展，正因为存在着这种内在的困境。因此，晚唐以后，儒学的发展便试图脱离官学体系，出之以私人讲学书院的形式。但书院与政府之间，也长期存在着紧张关系，如宋代政府之禁伪学、明代朝廷之恶东林等等。以致中国虽有历史最悠久的国子监官学教育制度，却不能形成优良的大学传统，追究其原因，实在是令人唏嘘的。

再从政治方面看。儒学始终对政治上之官僚体系采批判态度，认为文吏不足以治国。这个观点形成了中国政治的特色。依王充的说法，“儒生不习于职，长于匡救；将相倾侧，谏难不惧。案世间能建蹇蹇之节，成三谏之议，令将检身自敕，不敢邪曲者，率多儒生”。儒生并不熟悉行政事务，但儒生通过经学的教养，却培养出了一种节操，能匡正朝廷施政的偏差，树立大臣风范之榜样。而且儒者“深知古今”，对政事能掌握大节目、看清大方向，这些都不是文吏所能办到的。因此，中国传统政治结构是依“官”“吏”二分法来设计的。亦即具儒学修养、能立“忠节公行”之儒生为官；熟习文案、簿书、法律事务之文吏掾曹为吏。以官统吏，调和了政治体制中儒生与文吏的矛盾，并严格区分了官与吏的不同。如宋齐以降，五省令吏皆为流外，隋代亦然，唐朝时《旧唐书·张玄素传》载：贞观十四年，“太宗尝对朝问玄素历官所由。玄素既出自刑部令吏，甚以惭耻。……将出阁门，殆不能移步，精爽顿尽，色类死灰”。可见令吏出身并不光彩。同理，开元廿四年，玄宗将任命牛仙客为尚书，张九龄谏阻，谓“仙客本河湟使典，今骤居清要，恐羞朝廷”，“仙客边隅小吏，若大任之，恐不惬众望”(《资治通鉴》卷二一四)。后来玄宗问高力士意见，高力士也说:“仙客本胥吏，非宰相器。”(《新唐书·牛仙客传》)官不是吏，吏不是官，乃极清楚之事。

官吏之分，犹如政务官与事务官，前者承担政治责任，掌握大方向，表现大臣的风骨仪范即可。事务官办具体行政业务，“五曹自有条品，簿书自有故事”，根据法规与案例去办事。《新唐书·刘晏传》云“晏尝言：士有爵禄，则名重于利；吏无荣进，则利重于名。故检劾出纳一委士人，吏惟奉行文书而已”，即代表了传统政治中具体分工的办法。故官与吏这两者的区分和配合，应该是极为理想的。

然而，正因为政务官系儒者出身，于法律政令之学，甚为陌生，实际操作行政运作仍不能不仰仗吏胥。政务大臣往往只成为傀儡，任其文吏师爷所哄弄摆布。且官员常有升调迁黜，吏胥却长期在一个衙门里任职，甚至汲引亲戚朋辈进入该机构当科吏工友之类。久而久之，亦形成一种世袭的盘踞势力。初由外地调来就职的官员，对之除了妥协之外，根本无可奈何。这就是我国政治的实相：表面上是帝王统治，事实上乃是科员政治，亦称为胥吏政治。

批评此种政治者极多，如顾炎武、黄宗羲皆其人也。黄氏《明夷待访录》有《吏胥篇》，顾炎武《日知录》卷十一“掾属”“都令史”“吏胥”诸条，亦反省此一问题者。抄几段以见一斑：

自隋以来，令吏之任，文案琐屑，渐为卑冗，不参百官。至于今世，则品弥卑、权弥重。八柄诏王，乃不在官而在吏矣。……胥吏之权，所以日重而不可拔者，任法之弊使之然也。开诚布公以任大臣，疏节阔目以理庶事，则文法省而径窦清，人材庸而狐鼠退矣。（“都令史”条）

天子之所恃以平治天下者，百官也。故曰“臣作朕股肱耳目”，又曰“天工人其代之”。今夺百官之权，而一切归之胥吏，是所谓百官者虚名，而柄国者吏胥而已。郭隗之告燕昭王曰：“亡国与役处。吁，其可惧乎！”秦以任刀笔之吏而亡天下，此固已事之明验也。……

谢肇淛曰："从来仕官法网之密，无如本朝者。上自宰辅，下至驿递仓巡，莫不以虚文相酬应。而京官犹可，外吏则愈甚矣。大抵官不留意政事，一切付之胥曹；而胥曹之所奉行者，不过以往之旧牍，历年之成规，不敢分毫逾越。而上之人，既以是责下；则下之人，亦不得不故事虚文应之。一有不应，则上之胥曹又乘隙而绳以法矣。故郡县之吏，宵旦竭蹶，惟日不足，而吏治卒以不振者，职此之由也。又曰：国朝立法太严，如户部官，不许苏松浙江人为之，以其地多赋税，恐飞诡为奸。然弊孔蠹窦，皆由吏胥。堂司官迁转不常，何知之有？今户部十三司，胥吏皆绍兴人，可谓目察秋毫而不见其睫者矣。

（"吏胥"条）

这些批评，说明了中国政治如何从儒家政治走向文吏法律之政。君臣政治成了吏胥政治，然后再成为文书政治。刀笔吏，据法规成例，舞文弄墨，故事虚文，交相敷衍一番。"办公"事实上只是办纸、"办公文"。这不仅是明朝如此，清末人朱克敬《暝庵杂识》卷一还提到：

部胥之权重于尚、侍。以科比繁多，官不能尽记，高下出入，惟其所为，虽知其奸，莫能禁也。阳湖恽次山先生世临寓京时，偶次酒肆，闻一胥语人曰："凡属事者如客，部署如车，我辈如御，堂司官如骡，鞭之左右而已。"世临心窃怪叹。未几，成进士，由翰林改官吏部文选司主事。文选司故为利薮，部胥移易选法，胁外官钱，往往致富。世临勤敏，多记旧事，又遇事钩考，胥奸不得施，怨之次骨。倒书其姓名于厅壁，至今犹存，益可见居官尽职之难矣。

可见胥吏之政，是我国政治史上的沉疴，自汉迄清，情况殊无改善。而其所以如此，根本的关键，则在于君主的态度。顾炎武批评得很对，君王为什么要用那些“谏难不惧”，以先王礼义为价值依归的儒臣呢？他正是不愿“开诚布公以任大臣，疏节阔目以理庶事”，所以密织法网，造就了一个吏胥得以成长坐大的空间，夺百官之权，而一切归之胥吏。胥吏构成了一个庞大的利益垄断集团，他也不管；反去严格管制大臣。此非目察秋毫而不见其睫也，盖统治者皆好用奴才而不肯用人才也。文吏事实上即是帝王的家奴而已。王充曰“文吏，朝廷之人也”，便是这个意思。

我们无法详述此一儒学与吏学之争。但通过上文简要的分疏，读者不难发现这个问题的严重性。想来大家都会同意这个问题应该是我国学术史和政治史上的大关键所在。弄清楚这个问题，才能明白我国历史上统治王朝的所谓“阳儒阴法”是怎么回事；也才能了解现代人批评儒家为统治阶层服务，是不知学术，亦不知政治者言。更进一步说，亦唯有通过这样的分疏，我们乃可以说明我国教育史上如何从官学转入私塾书院的历程；说明儒学作为政治体制内部和外部抗议精神、谏诤态度之表率的存在处境。

当然，历史性的解释，往往也涵蕴着解释者指向当代学术及政治环境的批判。台湾地区的政治及学术现实，是否已脱离了汉唐明清诸朝那种备受儒生批评的困境了呢？

过去台湾地区的“中华文化复兴运动”，起用某些党政大老来主持儒家文化之发扬。与武则天时“其国子祭酒，多授诸王及驸马都尉”有何不同？此岂能复兴文化乎？且政府以文吏主掌文教事务者，非特此一例证而已，过去许多大学校长，皆文吏而已，现在，曾任大学校长之文吏，乃更获选为“中研院”之院士矣。此犹可言学术耶？明何良俊《四友斋丛说》卷四云："庄子比舜为卷娄。卷娄，羊肉也，以为舜有膻行，故群蚁聚之。今若在外之两司与郡县守令，凡士子之升沉，人家之盛衰，胥此系焉。则又岂但如卷娄而已哉？故今两司郡县诸公，尤不宜讲学。盖其声势足以动人，而依倚声势之人进也。夫依倚声势之人进，则持身守正之士远矣，尚何怪乎今世士君子之耻言讲学哉？"此明朝之病也，然于今为烈矣。

至于政治。台湾地区各级机关，仍是科员政治。冗员充斥，亲朋援引，坐领薪饷。办事则毫无担当及远谟宏图，执守规例，以虚文相敷衍。或利用权责，以他们熟悉法例之便，钻营苟且。甚而烧幸希求，称媚取进。形成一套胥吏文化，充斥于社会。呜呼，此吏学之遗烈也，吁，可畏哉！

至于文书政治之极端，则"刀笔"一词，实仍不足以形容。盖此不仅为字斟句酌、舞文弄墨、钻营法条的工夫，更须注意它是"虚文"。因系虚文，自必有许多修饰语，装门面、打官腔。如此一来，即逐渐彩藻化，而成为文学作品之一类，以《文心雕龙》所载文学作品的分类来看，如诏、策、章、表、奏、启之类，皆为官文书。后世一般判牍更属公文无疑了，但其文往往是骈四俪六、锦心绣口。不少做官的文学家，是以创作文学作品之态度来写判牍的。判牍通常也都会收进他们的文集中。此文书政治之所以又为文学政治也。兹不能详论矣。

第三章

文字传统的解构与重建

——新文学运动对中国文化的冲击

当今讨论五四运动者，大多把“五四”视为一种多方面的思想和政治社会现象，对五四运动中主要的活动——文学革命，探讨反而较少。例如陈端志的《五四运动之史的评价》一书中，几乎完全不提文学革命。新文学的发轫与成就，抑或当年新旧文学的争论，文学革命在其史之评价中，变成了不存在的事。周策纵《五四运动史》稍稍好些，但文学革命并未成为整个五四运动的核心问题来处理，反过来，周氏要我们“认清文学革命实在只是这段时期里多方面大进展中的一方面而已”（第一章《导言》）。

文学革命是否仅为五四运动的边缘性角色？倘若果然如此，则台湾地区定此为文艺节，便显得十分荒谬了。文艺界每年热烈庆祝歌颂“五四”，遂也成为无的放矢，非其鬼而祭之矣。

我们不否认在五四运动中，伴随着文学革命而激生了一连串的改革，范围既广，关联实多，驯致形成了社会整体的变动。但不能说“五四”影响甚广，所以文学只是其中一端。更不能一笔抹杀文学革命在“五四”的地位，装作没有这回事一样。

再进一步说，从经济、社会和政治来分析五四运动的兴起与性质，恐怕正是使它不易理解的主要原因。因为假若“五四”的影响是多方面的，那么尽可纵容论者从各个角度去纵横曼衍，肆其恢扩之思、卮言之辩。以致歧路亡羊，莫衷一是。把所谓的“五四”，膨胀成一头庞然怪兽，甚至成为神话、迷思，根本无从掌握。而反对这样搞法的人，要不就是对此心生烦厌，要不就是被逼出另一种说法：把“五四”跟新文化运动分开，认为五四运动只是学生运动、爱国运动；新文化运动才包括民主与科学的提倡、白话文学的革命等等。这种讲法，主要是想将“五四”单纯化，以免弄得其大无外。但事实上，持此说者也晓得“五四”与所谓新文化运动不是那么容易分得开的，硬要予以拆裂，带来的困扰只会更多。

何以会弄得如此左支右绌呢？由诠释脉络看，这可能是因为碰到了解释上的困难。新文学运动起于1917年，1919年而有“五四”的学生示威。我们当然知道学生的行动必与其思想息息相关，可是为什么一个文学上的改革，而且只是语文的改革，竟能激起整个文化的反省、整个社会的改造？这点无法解说清楚时，自然就不得不旁求社会政治等外在因素的解释了。

换言之，抹杀文学革命在整个五四运动中的地位，或不承认五四运动系以文学革命为其核心（只视为“五四”各方面进展之一部分），主要是由于不能理解文学革命的意义，以致不能相信文学的改革竟然可以成为这么巨大变动的力源。

讨论“五四”的文章汗牛充栋，但从来没有人正面处理过这个问题，当然也就不可能有什么答案。现在，我想尝试从文学理论上说明新文学的兴起，其新何在；何以一新之后，随即带动社会与文化的变迁。

新文学运动，是白话文学运动，我们先从“话”谈起。

说话，是人类最值得骄傲的能力。无论哪个种族，无论什么文学理论，大概都不否认语言先于文字，讴歌先于文章。语言的重要性，实不待言。不过每个人虽然都会说话，对语言功能的理解和使用语言的方式，却可能并不相同。对语言和文字的态度，亦不一致。根据这种不一致，高友工先生曾将之区分成两种语言学：一种是以语言之交流功能（communication）为主的语言学，一种是从记录功能（memorization）发展出来的“文字中心的语言学”。

所谓交流功能，是说人与人借着口语交谈，可以交换讯息、沟通观念、协同态度及行动。而在这样的口语言谈中，因为涉及了讯息的交流和对环境的态度，且口语交谈时，能否沟通又与言谈时的说话情境有密切的关系（例如某些话在某些场合不方便说，说了效果也不好），所以用作交流的语言跟环境之间，往往较具指称作用。

根据这一基本理解或立场，所发展出来的语言观点，事实上即是自索绪尔以降近代语言学的基本模型。语言学以语言为其研究对象，讨论语言在言语活动事实中的地位，在人文事实中的地位，照雅各布森（Roman Jakobson）在《语言学与诗学》一文中图解的语言模式看，其所探究之语言行为大概包含着六个面：说话者、说话对象、所说的话、话的语法规则、话的指涉、话所达成的沟通（线路功能）。这六个面，实际上即是依口语及口语的语言行动而拟构之范畴，不是由文字运用来的。索绪尔曾说过，“语言和文字是两种不同的符号系统，后者唯一存在的理由是表现前者。语言学的对象，不是书写的词和口说的词之结合，而只是由后者单独构成”（《普通语言学教程》第六章），很能切合这一主张。在这种主张里，文字只是为了表现语言而存在，一如照片只为了模拟真人。文字乃是用以模拟、译写、记录语言而已，其结构与功能均应依据着语言而来，甚至不容许写法和语音相龃龉。

以文字为中心的语言学就不同了。文字的主要功能是记录。记录思想、感情及经验，像日记或契约，其目的均不在交流，而在“为异日之券”。因此，文字跟口语的不同，在于口语与口语情境关系密切，往往具有指称环境的作用，文字则陈述经验内容以供记忆，故其内指性较强，“意蕴”远较口语深刻、丰富。而且，索绪尔说过，在汉字这种表意的文字体系中，书写的词，有强烈替代口说的词的倾向；有“文字的威望”；文字凌驾于口语形式之上，也远较表音之文字体系为甚。他说得不错，但还不够。在这个体系中，口语只是文字交流的代用品，文字才是经验再现和信息交流的工具，口语的结构反过来模仿着文字。

这两种语言学，都是索绪尔曾经意识到的，但站在他的文化传统中，他只能讨论以希腊字母为原始型的表音文字体系。但我们顺着他以及整个偏重口语与语言活动的思考方向来看，不难发现西方文化中几个重要的学术倾向是与此有关的。例如逻辑与语言分析，讨论的是雅各布森所说的语法面；符号学、结构主义、语言心理学，则探讨语言与沟通。而阿佩尔（Karl-Otto Apel）、哈贝马斯（Habermas）所说，由控制外在客观化世界之兴趣所发展的经验分析的科学，由沟通之兴趣所发展的诠释的科学，由解放的兴趣所发展的批判理论，这三者如果代表了西方知识构成的三大类型，则起码语言之交流功能与指称作用，跟他们的知识类型之间，必有相当奇妙的呼应关系。

这种关系，无须比附，也不必猜测，因为实情即是如此。伊格尔顿（Terry Eagleton）在《当代文学理论》中谈到，从柏拉图到施特劳斯的西方哲学传统，都把写作贬为一种毫无生气、异化了的表达方式，而对活人的声音则赞美有加，认为“我的话语可以立即把我的意识表现出来，我的声音成了话语亲密而自然的媒介。反之，在写作时，我想表达的意思大有脱离我控制的趋势；而付诸印刷这一非个人所属之媒介，更是可流传、再造和引用，可以有各种我所无法预料的用途。故写作似乎是从我身上剥夺了我的存在。因为它总是交流思想的间接方式，是话语死板而机械的模仿，所以它总是和我的意识保持着距离”（第五章）。

而这种以词语为中心的思想，追求着那能作为我们思想、经验之基础的终极本质，竭力觅求超级能指词（the transcendental signifier），又衍生许多超验的概念，诸如上帝、理念、世界精神、自我、实质等。

对此，德里达在《文学科学论》中论证道：自柏拉图以来，西方的语言哲学便一直是“理体为中心”系统，将真理的本源归于说话的声音，理体（logos）被视为理性之声、上帝之道；实体的存在被认为是一种本质的“现出”。故声音的完全演现（在现场）比不出声音的书写文字更接近真义。文字在传统哲学中只占次要地位，只是用来再现声音。所以文字可说是“完全话语”的堕落。顺着这种语言中心主义（phonocentrism），西方文化缔建了种种等第：声音/文字、讲话/书写、声音/沉默、存在/非存在、实相/影像、内在/外在、物自身/符号、本质/现象、意指/意符、真/伪等，不断强调前者的优越性。

以德里达所代表的解构批评（deconstruction）对这一哲学及文化传统，抨击甚力，但这不是我们所关切的。我们只是想借由此类批评来说明语言的重视及以语言为中心可以缔构西方的文化传统。反过来说，中国却是以书写文字为中心的。

刘师培《文说·耀采》云“言以足志，非文辞不克为功。是以文章一体，与直言殊”，文与言不同，而且文才有优位性。《世说新语·文学》载“太叔广甚辩给，而挚仲治长于翰墨，俱为列卿。每至公坐，广谈，仲治不能对。退著笔难广，广又不能答”，王隐《晋书》谈到这件事时，就下了个断语说：“广无可记，虞多所录，于斯为胜也。”可见文字的记录功能，胜于一时口谈，乃中国人的基本想法。

由此，即显示出文的价值与尊严。一方面，“声成文，谓之音。治世之音安以乐”（《毛诗序》《乐记》），声必须成文，始可讨论；言之不文，即不具价值，所以说“言之不文，行之不远”。另一方面，文字以其能记录垂远，故能穿透时间空间，传示真理与真相，所谓“一字之褒贬，严于斧钺”或立言的不朽，都是就文而说。太史公自序，以“垂空文以断礼义，当一王之法”自期；言诗者以“上以风化下，下以风刺上，主文而谲谏，言之者无罪”，显示诗的功能。无不是相信文字的力量。故《论衡》说：“极笔墨之力，定善恶之实，言行毕载，文以千数，传流于世，成为丹青，故可尊也。”

类似的说法如“期命辩说也者，用之大文也，而王业之始也”（《荀子·正名》），“文章者，经国之大业，不朽之盛事”（《典论·论文》），“俯贻则于来叶，仰观象乎古人，济文武于将坠，宣风声于不泯”（《文赋》）……可谓俯拾即是。这些言论不但突出文章不朽的价值，把言说囊括包容于文之中，更有透过文来贞定人世的意味。

所谓把言说囊括包容于文之中，就是由言文不分，到以文代言。言与文两字时常交互换用，不刻意区别；由言说到书写，仿佛也非当自然，并没有文字只是模仿语言的观念。

相反地，言却常仿效文字。读书人的掉书袋不用说了。说得好的话，亦根本即是文章的仿拟。如《沙门题目》云“道一文锋富赡。孙绰为之赞曰：驰骋游说，言固不虚”，文，是指道一和尚说话言辞整饬，猗蔚芬敷。又，桓温西征时，袁虎撰露布，“俄得七纸，殊可观”，旁人赞叹其才，袁虎说“当令齿舌间得利”（《世说》），令齿舌得利，是说有文章做底子，讲起话来即便给流利。这两种情况，都是语言趋近文字的模仿。换句话说，在中国的文化传统里，文才具有优位性，而语言也以趋近或仿拟文字为常态。

文学作品亦复如此，是循着文章的系统，而不是语言的系统发展。即使是小说戏剧，其实亦是文而非言，故王国维表彰元杂剧，特别推重的，竟是“元剧之文章”。李渔的《闲情偶寄》，特立《宾白》一章，力矫历来传奇只重填词、不贵宾白之弊。看起来是对这种习惯的反抗，但李渔毕竟仍在这个“主文”的文化传统中，所以他又强调少用方言，“凡作传奇，不可频用方言，令人不解。……传奇，天下之书，岂仅为吴越而设”，希望不被语言的时空条件所局限。同理，他一方面知道“戏文作与不读书之妇人小儿同看，故贵浅不贵深”，却又吁“戒浮泛”，勿“日流于粗俗，求为文人之笔而不可得”。这就显示了从孔子雅言诗书以来，文与言的区分，其实也就是雅与俗的审美判断。“文”雅与方言俗语，一直是我国文学艺术品评中最重视的分别，以至于形成语言中读书音与普通音也不太一样的现象。

文与言之所以一雅一俗，是因为文具有超脱时空和随时变异的世界，展现真相与真理的力量。而这种展示，也即是人类文明的价值所在。古来以天文、地文、人文并称，文就具有秩序和价值意义，包含一切典章制度礼乐文饰而说。自然的世界，经过修饰即为有文，或文已得明；一句普通的话，修过整饬亦为有文。故文可以指辞采文章，也可以是指整个文化的体现。《文心雕龙·原道》说“文之为德也大矣，与天地并生者。……人为天地之心，心生而言立，言立而文明”，文就是存有的历程与意义，是道，“道沿圣以垂文，圣因文而明道”。既为展现道之媒材，为道之示现，又是彰显道的力量。于是，乃有宗经、征圣、原道、明道、达道、贯道、载道之说，浸假而形成一文字的崇拜。

这种崇拜，可以从高层次的“正名”思想，包括到民间以文字替代事实的行为及对文字的信仰。五四时期人曾批评中国官府办公办事，其实只是办纸，大做官样文章。民间则流行着“惜字亭”之类的崇拜行为：不准随意抛弃糟蹋有文字的纸片，以有字之纸当草纸用，会烂屁股，用纸书写某人姓名，予以喂咒，即能魇死对方……诸如此类，一方面有着“天雨粟，鬼夜哭”的敬畏文字之情；另一方面则有由文体现道、展示道的体认，形成了文即事实即真理的误解。

文学革命，要革的，正是这样一个传统。

评述文学革命的先生们，最常见的两种意见是：

一、革命时期，胡适所提倡的文学改良八事，并不是他所独创的，在李梦阳、何景明、唐顺之、茅坤、徐渭、王世贞、李贽、袁宏道、李维桢等人的言论中，大致都可归纳出与胡适相同的主张。于是或抹杀胡适的贡献，委诸时会因缘；或溯源晚明，说晚明与五四时期的新文学运动精神完全相同，胡适的主张就是公安派的主张（如周作人、刘大杰均如此云云）。

二、说文学革命只是继承晚清革命文学的发展。因为晚清的知识分子已意识到知识普及对于救亡图存的重要性，反省到语言与文字必须合一才能有效传播，所以有大量白话报出现，促成晚清的白话文运动，为五四文学革命铺路。文学革命只是顺此潮流，因势利导而成的一种“历史的必然”。

这些看法都没有抓住文学革命的“典范”（paradigm）意义。文学革命之前固然有晚清白话文运动，但白话文运动的目的，在于启迪民智，因此如章太炎、刘师培也曾致力于此。五四新文学运动，则是要颠覆以文字为中心的文学观、世界观，章刘等人就不能接受了。这种颠覆，非古代文人提倡兼采方言俗语、追求清新、不用典不模仿前人等等可比。那些提倡，无论如何，都只是在文的大传统中，小有更张而已。文学革命却是涉及全套信仰、价值、技术的转移，使之产生基本性的变化，破旧立新，导向新传统的建立。

这是接近库恩（Kuhn）对科学革命结构之解释的一种巨变。他们所建立的，是个以口语为中心的白话文学史观。借着“文言/白话”的对比，胡适在《建设的文学革命论——国语的文学，文学的国语》一文中痛诟两千年来文人所作，用死文字做出来的死文学，提倡国语的文学。1921年更写了《白话文学史》，将整个文章的文学史改写成白话的文学史。白话，第一个解释，就是“戏台上说白的白，是俗语的土白”。白话文学史，则把文学的脐带伸到民间，认为一切新文学的来源都在民间。民间文学，本来就是口语传统大于文字传统的，诸如传说、演讲、谣谚、咒语、神话之类。胡适将这种传统充分吸纳发扬之外，又进而以此去囊括综摄《史记》《汉书》及佛经译本、杜甫白居易诗等一般视为文章传统的作品。

因此，我们可以这样说，晚清启迪民智的白话文运动，是着眼于交流功能的语文运动。文学革命则扭转了以文字为中心的哲学，打破了中国整个文化传统的核心，对中国文化进行一次“解构”：文的优位性丧失了，钱玄同要将中文改成拼音文字，傅斯年认为中国字野蛮。文雅与鄙俗的区分消逝了，郑振铎作《俗文学史》，顾颉刚研究民俗。文与道的关系断裂了，宗经征圣载道，被视为对文学的扭曲；礼乐文教，是与文学无关的政治事务。由文字、文学到文化，全面地质疑、瓦解、颠覆。从批判文言，到对传统的全面弃绝背反，而逐渐由以语言为中心，达到“全盘西化”。也就是说，五四运动所进行的变革，从根本上动摇了传统“文字—文学—文化”的具体结构。

在胡适提出白话文主张之前，白话文学的“势”已经出现了。例如维新派及革命党人，利用较为浅俗的文字，来宣传改革的社会政治理想；较开明的知识分子，体察到中国之积弱，系因民智未开，故经办各种白话报刊，以启迪民智，进行社会教育。这些现象，近人谈论已多，起码李瑞腾的《晚清革命文学》一书述之甚详。但此处宜补充两点：

一、晚清白话文学之发展，不应只以中国遭受西方冲击后的反应面来观察（像上述两种说法），而应视为中国传统内部非主流因素势力全面扩大中的一个部分。因为在晚清，中国传统中较不重视或被贬抑的东西，都被提举出来，势力大为增强。民间小说、戏剧、评话之发展亦然，且有大量文人投入其中参与研究及创作，如王国维、吴梅、俞樾、刘鹗等。其目的皆不在启迪民智也。①

二、以白话宣扬政见，启发民智，在晚清只是个辅助系统，声势并不如今人想象中大。以革命党跟保皇党的斗争来说，革命派之章太炎刘师培，皆文笔古奥，章氏尤甚。但在宣传上却如鲁迅所说，是“当之披靡，令人神往”。为什么？因为大部分的知识分子觉得章氏的文章较有“根底”，梁启超“新民丛报体”，就不免有些浅薄了。所以革命派文宣之胜利，主要是他们的表达方式较符合一般知识分子的文学认知，也吻合他们的格调（当时很多人写信都用篆字，玩古董、赏古碑、论古学，也是一般知识人普遍的生活方式，且大流行于晚清）。白话固然也有人提倡，但根本上仍是重“文”而轻“话”。

以章太炎为例。他的《文始》，推语言之始，而全然以文为说，可见在他的观念里，语言学乃是建立在文字学上的。这跟现代或西方语言学有一基本之差异，所以直到现在，章氏后学如林尹、陈新雄先生等人之小学，仍以《说文》《广韵》之归纳分析为主，形成“以字为中心的声韵学”②。由这个文字训诂之学进而到文学领域，他也认为“有文字著于竹帛，故谓之文；论其法式，谓之文学”（《国故论衡·文学总略》），

---

① 平民文学在清朝发展畅旺，晚清戏曲小说之大盛，尤值得注意。但过去我们受阿英《晚清小说史》一类看法影响太大，老以为晚清小说之发展，系知识分子面临时代困局所滋生的强烈忧患意识使然，故表现在小说中便充满了批判社会乃教育改革意义。这一看法与研究是不恰当的，详见龚鹏程《论鸳鸯蝴蝶派》《论清代的侠义小说》二文。

② 另详陈绍棠《章黄学派训诂学的几点特色》、姚荣松《黄季刚先生之字源学词源学述评》，二文皆1989年香港大学举办“章太炎、黄季刚国际学术研讨会”论文。

称“文”而不采后来习用的“文学”二字，即是把文学推回到古义，指一切文字书写品，而不仅以“流连哀思，吐属藻丽”者为文。为什么他要如此说呢？主要就是区别“语”“文”：

> 凡此皆从其质为名，所以别文字于语言也。其必为之别，何也？文字初兴，本以代声气，乃其功用有胜于言者。言语仅成线耳，喻若空中鸟迹，甫见而形已逝。故一事一义得相联贯者，言语司之。及夫万类坌集，棼不可理，言语之用，有所不周，于是委之文字。文字之用，足以成面，故表谱图画之术兴焉。……然则文字本以代言，其用则有独至。

以语、文的区分，来论断文学的本质，且对文充满了信心，说文之用胜于语。他的看法，当时有赞成者也有反对者，但怎么定义文学并不重要，重要的是此说显示了一种当时知识分子普遍的态度，相信文而轻忽语。

五四运动就不同了，白话文学的主张，高举语而推倒文，谓文言为死文字、死文学，提高民间口传文学的地位，以语之用胜于文等，皆令晚清思想先锋震愕不已。林纾诋其以“引车卖浆者流”的语言来取代《史记》《汉书》之文章，可以充分说明问题的关键所在。此为世所周知者，不必详述。这里要谈的是：这场以语代文的运动，其是非与影响如何。

文言与白话的划分，根本是虚构的。张汉良曾称文言与白话的对立是“语言的二元论神话”，因为“语体文和文言文并非对立的语言系统，两者本无先验的、独立的语言质素，足以作为彼此区分的标准。就语音、语构和语意三层次而言，两者没有本质上的差异。如果有区别，也仅在语用层次。亦即语言使用者对以上三种层次的惯例的认知、认定和认同问题。其次，所谓‘语体’的白话文，和文言文一样，已经不再是口语，而是被书写过的文字”。①

也就是说，“白话文”一词根本是自相矛盾的，白话文就是文言。即使我们把它称为“语体文”，语体依然是文体。即使在语汇及语态上刻意模拟说话，其文词规律仍是文的，而非语的；是视觉的艺术，而非听觉的美感。故文言与白话无从对立，“五四”以来一切文言与白话的战争，都是在这一虚构中抓瞎起哄。

所以在这里我们就必须注意到胡适所提的“白话文”与“文言文”一词中的“文”字。顺着晚清如章太炎等人的“文”“语”区分，胡适做了两个推展，一是承认文与语的区分，但这两者都存在于文中，文中即有语与文之分。二是逆转了文与语的价值判断，说文中之语体者，其用胜于文中之文言者。

为了证成这个纡曲缭绕的理论，他先在古代文学作品中分出什么是白话文、什么是文言文；再赋予价值判断，说前者是活的，而后者是死的。然而此一区分实在带有若干任意的游戏性质，例如把《诗经》、春秋战国诸子、《史记》、《汉书》、杜诗等，全都归为白话文，来跟桐城派古文家争地位；其判断一文是否为白话文学的标准，又随时移易，互不相同。这样的做法，实在问题重重。

不过，这一语与文的分判，也确实触及了一些文学史上重要的论题，例如语如何进入文，文如何消融吸收语，口传的或带有表演性质的艺术（如说话、评弹、戏、曲）如何与文相离相合，文人传统与民间传统的关系，等等，都在这种研究观点下带生出来了。

---

① 详见张汉良:《白话文与白话文学》,《比较文学理论与实践》，东大图书公司，1986年，122页。

然而，不幸的是，这其中一方面含有太强烈的价值判断，推倒一面而肯定另一面，在事理未详、义理未安之际，即发展成一种独断专横的意识形态，流弊自然甚大。另一方面，语与文的区分，乃是指文中之语与文中之文，但此“语”与口语活动之语，却时相混淆。浸至“文”“言”两歧，歧路亡羊，文既不文，语亦横受干扰。

这也就是说，五四新文学运动，表面上推倒了文的传统，白话取得了全面优势，但实际上这个话乃是文中之话，故所建立的不是个语的传统，而仍是文，是对文另一种形态的强化与巩固。以小说为例，“五四”以后的小说论者，所欣赏的都是文人小说家而非民间说话传统，所偏爱的小说也仍以文采可观者为主。至于小说之写作，亦复如此。北大陈平原《中国小说叙事模式的转变》特别指出：现代小说不是比古典小说更大众化，而是更文人化；作家主体意识的强化，小说形式感的加强及小说人物的心理化倾向，全都指向文人文学传统而非民间传统；小说书面化的倾向，也转变了古典小说的叙事模式。①这种结果，乍看之下似乎是与“五四”提倡民间文学传统、打倒山林贵族文学之口号矛盾。但仔细想想，何止小说如此？新诗比古典诗更难懂，话剧也从来就不像话。可是，虽然不像话，虽然是文的深化与强化，它却又自称为“白话文”；然后再简称“白话”，来跟“文言”对立对抗。

这就混淆了文中之语与文的界限，以致治丝益棼，搞得莫名其妙。

---

① 陈平原：《中国小说叙事模式的转变》，上海人民出版社，1988年。本书指出“五四”以后之新小说，非文学通俗化的结果，亦非文人文学与民间文学的合流，而是受到中国“诗骚传统”的影响，“正是由于五四作家部分脱离了一般民众的审美趣味，突出主要体现文人趣味的‘诗骚’传统，才得以真正突破传统叙事模式的藩篱”。换句话说，即使晚清以来，西方小说业已大量输入中国，但“五四”小说家接受的，仍是已渗入了诗骚传统的西方小说，“五四作者也是根据自己的‘期待视野’来理解西洋小说的”。但这个说法，其实已冲击到他仍把“西方小说之启迪”视为近代小说叙事模式变迁主因的观点了。

对抗的结果，使人普遍地对文言产生抗拒，文言变成保守、腐败的象征。人不再读古典文学或不能读文言作品了，不再读古书或不能读古书了，不必书写或不能书写了。文字使用能力及对文字的理解能力，也都日益低落。

这真是从古未有的情况。文化界固然还在形式主义地争辩能不能全盘西化，可不可以全面反传统；固然还有许多人以保存文化为己任。然而社会普遍上对固有文化却是隔阂的，因为文字就是天堑，难以跨越。在虚构的文言与白话二分中，每个人都以为文言是另一套极艰涩、已死亡的语言，而古代典籍就是以这一套语言来书写的，所以望之却步，心生畏惧。甚至于排斥学校里讲授文言，认为居今之世，要教育生童，使其能运用中国语文以应付社会需要，自当加强白话之训练，日诵古文言，有何用处？徒锢窒性灵而已。有识之士，见此情况，惄焉忧之，于是努力地替古籍作白话译述，以通古今之邮，让现代人也能读得懂古书。

可是文言能译成白话吗？文言文与白话文根本就不是两套语言系统，所谓文言翻成白话，其实只是语句的自我解释与复述。如“床前明月光，疑是地上霜”，译成“看见床前明亮的月光，我以为是地面上的霜”之类。这不是翻译，最多只是训诂的关系。翻译，是在两种语言系统之间寻求对等关系，所谓文言译白，却顶多只有“以今言释古语”的训诂功能；大部分则是像上面举的这个例子，把原有的文句啰唆夹缠地再讲一次而已。

文言译白之不恰当，不止于此。训诂的含义是开放的，每个时代也都在做训诂的工作，可是文言译白的“译”，却把意义完全限定了、窄化了。不但文字浅俗，意涵也浅俗化狭窄化。且翻译者替代了经典在说话。这种毛病，不必详论，只消看看柏杨版《白话资治通鉴》，就了解啦！

还有，从理论上说，现代人可以通过所谓白话翻译去理解古典，或进而阅读原书。可是一旦有了白话译本，读者就更不读古书了，因为白话译本既养成了读者的依赖心理，又教育了他：古书古文是非常艰难的。他读白话译本愈久，愈学不到东西，就愈觉古书也没什么了不起，而且也愈来愈没有能力自己去看古书了。如此辗转循环下去，国人对其传统之了解自然就从根本上出现危机。何况，古籍之有所谓白话翻译者少，未译为白话者多，知识分子遂亦乐于借口无译本，看不懂而心安理得地不再读古籍了。

当中国高级知识分子都不能读古籍或不愿读古籍，都不擅长使用中国文字时，中国焉得不加速西化？[①]“五四”以后新一代的知识分子，固然在理念层次上仍徘徊于中/西、新/旧之间，可是在实际思维方式、语文使用、观念架构上，均已无法再像“五四”以前的知识分子那样深入传统，或借传统以批判传统。反倒是外文的使用日益纯熟，他们要拥抱传统时，自然便去拥抱了西方文化的传统。而西方自启蒙运动以来，对其传统之批判，也就成为新型知识分子批判意识的主要资源了。[②]

这就是文学革命的性质与意义，也是文学革命之所以能形成文化思想与政治上整体革命的原因。我们对这次革命，必须先有切实的理解，才能予以评估，并进而超越“五四”。

---

① 当代知识分子语文能力之低落，详见龚鹏程：《作家的文字为什么差劲》，《我们都是稻草人》，台湾久大出版公司，1987年，153页；《中国学术语言有没有生路？》，《国文天地》1983年三卷一期。

② 另详龚鹏程：《我看新儒家的处境与面对的问题》，《近代思想史散论》，东大图书公司，1992年。

第四卷 文化的符号与意义

第一章
传记小说的新思维

一　传记小说

古称传记，本指口说。故记字从言从己，自己立言以为记，所以称为记。传，则是人与人间转相传述之意。后来不论书写流传或传诵讲说都称为传，但早先应当是以口传为主的。这有个证据，就是古代“经”和“传”的分类和称呼。经典，自然是指圣贤宗师之所撰作，是以丝革编织竹简，再在竹简上书写而成的，传则往往被称为传说。例如《墨子》书有《墨经》上下两篇，另外又有《经说》上下两篇，即是为了解绎经文而作。其意义正与当时另一种传体相同。如《老子》在战国时即有《解老》《喻老》及邻尺、傅氏之传那样。传、说、喻，乃至后来出现的训、诂，都表明了它们属于口说性质。

顾炎武《述古诗》有云：“六艺之所传，训诂为之祖。”经典得以流传，全赖历代学者替它做训诂做解说。而训诂也者，近代学人黄侃说得好：“训诂者，以语言解释语言之谓。”（黄焯《文字声韵训诂笔记》）

训，据《说文解字》说，乃是“说教也”。诂，则是“训故言也”。训诂，确实是以语言解释语言，而此，亦即是传。因此历史上第一位把训、诂两字放在一块合用的，就是秦汉间人毛亨的《毛诗诂训传》，一般简称为《毛传》。

由此即可见“传”实以言说为主。经典中如《春秋经》的《公羊传》就特别强调这一点。据何休《春秋公羊解诂》云，孔子在世时，他写《春秋》的用意，曾对其弟子有所讲说。孔子卒后，“其说口授相传”，至汉景帝时才写成文字，也就是现在的《公羊传》。但文字毕竟只记载了一部分口说，还有一些则仍在师弟间口授相传，故所记者为大义，口说则多微言。公羊学者，向来较重视的是口说。这个特点，只要看过康有为《春秋董氏学·春秋口说》的人，一定都会有深刻的感受。

这种情形，当然与文字书写较不方便有关。文字的传播，须仰赖简帛，价格昂贵、书写困难、传授不便，故传播活动，仍以口说为主。我们看当时行人振铎采风、收辑歌谣；或诵诗三百、出使四方，可以专对。正是以口语传播为职事。传字从专，即与其属于口语转述有关，与使者“可以专对”的专字，也有意义的关联。至今传呼、传唤、传令等词汇也都还保留着这种口语转述传递之意。到了战国时期，诸子游走各地，讲学、游说诸侯，或聚在稷下等处谈天、论辩，亦均以口说为主。邹衍号称“谈天衍”，公孙龙子、惠施、邓析等以论辩闻名，纵横家游说的资料则后来被辑成《长短说》。凡此事例，皆足以证明当时是口语述说为主，著作传述，只是辅助性的。如孔老夫子游说诸侯，讲学四方，晚年才返回鲁国去整理图籍。但其讲学记录，依然被称为《论语》。

小说，就形成于这样一种环境中。《汉书·艺文志》说小说家出于古代稗史之官，搜集巷议街谈而成小说。巷议街谈，即是流传于民间的口说材料，古代稗史也是记言传语之官。

左史记言、右史记事，乃是中国史官的传统。记录下来的史书，有时就称为语，今存《国语》便是此类史书。稗官即小史官，所传则为巷议街谈之野史，故《汉书·艺文志》所列的小说家中包含《青史子》一类作品。小说，顾名思义，正是小史传述的各种口谈言说。其性质殆近于后世之“讲史”。

二　言说系统

《汉书·艺文志》所载：周秦小说家九种，称说者有《伊尹说》二十七篇、《鬻子说》十九篇、《黄帝说》四十篇；汉人小说五种，称说者有《封禅方说》十八篇、《虞初周说》九百四十三篇。《隋书·经籍志》所录小说家二十五部，名说或语者则有《杂语》五卷、《杂语对》三卷、《要用语对》四卷、《琐语》一卷、《世说》八卷、《世说》十卷、《小说》十卷、《小说》五卷、《迩说》一卷，以及称为辩的《辩林》二十卷、《辩林》二卷。此外尚有记笑话的《笑林》三卷、《笑苑》四卷。

由这样的目录，可以发现在魏晋南北朝期间，小说仍然是以口说传统为主的。

辨明这一点有何意义呢？有的。一、上古口传“文学”之传统，可以被证明是由小说延续发展下来了。《隋书·经籍志》把小说的源头上推至“《传》载舆人之诵。《诗》美询于刍荛。古者圣人在上，史为书，瞽为诗，工诵箴谏，大夫规诲，士传言而庶人谤，孟春，徇木铎以求歌谣……道听途说，靡不毕纪”，亦即是把小说列入诵、诗、歌、谣、传话、谤诽、规诲、劝谏、道听途说这个大的口说传统底下。这种解释，甚为确当，比班固将小说家归诸稗官之记巷议街谈，更要周延。

二、也可说明中国小说中为什么会有“语林”类专门记言，而不重故事的类型。各种笑话书、《世说新语》，在中国小说中之所以都能自成一次级系统，相关作品甚多，正是因为小说家收录的范围与性质，就是以话语为单位的。美妙有趣的话语，有时也像曲折动人的故事一样，值得传述。

三、小说既以口语言说为主，相对于由文字系统发展而成的文学作品，自然别具体势。什么是文字系统发展来的文学呢？以写成经典的《诗》《书》为渊源及依据的文学，运用《仓颉篇》《尔雅》等文字学知识写作的辞赋，乃至强调“事出于沉思，而义归乎翰藻”（《昭明文选序》）的文笔之辨，都属于文字体系。因此，在汉魏南北朝，除了《文选》《诗品》《文心雕龙》《文赋》这一庞大系统外，其实还有一个也十分庞大的话语言说体系存在。认清这个事实，颇有益于我们对文学史之认知。

四、整个文字系统的发达，是汉魏南北朝文人阶层主要的历史贡献所在。文字学、声韵学、对偶构句法、骈俪体以至近体诗之形成，都是运用文字愈趋精密的结果。这种文字体系精密化且势力增强的趋势，自然也就影响到口说系统，因此小说传统在唐代乃开始出现新的变化，在原有口说传统之外，有了新的、讲究文辞之美、取法于史书写作方法的唐人“传奇”。

谢无量《中国大文学史》说“小说家者流，魏晋以后，作者不绝，大都文辞烦琐”，郭希汾《中国小说史略》说“小说与一般文章之发达，都至唐代而达于绚烂之境”，意思都是指魏晋南北朝间小说文字不如唐传奇优雅。殊不知此正是一大变动。传说的传统，出现了文章记事的新典范，导致“小说”开始分化为口说和文辞两条路线发展。

元朝陶宗仪对此新变，曾慨乎言之，谓“稗官废而传奇作”。其实稗官何尝废？话说口传之体系，继续发展出宋代的说话四大家数（小说、讲史、说经、说参请或说诨话），出现了话本、诗话、平话等等。

传奇一系也不断推出新的佳构。终至两系相互竞争、相互糅合。明清小说，固可分为白话小说与文言小说两类，但两系彼此影响的痕迹也是不可磨灭的。

好了，文章写至此，才开始要谈到第一个拟探讨的问题——在当前哲学界，语文之辨，乃是一热门问题。如德里达的解构主义，有一大部分即涉及于此，讨论语言、逻各斯、书写之纠葛。而据我在上文的描述，“传记”一词，以及它所指的小说传统，其中正含有语言与书写之动态关系，很可与之对比讨论。

另外，言说与书写都是“叙述”，而叙述的历史性、历史叙述以及叙述性历史，不正是历史学上极重要的问题吗？小说出于史官，其稗官野史之身份，又为这个叙述与历史之关联添加了更引人注目的元素。且小说“道听途说，靡不毕纪”的性质，也一定会引发关于历史叙述真实抑或虚构的争辩。这样的情况，也是我所感兴趣的。底下准备简略分论之。

三　文的优位

古希腊哲学家赫拉克里特（Heracleitus）曾提出逻各斯之说，谓万物芸芸，但其中自有永恒的规律存焉，人应知此规律，并以此规律来认识万物。这个规律或理性法则，就称为逻各斯。这个字的含义其实正是言说，其词原为legein（说），其义也可兼指谈论、说明、理性、公理、想法等。

早在德里达以前，即已有不少人批判逻各斯中心主义，德里达更是如此。他认为整个西方文化传统基本上是贬低书写的，例如，柏拉图责难书写，卢梭对书写不屑一顾。其间也有一些人做过建构实证的文字学

（书写学）的努力，但都未能摆脱逻各斯中心主义的阴影。只有到20世纪60年代，结构主义与后结构主义才真正地提出了书写问题。

逻各斯意指言谈，意指说出的话语。由于说出的话语比写出的话语更接近内心经验、更接近实在和在场（presence），它也因此得到信任并被赋予优先地位。故逻各斯中心主义实为语言中心主义。意指言语（声音）对文字（书写）的优先在场。言语是一级能指，书写是二级能指，言语摹写实在，书写摹写言语，后者因而是对模仿的模仿。

这种逻各斯中心主义，伴随一种“在场”的形而上学，“意义是可以明确地呈现的，是可以在我们当下的对话中证明的”。在场者可以当场说话，不在场才需要书写。因此理解、证明、理性都以在场为主，书写只能成为边缘、次要的范畴。依此在场与不在场的区分，便形成二元对立的格局，而西方哲学也根据二元对立分析了世界：心灵与肉体、善与恶、男人与女人、在场与不在场（Presence vs Absence）。每一种二元对立都是等级制的，前者高于、好于后者。优先的一类属于逻各斯，次要的一类属于书写。第一类是在先的、肯定的，第二类只不过是否定、补充。

语言与文字之间的这种关系，当然有一大部分肇因于西方的文字是拼音系统。西方人习以为常的拼音文字（phonetic writing），的确是声音的模仿，因此符合其传统上所界说的一切二元对立关系。但中国不是。中国文字对语言，完全没有从属、模仿、次级的含义。文字中就有声音，但不是拼音，而是形声。中国文字号称象形文字，其实象形字极少，总共只有一百多个字，占十之七八的倒是形声。在字形上以一部分表示声音，如前文谈到的传、记、谈、论都是形声字。

形声字之声符，一方面显得松散不稳定，如燈，声符也可改，成为灯。繡可作绣，證可作証，機可作机，橘可作桔，勳可作勛，據可作据，葯可作藥之类。几乎只要是音近，便可能用来作为声符。但另一方面，声符往往又很重要，影响到字的含义，以致文字学家一再强调“形声字声多兼义”。例如勾是弯曲的意思，因此凡勾声之字，类皆有曲意，像钩、朐、苟、姁、笱都是。仑声之轮、伦、论、纶等亦是如此。

这样一种关系，使得文字对语言既不隔离排斥，又不致成为语言的完全模拟，两者的关系较为亲和。但如此也使得语文各成一系发展，各有各的原理和规律。文字并不能全然代替语言，语言也无法凌驾于文字之上。

但因文字系统与文人阶层结合了，自汉代以后，事实上便逐渐形成了文字的优位性。口传作品的“文学”之身份仿佛消失了，或仅成为文字文学的一个次级系统，书写的重要性越来越被文人阶层强调。凡义皆归乎翰藻，传说口谈乃不得不逐渐翰藻化，逐渐趋于文字化。小说渐渐出现传奇，似乎即可如此理解。

传奇这个词，本身便很能显示这种转变。因为“传”如前文所说，本为口述传说、转相谈论之意，《隋书·经籍志》引《左传·襄公十四年》云“士传言而庶人谤”，即表明了传说传诵的口说性质。但是，《左传》本身就并非师传口授，如今文家学那样，而是仰赖发现的文字传本，所以名为古文经。其得以流传，正好是不经口授的。可见传的意义此时已分化了，可以口传，也可以借由书写而流传。史书之传记，亦复如是。书写下来的“传记”，再也不是口说记述了。由记而又出现了纪，例如史书中帝王的传，就都称为“本纪”，而不再称为记。

在小说方面，《汉书·艺文志》所载小说家，只有名为说者，不曾见到称为记者。今传所谓汉人小说，如东方朔《十洲记》、班固《汉武内传》、郭宪《汉武洞冥记》、刘向《西京杂记》、伶玄《飞燕外传》，已称为传或记，但即此已可证明它们全属伪作。因为此刻小说仍是口说的体系，真正在小说中出现文字传统，应迟至六朝。张华《博物志》，以志名书，叙异物而仿史志也。同时并有干宝《搜神记》、陶潜《搜神后记》、刘义庆《幽明录》等，称为记或录。至唐，则更有名为传者，如《白猿传》《李娃传》《莺莺传》《南柯太守传》《谢小娥传》之类。

由说而纪而传，且成为史志传书的类拟，正可以显示传记含义的演变，以及文字系统逐步扩张的事实，而且小说跟史书的书写传统关系越来越密切了。始将其作品称为记的干宝，曾作《晋纪》二十卷，时称良史，撰《搜神记》乃用以“发明神道之不诬”。托名魏文帝撰的《列异传》，也显然是模仿史著的列传，如列女传、列仙传之类。至唐，传奇作者，多具史笔，作品如《吴保安传》《谢小娥传》也多被收入正史，甚至它的文体规格，都是由史书写作来的。小说本出于稗官野史，巷议街谈，它和史本来就有关系。但古者左史记言右史记事，史也有两类，或偏于言说，或偏于书事。现在明显地是由记言之史朝书事之史过渡了。

另一个值得注意的现象，是“记录”的功能越来越被重视。某某记、某某录，文字书写下来，是为了作为以后的记录，为了证明某些东西，也为了避免遗忘。这种记录功能，一旦在小说文类中占据重要地位，自然就会越来越朝文字系统发展。因为语言恰好是会随时间空间转变而消失的。语言的功能，是当下的沟通，而非异时空所依赖的记录。不但如此，强调记录，既用以为“异日之券”，则所记必须真实不虚妄，于是“记录之真”遂也越来越获重视。

四　虚实之间

我国史书写作传统中本有所谓“实录”之说，谓作史者应甄录事实，据实而书。现代许多讲史学的人，视此为金科玉律，却不知此仅为一偏之见。怎么说呢？史本有重口说与重文录之别。谓史应记实事者，书写文录之史学传统才会这么说，如果是口说传统，则根本无此要求。不但无此要求，甚且还会认为历史可以完全与事实无关，只是寓言。

这两种区分，正是左传家和公羊家的不同。

左传家征实，主张史就是据事直书。公羊家则说《春秋》或其他史书多是寓言，未必真有其事。清章太炎《读太史公书》曾力攻以史书为寓言之说，云："甚矣，曾国藩之妄也。其言曰：'司马迁书，大半寓言。'史家之弊，爱憎过其情，与解觏观失实者有之，未有作史而横为寓言者也。……若寓言者，可以为实录乎哉？"（《文录续编》卷二之上）实则以史为寓言者并不只曾国藩一人，康有为《春秋董氏学》、崔适《史记探源》都曾阐发史为寓言之义。因此我们只能说这是两种史学观的对诤。

前文已说过，《公羊》重口说，《左氏》重文录。口说者旨在发明文外隐曲，文字本非所重，更不必执着。文录者，谓史为史事之记录，必须确实不虚。因此二者分疆，颇不相侔。后世史书写作传统，较偏重于"以文字记录事实"这一思路，则是理势所必至的。

在小说中，也发生了这种差别和争论，由于小说本属口说传统，稗官野史，虽或亦录诸文字，但巷议街谈、道听途说，本不以征实为其宗旨，文字记录，也不被视为"定本"，依据某一记述，可以再不断讲说、谈论、演申、传述下去。宋元"话本"以及后世所谓"演义"，就很清楚地在名称上揭示了这种性质。然而，文字系统在小说中出现之后，开始有人以征实的要求来检视小说了。

晋隆和中，有处士河东裴启，撰汉魏以来迄于当时言语应对之可称者为《语林》，颇为流行，然因记谢安语不实，为安所诋，书遂废（《世说新语·轻诋》）。又，晋王嘉《拾遗录》十卷，有萧绮序，言书本十九卷二百二十篇，绮“删繁存实”，合为一部，凡十卷。这都是在小说中要求纪实之例。后世讲史演义，更是在这一点上备受批评。站在书写传统立场上发言的学者文人及史家，一致抨击小说叙述虚饰不实、添油加醋、捕风捉影，认为史书写作就应该是征实求真的。“历史又不是小说”，“历史小说或传记文学，可能太偏于文学而失真，所以不能等同于历史记载”，史学家们总是这么说。

这样的争论，在现今史学界实在意义非凡。因为历史究竟是真实抑或虚构的争议，也正发生在当前史学界中，而其中也涉及了“叙述”的问题。

五　历史文学

近百年来史学理论中占强势地位的，当然是科学史学、实证史学这一路向，企图把史学建立得像科学那样客观，而且所有的论证都是有根据、可检证的。在运用理论去解释历史材料时，也时时担心“寻求法则、模式、诠释、体系、理论的欲望越强时，体系越完美、诠释范围愈扩大，与事实的对应成分便相对缩小”。

这种态度，首先在文学研究界开始提出质疑与反省。因为文学上的写实主义，也正是宣称要为社会真实的。可是现代主义兴起，质疑了这个观念，也抛弃了以文学来表现历史真实的兴趣。此种反抗，曾被恶意比拟为法西斯：

> 19世纪古典小说的现实主义是认识到“社会现实”的性质是“历史的”这一发现的产物。发现社会现实的历史性质，也就是发现“社会”不仅仅是——即使主要是——传统、统一舆论和连续

> 性，而且是冲突、变革和变化。现实主义小说是这一发现在文学中的必然表现，不仅仅是因为它把“历史的现实”作为它的“内容”，而且因为它发展了叙述形式所固有的“辩证的”性能，以表现特别属于“历史的”性质的任何现实。因此，现代主义作家抛弃正常的叙述性，是内容层次中对“历史现实”的拒斥在形式层次上的表现。既然法西斯主义的基础是对历史现实作类似的拒斥，并逃避到对“真实的”社会矛盾作纯粹“形式主义的”政治解决中去，那么，现代主义也就可以看作政治上的法西斯主义在文学上的表现。①

现代主义这种反对历史真实的态度，逐渐延伸到后现代思潮。人们对兰克（Leopold von Ranke，1795—1886）史学以来追求客观历史科学之风，已普遍感到厌倦，以致出现了人文学科中的历史主义危机，对于能否达到“客观的历史科学”感到绝望，并在人文科学中出现了道德上的和认识论的相对主义、批评上的多元论和方法论上的折衷主义。

新实证主义和结构主义，就是这类设想中的新科学的两种形式。它们被当作一般人文科学中过时的“历史主义”，特别是传统的历史研究的替代物。

但争论并未解决，历史越来越远离“真实”的需要，而跟“叙述”“说故事”挂钩。到20世纪80年代，因诠释学、文化研究和文艺批评之发展，人们已不再盲从实证的、统计式的典范，了解到物理生化现象和社会文化体系毕竟属不同的层次，人类文化行为的意义问题，日益受到重视。故事（narrative，或译“叙事体”）既是日常生活实践中借以

---

① F. 詹姆逊:《侵略的寓言：温德姆·刘易斯，作为法西斯主义者的现代主义者》，1979年。

理解事态的普遍模式，自然深受一些学者的关注。有人甚至将叙事结构比诸康德所云作为先天的"直观形式"的时空，认为心灵必须透过叙事形式才可认识世界。新历史主义者格林布拉特（Stephen Greenblatt）说故事跟主体认同感（sense of being a self）关系密切，范门（Joel Fineman）说轶事比春秋大业更能激发有意义的文史研究。专注后殖民主义之论述者，如巴巴（Homi K. Bhabha）等，认为民族故事是了解国民的文化体认的重要资料。而历史哲学家怀特和利科，则一再强调历史学科总离不开故事的撰写。

怀特的《后设历史》（*Metahistory*，1973年），说明了历史故事与文学在情节建构上的相通、情节和论理模式跟四种修辞法的契合，从而质疑客观的历史叙事的可能性，利科的《时间与叙事》第一、二册（法文版，1983、1984年）则明晰地处理了时间与叙事的关系，论述了历史故事和小说的异同。依据怀特的看法：

> 事件固然是在时间中发生，但把它们整理为特定时间单位所使用的编年代码（chronological codes）却不是自然形成的，而是具有特定的文化意义（culture specific）。
>
> 其次，把事件的编年记事转化为一个故事（或故事的集合体），需要在历史学家的文化传统所提供的许多种不同情节结构中进行选择。……因此故事绝非"亲历"（lived）。本来就不存在"真实的故事"这类东西。故事是讲出来的或写出来的，而不是找出来的。"真实的故事"这种概念，实际上是一种矛盾的措词。所有的故事都是虚构的。
>
> 第三，不论一个历史研究者为了说明编年记事中所包含的意义而明确地提出什么"论证"，都不仅关系到事件本身，也关系到把

> 编年记事塑造成一类特殊的故事所使用的情节。这意味着对一篇历史叙述的论证从根本上说是第三级虚构物，是对虚构的虚构，或者对虚构制作（fiction-making）的虚构。

这就不再是对历史能否绝对客观真实有所怀疑，不再是企图在论证及写作手段上如何逼近真实，而是根本认定历史是虚构的。而历史之所以为虚构，则是由于它本质上就是讲故事。

这乃是在理论上呼应了“讲史”这个词语及其意义。且因西方人的文字本从属于语言（如德里达所指出），故其所谓叙述，实乃话语式而非文字式的。历史被还原到说故事的形态，更接近小说之巷议街谈、稗官野史性质。

当然我们也不能立刻便庆幸现代史学理论已向古老小说回归，传记文学、历史小说或小说是历史作品的身份重新得到确认，因为争论仍在持续中。许多历史学家仍然坚持叙述是“文学性”话语的一种形式，而文学处理的则是“想象的”而非“真实的”事件，因此历史研究必须清除掉叙述，或者只是为了使历史现实的“细节”对读者显得“有趣”，以免分散其心思而使用叙述。许多文学批评家也把历史当作一种不成问题的事实本体，求助它来解决文学理论上的问题。新的研究趋势，尚未完全替代旧的思维。但无论如何，怀特说得好：

> 现代文学理论所提供的有关历史写作的观点意义十分广泛，已超出了关于叙述话语性质的争论和关于历史知识性质的争论这两方面的参加者的想象范围。历史话语既是一般话语的一种特殊情况，因此，历史话语的理论家们绝对不能忽视话语的一般理论，它们是由现代文学理论内部，在语言、言语和文本性的新概念基础上发展

起来的，而这些新概念允许我们重新阐述本义性、指称性、作者地位、读者和代码等传统观念。

这些新观念有助我们重新厘清一些问题，也有助于回头审视我们自己的文学与历史传统。由言说、书写，传记、小说，历史、文学，真、假之间复杂的关联中，也许可以替已经断裂的文史关系再开发出一个新的讨论空间。

第二章
汉语文化学的历程

一　为抚陈编吊废兴

1973年，我进淡江中文系就学时，许世瑛先生方逝。我虽能感受到许先生精擅的文法学在系里之影响，毕竟无法接受相关的教育，因为此后几年系里均未再开设文法课程。而事实上我们当时也无法再期待这类课程了。大学一年级，光是汉语语音学就整得人人七荤八素。汉语谁不会说？可是语言学基本知识谁也没有。上课除了读“石氏食狮史”及“庙门儿对庙门儿，里面住了个小妞人儿”之类东西觉得好玩以外，就是戴着耳机练习发音，或者用刚学会的罗马拼音写信去整同学。一封信得写几个小时，收到信的人如看天书，也要花上几个小时才能解码破译。

这样胡闹了一学期，下学期读《中原音韵》，更是不知所云。幸而临考试时去央求倪台瑛助教恶补，始能勉强应付。

二年级的文字学本是周何老师的课，许多学长都回来旁听，把瀛苑边的花厅挤得壅塞不堪。但周老师因师大系所长任内事忙，随即让沈秋雄师来教，从六书名义讲起，逐字解析示例。以《说文解字》为基，参证甲骨、金文以求本义。这门课我倒是读得不错，有九十几分的好成绩。当时去师大参加转学考，文字学共四题，我写了三题，得了75分，剩下一题，问“无声字多音”的现象，则完全无法作答。监考的陈文华先生问我为何不答，我告以沈老师并未教着。后来才明白文字学也仿佛武林人士分门派，它有好几派的。同在师大，沈师所教，近于鲁实先先生之说；而无声字多音，则为林尹先生闻诸黄季刚者。

黄侃乃章太炎门人，故林尹先生门下均以章黄学派传承自居。我当时虽未获教于此一系统，但接着大三的声韵学即立刻接触到这一宗风了。

张文彬先生即林尹弟子，他教声韵学甚为严格。上学期的守温三十六字母、反切上下字系联，令我同学人人如坐五里雾中，下课则拼命做系联作业，苦不堪言。下学期更缒幽探秘，直入古音分部、韵部通转及韵图的纵横谱阵中。读之读之，渐至于面无人色。

声韵学乃中文系一大险关，重修、三修者不乏其人，终于因此而惨遭死当者更不罕见。能闯得过，也别忙高兴，训诂学又等在前头呢！修这门课，同时并须点读《说文》及段玉裁注。然后是利用《广雅》《尔雅》《经籍纂诂》等去解读古书。其结果，当然又是一片哀鸿遍野。

其时，系里另有于大成先生精于校勘；韩耀隆先生精于古文字，教我们《尚书》；王甦先生亦鲁门高弟，教我们《诗经》；张卜庥先生则教我们修辞学。修辞学主要是以古书文句示例说明修辞格，并以此说明古人诗文修辞构语之妙。王仁钧先生也做这类研究，有几篇论文，在我们学生之中广为流传。张梦机师讲诗法，其实也接近这个路数，但不直接说修辞格，而是从古人诗法诗话中整理条例。此外，诗词曲这类课程，因为都涉及格律及押韵的问题，因此与声韵学也是颇有关系的。张老师除了教我们用平水诗韵、背韵字，亦讲古诗“声调谱”，对于拗救和入派三声等问题，亦三复致意。傅试中老师教词，当然也会命我们依《词律》《词林正韵》试填习作，考音定律，比诗还要严格。到了下学期教曲，本以为可以摆脱了，谁晓得，呀，又绕回《中原音韵》的世界了……

这即是我们那一代中文系学生所接受的语文训练概况。或许有点代表性，或许没有，但起码可说明一部分现象。

二　诠言诂字似秋蝇

现象之一，是语文课程及其相关训练，是中文系课程的主干。文字、声韵、训诂、汉语语音学、文法、修辞、版本、校勘，固然已占了课程的大部分，连诗选、词选、曲选、六朝文选也均与之有关。某些人选择进中文系，是耽于美感审味，并未料到会有这么多无福消受的大餐在等着他，因此可能反而得了厌食症、贪食症，或有些消化不良。

现象之二，是这些语文课程不仅学分、时数及类别多，老师与学生大抵也对之不敢轻忽，视为中文系真正的专业课程。当然，物极者必反，由于太过重视这个部分，也使得喜爱文艺和思想的学生对中文系大失所望，萌生反弹之意。对语文课应付不来的人，则倍感沮丧，在中文系中毫无生路。

现象之三，是这些语文课的教学目标非常单一，全都集中在“解读古书”上。

这是因学脉传承使然。师大、政大、文化等校，受林尹、高明、潘重规诸先生之影响，讲章黄学派而上溯于俞樾、孙诒让、王念孙、戴震，以为统绪。治学方法本诸乾嘉考据，谓“训诂明，则古经明，而我心同然之义理乃因之而明。古圣贤之义理非他，存乎典章制度者是也”（《汉学商兑》卷中之下）。故治学以小学（兼及典章制度考证）始，以明古经终，目的是为了读古代经籍。台大一脉，虽若与师大、政大系统颇有壁垒，自命为继承北大风气，然而正如胡适之讲考证、傅斯年创办中研院历史语言研究所那样，学风亦有偏于史料、考证、语言学之势。院士屈万里先生时兼台大系所主任，其《古籍导读》是中文学界共用的治学方法教本，其法即不脱朴学、经学范围。龙宇纯先生继掌台大门户，亦以文字声韵名家，我们读《韵镜》时，均用其校注作为课本。

因此那时候主持各校中文系所的，如台大龙宇纯，师大周何、李鍌，文化陈新雄、李殿魁，东吴刘兆祐、林炯阳，高师黄永武，东海江举谦、方师铎，淡江于大成、王甦、傅锡壬、韩耀隆诸先生，几乎都治文字声韵之学。系所开课程亦以此为大宗，博硕士论文更是多以此为题。此即使得中文系变得古意盎然。

其他的问题先不谈，专就语文研究这一点来看。欲明训诂以明经义，则治学当然仅以经典所涉及者为范围。故文字学以《说文》为主，参考篆、籀，旁证以甲骨、金文。于是隶、八分、楷、草、行等各体书，杂体、书样学或汉喃，汉朝汉、西夏文字比较等，便因与经籍解读无甚关系而罕人理会。俗体字的研究，因敦煌文献有益于治经，尚有些讨论，宋元明清俗字即少人问津。所以我们虽读了文字学的课程，若问起文字源流及文字在社会各阶层中运用的情况，大抵对之茫然，仅能略说六书分类，谈某字本字本义为何，并粗辨甲篆字形而已。

声韵学也一样。主要是以《广韵》为主，由中古音去拟测上古音之状况，以明声音文字之源。而近代汉语已少论及，现代汉语更乏探究。中文系之外的语言学界，虽热衷于汉语语句分析及方言调查，但与中文学界并无太大关系，因为那些都对解读古书之用处不大。只有某些语句分析，和中文学界讲文法而受结构语言学影响者有些交集，则是因中文系毕业生往往需从事中学语文教学工作，这些分析偶尔可以派上用场之故。这样子理解语言语音，自然也是狭窄极了的。

不但所知仅偏于古代，它的工具性也不足。教我们的老师总是说小学是个工具，可以帮我们读古书。但事实上有许多时候是每个字都认得，整句或整篇的意思却难以理解。每个人读书时都有这种经验，而文字声韵学所能提供的工具作用却完全无法解决这类问题。传统训诂学也不能有效应付此一困境，因其中甚少处理语境与语义、词义与概念、模糊与歧义、寓意与蕴含等语义学的论题。它所讲的，只是依古训、辨假借、考异文、因声求义、探求语源，以及递训、推因之类方法，功能只在指导语文教学、整理古籍和编纂辞书。但即使是在解读古书方面，其效能亦如上所述，极其有限。也就是说，只是种功用不大的工具。

而这种工具又无法推展到其他地方。当然也不乏学长们利用这些方法校注诗集词集，做《楚辞用韵考》《东坡词用韵考》之类。可是除此之外，这些语文训练对我们研究文学能发挥多大的工具效能呢？讲中国哲学史，宋明理学，要如何与此语文知识相联结？做做《〈庄子〉内七篇“之”字用法考》《论语“斯”字考》，对哲学义理能有多大的阐发？是我们当时学生心里都在嘀咕，而老师们又很少回答的疑惑。

处在那个考证学风浓烈的时代，我其实并不反对语文训练的所谓小学方法，我自己也尝试校注《庄子》《论语》，考诠古史，努力汲取此一学风的养分。但我们常处于焦虑中，苦恼它学来不易，却在许多场合中无用武之地，苦恼它不能解决许多文义解释上的问题，苦恼我们对人类的整体语文活动所知太少……

因此，大部分中文系毕业的学生都觉得大学生涯中被语文课程压迫太多了，可是实际上我们的语文知能并不是太多而是太少。且这些语文课所获得的知识是封闭的，只在几十本经典中彼此回环互证而已，根本通不出去。能通出去的，反而是文学。

三 凿光欲借西邻火

前面讲过，当时中文学界教文学也常涉及语文知识训练，不像现在也许仅就写实主义、女性主义、后殖民主义谈谈就可以了。这些语文训练，从语文课程的角度看，乃是边缘性的，不如文字、声韵、训诂、文法之类课程直接且重要。对学习者来说，也认为是次要的，不加美感品赏高妙有趣。但教者与研究者，却实质上是在此着力的。

当时中文系对文学作品的教学与研究，也是考证式的，具有历史主义的风格：利用版本、校勘，确定文件；再以语文训诂，确定文句的意思；然后知人论世，考其生平、创作时地、写作动机，而讲其诗旨。

不过，中文系的历史研究向来稀松，大概说说“时代背景”、考据考据写作缘起，便以为足以知人论世。故功力所在，实仅在语文部分。而且那时比较优秀的说诗者，尚能由语文来论美感，此中本领所系，即为前文已介绍过的修辞学及对诗词体制格式的掌握（以下相关问题，详见本卷第三章《语言美学的探索》）。

修辞学本来就是古代的文学批评术，元人王构《修辞鉴衡》可证。古或称为文法、诗法、笔法。如《文则》《古文笔法》《作文轨范》《〈孟子〉文法读本》等均属之。把文法和修辞分开来，分别指文句的构成与文句之修饰，一重是非，一讲美恶，是《马氏文通》引进西方文法观念以后的事。成为独立的修辞学之后，论斯学者，归纳古人所说修辞法则，形成“条例”，或称“修辞格”，如互见、倒装、尊题、夸饰、双关、顶真、跳脱、重出等。以此绳衡古人作品，即不难征见昔人匠心修饰以求美之处，且可示后学以津梁，颇便金针于渡人，接引后昆。当时如黄永武《字句锻炼法》、黄庆萱师《修辞学》、张梦机师《近体诗发凡》，就很能发挥这种功能。

这种功能后来因机适会，大获发扬，是由于形式主义新批评在台流行之故。当时外文系正推动比较文学，颜元叔先生不但也解析中国诗，更要说中文系不会解诗，无法说明诗的美感何在。（考证文句、说说背景，就能分析出诗的美感吗？）叶嘉莹先生与之辩论，反被认为“历史主义之复辟”，令中文学界愤愤不已。这时有力的抗衡者，就是既能在格律、文句、史地知识之掌握上优于外文系学者，又能运用类似新批评讲张力（tension）、反讽（irony）、悖论（paradox）、隐喻、象征等那样的术语与概念，来说明诗之美感所在的人了。黄永武先生随即推出《中国诗学》设计篇、鉴赏篇；吴宏一先生也邀集中文学界青年学者编出《小桥流水》等大套诗词赏析。后来张梦机、颜昆阳、李瑞腾和我也都各编了一些，蔚为风尚，先后成编十数种，流通至今。

这些赏析，特点都是略说史事及字句文献考证后，便就其辞语构撰之匠心，讲其美感特性。因此从中文学界的学术角度看，觉得有点“轻”，属于通俗读物。然而它事实上打开了一条生路。

一方面，修辞学及文学作品的语言形式性知识（如格律、用韵、对仗、押韵、声调、词曲牌、拗救、务头、联套等），本来是从对作品的审美归纳中组织化系统化而得，如今又转而应用于文学批评中。这对不知学了半天文字学、声韵学能有什么用的人来说，实在是个有启发意义的事。

另一方面，这与形式主义文评也形成了有意义的对话，不只是反驳和对抗，发抒义和团式的快感，更刺激出了对中国文学作品究竟应如何诠释的方法学思维，逐渐发展出后来一些方法学的论述及诠释学的流行。对中国文学语言形式的讨论，也接上了西方形式批评的脉络，使得中文学界在传统的语文学之外，关联上了世界的语文学研究。

以形式批评来说，当时影响台湾者，乃是五六十年代在美国居主流势力的新批评学派。这是因台湾赴美留学生去美国刚好学了这一套，便回来演示推销的缘故。与现今台湾流行女性主义、后殖民论述，道理是一样的。可是这派批评本身却属于一个大思路之中，那就是近代形式主义文论。

这个系统，始于20年代的俄国，其后是30年代的捷克布拉格，然后在四五十年代美国有新批评，欧洲则于60年代出现法国结构主义、叙事学（narratology）、70年代的符号学等。这些理论，并不是一下就被我们摸清楚的。台湾地区的学术环境，使得批发商或零售店盛行。流行于美国的思潮，系分批由外文系学者批售引进，欧洲思潮大抵也待美国流行后才再被引进台湾地区。因此我们并不能立刻就掌握这个脉络，而是新批评、结构主义、记号学、布拉格学派、叙事学以迄罗兰·巴特符号学等，分段，分批，后先凌杂地逐步接受，再慢慢在脑子里串起来的。在此同时，当然台湾还介绍进来了许多其他的文评路数，如现象学、诠释学、新马克思主义等等。在这么多的批售店铺中，让我得以将整个形式主义文评谱系系联起来，发现它们乃是加盟店或连锁店，属于同一个阵营，主要的线索，即因它们均是以语言学为基干发展成的。

俄国形式主义，系依索绪尔《普通语言学教程》音位学的理论，把诗学视为语言学之分支、整个符号理论的一部分。其后的布拉格学派也将语言学与诗学关联起来说。新批评则亦被称为语境批评（contextual criticism）、本文批评（textual criticism）、诗歌语义学批评（semantic criticism of poetry）等。法国结构主义，更是直接受索绪尔、雅各布森的影响。这派思想在心理学、社会学、历史学、哲学诸领域均有发展，而列维-斯特劳斯即认为它们全部奠基于语言学，甚至是音位学。在《结构人类学》中，他说道："音位学对于社会科学，必然像核子物理对于整个精密科学领域一样，起着同样一种革新者的作用。"故他也用分析语言的方法，去分析整个人类文化的基本原则，如亲属、食物、婚姻、烹饪等。他虽无文学批评著作，但其他人对此却着墨不少，如巴特《写作的零度》，格雷马斯的《结构语义学》，托多洛夫的《文学和意义》《〈十日谈〉的语法》，日奈特的《辞格》一、二，在诗学、叙事学、符号学方面成果斐然。其后德里达论解构，著有《人文科学话语中的结构、符号和游戏》《书写与差异》《言说与现象》《论文字学》等，也是从语文结构之问题开展而成的。

这个脉络，在我从新批评找着一个切入口之后，上溯下索，逐渐进入，愈炙愈深，愈感其庞大复杂。因此耗了不少时间与气力去跟这些理论搏斗，从读硕士班到拿到博士学位，几乎有十年时间，在片断、零碎、后先错置、诘屈聱牙，甚至还有不少错误的译述、简介或借用的实际批评中去摸索揣摩。其辛苦，殆与大学时读文字声韵学相仿佛。

四　呼渡难期夜客膺

可是读这些，跟在大学及研究所里读文字声韵学感觉并不相同。学文字、声韵、训诂时，除了能训读古书、考文字本义、知古音古韵以外，不但不知它还能干什么，更会觉得学此颇窒性灵，不利于从事文学创作和研究；其法亦由“汉宋之争”导出，讲理学哲学义理，所谓“生命的学问”也者，均不必采此方法，亦反对此等方法。然而，在读这些形式主义思想时，我看到的却是完全相反的情景。

在人类学、诗学、叙事学、符号学中，在论神话、论亲属、论民间故事、论艺术、论图腾制度、论婚姻仪式、论流行服饰时，语言学是无所不在的。任何非语言的材料，都可以使用语言学的方法去分析，更不用说诗文这类语言表现物了。个别去读这些派别的理论，会觉得繁杂无比，彼此歧互纷纭，茫茫然难寻其头绪。但只要把索绪尔的结构主义语言学弄懂了，稍微夸张点说，其他由此发展演绎而来之各色论点，非特如网在纲，粲若列眉，几乎也可以不学而能。换言之，语言学不仅可通之于各种学术，更是各门学问的基石。

可是且不论传统的文字声韵训诂学，就是同样的结构主义语言学，在我们这里，从赵元任以降，就只能做方言调查和语法结构分析。涉及语言与文学之相关性者，赵元任大概只有《语言成分里意义有无的程度问题》中论“意义的程度在文学上的地位”一小节。而这样的讨论，在我们研究文学理论的人来看，也实在嫌其浅略。赵先生论《汉语中的歧义现象》，则完全没有讲到诗的歧义问题。跟西方结构主义语言学下开无数诗学、叙事学、符号研究法门之风景相比，我们始于语言而亦终于语言，实在显得拘束寒伧。纵或后来汤廷池先生等人做汉语变形语法研究，这种现象亦无根本之改变。

类似的情形，我也在哲学研究方面看到。

众所周加，西方哲学史可分成三个阶段，古希腊时期，哲学以形而上学为主，旨在探索存在的来源、现象背后的本质。近代哲学，从笛卡尔开始，哲学转向认识论，从研究世界的本体或形上来源，转向探讨人的认识来自经验抑或理性、认识之方法与途径、认识之限度等。现代哲学，则号称“语言学的转向”，认为哲学上的许多争论，其实仅是语言与语意的问题。

从维特根斯坦将哲学最主要的工作界定为对语言进行逻辑分析以来，弗雷格、罗素由语言形式分析形成逻辑实证主义，并发展英美分析哲学，摩尔及后期维特根斯坦则为日常语言学派，亦属英美语言哲学之重要部分。欧陆语言哲学则可分成三条路线发展，一是由现象学、存在主义发展；二是由古典解释学、哲学解释学到批判诠释学；三就是前面谈过的，从普通语言学、结构语言学、结构主义，到后结构主义这条路，这条路既是语言学的发展，也同时是当代哲学中的重要一支。

这几条路线，非常有趣的地方在于因专注于语言研究，故对语言中最精最美的文学、语言艺术，也就多所着墨，故均与文学批评关系密切。与仅进行日常语言分析或致力发展科学语言的英美分析哲学颇不相同。在现象学方面，英伽登（Roman Ingarden）有《对文学的艺术作品的认识》《艺术本体论研究》等，梅洛-庞蒂（Maurice Merleau-Ponty）有《眼与心》等，杜夫海纳（Mikel Dufrenne）有《审美经验现象学》等，对文学与美学贡献卓著。晚期海德格尔更是越来越偏于诗。在诠释学方面，早期圣经解释学，是类似我国经学笺注训诂之类工作，其方法也与汉学方法颇有相通相似之处。狄尔泰以后，逐渐用之于历史学，作为历史诠释之方法，形成历史主义。伽达默尔之后，处理文学与美学越来越多，如他的《美学与解释学》《短篇论文集》《美的现实性》诸书，赫希《解释的有效性》等都是。这个现象，呼应了我们在语言学领域中曾经观察到的想法，在当代学术发展史上，语言学、哲学、文学，乃是完全关联在一块儿的。

我在语言学领域观察到的另一个状况，是语言学不仅与文学、哲学等相关联，且语言被置于核心地位，语言研究成为所有研究基础。在哲学中亦是如此。胡塞尔试图建立一种纯粹的逻辑语法，以语言符号和语言表达式为主要研究对象，探讨对一切语言都适用的那些共性问题。他说："语言问题无疑属于建立纯粹逻辑学之必不可少的哲学准备工作。"（《逻辑研究》第二卷第一册，1913年）梅洛-庞蒂则把现象学看成一种关于语言的一般理论，认为语言问题比所有其他问题更好地使我们探讨现象学（《符号》，1964年）。海德格尔更强调语言，他认为语言并非仅仅是一种用以交流思想的工具，而是存在的住所（Haus des Seins）。伽达默尔在他的哲学解释学中谓语言是理解的普遍媒介，诠释学现象本身就是语言现象，对语言的理解是哲学解释学的基础。说："语言问题是哲学思考的中心问题。"又说："语言就是我们存在于其中的世界起作用的基本方式，是世界构成的无所不包的形式。"（均见《哲学诠释学》）

面对现代西方哲学的发展，我们的情况实在令人不敢乐观。台湾哲学界受逻辑实证论的影响，走英美分析哲学之路者，固然占一大支。但仅是顺着罗素、卡纳普、石里克、塔尔斯基、奎因、皮尔士的东西讲，按引欧陆学风者，也以介绍、消化、整理其说为主。在语言理论或语言哲学上，其实并无太多自己的见解，也极少专力于语言哲学者。研究中国哲学的人，以新士林学派和新儒家学派为两大阵营，故形而上学、伦理学仍为其主要内容。

在新儒家方面，因牟宗三先生之缘故，新儒家一部分也做逻辑和语言哲学研究，如冯耀明、岑溢成等均是。但并无一个能再像牟先生译述维特根斯坦、撰写《认识心之批判》那样，深入语言哲学之研究。即使是牟先生，他讲中国哲学时，也仅将他对语言与逻辑之研究所得，施之于先秦名家、墨家和荀子而已。其意盖谓西方逻辑之类心灵与学问，中国固亦有之，名墨荀子等，即"一系相承之逻辑心灵之发展"（《名家与荀子》）；只不过后来中国不朝此走，儒释道三教均别有所重罢了。

这种态度，当然使得讲中国哲学、中国哲学史，除了谈先秦名墨荀一段和六朝隋唐佛教思想那一段时，会涉及部分语言哲学外，几乎对此绝不杂指。对于清代汉学，牟宗三及其后学，大抵将之排除在哲学领域外。劳思光《中国哲学史》虽略述其事，但主要是对它的批评。新儒家中，徐复观先生最能深入汉学领域去反清儒之所谓汉学，又译有日人中村元的《中国人之思维方法》，本来很有希望能由汉学的文字、声韵、训诂之中，发现汉语与中国人思维特点上的关联，进而有所申论。可惜徐先生之汉学考证本领，局限于文献比对与解读，在语言文字方面并无钻研，故亦无法致力于此。其他哲学系出身的学者，大抵缺乏中国语文相关知识之训练，自然就更谈不上要如何从事这样的研究了。

五　沧海已随人换世

在摸索西方现代思潮以及对中文学界的悲观焦虑中，1985年，梅新先生创办了《国文天地》月刊，由我负责编务。隔了两年，我因读到龙宇纯先生的《荀子论集》，感慨语文学界颇昧于世界大势，发了一顿牢骚，并说：

> 语言对人有什么重要性呢？最基本的，当然是因为人必须靠语言来沟通。但你不要误以为语言只是沟通的“工具”。我们使用语言时，是凭着信实的动机和正当的行为，才能让语言准确传示意义；所以准确的语言，是诚实社会生活的先决条件。假若语文一片紊乱，充满了虚饰、夸张，或者牵强、枯萎与错误普遍存在，则沟通便不可能，而社会也生病了。……其实当代思想家无不致力于语言之探索。……要用语言来抵御智力之蛊惑的，把现代的逻辑跟科学方法，视为一种形式语言和科学语言的运作，而在哲学上引发了方法学的大革命，开启了逻辑经验论和语言分析的各种流派。把语言放到社会中讯息之传播与沟通情境中去观察的，发现语文不但是最普遍的沟通、交换符号，也是一切沟通行为中结构最严明，意义最清楚的；一切社会间联姻、货币关系，均可以语言结构来了解，遂又形就了符号学、结构主义、语言心理学等学派。而那些注意到沟通问题中道德因素的人，则相信稳定清晰的语言，是民主而开放

> 社会的必要条件，因为唯有祛除了语言的暴力与欺罔，社会才能真正清明。因此，我们虽不敢说对语文的关切，是一切当代思潮的特质；但忽略了这一点，确实无从掌握这个世纪的思想脉动与社会发展。而且，恐怕也没有资格做一个现代人。
>
> （1983年三卷一期《中国学术语言有没有生路?》）

这里，第一是批评中文学界长期以语文学为小学，且以小学为工具之观念；第二是介绍如上文所说的，我所理解的世界学术大势；第三则说明语文研究之社会实践功能。

当时我早因撰文批评台湾文学博士的养成教育及论文水准而有“盛气善骂”之名。骂人太多，大家早已见怪不怪，故对我所说，或亦漫然视之，无甚反响，实则这是另一个非常重要的面向。

在前面我们所介绍过的西方现代与语言有关之学说中，许多并不仅出于理论的兴趣，它还会有社会实践功能，企图由此进行社会改革。例如哈贝马斯的批判诠释学，就是针对晚期资本主义社会的反省。它把人的行为分成两类：工具行为与沟通行为。工具行为，即人依靠技术进行的劳动，涉及的是人与自然的关系。沟通行为，是人与人之间的相互作用，通过对话，达成人们的理解与一致。而人类奋斗的目标，并非劳动之合理化，而是沟通行为的合理化。因为前者意味着技术控制力的扩大，后者才能有人之解放含义。在晚期资本主义社会，却恰好是因科技越来越发达，人的劳动越来越符合科技之要求，技术的合理性变成了对人之统治的合理性，以致人的沟通行为反而越来越不合理。故而，要改造这个社会，我们就必须强调生活主体间进行没有强制性的诚实沟通、对话，以求得相互谅解。要达到此等理想，一是得承认和重视共同的规范标准，属于他所谓“沟通伦理学”范畴；二是须选择恰当的语言进行对话，他称为“普遍语用学”。

哈贝马斯之说，不过是一个例子，诸如此类，企图从语言上觅得改善社会之钥者，实不乏其人。远的不说，殷海光提倡逻辑实证论，就是以为此有助于社会的科学化、民主化的。但在语言学界或中文学界，这个面向异常缺乏。静态的结构分析、封闭的言说体系、在古书中穿梭的技术，对生活世界均漠不关心。语言在这个社会中实际的存在及发展状况、在社会交往中的语言、语文的教育、语文的运动、语文的政策，研究者都极少极少。更不用说覃思如何透过语言进行社会实践及文化改造了。

可是我办《国文天地》，用心正在于此。故我在该刊一周年时曾说：

> 在一个资讯传播快速的新时代里，在一个大众消费文化兴起的新世纪中，我们是不是应该面对这许多问题，以新的方式，整合人力和传播功能，重建一个国文的社会辅助教学系统，以介绍一般国文知识，探索文化走向？这就是当初创办《国文天地》杂志的原因。事实上，这本杂志不同于……所有同类刊物，这不仅因为它是大开本国文综合月刊，更是由于它在编辑理念上和媒体功能上较为特殊。首先，我们认为语文教育不只是学校教师或学生的事。整个社会的语言环境，有赖大家共同参与创造，而语文之学习，更是每个人终身教育的重点。只要一个社会还有心反抗语文的污染，思索语文的问题，提供语文的润泽，即应该有这样一份刊物。何况，语文的强化，对于国家社会来说，不独是传统的延续，更是文化重塑的第一步，属于一种社会工程，需要花极大的气力和关注来处理。
>
> （1986年二卷一期《徜徉在国文的新天地里》）

在《国文天地》刊头上，我特意标明了这是一本“知识的、实用的、全民的”刊物。每期都策划了语文在民间、信息时代的语文、编辑工作中的文字问题、科学与中文、经典与现代生活、生活里的语文、文学改良以后、语文教授论报纸标题、广电传播媒体的语文问题、中等学校诗词教学答客问、问题重重的大学语文等专题与座谈会。我当然也关心学校里的语文教学，但我不是要编一本让学生补充学习之读物；协助教师们教好课本，也只是附带的目的。我要做的，是改革原有的教学体制与观念，强调语文不只是现在学校里的那一套。那些，仅属于“历史语文学”，亦即语文的一部分历史现象，可是语文有其现世流变性，也有其社会性。因此，我在发刊词中说：

> 语文本身是不断演变的，一个社会对语言的处理也不会一成不变。尤其是在目前社会文化大变迁的阶段，国文本身所遭受的冲击、使用及研究国文的方法态度，均有了重大的改变。例如社会上流行的语辞、招牌广告的用语，就反映了我们这个社会对国文的运用；翻译，也严重影响了我们的语法、语汇和思考模式，丰富或扭曲了国文原有的范域。这些，都应该在这本刊物中展现出来，而不能再局限于原有的国文知识体制和教学方式。同样的，整个国文环境都不同于往昔了，资讯与科技涉入我们每一天的生活，社会结构与组织规制剧烈变动，国文及其教学的功能、目标、性质，自不可能仍与从前相同。
>
> （1985年一卷一期《开创国文的新天地》）

这是一个社会语文学的新天地，其中虽也不少历史语文现象的讨论，但精神意趣，毕竟别有考量。故主要撰稿人固然仍是中文学界学者、中小学教师，亦有大量作家、媒体传播工作者、社会人士参与。在讨论广告、科技用语、流行语、外来语、新生语等问题时，也往往因学者们本来都没有从事过这类研究，而不得不拉人逼稿、赶鸭子上架。但胡拼蛮凑，总算是打开了一个新局面，社会语文学的讨论，渐渐成形。

杂志编至1987年7月，我返回淡江大学中文系负责系务。这个刊物几经转折，现仍在发行中，且仍有很好的声誉与销路。但编辑方针似乎已调整为历史性的国文教学辅助刊物，封题注明它是“发扬中国文化，普及文史知识，辅助国文教学”。也许，这较符合中文学界的兴趣，也较适合中文学者的能力吧。

可是社会语文学的面向与发展，并不因此而受阻。我在淡江规划了“文学与美学”和“社会与文化”两个系列研讨会，社会变动与文化变迁，乃成为我们研究各种问题时，必须经常要考虑到的因素。次年成立研究所，我与竺家宁先生商量，开“词汇学”，请李瑞腾先生开“文艺行政学”，又由何金兰先生、施淑女先生和我同开“文学社会学”，都是台湾前所罕见的尝试。

六　鸠鹰相化水成冰

1988年底，我赴杭州大学、复旦大学参访，申小龙来找我，我才晓得两岸学风的发展竟有异曲同工之处。

大陆的语文学研究，早期与台湾的情况相近，也是到80年代以后，才开始展开社会语言学的研究。1987年12月，中国社会科学院语言应用研究所才召开第一届社会语言学会议，出版论文集《语言·社会·文化》。次年，语用所长陈章太《从汉语的实际出发研究社会语言学》一文，说明了这个学科兴起的原因，一是引进了60年代美国的社会语言学，二是“中华人民共和国成立以来，人们只注意到调查研究方言和标准普通话两端的情况。……我们国家有许多语言政策（包括新时期语文工作的方针任务、双语双方言问题等），需要从社会语言学的角度对它做出解释”（《中国语文》1988年第二期）。这两个原因，台湾都没有，但不同的社会脉络与学术环境，却不约而同地在80年代中期出现了社会语言学的研究，实在可说是件有趣也有意义的巧合。

大陆的社会语言学，形成的主要原因既然是为政府政策做说明，则其研究必然“突出了实践意义”[①]。只不过这种实践与我在前文所说的社会实践不同，还是政治实践的意味较多些，故其主要推动机构，乃是国家语言文字工作委员会。其前身就是1952年即成立的中国文字改革委员会，是负责文字改革之最高指导及执行机构，各省市皆有分会。但除了有关政策之制定外，它亦为一庞大的研究单位，在学术上纳入中国社会科学院，称为应用语言研究所。行政管理方面，该委员会与新闻出版署、文化部、国家教委、中国地名委员会等有直接关联。学术研究方面则与各省级研究机构、中国语言研究学会、方言学会等团体有密切联系。

几十年来，该委员会主要策划推动的文字改革，包含以下各项：一、汉语拼音；二、正词法基本规则及施行细则；三、整理异体字，淘汰1050字；四、规范汉字字形，共计整理了6196字，对文字的笔顺、笔画次序、笔画数等，皆予以标准化；五、更改地名生僻字；六、淘汰部分复字计量字，如瓩、吋等；七、汉字部首及查字法，1983年提出统一部首查字法草案，为201部；八、简化汉字；九、推行普通话；十、汉字信息工程等。

这些工作，事实上也就是社会语言学里主要的内容。但陈章太说

① 详见《语言与文化多学科研究》书首陈原的《写在本书前面的几句话儿》，北京语言学院出版社，1993年。

过，他们的研究除了要对之进行解释外，“还需要进行预测，以便提供政策依据”（同上）。要预测，即须注意社会变迁，注意社会变迁所带来的社会及社会心理变动，对语言变异造成的影响。

1989年8月，我与周志文、竺家宁、朱歧祥、黄沛荣、李寿林诸先生，同赴语委会，与陈章太先生等人讨论两岸的文字问题。讨论的内容，另详我《简化字大论辩》①。

出版这本书时，我已转至台湾“大陆委员会”文教处服务，两岸语文问题即为我主要处理事项之一。同年11月，我推动成立“中华两岸文化统合研究会”，周志文出任会长。1992年8月，即与北京师范大学合办海峡两岸汉字学术座谈会，与北方工业大学合办海峡两岸文化交流研讨会，其后出版《从文字到文化》。后来周志文、李寿林等又在大陆推动了若干次相关活动，与袁晓园、徐德江诸位也有合作；在台北另有“中国文字学会”，《国文天地》办了一些活动，共同促进这类讨论。第一次“汪辜会谈”在新加坡举行时，两岸语文问题亦已纳入双方共识之中，台湾“国科会”“教育部”“资策会”“侨委会”“文建会”“新闻局”之相关业务，则都与此议题颇有关涉。

1993年暑间，我辞去“陆委会”职务后，又与周志文去北师大办汉字与信息处理研究所，希望对中文在信息上的运用及信息社会中之语文环境，做点研究。目前这个所已有几十位博士了。

当然，大陆仍然坚持其语文政策，但两岸交流、社会结构变迁及科技发展，对其语文生态仍有不可忽视的影响，例如港台语汇之流行、繁体字回潮、繁简体文字转换技术更新等，均值得深入观察。而同样地，在这十年之间，台湾的语文环境也有极大的变化。

① 收入1991年三民书局版《时代边缘之声》一书。

80年代后期，因“解严”而解放的社会力，随着政治、经济形势变化，导致本土化思潮逐渐加温。我在台湾学生书局担任总编辑时，出版了郑良伟的《从国语看台语的发音》，让我了解到一个与社会、政治、权力、感情、意识形态相纠结的语文论争时代终于来了。郑先生推动“台湾话文运动”，1989、1990年分别又在自立报系出版社出版《走向标准化的台湾话文》《演变中的台湾社会语文》。这个“台湾话文运动”既已如此展开，我便在1990年的文学与美学研讨会上，邀廖咸浩对此进行讨论。不料他从语言理论上写出《台语话文运动之囿限》，引起了很大的争论，弄得他很不愉快。事实上这本来就不是语言学里的问题，而是政治问题或社会问题。这个问题嗣后持续发烧，遂成为语言学界热门领域，由之形成了语言政治学或语言社会学的样貌。许多本来做形式分析的先生们转而从事于此，例如黄宣范即表示早先所做抽象的形式系统颇为不足，“宣布加入开拓台湾语言社会学的行列”①。中文学界中罗肇锦、姚荣松诸先生对客语、闽南语的研究，有时也涉及这个领域。

语言学界重要课题对象，过去是“国语”，现在则是台语、客语、南岛语系。而且这些语言亦非“方言”这个概念所能涵括或指涉，整个研究更有离开汉语，以建立该语言之文化主体性意味。

不过，无论我们如何理解与评价两岸语言文字学之进展，谁都不能否认：社会语言学已经成为语文研究的新贵，纵或它尚未占据主流，然而风气转移，现在连要找人做语言结构形式分析，或出版这类著作，恐怕都不容易了。

---

① 《语言、社会与族群意识：台湾语言社会学的研究·序》，文鹤出版社，1995年。

七 老夫尚喜不知闹

社会语文学又是关联于文化研究的。前文所引陈原的文章就曾说过："社会语言学这门学科在这里的发展道路是具有中国特色的，这特色可归纳为两点，一点是它突出了实践意义，另一点是它重视了文化背景。"由后面这一点看，文化语言学可以是社会语言学之一部分，但文化语言学也可仅从哲学、文学、语言、宗教、艺术方面进行语言研究，此即非社会语言学所能限。不过两者间颇有交涉及关联性，则是非常明确的。

文化语言学虽然1950年即有罗常培的《语言与文化》，但语言学界并无继声。80年代中期以后，大陆兴起文化热，语言学界逐渐从社会文化角度去看语言。1989年上海教育出版社出版《语言文化社会新探》，第一章就是《文化语言学的建立》，1990年邢福义主编了《文化语言学》（湖北教育出版社），1993年申小龙出版《文化语言学》（江西教育出版社）。1992年第三届社会语言学学术研讨会并以"语言与文化多学科"为主题，同年亦召开了第一届全国文化语言学研讨会。文化语言学显然已正式成为一个学门，在大陆已形成热烈的讨论。

但若观察大陆之相关研究，可说基本上仍不脱罗常培的路子。罗氏《语言与文化》下分六章，分别从词语的语源和演变看过去文化的遗迹，从造词心理看民族的文化程度，从借字看文化的接触，从地名看民族迁徙的踪迹，从姓氏和别号看民族来源和宗教信仰，从亲属称谓看婚姻制度。这六章也就是六个方向，若再加上方言、俗语、行业语、秘密语（黑话）、性别语等特殊用语的文化考察，差不多也就涵盖了今天大陆有关文化语言学的研究了。但文化语言学焉能仅限于此？我觉得它仍大有开拓范围之必要。而且，老实说，他们谈文化也都谈得很浅，缺乏哲学意蕴和文化理论训练。看起来，虽然增广了不少见闻、增加了不少谈助，却不甚过瘾。

再者，是所谓“文化语言学”，它的基底是语言学。因此仅从语法、语汇、语意、语用方面去谈，忽略了汉文化中文字的重要性，以及文字与语言之间复杂的关系，或将文字并入语言中含糊笼统说之，殊不恰当。

何况，要从语言分析去谈文化，有许多方法学的基本问题要处理。不从严格的方法学意义去从事这样的文化说解，其实只是鬼扯淡。例如把人名拿来讲中华文化，人名有名为立德、敦义、志诚、志强者，也有水扁、添财、查某、罔舍之类，任意说之，何所断限？或把古代词书《说文》《尔雅》找来，就其所释文字，指说名物，介绍古人称名用物之风俗仪制，而即以此为文化诠释，斯亦仅为《诗经》草木鸟兽疏之类，非诠释学，亦非文化研究。从语言去谈文化，不是可以这样曼衍无端的。否则语文既为最主要的人文活动，什么东西都可以从语言去扯。随便解一首诗，例如，嗯，韩翃的《寒食》好了，“日暮汉宫传蜡烛，轻烟散入五侯家”，不是就有许多典故（王侯、晋文公与介之推故事、汉宫）、民俗文化（寒食）可说吗？随便一句骂人的话“龟儿子”，也就可以从古神话、四灵崇拜，讲到妓院文化、社会风俗以及相关骂人俚语、语用心理等等。如此扯淡，固然不乏趣味，但实乃学术清谈，徒费纸张，无益环保。

在陈原《社会语言学专题四讲》第二讲《文化》中，他说：“语言的结构真的会决定或者制约文化的方式以及思维的方式么？我不以为然。看来研究社会语言学的学者不赞成这个说法的越来越多。”“我们这里只能讨论一下：从社会语言学出发所发现的中国文化有哪些值得注意的特点。头一点值得注意的是：至少在近代，我们的文化从总的倾向说是封闭型的。应当说，这种封闭性质的文化同封闭型社会经济结构是吻合的……第二点值得注意的是巫术的作用。”（语文出版社，1988年）后面这些他所发现的中国文化特点，是怎么得来的呢？难道没有意识形态偏见吗？这就显示了语言的文化诠释涉及了语言逻辑中的“意义”和“理解”问题，也涉及符号解释的主体问题，以及“符号解释共同体”的问题。这些问题在语言哲学中均有繁复之争论，不能不有进一步的讨论，而不是采独断式论述即可的。前面那一段，问题尤其严重。语言结构倘与文化或思维方式无关，那么申小龙等人一系列由汉语语法句型特色来申论中华文化特点的论著，岂不根本动摇？而语言结构与文化有关的讲法，事实上洪堡特《论人类语言结构的差异及其对人类精神发展的影响》即曾倡言之。洪堡特继承者施坦塔尔（Heymann Steinthal）主张透过语言类型去了解民族精神，包括思维与心理等，甚至想把语言学建设为民族心理学。现在我们由语言分析去申论文化特征者，是要重回洪堡特、施坦塔尔的老路吗？抑或别有所图？我们的方法论、语言与文化联系的观点为何？

洪堡特的路子其实也不是不能发展的。在台湾，我看过关子尹先生《从哲学观点看》里两篇很精彩的论文：《洪堡特〈人类语言结构〉中的意义理论：语音与意义建构》、《从洪堡特语言哲学看汉语和汉字的问题》。他敏锐地抓住洪堡特对汉语与汉字特性（汉字为“思想的文字”、汉语为“文字的类比”）的分析，结合胡朴安的语音构义理论和孙长雍的转注理论，讨论汉语语法之特性在精神而不在形式、意义孳乳之关键则在汉字（东大图书公司，1994年），颇有见地。

然而，所谓意义孳乳之关键在汉字、汉文为思想之文字云云，类似的观念，在大陆某些朋友们手中，却还做了更强的推论。如石虎《论字思维》（《诗探索》1996年第二期）、王岳川《汉字文化与汉语思想：兼论字思维理论》（《诗探索》1997年第二期，收入同年四川人民出版社版

《文化话语与意义踪迹》)，认为汉字是汉语文化的诗性本源，而汉字之思维是“字象”式的，具有意象的诗性特质，由本象、比象、意象、象征，而至无形大象，故诗意本身具有不可言说性。因为这种思维及汉语文化具有自身的逻辑开展方式，我们应强化说明此一特色，以与西方文化“强势话语”区别开来。这民族主义的气魄诚然令人尊敬，但这种特色既然是从汉诗上发现到的，谓其具有诗性、为字象思维，岂非废话？且一个汉字接着一个汉字，构成“意象并置”之美感形态，叶维廉先生也老早谈过了，而且谈得更深入、更好。而即使是叶维廉式的讲法，也仅能解释一小部分（王孟、神韵派或道家式）的诗作，对许多中国诗来说，并不完全适用。字象说、诗意不可说理论，能解释杜甫、韩愈和宋诗一类作品吗？此又能作为汉字及汉语文化之一般特色吗？论理及叙事文字也是如此吗？在国外，如陈汉生（查德·汉生［Chad Hansen］)《中国古代的语言和逻辑》也从汉语本身的特点来谈中国哲学，但他却反对说中国人的心理特殊以及认为我们有特殊的逻辑，他认为过去用直观、感性、诗意、非理性等所谓“汉语逻辑”诸假说来解释中国哲学，其实均无根据。汉语最多只是由于它以一种隐含逻辑（implicit logic，或称意向性含义）的方式来表达，与印欧语系有些不同罢了，这并不能说它即属于另一种不合逻辑或特殊逻辑的东西（周云之等译，社会科学文献出版社，1998年）。他的看法固然也未必就对，可是关于这类的论述，似乎都仍要矜慎点才好。

八　能说桃花旧武陵

我自己做文化研究，其实较受卡西尔（Ernst Cassirer）的影响，由符号形式论文化哲学，跟以语言学为基础的语言符号学（Semiology）并不一样。对结构主义不做历史研究，殊不赞成；对它以进行语言内部结构分析即以为已然足够的做法，也不以为然。因为语言以外的外部因素（文字、声音、符象、号帜、社会、历史、人物、艺术、宗教……），以及它们与语言的互动终究不能忽略。结构主义的非人文气质，更令我无法亲近，不能喜之。它发展蓬勃，运用到各人文及社会领域中，固然势力庞大；但其文化分析其实就是不做文化分析，只分析语言结构，然后类比到文化事项上来，或根本就把语言结构和现实结构看成同一的。

同时，依我对汉语文的理解，我也不能赞成仅从语言来讨论文化。在中国文化里，文字比语言更重要。西方语言中心主义的传统，要到后结构时期的德里达才开始试图扭转，重视文字。而汉字与汉文化，恰好在这方面与西方文化传统足资对照。可是从清朝戴震以来，朴学方法，自矜度越前修之处，其实正是转传统之以文字为中心，而改由声音去探寻意义的奥秘。此种建树，连反对汉学的方东树，在《汉学师承记》中都不禁赞叹："就音学而论，则近世诸家所得，实为先儒所未逮。"（卷中之下）此不仅指其音韵之学，更应兼指其以音韵为中心的训诂方法。如戴震所谓"得音声文字诂训之原"，或王念孙所称"训诂之指，存乎声音。字之声同声近者，经传往往假借。学者以声求义，破其假借之字，而读以本字，则涣然冰释"（《经义述闻序》引），一直到林尹先生讲因声求义、形声多兼会义，鲁实先先生说形声必兼会意，声义同原，得其语根可以明其字义等，都是以语音为释意活动之中心的。文字学、训诂学统统以此为枢纽。此与后来语言学界径以语法为文法或包摄文法，将文字视为"书面语""文学语"，乃至"汉语文化学"这个名称，均为同一性质之发展。这都是语言中心主义的，也都无法真正契会中国文化传统，必须予以改造，重新重视汉字以及语与文之互动关系，才是正理。

我的《文化符号学》（台湾学生书局，1992年）即是这种具有历史性，同时关注文化之性质与变迁，并由中国传统“名学”发展而成的符号学。卷一论文字、文学与文人；卷二论以文字为中心的文化表现，其中分论哲学、宗教、史学；卷三论文字化的历史及其变迁。自以为打开了一个新的汉语文和汉文化研究的空间。其中谈哲学的部分，我曾以《尔雅》《释名》《说文解字》等书为例，说中国哲学偏于文字性思考，与西洋哲学不同，深察名号即为中国哲学最主要之方法，哲学与文字学乃是一体的。对于我这种“哲学文字学”的讲法，学棣黄伟雄曾有一文评析如下：

> 哲学文字学，就龚鹏程的构想上，其重要之处有二：（一）哲学文字学是中国哲学的主要方法；（二）哲学文字学是中国哲学的基本形态。
>
> 说哲学文字学是中国哲学的主要方法，其主要的论点有三：（W1）中国哲学的语言，其语义的元素是“文字”，而非“命题”，故以西方哲学以逻辑学（Logic）为方法的命题分析，不适用于中国哲学的研究。（W2）哲学文字学的方法论，建立在以《说文解字》为典范的字义分析与诠解的基础上。（W3）哲学文字学的目的，在于“正名”。通过“正名”，赋予万物的秩序与和谐，达到存有论的目的。此即“深察名号”。W1显然是不充分的。就任何一套语言系统L1而言，理论上均可改写为另一套语言系统L2。就L2而言，“命题”可以是其语义的元素，进一步作命题分析。就日常经验的事实上，可以举出两种常见的改写：一是就文本的解读上，文言改写为白话。一是就文本的解读上，中文改写为外文。若我们把中文作为语言系统L1，把德文作为语言系统L2，则就“改写”的结果上，我们可以推断出W1的不充分性。

虽然W1是不充分的，但其意义在于揭示中国哲学的特殊性，中国哲学的特殊性有二：(一)中国哲学的本质，因为哲学语言的特殊性，而异于西方哲学。(二)中国哲学的意义，因为哲学书写的特殊性，而异于西方哲学。

就中国哲学的本质而言，龚先生提出的看法见于W3。这个意思是说，中国哲学的本质，就是哲学文字学。哲学文字学作为中国哲学的方法论，其结果是哲学文字学为万事万物“正名”；万事万物通过了“正名”，得到了万事万物的本质。因此哲学文字学的工作，代换了中国哲学的工作，进而取代了中国哲学的位置。中国哲学在上述的意义而言，取得了与西方哲学不同的独特本质，不会成为所谓“一般哲学”(General Philosophy)的西方哲学意义下的“地方哲学”，同时却也冒着自我取消的危机。不过，纵使我们失去了中国哲学，我们还有哲学文字学。

W2以《说文解字》作为哲学文字学的方法论，正足以说明哲学文字学等同中国哲学，并进一步代换了中国哲学。《说文解字》作者许慎的《自序》，表明了《说文解字》的方法论及其哲学企图。他说：“其建首也，立一为端。方以类聚，物以群分，同条牵属，共理相贯，杂而不越，据形系联，引而申之，以究万原。毕终于亥，知化穷冥。”由此可以得出《说文解字》的方法论原则：(1)分类。(2)引申。(3)究原。我们从W3可以得出哲学文字学的另一个方法论原则：正名。据此，我们可以得出哲学方法学的方法论原则有四：(1)分类。(2)引申。(3)正名。(4)究原。因此我们可以看出龚鹏程和许慎的主张之差异，在于“正名”。我认为《说文解字》不只是哲学文字学的方法论，更是“前哲学文字学”。因此作为哲学文字学的研究，对于《说文解字》的研究是其必要条件。

W3是以“正名”作为“究原”的方法，其原则是“名实相符”。“名实相符”不同西方哲学的“符应说”（correspondent theory），因为“正名”的目的有二：（一）赋予万事万物的本质。（二）赋予万事万物存在的价值，此价值不只是存有论上的，而且是伦理学上的。

结论：哲学文字学还原了中国哲学，也可能颠覆了中国哲学。

他的结论很好玩。其评论，我也有可再申辩之处。不过我不想在此断断争是非。引此只是表示我的讲法其实尚有发展性，里面点出了一些有趣的问题。不只是哲学文字学，在史学、文学、宗教、艺术、社会各方面，也都可赓续讨论，建立一个足以与西方对话的符号学文化研究。

1996年陈界华、李纪祥、周庆华诸位在中兴大学举办了“中国文史论述与符号学”会议，也是以中文书写特性来对文化进行考察。同年我聘李幼蒸先生至南华管理学院担任研究员，推动在世界符号学会中设中国符号学圆桌会议。后虽未果，但李先生另写出了《欲望伦理学：弗洛伊德和拉康》（南华管理学院，1998年）。南华文学所学生也兴办了“文学符号学研讨会”，邀请各校参加。我则与林信华等人组织了符号学会，并获教育主管部门补助成立了符号学研究室。林信华亦出版了《符号与社会》（唐山出版社，1999年），从“作为文化科学的符号”讨论符号的意义与社会生活、传播意义的符号系统、书写符号系统的文化表现能力、艺术生活的符号结构、弗洛伊德与拉康的符号理论等。周庆华则有《语言文化学》（生智文化公司，1997年），对各种语言现象加以文化解释，评述大陆的文化语言学发展概况，并讨论后现代的语言文化观，强调应以沟通理性建立相互对诤权力意志的合理性。此外，则如南方朔，近年亦对语言学大感兴趣，出版了《语言是我们的居所》《语言是我们的星图》（大田出版，1997、1999年）。他们的著作，代表了语文符号之文化研究的最新进展。

回顾这个进展的历程，思绪总不免会飘回三十年前。在淡江上课时，师长教我识字辨音之情景，犹在目前，而少年子弟江湖老矣。数十年间，所历万端，老了少年，也变了江湖。昔日荣景繁胜的文字声韵领域，眼看它风华退散，逐渐少人问津；而又见它路转峰回，由社会语文学、文化语文学、符号学等处展开生机。其间，或假西学以接枝，或汲往古而开新，或移花换木，或幺弦别弹，或隔溪呼渡，或曲径通幽，种种机缘，各色样貌，足以征世变，而亦可卜其未来必然是大有发展的。只不过，讲谈这样的历史，终究是教人感慨莫名的。

第三章
语言美学的探索

一　语言美的研究

在台湾，语言美学的发展有两个高峰，一是在20世纪50年代的现代文学运动，二是在70年代的比较文学发展。

痖弦曾指出，新文学运动时期，很多以白话写诗者，并不纯粹为了创造诗艺，而是从事文化改革的运动，以此散播新思想。30年代，抗战，诗更成用为救亡图存之工具，不允许在战火中精琢诗艺。40年代，标榜普罗与进步，诗人成了无产阶级的旗手。故须待50年代台湾诗人才开始展开“文学再革命”，迎接西方各种技法，进行诗语言之试炼。①

这就是当时将新诗改称为现代诗、创办现代诗社之类活动的内在原因。当年纪弦自称要“领导新诗再革命”，夏济安先生则显然也想进行一次文学再革命，强调文学就是文学，只有“继承数千年来中国文学伟大的传统，从而发扬光大之”，“我们的文学才会从过去的混乱叫嚣走上严肃重建的路”。

---

① 《诗是一种生活方式：鸿鸿作品的联想》，《现代诗》复刊1990年第十五期。

这些话，正是欲将文学回归于文学，并进行文字再锤炼之意。当时他们都反对文学成为宣传（大陆于20世纪80年代以后，也主张重返文学自身）。故他评彭歌《落月》、谈《一则故事，两种写法》完全是讨论小说的写法，《白话文与新诗》《两首坏诗》等文更明说“20世纪英美批评家的一大贡献，可说是对于诗本身的研究……着力地就诗的文字来研究诗的艺术”，“新诗人现在主要的任务，是‘争取文字的美’。诗的题材是次要的，诗的表现方式才是最重要的问题”。其目的在使白话文成为“文学的文字”，其批评方法则亦属于新批评的字句剖析（explication of texts）。美国“新批评”之崛起，本来也就是由于二三十年代不少文人以人道主义、社会批评为旗号，揭露社会不义，故导致新批评起而反抗之。摒除社会—历史式批评方法，反对把文学作品和外界现实牵扯在一块，着重讨论作品本身的意象、语言、象征、对比、张力、结构等。当时台湾文学的发展，也可以从类似的脉络来观察。

在此同时，我们也不可忽视了台湾在现代化方面的进展。60年代的中西文化论争，显示了台湾正在迈向现代化之过程。现代化所要求的自由、民主、科学、理性，成为社会上进步知识分子所欲达致之精神，因此逻辑实证主义、分析哲学一时之间亦成为被鼓吹之显学。所以那是个现代化的时代，也是个分析的时代。在英美世界中，美国哲学家怀特在《分析的时代》里写道：“20世纪表明为把分析作为当务之急，这与哲学史上某些其他时期的庞大的、综合的体系建立恰好相反。”他把“分析”看作标志20世纪的“一个最强有力的趋向”。这一趋向是从“非黑格尔化”发端。杜威、罗素、摩尔等人摒弃了以绝对理念和辩证法为特征的黑格尔主义，谓此类哲学为神话、玄想和诡辩，认为哲学是需要分析的事业。其后英美实证主义传统则由此拓出新的路向。在台湾，自由主义及现代化论者亦由扬弃中国传统唯心论、道德哲学、宋明理学，来开展实证主义、分析哲学。

在这些自由主义者身上，并没有什么美学论点可说，因为注重分析的实证主义传统原先并不重视对美的研究。早期维特根斯坦即认为善与美只能由直觉和情感来体会，不能形成真实的命题，故无意义，不能讨论。不过，后来分析美学的发展则突破了这个局限，如桑塔耶那提出了自然主义的新实在论，建立了一个将存在、本质、心灵三位一体的体系。他写下了《理性生活》一书，将人类努力使自己的各种各样的欲求冲动趋于和谐并且得到满足的过程，视之为人类向自己的理想目标不断迈进的环节。并将艺术理解为是将客体“理性化的活动。理性既是艺术的原则，又是愉快的原则”（艺术中的理性）。这一条思路也很快就被引进台湾，白先勇所办晨钟出版社便出版了桑塔耶那的《美感》。

70年代由颜元叔大力提倡的新批评，其实乃是延续这个脉络的发展。因为之前欧阳子也曾以新批评手法来分析白先勇的小说。现代主义小说，整体上看，亦都有重视作品本身语言表现的性质。

但70年代中，这个性质与写作态度遭到社会主义与写实主义之反击，文学被要求要正视社会现实、正视乡土。文学再度成为号角，希望能带动社会之改革。但这个新态度本身却是分裂的，如颜元叔本人在现代文学方面，也主张民族主义文学；但他进行文学批评时，用的却是新批评。新批评一如过去，仍然具有批判性。只不过它的批判对象不再是五四运动以来的新文学，而是五四运动以后“文以载道”的主张，以及70年代尚未受现代化洗礼的中文学界。

文以载道的主张，显然常视文学为工具；中文系所依循之评文方法，也以笼统之风格描述为主，若要深入谈，便往往乞灵于社会—历史式批评。颜元叔抨击它们是“印象式批评”和“历史主义复辟”，主张回归于作品本身，视作品为一独立自存的有机体，要求批评者针对这件作品进行分析，并谓如此才是客观的科学分析，而不再是主观的印象描述。

这波攻击，对中文系有极大的震撼，因此中文学界往往认为语言分析新批评是在中文系外部发展起来的，而且是70年代中期才出现的。其实正如前述，殊不尽然。我们忘了中文系老早就有王梦鸥先生写了《文学概论》等书。新批评健将韦勒克的《文学论》，60年代即有大林出版社的译本，80年代王梦鸥先生也译了一次。不过这种对作品本身的分析，确实重新呼唤了中文学界内部一些重视语言分析的思路，使之重获重视与开展，例如修辞学，诗格、诗例、诗法，评点等等。

而冲突遂也发生于中文学界内部。王梦鸥于1979年为时报文化“中国历代经典宝库”写了《古典文学的奥秘：文心雕龙》，同一时期他在《中外文学》刊载《刘勰论文的观点试测》，主张刘氏“对文学的基本看法是把文学当成语言来处理”，并说刘氏“着重的是辞章而不是义理，所以兼容纬书骚赋诸子百家的语言，仅仅讨论他们语言表现的功力如何，而不作思想上的批判”（第八卷第八期）。这显然也是继他在《文学概论》中强调文学乃“语言之艺术”后的发挥。但结果是引起了徐复观先生的痛批。徐先生亦曾因1979年9月白先勇在香港新亚一场演讲而光火，写了《中国文学讨论中的迷失》。认为白先勇所说“从五四以至三十年代之文学思潮，文艺被视为社会改革工具。这种功种功利主义的文学观，使文学艺术性不再独立”，今后“唯有再加倍注重小说的艺术性，配以社会意识，才会有更深度之作品”，完全不正确。[①]徐先生本于中国传统“诗言志”之说，强调作品乃主体情志之发抒或表现。故所谓艺术性，只是就表达主题之效果而说的，“艺术性是附丽于内容而存在，无所谓独立性的问题”。这样的观点，当然要与语言美学的路数相龃龉了。

---

① 两文均收入《中国文学论集续篇》，台湾学生书局，1981年。

诸如此类对诤，当然屡见不鲜。但语言美学式的探讨仍不少见。如姚一苇“有意采用西洋现代语言学的方法，撰述一系列讨论我国诗的论文”，曾写过《中国诗中的人称问题刍论》；又据新批评之观点，参考艾略特以想象力的视觉性论但丁诗之例，写了《李商隐诗中的视觉意象》；其他如他论痖弦的《坤伶》、王祯和的《嫁妆一牛车》、白先勇的《游园惊梦》、水晶的《悲悯的笑纹》、黄春明的《儿子的大玩偶》等，也都是针对语言艺术的分析。又则如梅祖麟、高友工对唐诗的分析，标明了是“试从语言结构入手作文学批评”，“利用安普森学派的分析方法作为批评的取向”，“我们的分析方法，学自标榜‘细读’一派的大家，例如I. A. 李查士、C. 布鲁斯，尤其是新批评学者”。[①]凡此等等，都对那个时代的学风起着具体的影响。

也就是说，语言美学的路向，在台湾也是颇有发展的，形式批评（包括结构主义）这一脉，从50年代至80年代，其实一直绵亘不衰，而且与现代主义、自由主义、理性精神、客观方法、艺术自主性等有着密切的关联。

二　对形式的关注

这种关注语言形式的学风，也逐渐影响着我的文学美学研究。

早期我与一些师友们讲诗文，虽然本领颇在于说其谋篇、炼句、锻字、酌律之巧，但整个说解的目的并不在此，而是期望通过对作品更深入的分析来了解作者，成为作者的知音。因此整个释义活动，是回归于作者那儿的。探寻作者是什么样的人、说了什么、为什么说、如何说。

① 详见《分析杜甫的秋兴》《论唐诗的语法用字与意象》，均收入《中外文学》。

每位作者，都是我们“尚友古人”的“友”，我们要倾听其心声，与他形成共鸣，了解他的生命形态，深入到他内心世界去。这种理解，当然同时也回归于自己，因为透过与古代伟大心灵的对话，在我们不断深入到诗人文豪的内心世界去时，我们自己的生命也不断深邃起来，我们的境界也不断提高了。故知音倾谈，生命形成互动，其意并不全然是客观的考古。

我称此为“生命美学”的进路或形态。这个形态，乃是我为学之基本态度，我对它当然是极为肯定的。

但是，这个形态不能概括所有，学问毕竟仍有其他面向。对于客观的、形式性的部分，亦不能说它与主体内在性情志意无关，而予以忽略。从历史发展来看，生命美学诚为中国文学艺术之特色所在，却非全貌，而且其间还有个发展演进的过程。对于那些非生命美学所能范限，又于历史上跟生命美学形成动态关系的思路，我们则一向缺乏探究，或者不予重视。

以诗来说，大部分诗学理论，总是由“诗言志”讲，论诗本性情、言为心声。主张读诗者要以意逆志，得知作者之私衷隐曲，如见其为人。分析起诗来，也老是由作者的生平遭际、性格心理、特殊感性模式等方面去探索。

我们虽然在解诗时也会分析它的形式、技巧，说明它遣词命意方面的匠心，但本末轻重是很明显的。我们不但把情志视为本体，将技巧形式看成为情志服务的工具，也以“内容”和“形式”来区别内外本末，甚且认为形式并不重要。一个内蕴丰富、学养俱优的人，自然就能写出好诗文来。所谓“腹有诗书气自华”。反之，若无此涵养，再怎么锻炼字句，也没有指望。同时，只要有好的内容，形式是可以破坏或放弃的，所谓“吾宁拗折天下人嗓子”。一位好作家，绝不能为了格律或其他任何形式而桎梏了他的性情。故打破形式的束缚，乃更因此而是一项我们所称道的好品格。

我是作诗的人，当然明白这类观点，也颇服膺其说。但正因我亦从事文学创作，并不如我们一些朋友，只是谈理论。所以我又深知这形式的问题其实并不如此简单。因为看球的人可以只欣赏球员在场子上驰骋腾挪之姿，我们打篮球的人却晓得那些抢断、过人、传球、上篮、远投、助攻，全都是在规则下做出来的。没有篮球的规则，就没有篮球这种游戏或竞技活动。所有篮球之技艺，都是由这些规则形塑、规范，并让人在与规则配合的情况下产生的。篮球与足球、羽球、曲棍球、棒球、躲避球、板球、橄榄球之不同，不也是规则的不同吗？球员们的运动才华可能都是好的，但有些人适合打篮球，却未必能成为好的棒球选手，如乔丹之类就是个好例证，用踢足球的办法也打不成篮球。诗文的情形，不正是如此吗？我们怎能说我是一位好柔道选手，但偏要用柔道方式去打拳击赛？一位好足球运动员，偏要以踢足球的方式去打篮球，而后说规则限制了我呀、桎梏了我呀，我宁拗折天下人的膀子呀，大家不必管形式，应当注意我的运动天才呀，我们能接受吗？在一场足球赛中，忽然冲进一人持球大做投篮动作，观众必定大哗。何以在诗文中我们却将这些形式、规则看得如此轻忽？

事实上，传统文学创作者亦不见得真的轻忽形式与规则。每种文体，即如每种球类，各有各的规则与风格，就像橄榄球与高尔夫球不同那样。从事文学创作，本来就会先考虑它是在干什么，是写小说呢，还是写诗、写词呢，还是作骈文。也就是说，现在准备打什么球。然后，打什么要像什么。我国第一篇正式文学批评文献，曹丕《典论·论文》就说“诗赋欲丽，章奏宜雅”等等。诗、赋、章、奏即是不同的文体文类，丽与雅则是它的风格。这种风格与它的形式规范是分不开的，即如橄榄球激烈剽悍，高尔夫球则较为雅致一般。这乃是我们从事文学创作时原本就知道，而且在此原则下进行的。

三　探索法的原理

但此不必明言者，现在却被忽略了。我早年学诗，讲诗法，也没有从理论上想到这些问题，而是倒过来的。先写《春夏秋冬：中国诗歌中的季节》谈诗人感情与四季物色之互动，再在博士论文《江西诗社宗派研究》中讨论诗人如何经由文体修养之提升，转识成智，以达成“活法”亦即心活故诗语活的境地。在那些年，我谈龚自珍的剑气箫心，讲六朝诗人之孤愤，说李商隐的人生抉择，大抵都只从生命情调、心境内容、价值抉择这些方面去探索。把中国诗，乃至整个中国文学的基本性质定位为“抒情传统”。1980年由蔡英俊召集我们为联经出版公司《中国文化新论》编写的两册中国文学论集，其一即名为《抒情的传统》，另一本名为《意象的流变》。可见彼时我与我那一群朋友们对中国文学的基本掌握即是如此。

但研究宋诗毕竟让我触探到一个新的面向，我注意到宋人对于唐诗、宋诗风格的分辨涉及了“文体论”的问题。诗究竟该怎么作才像个诗而不是文章，记应该怎么写才不会像是论，这就是文章辨体的事了。每种文体都该有其本来该有的风格与写法，合乎它，称为有本色、得体；不合，则不得体，称为失体、戾体或谬体。宋人说：“荆公评文章，常先体制而后文之工拙。”谈的就是这种重视文体规范的观念。

我乃由此而写《论本色》《论法》诸文，认为“两汉浑浑灏灏，文成法立，无格律之可拘。建安黄初，体裁渐备，故论文之说出焉”（《四库提要·诗文评类》）。早期文学作品无论是传达理念，抑或表现感情，它都只在“表现”，可以自由选择并运用文字，构成作品。但当这些作品在质与量方面都有了丰富的积累以后，文字组合便逐渐显示出一定的规律和结构，形成了“法”。这时，自然就会激生批评理论上的知性反省活动，对这些逐渐完备的体裁，已然成文、已然立法的作品，重加检视。魏晋时期，如《典论·论文》《文赋》之类，即属于这一种批评性作业。

过去，对魏晋南北朝这一段，在文学批评方面，我们只集中力气去关注当时因所谓“人的自觉”而兴起的缘情之说，却忽略了魏晋南北朝以后，曾经兴起的一股替文学立法的热潮。对于唐朝，我们虽也讨论过他们那时曾经流行广远的诗格著作，但基本上只认为那是考试制度下的副产品；对唐诗及唐朝在文学批评上的历史性格，也只强调他们的活泼创造表现，而把宋朝视为对法的坚持者。

但如果我们把齐梁以降，诸如永明体逐渐发展成律体，诗格、诗例之书日趋增多，《文心雕龙·总术》这一类言论逐渐形成等现象，综合起来考察，便将发现这是一个新的文学批评运动。一方面，它是对汉晋时期所发展出来缘情之说的反省与超越；另一方面，对于宋朝文评，可能也应重新理解为它既是法之观念与系统建立完成后，一切均在法之规范下活动与思考的时期，也是朝向松动、辩证法律体系这个方向努力的时期，因此才能有对于“意”的强调，并从“法”的观念发展出“活法”。

汉代论诗者，较着眼于作者本身的情志意念，赋比兴也只视为一种表达手法，用以表达作者内在的情思，故重点依然只在作者之情志内涵，文字乃传示道之工器而已。此时并未发展出有关体制形器之知识，“形”并无独立地位，其自律性也没有受到尊重。然而，自法之观念在文学批评中出现后，此一倾向即遭到明显的挑战，法与作者创作主体之间，乃出现了一种新的辩证关系。

这是因为立法的行动一旦展开，顺着法的原理，其辩证性必然逐渐开展。这种辩证性是多重的、并存的。例如法是人所规定，但又反过来作为人的行动规范和依据；而法既为普遍的规律，作为行动的准则，它便应具有不变的稳定性，但时移世异，法又必须不断变动，才能保持其内部的活力、扩张法的体系；同时，有定法而无定人，人不仅流动、生活于法之中，也必须倚靠人才能完成法、表现法……诸如此类多重复杂的关系，必然会随着立法活动逐渐圆熟后，慢慢地开始被人思考到。

由此亦可以衍化为“质/文”“内容/形式”“天然/人工”“悟/法”“自得/学古”等问题。后世文学发展，虽然重视主体性，一切理论固然均以前者为依归，却几乎没有任何人主张完全放弃后者，而都是把这两者放在一个辩证的架构中来处理，认为两者相反而皆不可废，且可通过法之得于自然，或出诸自然情性故与法䜣合无间。

这条路子，基本上是在法的格局中讲“意”。格律既须守住，理致情意如何才能与法融合，或者说法如何才能涵摄理致情意，乃成为一重要课题，这即逼出从“法与悟”到“由法起悟”的诗学模式。而法之所以能够起悟，其所谓法，本身便已不再是与悟对立的法了，它成为涵摄了情志的法。这种法，就是活法。

活法，是“规矩备具，而能出于规矩之外；变化不测，而不背于规矩。有定法而无定法，无定法而有定法”。要达到这步境地，关键在于妙悟。而悟又须有种种工夫，非一蹴可及。因此活法之说，只是宋人在理论上超越辩证地解决了法的问题；其实际创作行为，恐怕仍在法的缚缠中，并未真正达到从心所欲不逾矩的地步。这也就是元明清三朝诗家仍必须不断面对这个问题的原因。

这是我由法的角度对文学批评史之解释，并说明法与创作主体之间的关系。这种批评史的描述，以及对法与创作主体关系之理论说明，都是从前没人做过的。对于法的原理，诸如如何立法以建立艺术的世界，形成文学的成规，奠定法律的权威，塑造学习的规范等，过去也未有此类讨论。

延伸此类讨论，我援用索绪尔la langue（语言）与la parole（言语）之分，将文体视如la langue。因为la langue是从一般语言的混杂事实中抽出来的明确因素，它是语言属于公众的、合于习俗的一面。这体系是根据一个团体中各份子的社会契约而建立的，依赖这一体系才能使他们互相了解。在字典和文法书中所描述的，就是la langue。因为la langue存在，字典和文法书才是可能和必需的，不受个人意志而改变；因为la langue对个人而言，永远是外在的，他继承了它，他降生于它之间，就像他活在社会里一样。但相反地，la parole是个人说话的方式，是个人意志与智慧的行动。la langue是一部法典，la parole则是这法典在实际情况中被使用的方式。文体与创作者具体地进行某一文体之创作，正如la langue与la parole之关系。

四　文体的本色

这个讲法，在论“本色”时没有问题，在讨论《文心雕龙》的文体论时却引起了不少的争论。

1987年12月，我在古典文学研究会策划了《文心雕龙》研讨会议。为了增加会议气氛，同时在报纸上发表《文心雕龙的文体论》，在书目季刊制作了《文心雕龙研究》专辑，其中并有我一篇《文心雕龙的价值与结构问题》。

文章大意是说：自汉朝刘熙《释名》、蔡邕《独断》开始做文体分类以来，文体论一直是文学理论的主要重心，如《典论·论文》《文赋》《文章流别论》《翰林论》《文章原始》乃至桓范《世要论》中《序作》《赞象》《铭诔》诸篇，几乎全是对于文章体式、各体之风格规范、修辞写作方式、历史发展的讨论。各类文学作品，即是一个个客观的、可分析的对象；作者也必须“程才效技”，将自己没入文类规范之中，依其客观规律及风格要求去写作。虽然这里面也会有文气论的问题，有对创作者个人情性的考虑，但那都常附着于文体论之下，由人的才气问题，转入对文章气势风骨的讨论。因此这时的确有一种浓厚的客观精神弥漫着。所以，早期谈“知音”是知心知己的意思，是两个主体间相互了解、相互感通的融洽状态，似乎不必诉诸言语，即可莫逆于心，双方都在内心世界沉静地进行着理解的活动。但《文心雕龙·知音》却不是这样，刘勰企图建立一套理解的法则与客观批评的标准。不但将文类客观化，更要依其文类规定，找出优劣判断的客观标准。由于创作者与批评者之间，有一个客观的作品文理组织，故“六观”不再是观人，不再是相悦以解的沟通，而是具体地观作品之位体、置辞、通变、奇正、事义与宫商。

不仅刘勰的“六观”属于这类批评理路，沈约、钟嵘亦皆如此。沈约论四声，认为他所发现的，是诗文本身内在的规律，而非经验上对前人作品的归纳，且“自灵均以来，此秘未睹”，历来创作者都只能自以为自由地在规律中表现自己，冥契于此一规律。钟嵘则认为“诗之为技，较尔可知”。诗技高下是可以客观比较的，所以他要写《诗品》，较评诗家。

这是个接近形构主义把作品视为客观对象的立场。可是近几十年来，大家受了抒情美典的影响，接纳徐复观等人的见解，不但从人物品鉴去观察六朝文论，着重说明风格即人格，并企图说文体就是人之性情的体现，如徐先生即认为《文心》全书都是文体论，上篇谈历史性的文体，下篇论普遍的文体，所以下篇才是文体论的基础，也是文体论的重心。而下篇里的《体性》又是《文心雕龙》文体论的核心，因为文体论最中心的问题就是人与文体的关系。依此，他大骂古来言文体者都弄错了，都把文体与文类混为一谈。不晓得文类是客观的作品语言结构，可以跟作者个人因素无关；文体则必有人的因素在。故他以事义言体要，以作者才性生命特质论文体。

我则以为他的论点根本就是错的。依他（以及与他类似）的讲法，不但《文心》的文体观念更难理解，中国文评理论的纠葛藤蔓也将更趋繁多。

由于文体论是以语言形式为中心的，但因语言必有意义，依缘情理论和言志传统的讲法，是心中有情意志虑，借语言表现或表达出来，文体纯为人格内在情志生命的外观，很多人也用这种想法去解释《文心》。但这是不了解何谓文体使然。文体，如前所述，系就语言样式说。由文体谈创作，自然也就显示了：一切情志意念都在此语言形式中表现，及语言形式是可以规范并导引情感内容的。或者，更直截地说，每一文体都有其成素与常规，无从逃避；每一形式都表征出一种意义，而该意义就彻底展现在语文的表现模式及其美学目的上。

因此《文心·镕裁》说刚开笔为文时，即须“履端于始，则设情以位体”。设情与酌事、撮辞同义，表示作者应斟酌其情以位置于文体之中。同理，《章句》又说：“设情有宅，置言有位，宅情曰章，位言曰句。故章者，明也；句者，局也。局言者，联字以分疆，明情者，总义以包体。”章句是语言格局，也是情之安宅，更是用以明情的唯一依据，所以后文又说“句司数字，……章总一义，……其控引情理，送迎际会，譬舞容回环，而有缀兆之位；歌声靡曼，而有抗坠之节也”，抗坠之节、舞踏之位，不是用来“表现”情理，而是“控引”情理的。文体如此，文术亦然，故《总术》说晓得文术之后，即能“控引情源，制胜文苑”，因为“术有恒数”，可以“按部整伍，以待情会”。

正因文须“设情以位体”，不是素朴地感物吟志而已，所以才要强调文术。一切才气才力都得纳入术的考虑之中，所谓“弃术任心，如博塞之邀遇”，故“才之能通，必资晓术”（《总术》）。文术观念的提出，乃是在文体论思考下，由文气论那种“引气不齐，虽在父兄，不能以移子弟”的天才说脱化转出的制衡观点。一方面具体指出术有恒数，可以制巧拙；一方面借此将文气论消融于文体论中，承认才气是创作者最主要的动力，但才气须依文术之运作，体现于文体之中，乃能有所表现。这里便出现了“学”的问题。

凡此云云，在当时不仅是冲撞了权威，也挑战着信仰。因为在中国文学批评界，大家都认为文学作品并不只是文字游戏，它必须“其中有人”“其中有我”；整个文学创作活动也应发乎情志，本于胸臆。因此对于我这类讲法，殊觉逆耳。

而事实上，早先王梦鸥先生写《文学概论》时，揭橥“诗为语言的艺术”之义，大家也不觉得有什么不妥，只认为他是延续了克罗齐以迄新批评形式分析之类说法而已。可是王先生为时报文化写“中国历代经典宝库”版《文心雕龙》时，以语言艺术界定刘勰论文之旨，便引起徐复观先生严重的非难，撰文大力批驳，主张文体本于情性，不能只从语言面去论文体。我既论《文心》，又直攻徐先生，当然也引发了很大的争论。

赖丽蓉首先写了一文说我是“开倒车的革命家”。后来古典文学会又择清华大学月涵堂加开了一场讨论会。另颜昆阳也写了一文，谓我仅得一偏。学棣周庆华等，也各有文章继续讨论。

但我是否已从“生命的学问”转到客观化、形式化的那一面了呢？其实亦不然。我只是说：情志批评，固然为中国文学评论之主流，亦影响了中国的文学创作。但情志批评、生命美学、抒情传统，并不能涵括所有。有些时代，反而是要要求“控引情源，制胜文苑”，“按部整位，以待情会”的。对此文术、文体、文“学”，吾人不能不予探究。其次，对于强调法的时代与文献，我们也不能只以一种情志典范去看待它、理解它。再者，人与法的关系是辩证的，法的发展也是辩证的，汉晋讲情志、论才气。齐梁隋唐乃立法度、设格例，宋朝则存法以破法，大谈活法。此一格局，亦当注意。而且，这亦是我国文评与西方颇为不同的所在。

五　象征的体系

关于第一点，属于文体之术等“形”“法”的知识，我在《文学散步》中区分形式为结构形式和意义形式两种。所谓结构形式，是指文学作品可以脱离意义内容而讨论的语言组织形式，例如，一首七言律诗，无论其意义内容为何，它永远在结构形式上不同于一阕“水调歌头”；而一篇骈文，也永远可以根据它的结构形式，跟其他任何散文或戏剧划分开来。任何一篇文学作品，我们都可以依据它结构形式的特征，分为有韵、无韵、抑扬格、十四行诗、古体诗、近体诗、评论、奏议、铭诔、游记、哀挽等等，它代表某些特定的法式、体制或格律。而且，这些体制与格律，乃是固定的，不能任意改变。不管你的情感是悲哀还是欣喜，不管你所要宣示的意义是深厚还是尖刻，只要你采用了七言绝句这种语言格式，就永远不能背弃或违反这种结构形式的规定。即使有所谓“拗体”，也只是依照该体制所规定的拗法去拗，不能随便乱拗。

至于“意义形式”，与结构形式不同。譬如，一首歌咏杨贵妃的七言绝句，七言绝句的格律，是结构形式；而“一骑红尘妃子笑，无人知是荔枝来”所宣示的意义（唐明皇为了博贵妃一粲，竟不恤民力，千里迢迢，从岭南运送荔枝来给她吃），就是意义形式。为什么称为意义形式，而不径称为意义或内容呢？因为这里所谓的意义或内容，其实并不是形式之外或预存于形式之前的东西，而只是这首绝句。是这首七绝的语言文字，组织后构成的东西。

这即意味着：第一，在文学作品里，一切“意义”，都仰赖文字来呈现，包括所谓言外之意，也是以语言文字来蕴含或暗示。我们找不到有在文学作品那个语文格式之外或之前的意义。第二，一篇文学作品的意义，例如诗，并不是专指那些能够用散文写出来的意思，才唤作意义或内容。诗的意义，乃是由押韵、特殊的文法构造、文字的歧义、比喻、富于表意的音质，以及可以用散文概述简括的内容，合并起来的。所以，即使是结构形式，也是意义构成的一部分，不可或缺。第三，既然文学作品中一切意义都在其语言文字中，则我们平时所说的作者的意思，其实就都是“作品中的作者”，都是作品的语言文字带给我们的。而且这个作品中的作者与现实世界的作者也并不全然相等。因为符号跟它所指涉的事物之间的关系，并非天生而然，而是依使用符号那个社群中人共同的规定。正因为它们之间不是实质的关联，是约定俗成，所以，人能利用符号去观察、去讨论世界上实际并不存在的事务（至少在经验上不存在），例如鬼神、地狱等等；也会受符号的限制，观察不到实际上明显存在的事物。故符号所构成的认识世界，不同于真实的世界。它的真实世界，就在符号系统所构筑的世界里，那当然会跟客观真实世界有关联，但不必，也不可能企求它们相等（详见该书《文学的形式》《文学的形式与意义》）。

基于这种看法，我便要接着探讨文学语言之特性。此亦“本色论”

中涉及的：诗当以反逆日常语言为其本色。我援用雅各布森的理论来说，诗歌语言即是一表达诗功能（poetic function）的语言。它整个语言行为集中在语言本身，设法使语言成为艺术品，而不只有指涉、抒情、感染、线路及后设语规等功能。这样一种语言，构成的基本原理，在于把“对等”当作组合语串的构成法则，使得诗歌语言在语音、文法、语意等层面，都带有隐喻和旁喻的性质，所以它也充满了丰富的模棱性（ambiguity）。换言之，诗歌“比物连类”的语言特征，乃是达成诗之艺术的关键。古人论诗之所以为诗，强调其比兴寄寓，就是这个道理。

但论诗语言而强调比兴含蓄，会碰到贬低“赋”体的情况，认为叙事、说理、议论均非文学语言之本分，而形成争论。如明谢肇淛《小草斋诗话》说“王建、王涯宫词，借以叙事，遂伤本色”；王船山《姜斋诗话》说：“诗之不可以史为，若口与目之不相为代也。”这种诗语言特性的厘定，以及它在文学批评史上的相关争议，我于1985年写的《诗史观念的发展》、1986年写的《论本色》、1987年写的《论法》，均是处理这个问题。

而这个问题又带出了有关“比兴”的探讨。学界论比兴者多矣，但大抵集中于解释何谓比兴，或由诗人之比兴寄托去了解诗人心境。而未发现比兴象征之所以会令诗语充满了模棱性，乃是因为比象托喻之物与其所欲说明之意义之间，虽有关联，却毕竟不完全相等，故一个意义可以用好几种不同的象来表达，一个象也可以有许多个意义，这便是象征的模棱暧昧本质。令仁者见仁、智者见智。然而，象征固然是仁者见仁、智者见智的，但象征记号与意义，在一种文化中，却无法辐射开放。文化的强制力量，拉合了象与意，使得象特定地朝向某一类意义，而不朝向另一类意义。如此，自然就构成了文化及文学上的成规（cultural and literary conventions）。

这样的成规，具体表现在《诗》和《易》的象征体系中，据惠栋《易汉学》说“《荀九家》逸象三十有一，载见陆氏《释文》，朱子采入《本义》。虞氏仲翔，传其家五世孟氏之学，八卦取象十倍于《九家》”（卷三），但这些象多半失传了。惠栋整理后，得三百三十一事，张惠言著《周易虞氏义》，又增加了一百二十五事，共得逸象四百五十六则。譬如乾，为王，为明君，为神，为大人、贤人、君、严、威、道、德、性、信、善、大、盈、好、利、清、治、龙……坤为臣、民、小人、鬼、母、下、恶、藏、耻、乱、怨、晦、夜、车、牛……离为女子、孕妇、恶人、刀、斧、鸟、瓶……凡此之类，后来方申撰《虞氏易象汇编》，续予补充，共得一千二百八十七事，可说是洋洋巨观了。

把张惠言等人对虞氏易象的归纳，拿来跟乾隆中刊行的《诗学指南》相对照，便可以发现《诗学指南》所收晚唐虚中撰《流类手鉴》及题贾岛所撰的《二南密旨》，也都是从六艺、风雅、正变，论到物象，例如残阳落日比乱国、百花比百僚、江湖喻国家、荆棘蜂蝶比小人等，共一百零一则。大抵清人之说比兴者，都是依据这个易象所衍生的流类象喻系统在创作或诠释作品的。所以这个系统，也可以简单地视为我国诗歌的“公共象征体系”或“俗成暗码”。

如此论比兴，便是一种文化符号学式的讨论了，前此论比兴者均未触及于此。而我之所以能谈这些问题，则是本于我经学的基础。

例如，说词的人都晓得常州派张惠言等人系以寄托说词的。可是谁能读张氏之书？谁知其论词手眼即本于其虞氏易学？他把《词选序》编在《周易虞氏义序》《虞氏易礼序》《虞氏易事序》《周易郑荀义序》《易义别录序》《易纬略义序》之后，《丁小疋郑氏易注后定序》之前（《茗柯文》二编卷上），当然不会没有用意。何况，常州学派又是讲今文学的，今文家说《春秋》，强调“义例”，更是对文家论文有深远之影响。

公羊家认为《春秋》某些特定的修辞运用，如及、来、人、取、卒、薨、朝、会等字，都有特殊的意义，再配合时、月、日的书与不书，或详或略，就构成孔子笔削寓意的目的。这样的寓意系统，滥觞于汉晋。清中叶后，公羊学复兴，庄存与出，著《春秋正辞》，认为春秋"以辞成象，以象垂法"，又开始讲义例，后来刘逢禄著《春秋公羊经何氏释例》更是集大成之作。所以常州派基本上就十分注重这个暗码系统，并要通过这个暗码系统，去说明"能说鸟兽之类者，非圣人所欲说也；圣人所欲说，在于说仁义而理之"（魏源《武进庄少宗伯遗书序》），无论解《春秋》《论语》或诗词，均是如此。

言文学者，很少人通经学，故亦罕有人能知此义，更不能明白经学对文学批评的影响还不只在常州一派，或象征符系统这一面。因为文学批评中有关修辞格例的讨论，大概均得诸经学。

汉儒曾从《春秋》的遣词用字（所谓"书法"）中，归纳整理出若干条原则，又称为凡例。据说有周公旧例和孔子的新例，如杜预所云："（《春秋》）其发凡以言例，皆经国之常制，周公之垂法，史书之旧章，仲尼从而修之，以成一经之通体。"故学者须观察书法，以明孔子进退褒贬之意；由书、不书、故书、不言、不称、书曰等处，观微言大义。这些条例，据何休《春秋公羊解诂·序》说有胡毋生条例，然其书已亡，《隋书·经籍志》则还载有杜预《春秋释例》十卷、刘寔《春秋条例》十一卷、郑众《春秋左氏传条例》九卷、不著撰人《春秋左氏传条例》二十五卷、何休《春秋公羊传谥例》一卷等。

晋朝以后，晋人经义及南北朝义疏，除延续了汉儒治经之法外，又受到佛典疏钞和僧徒讲论的影响，而有了开题和章段。所谓开题，也称为发题，这是在讲经时，由都讲先唱题，再由主讲的法师讲解题意。此外则为章门。章门，又称科分、章段，就是章节段落。晋唐义疏，如皇侃《论语义疏·学而第一》说:“《论语》是此书总名,《学而》为第一篇别目。中间讲说，多分科段矣……”《左传·序》疏说:“此序大略十有一段明义。”

这些体例，无不深刻影响到后来的说经习惯，也直接塑造了某些文学批评的模式。例如说经者推敲字辞书法以明仲尼褒贬之意，许多文评也是要“从文字上得作者之用心”。说经者具文饰说、敷畅文义，许多文评亦正是如此。明清流行之评点，在每书之前，例必有“凡例”或“读法”若干条，更是像极了经学家的条例。而晋唐义疏有开题，后来评点之书，开头除凡例之外，也必有释题，如金批《水浒》，序一是自道作书之意，序二就是开题。章段，更是重要。评点批评，都是先把一篇文章区分成几个段落，然后分析“章有章法，段有段法”。

不仅如此，我国第一部修辞专著，应推陈骙的《文则》。该书一开始就说明“大抵文士题命篇章，悉有所本。自孔子为书作序……”云云，表白了他之撰写归纳这些文章法则，根本上即是从经学传统生出来的。所以他所说的各种为文法则，如“六条”论文之助辞、倒装、字音、字义、病辞、疑辞、轻辞、重辞;“四条”论譬喻的十种方法与引证;“八条”论文的衔接、交错、记事、记言、问答等，都是以六经立论。其所谓“条”，亦即条例之意。这是我国第一部文话，其所分析之条例法则也与后世评点之伎俩关系最为密切。

1989年史墨卿先生主编《中国国学》，嘱我写稿，我即本此见解，说明我国文评中除了欣赏作者情志，知人论世者外，尚有一大堆评论是就作品之语文形式、章法结构、写作技巧、修辞技术等逐篇逐段逐句逐字分析的。这些批评文献，当然以评点最为著名，但并不限于评点，所以我将它称为“细部批评”，写成《细部批评导论》。所谓细部批评，是指它这种批评的态度，不同于对作品总体风格的概括描述，例如“清新庾开府，俊逸鲍参军”之类，而是就作品之字句、意象、声律、结构一一细究其美感经营之迹。有英国《精审季刊》（*Scruting*）所揭示之精神，及类似汤普森的《字里行间》（*Between the Lines*）的地方。在我以前，谈评点批评的人当然也多得是，可是说明其批评性质，探索其渊源与流变，分析它与形式批评、新批评的异同，毕竟仍以此为嚆矢。

总之，论诗语言的特性，论比兴之功能与争议，论象征系统与文化符码，论辞例，论针对作品语文字句的细部分析，都属于我对文学作品“形”这方面的研究。

六 意义与结构

可是这些主要是结构形式的问题，关于意义与结构相配合的问题，则除了谈象征系统文化符码之外，我也希望能进行更多的研讨。而这方面，我主要是由小说着手。

1984年我与张火庆合著《中国小说史论丛》，由台湾学生书局出版。我在这本书里，主要想解决的一个问题就是西方小说在发展中深受悲剧之影响，故小说艺术的构成，主要是以悲剧的叙述结构——情节（plot）为主。而中国小说，则因缺乏悲剧精神，所以也少有情节的因果律（causal relations），缺少冲突（conflict），以致常被西方观点的批评者嗤为缀段式（episodic）结构。欲抬高中国小说地位者，又因无法说明中国小说的结构及其结构原则为何，而只能依仿比附一番，硬用悲剧精神、情节、冲突等来解说中国小说。对于这个问题，我们该怎么办？

我认为一种文辞样式（verbal pattern）乃是伴随着它的意识内容而生的，西方小说的结构原则若是悲剧观，中国就是天命观。两种人生观不同，其结构形式遂亦相异。以唐人传奇来看，科姆诺夫（Manuel

Komroff）在《长篇小说作法研究》一书中，曾分析小说组织可依其叙事内容分成几种图示：读者在小说开头即能察觉小说已发出命运的讯号，是第一种，觉察点（point of recognition）和小说开端距离甚短。若故事进行甚久，才能发现一张命运之网已开始被编织起来，则是第二种（那下降的曲线，表示命运一旦出现，人物生命情境便急速下坠殒减了）。若是人物居然从注定要倒霉的故事叙述中，由命运圈上升，超脱出来，则它便将成为一种不自然、畸形、悖乎所有一致法则（rules of consistency）的形式。唐传奇中，《虬髯客传》显然是第二类结构图示，但生命情境似乎并未下降。《定婚店》更是在几乎酿成悲剧时转变为天命之前的一体同欢，由科姆诺夫看来，这就像灰姑娘（Cinderella）自杀一样不可能，可是传奇中却所在多有。不仅如此，西方小说的基本意念，多借情节中包含的“纠纷”（complication）来显示，唐传奇则多半不如此。

我国长篇小说另有一种神话性结构。这种结构习见的模式是开头以一个神话或寓言发端，结尾再以同样的神话或寓言联系并收束，《水浒传》《红楼梦》《镜花缘》《儒林外史》莫不皆然。这场神话式传说的起讫，主要在说明书中主人翁存在的根源，并指出他降生人世的主要目的。通常这些人物一点通灵之性仍可与天命遥契，所以虽懵懂来往于天命所预设的事件而不自知，却能恪遵未生以前既定的使命，因为他们本身通常即是天上的星座或神祇降临人世（包公是奎星下降，薛仁贵、薛丁山、罗焜是白虎星下凡，《儒林外史》《三国演义》《水浒传》也都有星君降生的说法）。在天命的安排下，这些命中注定要聚合的人物，不断向一个中心点会集，会集后一齐朝某一目标或事件前进，又不断流散，而渐归于“空”，结束。

《水浒传》一百零八位得天命下降的魔君，遇洪而开以后，分散各地，齐奔梁山。《儒林外史》亦然。《外史》中所有良善有德的文人会集南京，共祭泰伯祠。《镜花缘》也让所有女子在长安聚首。至于《红楼梦》的大观园更是如此。然而千丝万缕凑拢一处之后，随之而来的大抵即是散离与幻空，所谓“飞鸟各投林，落了片白茫茫大地真干净”。

这些小说表现的都是人间活动场中的事物，与《封神演义》先乎人间秩序的形态不同。但天命似乎总借仪式来展示:《封神》是众仙不断往封神台会集，透过隆重的封神典礼，重构宇宙的秩序;《外史》中大祭泰伯祠的仪式也饱含庄严的礼乐精神；聚义梁山、天降石碣那一段更是怵心动魄，令人为天命之森严奥妙而惊动。只是《封神》没有既成人间秩序以后的叙述，所以也不会产生由天命看待人间时所激生的冷彻观照（空）而已。

这些意见，分见《传统天命思想在中国小说里的运用》《唐传奇的性情与结构》《中国文学里神话与幻想的世界》《以哪吒为定位看封神演义的天命世界》等文，作于1979至1983年间。1985年还另写了《小说创作的美学基础》，其中第三节论结构与图式，举弗斯特所说钟漏形、长钟形，科姆诺夫所说顺命运下降型、命运向上型、滴漏形、圆形、横8字形、上升锯齿形等，与中国小说对照，并说明中国小说的特点。

这些文章，虽谈叙事结构之问题，但与结构主义和叙事学并没什么关系。当时结构主义应用于中国文评，正成为继新批评而后的流行，郑树森、张汉良、周英雄等人都颇致力于此。然而叙事学所关注的乃是叙事作品的普遍规律，亦即各成品中的抽象叙事结构（narrative structure），而非一本书一个作品的结构。而且这个抽象的结构又本于一种“普遍语法”的观念，正如托多洛夫（Tzvetan Todorov）所说:“一切语言，甚至一切指示系统都具有同一种语法。这语法之所以带有普遍性，不仅因为它决定着世界上一切语言，且因它与世界本身的结构是相同的。”（《十日谈的语法》）我虽然也努力在中国各类小说中找寻它的结构原则，但一来我并不将此形式结构导入语法学的讨论；二来我也反对普遍语法，认为不仅语言不能完全同于世界，不能同于一切指示系统，亦非一切语言均本于同一语法；三则我不是谈抽象的叙事结构，而是意义结构；四则我更想说明的，恰好不是普遍，而是有中国特色的思维与形式。因此，我的研究虽在局部个别问题之处理上，颇征引结构主义相关理论以资说明，但与结构主义其实甚不相同。

当时中文学界谈小说，一是延续胡适考证之风，搜版本、考作者、定时代、说源流；二是讲故事发展、主题赓衍；三是参考结构主义的做法，找出小说及民间故事之“情节单元”；四是学外文系，用西方理论来解剖古代小说，大谈浪漫精神、悲剧意识、情节、冲突，或作小说人物之心理分析。凡此等等，亦均与我不契。

其中，考证学派，从形式分析这一路批评观点看，根本属于文学之外部研究，固无论矣。对作品进行内部研究，而说其情节安排与作品主题意识者，我亦多不以为然。论天命诸文，其实即与当时学界斗口之作。如论唐人传奇，主要是批评乐蘅军先生的见解，以为中国小说不能用西方命运与自由意志相冲突之观点去看。论天命思想，又反对新儒家式的人文主义主张，谓其知人而不知天。此外我也不同意使用源生于西方的文类特性，作为指标，在中国文学中找一些东西出来，说这些就是史诗、就是悲剧；亦不赞成将史诗、悲剧这类语词，由指形式和结构，扩大且转移至指其结构含义和哲理含义，因为那只会引发更多复杂的争论，无裨实际。①

① 详见《论诗史》,《诗史本色与妙悟》第二章。

七 抒情的辩证

前面说过，在面对作品时，我们既认为一切意义都存在其语文中，则作品中的作者与现实世界中的作者就会拉开一个距离，不会一样。画布上的苹果，终究不同于真正的那颗苹果。这个认识，也使得我在诠释作品时开始与情志批评分道扬镳。

在理论上说明这个道理的，当然是那本《文学散步》。实际从作家与作品来看，就不能不谈到我的李商隐研究了。

李商隐是我最熟悉的诗人，读其诗如见其为人，对其生命形态与人格特质，不仅理解，抑且时有同体之感。但知人论世，把诗中所见之李商隐放到唐朝那个时代中去看，却怎么都不对劲。新旧《唐书》描述他是个背恩负义、放利偷合的人。冯浩替他编年谱，强调他诗中颇多企望令狐绹之事。张尔田另编了一本年谱，生年即与冯谱不同，对李商隐与牛党、李党的关系也有不同的描写，例如说李商隐诗“沧海月明珠有泪”即感伤李德裕贬官客死于海南岛者。徐复观则认为李商隐仕途之不顺利，与令狐家无关，乃是受岳家王茂元家族压抑排挤的缘故。这些对他身世不同的勾勒，不惟令吾人难以辨识其面目，亦使得要理解他的诗格外困难，以致长久以来“诗家总爱西昆好，独恨无人作郑笺”。

我读李诗，韦编三绝，但越读越糊涂。博考史籍，参稽诸谱，久欲断其是非，还原历史的真相，而竟左支右绌，越来越找不着出路。在此中往复沉吟，回翔而思，先后十余年，才逐渐发现到那种“知人论世”“细按行年，曲探心迹”的诠释方法是有问题的。

1987年我赴东吴大学演讲，即谈到诗里的作者和实际的作者应分别来看。诗中叙述某事，未必即真有其事。唐人干谒，有“舍弟江南死，家兄塞北亡”之句，见者吊之，作诗的人却说这不过是求其对仗工整而已。友人渡也，在某年父亲节时发表一诗，哀悼父亡。母亲节，又有一诗伤祭其母。后又见他一诗，说他哥哥因车祸去世了。我甚惊悼，谓其不幸竟至于是，去电慰唁，才晓得原来只是借题目作诗，羌无其事。

换言之，作诗者，或就题敷陈，或依语文格式构撰，与事实是有距离的。李商隐自己就讲过："南国妖姬丛台妙伎，虽有涉于篇什，实不接于风流。"他丧偶后，府主柳仲郢要送女人给他解闷，他才明说：我在诗里虽常谈恋爱，在现实生活上可不见得如此。这不正是诗中之我不同于现实之我的具体例证吗？诗人作诗，事实上往往有此。因此，根据诗语所述，去编排年谱、勾稽生平，本来就不可靠；再以此生平去解说诗句，循环互证，殆如水中捞月。

颜昆阳后来在《李商隐诗笺释方法论》（台湾学生书局，1991年）中，对于"知人论世"这套方法也有很多的反省，但是对李诗有"就题敷陈""依语文格式撰构"和"虚拟其事"的部分则较少论及。我于1987年写《论李商隐的樱桃诗——假拟、代言、戏谑诗体与抒情传统间的纠葛》，1989年写《无题诗论究》，想处理的却是这些问题。

李商隐集中有些诗，如《百果嘲樱桃》《樱桃答》，是樱果本来无言，作者拟为问答之辞。又有代作者，如《代魏宫私赠》《代元城吴令暗为答》《追代卢家人嘲堂内》《代应》《代越公房妓嘲徐公主》《代贵公主》《代赠二首》《代应二首》《代赠》《饮席代官妓赠两从事》《代董秀才却扇》《代秘书赠弘文馆诸校书》等。这些诗，光靠"诗言志缘情""吟咏情性"这一大原则来谈，是不行的。他这一批作品，事实上提供了我们另一个新的思考点。

文学作品固然出自作者的创造，但作品本身，可以因其文字结构而自成一独立的世界。魏晋南北朝盛行的文体论，就显示了这个意义：每一文体，均有其特殊的语言格式与风格规定，如诗是缘情而绮靡，赋得体物而浏亮，碑就须披文以相质。不论作者是谁、作者之情如何，文体的规范是普遍而独立自存的。这样的规定，表现在实际创作活动中即是拟古或效某人体。拟一作品或一诗人擅长之文体，不仅在构句方式、风格上与之接近，用意命思亦复拟似。此即所谓拟意。《李义山集》中亦有此类作品，如《拟意》《拟沈下贤》《效长吉》《河清与赵氏昆季宴集得拟杜工部》《杜工部蜀中离席》都属这种拟效之作。凡此，都不必是抒自我之情，而常以拟似所效之人之意为惯例。故效长吉者，必然不会有杜甫式的情思；且既拟某人，自己便要假装是那个人在说话，才算合作。代作及假拟问答的原理也是如此。

过去我们论诗，对此都不注意，认为诗必须与作者人格遭际密切相关才有价值，若只是虚构文字，即成为文字游戏。这在强调主体性方面，当然是不错的。但文字本身的客观性却不免被忽略了。我们常常忘了诗歌既已创作出来，与作者即不必然有关。李商隐这几组假设代拟的谑嘲对问，显然更是有意识地利用语言的特性，以幻构出一些情境，不是用言志抒情之说即能解释的，所以各家笺注者碰到这些作品无不解得乱七八糟。

而义山传统的悲剧形象，也使得大家忽略了他喜欢开玩笑，特别是以文字开玩笑的事实。其实《李义山集》中戏谑之作极多，如《饮席戏赠同舍》《谑柳》《题二首后重有戏赠任秀才》《韩同年新居饯韩西迎家室戏赠》《寄恼韩同年二首（时韩住萧洞）》《俳谐》《县中恼饮席》《嘲桃》《戏题枢言草阁三十二韵》等。这种嘲谑，源远流长，相传李白"饭颗山头逢杜甫"一绝即是。但所作不多，中晚唐期间，像《杜牧集》中就完全没有这类作品。义山戏谑成篇，肇引风气，晚唐及宋代诗家，遂多此体。此等诗，无当风雅，艺术价值不算太高，但对文人阶层内部的巩固，颇有强化之功。情形正如后来盛行之次韵、和作、限题、击钵一般。我后来亦以此观念去解释清朝台湾诗坛流行的击钵联吟、作诗钟等风气。因击钵联吟和作诗钟，从抒情言志的角度看，正是文字游戏。①

循此线索，我们其实也可在“抒情传统”之外，再建构一条“文字传统”的脉络。这其中，第一种是依文类的传统及规范而构作者，如乐府辞及拟意、拟古、拟某人体。义山无题诗，后来也成为这样的文类规范，凡作无题，不必有本事、不必有实际托指及情感，然皆循义山无题之辞藻命意来写作。这是文类的形塑作用使然，作者可以因写作这一文类，而熟习其文体内部之规则，参与这一文学传统。第二种是作者顺文字之结构而起造者，如赋得体、试帖、命题作文、八股，所谓“未作破题，文章由我；既作破题，我由文章”（《艺概·制义概》）。一般皆只知人作诗，不知作诗者亦须依循文字之结构，是诗作人。箭在弦上，不得不发，文字是会带着人走的。一开了端（如赋得、开题），便顺文起造，构一题目所规定之境。第三种是作者假拟为他人，依他作想，如说他人梦，借揣摩形容的想象工夫，曲写他人心事。如陶渊明《形影神》三诗，假拟为形、影、神相与应答；唐人之宫词闺怨，设身处地作思妇宫闱女子语；鲍照代郭小玉作诗；元稹代曲江老人代笔代言；牛僧孺、李义山设为古人或植物器物相酬答……皆代人作语者，类同戏剧。所谓类同戏剧，不仅指它们都有与戏剧相似的美学典型：非表现的，而是模拟的、表演的，更指它们共同具备了“戏”的性质。所谓文字游戏、戏拟、戏作、戏弄。面对这些作品，我们必须具有不同于情志批评的方法，否则是无法处理的。

倘如说抒情传统所对应或所显示的，是生命美学的形态，那么以上这些我所强调的，亦可概括为语言美学的范畴。

---

① 详见《台湾诗歌的童年》，《台湾文学在台湾》第一章，骆驼出版社，1997年。

八 文化的关怀

打开这样一个美学面向，如今叙来，似亦平平无奇，实则多历艰难。不仅常在争辩的语言戈矛场中度过，亦有友谊、师道、人情之压力，挣脱情志批评典范尤为不易。而即使挣脱了，疆宇独开，亦四顾苍茫，苦乏赏音。

在这个时候，我其实就非常羡慕俄国以迄布拉格的形式批评学派，或美国的新批评学派，因为他们此呼彼喁，遂共同开启了一个时代，与我的情境大不相同。

但我亦不引彼为同调，我跟它们实又非常不同。在讨论细部批评时，我即对于当时把古人评点比拟于形式批评的风气颇不以为然，说明两者对作品的看法、对人性的哲学观点、对批评的功能，态度都不一样。唯一相似者，只是双方都强调文字，都努力评析作品的语言构造。但这种相似也是表面的。新批评在分析作品时，侧重文学的紧密性、暧昧性、复杂性，讲反讽、讲矛盾语；在情节与结构上，讲究"起—中—结"的集中于一个焦点的统一性，均与其悲剧传统有密切的关系。跟细部批评一般所惯用的"起—承—转—合""顿挫往复"之说，亦根本大异。细部批评游心于小的审美态度，更是山水画式的多焦点移动，与山水画所追求的浑灏流转之美一致，而远于新批评。一种批评方法或观点，终究不能不与它所出生的文化环境有关，从新批评与细部批评的比较上，我们即可发现这一点。

因此，形式批评所采取的，常是减法。不再理会作者与创作时代，只把作品视为独立自足的有机体，分析这一首诗、一阕词之美感便罢。而分析之方法又是具有普遍性的，什么时代、什么人都可以用这种客观普遍的方法，针对其语言构造进行分析。某些批评者并不太从事实际批评，只谈诗语言之普遍特征、叙述文之普遍结构，而后用之于各个作品的解析上去，这也是简约极了。

我讨论语言美，则重视时间因素，想说明历史上不同时期的人对语言美的掌握有何不同。因此我的理论论述往往与我对中国文学批评史的勾勒混在一块，除了像《文学散步》那样的写法以外，几乎都是即事言理，并具有史学气味的。用结构批评的术语来说，我这种“历时性”而非“共时性”的研究，或许正是他们准备扬弃的。

我也不喜欢谈普遍性与抽象性，而喜言特殊性与具体性。不仅每个作家、每个时代不同，民族间也不一样。因此，文化的问题仍然是不能不考虑的。我一再申辩中国小说为何性质不同于西方，为何不适宜用悲剧精神来解释，为什么它的结构原理异于西方，又为何中国诗歌没有史诗，都是想说明语言结构是与思维、文化有关的。

中国语言有其特性，不能以普遍语法概括之，讨论文学作品之语言结构时，亦应注意这些特性。早自《马氏文通》以来，汉语即有若干特性是大家都知道的，如词类区分方面，“泰西文字……无助字一门。助字者，华文所独，所以济夫动字不变之穷”；拉丁语法中也无介词，只有前置词，马建忠参考前置词之作用，列了介词一类。可是他也说：“介字用法与外动字大较相似，故外动字有用如介字者；反是，而介字用如动字者亦有之。”在句法方面，《文通》则说：“大抵议论句读皆泛指，故无起词。此则华文所独也。泰西古今方言，凡句读未有无起词者。”

这些语法特性，迩来研究愈多，愈觉明晰。我们不能说这些都是表面差异，汉语与泰西语言之深层结构仍是一样的。因为结构主义所相信的一些深层结构，如二元对立，在我看，汉语恰好就不如是。汉语的一个特点正是正反无别、同义反复。故哀矜之矜，即是骄矜之矜；薄既是少又是多（如磅礴、薄海腾欢）；止既是停止又是走（《论语·先进》："以道事君，不可则止。"止即趾，行走之意）；离既是分开又是碰到（如罹字，故应劭、班固、颜师古解"离骚"为遭忧，离即遭）；鲲既是小鱼卵又是其大不知几千里的大鱼；易既是变易又是不易；豫既是悦又是厌（《尔雅·释诂》："豫，厌也"）；厌既是讨厌又是满意（犹如餍），殆均如庄子所云"假于异物，托于同体，……反复终始，不知端倪"（《大宗师》），二元是对立不起来的。只有正视这些特性并关联于思维与文化，语文的分析才能比较准确。

此外，形式批评不重视作者，以为作者原意不可求，也不必求。我同意原意不可知，但作者仍是不能忽视的，因他终究是那个语文构造物的造物者。同一造物者所造之物，大抵有其相似性，此即可见性气、偏好与技艺短长。《文心雕龙》说从文章上可以考知作者"为文之用心"，一点也不错。以我之心，知彼之用心，则文学批评活动事实上乃一"心心相印"之过程，亦不能是纯属客观之行为，此所以语言美学最终仍要回转到与情志相结合的地方去讨论之故。

语文问题，终究是离不开意义问题的。

第四章 语文意义的诠释

一　因言以明道

戴震《与是仲明论学书》云:“经之至者，道也。所以明道者，其词也。所以成词者，字也。由字以通其词，由词以通其道，必有渐。”

乾嘉朴学家主张由字义明经义，其见解大抵均类似于此。例如钱大昕云:“六经圣人之言，因其言以求其义，则必自诂训始。”(《臧玉琳经义杂识序》,《潜研堂文集》卷廿四)惠栋谓经之义存乎训，识字审音，乃知其义(《汉学师承记》卷二)。戴震《古经解钩沉序》说“经之至者，道也。所以明道者，其词也。所以成词者，未有能外小学文字者也”，更显示此语亦为余萧客等人所认同。

劳思光先生对乾嘉学者这种方法提出了两点批评，一是说语文问题并不等于理论内容问题。因此一个人也许看得懂一篇谈物理学问题的文字，未必便能了解它所谈的问题。二是说哲学家立说时所使用之特殊语言未必同于当时之日常语言用法，故考索该字词在古代的用法，不见得就能了解它在哲学家语言脉络中之意义(《中国哲学史》第三卷第八章)。

这两项批评都是不能成立的。语文之理解，特别是乾嘉朴学所说的语文理解，包括字形、字音、字义各个层面。劳思光所讲，一个人面对一篇物理学论文，或许语文没有困难，而仍然不能了解其含义。这时，其所谓语文没有困难也者，只是说他认识字形字音罢了，对于字义句义依然不能说是了解的。其次，哲学家使用的语言，或许有其特殊性，但我们也不能忘了：他说话给同时代人听，即不可能用当时人听不懂的语言。故其特殊用法距曩时之日常用法必不甚远，且必特别声明、特予界定，俾免误解。古人交谈，既不致误会其语义，我人通过较缜密的语文掌握，去认识其语义，为什么就一定会弄错？

因此，从这些方面去驳乾嘉朴学，是驳不倒的。古人之义理，存于古书中。古人已杳，其意吾人不可能起九泉之下的幽魂而叩之，故仅能就书中所记述者循迹追蹑，“因迹求道”。正如物理学家所谈的物理学原理，写在书本子上，我们一样得透过他所写下的字词来了解。乾嘉朴学家所讲的，就是这么一个理解的程序与方法。不管你是特殊语言还是日常语，是语句问题还是理论问题，道理都相同。

但这样一个看起来近乎普通常识的观点，为什么乾嘉人物要煞有介事地提出来，并大张旗鼓以宣扬之呢？

原因就是：乾嘉朴学家觉得在此之前，宋明理学家等人讲义理，并不遵循着这样的方法，而是“自晋代尚空虚，宋贤喜顿悟，……师心自用，乃以俚俗之言诠说经典”（钱大昕《经籍籑诂序》）。

换言之，这是两种语言观，一种主张因言求道，道在语言之中。一则认为言与道的关系不是合一的，对道的理解，有时反而要在语言文字之外去探求。所谓“言语道断”“不落言诠”“意在言外”“目击道存”“默而识之”“心领神会”等词语，都是用来指称这种言道关系和理解状态的。在宋朝以前，老庄及佛教（特别是禅宗）所采取之语言观即倾向后者。乾嘉学者觉得宋明理学家也是如此，所以批评晋代杂于老庄的清谈、宋代染于禅宗的顿悟，都是离开语言之理解的“师心自用”。

不但如此，他们还认为宋明理学家用他们所处那个时代的语言去解释古代经典的语言，是更进一步地脱离了语文的理解，造成了理解上的困难。所以他们才主张回归到经典本身的语文意义中去了解圣人之道。

在这个时候，释义学就是语文学，正确理解语文就等于正确掌握了经义。故钱大昕才会说：“有文字而后有训诂，有训诂而后有义理。训诂者义理之所由出，非别有义理出乎训诂之外者也。”（《经籍纂诂序》）

相对来说，庄子就不是这个立场，如《齐物论》云：“道未始有封，言未始有常，为是而有畛也。请言其畛：有左，有右，有伦，有义，有分，有辨，……春秋经世，先王之志，圣人议而不辩。故分也者，有不分也；辩也者，有不辩也。曰：何也？圣人怀之，众人辩以相示也。故曰辩者有所不见也。夫大道不称，大辩不言，大仁不仁，大廉不嗛，大勇不忮。道昭而不道，言辩而不及，……故知止其所不知，至矣。孰知不言之辩，不道之道？”

依庄子看，语言的作用在于分辨事物，故有你我、上下、是非、左右等等。物物有理、事事有宜，看起来清楚，实则反而形成了障蔽。所以理解不是要从语言上去理解；恰好相反，知应止于其所不知，不再致力于辨析、说明、讨论，而是不言不辩不道。对于先王经世之志，只需“怀之”，不必言之。他称此为“不道之道”。反之，若道被说明了，那就是道昭；道昭而不道，道反而要被遮蔽或隐匿了。

戴震、钱大昕等人恰好相反，主张“昭道”“明道”，并强调要透过语言去确定其伦义、分辨。此刚好与庄子的语言观是对净的，他们希望知之，而庄子却要知止；他们要道昭，庄子却要不道；他们信赖语言、依靠语言，庄子则不信任语言。因此，两者所形成的，也是两种释义学。倘依庄子之见，乾嘉学者乃是“若彼知之，乃是离之”，所以应

“天降朕以德，示朕以默，躬身求之，乃今以得”（《在宥》）。

不过，若看看近代西方哲学的发展，我们又会发现：乾嘉朴学这种语言观与释义活动，与西方近代哲学的“语言转向”颇有异曲同工之处。

现代西方哲学的一个重要特征，在于许多哲学家认为语言哲学并不以形而上学或认识论为基础。相反，形而上学、认识论以及其他任何哲学学科都必须以语言哲学为基础。只有通过语言分析，才能澄清或解决哲学问题。哲学问题不过是关于语言的意义问题。哲学研究之所以从本体论转向认识论，是因为哲学家们认识到离开认识来讨论存在，是收不到成效的；而哲学研究之所以从认识论转向语言哲学，也是因为哲学家们发现不论研究存在还是研究认识，都需要首先弄清楚语言的意义。这其中，英美分析哲学家普遍认为研究语言是消除或澄清哲学混乱的有效方法，还认为这也是理解思维与实在的最佳途径；现象学家强调语言研究对现象学理论的意义；存在主义者着重从本体论角度考察语言，把语言看作存在的住所；诠释学家强调语言是理解的普遍媒介；结构主义者则把结构语言学的语言模式看作社会研究的理想模式。

从宋明理学着重形而上学存有论，讲心、性、天、道、理，到乾嘉学者转而着重于辨析字句，并谓唯有讲明字义才能避免意义的混淆与偏失，重新彰明圣人之道，跟西方这个哲学的语言转向不是有着类似的性质吗？只不过，西方这个转变发生于19世纪末20世纪初；我国则产生于18世纪初中叶。

二　语言的分析

将清儒之训诂学与西方近代语言哲学、语言学、逻辑学等做一番比较，一定非常有意思，但本文目前尚不暇为此，我想就乾嘉时期的语言观再追问一些问题。

戴震《与某书》曾说："治经先考字义，次通文理，志存闻道，必空所依傍。……我辈读书……宜平心体会经文，有一字非其的解，则于所言之意必差，而道从此失。……宋以来儒者，以己之见，硬坐为古贤圣立言之意，而语言文字实未之知，其于天下之事也，以己所谓理强断行之，而事情原委隐曲实未能得，是以大道失而行事乖。"主张由字义明义理，说得是极明确了，但《与段玉裁书》又说：

> 仆自十七岁时，有志闻道，谓非求之六经、孔、孟不得，非从事字义、制度、名物，无由以通其语言。……为之三十余年，灼然知古今治乱之源在是。……古人曰理解者，即寻其腠理而析之也。……今人以己之意见不出于私为理，是以意见杀人，咸自信为理矣。此犹舍字义、制度、名物，去语言、训诂，而欲得圣人之道于遗经也。

两文相比较，批评宋儒之处固然相同，求道之途径却有了差异。前面只讲治经须考字义文理，要知语言文字。后者所谈，则将字义、制度、名物三者合起来称为语言性的了解，故说："非从事于字义、制度、名物，无由以通其语言。"后者的范围显然比前者大得多。两者所讲的"语言"，也不是同一件事。前者指语言文字，后者指道的表现形式，是古代圣人言道之"言"。事实上也就是文化的表现符号，因此这个符号可以是语言文字，也可以是名物度数、典章制度。

戴震对语言文字当然非常重视，但他也同样重视这些名物度数与典章制度。他平生最大的计划乃是作《七经小记》。据段玉裁的摘述，此书中诂训仅为其中之一，其他如《学礼篇》："盖将取六经礼制纠纷不治、言人人殊者，每事为一章发明之。今《文集》开卷《记冕服》《记皮弁服》《记爵弁服》《记朝服》《记玄端》《记深衣》《记中衣褐衣襦褶之属》《记冕弁冠》《记冠衰》《记括发免髽》《记绖带》《记缫藉》《记捍决极》，凡十三篇，是其体例也。”这是讨论制度的。论名物度数，则如《水地记》，讨论水道地理，“使经之言地理者于此稽焉”。又“《原象》凡八篇，一、二、三、四四篇，即先生之释天也；五、六、七三篇，即《勾股割圆记》上、中、下三篇也；其八篇则为矩以准望之详也”。此即可见戴氏在名物制度方面的用心。因此章学诚述戴氏语云“戴氏言曰：诵《尧典》至乃命羲和，不知恒星七政，则不卒业；诵《周南》《召南》，不知古音，则失读；诵古《礼经》，先《士冠礼》，不知古者宫室衣服等制，则迷其方”（《章氏遗书》卷廿九），也是兼括这三者而说。后人对戴震之学，往往仅强调其语言文字训诂的部分，论汉学方法亦复如此。这是仅注意到戴震之学在段玉裁、王念孙的这一部分传承，未注意凌廷堪对戴震学说早有评论谓：

> 先生之学，无所不通，而其所由以至道者则有三：曰小学，曰测算，曰典章制度。至于《原善》《孟子字义疏证》，由古训而明义理，盖先生至道之书也。先生卒后，其小学之学，则有高邮王念孙、金坛段玉裁传之；测算之学，则有曲阜孔广森传之；典章制度之学，则有兴化任大椿传之，皆其弟子也。
>
> （《东原先生事略》）

孔广森、任大椿实非东原弟子，但凌廷堪强拉入谱，序于东原派下，其实正是为了避免大家只从小学这个方面去掌握东原的求道路径。

由此也可见东原之学，在其生前或死后都有逐渐简化或窄化的趋向。"所由以至道者三"，因为均属于语言性的了解，故往往只集中去了解语言；戴震自己则也常仅就语言这一点来立论，更是强化了大家对其方法的印象。而且，由"可操作性"来说，名物度数及典章制度的理解，其实乃是解经者广泛的文化知识问题，并非一种可以操作的技术。故而后来者据其说以推衍，均只说"训诂明而义理明"。所由至道者三，变成了只有一途。

窄化的趋势尚不仅止于此，更显示在语言与文字之间。

在戴震的讲法中，无论是"所以明道者，其词也。所以成词者，字也。由字以通其词，由词以通其道"，"所以明道者，其词也。所以成词者，未有能外小学文字者也。由文字以通乎语言"，或"今之学者，毋论学问文章，先坐不识字"（《与族孙汝楠论学书》引，《章氏遗书》卷廿二），讲的都是字。"由文字以通乎语言"的"语言"，也不是指语言文字之语言，而是圣人言道之"言"，所以他才会又说"由语言以通乎古圣贤之心志"。

可是东原之后，其弟子却越来越把"语言"看成语言文字的语言。以段玉裁来说，他曾说"治经莫重于得义，得义莫切于得音"（《广雅疏证序》），又著有《六书音韵表》，内含《今韵古分十七部表》《古十七部谐声表》《古十七部合用类分表》等。他在《与刘端临书》第八书中更强调："于十七部不熟，其小学必不到家，求诸形声难为功也。"为什么音韵不熟，小学就必然不到家呢？我国文字，形声占了七成以上。从段玉裁的观点看，形声之字，其义均系于其声，说"凡字之义必得诸字之声"，"从某得声之字多有某义"，"凡从某声皆有某义"者，在其《说文解字注》中凡八十多处。形声字若义均由其声来，则不懂声韵学，焉能通小学？此所以说"求诸形声难为功也"。不惟如此，段玉裁对会意字的处理也是如此。他说《说文》中有很多形声兼会意或会意兼形声之字，且数量极多，必须知道声义相通的道理才能掌握：

> 声与义同原。故谐声之偏旁多与字义相近，此会意形声两兼之字致多也。《说文》或称其会意，略其形声；或称其形声，略其会意。虽则省文，实欲互见。不知此，则声与义隔。又或如宋人《字说》，只有会意，别无形声，其知均诬矣。
>
> （“禛”字注）

古人文字学重会意而不重形声、重字形字义而不重声音，段玉裁恰恰相反，不但特重形声，且拉会意归于形声。“声义同原”遂成为解释文字孳乳与字义之关键观念。且又不只如此，对联绵词的解释（“犹”字注：“古有以声不以义者，如犹豫”之类）、对假借字的解说，也都从声音上着手。因此张之洞《说文解字义证序》说：“窃谓段氏之书，声义兼明，而尤邃于声。”

戴震另一弟子王念孙以校释名家，其道亦以声音为主。其《广雅疏证序》说：“窃以训诂之旨，本于声音。故有声同字异、声近义同，虽或类聚群分，实亦同条共贯。……今则就古音以求古义，引申触类，不限形体。”其子王引之述其言又曰：“训诂之旨，存乎声音。字之声同声近者，经传往往假借。学者以声求义，破其假借之字，而读以本字，则涣然冰释。”王引之自己为阮元《经籍纂诂》作序，也明揭：“夫训诂之旨，本于声音，揆厥所由，实同条贯。”在这种为学宗旨之下，不熟于音韵，其小学当然是不可能到家的。

然而，训诂在戴震那里，何尝不是“训诂之旨，本于声音”？戴氏《题惠定宇先生授经图》说得很明白：

> 求之古经而遗文垂绝，今古悬隔也，然后求之故训。故训明则古经明，古经明则贤人圣人之理义明，而我心之所同然者，乃因之而明。贤人圣人之理义非它，存乎典章制度者是也：松崖先生之为经也，欲学者事于汉经师之故训，以博稽上古典章制度。由是推求理义，确有据依。彼歧故训理义二之，是故训非以明理义，而故训胡为？理义不存乎典章制度，势必流入异学曲说而不自知。其亦远乎先生之教矣。

故训云云，实就典章制度言之。可是到了段玉裁、王念孙手上，不惟典章制度不讲，仅求诸声音文字以为训诂。而又在语言文字之中，摄文字归于语言，专就声音言训诂之旨。这是双重的窄化。

经此窄化以后，因古人言道之言以求道的径路，事实上已经出现了变化。只能考言，而且只能考语言。古今音韵之变、文字孳乳假借之故，琐琐不已，成为对语言之专门研究，而道遂终于不能明、不暇明，其术终于只是“小学”。段玉裁晚年撰《朱子小学跋》说“汉人之小学，一艺也”，又自悔：“喜言训诂考核，寻其枝叶，略其根本，老大无成，追悔已晚。”这正表示着这个惠栋、戴震以来“因言明道”的运动，已走入道的迷失之境地，故令这位语文学大师深感怅叹了。

三　理解的迷失

戴震“因言明道”的方法逐渐变成“小学”，据上文之分析，主要是由于窄化使然。但此所谓窄化，很可能被误解为只是明道之方法不够全面，实则亦不仅是如此，它还代表着方向上或性质上的改变。

若借用诠释学发展的术语来说，欲明古圣人之言，为什么需要“非从事于字义、制度、名物，无由以通其语”？因为通字义，可以称为“语言的理解”；通制度与名物，则是为了达成“历史的理解”。这两种理解的性质并不相同。前者只从文字语句上去了解，后者却涉及语境之认识。

以王引之《经籍纂诂序》所举的一些例子来看，他说：“《小雅·采绿篇》：‘六日不詹。’《传》训詹为至。后人不从。不知詹之为至，载于《尔雅》，乃古之方言，是以《方言》亦云：‘楚语谓至为詹也。’”这就是语言的理解，只就字分析。讲得也很好。但他忘了：詹为至，既是方言，既是楚语，雅言的《小雅》为何却会刻意用此方言？此即不理会语境之问题，反而构成了历史性理解的困难。

在解释学的发展史上，早期文艺复兴时期之人文主义，可以追溯至中世纪的“解经七艺”。神学院中，逻辑、语法、修辞三学科乃学生进行意义理解之必修入门学科。而它所能达成的，就是语言的理解。19世纪狄尔泰等人讲历史理性批判，则企图超越这个方法，所以又欲使读者通过对时代做历史的了解，以进入作者所处的时代。戴震所说，由字义、制度、名物以通其语言云云，正兼括语言的理解与历史的理解两方面。

可是狄尔泰等人所谈的“进入作者所处的时代”，尚含有一种设身处地从心理上进行“移情的理解”之含义。即使是一个逻辑上并不完备的语言形式，若通过读者对隐含在语言背后的活生生之动机的心理学重构，仍可以把个体意向揭示出来。这种精神意向的重构，本于人与人的理解之间有其共同性。靠着这种“理解的共同性”，解释者与被解释对象才能隔着时代而在心理上重新被体验，狄尔泰说道：“每个词语、每个句子、每个姿势或礼仪、每件艺术品、每个历史行动，都是可理解的。因为用它们来表达的人，和理解它们的人之间，有着共同性。个体总是在一个共同性的气氛里有所体验、有所思想和行动。只有在那里他才有所理解。”（《历史的型式和意义》）用中国一句老话来说，这叫作：“他人有心，余忖度之。”借着同理心去体会，所以说是一种移情的理解。而他人之心，余可忖度而得，则是由于我们相信心是有共同性的。

戴震的方法学，当然不等于狄尔泰，但他有没有这个面向呢？有的。他说“治经先考字义，次通文理，……我辈读书……宜平心体会经文，有一字非其的解，则于所言之意必差，而道从此失。……宋以来儒者，以己之见，硬坐为古圣人立言之意”，虽然仍从文字上论理解，但已提到“平心体会”，不要“以己之见，硬坐为古圣人立言之意”。在《题惠定宇先生授经图》一文中则更进而谈到：“故训明则古经明，古经明则贤人圣人之理义明，而我心之所同然者，乃因之而明。”由明故训明古经而明圣人之理义的同时，我心与圣人之心，亦因其为同一种心，而亦获得彰明。这时，理解虽不由吾人之用心忖度而来，但理解所获致者却为一“心心相印”之结果。到了乾隆四十二年，戴震将卒之年，予段玉裁书，对“理解”则有底下这样的解释：

> 古人曰理解者，即寻其腠理而析之也。曰天理者，如庄周言依乎天理，即所谓彼节者有间也。古圣贤以体民之情、遂民之欲为得理。今人以己之意见不出于私为理，是以意见杀人，咸自信为理矣。此犹舍字义、制度、名物，去语言、训诂，而欲得圣人之道于遗经也。

由字义、制度、名物去理解圣人遗言与圣人之志意，是一类理解活动。可是还有另一类理解活动，与它同为“理解”，所以戴震说此犹彼也。这种理解是什么呢？乃是依乎天理、寻物之腠理、体会别人的心理，以获得的认识和了解，不是只根据自己单方面之认知与想象，便自信以为理的见解。

这不是表明了戴震对于“理解”的掌握，包含着语文的、历史的、心理的几个层面吗？

可是这套方法发展到后来，存含在有关意义之理解这个问题背后的动机、前提及其内涵，却都有了极大的转变。认知旨趣只集中在语文问题，甚或仅是语音问题上；于是一方面遗落了历史的理解与心理之理解，另一方面则从因言求道转而成为探讨语言，不仅不暇明道，亦误以为除此语言分析之外并无什么道的问题。

德国哲学家卡尔-奥托·阿佩尔曾比较维特根斯坦与诠释学的“理解”问题，认为维特根斯坦语言逻辑中的意义和理解，与诠释学传统中的意义和理解颇不相同。诠释学哲学基本上均预先假定宗教、哲学、文学等传统中的伟大文本都具有不可替代的意义，我们是利用语文分析等方法与手段，去把这些意义重新在这个世界展现出来。可是，维特根斯坦在《逻辑哲学论》中所云并不如此。他所谈的语言意义，并不是某个历史的具体文本之完整意义，或作者有意无意地贯彻在文本中的意图，而只是语言命题本身所提供的信息内容。①

从命题本身来看，我们只能理解一个语句在说什么，而不能讨论它说的价值、优劣、真假如何。那些，对于从事语言分析的人来说，乃是无认知意义的，因为不能理解。据此，维特根斯坦认为：“哲学著作中大多数命题和问题不是虚假的，而是无意义的。因此我们根本不能回答这一类问题，我们只能确定它们无意义。……（它们是属于善、是否与美同一的那一类问题）。因此，最深刻的问题实际上不是问题。”诠释学所想追问的那些意义，在此遂事实上被取消了。

参照这种对比，我们也可以说戴震原先因言求道是个较接近诠释学

① 卡尔-奥托·阿佩尔：《哲学的改造》第一章，孙周兴、陆兴华译，上海译文出版社，1997年。

传统的态度，希望找着古先圣贤立言之意，而且相信这个本于圣贤之心的意思可以与我的心，因其同一性而重新获得内在的证验。然而，走入语文分析的小学家们，却只就语言本身做讨论。那些天理、人心、体民之情、遂民之欲、古圣贤之心志等，都被认为是属于宋明理学的无意义的话语，也无意再去探讨。因此，戴震是“先考字义，次通文义，志在闻道”，其后学却只考文字，不务闻道明道，形成段玉裁所说的“寻其枝叶，略其根本”之纯技艺的“小学”。

正因为如此，所以戴震极看重他的《孟子字义疏证》，曾说“仆平生著述，最大者为《孟子字义疏证》一书”，又说：“作《原善》首篇成，乐不可言，吃饭亦别有甘味。”原因是这本书实践了他因言明道的方法论。对于他所明之道是否即为孟子之本意、是否合乎孟子的心志，吾人固然可以再讨论，但无可否认本书是透过字义以及他所说“以体民之情、遂民之欲为得理”之方法去阐明天道性命之旨的。然而，此书在他那一辈考证学者及后学看来，评价却极低。章学诚云：“时人方贵博雅考订，见其训诂名物，有合时好，以谓戴之绝诣在此。及戴著《论性》《原善》诸篇，于天人理气，实有发前人所未发者。时人则谓空说义理，可以无作。是固不知戴学者矣。”（《文史通义·书〈朱陆〉篇后》）这种评价的不同，实即显示了整个以字求义之方法已陷入了自我迷失的困境。

四　客观的考古

由字义、名物、训诂去理解圣人之道，在戴震等人提出来时，另有一个方法的目的，即借此批判魏晋清谈与宋明理学，“重新恢复”圣贤及经典的“原貌与原意”。

这种态度或目的，使他们宣称其方法乃直接由六经之文字语言中去获得这个道，“空所依傍”，并无前提、主观的立场或个人之私见存乎其中。此一宣称，使其方法具有客观性与实证性，但它整个释义活动却不是实证或客观的。

日人村濑裕也《戴震的哲学：唯物主义和道德价值》一书对此有几方面的论证。一、说戴震为学“志在闻道”，故其学术工作有其价值意涵与指向，本来就不是纯客观无立场的。其方法，正是为了达成其主观的目的而提出来，亦为其目的服务的。二、对于圣贤义理的体会，戴震谓“古圣贤以体民之情、遂民之欲为得理”，故其解义活动，是他用因字求义的方法在彰明这个义理，以自别于宋明理学。这时，考证与义理完全是一体的，所以他才会说：“义理即考核、文章二者之源也。义理又何源哉。”（段玉裁《戴东原先生年谱》）换言之，从方法上看，是因字以求义，义理本于训诂。实则其释义活动却是义理即考核，并不本于或源于考核。恰好相反，考证工作，反而才是基于它对圣贤之理已有“以体民之情、遂民之欲”之认识，才被用来说明这个义理的。三、提倡这个客观方法，戴震还有用以去除心理上“蔽”“私”之伦理意涵。由这三方面看，村濑裕也提醒我们：勿将戴震看成个客观实证主义者。①这个观察是对的。

我们还可以有几点补充：首先，戴震提出这套方法，拟以分析文本来复见原意。这个原意乃是被遮蔽了的，必须透过他的考证与理解，才能重新被发现。因此，这个义理（圣人之道）并非客观存在之物，亦非自明之物。要使道能彰明，需要许多条件与能力（平心体会，对文字、名物、制度之掌握能力，依天理寻腠理、体察民理等）。因此，它与后来客观实证主义者所相信的“依一客观普遍之方法，人人可以得出相同之结论”或“依

① 村濑裕也：《戴震的哲学：唯物主义和道德价值》第二章，王守华等译，山东人民出版社，1996年。

一客观之材料，人人可以得到客观之答案，材料会说话”，可说完全不同。

其次，客观实证主义者，把解释对象客观化，本身保持价值中立地对之进行客观的认知。戴震所谓“空其依傍”“平心体会”却不是如此。他对圣人之道有价值的认同感，自认为他的释义活动即是对这种价值的彰明，故而此非去价值化的中立性考证。

再次，由于解释本身就是价值化的工作，因此考证与解释不仅是是与非的问题，不仅要说明是什么，更要说明什么更好更恰当，故曰：“征之古训，协于时中，充然明诸心而后得所止。”（《原善》卷下）此不仅戴震如此，王引之《经籍纂诂序》也明白指出“若乃先儒训释偶疏，而后人不知改正者，亦多有之。如《易·屯》六二‘女子贞不字’，陆绩训字为爱，已觉未安，至宋耿南仲误读‘女子许嫁笄而字’之文，遂以‘字’为许嫁，更不可通，不如虞翻训为妊娠之善也”，底下共举了廿四例，均是如此。不通、不安、善，是三个层次。其中不安并不是不对，而是不够好；善则不只是对，更是较佳。所以如《诗经·菁菁者莪》说“我心则休”，各注将休解为美，没什么不对，可是王引之建议解为喜，认为喜更好。这好不好的判断，非客观考据之事，乃主观价值选择及理解的程度问题，亦即理解除对错之外，更须辨深浅，有高明不高明之分。

最后，戴震借由此一方法所明之道，被宣称为圣贤之本义；亦犹其解字，谓所解乃其本义，责宋明理学家凿空为学，“缘词生训者，所释之义非其本义”（《古经解钩沉序》），但实际上它同时也就是戴震的主张。“本义”与“戴震之义”是二而一的东西。解释者在解释古人时，同时也是在说明自我，因此，释古与陈述自己的义理滚动在一起。解释者事实上也是站在自己的存在情境上（如戴震所面对的宋儒以理杀人情境）去进行解释活动，希望用他所解释出来的义理，解决当下他所遭逢的时代问题。所以，这也绝对不是客观释古、还原历史原貌、回归本源之举。更不能说他是在一种实在论的立场上，以主客分离之方式，由主体对客体进行概念的解剖。

可是，不幸的是，这个方法竟被误解为一种客观分析文本之术，亦伴随着一种客观实证主义态度，以古物研究或形式分析为标榜。于是，在方向上并不以明道闻道为宗旨，仅以解释训诂文本为目的。精神上自居于考古者、释古者或回返古义者，以致同时出现佞古及客观论古两种形态。在方法上，强调主体不介入、空其依傍、不以私见，又形成了客观主义、价值中立、主客二分。甚且因着重文本而成为材料主义，要有一分材料说一分话，没材料则不说话。

这样，整个解义活动的方向与性质遂被扭转了。学者不复明道，亦不言义理，于古人之道，若视越人之瘠腴，与自己身心和存在境遇皆不相干。考校于一字一句之微，求索及于古本秘籍，而渐至海外佚珍、地下文物。这当然促使文字、声韵、语法、训诂、版本、校勘、辑佚、考古等学问有了长足的发展。但考文之功多，求道之意寡，终至完全逆转了明道的目标。

而这样的发展，在民国以后，因科学主义之介入而越趋畅旺，客观实证主义态度被称为科学精神与科学方法，反理学的声明则被挪用为批判传统的口实。对历史，采取客观地站在它外面的分析，而且带有一种“评判的态度”之分析，要以今日之需求来重估其价值。分析之方法，则仍是封闭的语言分析、文体分析。胡适主持中研院、傅斯年创办历史语言研究所，本身就体现了这样的学风。

而号称延续乾嘉学风的一些学派，如黄侃门人林尹、高明、潘重规，在台湾所开展的学脉，强调的其实亦仅是段玉裁、王念孙以降之技艺，非戴震释义学之旧蹊。以语言的理解，代替了历史的了解与移情的了解，以为如此即能释古，且亦以此为满足，谓能复古。因此，典章制度及历史情境的分析，在这个系统中其实甚少论及；也不喜谈义理，以论道为谈玄。仅就文献考释古语，遂以告朔之饩羊为礼，怀抱遗经，矜为古道犹存；而詈批判传统、评估价值者为数典忘祖。

其实这两路乃是同一脉络之发展，故其方法有惊人的一致性。均能数典，均能明其度数，均能抱持遗经。可惜他们正如戴震所描述的："六书九数等事，如轿夫然，所以舁轿中人也。以六书九数等事尽我，是犹误认轿夫为轿中人也。"（段玉裁《戴东原遗书序》）本欲由字以明道，最后虽识得了字，却只是认得了几个轿夫罢了。

五　反省的路途

对于这种发展的反省，也有两个路数。一是直接反对因言明道，从另一种语言观出发，强调人与传统或与道之间，须透过一种体证之知，代替言说分析所获得的认知。用庄子的话来说，惠施问"子非鱼，安知鱼之乐"时，庄子回答："吾知之于濠上。"此知，即为生命感通之知，非理性、逻辑、形迹所得而测度之知也。古圣今人，心心相印，人人皆有此心，故皆能返身而求，逆觉体证，而知道不远人，重新体验孔颜乐处。

这条路子，或援引宋明理学，或用庄子之心斋坐忘，或参考康德实践理性之说，讲生命的学问、说逆觉体验、谈全体大用、论艺术精神。总之，是企图说明因言不足以明道，反对以客观、实证、科学、实在论、语言分析等方法去肢解扭曲古人之道，认为如此适如庄子所谓凿七窍而浑沌死。

当代新儒家，如熊十力、牟宗三、徐复观等，走的就是这一条路。这条路，实即乾嘉朴学所反对的路向。

另一种方法，则是诠释学式的。仍然同意因言可以明道，但不认为诠释就是对客观文字的解析，将因言明道拉回到比较接近戴震的方式上来运用。

西方的诠释学，起于对圣经的解释。这种解释与科学的历史考古不同，在于考古只是要知道古代曾经发生何事，研读圣经却非如此。

一、圣经固然写成于古代，但对现在阅读它的人来说，它乃是对现在人起着具体且真实之作用的，故它并非只属于古代，只具历史意义。

二、阅读圣经之意义，也不仅是把它当成一部历史文献，以理性获得关于它的知识即可；读它的人，是为着从其中领受真理，也就是求道。

三、这种耶稣或天主所示现之真理，不只为读者客观所认知，更会在心灵上形成感性之体验和理解，并使读者由内在主体中产生自我转化之效果。真正读过它的人，和没有读时已然成了不一样的人，内在出现了生命或丰饶或提升或转变之感。换言之，理解不仅为对经典文字之客观认识，同时也成为内在主体之重新理解，有着强烈的主观感受。

四、因为诠释是如此主观与客观相互融会的，所以它不能用主客二分的模式去看待，诠释的历史性也是兼含两端的。既指形成于历史情境、时间范畴中的历史性文件，也指阅读者诠释者是站在他的时空环境和识域中（即他的历史性中）去进行理解。

五、这两者必须克服语言、时空的疏隔，才能获得识域的融合（fusion of horizons）。因此，诠释者必须尊重文件的历史性，诠释经验必须受作品本文之领导，要敞开自己来了解对方。但诠释也不能完全依据并归准文件的历史性。基于诠释者的历史性，可知若没有预设的诠释（presuppositionless interpretation，也就是科学客观论者所相信的那种客观解释）根本不可能存在。因此诠释若不开放文件的意义，不能让它与诠释者的存在及处境相关联，不仅是死的诠释，把圣经变成古董，阅读只是尸体解剖；也是虚假的诠释，不符合理解活动的实况。

六、整个诠释不能脱离语言。圣经为神所说的话，这话是诠释的起点。诠释之经验，本质上乃是个语言性的经验。存有在此语言中展露，吾人亦借此语言对存有有所理解。

依此，“圣经解释学”以降诸学派，固然也广泛利用文字校勘、文献辨伪、辑佚、训读、名物制度考据等方法，但旨在因言明道或因言求道，是非常明显的。

19世纪历史研究法逐渐崛起后，反对如上所述之诠释立场，主张去除信仰部分，否定耶稣的奇迹与复活，要还原他“人的身份”及时代背景。对文献亦须考辨真伪及年代，从“还原历史真相”的角度，而非“获得真理与启示”去面对史料。

这个风气盛行至20世纪中叶。从时间上看，与乾嘉后学至五四运动后疑古辨伪、史料考证的史学潮流，正相符应，可谓异曲同工。其法系以外在批判（external criticism，指考证文件作者、作时、作地）、内在批判（internal criticism，指考证作者动机及文件之内容）为主，运用词句分析、历史探源、时代环境还原等方法，辅以人类学、口传文学之研究，希望能获得客观理性之认知，摆脱迷信及教会权威之控制。

要到50年代，诠释学才再度成为欧洲神学、文学、哲学界新的焦点，对历史、语言与诠释，有了迥异于19世纪末至20世纪中叶的认识与发展。60年代末期，英美文学研究的实在论体系也开始受到这个新思潮的强烈冲击。诠释与理解，不再只是客观的理性分析，不再只做语言形式研究，也不再只是史料与考古。理解既是认识论也是存有论的现象，理解活动是种历史的遭遇（historical encounter），诠释对象与诠释者的在世存有（being-in-the-world）必然是相互扭合交会在一块的。

历经施莱尔马赫、狄尔泰、海德格尔、伽达默尔、利科等人之不断推阐，诠释学已成为批判“科学的理解”，建立“历史的或诠释学的理解”之一大典范，代表欧美社会在科学思潮席卷世界之后的一种文化反省力量。因此它的性质，乃是作为整个人文学科的基础。

相对于西方的发展，我国另成风景。

民国以后，提倡以科学方法整理国故，以相关联之疑古、辨伪、史料考证、语言分析、文献整理等方法，配合着客观化、理性化、概念化的精神，强调价值中立、主体不涉入，甚至应具有批判之精神、评估的态度，不迷信、不信仰，均有与西方20世纪初叶的发展有神似乃至同步之处。而被视为反对五四新文化运动的传统势力，则一样标榜乾嘉朴学的方法，以训诂明而义理明为说，要求从学者致力于训诂研究、文献考证。

这样的学风，大约延续到70年代才有些变化。冲击主要是因史学界引进社会科学方法治史，因此反而强化了统计、量化、理性、客观的科学化态度，历史解释的问题并未找到新的方向。

文学界的方法学改革，第一波乃是“新批评”等形式分析方法对中国古典文学研究之冲击。这种方法，事实上就是后来诠释学所反对的。它有几个特点，一是把作品客观化，文学批评被视为对文学客体从事概念的解剖（dissection）。这种具有科学性的形式批评与解剖，用在文学上，恰好是过去乾嘉后学以迄“五四”科学方法整理国故学派所尚未达到的。过去客观考古式的研究，主要用于经史。文学研究毕竟仍相当仰赖“以意逆志”及审美感受；考证，主要只用在有关作者身世、版本作品文句、社会背景方面。可是新批评更要对作品本身也进行科学的、客观的、语文形式的分析。此一分析之细致详晰，令只讲审美感受及笼统风格概括的传统批评备感威胁。而推展此一学风者，则对中国传统文评诗话未能建立为科学客观文评深致讥讽。从这一方面说，这种冲击，乃是对中国人文学科研究的进一步科学化。

二是作品被视为客观的独立体，为语文之有机结构，不但使研究者与研究对象分开了，形成文评只是对作品的客观解剖，更让作品与它的作者也分开了。批评者根本不必追问作者创作这个作品的意图为何、想表达什么。作品其实犹如一台机器，机器被造出来以后，其机能全部在于机器本身的结构之中，没有人在用这台机器时会去追问制造者的意图。因此，文评活动始于作品这个有机结构，也终于它。追究作者之意，遂被称为“作者原意之谬误”，认为作者原意不可求也不必求。这个态度，打破了传统文评以作者为意义导向或归趣的做法。不再以意逆志，作品也不被视为作者言志抒情之作。这是放弃了心理的理解。

同理，作品为一独立之有机体，这个观念也把作品和它的创作时代、历史社会分开了。新批评由此批判历史主义式复现历史真相的研究，认为文学批评不是考古，亦不为古代服务。这一点，看起来颇与客观考古者不同，但实质上是进一步放弃了历史的了解，只讲语言的了解。

这与史学界汲引社会科学，或企图把史学建设为社会科学的动作适相呼应。所形成的方法学热潮，可说是让人文学彻底科学化了。自乾嘉时期提倡“因言明道”以来，到此已完全异化，究言而不复明道矣。

但风气转变，亦在此时。50年代诠释学已在欧洲建立了新的学风，60年代即影响到了英美的文学研究，然后又逐渐在80年代影响到台湾，毕竟开启了新的方法学思考。

六　诠释的方法

70年代，台湾在哲学或传统义理研究上，正面临新旧两种势力。旧势力，即宣称“训诂明而义理明”，以远绍乾嘉朴学精神，近承五四新文化运动为旗号者。新势力，即逻辑实证论、分析哲学、社会及行为科学。在史学研究上，同样面临史语所学风之延续发展，及社会科学治史风气的新旧势力。在文学上，则是新批评的挑战，以及笺注校释生平考述的老学风。要对此学风和势力有所修正，自然得进行方法学的探讨。

在文学批评方面，颜昆阳于1979年主编由故乡出版社出版的《古典四书》诗词赏析时，已针对形式批评予以反省，认为并不足以成为典范。次年蔡英俊写硕士论文时，也尝试从人格与风格的关联上去讨论如何进行风格批评。这表示当时我们正热切地想为中国文学之批评找出一条新路。随后李正治发现日内瓦学派“意识批评”较接近我们的思路，也能对新批评有所矫正，所以就译了一册，由我介绍至金枫出版社出版。

日内瓦学派大致可以分为几代：第一代的代表人物是马歇尔·雷蒙（Marcel Raymond）和阿尔伯特·贝甘（Albert Beguin）。乔治·普莱（Georges Poulet）等为第二代。第三代有让-皮埃尔·理夏尔（Jean-Pierre Richard）、让·卢塞（Jean Rousset）和让·斯塔洛宾斯基（Jean Starobinski），以及J. 希里斯·米勒（J. H. Miller）。此派思想来源较复杂，在哲学和文学的传统上大致受卢梭的浪漫主义传统、狄尔泰解释学，以及胡塞尔、海德格尔、梅洛-庞蒂的现象学方法的影响，认为在批评中主体和客体不能截然二分，而是一种主客体合一交融的存在。对作品的阅读是一种心灵进入另一种心灵的叠合，是读者的体验与作者的体验的再体验（re-experience）和再创造。透过这种再体验的心理活动，把作品中潜存的生命意识显露出来。

这个批评流派吸引我们的，其实不在其现象学方法，而是：一、此一批评努力发掘作家的深层生命意识，掌握这种意识，才能对作家的生命体验及审美精神有所理解。这突破了语言结构分析，探寻了语言结构中的意义。二、这个语言结构与意义，不再仅仅是批评者、研读者之外独立自存之客体，意义生于主客互动及主客合一之中。三、批评者的主体涉入，再体验再创造，虽然是揭露了作家与作品的生命意识，但这个体验事实上也就是评读者亲身参与的历程。所以此一生命意识也将成为评文者的意识内容，增益了自身、更新了感受。

对这个学派的介绍，当时在学界影响甚微，可是我不以为意，又于1985年创办《国文天地》时，即于创刊号刊出《诠释学导论》(理查德·E. 帕尔默著)，以为推广。第四期又刊了《诠释学的三十个论题》。当时中文学界很少人明白为什么要在一册中文专业期刊上谈诠释学，更少人看得下去，所以或来信或赐电或当面向我表示不以为然者甚多，出钱的正中书局尤其啧有烦言。可是我觉得这些介绍确实是非常必要的，因此也不以为意，仍旧刊出。

为什么会这么认为呢？我自己做的历史研究让我接近这个现象学诠释学的路向，也使我发现这个思路有颠覆客观考古研究法的功能。

我的博士论文《江西诗社宗派研究》，处理的主要是中唐迄宋之文化变迁问题。我注意到中唐以后，许多人在复古，也有许多人在疑古。但无论是复古或疑古，古都不只是客观之古，而是与他们希望开创一个新的文化世代之想法相关。也就是说，对历史的认知与解释，与诠释者本人的价值选择及文化意识是合而为一的，释古同时也就是对自己的说明。故复古即是开新，开新也就是复古。

关于这个文化变迁的具体内容，谈起来非常复杂，但从方法学上说，简要的结论大抵即是如此。这项发现，显示了人们对历史的认知与理解活动，并非对一外在客观事物之认知；过去那种复现历史真相原貌的客观研究，既不可能也无必要。其次，对历史的诠释，与诠释者本身的价值观密切相关。诠释者即是以其价值观在做选取与判断。因此，过去那种强调客观性的态度、不涉及主体信仰与偏见、价值中立、材料会说话的研究法，也都是不能成立的。再者，历史对人之所以有意义，就在于它具有意义，非仅仅是一段过往的时间、一些已逝之人与事。知道那些残垣断壁、断烂朝报，与不知道有什么差别呢？读历史的人，不是要在过往诸史事中，以一种价值感或文化意识去观看它，以获取意义吗？此即所谓因言求道，非徒考诠文字语言而已也。过去那样仅求索于文字本身的做法，并不可取。

这样讨论历史与诠释的问题，思路已与诠释学颇为接近，但此时我主要是从“价值”的角度来区分人文学与科学。认为客观研究事实的自然科学与涉及价值的“规范科学”（normative sciences）不同，文学及史学均应属于此种人文学领域。当时我写《诗歌鉴赏中的评价问题》《试论文学史之研究：以刘大杰〈中国文学发展史〉为例》亦皆就此发挥，认为历史并不如某些幼稚的实证论者或史料论者所说，可以客观而完整地借着资料来说话、来呈现。资料本身非但不完整，其证据力也难以保证，它所揭示的“真实”，不但常与研究者的理论和价值系络有关，其自身更是大大小小各种解释的遗迹。一位研究者面对这些大大小小、无可数计的史料时，他的心智必须做怎样的活动，才能“重建”历史呢？真是用心如镜，纯然客观地由资料本身来展示来说明吗？若果如此，则资料何以又有重要与不重要的价值划分、真与伪的判定呢？反之，若历史必须让我们“进入”以求了解，则其方法又如何呢？

史料学派所崇拜的宗师兰克，为此提供了一个“沉思冥想”的观念，也就是说史家必须依自己的一套价值体系（value system）为基础，做选择性地进入，进入历史脉络中，去揣想、去体验当时人物的活动状态。

这是个很有趣的观念，既有主观的价值，又有客观情境的投入，因此，主体与客体并非截然划分的。史家通过“再体会”与“再经验”的内在历程，既以历史人物自身的看法去了解史实，又以史家对自己时代之体验去掌握，两者融合为一，历史始能重予建构。就此言之，客观性的迷思（objectivist myth），乃是18世纪以来科学意理（scientistic ideology）下的产物，不能显示史学研究的性质。历史研究，乃是诠释的科学（hermeneutic science），而诠释必然由某一观点展开，故所谓意义的了解，基本上即是诠释者与被诠释者的一种融合。若无一套价值观，只能称为史料或史纂，不能称为历史或史学（《试论文学史之研究》，1982年）。此即是对客观考古式研究的批判，重点在强调人文研究的特性，研究过程中主体不能不涉入，研究结果也必须对自己产生价值的作用。

接着，我在1986年出版《诗史本色与妙悟》，对诠释方法本身又做了些讨论。我参考了成中英先生《如何重建中国哲学》一文所提本体诠释学之说，认为要重建中国文学批评亦应以方法性的理解、语言性的理解，结合本体性的理解方能奏效。

我们对于理解古人，第一，当然需要有理解的能力与方法，不是单靠幻曼无端的灵感、联想、拟测或凭空的想象，而应透过对理性的知识训练来达成理解，这乃是方法性的理解（methodological understanding）；第二，则是对于我们所要理解的文学观念的语言层面，要有清晰的掌握，对表达其观念与概念的文学批评用语，做一番语言性的理解（linguistic understanding）；第三，则须优游含咀，对于中国文学批评中最基本、最原始的价值本体思想及形上原理，产生对价值的体会与认识。而这种体会与认识又可分为意义和价值两方面，一方面我们要深入了解其意义，一方面又要体会其价值，进而在意志上对其作肯定与承诺，以达成本体性的理解（ontological understanding）。这三部分，自然是互为连锁的：有方法性的理解，才能建构概念、分析结构、批评理论、了解意义、掌握其语言含义和本体思想；有语言性的理解，才能扣紧意义的脉络、摸清该用语所代表的文学观念及语词与语词之间的关联，不致泛滥枝蔓，随意流荡自己的方法性理解；有本体性的理解，才能体察其用语和观念所以出现并建立的原因，平情默会，深考于言意之表，而不敢凌躐古人，以己为度、以今为度（第一章第三节）。

在这里，方法性的理解，实即戴震所云“寻其腠理而析之也”；本体性的理解，则为戴震所云“依乎天理”“以体民之情、遂民之欲为得理”；语言性的了解，就更不用说了。但为了避免研究者再度陷入戴震后学把语言性理解局限于语文分析之困境，我另主张进行处境分析，谓过去“以科学方法整理国故”的办法，只是资料的文献分析，而缺乏处境的分析。

所谓处境分析，不是说我们必须以同情的心境重复古人原初的经验，是指研究者对于历史上那些行动者，他们所身处的环境与行为，找出试验性或推测性的解释。这样的历史解释，必须解说一个观念的某种结构是如何形成、为何形成的。即使创造性的活动本不可能有完满的解释，仍然可以用推测的方式提出解释，尝试重建行动者身处的问题环境，并使这个行动，达到“可予了解”的地步。过去的研究者，并未告诉我们文学批评家提出一个理论、一个观念、一个术语，为的是要解决什么样的难题，他们遭遇到什么文化的、历史的，抑或是美学的、创作经验的困难？想要如何面对它、处理它？为何如此处理？有什么特殊的好处，使得他们采用了这样的观点或理论？这个讲法，是戴震由典章制度、名物度数进行“历史理解”的发挥。要综合语文分析与处境分析，才能构成较完整的语言性理解。

但纵然如此仍是不够的。处境分析，除了针对历史上那些行动者，要分析其处境之外，还必须注意诠释者本身的处境。前者可称为“历史处境”，后者可称为“存在处境”。例如我读《史记》而有所理解，有所感会。此一理解，本身就跟我自己的存在处境是相关的。同样，司马迁所理解的或所叙述的伯夷叔齐、泰伯让国、游侠，也必与他的存在处境相关，非客观之历史。

我在硕士论文《孔颖达周易正义研究》（文史哲出版社，1979年）中即如此讨论孔颖达如何诠释《易经》，说明其诠释未必可助吾人理解《易》之本旨，但适足以供吾人了解孔颖达所处唐初之文化境况以及他的存在态度。

1986年写《论侠客崇拜》更集中于此讨论历史研究之方法问题，认为假若我们把历史上实际发生过的事称为历史的实在体（reality），则各个史家对这一实在体的描述，就是所谓的"历史"。换言之，真正的历史事相是什么，早已渺焉不可知。"七月七日长生殿，夜半无人私语时"，既无人得知，后世亦无从悬想；所能知者，只是史家对于它的描述与解释。但同时代或不同时代的各个史家，对同一件历史事实，必然会有不同的陈述与了解。而这种理解，正与他个人存在的感受、时代的召唤、关注的问题息息相关。因此，一个历史事件，绝不只是静态的、固定的，而是动态的、发展的。历史之所以能对现代人有意义，其原因在此。而同样地，任何一件"历史事实"，都相对地会出现关于此一事实的"诠释的历史"。例如侠，相对于历史上真正的侠的历史事实，从《韩非子》《吕氏春秋》《史记》《汉书》《汉纪》……一直到章炳麟、梁启超、陶希圣等人，就成了侠的诠释史。仔细观察这一诠释史，我们自会发现每一时期甚或每一史家，对侠的诠析，都有他特殊的理论背景及意义关怀，时代感受在支配他，在影响他。每个人都有他的存在处境以及对此处境而生的存在感受，在他诠释历史时，乃是以这种感受去理解历史，历史也回应其感受，对他形成意义。因此，诠释者与诠释对象，存在的感受与历史之叙述，是滚动融合为一体的。

关于这些方法论的思考，是我参考狄尔泰、卡西尔、兰克、克罗齐诸家之说，揉会我对中国史学方法（如“其义则丘窃取之”“史识”“心裁”等）之体察，而逐步发展出来的。但很显然与诠释学极为近似。因此我会花些气力来推介这一思潮，可说一点也不奇怪。

但仅仅彰明这一点也是不够的，语文意义的诠释，并不能落入虚无主义或相对主义的窠臼中。什么是虚无主义呢？理解既不是客观的认知，追求并复原历史原貌既是不可能也不必要，岂不是表示了意义不可求也不必求吗？而诠释者与诠释对象，历史叙述与存在感受既混糅为一，则一个时代有一个时代的诠释，一个人有一个人的诠释，既无原本原貌原义可定众说之是非，那不就成为相对主义了吗？若说此亦未必即是虚无，因为虽不承认原义可求也值得求，但重视历史对当代的意义，强调当代人之价值抉择及意义认知面，仍可有其积极作用，不见得就是虚无主义。则其说亦令人感到历史被工具化了。

历史并不因它有各种解释即无一真相存在。只不过这个真相，并不是靠我们自己客观的理解能力与态度便能知之，而是存在于各种解释之互相印诠、互相补足、互相矛盾、互相杂错之互相对诤间。故通过对历史各类诠解之梳理，吾人仍能仿佛得之。这种梳理，我在《大侠》中是指对诠释脉络的掌握与检验，亦即各诠释之间辩证的发展。

当时我说：我们衡量一个历史诠释是否可信，要根据两种判断标准，一是查考“历史的证据”，一是检验其推论之强弱。任何一个历史诠释，都会提出诠释者所选择及判断过的证据。而我们检查时，首先就应该先看看这些所谓的证据是否足以支持其诠释；有关证据的理解，是否有明显的错误或仍有包含其他理解的可能。然后，再以其他诠释者（包括我们自己）所提出的证据，与他互相对勘，看看他的诠释是否足以包容这些证据，有没有蓄意扭曲或忽略某些证据，而这些证据如果加入其诠释系统中时，会不会迫使其诠释必须扩大、缩小或修正。至于推论之强弱，主要是指史家对历史“证据”的解释而说。史家面对材料时，他用他的眼光及他所关切的问题，来处理资料，构成解释。我们看着他的解释，即必须找出他所关心的问题，并用问题来“质问”他。看他的推论、他的解答是否周密，其有效性及推论的强度又如何。拿其他史家和自己来跟他比，则更能厘清问题之间的相关性和变异性，对推论的强弱及涵盖度，也较能掌握（第六章第一节）。

借用赫希（E. D. Hirsch）的一本书名来说，此处谈的不但是“解释的有效性”（validity in interpretation），亦是如何借由诠释之辩证而达到意义的开显之目的。

也就是说，不只问谁的诠释更能有效解释历史文本，还要看谁的解释更好，或借由诸诠释之辩证，让我们体会蕴含之意义及其关联。

这方面实际的操作，除了对侠以外，我也以李商隐诗、小说《红楼梦》为例，做了许多分析。选择李商隐诗，当然是因为它久成聚讼，“一篇锦瑟解人难”，诠释者各出手眼，故亦最便于分析。选择《红楼梦》亦复如是。解《红楼》者有索隐、自传等派，又有谓该书为情书，或主张该书乃教人悟情之为虚幻者，聚讼纷纭，亦为近世一大悬案。对于这类诠释棼如者，我人应怎么办，不只是诗学与红学上的一大问题，亦可由之进行方法学的理解，讨论各种诠释进路的意义取向及方法的有效性。

这部分，则恰好是当代哲学诠释学所较少涉及的工作。

另一个有进于诠释学的主张，则是我在《文化、文学与美学》的序言中谈到的，依诠释学所说，任何存在都受到它所在时空历史条件的限制。这些历史条件，决定性地影响了我们对历史传统本身的意识，包括历史批判的意识。因此，对我们来说，理性只能是具体的、历史的。它并不是自己的主人，因为它总依赖一定的条件，总在这样的条件下活动。这就变成历史决定论了。在历史决定论中，诠释学家当然可以说历史的淘汰与保存，即是一种理性的行动。但我们若再深入追究，便应发现历史的保存和积累，并不能是自身具备的，其间须有人的理性运作才能达成。故历史的理性，最根源处，仍在于人的理性，历史只是人理性的实践罢了。由人的理性上说，我们才能发觉历史中具有价值意识：不但具有价值之选择与批判，而且因这一价值理性而使我们具有超越历史条件和传统的可能。

因此，我们不仅要说人在历史中活动，更要进一步说是与历史的互动；人固然在历史里，却也同时开创了历史。《易经》之所谓“参赞”，就是说宇宙及历史，乃因人之参与、投入而彰显其意义。

这种彰显，可分成几方面：第一，历史虽是过去的遗迹，但人面对历史的经验，永远是现存的、直接的经验；故历史可以是客观的，可是一旦涉及历史的理解活动，便一定是人与历史的互动互融，客观进入主观之中，主观涵融于客观之内，传统即现在。第二，人的理解之所以可能，是因为历史传统提供了理解的条件，诚如诠释学所云。然而，在通过历史以了解我们现在的处境时，存在的境遇感，也正同时带动着我们去理解历史。所以历史又同时显其“现在相”，变成一切历史都是现代史的吊诡。换句话说，历史并不是“已经那样”的实存之物，历史并未完成，须待人投入，与之交谈，乃能彰显其意义。

彰显意义，可能就是戴震所谓的“明道”。从对语文的分析，到经由诠释方法的探究，而蕲于彰显意义，是台湾这几十年来一条走离乾嘉后学、走离“五四”客观考古，旁涉西学，而回归于或复近于戴震的路向。这个路向，是诠释学式的，故亦颇有取于诠释学之说。但它毕竟不尽同于诠释学。无论在历史观、存有论、对理性与言说之看法，对实际诠释及诠释之间的辩证，均有不完全相同的见解。这些同与不同，我虽仅以自己的研究为例来做说明，但读者是不难类推的，所以也就不必再饶舌了。

附录

德里达哀辞

德里达于10月8日故世，今清华大学举行“德里达与中国”研讨会追悼之。国际文学理论学会会长米勒亦有长文参与讨论，邀余与会，爰为哀辞一通以悼之，曰：

西方思潮进入中国语境，往往有个时间差。1966年德里达发表《人文科学话语中的结构、符号与游戏》批评列维-斯特劳斯的理论，对其二元对立结构唱起挽歌时，台湾的结构主义却正方兴未艾。

1972年杨牧论乐府诗《公无渡河》，即以人与自然的对立冲突来说此诗之悲剧性，采用列维-斯特劳斯之说，自不在话下。乐蘅军论中国古典小说的悲剧性，也用同一方法，而皆脍炙人口。到1978年周英雄重析《公无渡河》，运用结构主义方法更为纯熟，他将此诗纳入中外民间口头歌诗的大系统去，希望通过叙事结构的比较，得出一个共通的模式。类似的工作也见于金荣华领导的一个小组。他们主要是从事中国六朝时期小说“情节单元”的整理。同年，张汉良亦发表《唐传奇〈南阳士人〉的结构分析》。次年，周英雄又作《赋比兴的语言结构》。到1983年，结集出版了《结构主义与中国文学》(东大图书公司)。其主旨在于反驳“结构主义不适用于中国文学批评”，故以实际的操作运用来说明结构主义方法仍是可行的。

在这个文学场景中，德里达的声音显然并没有被台湾的文学或文化研究者所接受。80年代，研究德里达的，大概只有一廖炳惠，出版过《解构批评论集》（东大图书公司，1985年）一书。但那时德里达所抨击的索绪尔语言学正大行其道，不仅结构主义风靡未衰，由索绪尔语言学发展来的符号学也刚在台广获介绍。古添洪就在1984年出版过《记号诗学》（东大图书公司）。因此解构批评虽有廖炳惠等人之译述，在那个环境中，实在并无太大的影响。

而且当时固然介述了德里达对二元对立思想的批判，但这个批评是如何地由反省语文关系而发展至对西方形而上学的整体批判，仍语焉未详；德里达与福柯等后结构主义思潮的总体关联，亦面貌模糊。故解构理论要如何运用于文学研究上去，大家均不甚了了。

1992年我出版《文化符号学》，才首次将德里达的论述带入中文（文字、文学、文化）语境中去发挥。我那本书，既名为符号学，显然与德里达并不同调，仍是要讨论符号的形成与运作方式。但我又与结构主义不同，不是以语言内部结构分析为主，而是讨论文化中的符号，以及符号如何建构了文化。结构主义的方法，看起来是在讨论文化，其实其文化分析就是不做文化分析，只分析语言结构，然后模拟到文学、文化事项上去，或根本就把语言结构和现实结构看成同一的，故与我的看法大相径庭。另一个分歧，则在语言观上。

自索绪尔以降，受其影响之人类学、符号学、诗学各派，基本路数就是由语言来讨论文化。可是，在中国文化、中国社会里，文字远比语言更重要，我既不满于索绪尔以下诸符号学流派，自然就会注意到德里达对索绪尔语言观的批评。

这些批评，在今天看，当然都属常识，任何一位略谙思潮的大学生都能朗朗上口。但在十几二十年前，且是信息匮乏、译述甚少的情况下，能注意此一批评，并援用以申明文字符号的重要性，其实亦非易事。

当时我尚未见着《论文字学》《书写与差异》等书，主要是根据他与克里斯特娃的对话《符号学与文字学》。在该文中，德里达认为索绪尔之后，大家均把语言学当成符号学的一般模式，这个做法，显示了西方传统的语词中心主义和语音中心主义态度。德里达则主张以文字作为符号学最一般的概念，以中和符号学的语言学倾向，且以为此亦可注意到“超出西方界限之外的文字之历史和系统”。因我所谈的，本来就是超出西方界限的中文（文字、文学、文化），是以理所当然地如他所建议，以文字作为符号学最一般的概念。

虽然如此，我亦自知我与德里达貌合而神离。他谈文字学，旨在瓦解西方柏拉图以来的形而上学传统。瓦解此一传统，固为吾人所乐见，故吾人甚愿引用其说，以见西方文化发展内中实存一大病灶，亦不宜遽尔援用二元对立的形而上学体系来解说中文（文字、文学、文化）。可是我之用解构，其目的并不在解构而在建构。利用他解构西方之际，另建一整体的、统一的、中心的体系，而以文字为此一体系之核心。此等做法，料当为德里达所诃，完全与他的解构精神相反。

但从另一方面说，此或亦为德里达之发展。因为德里达虽说要建立文字学，要以文字作为符号学最一般的概念，却仅是说说而已，他没能力做到。其后承声嗣响者，也只复述他对索绪尔的批判而止，未能由其批判再进一步，讨论文字中心主义的文化和社会到底是怎么回事。所以我之所为，倒行逆施，既背反了他，又发展了他。若附会点说，恰好便是解构的。解构，本是德里达对海德格尔“解体”一词的法文翻译，其含义并不只在表达解体毁灭之意，中文词汇译为解构，既存解义，又有构义，方恰如其分。我之所为，或亦如是。

再进一步说，德里达谈文字学，谈以文字作为符号学最一般的概念，谈新文本主体，都显示了他对文字的重视，但我觉得这也是他最大的弱点。因为西方人没有文字的观念，无论如何说文字，都仍只是书面语，亦即拼音的符号。故所谓以文字、以语言，其实仍是语言间的对诤。欲以此挣脱语言或语音中心主义，宁非奢想?

他与伽达默尔的争辩，强调后期海德格尔不只说"被理解的存在是语言"，更要说说话的不是人而是语言，就表明了人不是语言的主人，人不产生语言，只是言语在说话。人说话，则是因着语言在说。既如是，人根本不能逃离语言。则他对西方语言中心主义、逻各斯中心主义、在场的形而上学虽然意存颠覆，但又如何能逃离它们呢？扬汤以止沸，抱薪而救火，只是更深地陷于语言的牢笼中而已。

所以我认为，依德里达的办法，既无能力真正建立文字学，亦无法以文字为最一般的概念来发展符号学，更无法真正颠覆西方的语音中心主义及其形而上学传统。

对于非表音文字，德里达亦非未予留意，然其理解乃顺着莱布尼兹而来。莱布尼兹设想的非表音文字，亦即象形文字，被黑格尔称为"聋子的阅读和哑巴的书写"，仅诉诸视觉而放弃了听觉。在作此等设想时，莱布尼兹当然是以中文为模型或受中文所启发。德里达则与莱布尼兹一样，以为此种文字便是可以摆脱拼音体系的另一选择。可是，中文根本不是这种非表音文字。中文里，象形文字只有百来个，表音的字，亦即形声字却达百分之八十以上。故中文乃可表音可不表音的表意文字。这种脱离"语音/非语音"二元对立格局的文字，便非德里达所能知。透过这个文字体系来看，宣称要打破二元对立的德里达，不仍陷在语音与非语音的对立框架中吗?

由于对真正的文字体系缺乏了解，也使他的几个观念显得夹缠、晦涩。例如用“分延”讲意义的不定，用“播撒”讲本文的裂缝，用“踪迹”讲始源的迷失，或将写作与解读视为本文的解构游戏，说解万端。但我相信读的人泰半是一头雾水，如“游戏包括了意义的作用，或者说作用的意义，但不是把它们视为知识，而是视为文字；意义是游戏的一种功能，它以无意义的游戏的方式写在某个地方”（《书写与差异》）云云，说得实在费劲。

可是，这在中国惯常“以文为戏”的传统中都是极容易理解的事。以文为戏的性质正是如此。在以文为戏时，文不再成为作者表达自我和显露意义的工具，文只是他这个文字自身。这个文字只重视书写本身，也不太管表达了什么，因此或滑稽突梯，或叉牙格磔，或回文取巧，或妙对博粲，充分利用或张扬着文义的歧义、不定，文本的戏谑、无序、套用等等。这些状况，不就是德里达想要指明的吗？倘或对中文里以文为戏的传统了解得再多些，我相信他持论会更简要清通些，其理论也更易运用于文学批评（不会像现在，主要用在文化批评方面）。

当然，德里达本来其实根本可以不谈文字的。跟声音相对的，不是文字，而是无声。海德格尔曾谈过沉默、无声、失音，德里达没有抓住这一点，只就此说海德格尔在对待在场形而上学及逻各斯中心主义时立场模糊，而未顺此发挥之，至为可惜。

声音其实是复杂的，德里达没有细分，如庄子那样讲天籁、地籁、人籁，大言、小言，大音希声；也没有注意到无声，如庄子说“渊默”那般。故其对语音中心的批判终不究竟，他不知“道可道，非常道”，存有之本原，既然不在言说处，便当默而识之，乃竟去构思一套无本原的学说，虽以此博得了不朽的声名，却终不能见道。惜哉，伤哉，呜呼尚飨！

2004年10月23日